JN270439

ファイナンス工学大系シリーズ

投資決定理論とリアルオプション
－不確実性のもとでの投資－

ディキスト＆ピンディク 著

翻訳主幹　明海大学教授　川口有一郎

川口有一郎・谷下　雅義
堤　　盛人・中村　康治　訳
長谷川　専・吉田　二郎

エコノミスト社

投資決定理論とリアルオプション

Investment Under Uncertainty

by Avinash K. Dixit and Robert S. Pindyck

Copyright ©1994 by Princeton University Press

All rights reserved. No part of this book may be
reproduced or transmitted in any form or by any means,
electronic or mechanical, including photocopying,
recording or by any information storage and retrieval system,
without permission in writing from the Publisher.

Japanese translation rights arranged
with Princeton University Press, Princeton, New Jersey
through Tuttle-Mori Agency, Inc., Tokyo

Japanase Edition copyright ©2002 EconomistSha Publications, Inc.
本書の本文および図版等の一部または全部を複写機による違法コピーまたは電子メディアへの複製を日本国内の著作権法および万国著作権条約に基づき複写・複製を禁じる。
Printed in Japan

To the future

目　　次

はじめに　　xv

第 I 部　簡単なリアルオプション入門　　1

第 1 章　新しい投資の見方　　3
- 1.1　正統派の理論　　5
- 1.2　オプション・アプローチ　　6
- 1.3　不可逆性と待つ能力　　9
- 1.4　本書の概要　　11
  - 1.4.A　いくつかの入門的事例　　12
  - 1.4.B　数学的技法　　14
  - 1.4.C　企業の投資決定　　15
  - 1.4.D　金利と投資　　16
  - 1.4.E　一時停止と放棄　　17
  - 1.4.F　臨時雇用と常用雇用　　19
  - 1.4.G　ヒステリシス　　20
  - 1.4.H　産業レベルの均衡　　21
  - 1.4.I　投資に対する政策　　23
  - 1.4.J　独占禁止政策と通商政策　　24
  - 1.4.K　連続的投資と追加投資　　26
  - 1.4.L　実証的研究と応用研究　　27

目 次

- 1.5 経済学以外への適用 29
  - 1.5.A 結婚と自殺 29
  - 1.5.B 法律改正と憲法 31

第2章　簡単な例題による考え方の整理　33

- 2.1 二期間に渡り不確実性を伴う価格 34
  - 2.1.A 金融オプションとのアナロジー 38
  - 2.1.B 投資オプションの特徴 42
- 2.2 三期間への拡張 54
- 2.3 費用に関する不確実性 59
- 2.4 利子率に関する不確実性 63
- 2.5 規模と柔軟性 65
- 2.6 文献ガイド 70

第II部　不確実性下の動的最適化の数学的基礎　73

第3章　確率過程と伊藤の公式　75

- 3.1 確率過程 76
- 3.2 ウィーナー過程 79
  - 3.2.A ドリフトを持つブラウン運動 82
  - 3.2.B ブラウン運動のランダムウォーク表現 85
- 3.3 ブラウン運動の一般化—伊藤過程 89
  - 3.3.A 幾何ブラウン運動 89
  - 3.3.B 平均回帰過程 92
- 3.4 伊藤の公式 97
- 3.5 バリヤと長期分布 102
- 3.6 ジャンプ過程 105
- 3.7 文献ガイド 108

補論 · 109
 A コルモゴロフ方程式 · 109

第4章 不確実性下の動的計画法問題   115

4.1 動的計画法 · 118
 4.1.A 2期間モデルの例 · 118
 4.1.B 多期間のケース · 122
 4.1.C 無限期間のケース · 126
 4.1.D 最適停止政策 · 128
 4.1.E 連続時間のケース · 131
 4.1.F 伊藤過程 · 133
 4.1.G 最適停止政策とスムース・ペースティング条件 · · · · · · 135
 4.1.H 例—機械設備の最適廃棄政策 · · · · · · · · · · · · · · · · · · · 137
 4.1.I ポアソン過程 · 141
4.2 条件付請求権分析 · 143
 4.2.A 複製ポートフォリオ · 143
 4.2.B スパニングアセットの使用 · 147
 4.2.C スムース・ペースティング条件 · · · · · · · · · · · · · · · · · · 149
 4.2.D ポアソン過程 · 150
4.3 2つのアプローチの関係 · 151
 4.3.A 等価リスク中立評価方法 · 152
 4.3.B 例題 · 156
4.4 文献ガイド · 157
補論 · 159
 A 逐次的な動的計画法 · 159
 B 最適停止領域 · 160
 C スムース・ペースティング条件 · · · · · · · · · · · · · · · · · · 162

目 次

第 III 部　不確実性下における企業の意思決定問題　　167

第 5 章　投資機会と投資タイミング　　169
- 5.1　基本モデル 171
  - 5.1.A　決定論的ケース 173
  - 5.1.B　確率論的ケース 174
- 5.2　動的計画法による解 176
  - 5.2.A　特性二次方程式 179
  - 5.2.B　新古典派投資理論との関係 181
  - 5.2.C　トービンの q との関係 183
- 5.3　条件付請求権分析法による解 185
  - 5.3.A　モデルの再解釈 185
  - 5.3.B　解の導出 190
- 5.4　最適投資基準の特徴 193
- 5.5　異なる確率過程の場合 203
  - 5.5.A　平均回帰過程 203
  - 5.5.B　ブラウン運動とジャンプ過程の複合過程 212
- 5.6　文献ガイド 217

第 6 章　事業の価値と投資決定　　220
- 6.1　操業費用がかからない最も単純なケース 223
  - 6.1.A　リスク調整済み収益率 224
  - 6.1.B　事業の評価 226
  - 6.1.C　ファンダメンタルズと投機的バブル 228
  - 6.1.D　投資オプションの評価 229
  - 6.1.E　動的計画法 233
- 6.2　操業費用と一時的操業停止 234
  - 6.2.A　事業の価値 235

	6.2.B 投資オプションの価値	240
6.3	生産量が変動する事業	246
6.4	減耗	251
	6.4.A 指数関数的減耗	252
	6.4.B サドンデス	259
	6.4.C 一般的なケース	260
6.5	価格と費用の不確実性	262
6.6	文献ガイド	267

第7章 参入，退出，操業停止および廃棄　269

7.1	参入・退出戦略	272
	7.1.A 二つのオプションの評価	273
	7.1.B 近視眼的意志決定との比較	277
	7.1.C 比較静学	280
	7.1.D 例：銅産業への参入・退出	284
7.2	操業停止，操業再開および廃棄	291
	7.2.A 最適移行の基準	292
	7.2.B 数値例	299
	7.2.C 例：石油タンカーの建造，退役，廃棄	302
7.3	文献ガイド	308

第IV部　企業間競争の均衡　311

第8章 競争産業における動的均衡　313

8.1	基本的な知識	315
8.2	集計された不確実性	319
	8.2.A 生産している企業の価値	321
	8.2.B 均衡	323

8.3 退出を伴う産業均衡 328
8.3.A 銅産業の参入，退出，そして価格 332
8.4 企業特有の不確実性 335
8.4.A 活動の開始決定 338
8.4.B 参入の決定 339
8.4.C 企業の分布 341
8.5 一般的なモデル 347
8.6 文献ガイド 350

第 9 章　政策介入および不完全競争　352
9.1 社会的最適性 353
9.1.A 最適と均衡の一致 354
9.1.B より一般的なモデル 358
9.1.C 独占禁止と貿易政策への示唆 364
9.1.D 市場の失敗と政策への反応 366
9.2 いくつかの政策の分析 368
9.2.A 価格統制 369
9.2.B 政策不確実性 376
9.3 寡占産業の例 384
9.4 文献ガイド 390
補論 391
A　いくつかの期待現在価値 391

第 V 部　拡張と応用　395

第 10 章　連続的投資　397
10.1 多段階プロジェクトにおける意思決定 399
10.1.A 2 段階プロジェクトの投資ルール 402

10.1.B 要約と議論 408
 10.2 連続投資と投資に必要な時間 409
  10.2.A $F(V, K)$ の方程式 411
  10.2.B 解答 413
  10.2.C 数値例 414
  10.2.D 建設スケジュールの柔軟性の価値 420
  10.2.E 簡単な拡張 422
 10.3 学習曲線と最適生産の意思決定 423
  10.3.A 解の性質 427
 10.4 費用の不確実性と学習 430
  10.4.A 投資問題の解 433
  10.4.B 解の性質 435
 10.5 文献ガイド 438
 補論 440
  A 偏微分方程式の数値計算 440

第 11 章 追加投資と生産能力の選択 444

 11.1 収穫逓減の場合の漸進的生産能力増強 446
  11.1.A ダイナミック・プログラミングによる最適な投資 447
  11.1.B 条件付請求権によるアプローチ 456
  11.1.C 限界的 q 459
  11.1.D 不確実性の影響 459
  11.1.E 投資の長期平均 463
  11.1.F 資本減耗 465
 11.2 収穫逓増とまとまった生産能力増強 469
 11.3 調整費用 474
  11.3.A 調整費用の分類 476
  11.3.B ベルマン方程式 478

目　次

　　　11.3.C 不活動の幅 482
　　　11.3.D バリア・コントロール 484
　　　11.3.E q の動態 485
　　　11.3.F 2 次関数型の費用の場合 485
　11.4 文献ガイド 487

第 12 章　応用及び実証研究　490

　12.1 沖合い油田への投資 492
　　　12.1.A 開発の価値 494
　　　12.1.B 開発留保の価値と最適開発ルール 496
　　　12.1.C 石油価格の平均回帰 500
　12.2 大気浄化法への電力産業の対応 501
　　　12.2.A モデル 503
　　　12.2.B 燃料変更のオプション 505
　　　12.2.C 除去装置の導入オプション 507
　　　12.2.D 読者への演習問題 508
　　　12.2.E 住宅所有者によるエネルギー節約 509
　12.3 環境政策のタイミング 510
　12.4 集計された投資行動の説明 517
　　　12.4.A トービンの q に基づくモデル 517
　　　12.4.B オプションベースのモデルの経験的含意 520
　　　12.4.C 実証的知見 522
　12.5 文献ガイド 524

参考文献　527

記号について　550

索　引　553

はじめに

　本書は企業の資本投資決定に関する新しい理論的なアプローチについて体系的に取り扱う方法を与える．特に，投資の意思決定の不可逆性とその意思決定を取り巻く経済環境の不確実性に力点を置いている．この新しいアプローチは，より良い情報が（完全な情報ではないが）到達することを待つというオプション価値を正当なものとして評価するものである．この新しい方法は，投資の意思決定の場面に金融市場におけるオプション理論のアナロジーを導入して，伝統的な投資理論では扱えなかった方法，より豊富なダイナミックなアプローチを提供する．

　投資機会をオプションとしてみるというのは新しい考え方である．数多くのエコノミストが10年以上にわたって行ってきた研究の一つの成果である．このテーマは，今でも，ジャーナルの論文において注目を集めている分野である．新しい方法，それはある意味ではオーソドックスな理論からの劇的な決別を意味するものである．ほとんどすべてのビジネス・スクールおよび経済の講義で教えられている伝統的な「正味現在価値」ルールが非常に悪い結果をもたらす危険性があることをこの新しい方法は示したのである．というのも，従来の投資ルールは不可逆性と投資を延期するオプションを無視しているからである．同じ理由により，マーシャルに端を発する生産と供給についてのオーソドックスな教科書の教えを新しい理論はきっぱりと否定している．つまり，製品の価格が長期的な平均費用を上回るときに企業はその事業に参入する，あるいは拡張するという判断は間違っている．また，製品の価格が長期的な平均費用を下回るときに事業を中止するか縮小するというマーシャルの教えは再考を迫られ

はじめに

る．伝統的な理論に基づいて政策が立案されてきた．例えば，投資を刺激するために金利を切り下げる，あるいは限界の価格・費用に基づいて独占禁止策をとる，こうしたことに対しても新しい理論は疑問を呈している．

　この新しい理論を明確かつ体系的な方法で示すことを本書では試みている．新しい研究をまとめて整理し全体を統合すること，またいくつか研究についてはこれらを拡張することを試みている．本書は多くの発展的な論文をまとめたものではあるが，これらの文献を一冊の本としてまとめることには明らかな利点がある．互いに異なるテーマをより詳細にかつ順番良く展開することが可能であり，またこれらを互いに関連させる余地を見出すことができた．また，エコノミストには馴染みがないがこの分野の基礎をなしている新しい分析技術を紹介したり，説明する機会が提供されることとなった．学生，研究者，および実務家にとって良い教科書となることを願っている．いや，良い教科書となることよりも重要なことがある．この分野についての広範な展望を示し，不確実な経済の世界とそのダイナミックスのメカニズムを提供すること，これこそが本書に対して筆者が希望していることである．

　本書の主な目的は新しい投資理論を明らかにし説明することであるが，この目的を達成するための一番良い方法は実務にこの理論を実際に適用することである．そのため，本書では，必要に応じてある特定の産業や製品に関連するデータを用いて理論的なモデルの数値解を提示している．こうした計算を積み重ねることが新しい投資理論の正当性とその定量的な意義といったものを目に見える形でしかも第一義的な証拠を提供するものと考えている．しかし，経営者にとってより改良された意思決定ツールとするためには，もっと厳密な計量経済学的な検定とより詳細な検討が必要である．こうした研究が進むことを期待しているし，こうした研究は刺激的でありかつ可能性を秘めた極めて重要な分野であると信じている．本書がそうした研究を刺激したり手助けとなれば筆者にとって望外の喜びである．

はじめに

本書が想定する読者とは？

　本書は大きく分けて次の 3 つのタイプの読者を想定している．第一番目の読者は投資理論とその政策へのインプリケーションに興味を持っているエコノミストである．ミクロとマクロ経済理論や組織論を専攻している大学院生，大学やその他の機関で投資に関する問題に興味を持っている研究者もこの中に含まれる．第二番目の読者タイプは金融経済学を専攻している学生と研究者である．特に，一般的にはコーポレート・ファイナンスに関心のある者，また資本投資計画 (capital budgeting) に特に興味を持っている者．企業はどのように事業を評価すべきか？また，どのように資本投資決定をなすべきか？といった資本投資の問題を研究している大学院生も第二の読者層である．また，投資決定および投資行動に興味を持ってファイナンスの研究を行っている者は皆この分類に入る．第三の読者はファイナンスの実務家である．金融機関の職員，企業や企業が保有している資産の評価に関心を持っている者，あるいは大規模投資を行うかどうかを評価しなければならない，あるいはその決定を下さなければならない経営者も読者として想定している．

　本書のいくつかの章は非常にテクニカルである．しかし，それが読者の妨げとはならない．というのも，第 1 章と第 2 章は簡単で入門的な内容となっているからである．そこでは不確実性のもとでの不可逆な投資の理論について分かりやすく解説している．これらの二つの章では，多くの基礎的な考え方を紹介するが，テクニカルな詳細や数学的な形式論理を排除してある．これらの章を読むことはローリスク・ハイリターンな投資である．それを保証してもよい．経済学やファイナンスの教科書で習ったことを忘れてしまったという実務家の方もいるだろう．しかし，そうした読者であっても最初の二つの章は大した努力も困難もなく読み下すことができるであろう．

　理論の詳細にもっと踏み込み，またテクニカルな問題を検討したいと希望しているが，そうすることに必要な数学のツールを持っていない読者は多いと思う．こうしたニーズに応えるために，第 3 章と第 4 章を設けた．理論や分析技

はじめに

術の詳細の基礎をなしている数学の概念やツールについて自習できるようにした．（これらのツールは不確実性のもとでの投資理論という問題に適用できるばかりでなく他の分野，例えば，マクロ経済学，国際貿易，あるいは労働経済学といった分野にも適用することができる．）

分析技術を学ぶベストな方法はそれらを使うことである．そのため，本書では必要以上の数学的な厳密性は求めない．可能な限り直感に頼ることとし，特に必要なものについてだけ簡単な形式的な議論を本書の付録にスケッチする程度に留める．数学的に厳密かつ深さのある扱いを望む読者には参考文献を紹介している．多くの読者には第3章と第4章に一度目を通すことを薦める．その後で，これらのテクニックを用いている後続の章に進むのがよい．抽象的に数学をマスターしようとすることよりもこうした方法の方がよいと考えている．それは数学について今まで見えなかったものが見えるようになるからである．

最後に，投資の新しい理論の詳細について知りたいと望んでいる読者も多いであろう．できるだけ多くの関連する問題および例示や応用についても知りたいと希望している読者もあろう．第5章から第12章はそうしたニーズに応えるためのものである．まず，第5章において，不可逆的な投資の簡単なモデルを紹介し，続く第6章と第7章でより完全なモデルを組み立てる．そこでは，生産を開始したり中止したりする意思決定を検討する．第8章と第9章では企業間の相互作用を考慮したモデルを組み立てる．さらに，第10, 11, および12章では理論を拡張するとともにその応用例を示す．

謝辞

本書は筆者らが行ってきた投資理論に関する過去の研究の副産物である．これらの研究—つまり本書は，われわれが所属する機関やその他の機関の多くの仲間や友人たちとの議論から非常に大きな恩恵を受けている．この分野の見通し，研究のアイデア，および激励などを頂いた人々をリストアップするとなると本書はより分厚いものとなる．しかし，われわれの研究論

文や本書のドラフトを読んでコメント，批判，及び教えを下さった，特にわれわれの助けとなった人々に対して記してここに謝意を表したい．Giuseppe Bertola, Olivier Blanchard, Alan Blinder, Ricardo Caballero, Andrew Caplin, John Cox, Bernard Dumas, Gene Grossman, Sandy Grossman, John Leahy, Gilbert Metcalf, Marcus Miller, Julio Rotemberg, and Jiang Wang. また，本書を出版するに際してお世話になった Lead Way, Lynn Steele, Macro Dias of PUC, Rio de Janeiro, David Nachman of Georgia State University, Peter Dougherty at Priceton University Press にも感謝したい．

最後に，筆者らは研究費助成を受けている．ここに記して深甚なる謝意を表したい．Avinash Dixit は National Science Foundation と Guggenheim Foundation から助成を受けた．Robert Pindyck は National Science Foundation と MIT's Center for Energy and Environmental Policy Research から助成を受けた．

Avinash Dixit
Robert S. Pindyck

第Ⅰ部

簡単なリアルオプション入門

第1章

新しい投資の見方

　経済学では，投資を「将来の報酬を期待して，即時にコストを支出する活動」と定義する．工場を建設し設備を導入する企業，販売用の商品の在庫を買い込む商業者，そして職業訓練に時間を割く人々は，この意味では皆投資家である．少しはっきりしにくいが，損失を生じつづける工場を閉鎖する企業も「投資」をしている．この場合，最初の支出は，労働者に対する退職金など，契約上の義務から開放されるために必要となる支払いで，将来の報酬はそれ以降の損失削減である．

　この見方からすると，**投資決定**はいたるところに存在する．あなたがこの本を買ったのも一つの投資である．その報酬は，われわれが期待するところ，もしあなたが経済学者なら投資決定に関する理解の向上，もしビジネススクールの学生なら将来のキャリアにおいてこのような意思決定を行う能力の向上である．

　ほとんどの投資決定に，程度は違うものの共通する三つの重要な特徴がある．第一に，投資は部分的に，または完全に**不可逆**である．言い換えれば，投資の初期費用は少なくとも一部分は**サンク・コスト**，すなわち，仮に考えが変わってもすべてを取り返すことは出来ないものとなる．第二に，投資から生まれる将来の報酬には**不確実性**が付きまとう．出来ることと言えば，自分の行ったリスキーな投資のもたらしうる結果──その利益は大きいか小さいか，または損失かどうかさえ分からない──の確率を評価することくらいである．第三に，投資

の**タイミング**については幾ばくかの自由がある．将来に関してより多くの情報を得るべく（もちろん完全に確実なものは得られないが），行動を**延期**することが出来る．

これらの三つの特性は相互に作用して投資家の最適な意思決定を決める．この相互作用こそがこの本の主題である．われわれは，不確実性下における不可逆な投資に関する理論を展開し，さらにいくつかの実際的な適用例をもってその理論を説明する[1]．

投資に関する正統派の理論は，不可逆性，不確実性，そしてタイミングの選択が織り成す相互作用の重要な定性的定量的インプリケーションを認識してこなかった．われわれの主張は，この不注意が正統派理論の失敗のいくつかを説明するということだ．たとえば，初期の投資モデルによる予測と比較すると，現実の投資は金利や税制の変化に対してはずっと鈍感で，経済環境の変動率や不確実性に対してはずっと敏感である．われわれは，新しい見方がどのようにこれらの矛盾を解決するかを示し，その過程で，投資に関するより効果的な**公共政策**の設計について若干の手引きを提供する．

一見経済と無関係の個人の意思決定にも，投資の特性をもつものがある．一例をあげるとすれば，結婚には，婚約以前の付き合いという初期費用を要するが，将来は幸福か不幸かわからない**不確実**なものである．離婚によって取り消すことが出来るかもしれないが，相当な費用を払わないとならない．多くの**公共政策**の決定も同様の特徴をもつ．たとえば，容疑者の基本的人権と社会秩序のどちらが重要かについて世論は時間とともに揺れ動くので，二つの意見についてある特定のバランスを法律で固定化するのは，コストが高くつく．もちろん，これら非経済的意思決定の費用と便益を定量化するのは困難か，あるいは不可能であるが，われわれの一般理論はそれらの問題についても定性的な洞察を与えることが出来る．

---

[1] 投資と逆の意思決定—**不確実**な将来費用の代わりに即時の便益を手にする—もまた不可逆である．目立った事例としては，天然資源の枯渇，熱帯雨林の破壊などがある．われわれの方法は，これらの意思決定も適用可能である．

1.1 正統派の理論

　将来の市場環境の不確実性に直面している企業は，どのようにして新工場建設の投資をするかどうか決めるべきなのだろうか？ほとんどの経済学と経営学の学校で，生徒はこの種の問題にある単純なルールを適用するように教えられる．まず，この工場が生み出すと期待される一連の利益の現在価値を求める．次に，工場建設に必要な一連の支出の現在価値を計算する．最後に，これら二つの差—投資の**正味現在価値（NPV）**—がゼロより大きいかどうかを判断する．もしプラスなら先に進み投資を行う．

　もちろん，この正味現在価値を計算する際に生じる問題はある．新工場から生じる一連の利益はどのように推計すればよいのだろうか？そして，現在価値を計算するときに用いる割引率は何%にすればよいのだろうか？これらの問題を解決するのは，企業金融のコース，とりわけ資本予算のコースの重要なテーマである．しかし，基本原理は全く単純で，投資の正味現在価値を計算して，それがプラスかどうかを見るだけである．

　正味現在価値ルールは，経済学の学部生と大学院生に教えられる，投資の**新古典派**理論の基本でもある．そこでは上記のルールは，経済学者が標準的に用いる，増分による，または限界的というアプローチを用いて表現されている．すなわち，資本の増分 1 単位の価値が費用と同じになるまで投資をする，である．ここでも，資本の増分 1 単位の価値とその費用を把握するのに問題が生じる．たとえば，どのような生産構造を仮定するのか？税と減価償却をどのように扱うか？などである．

　投資に関する経済学上の理論的及び実証的文献の多くは，この種の問題をとり扱っている．本質的には同一だが二つのアプローチがある．一つは，Jorgenson(1963) から始まったもので，資本の増分 1 単位の単位時間当りの価値（限界生産）と，取得価格に対応した単位時間あたりのレンタル費用又は利用コスト（金利，減価償却率，実効税率から計算される）とを比較するものである．企業の望ましい資本ストックの量は，限界収入と利用コストが等しいと

定式化して求める．実際のストックは，その時々で異なる遅れを伴って，または明示的な調整コストに最適に対応しながら，理論値に向かって収束すると仮定される．Nickell(1978) がまとめた本は，このアプローチの発展を特にうまく解説している．

もう一つの体系は，Tobin(1969) によるもので，限界的投資の還元価値と，その取得費用を比較する．価値は，投資対象物の所有権が流通市場で取引されていれば，直接観察することが出来る．そうでなければ，それは投資対象物が生み出す一連の利益の期待現在価値として計算される価値である．この値の，取得価格（再取得費用）に対する比率は，**トービンの q** と呼ばれ，**投資決定**を支配する．もし q が 1 より大きければ投資が行われ，または拡大されるべきで，もし $q < 1$ であれば投資は実行されず，既存の資本は削減されるべきである．拡大または縮小の最適なスピードは，調整の**限界費用**と限界利益を等式で結び求めることが出来，それは q と 1 の差によって決まる．税法により多少変わることはあるが，基本的原理は似たものである．Abel(1990) は，この投資の **q 理論**についてのすばらしい調査を行っている．この全てにおいて，基礎となっている原理は基本的な**正味現在価値**ルールである．

1.2　オプション・アプローチ

しかし正味現在価値ルールは，しばしば見過ごされてしまう暗黙の前提をいくつか置いている．最も重要なのは，そのルールは以下の二つのいずれかを仮定していることである．一つ目は，投資が可逆的，すなわち，もし市場環境が予想よりも悪いことが明らかになったら，投資を取り消して支払った額を取り返すことが出来るというもの，もう一つは，もし投資が不可逆だとすれば，投資決定は今するか永遠にしないかの命題である，すなわち，もし企業がその投資を今実行しなければ，将来別の時点で実行することは出来ない，というものである．

このような条件に合う投資もあることはあるが，ほとんどのものは該当しな

い．**不可逆性**と，**延期**する可能性は，現実世界におけるほとんどの投資の重要な特徴である．急速に増えている文献が示す通り，不可逆な投資を遅らせることが出来る能力は，投資決定に大きく影響する．また，それらの文献は単純な正味現在価値ルールを，したがって標準的な新古典派投資モデルの理論的基礎を揺るがすものである．その理由は，投資機会を持つ企業は，金融の**コール・オプション**に類似した「オプション」——それは，将来のどこかの時点を選んである資産を買うことが出来る，義務を伴わない権利である——を持っているからである．企業が不可逆な投資支出を行うときには，保有している「**投資するオプション**」を行使，言い換えれば「捨てて」いるのである．その企業は，投資支出の望ましさやタイミングを変えてしまう新しい情報が届くのを**待つ**という可能性を捨ててしまっているのである．もし市場環境が悪化してもその企業は投資を引き上げることは出来ない．この失った**オプションの価値**は，機会費用として投資費用の中に含める必要がある．結果として，「一単位の資本の価値が，少なくともその取得・設置コストと同じになったら投資をする」という**正味現在価値**ルールは修正する必要がある．一単位の価値が，取得・設置コストを，投資オプションの価値分だけ上回らなければならない．

最近の研究で，この投資の機会費用は大きい可能性があり，この点を無視した投資ルールは大幅に間違えてしまうことが示されている．また，この機会費用は事業の将来価値の**不確実性**に対して極めて敏感なので，将来キャッシュ・フローのリスク認識に影響する経済環境の変化は，投資支出に対して，大きな影響を，たとえば金利の変化よりも大きな影響を与える．このことが，新古典派の投資理論が，なぜこれまで投資行動について満足のいく実証モデルを提供できなかったか，そして，なぜ投資促進に金利や税制の効果をあまりに楽観的に予測してきたのか，説明してくれるかもしれない．

オプションの洞察は，なぜ企業の実際の投資行動はビジネス・スクールで教えられている標準的とされる知識と異なるのかも説明してくれる．企業が投資する事業は，必要となる，すなわち「ハードルとなる」収益率を上回る収益をあげると期待されるものである．ビジネス慣行を観察すると，その**ハードル収**

益率は通常資本コストの3倍から4倍である[2].言い換えれば,企業は価格が**長期的平均費用**を大幅に上回らない限り投資を行わない.反対に,企業は,事業損失を負担しながらも長期間事業にとどまり続ける.そして,価格が**平均変動費**を大幅に下回っても,投資を引き上げたり**退出**したりしない場合がある.これも標準的理論と対立するように見えるが,後ほど見るように,**不可逆性**と**オプション価値**を考慮すれば説明することが出来る.

もちろん,通常の**正味現在価値**の計算から**投資オプション**行使の機会費用を差し引いて正味現在価値を修正し,この修正さえ行えば「正味現在価値がプラスなら投資」というルールは有効である,と言う事もできよう.しかし,それはわれわれの批判を受け入れる事である.**オプション価値**の重要性を強調するために,この本では一般の正味現在価値と分けておくこととしたい.もし「プラスの正味現在価値」という用語を用いたい人がいても,すべての適切なオプション価値を正味現在価値の定義の中に注意深く含めている限り問題無い.そういう用語の方が好みに合う読者は,われわれの主張を適宜読み替えていただきたい.

この本では,われわれは**不確実性**下での**不可逆**な投資の基礎理論を展開し,**投資機会**のオプション的特徴を強調する.その中で,どの様にして金融市場の**オプション価格理論**から最適な投資ルールを導くのかを示す.また,不確実性下の最適な**連続的意思決定**に関する数学理論である,**ダイナミック・プログラミング**に基づいた同等のアプローチも展開する.企業の最適な**投資決定**を,様々な状況—新規**参入**,初期投資の規模決定と将来の規模変更,将来の環境に適応する柔軟性の度合いが異なる複数の投資案件の選択,複数フェイズからなる複雑な事業の遂行,**一時停止**と操業**再開**,永久的**退出**,等々—に応じて説明する.また,そのような企業活動がどの様に総合され,産業の動的な均衡を決

---

[2] Summers (1987, p.300) は,**ハードル収益率**が8%から30%にわたり,中央値は15%,平均は17%であることを発見した.安全資産のコストはもっと低く,金利は損金算入して税引き前利益から控除することが出来ることを考慮すると,名目金利は4%,実質金利はほぼゼロであった.Dertouzas たち (1990, p.61) も参照のこと.システマティック・リスクを持つ投資の適切なハードル収益率は安全資産利子率を上回るはずではあるが,多くの企業で用いられている数値を説明するほど高くはない.

定するのかについても分析を行う．

　金融資産に対する**オプション**との類似性を強調するために，実物資産を取得する機会を「**リアル・オプション**」と呼ぶ事がある．したがって，この本はリアル・オプション投資理論 という題でも良いものである[3]．

1.3　不可逆性と待つ能力

　先に進む前に，**不可逆性**，投資を**延期**する能力，及び**投資オプション**という概念をはっきりさせておく必要がある．最も重要なのは，何が投資支出を**サンク・コスト**にして**不可逆**なものにしてしまうのかという点である．

　投資が**企業固有**又は産業固有のものである場合，投資支出は**サンク・コスト**となる．例えば，マーケティングや広告に対するほとんどの投資は企業固有のもので，取り戻す事はできない．だからそれらは明らかにサンク・コストである．一方，製鉄工場は，鉄鋼を生産するためにしか使えないので，産業固有のものである．原理的には，工場はほかの製鉄会社に売って，投資支出を取り戻す事が出きるので，サンク・コストではないと考えるかもしれない．これは間違いである．もし産業が十分に競争的であるなら，工場の価値は同じ産業内の他の企業にとっても同様であるはずなので，売却することにより得るものはほとんど無い．例えば，もし鉄鋼価格が下落して，ある工場がそれを作った企業にとってまずい投資だったことが事後的に明らかになったとしよう．その工場は他の製鉄会社から見てもやはりまずい投資なので，工場を売却できるという能力にはそれほど価値が無い．結果として，製鉄工場への投資は（又はどのような産業固有の資本でも），大体は**サンク・コスト**として考えるべきなのである．

　たとえ投資が企業や産業固有のものでなくても，通常一部分は**不可逆**である．それは，中古機材の市場における買い手は，商品の品質を評価する事ができず，市場における平均的な品質に対応した価格を提示するからである．売り手は，売ろうとしている商品の品質を知っているので，平均より高い品質の商品を売

---

[3] 訳者注：本書の原題は，"Investment Under Uncertainty（不確実性下での投資）"である．

りたがらない．これは市場に流通する商品の平均的品質を，そして市場価格を引き下げる．この「レモン」問題[4]（Akerlof, 1970 を参照）は，多くの市場を悩ますものである．例えば，オフィスの備品，自動車，トラック，コンピュータは産業固有ではなく，他の産業の企業にも売る事ができるが，それらの再販売価値は，かりにほとんど新品であっても取得価格を大幅に下回るのである．

不可逆性は，政府規制や制度上の取り決めにより生じる事もある．例えば，資本規制は，外国投資家（または国内投資家）が資産を売却して資金を再配置する事を禁止しているかもしれないし，従業員の新規採用の投資は，採用，研修，解雇の費用が高いため部分的に不可逆であるかもしれない．したがって，ほとんどの重要な投資は大部分が不可逆なのである．

次に，投資を**延期**する可能性に取りかかろう．もちろん，企業は常に投資を延期する機会を持っているわけではない．例えば，戦略上の観点から，ある企業にとっては投資をすぐに行って，既存の又は潜在的な競合企業に先手を打つ必要がある場合もあるだろう[5]．しかし，ほとんどの場合延期はふさわしい選択である．延期には費用——他企業**参入**のリスク，または単純に見送ったキャッシュ・フロー——が伴うかもしれないが，この費用は新しい情報を**待つ**ことの利益と比較検討する必要がある．この利益は大きい事が多い．

前に説明したように，不可逆な投資機会は金融の**コール・オプション**にそっくりである．コール・オプションは，決められた期間，行使価格を支払って代わりに価値のある資産（株式など）を受け取る権利を所有者に与える．オプションの行使は**不可逆**である．資産を他の投資家に売る事が出きるが，オプションそのものを取り返したり，行使時に支払った現金を取り返したりすることはできない．投資機会を持つ企業も同様に，現金（行使価格）を今又は将来使って，代わりに価値のある資産（事業など）を手に入れるオプションを持っている．ここでも，資産を他の企業に売る事は出きるが，投資はひっくり返す

---

[4] 訳者注：最も代表的な中古品市場である中古車市場において，ポンコツの自動車は「レモン」と呼ばれる事から，この問題は一般にレモン問題と呼ばれる．

[5] このような投資の戦略的側面に関する調査は Gilbert (1989) と Tirole (1988, Chapter 8) を参照のこと

ことはできない．金融のコール・オプションと同様に，この**投資オプション**が貴重なのは，投資により手に入れた資産の将来価値が**不確実**だからである．もし資産価値が上昇すれば，当市から得られる純収益は増加する．価値が下落した場合，その企業は投資する必要は無く，**投資機会**を手に入れるのに使った費用を失うだけである．第二章以降で展開される不可逆な投資のモデルは，投資機会のオプション的性格を明らかにしてくれるであろう．

　最後に，企業は**投資機会**，すなわち**投資するオプション**を，そもそもどの様にして手にいれたのだろうかと疑問を持つ者もいるであろう．**投資機会**は特許，土地や天然資源の所有から生まれることもある．より一般的には，それらは企業の経営資源，技術的知見，評判，市場地位，規模など，長期間かけて築かれたものから生まれ，他の個人や他社が行うことのできない投資を可能にしてくれるのである．最も重要なのは，これらの**投資オプション**は貴重であることである．実際，ほとんどの企業にとって，市場価値のかなりの部分は，既に保有している資本ではなく，投資して将来成長するというオプションから生じているのである[6]．投資に関するほとんどの経済理論と金融理論は，企業が**投資オプション**をどの様に行使すべきなのか（そして実際どの様に行使しているか）に焦点を当ててきた．投資行動をより良く理解するには，企業がどの様にして**投資機会**を手に入れているのかについてより良いモデル作る事がとても重要であるかもしれない．この点については，後の章で再び触れる事としたい．

1.4　本書の概要

　この章の残りでは，本書の概要を説明して，分析から出てきたいくつかの重要な概念や結果を簡単に紹介することとしたい．

---

[6] 企業価値の源泉としての**成長オプション**についての議論は，Myers (1977), Kester (1984), Pindyck (1988b) を参照のこと

1.4.A　いくつかの入門的事例

　先に説明した**リアル・オプション**の概念は単純で直感的なものだったが，定量的な重要性を説明し，更に企業，産業，**公共政策**にとっての示唆を得るためには，概念をより正確なモデルに変換しなくてはならない．第二章では，この作業を単純で易しい方法で始める．われわれは，二時点の意思決定時点においてのみ実行する事ができる，単一の不連続な**投資機会**を持つ企業を検討する．その二時点の間に，産出価格は上昇か下落の永久的シフトを起こす．平均的価格では儲かる投資があるとすると，より高い価格では満足いく結果となるが，低い価格ではそうならない．意思決定を第二期に**延期**することにより，その企業は実際の価格変動を観察する事ができる．その企業は，もし価格が上昇したら投資をし下落したら投資をしないしたがって，その企業は，第一期に投資をしてから価格下落に遭遇していたら被っていたであろう損失を回避しているのである．この**待つことの価値**は，第一期の利益を逃していることとトレード・オフである．投資をするか**待つ**かの意思決定の結果は，モデルを定義するパラメータ，特には**不確実性**の程度（これが，**待つ**ことにより回避できる価格下落リスクを決める）と割引率（将来と現在の相対的重要性を表す），によって異なる．

　われわれは，いくつかの数値計算を行ってこれらの影響を示し，**リアル・オプション**の直感的理解を助ける．次に，**金融オプション**との類似性をより詳しく調べる．また，価格変動リスクを個人が移転できる市場，すなわち二つの結果により異なる収益をもつ**条件付請求権**の取引，を紹介する．そして，これらの条件付請求権のポートフォリオを作るによって，企業の投資リアル・オプションのリスク・リターンの特徴を完全に複製する．リアル・オプションに帰属する価値は，複製ポートフォリオの価値とまったく同一となる．それは，そうでなければ裁定機会──投資家が二つの同一の資産を安く買って高く売る事により確実な利益を上げられる機会──が生じるからである．

　われわれはまた，基本的事例の変形を検討する．第一に，**投資機会**の**タイミ**

ングを三つに拡張して，第一期と第二期の間の変化と同じように，第二期と第三期の間でも価格が上昇又は下落するようにする．われわれは，この変更が**オプション価値**をどの様に変えるか示す．次に，われわれは，事業コストと，将来利益を割り引く時に用いる金利における**不確実性**を検討する．最後に，異なる規模の事業を比較し選択する問題を検討する．より大きな事業は高い固定費を持つ一方で運営コストは低い場合である．

　これらの拡張と変形を行う時にも，分析は，一般化された理論の水準ではなく，あくまで描写的で単純な事例の水準のままにしてある．より後の章で，より広範囲な理論的枠組みを展開する．しかしその事例は，一般化しても変わることの無い貴重な洞察をもたらしてくれる．ここでそれらをまとめておこう．

　第一に，事例は，**投資オプション**の機会費用は企業の**投資決定**の重要な要素であることを示している．**オプション価値**は，投資の**サンク・コスト**が増加するにつれ，また将来の価格の**不確実性**，特にリスクの下方推移の要素が増大するにつれ，増加する．これらの結果は第5章から第7章のより一般化されたモデルにより確認している．

　第二に，もし企業が先物や先渡し市場で取引を行ってリスクをヘッジする事ができるとしても，**オプション価値**には影響しないことを示す．効率的な市場では，それらのリスクは適正に価格づけされるので，リスクの減少はリターンの減少により総裁されてしまう．先渡し取引は，企業の実質的な意思決定には何の影響もしない金融取引なのである（これは，**モディリアーニ＝ミラーの定理**が働いている例の一つである．）

　第三に，将来コストが**不確実**な時，それらの**投資決定**への影響は，不確実性が具体的にどのような形態を取るかによって異なる．もし不確実性が，企業が投入物に支払う価格に伴うものであれば，その効果は産出物の価格変動リスクとまったく同様である．投入価格が上昇した場合は投資しないという自由は貴重なものなので，即時の投資はより抑制される．しかし代わりに，事業がいくつかの段階に分かれており，不確実性が投資全体の総費用に関するもので，総費用に関する情報は始めのいくつか事業を実施してみないと分からないとしよ

う．すると，これらの各段階は，普通に計算した**正味現在価値**に上乗せされる情報上の価値をもつ．したがって，通常の正味現在価値がマイナスだったとしても，事業を開始するのが望ましい場合がある．われわれは第 10 章でもう一度この問題に触れ，より一般化された理論的枠組みの中でモデル化する．

第四に，より小さな規模の投資は，将来の自由度を高めることにより，より大きな投資が持つ規模の経済性による優位性を，ある程度緩和するだけの価値を持つことを見る．

1.4.B　数学的技法

現実には，投資案件への**投資機会**の現れ方はそれぞれで，将来の様々な側面の不確実性もそれぞれ異なる．したがって，第 2 章の単純な二時点の事例は実際に適用する前に大幅に一般化する必要がある．第 3 章と第 4 章では，そういった一般化に必要となる数学的ツールを展開する．

第 3 章では，**不確実性**に関するより一般的なモデルを展開する．まず**確率過程**の特徴と性質を説明する．これらの過程は，不確実性に関する複数の力学を統合化してくれる．不確実性の無い動学的モデルにおいては，システムの現状が将来の状態を決定する．不確実性が加わると，現状は将来の状態の確率分布を決定するのみで，具体的な数値は決まらない．第 2 章における記述は，現在の価格が固定的な比率で，ある既知の確率により上昇したり下落したりするものであったが，これが最も単純な例である．われわれは，投資理論で特に役立つ事が分かっている他の二つの過程—**ブラウン運動**と**ポワソン過程**—を説明する．

第 4 章では，**不確実性**下における最適な**連続的意思決定**を扱う．まずそれらの最適化に用いる一般的数学的テクニックである，**ダイナミック・プログラミング**の基礎概念の説明から始める．その導入として再び第 2 章における 2 時点の事例に戻り，この基本概念がどのように拡張され，**不確実性**が第 3 章で導入された**確率過程**の形態をとる場合のより一般的な複数時点の選択問題に用いられるようになるかを示す．次に，**ダイナミック・プログラミング**の基礎的方程

式を組み立てた上で，特に関心のあるテーマに適用する際の解法を示す．その次には，**確率過程**により生じるリスクを**条件付請求権**の連続的取引により売買することができる，市場のある状況を取り扱う．**連続的意思決定**を考える時に，**動的ヘッジ戦略**——現実の投資のリスク・リターン特性を複製するように組み合わせを随時変えるポートフォリオ——を組み立てて，それを同一のものとして扱う方法を示す．

　これらのテクニックに既に精通している読者は，われわれの表記方法に慣れるためにさっと見ていただく他は，これらの章を読み飛ばして頂いてかまわない．これらのテクニックに馴染みの無い方は，仮に興味の対象が残りの章で扱っている応用例になくとも，この章を独立した**確率過程**と確率的動的最適化法の入門として利用することができる．

1.4.C　企業の投資決定

　これらのテクニックは，その後の章で用いる．第5章から第7章は，企業の**投資決定**理論の中核を成す．第5章では，まず投資が完全に**不可逆**であると仮定する．すると適当な事業の価値とは，単純にその事業が将来生み出す一連の利益（又は損失）の期待現在価値となる．これは内在する**不確実性**の関数として計算することができる．すると，**投資決定**とは単純に，**サンク・コスト**を支払って，代わりに価値が変動する資産を手に入れる意思決定である．これは，**コール・オプション**——予め決めてある行使価格を支払うことで，価値が変動する資産を入手する義務を伴わない権利——に関する金融理論とまったく類似するものである．したがって，第4章で展開したテクニックを用いて問題を直接解くことができる．結果もまた金融理論と類似している．オプションは，資産価格が行使価格を上回った時に，行使して利益を得ることができる，すなわち「イン・ザ・マネー」の状態となる．しかし，オプションが単にイン・ザ・マネーであるだけでは，行使は最適な選択とはならない．それはオプションを行使することによって，企業は，少し**待って**価値下落時の損失を回避するという

機会を放棄してしまうからである．資産価格が行使価格を十分に上回って，すなわちオプションが十分に「**ディープ・イン・ザ・マネー**」の状態になって，はじめてオプション行使は最適な選択肢となる．

この概念を用いた代替的な整理は，投資を**トービンの** q，すなわち資本的資産の価値と再調達費用との比率，で考える経済学者の洞察力を助けてくれる．投資に関する文献におけるトービンの q の通常の解釈によると，資本的資産の価値は，それが生み出す一連の利益の期待現在価値として評価される．そして，一般的に用いられる企業にとっての投資基準は，q が 1 以上となった時に投資をするというものである．われわれの**オプション価値**基準はより厳格で，q は十分な幅で 1 を越えないとならない．q が 1 より大きな臨界値又は**閾値**である q^* 以上とならないと，投資は最適な選択とはならないのである．

われわれはいくつかの数値シミュレーションを行い，**オプション価値**と最適な行使ルールを計算している．そしてこれらが，不確実性の水準，割引率などのパラメータによってどのように変化するのか調べている．われわれの発見によると，妥当な水準のパラメータで**オプション価値**の効果はとても重要である．即時投資の期待収益率が，金利，すなわち「通常の」資本収益率をかなり上回っていても，**待つ**のが最適なのである．典型的には，企業がオプションを行使して投資を行うには，通常金利の 2～3 倍の収益率倍率が必要となる．

1.4.D　金利と投資

ひとたび企業が**投資オプション**を行使するかどうか注意深く決定しなければならない理由を理解すると，どうして金利が投資にほとんど影響を与えないかを理解することもできる．正統派の理論に関する**計量経済**のテストによると，一般的に金利は投資需要にとって弱い，又は有意でない決定要因でしかない．近年の歴史も，金利引下げは限定的な投資促進効果しか持っていないことを示している．1991–1992 の経験は，最も最近の証拠である．**オプション・アプローチ**は簡単な説明を提供する．金利の低下は，現在に比較して将来をより重

要なものにする．しかしこのことは，投資の価値（一連の利益の期待現在価値）と，**待つことの価値**（見こまれる将来損失を減少させる又は回避する能力の価値）の両方を増加させる．差し引きしたネットの投資促進効果は弱く，曖昧なものとなる．

リアル・オプションのアプローチは，将来利益に関する様々な**不確実性**の源泉—製品価格，投入価格，外国為替，税制・**規制政策**などの変動—が，金利の全体的水準よりもより重要な効果を投資に与えることを示唆している．金利の将来の推移に関する不確実性の方が，金利水準よりも大きく投資に影響する可能性もある．不必要な不確実性を取り除くことこそが，投資を促進するための最良の**公共政策**であるかもしれないのである．そして，公共政策の選択肢に関する長々とした**政策論議**の過程自体が生む不確実性が，投資にとっての重大な妨害物であるかもしれない．後ほど第9章では，具体的な事例を設定して，**政策の不確実性**が如何に投資に対して重大なマイナスの影響を与えるかを示す．

1.4.E　一時停止と放棄

第6章と第7章では単純なモデルを拡張する．将来の価格及び（又は）費用が変動するにつれ，運営中の事業の利益はマイナスになるかもしれない．第5章では投資が完全に不可逆で，企業は損失を被っても操業を続けなくてはならないとの仮定を置いた．これはいくつかの公共サービスには該当するかもしれないが，ほとんどの企業は何らかの脱出方法を持っている．第6章と第7章では，これらのいくつかを検討する．第6章では，損失を出す事業を**一時停止**して，後で再び収益を生むようになった時に事業を**再開**することができると仮定する．すると，運営中の事業は**運営オプション**の連続体であるので，第4章の方法を用いてすべての運営オプションを評価し，割り引いた上で合計することにより，事業全体の価値を把握することができるはずである．この場合，**投資機会**はこの複合的資産を入手するオプションである．

第7章では，**一時停止**は許さないが永久の事業**放棄**を可能とする．この仮定

は，事業が生きていて，その有形・無形の資産が運営を続けていないと急速に消え去ってしまう場合—鉱山が水浸しになる，機械が錆付く，熟練工のチームが解体する，ブランドが消失するなど—には現実的なものとなる．**再開**する場合には，これらの資産すべてに再投資しなくてはならない．**放棄**には直接的な費用がかかることがある．例えば，従業員には退職金を払わなくてはならないかもしれない．しかしより重要なのは，放棄はしばしば機会費用—将来の環境が好転した時に利益をあげるべく資産を保存しておくオプションの消失—を伴うことである．したがって，運営中の事業を持っている企業は，このオプションを生かしておくためにある程度の損失は許容し，十分に大きな損失が出た時だけ事業を放棄するのである．

実際，ここには連結した一対のオプションがある．企業は**投資オプション**を行使する時，稼動している事業と**放棄オプション**とを手に入れるのである．放棄オプションを行使する時は，再び投資するオプションを手に入れるのである．この二つのオプションは，投資と放棄の最適な方針を決めるためには同時に価格づけしなくてはならない．この連結は重要な結果をもたらす．例えば，より高い**放棄費用**は企業を投資により慎重にさせるし，また逆も起きる．われわれはこの理論を，銅の採掘事業における標準的な数値を用いて説明したうえで，投資と放棄の**閾値**の間で銅価格が極めて大きく変動することを示す．

われわれはまた，費用は異なるものの**一時停止**と**放棄**が両方可能であるような中間的な状況を検討する．一時停止中の事業には，船舶をドックに入れておくなどの継続的支出が必要となるが，**再開**の費用は小さい．放棄は維持費用がかからず，なんらかの中古機材売却収入さえもたらしてくれるかもしれないが，収益可能性が復元した時は投資費用が再度満額かかってしまう．したがって，三つの選択肢—遊休状態の企業，事業運営，一時停止中の事業—の間の最適な転換を決める必要がある．われわれはこの検討を行い，原油タンカーの例で説明をする．

1.4.F 臨時雇用と常用雇用

本書におけるわれわれの関心の大半は企業の設備投資選択にあるが，類似の検討を企業の雇用と解雇に適用することができる．これらの選択の一つ一つに**サンク・コスト**が伴い，各意思決定を**不確実**な環境で行わなくてはならず，そしてそれぞれに幾ばくかの**タイミング**の自由が許されている．したがって上記の概念と結果を適用することができる．例えば，新規雇用は，労働の限界生産が賃金率を十分に上回らない限り行われないし，賃金に対して必要となるマージン，または賃金に対する倍率は，サンク・コストが大きいほど，また不確実性が大きいほど，高くなる．

1993年中ごろのアメリカ合衆国の労働市場は，この理論が実際に働いているのを鮮やかに描き出している．1990年代初期の不景気から経済が回復するに従い生産を拡大する際に，企業は極めて熟練度が高い職種についても残業や臨時雇用で対応した．しかし，新規の常用全時間勤務の雇用の回復はとてもゆっくりとしたものだった．企業は残業手当として5割増の賃金を支払っていたし，臨時雇用に対しても派遣会社に対して賃金の25％以上を手数料として支払っていた事からすると，当時の収益性は高かったはずである．にもかかわらず，これらの企業は新規の常用雇用により状況を固めるのを嫌ったのである[7]．われわれの理論は，これらの観察を自然に説明する事ができる．その当時，将来の需要と費用について不確実性の水準は高かった．景気回復の力強さと持続性ははっきりしなかった．再び物価が上昇し中央銀行は金利を引き上げる懸念があった．将来の税制は極めて不確定で，雇用主が負担しなくてはならない健康保険費用の水準も不確定であった．したがって，企業が極めて慎重で，継続的な高水準の収益性の見通しがよりはっきりするまでは常用全時間勤務の労働力を追加しないことは，十分に予想された事態なのである．その間，企業は現状

---

[7] 1993年5月16日付のニューヨーク・タイムズ紙の二つの記事がこれらの情勢を説明している．「工場の残業依存により低調な求人 (Fewer Jobs Filled as Factories Rely on Overtime Pay)」「ふらつく景況で専門職も臨時雇用 (In a Shaky Economy, Even Professionals Are Temps)」

の収益機会に，より可逆的な生産方法，すなわち残業と臨時雇用で（たとえコスト高だとしても）対応する事を好んだのである．これこそが，われわれが体験した事象の内実だったのである．

1.4.G　ヒステリシス

　投資と**放棄**（または**参入**と**退出**）を一緒に考えるとき，企業の最適な意思決定は二つの**閾値**によって特徴付けられる．十分に高い現状の利益水準，したがってサンク・コストに対する通常以上の収益率は，投資あるいは参入を正当化するし，十分に大きな現状の損失は放棄あるいは退出をもたらす．仮に，現状の利益水準が，これら二つの閾値の間にあるとしよう．企業は活動を行っているだろうか？それは，利益変動の最近の推移によって決まる．もし以前の高い利益水準が参入をもたらした後で，利益水準が低下して現状の中間的な水準に至っているとしたら，活動をしている企業があるだろう．しかし，現状の中間的水準の前は利益水準が低く企業が退出していたら，現状は企業活動が行われていないであろう．言い換えれば，経済の結果を決定するのに，確率変数の現状だけでは十分ではなく，より長期の過去の経緯が必要なのである．経済は経路依存的なのである．

　経路依存性という概念は，近年になって調べられ説明されており，もっとも目立った成果には Arthur (1986) と David (1985, 1988) がある．彼らは，もっと極端な可能性を許容している．システムの極めて長期にわたる特性は，初期条件の些細な違いにより変化してしまうのである．ここでは，われわれはもっと穏当な経路依存性を扱う．経済状況の長期的な確率分布は変化しないが，短期及び中期の推移は初期条件によって大きく影響を受けるというものである．

　経路依存性は，以下に述べるような事象を次々に引き起こしうる．企業が最初に登場して投資を計画しているとき，現状の利益水準は二つの閾値の中間にある．したがって，その企業は待つことを決める．利益が増加し上側の閾値を越えると，企業は投資を行う．次に，利益が減少し最初の中間的水準に戻って

も，放棄が起きる下側の閾値までには至っていないかもしれない．すると，内包される要因は元の水準に戻ったにもかかわらず，その効果（投資）は再び現れるわけではない．

同様の効果は，物理学や他の科学において長いこと良く知られている．もっとも身近な例は電磁気学から引いてくることが出来る．鉄の棒の周りに絶縁された銅線を巻く．銅線に電流を流す．鉄棒が磁化する．そして電流を切る．磁気は完全には失われない．幾ばくかの残余効果が残る．原因（電流）は一時的なものだが，より長く残る効果（磁化された鉄棒）を残す．

この現象は**ヒステリシス**と呼ばれるので，その類似なものとして，根拠となる要因が完全に元通りになっても**投資決定**が元通りにならないことを経済的ヒステリシスと呼ぶことができよう．印象的な例が 1980 年代に起きた．1980 年から 1984 年にかけて，ドルの価値は他の通貨に対して急激に上昇した．外国企業のアメリカ合衆国内市場におけるコスト競争力は極めて大きく，最終的に米国の輸入は大きく増加した．そして，ドルは急激に下落して，1987 年までには 1980 年の水準に戻った．しかし，輸入の浸透は完全には戻らなかった．実際，ほとんど減少しなかったのである．輸入が大幅に減るようになるには，より大きなドルの下落が必要であった．

1.4.H　産業レベルの均衡

第 8 章と第 9 章では，焦点は個別企業の投資決定から，そのような企業により構成される**産業レベルの均衡**に移る．最初の反応は，企業間競争が，第 5 章から第 7 章で見た**不可逆性**と**不確実性**の影響を消し去り，したがっていかなる企業の**待ちオプション**も破壊するだろう，というものかもしれない．競争は各企業の待ちオプションを破壊するが，このことにより現在価値アプローチや正当な理論からの結果に戻るわけではない．逆に，**不可逆な意思決定を行う際の注意は重要なままである．ただし，その理由は若干異なるものである．

ある企業が投資を計画しているとしよう．その企業は，産業レベルの需要の

動きと自社のコストが**不確実**であることを知っている．また，他の多くの企業が同様の不確実性の下で動揺の意思決定に直面していることも知っている．その企業は，最終的には自社の意思決定が利益に与える結果に関心があるが，他者の類似の意思決定がどのように自社の利益に影響するかを認識しなくてはならない．この点で，二種類の**不確実性**—産業に属する企業全部に影響する総合的不確実性と，各企業が直面している企業個別の不確実性—を区別しなくてはならない．この二つは投資に異なる影響を及ぼすからである．

　このことを確認するために，まず投資が完全に**不可逆**だとして産業全体の需要増加を考えよう．どの企業も需要増に伴う価格上昇を期待し，利益見通しを上方修正し，投資はより魅力的な選択肢となる．しかし，各企業はまた，他のいくつかの企業も同様の計算をしていることを知っている．企業の供給増加対応は，需要シフトが価格を押し上げる効果を鈍らせてしまうだろう．したがって，潜在的利益の増加は，一社だけで投資機会を独占している場合ほどは大きくないであろう．しかし投資は不可逆なので，産業レベルの需要減退は，競争的な環境でも独占状態の場合と同様に好ましくない影響を与える．他の競合企業も全く同様に悪影響を受けるが，**退出**して価格下落を和らげることはない．したがって，不確実性に対する競争的な対応は，本来的に**非対称性**を伴っており，下落の方が上昇より強く影響するのである．この非対称性が，不可逆な投資をしようとする企業をより慎重にさせる．**投資機会**や投資の**タイミング**について独占的地位にある企業の持つ**オプション価値**についても，究極的な影響はとても似たもので，いくつかのモデルにおいては全く同一である．実際，**競争的産業**に関する理論は，各企業に**投資オプション**を与え，このオプションを第5章から第7章と同様に評価し，そしてこのオプション価値が**競争的均衡**においてゼロになるという条件を置く，という形で定式化することが出来る．

　もし何らかの可逆性を許すのであれば，需要減退の価格に対するショックは他企業の退出が緩和してくれる．しかし，その場合各企業の退出決定には，需要がもたらす**非対称**な効果のうちでも，元々ひどい状況の場合の効果—悪い方向の影響より好転する効果の方が強い— が影響している．したがって，**競争的**

企業は，損失を出し始めてもすぐには退出しようとしない．しばらく**待って**自体が好転するか又はライバル企業が退出するかを見極めるのである．全体としての効果は，第7章で見た単一の独占企業が放棄決定をする場合とちょうど似たものである．実際，第8章で分析する，全般的な需要ショックがある場合の参入・退出の両方を扱う**競争的均衡**モデルにおいて，参入と退出を引き起こす閾価格は，第7章で扱う独占企業モデルとまったく同じなのである．

　企業固有の**不確実性**はこの種の**非対称性**をもたらさない．もしある企業だけが需要の好転，例えばファッションの流行の変化などを経験しても，その幸運が自然に他社にも及ぶものではないと知っているので，他者の参入が同様に潜在的利益を侵食する恐れは抱かない．しかし，**待つことの価値**は先に説明したとおりの形で再び現れる．幸運な企業は，低コストで参入する機会について独占的立場である．したがって，その企業も**待ちオプション**の価値を保有している．その企業は，**待つ**ことで，その低いコストが一時的なものだった場合に損失を回避することができる．だから，**産業レベルの均衡状態**での企業固有の不確実性も，第5章から第7章で見た個別企業の**投資決定**と類似した結果をもたらす．

1.4.1　投資に対する政策

　不確実性は企業の投資意欲を減退させるという結果を見て，投資促進のため政府の**政策的介入**の必要性を示すものだと解釈する読者もいるであろう．それは性急な反応である．**社会システムのプランナー**もまた，**待つ**ことにより情報を得るので，ある事業に資源を投入する事の機会費用を認識するはずである．政策的介入は，企業が社会全体とは異なる**待つことの価値**を持っている場合，言い換えれば意思決定過程に何らかの市場の失敗が関係している場合にのみ登場する．

　第9章はこれらの問題に焦点を当てる．最初の結果は，標準的な一般均衡理論を確認するものである．リスクの市場が完全であれば，そしてもし企業が競争的なプライス・テイカーであれば（この確率動学的文脈においては，個々の

企業は価格の**確率過程**を所与のものとして受け入れ，それについて合理的な期待を持つということを意味すると解釈すべきである），**産業レベルの均衡**は社会的に効率的な状態で推移する．社会システムのプランナーも，**投資決定**をする際に同程度躊躇するであろう．

もしリスクの市場が不完全なら，有益な**政策的介入**が存在するが，正しい**政策**には注意深い計算と実施が求められる．不確実性を扱うのに用いられる切れ味の鈍いツールは逆効果をもたらす．われわれは，このことを価格上限と下限の結果を検討することにより示す．例えば，価格の下落リスクを押さえてやることによって投資を促進する事ができる．しかし，結果として生じる産業レベルの供給曲線の右方向へのシフトは，調子の良い時に価格が低くなることを暗示している．言い換えれば，政策は助けようとした対象そのものに打撃を与えているのである．都市の賃借料管理や農産物価格支援などの，価格下限や上限を制限する政策は，通常全体としての経済的効率性を減ずるため批判される．われわれの発見は，それらの政策に反対する議論としては，政治的により力強い．それらの政策の資源配分上の効果も思い通りになっていないのである．

われわれは，将来の**政策**自身に関する**不確実性**の効果も研究している．例えば，もし投資のタックス・クレジット（税額控除可能額）が議論されている最中は，企業は**待つ**ことにより大きな価値を見出す．それは，企業にとっての投資コストが低下する可能性があるからである．われわれは，政策の不確実性には，即時投資に対する強い抑制効果があることを発見している．もし政府は投資を促進しようとするなら，最悪の選択は実施の仕方に関する議論に長期間を費やすことであろう．

1.4.J　独占禁止政策と通商政策

第8章と第9章は，馴染みのある中級ミクロ経済学の教科書とはかなり異なる**競争的均衡**の姿を描き出す．一般的なミクロ経済学では，企業は価格が長期的な平均コストを上回ると**参入**し，価格が**平均変動費**まで低下すると**退出**する

と教える．われわれの理論では，上方向にも下方向にも，より幅広い価格レンジとなることを示唆している．たとえば，産業全体的な**不確実性**が存在する場合に，**長期的平均費用**まで価格が上昇したら企業が参入するという姿は，その産業の均衡状態ではない．各企業は，他の類似企業の参入により価格がそれ以上高まらないにもかかわらず，将来の好ましくない変化は価格をこの水準以下に低下させる可能性があることを知っている．また，将来の価格が，時々は**長期的平均費用**の水準に達するが，通常はこの水準より下にあるように推移すると，企業の投資に対して通常の収益をもたらすことは出来ない．企業の参入によりもたらされる価格上限が確実に長期的平均費用より上にある場合に限って，時期によって上下する収益の合計が，平均で通常の収益を超えることが出来るのである．同様に，企業が**退出**するのは，価格が**平均変動費**を大きく下回る場合だけである．この下限の均衡水準は，将来の損失と利益の見通しが平均してゼロになるように決定される．

したがって，**不確実性**下の**競争的均衡**は，長期的にも静的な状態とはならず，価格が極めて大きく変動する動的なプロセスなのである．通常以上の利潤をあげる期間は損失と交互に起きる．**確率過程**としての動的均衡という同様の見方はマクロ経済においては極めて一般的であるのに，驚くべき事にミクロ経済では，特に**独占禁止政策**や国際**通商政策**に関しては馴染みが薄い．それらの政策における概念的枠組みは一般的に静的で，実際の提言は，ある時点の瞬間的な「スナップ写真」的観察に基づいてなされている．われわれの発見が示しているのは，動的な見方をすると，理論と実践の双方を大幅に再検討する必要があるということである．

たとえば，産業組織理論においては，超過利潤の存在はカルテルや**参入障壁**を示しているため独占禁止の介入が必要とされる．われわれの動的な見方からすると，すべての企業が小規模なプライス・テイカーであっても，新規**参入**がなく通常以上の利益をかなりの期間得つづけることがありうる．国際貿易においては，外国企業が損失を出しながら輸出を続けると，国内企業はそれを略奪のためのダンピングだと決め付け，輸入関税で対抗する標準的な**通商政**

策を発動するよう要求する．しかし，われわれの分析が示しているのは，外国企業は，略奪の意図などなしに，単純に合理的にこちらの国内市場で事業を行うオプションを生かしているだけかもしれない，ということである．十分に長期間のデータがないと，カルテル的又は略奪的と思われる行動が，単に**競争的産業**が進展していく中で生じる自然な段階なのか，本物の競争の失敗なのかを判断することはできない．

1.4.K　連続的投資と追加投資

第 10 章と第 11 章では，個別企業の**投資決定**に戻り，応用上重要な別の側面を検討する．第 10 章はいくつかの段階から構成される投資—すべての段階を順番に完成させてからでないといかなる成果も利益も出始めないような投資—を扱う．企業は確率的に変動する将来の潜在的利益に関する指標を絶えず観察する事ができる．どの段階においても企業はすぐに次の段階に進むか，環境が好転するのを**待つ**か決める事ができる．連続する投資の初期の段階においては，ほとんどの費用は固定化されていない（**サンク・コスト**となっていない）状態である．したがって，企業が計画に沿って前進するのは，利益指標が十分に高い値である事を確認した時だけである．徐々に，より多くの段階が完了し，それ以降に固定化する費用（サンク・コスト）がより少なくなってくると，次の段階の投資はずっと低い利益水準でも正当化されるようになる．その意味で，過去の出来事は将来を決定している．

第 10 章では，現在の意思決定が将来に与える別の効果である学習効果も検討する．この理論に従うと，生産費用はどの時点においても，生産経験の累積に対して右下がりの関数となる．したがって，現在の生産は，将来全体に渡る生産費用の減少に貢献する．この追加的な価値は，現在の収入と生産費用と比較して最適な生産水準を決定する前に，現在の収入に含めておく必要がある．われわれは，これらの条件の下での生産の動的な推移を検討する．より大きな**不確実性**により将来の費用削減効果の価値が減少し，そのため投資のペースが

落ちる事を発見している．

　第 11 章では，追加投資の問題――常に既存資本の関数として生産が行われ利益が生じている場合――に立ち戻る．狙いは，**能力増強**の最適な方針を描く事である．生産が資本に対して**収穫逓減**であるとき，新しく追加される**能力**を，それぞれ設置の日から限界的生産に貢献し始める新しい事業として考える事ができる．すると第 6 章で得られた投資基準を引き続き適用する事が出来る．もし生産が資本に対して収穫逓増であると，適切な範囲ですべての生産単位を一つの事業とみなす必要があり，その設置の基準は単一事業に関して一般化した第 6 章における説明に反する．

　企業が拡張のテンポを選ぶ事が出来る時は，その拡張の費用がどのように規模とテンポに左右されるのか特定しておかなくてはならない．この点に関する前提が違うと，最適な方針も違ってくる．われわれは規模やテンポを考慮した選択肢を提供してくれる一般的モデルを組み立てた上で，特に，過去 10 年の理論的・実証的研究の中心であった費用調整モデルと，本書の焦点である**不可逆性**アプローチとの関係を示す．

1.4.L　実証的研究と応用研究

　第 12 章では，本書で展開されているテクニックの応用と拡張を示す実例を取り扱う．また，投資行動に関する実証研究のための理論として適切である事を説明する．

　第 12 章は，石油産業が大きな関心を抱いている問題――開発されていない海底油田をどのように評価するか，そしていつ投資して開発・生産すれば良いか――から始める．そこで詳しく見るとおり，未開発の油田は，その油田を開発するという投資を行う権利といつ開発するかを決定する権利を所有者に与えるもので，本質的にオプションである．このオプションを評価する事で，油田の価値と開発のタイミングを評価する事が出来る．石油会社は，油田に対して日常的に数億ドルを費やしているので，その評価の仕方と最良の採掘方法を決め

る事が重要なのは明白である．

　次に，電力会社における投資の**タイミング**の問題を扱う．大気汚染規制法 (The Clean Air Act) により，SO_x 排出量の総量を削減する必要があるが，これら削減の費用を最小化するに当たっては，電力会社には二つの選択肢がある．排出量を規制値まで削減するための高価な発電設備に投資する事も出来るし，または取引可能な排出権を買う事で，排出を認めてもらうことも出来る．将来の排出権価格には極めて大きな**不確実性**が伴うし，新型発電設備への投資は**不可逆**である．電力会社は，排出権に依存して自由度を維持するか発電設備に投資するか決めなくてはならない．われわれは，本書の**オプション・アプローチ**を用いてこの問題にいかに対処する事が出来るかを示す．

　本書で展開されている理論と手法は企業の**投資決定**以外にも適用可能である事を示すために，**公共政策**の問題にも取りかかっている．政策の将来の費用と便益が**不確実**な場合に，環境破壊の懸念に対して政府は政策をいつの時点で実行すべきなのだろうか．われわれの主張は，経済学者が伝統的に**環境政策**を評価するのに用いてきた標準的な費用便益の枠組みは不適切だというものである．その理由は，環境政策には重要な**不可逆性**が伴っているのが通常だからである．これらの不可逆性は環境破壊それ自身に関して生じる事もあるが，破壊を軽減するための政策適用の費用についても生じる．ある環境政策の採用が今するか永遠にしないかの選択である事はほとんどないので，投資の最適なタイミングを考える際のテクニックを適用して，**環境政策**の最適な**タイミング**を検討する事が出来る．

　第12章の最後では，投資行動の**不可逆性**と**不確実性**がもたらす実証面のいくつかの結果を議論している．企業が本書で展開されている理論とほぼ整合的な**投資決定**を行っているという注目に値する証拠がある．例えば，**資本資産価格理論**（CAPM）により予測される資本コストよりかなり高い**ハードル収益率**の使用である．費用と不確実性に関する妥当な水準のパラメータを用いて数値シミュレーションを行うと，現実の特徴を再現できる．しかし，この理論に関するより構造的な**計量経済**的検証はまだ極めて初期の段階にある．われわれ

はこの種の研究のいくつかを概観し，その問題点を指摘し，将来の研究に関するアイディアを提案している．

1.5 経済学以外への適用

本書の焦点は，企業の**投資決定**と，その**産業レベルの均衡**による帰結にある．これらの事柄に最も関心があるのは経済学者で，これらの事柄の条件（技術と資源の入手可能性）と基準（企業価値の最大化）は基本的に合意に至っており，理論はそれらを定量的に予測させてくれるものである．消費者の**投資決定**（耐久財の購入）と労働者の投資決定（教育と人的資本）も明らかにそれらに対応している．これらの問題に関する研究は既に存在しており，第 12 章ではそのいくつかの概要を説明している．

ほかの多くの個人的・社会的選択も同様の基本条件，すなわち**不可逆性**，継続的**不確実性**，及び**タイミング**の自由，の下でなされている．したがって，われわれはそれらの問題を，今まで略述してきたモデルとその結果の一部を用いて考え，何らかの定性的推測を提供する事が出来る．われわれは，この方向にはもっと重要な研究をする余地があると信じている．それはすなわち，Becker (1975, 1980) のような社会的現象への経済学的アプローチを，**オプション価値**を取り入れる事により拡張する事である．実際，Becker 自身この側面を認識していたことを，この問題に関する発言，例えば Becker(1962, pp.22–23) の中から読み取る事が出来る．しかし，この方向でのより完全で正式な分析は，依然潜在的に実りの多い将来的なプロジェクトのままである．既に大部の本書において多くの紙面を割く事は出来ないが，読者がこれらの方向で，興味深く示唆に富んだ仮説に思い至ることと信じている．

1.5.A 結婚と自殺

結婚は，その前の付き合いにかなりの費用を必要とする．そして離婚もまた金銭的・心理的費用を伴う．結婚生活が幸福か不幸かは，事前には不完全にしか

予測する事が出来ず，結婚後も確率的に揺れ動きつづける．したがって，より良い縁談を**待つ**という行為には**オプション価値**が備わっており，付き合っている二人が結婚を受け入れるには，最初に十分に高い相性を求めると予想される．宗教や文化によって結婚がより**不可逆**である場合には，オプション価値はより高いと予想される．したがって，他の条件が等しければ，そのような社会における個人は，より慎重に（そして平均的にはより長時間かけて）相手を探し，相手の質についてより高い基準を設けるだろうと予想される．反対に，離婚が簡単であれば，男女はより簡単に結婚（又は同種の取り決め）に至るであろう．

　もちろん他の条件は等しくない．離婚がより難しい社会では，恐らく結婚により高い価値を置いているであろう．したがって，そのような社会では，個人の合理的な（慎重な）相手探しや結婚の**延期**は，社会的圧力によって妨害されるとともに，より優れた「相手探しの技術」が提供されると予想される．以上の考えを実証的に検証するには，別々でしばしば逆に影響する要素を区別するべく慎重に計画する必要があるが，それもまたこの研究に関心を持たせ挑戦意欲を駆り立てる要素である．

　恐らく，社会学的現象に経済学を適用した最も極端な例は，Hamermesh and Soss (1974) により展開されたベッカー派の自殺理論であろう．彼らによると，個人が自分の命を断つのは，残りの人生で期待される効用の現在価値が，基準または限界となる水準を下回った時である．このモデルに対しては，本質的に非合理な行動を過度に合理的に見ていると反応する人がほとんどである．われわれの理論からの提案はまったく逆である．叙述的理論としてのその長所・短所が何であれ，規範的な観点からすると Hamermesh-Soss のモデルは合理性が不充分である．それは生き続ける事の**オプション価値**を見落としているからである．自殺は究極的な不可逆的行動であり，将来は継続的**不確実性**に満ちている．したがって，事態が好転するかどうか**待って様子を見る**ことのオプション価値は極めて大きい．引き金を引く状況というのは，Hammermesh-Soss モデルの基準よりよほど侘しいもののはずである．これは，期待される人生が依然下り坂であっても当てはまる．好転する可能性さえあれば良いのである．

ここで，ほとんどの自殺は非合理だという主張に立ち戻って，彼らがどのように合理的たり得なかったのかを問うてみよう．いくつかの可能性があるが，一つ特に妥当と思われるものがある．自殺者は，**不確実性**を無視して，したがって人生の**オプション価値**を無視して，現在の侘しい状況を投影して同じ位侘しい将来を想定しているのである．その場合，宗教的又は社会的に自殺が禁じられている事が，この合理性の失敗を相殺するように有効に機能する．これらのタブーは，認識される自殺の費用を引き上げ，自殺に至らしめる生活水準（オプション価値を無視した水準）を引き下げる．これは個人の先見性の失敗を修正し，彼らの基準を，オプション価値を認識した最適なルールへと修正してくれる．

1.5.B 法律改正と憲法

最後に，法律改正を検討しよう．憲法上又は法律上の別々の根本原則が，具体的な文脈の中で互いに対立する事がしばしばある．例えば，容疑者の人権は，法と規律のより良い適用としばしば対立する．これら対立する原則の相対的な重みづけについて，世論は時と共に変化していく．最近の世論の変化に対して法律はどの程度すばやく対応する必要があるのだろうか？法律改正の立法上及び執行上の費用がかかることを前提にすると，われわれの理論によると，世論の方向が反転するかどうか**待って様子を見る**オプションには価値がある．十分にその**オプション価値**を相殺するほど現状の世論が圧倒的になるまでは，改革は**延期**すべきである．しかし，その過程は近視眼的対応あるいは「政治的市場の失敗」に晒されていると信じるに足る理由がある．常に，人々や政治家は，ついに自分は正しい事をやり遂げた—今の世論のバランスは永遠に続く—と思い込みがちである．彼らは将来の**不確実性**と**オプション価値**を無視し，法律を頻繁に改正するのである．

この傾向を予見し防止するのは，憲法を形作る時以外にない．将来世代はすぐに法律改正をしたがる事を理解して，創設の親達はわざと変化の費用を高め

ておく事が出来る．それによって，政治的欠陥のある基準と真に最適な基準とを合致させる事が出来るのである．したがって，憲法改正に際しての各種の過半数要件は，将来世代の近視眼的対応を修正する装置として見る事が出来る．

　これらは，本書で展開される理論と技術を極めて広範囲な問題にどのように適用する事が出来るかを示すほんのわずかな例に過ぎない．われわれは，より広い範囲の社会科学者からの興味と研究を引き出そうとして，故意に推論的にまた挑発的に説明した．以降においては，われわれは主として投資に焦点を当てるが，読者の皆さんはこの理論のずっと広い適用可能性を，常に心に留めておいていただきたい．

第 2 章

簡単な例題による考え方の整理

　企業は，連続する時間の中で投資の意思決定をし，投資を実行し，時にはこれを変更する．それ故，本書の多くは連続時間の問題としての投資決定の分析に割かれている．しかしながら，最初から連続時間の問題を扱うのではなく，まずは必要最小限の数学を用いながら，二つもしくは三つの離散的な期間における投資決定を扱う簡単な例から話を始める方が適当である．それにより，基本となる考え方を直感的に理解することが可能になるからである．著者らは，特に，投資支出の不可逆性が投資の意思決定に対してどのような影響を及ぼすのか，そしてビジネススクールで教えられるような標準的な**純現在価値 (NPV)** に基づくルールをどのように変更する必要があるのかについて示したいと考える．また，**投資機会**が**金融オプション**とどのように類似しており，それに着目することでどのような評価・分析が可能となるかを示したい．

　本章では，まず，投資の決定を今年行うかあるいは来年行うかという，二つの期間中一度だけ投資の実行が可能であるという単純な例を用いた議論から始める．そして，このような例を用いて，プロジェクトの将来価値が不確実であるとき不可逆性がどのように投資の機会費用をもたらすのか，さらにこの機会費用が投資の意思決定を行う際にどのように考慮されるのかについて見ることにする．また，オプション価格に関する基本的な手法を使いながら投資の意思決定がどのように分析されるのかについても見ることとする．そして，企業に

とっての投資選択の特徴をもう少し詳しく考察し，そのオプションの価値や投資の意思決定が，プロジェクトの将来価値に関する不確実の度合いにどのように依存しているかを確認する．次に，二期間の例を三期間の例に拡張することで投資時期の問題に関するより多くの知見を得て，連続時間の場合における投資のモデル化を行うための準備とする．最後に，投資による収益とは反対に，投資の費用それ自体が不確実である，将来の利子率が不確実である，投資の規模も決定しなければならない，というそれぞれの場合における投資の意思決定の問題を簡単に扱うこととする．

2.1 二期間に渡り不確実性を伴う価格

ある企業が何かの部品を生産する工場に投資するかどうかを決定しようとしているとする．投資は完全に不可逆である，すなわち工場は部品を作るためだけに利用可能であり，もし部品市場が衰退しても，企業は工場を売り払って（いわば「逆投資」を行って）支出を取り戻すことができないものとする．問題を簡単にするために，工場は一瞬にして建設されるものとし，その建設費用は I で，工場は一年に一つの部品を維持管理費無しで永久に作り続けるものとする．現在，部品の単価は\$200であるが，来年になるとこれは変わり，確率 q で\$300に値上がりするが，確率 $(1-q)$ で\$100に値下がりするものとする．ただし，その後の部品の価格は，その新しい水準で一定であるとする．（図 **2.1** 参照．）

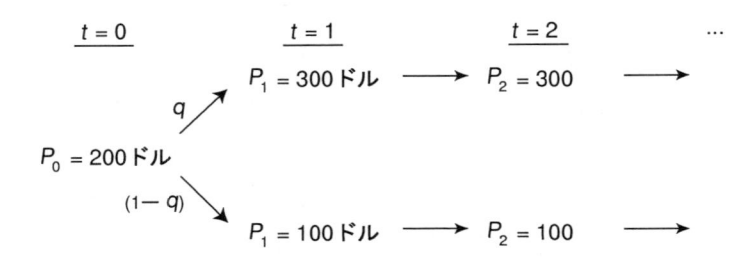

図 **2.1** 製品の価格

さらに問題を単純にするために，部品の将来の価格に対するリスクが十分多様である，すなわち，部品の価格は経済全体の動きの中での出来事とは無関係であると仮定する．それ故，企業は安全資産の収益率，ここでは10%を用いて将来のキャッシュフローの割引き計算を行うものとする．

当面，$I = \$1600, q = 0.5$ とする．(あとで，投資の意思決定がどのよう I と q に依存しているかについても考察する．) I と q がこのように与えられた時，部品工場への投資は妥当であろうか．すなわち，企業は今すぐ投資を実施すべきなのだろうか，あるいは一年待って，部品の価格が上がるか下がるのを見る方が良いのだろうか．まずは，今投資をすると仮定してみよう．部品の単価の将来における期待値は常に\$200であることに注意しながら，標準的な方法を用いると，この投資の**純現在価値 (NPV)** は次式のように計算される．

$$\text{NPV} = -1600 + \sum_{t=0}^{\infty} \frac{200}{(1.1)^t} = -1600 + 2200 = \$600 \tag{2.1}$$

これより，このプロジェクトのNPVが正であることが分かる．部品工場の現在価値（以後，V_0 と記すこととする）は\$2200であり，工場建設費の\$1600を上回る．それ故，われわれはこの投資を進めるべきであるようにみえる．

しかしながら，この結論は正しくない．何故なら，上述の計算では，費用，すなわち，ここで投資を待って部品が値下がりした場合には投資をしないという可能性を残す代わりに今投資を行うことによる**機会費用**が無視されているからである．このことを理解するために，もう一度，このプロジェクトのNPVを計算してみることにする．今度は，今投資を行う代わりに一年待って部品の価格が上がった場合にのみ投資すると仮定する．(実際には，価格が上がった時にだけ投資を行うというのは，事後的な最適である．) この場合のNPVは次式で与えられる[1]．

$$\text{NPV} = (0.5)\left[-\frac{1600}{1.1} + \sum_{t=1}^{\infty} \frac{300}{(1.1)^t}\right] = \frac{850}{1.1} = \$773 \tag{2.2}$$

---

[1] 以後の全ての計算において，結果の米ドル（\$）表記は小数点以下を四捨五入して表している．

(今度は，0 年目（今年）には支出も収入も無いことに注意されたい．一年目（次の年）には，$1600 は部品が$300 に値上がりした場合にのみ投入される．部品が値上がりする確率は 0.5 と仮定している．）部品工場に投資するか否かを決める前に一年待つことにすればこのプロジェクトの NPV は$773 であるのに対し，今投資を実行した場合には$600 に過ぎなかったから，明らかに，今すぐ投資するよりは待つ方が良い．

ここで注意して欲しい点は，今投資するかさもなければ永久に投資しないという選択しか無い場合には，今投資をした方が良いということである．というのは，その場合，一年待つという選択は無いので，そのような選択肢を犠牲にするという機会費用自体が存在せず，標準的な NPV ルールが適用されるからである．同様にして，もし来年部品の価格が下がった場合に投資をやめて$1600 を回収することができるのであれば，やはり今投資を行う方が良い．つまり，NPV の計算に機会費用の概念の導入が必要となるためには，二つ要件が必要となる．一つは投資の非可逆性であり，もう一つは今投資する代わりに将来投資が可能であることである．もちろん，実際には，企業は投資を待てない，あるいはそれ程長くは待てないという状況が存在する．（一例としては，一つの企業の生産規模程度の大きさしかない市場へ，競争相手の参入が予想されている時である．別の例としては，特許もしくは鉱物資源の採掘権の契約期間が満了間近な場合である．）実際，投資を待つ時間的余裕が少ない程，投資を遅らせることによる費用が大きい程，非可逆性は投資の意思決定にあまり影響を与えなくなる．この点については，別の章で，より一般的な投資モデルを構築して検討することとする．

今投資するか永遠に投資しなかというどちらか一方を選ばなければならないという状況に対し，来年投資するという柔軟性を設けることの価値はどのくらいあるのか．（われわれは，今すぐ投資するよりは待つ方を選好しているから，この柔軟性に何らかの価値があることを知っている．）この**柔軟性のオプション**の価値は，簡単に計算することができる．それは，単に二つの NPV の差，すなわち $773 - $600 = $173 である．別の言い方をすれば，今すぐに投資を行

うか永久に行わないかの二つの選択肢しかない中で決断しなければならないという状況において，一年待っても良いというより柔軟な投資機会が与えられるのであれば，$173 を払っても良いと考えるであろう．

柔軟性の価値を調べる別の方法は，「今すぐ投資するか，さもなくば投資しない」という柔軟性の無い機会の代わりに柔軟性のある投資機会を得ることができるとしたら，どこまで高い投資費用 I を受け入れることができるか，という質問をすることである．この質問に答えるために，投資を待つ時のプロジェクトの NPV が，$I = \$1600$ で今すぐに投資を実行する時の NPV，すなわち $\$600$ に等しくなるような投資費用（$\overline{I}$ と記す）を求めてみよう．そのためには，式 (2.2) において，1600 の代わりに $\overline{I}$，773 の代わりに 600 を代入すればよいから，

$$\text{NPV} = (0.5)\left[\frac{-\overline{I}}{1.1} + \sum_{t=1}^{\infty} \frac{300}{(1.1)^t}\right] = \$600 \tag{2.3}$$

となる．これを，$\overline{I}$ について解くと，$\overline{I} = \$1980$ を得る．つまり，建設費は $\$1600$ だが今すぐに部品工場を造るかどうかという決断をしなければならない状況と，建設費 $\$1980$ に上がっても今か来年に工場を造るという決断をすればよいという状況の二つは全く等価である．

最後に，今から一年後に部品を引き渡す**先物市場**が存在し，そこでの受け渡し価格が一年後の価格の期待値，すなわち $\$200$ に設定されていると仮定しよう．この先物市場を利用してヘッジすることができれば，これによってわれわれの投資の意思決定が変えられるであろうか[2]．少し別の言い方をすれば，この先物市場の存在は，投資を一年待つのではなく，今すぐこれを実行する方へ働らきかけるのであろうか．その答えは No である．この答えを導くために，今投資をするとともに先物契約によって価格リスクのヘッジを行うことを考え

---

[2] この例では，リスクは十分多様であると仮定しているので，**先物価格**は将来の価格の期待値に等しいとしている．（もし，部品の価格が市場のポートフォリオと正の相関があるとすれば，先物価格は将来の現物価格の期待値より小さくなる．）もし部品の保管が可能であり，在庫の総計が正であれば，在庫を保有することによる**限界コンビニエント・イールド**（限界便宜収益）は 10% となる必要があることに注意しなければならない．その理由は，先物価格は現在の現物価格に等しいため，純在庫保有費用（10% の利払費用から限界便宜収益を引いたもの）が 0 にならなければならないからである．

よう．価格リスクを完全にヘッジするためには，11個の部品の先物売りを設定する必要がある．これによりリスクを相殺し，来年におけるこのプロジェクトの現在価値の変動を防ぐことができる．(もし部品の価格が$300に上昇すれば，プロジェクトの価値も$3300になるが，先物契約において$1100を失う．逆に，もし価格が$100に下落すると，プロジェクトの価値は$1100になってしまうが，先物契約から$1100を得る．いずれにせよ，最終的にはプロジェクトの純価値は$2200となる．) このことは，プロジェクトの現時点でのNPVが$600 ($2200から投資費用の$1600を引いたもの) であり，ヘッジしない場合とまったく同じであることを意味している[3]．

このように，ヘッジによって利益を得ることは無く，来年まで待って投資の意思決定を行う方が良さそうである．この結果は，**Modigliani-Miller**(1958)**の定理**の一種の変形と見なせる．先物市場における事業運営は財政政策の一形態に過ぎず，倒産の可能性が無ければ，投資の意思決定あるいは企業の**投資機会**の価値に対して，実際に影響をもたらすものではない．

2.1.A 金融オプションとのアナロジー

ここでの投資機会は，普通株のコール・オプションとのアナロジーで考えることができる．われわれは，投資支出（オプションの行使価格に相当）を実行し，価値が確率的に変動するプロジェクトからの利益（株式に相当）を受けと権利を持っている．(あくまで権利であるから，実際にこれを行使する必要は無い．) ここでの簡単な例では，われわれには"**イン・ザ・マネー**(in the money)"，すなわち今日これを実行すれば正の純報酬を得られるというオプションがある．(もし，今日これを実行すれば負の純報酬を得るオプションは，"**アウト・オブ・ザ・マネー**(out of the money)"と呼ぶ．) 既に見たように，仮にオプションが"イン・ザ・マネー"の状態でさえ，これ実行するのを待った方

---

[3] ほとんどの先物市場は，1年ほどを対象して適用される．もし，無限の将来に渡る部品の先物市場が存在するとすれば，等価なヘッジは毎年一つの部品を空売りする，すなわち生産物をすべて先物売りすることである．結果は同じになる．

が良い場合がある．来年，部品の価格が\$300に上昇するなら，\$1600を支払ってこの投資オプションを行使し，$V_1 = \$3300 = \sum_0^\infty 300/(1.1)^t$の価値が生じる資産を受け取ることができるが，逆に\$100に値下がりするのであれば，この資産は\$1100の価値しかないので，この投資オプションは実行されない．

われわれは，既に，投資機会の価値は，実際の投資の意思決定が来年に行われると仮定すると\$773であることを見た．この価値を，標準的なオプション価格の決定方法を使って再度計算してみることはそれなりに有益である．というのも，あとで他の投資問題を分析する際にはそのような方法が用いられるからである．

そこで，F_0が投資機会の今現在の価値，すなわち部品工場の投資に関しオプションを保有するために払っても良いと思われる金額を表すとし，F_1が次の年におけるこの投資機会の価値を表すとする．ここで，F_1は部品の価格に関して何が起こるかに依存する確率変数であることに注意して欲しい．価格が\$300に上がると，F_1 は $\sum_0^\infty 300/(1.1)^t - 1600 = \$1700$に等しくなる．しかし，\$100に下がると，オプションは実行されないので，F_1は0となる．このようにして，F_1が取り得る値を知ることが可能である．問題は，如何にF_0，すなわち現時点におけるオプションの価値を見つけるかということである[4]．

この問題を解くために，投資機会そのものと部品の数という二つの要素から構成されるポートフォリオを設定する．部品の数については，ポートフォリオがリスクを伴わないように，すなわちポートフォリオの価値が，部品が値上がりするか値下がりするかには依存しないように選ぶものとする．ポートフォリオがリスクを伴わないから，保有による収益率が無リスク金利に等しくならなければならない．（何故なら，もしポートフォリオの収益が無リスク金利より大きいのであれば，鞘取引をする人が無リスク金利でお金を借りてポートフォリオを購入することにより，際限なく金儲けをすることができる．逆に，もし

---

[4] この例では，すべての不確実性は次の年に解消される．それ故，次の年には待つというオプションは価値が無くなり，伝統的なNPV基準にしたがって投資が行われる．待つということは，今年だけ意味を持つ．あとの章で，不確実性が完全には解消されず待つというオプションが価値を持ち続ける，より一般的な状況について考察する．

ポートフォリオの収益が無リスク金利を下回るのであれば，ポートフォリオの空売りをして無リスク金利のファンドに投資することで金儲けをすることができる．）ポートフォリオの収益率を無リスク金利に等しいとおくことで，投資機会の時価を計算できる．

具体例として，n 個の部品を空売りする投資機会を持ったポートフォリオを考えよう．（もし，部品が石油のような貿易財であるなら，他の生産者から空売り人の立場を借りたり，あるいは先物市場で思惑売りをする機会を得ることができる．しかしながら，ここでは，このポートフォリオが実際にどのように履行されるかは気にしないこととする．）このポートフォリオの今日の時点での価値は，$\Phi_0 = F_0 - nP_0 = F_0 - 200n$ である．一方，来年における価値は，$\Phi_1 = F_1 - nP_1$ となり，これは P_1 に依存している．もし，P_1 が\$300 になれば，$F_1 = 1700$ となり，$\Phi_1 = 1700 - 300n$ となる．もし，P_1 が\$100 になれば，$F_1 = 0$ となり，$\Phi_1 = -100n$ となる．ここで，

$$1700 - 300n = -100n \tag{2.4}$$

とし，ポートフォリオが無リスクとなるような n，すなわち $n = 8.5$ を選ぶこととしよう．すると，部品の価格が\$300 に上昇しようが\$100 に下落しようが，$\Phi_1 = -850$ となる．

次に，このポートフォリオを保有することで得られる利益を計算してみよう．利益とは，値上がり益 ($\Phi_1 - \Phi_0$) からショート・ポジションを保持するのに必要な支出を引いたものである．来年の期待価格は今年と同じ\$200 であるから値上がり益の期待値はゼロであり，合理的な投資家は，少なくとも10%の利益が得られなければ，反対のロング・ポジションを保持しようとはしまい．したがって，空売りには一部品あたり年間 $0.1 \times P_0 = \$20$ が必要とされる．（これは，有配株の空売りと類似している．ショート・ポジションは配当の支払いを必要とする．何故なら，合理的な投資家であればそのような配当無しではこれと相殺するロング・ポジションを持とうしないからである．）われわれのポートフォリオは部品 8.5 個分の空売りを組み入れているため，総額\$170 の支払いが

必要となる．したがって，このポートフォリオを保有することによる一年あたりの利益は以下のようになる．

$$\begin{aligned}\Phi_1 - \Phi_0 - 170 &= \Phi_1 - (F_0 - nP_0) - 170 \\ &= -850 - F_0 + 1700 - 170 \\ &= 680 - F_0\end{aligned}$$

この利益はリスクを伴わないから，安全資産の収益率（ここでは10%を仮定）にポートフォリオの初期単価 $\Phi_0 = F_0 - nP_0$ を掛けた値に等しくならなければならないから，

$$680 - F_0 = 0.1(F_0 - 1700) \tag{2.5}$$

となる．このようにして，$F_0 = \$773$ と決定することができる．これは，以前，投資をするか否かを決定する前に一年待つという最適な戦略に従うもとで，投資機会のNPVを計算して得た値と同じであることに気づいて欲しい．

以上のように，投資機会の価値，すなわちこのプロジェクトに投資するというオプションの価値は\$773であることが分かった．投資をすること（投資オプションを実行すること）による利益は $\$2200 - \$1600 = \$600$ である．しかし，一度投資をするとオプションは失われる．つまり，\$773は投資の機会費用である．それ故，今現在の投資の全費用は $\$1600 + \$773 = \$2373 > \$2200$ と計算される．結果として，今投資をするよりは，投資の実行を待ってオプションを保持しておくべきである．このようにして，NPVを比較して得られた時と同じ結論を得た．ただし，今度は**投資オプションの価値**を計算し，投資費用の一つとして明示的に考慮している点が先と異なる．

われわれが行った投資オプションの価値の計算は，**安全資産のポートフォリオ**の形成に基づいており，そこでは部品を取引する（ロング・ポジションあるいはショート・ポジションを持つ）ことが必要である．もちろん，その価格がここでの部品の価格と完全に相関を持つ他の資産を利用しあるいは組み合わせてポートフォリオを形成して構わない．しかし，部品の取引を行うことができ

ず，部品の価格のリスクを補う他の資産が無かったらどうすればよいのであろうか．実は，このような場合でも，手始めに計算したような方法でオプションの価値を計算することが可能である．すなわち，各投資戦略（今投資を実行するか，一年待って価格が上昇した時に投資するか）の NPV を比べることにより，最も高い NPV をもたらす戦略を見つけることができる．これは，本質的には動的計画によるアプローチであり，この場合でも全く同じ解が得られる．何故なら，すべての価格リスクは多様であるからである．オプションの価格評価と**動的計画法**の関係については，あとで詳しくみることとする．

2.1.B　投資オプションの特徴

ここまで，投資決定がオプションの実行の決定とどのように類似しているかを見てきた．そして，コール・オプションを評価するのとほとんど同じように投資オプションを評価することができた．ここでは，投資オプションの性質をよりいっそう理解するために，その価値が如何に様々なパラメータに依存しているのかを見ることとしよう．具体的には，オプションの価値並びに投資の決定が，投資の直接費用 I，製品である部品の初期価格 P_0，次の期における部品の価格上昇・下降の程度，次の期に価格が上昇する確率 q を用いて定式化する．

投資費用が変化する場合

これまでは投資の費用 I を\$1600 で固定してきた．I の値がこの数字より大きい，あるいは逆に小さいとすると，投資オプションの価値はどうなるのであろうか．これは，実は既に計算したものと同じ方法で計算することが可能である．それによれば，安全資産のポートフォリオを得るのに必要なショート・ポ

ジョンが，次のように I に依存することが容易に確かめられる[5].

$$n = 16.5 - 0.005I \tag{2.6}$$

これから，投資オプションの現在価値が，次式により与えられる．

$$F_0 = 1500 - 0.455I \tag{2.7}$$

式 (2.7) は，直接の投資費用 I の関数として投資機会の価値を与えるものである．われわれは，既に，もし $I = \$1600$ であれば，今年投資するよりは一年待った方が良いことを見た．それでは，今投資する方が望ましいという戦略をもたらす I の値は存在するのであろうか．

この問題に答えるために，投資から得られる利益が，少なくとも総費用すなわち直接の費用 I に機会費用 F_0 を加えた額と同じである限り，われわれは今投資を行うべきであることを思い出そう．今年投資を実行することによる利益は $V_0 = \$2200$ であるから，もし，$2200 > I + F_0$ であれば今年投資をすべきである．これを F_0 について整理して式 (2.7) に代入することにより，次式を満足する限り今年投資をするべきであることが分かる．

$$I + 1500 - 0.455I < 2200$$

つまり，もし $I < \$1284$ なら，待つよりも今すぐ投資を実行すべきである．その理由は，投資を待つというは一年目の収益をあきらめるということを意味するからであり，この場合には，失われる収益は投資オプションをオープンにしておくことによる機会費用はおろか，使用することによる機会費用をも上回るからである．しかし，もし $I = \$1284$ で $F_0 = \$916 = V_0 - I$ ならば，今年投資を行うか来年まで待つかは無差別となる．（このことは，もし今投資を実行した場合のプロジェクトの NPV と来年まで待つ場合の NPV を比べることに

---

[5] 既に述べたように，次の年におけるポートフォリオの価値は $\Phi_1 = F_1 - nP_1$ である．もし，$P_1 = \$300$, $F_1 = 3300 - I$ ならば，$\Phi_1 = 3300 - I - 300n$ である．もし，$P_1 = \$100$ で，I がとにかく今すぐ投資をした方が良いという程の低い値ではないとすれば，$F_1 = 0$ で $\Phi_1 = -100n$ となる．各々の価格についての想定シナリオに関し Φ_1 を設定することで，n についての式 (2.6) を得る．

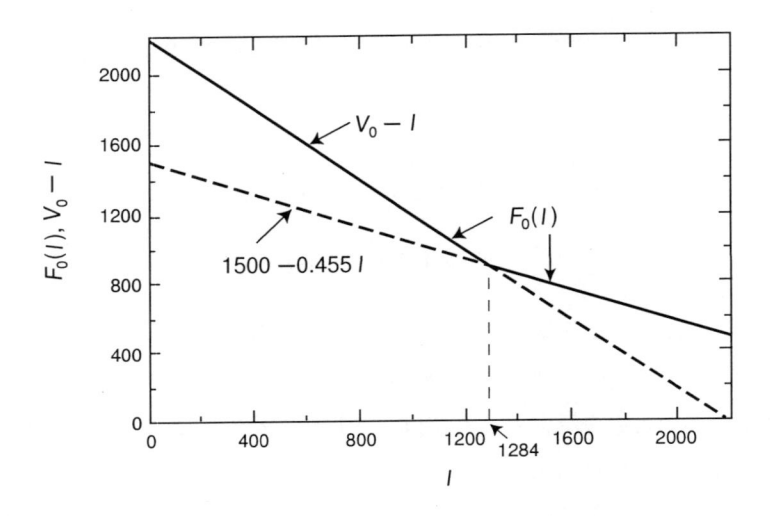

第 2 章 簡単な例題による考え方の整理

図 2.2 工場の投資オプション

よっても導かれる．いずれの場合でも，NPV は \$916 となる．）そして，もし $I > \$1284$ であれば，今は投資をせずに待つ方が良い．

F_0 が I に依存している様子を図 2.2 に示す．この図では，オプション価値 F_0 と今年投資することにより得られる純利益 $V_0 - I$ が，いずれも I の関数として描かれている．$I > \$1284$ ならば，$F_0 = 1500 - 0.455I > V_0 - I$ であり，オプションは依然行使されず維持される．すなわち，投資を実行するかどうかの決定を行う前に，来年まで待つべきである．しかし，$I < \$1284$ ならば，$F_0 = 1500 - 0.455I < V_0 - I$ でありオプションが行使されるから，オプションの価値はちょうど純利益 $(V_0 - I)$ となる．

I が小さい時，迅速な投資により得られる純利益は大きいが，これをオプションの用語では **"ディープ・イン・ザ・マネー"**(deep in the money) と言う．分岐点を超えた十分ディープな領域では，待つことの費用（即時の儲けを犠牲にすること）は待つことによる便益（価格が上昇したか下降したかを見てから最適な決断を行う機会の価値）を上回るため，今すぐ投資を行うのが最適となる．

2.1 二期間に渡り不確実性を伴う価格

```
       t = 0           t = 1              t = 2            ...
                     P₁ = 1.5 P₀  ─────→  P₂ = 1.5 P  ─────→
              ½ ↗
         P₀
              ½ ↘
                     P₁ = 0.5 P₀  ─────→  P₂ = 0.5 P₀ ─────→
```

図 **2.3** 製品の価格

初期価格が変化する場合

再び投資の費用 I を\$1600 に固定させるかわりに，今度は部品の初期価格 P_0 を変化させてみよう．ここでは P_0 がいくらで始まろうが 0.5 の確率で次の年の価格は 50%高くなり，逆に 0.5 の確率で 50%安くなると仮定する．（図 **2.3** 参照．）

投資オプションの価値を評価するために，部品の空売りをするオプションを保持した無リスクのポートフォリオを設定する．このポートフォリオの現時点での価値は $\Phi_0 = F_0 - nP_0$ である．次の年の価値は P_1 に依存する．一方，部品工場の次の年の価値は，$V_1 = \sum_0^\infty P_1/(1.1)^t = 11P_1$ であるが，その価値が投資のコスト\$1600 を超えた時のみ投資を実行する．したがって，$F_1 = \max[0, 11P_1 - 1600]$ である．ここで，P_0 が，もし価格が次の年に値上がりするのであれば（すなわち $P_1 = 1.5P_0$ であれば）投資をすべきで，逆に値下がりするのであれば投資をすべきでない，という範囲にあるとする．(そうでない場合については，あとで簡単に触れる.) すると，部品が値上がりすれば $\Phi_1 = 16.5P_0 - 1600 - 1.5nP_0$ となり，値下がりすれば $\Phi_1 = -0.5nP_0$ となる．この二つケースについて Φ_1 が等しいとおくことにより，無リスクのポートフォリオを作るための n の値が得られる．

$$n = 16.5 - 1600/P_0 \tag{2.8}$$

n をこのように選べば，部品が値上がりしようが値下がりしようが，

$\Phi_1 = -8.25 P_0 + 800$ となる.

ショート・ポジションを保持するには，$0.1 n P_0 = 1.65 P_0 - 160$ だけの支払いが必要であることを思い起こしながら，このポートフォリオによる収益を計算してみよう．すると，収益は $6.60 P_0 - F_0 - 640$ となることが分かる．この収益にはリスクが無いので，$0.1 \Phi_0 = 0.1 F_0 - 1.65 P_0 + 160$ に等しくなければならない．これを F_0 について解くことにより，投資オプションの価値に関する次式を得る．

$$F_0 = 7.5 P_0 - 727 \tag{2.9}$$

ここまで，次の年に部品が値上がりする場合にのみ投資を行うという仮定のもとで，投資オプションの価値を計算してきた．しかし，P_0 が低いために投資を行う気にならない場合や，逆に P_0 が高いために待つより直ちに投資を実行したくなるような場合はどうなるのであろうか．あるいは，P_0 がいくら未満なら，もはや投資を行おうとは考えないのだろうか．式 (2.9) から，$7.5 P_0 = 727$ つまり $P_0 = \$97$ であれば，$F_0 = 0$ であることが分かる．

もし，P_0 が\$97 未満なら，たとえ 50% の確率で次の年に部品が値上がりしても，V_1 は投資費用\$1600 よりも少なくなる．

それでは，待つよりは直ちに投資を実行すべきであるための最低の P_0 はいくらだろうか．ここで，部品工場の現在価値 V_0 が，総費用 $\$1600 + F_0$ を超えるのであれば，直ちに投資を実行すべきであることを再確認しておきたい．$V_0 = 1600 + F_0$ を満足する臨界価格を P_0^* で表すこととすれば，$P_0^* = 1600 + 7.5 P_0^* - 727$ を満足するから，$P_0^* = \$249$ となる．したがって，もし P_0 が\$249 を超えると，待つより直ちに投資した方が儲かる．すなわち，オプションは十分ディープ・イン・ザ・マネーであり，待つことによる費用（最初の期間の利益の遺失）が待つことによる便益を上回る[6].

---

[6] 読者は，今すぐ投資をするというのは，来年部品が値上がりするか値下がりするかにかかわらず投資を行う，ということを意味するものであると考えるかも知れない．しかし，実際は，直ちに投資するための臨界価格はずっと低い．もし今年は投資をせずに待つとすると，来年 $V_1 - 1600 = 11 P_1 - 1600 > 0$ となる，すなわち部品が $P_1 = 0.5 P_0$ へと値上がりするのな

表 2.1　投資オプションの価値と投資ルール

領域	オプション価値	最適投資ルール
$P_0 \leq 97$	$F_0 = 0$	投資しない
$97 < P_0 \leq 249$	$F_0 = 7.5P_0 - 727$	期間 1 に値上がりしていた場合にのみ投資する
$P_0 > 249$	$F_0 = 11P_0 - 1600$	期間 0 で投資する

ここまで，投資オプションの価値を探ることで臨界価格を得たが，今投資した場合のプロジェクトの NPV と来年まで待った結果による価格に基づき投資の意思決定を行う場合の NPV を，それぞれ P_0 の関数として表し，それらが等しいとおくことにより求めることもできる．(これについては，読者の例題とする．)

このように，投資オプションの価値は，現在の部品の価格 P_0 の区分的線形関数となり，最適投資ルールも同様にして P_0 に依存することとなる．もし，$P_0 \leq \$97$ であれば，$F_0 = 0$ となり，投資を行うべきでない．もし，$\$97 < P_0 \leq \$249$ であれば，$F_0 = 7.5P_0 - 727$ となり，一年待ってもし部品が値上がりすればその時点で投資を行うべきである．もし，$P_0 > \$249$ であれば，$F_0 = 11P_0 - 1600$ となり，直ちに投資を行うべきである．これらの結論を**表 2.1** にまとめておく．

図 2.4 は，F_0 を P_0 の関数として描いたものである．ここでの選択は今投資を行うか，さもなくばこれから先ずっと投資を行わないかの二つであるとしよう．すると投資オプションは，ゼロと $11P_0 - 1600$（部品工場の現在価値 V_0 から工場の建設費 \$1600 を引いた分）のいずれか大きい値の分だけその価値を

ら，$5.5P_0 - 1600 > 0$，つまり $P_0 > \$291$ が満足されさえすれば投資を実行するのであり，これは臨界価格 $P_0^* = \$249$ を上回っている．このように誤った直感をもたらす原因は，今投資を実行すれば今年の収益を得ることができるということを無視している点にある．実際，ある P_0 について，例えば P_0 が \$260 であるとして計算してみれば，仮に来年部品が値下がりしたことが分かった時点では投資を行わないことを決断するという場合においてさえも，今投資を実行した方が有利であることが理解されよう．

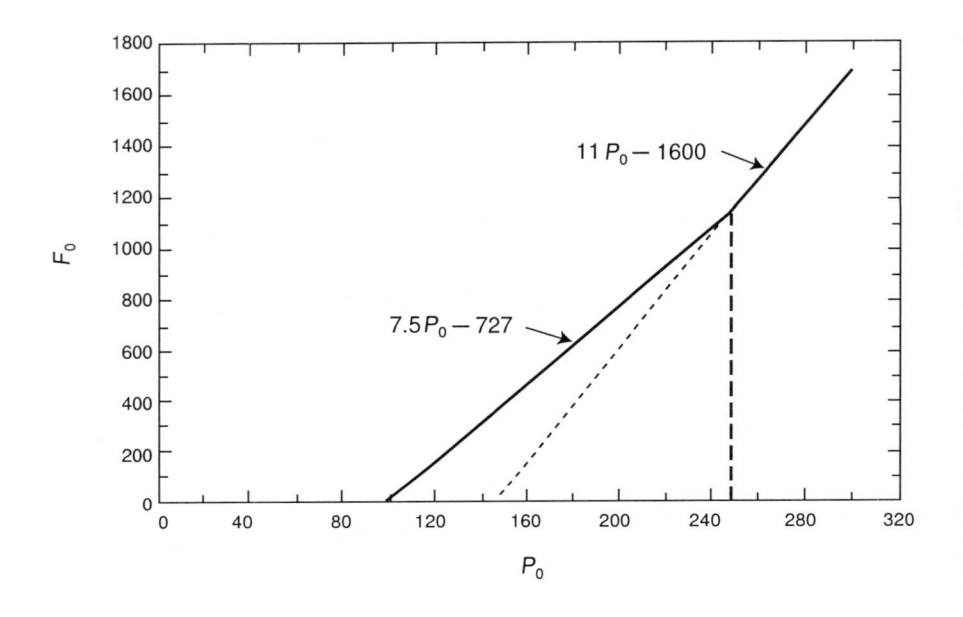

図 2.4 初期価格の関数としての投資オプションの価値

持つ．(ちょっとした金融の専門用語では，オプションの**実体価値**と呼ばれ，ゼロとオプションが直ちに実行された場合の価値とのいずれか大きい方の値を指す．) $11P_0 > \$1600$ である限り，つまり $P_0 > \$146$ である限り投資を実行する．$P_0 > \$249$ の時，投資オプションの価値は実体価値 $11P_0 - 1600$ となる．何故なら，待つのではなく今投資を実行するのが最適であるからだ．それ故，$11P_0 - 1600$ は P_0 の値が\$249 より大きいところでは実線で示されている．しかし，$P_0 < \$249$ ではオプションの価値は $11P_0 - 1600$ よりも大きいため，投資オプションは少なくとも来年まではそのまま実行されないこととなる．

図 2.4 を見てわかるように，F_0 は P_0 の凸関数であり，オプションの最適の行使点（今の例では\$249）までは，F_0 が今オプションを行使することで得られる純利益 $V_0 - I$ に等しいかあるいはそれより大きくなっていることに注意して欲しい．あとでも述べるように，投資オプションの価値は，一般的に同様の特徴を持っている．

価格変化の確率が変化する場合

ここまでは，部品が来年値上がりする確率は 0.5 であると仮定してきた．しかし，投資オプションの価値が，確率 q にどのように依存しているかを求めることも可能である．これを求めるために，ここでは部品の初期価格 P_0 は任意の適当な値であるが，投資費用 I は\$1600 で一定であるとしよう．そうすると，これまでと同様の手順にしたがってオプションの価値と最適投資ルールを求めることが可能である．

読者は，無リスクのポートフォリオを作るためには，ショート・ポジションが $n = 8.5$ に設定されており，それは q に依存しないことを確かめることができよう．(実際，n は期間 1 におけるポートフォリオの価値 Φ_1 に依存するが，ポートフォリオの価値が実際にそれぞれの値をとる確率には依存しないことから，これを容易に確かめることができる．) しかし，ショート・ポジションを保持するための支払い額は q に依存する．何故なら，部品を保有することによって得られる期待値上がり益は q に依存するからである．このことを計算するために，$\mathcal{E}_0(P_1)$ が，期間 0 における知識に基づく来年の部品価格の条件付き期待値を表すものとする[7]．したがって，$\mathcal{E}_0(P_1) = (q+0.5)P_0$ であり，一つの部品あたりの期待値上がり益は $[\mathcal{E}_0(P_1) - P_0]/P_0 = q - 0.5$ となる．そして，ショート・ポジションに必要となる支払い額は一つの部品あたり $[0.1-(q-0.5)]P_0 = (0.6-q)P_0$ である．$\Phi_1 - \Phi_0 - (0.6-q)nP_0 = 0.1\Phi_0$，$n = 8.5$ とおくことで，$P_0 > \$97$ ならオプションの価値は次式で与えられることが分かる．

$$F_0 = 15qP_0 - 1455q \qquad (2.10)$$

$P_0 > \$97$ なら q が増えるとともに F_0 も増えることに気づくであろう．この結

---

[7] $\mathcal{E}$ を確率変数の期待値（平均値）を表す文字として使用し，$\mathcal{E}$ の時点を示す添え字は，期待値がその時点における利用可能な情報に基づく条件付きであることを示すものとする．同様に，$\mathcal{V}$ を分散を表す文字として使用する．これらの記号は，本書の中では首尾一貫して用いている．他の表記についてはそれぞれの章，場合によっては節のみで統一されて使用されていることもある．重要な記号については，巻末の用語集でそれが何を示すのかを収録している．

果は期待されたとおりである．何故なら，q が大きいということは部品が値上がりする確率が高いことを意味し，投資のオプションが実行される確率が高いことを意味するからである．もし，$P_0 \leq \$97$ なら部品が値上がりするか値下がりするかに関わらず決して投資を実行しないから，$F_0 = 0$ である．

それでは，投資の意思決定はどのように q に依存しているのであろうか．ここで，$F_0 > V_0 - I$ である限り今投資を実行するよりはこれを待った方が良いことを思い出して欲しい．この場合，$V_0 = P_0 + \sum_1^\infty (q+0.5)P_0/(1.1)^t = (6+10q)P_0$ となる．したがって，$15qP_0 - 1455q > (6+10q)P_0 - 1600$, すなわち $P_0 < P_0^* = (1600 - 1455q)/(6 - 5q)$ である限り，投資を待った方が良い．今度は，q が増加するに従って P_0^* は減少する，すなわち部品の値上がりの確率が高くなればなるほど企業が進んで投資を行うようになることに気が付いただろうか．これは，何故だろう．待つことの費用は今期部品を売れないために失われた利益であり，P_0 が高くなればこれも増える．一方で，q が高いということは来年悪い結果になることがあまり無いということを意味するから，待つことの価値を減少させる．したがって，q が高ければ，少しくらい P_0 が小さくても，待つことの費用が待つことの価値を上回ることになる．

価格に関する不確実性が増加する場合

部品の値上がり確率 q 以外のパラメータを固定して q のみ変化させた場合には，期間 1 における期待価格が変化することを見たが，ここでは部品の期待価格は P_0 で一定とし，期間 1 における価格の分散が大きくなるように価格の領域が変化するとしよう．P_1 の分布に関して**平均を保持したスプレッド**（価格差/価格帯）を仮定すると，投資オプションの価値 F_0 や，投資を待つのではなくすぐに実行することが最適となるための初期価格の下限（臨界価格）P_0^* は，どのような影響を受けるのであろうか．

これまで同様，q は 0.5 であると仮定する．ただし，期間 1 における価格は，これまでのような 50% ではなく 75% の幅で上下するものと仮定する．これにより，P_1 の**分散**は大きくなるが，その期待値は依然として P_0 のままに

留まる．F_0 を計算するために，これまでと同様の手順にしたがって無リスクのポートフォリオを形成し，その収益率が無リスク資産の収益率に等しくなるようにする．ここでも，ポートフォリオはロング・ポジションで投資オプションを実行し，ショート・ポジションで n 個の部品を空売りするものとしよう．すると，その価値は $\Phi_0 = F_0 - nP_0$ となる．期間 1 において部品の価格が $1.75P_0$ に上昇すると，プロジェクトの価値は $V_1 = 11P_1 = 19.25P_0$，Φ_1 は $19.25P_0 - 1600 - 1.75nP_0$ となり，逆に部品の価格が $0.25P_0$ に下落すると Φ_1 は $-0.25nP_0$ となる．両方の場合について Φ_1 が等しいとおき，n について解くと，

$$n = 12.83 - 1067/P_0 \tag{2.11}$$

を得る．このとき，$\Phi_1 = -3.21P_0 + 267$ となり，Φ_1 は P_1 に依存しない．ショート・ポジションでは $0.1nP_0 = 1.28P_0 - 107$ の手数料が必要なことを思い出すと，ポートフォリオによる収益は $8.34P_0 - F_0 - 693$ となる．これが $0.1\Phi_0 = 0.1F_0 - 1.28P_0 + 107$ に等しいとおいて F_0 について解くと，

$$F_0 = 8.75P_0 - 727 \tag{2.12}$$

となる．もし P_0 が \$200 であると F_0 は \$1023 となり，価格が 50％しか変動しないとして求めた \$773 よりかなり大きな値となっている．何故，不確実性が増すとオプション価値が上がるのだろうか．それは，価格が下落した場合にはオプションを実行しなければ良いので，利益の下限はゼロのままにしておいて，より高い利益が得られる可能性を増やすことができるからである．

投資を待つのではなく今すぐに実行するのが最適であることを保証する初期価格の下限，すなわち臨界初期価格 P_0^* についても同様に計算することができる．それは，部品工場の現在価値 $V_0 = 11P_0$ と総費用 \$1600 + F_0 が等しいとおくだけで求められる．F_0 に式 (2.12) を代入すると，$P_0^* = \$388$ が得られる．これは，先に得られた \$249 よりはるかに大きな値である．オプションの価値は大きくなっているので，投資を待つのではなくこれを実行することの機会費用

も大きくなり，結果として，待つことにインセンティブが働くことになる．

"Bad News" 法則

部品が値上がりする確率 q とその価格の変動幅の両方を変化させることで，より踏み込んだ考察も可能である．すなわち，部品の価格変化が上向きであるという "Good News"（良い知らせ）と下向きであるという "Bad News"（悪い知らせ）が，それぞれ，臨界価格 P_0^* にどのような影響を与えるかが明らかになる．（前の例では，部品が値上がりすると臨界価格も上昇し，値下がりすると臨界価格も下降した．）具体的には，臨界価格 P_0^* は価格の下降の大きさにのみ依存し，上昇の大きさには依存しないことが示される．その理由は，われわれが投資を待つのは，まさにそれによって悪い結果を避けることが可能となるからである[8]．

ここでは，初期価格は P_0 であり，1期における価格は，以下のように変化するとしよう．

$$P_1 = \begin{cases} \text{確率 } q \text{ で} & (1+u)P_0 \\ \text{確率 } 1-q \text{ で} & (1-d)P_0 \end{cases}$$

話を一般的にするために，投資費用を I とする．この場合，今すぐに投資をした場合の NPV は，

$$\text{NPV} = -I + P_0 + q\sum_{t=1}^{\infty}\frac{(1+u)P_0}{(1.1)^t} + (1-q)\sum_{t=1}^{\infty}\frac{(1-d)P_0}{(1.1)^t} \qquad (2.13)$$
$$= -I + 10[1.1 + q(u+d) - d]P_0$$

となる．一方，投資を待つことにした場合の NPV は

$$\text{NPV} = \frac{1}{1.1}\{q\max[0, -I + 11(1+u)P_0] + (1-q)\max[0, -I + 11(1-d)P_0]\} \qquad (2.14)$$

---

[8] "Bad News Principle" という命名は，**Bernanke**(1983) によるものであり，そのアイデアは Cukierman(1980) にも見られる．

となる．投資を実行するか待つかの判断が無差別な P_0 は，部品が期間 1 に値上がりする際には投資を促し，値下がりする際には投資をしないことを促す範囲にあることが，簡単に分かる．(直感的にも明らかであろう．)

この場合，式 (2.14) の NPV は，次式のように簡単に式変形される．

$$\text{NPV} = \frac{q}{1.1}[-I + 11(1+u)P_0] \tag{2.15}$$

式 (2.13) による投資を今実行する場合の NPV と，式 (2.15) による待つ場合の NPV が等しいとおいて，P_0 について解くと，次式を得る．

$$P_0^* = I\left(\frac{0.1}{1.1}\right)\left(\frac{0.1 + (1-q)}{0.1 + (1-q)(1-d)}\right) \tag{2.16}$$

式 (2.16) には，重要な意味が込められている．それは，P_0^* は価格の上昇の大きさ u に依存せず，価格が下がる大きさ d とその確率 $(1-q)$ のみに依存しているということである．また，d が大きければ大きいほど限界価格 P_0^* も大きくなるということも重要である．ここで，P_0^* は投資を待つことに対してインセンティブを与える「悪い知らせ」の大きさを示すものであると考えることができる[9]．

P_1 の**平均を保持したスプレッド**の場合の影響についても，既に見たよりも一般的な方法で考察することが可能である．$q = d/(u+d)$ と仮定すると，$\mathcal{E}(P_1) = P_0$，$\mathcal{V}(P_1) = udP_0^2$ となる．したがって，u と d を同じ割合で増加させると，q と $\mathcal{E}(P_1)$ を変化させずに P_1 の分散を大きくすることができる．式 (2.16) から，q を変えずに d を増加させれば P_0^* も増加することを確認して欲しい．このように，P_1 の期待値をそのままにして価格帯を変化させた場合には，待つインセンティブが高くなることが分かる．

---

[9] 現時点での利潤が負で，企業が投資の引き上げ，すなわちプロジェクトの破棄という大きな費用を伴う行動について悩んでいる場面では，悪い知らせの法則は良い知らせの法則へ変わる．すなわち，事態が好転する確率あるいは好転の度合いが大きくなればなるほど，投資からの撤退という決断を先延ばしにするインセンティブが働く．第 1 章における自殺の例を思い出して欲しい．そこでは，悪い結果が予想されているときに，それがさらに悪くなっても自殺の動機を高めるものではなかった．しかし，良い結果が予想されているときにそれがさらに良くなると，生きている価値は増大するのであった．

2.2 三期間への拡張

これまでの例では，1期の価格は不確実であるが，それ以後は1期に新たに実現した価格がそのまま続くという意味で不確実性は無いという非現実的な仮定をおいてきた．しかし，実際の多くの市場では，将来の価格は常に不確実であり，計画の対象とする期間において時間とともに価格の不確実性は増して行く．別の言い方をすれば，仮に将来における部品の価格の期待値が現在の値に等しくても，一般に，価格の分散は時間が先になるにつれて大きくなる．本書のあとの方では，同じような方法で価格の確率的な進化をモデル化する．しかし，ここではより簡単な例として，投資の意思決定が行われる期間を三期間へと拡張することで，投資の問題が持つ本質について新たな知見を得ることとしたい．

これまで同様，$t=0$ において部品の値段は P_0 で始まり，$t=1$ において 0.5 の確率で，50%値上がりもしくは値下がりし，$P_1 = 1.5P_0$ もしくは $P_1 = 0.5P_0$ となるものとする．さらに，$t=2$ においても同じように等確率で価格が50%変動するものとする．すると，P_2 については，$P_2 = 2.25P_0, 0.75P_0, 0.25P_0$ の3通りが実現し得る．その後 $t \geq 2$ において価格は一定とする（**図 2.5** 参照）．なお，ここでも投資費用 I は \$1600 で一定とする．

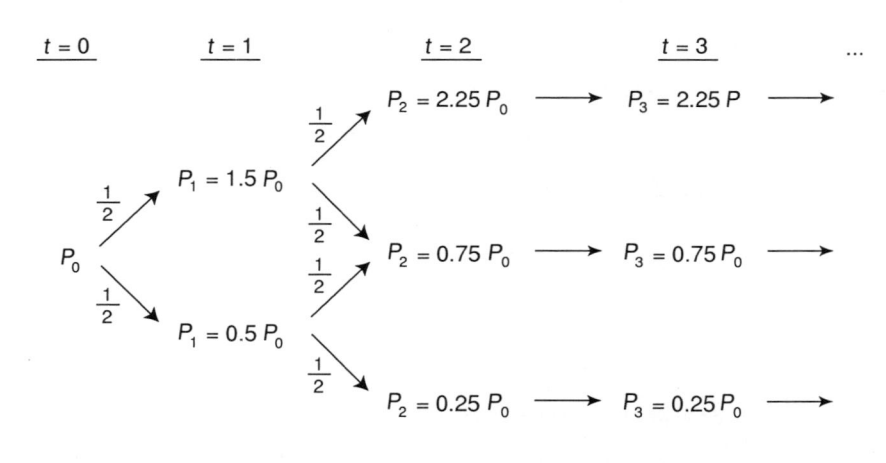

図 2.5 製品の価格

価格が不確実な期をもう一期追加するだけで，ここで考えている投資の問題はかなり複雑になる．その理由の一つは，今度は意味のあるものだけでも5つの投資戦略があり得，これをすべて考慮しなければならないからである．具体的には，(i) 今すぐ投資を行う，(ii) 一年待って部品が値上がりしていれば投資を行うが，値下がりしていたら以後は投資を行わない，(iii) 一年待って部品が値上がりしていれば投資を行うが，値下がりしていたらもう一年待って，次に部品が値上がりしていたら投資を行う，(iv) 二年待って，それぞれの年で部品が値上がりした場合にのみ投資を行う，(v) 投資は行わない，である．どのルールが最適かは，部品の初期価格，投資費用に依存し，それぞれのルールに関して投資オプションの価値を計算する必要がある．もう一つ問題を複雑にする要因は，無リスクのポートフォリオを形成して投資オプションの価値を計算する際に，そのポートフォリオの構成が二年の間で一定ではなくなる，つまり $t=1$ において部品の価格が変化するとショート・ポジションの部品の数を変えなければならないという点にある[10]．

オプション価格の方法を用いてこの問題に迫ってみよう．ここでは，最適ルールとともに $t=0$ におけるオプションの価値 F_0 を部品の初期価格 P_0 の関数として知りたい．計算の仕方は，時間を後ろに遡っていけば良い．$t=1$ において，まず $P_1 = 0.5P_0$ とし，次に $P_1 = 1.5P_0$ として，いずれの場合にもまだ投資を行っていないという仮定のもとで別々に投資の問題を解くこととする．どちらの場合においても，無リスクのポートフォリオを作ってその配当を計算することで，$t=1$ における投資オプションの価値 F_1 が決定される．$P_1 = 0.5P_0$ 及び $P_1 = 1.5P_0$ のそれぞれの場合について投資オプションの価値 F_1 が計算されたら，$t=0$ に戻って再度無リスクポートフォリオを作って配当を計算することで，投資のオプション価値 F_0 が計算される．

$t=1$ において $P_1 = 0.5P_0$ で，P_0 が，2期において部品が値上がりしたら

---

[10] ポートフォリオの構成を取引を繰り返しながら変えることによりリスク無しの状態に保つ方法は，**動的ヘッジ戦略**と呼ばれ，金融経済の分野でも非常に重要なトピックである．連続時間という，より一般的な設定における分析方法については，第4章並びに第5章において説明する．

投資を実行するが値下がりしたら実行しないという戦略が最適となるような範囲にあるとする．ここで，この投資のオプションと n_1 個の部品の空売り契約を持つポートフォリオを設定する．このポートフォリオのオプション価値は $\Phi_1 = F_1 - n_1 P_1$ である．2期に部品が $0.75 P_0$ に値上がりすると投資が実行されるから，F_2 は $\sum_0^\infty 0.75 P_0/(1.1)^t - 1600 = 8.25 P_0 - 1600$ に等しくなり，Φ_2 は $8.25 P_0 - 1600 - 0.75 n_1 P_0$ となる．もし2期に部品が $0.25 P_0$ に値下がりすると投資は実行されないので，F_2 は 0 となり，Φ_2 は $-0.25 n_1 P_0$ となる．この二つの場合における Φ_2 が等しいとおくことで，$n_1 = 16.5 - 3200/P_0$ であればポートフォリオは無リスクとなることが分かる．そのとき，Φ_2 は部品が値上がりしようが値下がりしようが $800 - 4.125 P_0$ となる．ポートフォリオによる配当 $\Phi_2 - \Phi_1 - 0.1 n_1 P_1$ を計算し，無リスク資産のからの収益 $0.1 \Phi_1$ に等しいとおくと，投資オプションの価値が $F_1 = 3.75 P_0 - 727.3$ として求められる．これから，$P_0 = 193.94$ のとき，$F_1 = 0$ となる．したがって，$P_0 < 193.94$ でなおかつ1期に部品が値下がりすると，投資は実行されない．

1期に部品が値上がりした，すなわち $P_1 = 1.5 P_0$ となった場合にも同様の計算をしてみて欲しい．すると，ポートフォリオを無リスクにするためにはショート・ポジションで $n_1 = 16.5 - 1067/P_0$ が必要となり，投資オプションの価値は，$F_1 = 11.25 P_0 - 727.3$ となる．この場合，$P_0 = 64.65$ のとき $F_1 = 0$ となる．したがって，$P_0 < 64.65$ なら，たとえ2つの期のそれぞれにおいて部品が値上がりしようとも，投資は実行されない．今度は，2期まで待たず，1期で投資を実行するとしよう．すると，純収益は $V_1 - I = 11(1.5 P_0) - 1600$ となる．これが F_1 に等しいとおいて P_0 について解くと，$P_0 = 166.23$ を得る．したがって，$P_0 > 166.23$ なら，1期の時点で部品が値上がりしていたらそれ以上は待たずにただちに投資を実行すべきである．

以上のように F_1 が分かり，また，まだ投資を実行していないという仮定のもとで，P_1 についてのあり得る二つの結果それぞれを考慮した最適投資戦略が分かった．したがって，無リスクポートフォリオを設定して収益を計算することで F_0 が求められる．ただし，最適投資は P_0 に依存するから，P_0 に

2.2 三期間への拡張

表 2.2　投資オプションの価値と投資ルール

領域	オプション価値	最適投資ルール
$P_0 \leq 64.65$	$F_0 = 0$	投資しない
$64.65 < P_0 \leq 166.23$	$F_0 = 5.11P_0 - 330.6$	期間 1・2 の両方で値上がりすれば，期間 2 に投資する．
$166.23 < P_0 \leq 193.94$	$F_0 = 7.5P_0 - 727.3$	期間 1 で値上がりすれば投資し，値下がりすれば投資しない．
$193.94 < P_0 \leq 301.19$	$F_0 = 9.2P_0 - 1057.9$	期間 1 で値上がりすれば投資する．期間 1 で値下がりすればもう一期待ち，期間 2 で値上がりすれば投資する．
$P_0 > 301.19$	$F_0 = 11P_0 - 1600$	期間 0 に投資する．

応じて F_0 の計算を行う必要がある．すなわち，$64.65 < P_0 \leq 166.23$ であれば，0 期・1 期の両方で部品が値上がりしたときのみ，2 期に投資を実行する．$166.23 < P_0 \leq 193.94$ であれば，0 期に部品が値上がりすれば 1 期に投資を実行するが，値下がりすればその後は投資を行わない．$P_0 > 193.94$ であれば，0 期に部品が値上がりすれば 1 期に投資を実行するが，値下がりすればもう一期待ち，1 期に値上がりすれば 2 期に投資を実行する．読者の理解を助けるために，**表 2.2** にこれらの解を整理して示す．

図 2.6 は，F_0 を P_0 の関数として描いたものである．二期間のモデルと同様に区分的線形関数であるが，最適戦略に対応する区分はより細かくなっている．ここでも，投資を今すぐ行うか，さもなくばこから先ずっと投資を行わないかの二つの選択肢しかないとしてみよう．すると投資オプションの価値は $11P_0 - 1600$ となり，$11P_0 > \$1600$ である限り，つまり $P_0 > \$146$ である限り投資を実行すべきであるとの結論が得られる．また，$P_0 = \$301.19$

第 2 章 簡単な例題による考え方の整理

[図: 初期価格 P_0 の関数としての投資オプションの価値 F_0。$11P_0 - 1600$ の直線が示されている。]

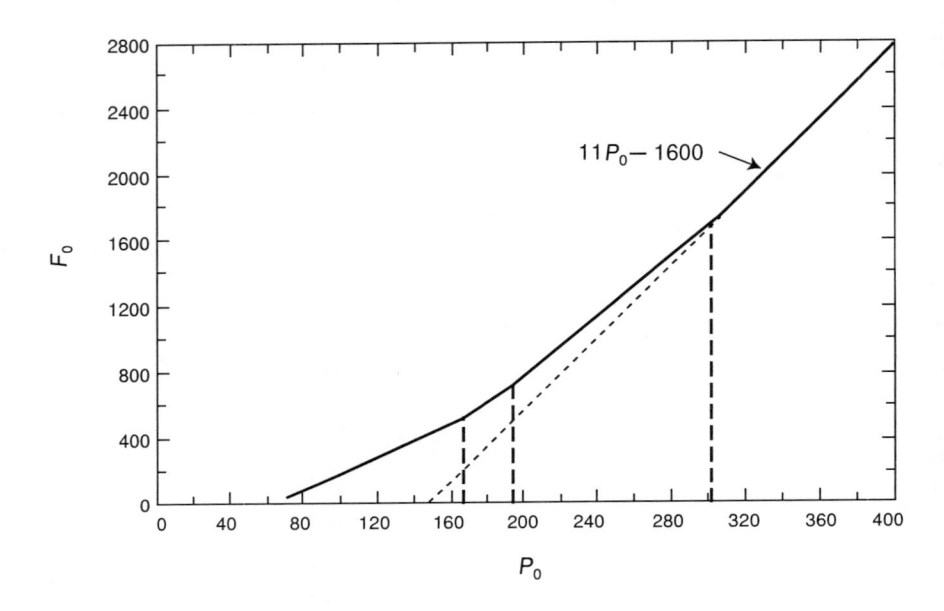

図 2.6 初期価格の関数としての投資オプションの価値

まではオプションの価値があることも分かる．何故なら，$P_0 = \$301.19$ では，$F_0 = 9.2P_0 - 1057.9 = 11P_0 - 1600$ となるからであり，これを P_0 が超えると，今すぐ投資を実行すべきとなるからである．そのような訳で，$P_0 > 301.19$ に対し $F_0 = 11P_0 - 1600$ は実線で描かれており，$146 < P_0 < 301.19$ に対しては点線で描かれている．ここでも，F_0 は P_0 の凸関数であり，オプションの最適の行使点（この例では\$301.19）までは，F_0 が，今オプションを行使することで得られる純利益 $V_0 - I$ に等しいかあるいはそれより大きくなっていることに注意して欲しい．

二期間の場合同様，F_0 と最適実行可能点 P_0^* が 投資費用 I と価格の分散に依存していることは容易に示すことができる．例えば，価格の期待値をそのまま固定してその価格の分散を大きくすれば，オプションの価値も大きくなるとともに限界実行価格 P_0^* も大きくなることが示せる．読者も，例として，各期における価格の上限を図 2.5 に示した 50% ではなく 75% に設定することで，

これを確かめられたい．

$t = 3$ における価格が 50% で上下するとして，四期のモデルへの拡張も可能である．可能性のある P_2 を列挙し，それぞれの場合に対して F_2 を計算し，時間を逆にたどってそれぞれの P_1 に対する F_1 を計算し，最終的 F_0 を計算することで可能である．このようにして，五期，六期などへと拡張が可能である．それとともに，F_0 のグラフはより多くの点で折り曲がる形となる．第 5 章では，期間の数を大きくすることで，F_0 のグラフが 0 から始まって今すぐ投資を実行した場合の純利益である $V_0 - I$ と交わる滑らかな曲線となることが示される．実際，二本の線は接し，その接点は今すぐ投資を実行するのが最適であるための臨界 P_0^* を示す．

しかしながら，期の数をどんどん増やすのは，むやみに問題を複雑にするだけであり，あまり得るものが大きくない．というのも，最終的に知りたいのは，価格が将来の任意の時点で上昇したり下降したりするような場合についてであるからである．

本書第 5 章では，投資による利益が時間に対し連続的に変化するようなモデルへ拡張する．そこで見るように，連続時間による方法は非常に有効でしかも極めて単純である．しかし，そのためには，確率過程や，確率過程における関数の微分や積分に関する基本となる法則を与える**伊藤の定理**を理解する必要がある．これらは経済学や金融の分野でも幅広く用いられるようになってきており，投資時期の決定の問題からオプションの評価の問題まで，広範囲における有用な分析手段を提供してくれる．本書第 3 章並びに第 4 章には，これらに馴染みのない読者のためのガイドを手引きとして用意している．

2.3 費用に関する不確実性

もう一度，簡単な二期間のモデルに話を戻し，これまで扱わかなかった不確実要因について検討しよう．この節では，投資費用に関する不確実性を取り扱うこととする．投資費用に関する不確実性は，とりわけ建設に時間を要する大

規模プロジェクトにおいて重要となる．技術や規制に関する不確実性のために，費用の総額を予測することが非常に困難な**原子力発電プラント**や大規模石油化学コンビナートの建設，新規エアラインの開設，大規模な都市開発プロジェクトなどがその例である．また，大規模であることは必要条件ではなく，ほとんどの研究開発プロジェクトは費用に関するかなりの不確実性を伴うものであり，製薬会社による新薬の開発などはその例である．

　ここでも，本章で扱ってきた二期間のモデルを扱うこととし，部品の現在の価格は$200であり，この先もずっと$200であることを知っているとする．しかし，部品工場の建設に必要な直接費用Iがよく分かっていないものとする．

　費用Iに関する不確実性について，二つの異なる原因を考えることができよう．まず，第一は，部品工場はその建設に鉄や銅，労働等を必要するが，これら建設のための投入要素の価格は時間に従い確率的に変動するものである．ここでは，そのような不確実性を**投入要素の費用に関する不確実性**と呼ぶことにする．第二は，いずれ政府が予期せぬ規制の変更を実施するかも知れず，それが建設のための投入要素の必要量を変えるかも知れないという不確実性である．例えば，新たな安全基準により労働者の数を増やさなければならなくなるとか，環境基準の変更によってより多くの資金が必要となるといったことが考えられる．このように，仮に現時点でのIの値が既知であっても，来年の値が不確かであることは十分にあり得ることである．

　既にお気づきの読者もいようが，この種の不確実性も，投資から得られる収益Vに関する不確実性同様，投資の意思決定に影響を与える．それは，投資を待たず今実行することの機会費用を生むからである．結果として，伝統的な計算によるNPVでは正の値を示しても，投資を開始するにはまだ不十分であると判断される場合があり得る．

　一つの例として，現時点における建設費Iは$1600であるが，来年，それぞれ0.5の確率で$2400に値上がりするか$800に値下がりするものとする．これまで同様，利子率は10%とする．このとき，今すぐに投資を実行すべきであろうか，あるいは来年まで待つべきであろうか．今投資を実行すると，式(2.1)

によって与えられる NPV は $-\$166 + \$2200 = \$600$ となる．NPV は正であるが，ここでも機会費用が無視されている．このことは，今投資は実行せず，建設費が\$800 に値下がりした時にのみ投資を実行するという事後的な最適化に従って投資を実施した場合の NPV を計算すると理解できる．この場合，NPV は次式で求められる．

$$\text{NPV} = (0.5)\left[\frac{-800}{1.1} + \sum_{t=1}^{\infty}\frac{200}{(1.1)^t}\right] = \frac{700}{1.1} = \$636 \tag{2.17}$$

（0 年目には支出も収入にもない．1 年目に建設費 I が\$800 に下がった時（その確率は 0.5）にだけ投資を実行する．）投資の意思決定を行う前に一年待つことにすれば，プロジェクトの NPV は\$636 となり，待つ方が今すぐ投資を行うより明らかに優れている．

ここまでの話では，不確実性は常に投資を先延ばしにする，あるいは，投資が見合うための収益率を高くする方へ働くかのように思われるかも知れないが，決していつもそうだとは限らない．もし投資が情報をもたらすのであれば，不確実性は投資が見合うために必要とされる収益率を下げる可能性もある．一例として，プロジェクトを完了するための物理的な困難に関して不確実性が存在する場合を考えよう．この種の不確実性を，ここでは**技術的不確実性**と呼ぶことにする．各投入要素の価格が既知であるとするとき，最終的にはどれだけの時間と労力，そして材料がプロジェクトを完了させるために必要とされるのだろうか．このような不確実性は，実際にプロジェクトを実行し，完成させて初めて解消されるものである[11]．というのも，プロジェクトが進行するにつれて，実際の費用や建設に要する時間は明らかになってくるからである．すなわち，プロジェクトの進行が何らかの問題によって妨げられたり，あるいは逆に予定よりも早くなったりすることにより，当初の見込みよりも費用が大きくなった

---

[11] これは，追加的技術調査によって不確実性が低下するような場合の簡単な例である．そのような簡単な場合でも，投資の問題はより複雑になる．何故なら，この場合には二つではなく，次のような三つの選択肢があるからである．①今すぐ建設を開始する．②追加的な調査を実施して費用を低く抑えられそうであることが分かったら投資を開始する．③プロジェクトをあきらめる．

り小さくなったりするかも知れず，プロジェクトが完了した時になって初めて投資全体の費用が正確に分かるのである．

この種の不確実性を伴う場合には，プロジェクトに予期せぬ費用が必要となり，結果的に NPV がマイナスになることも考えられる．しかし，費用の分散が十分に大きければ，それでも投資が経済的に見合うものとなる可能性がある．それは，投資が費用に関する情報を明らかにするだけでなく，その先の期待純利益に関する情報をも明らかにするからである．それ故，投資は単にプロジェクトを完了させるという以上の価値を持つのである．このような付加的な価値は，キャッシュフローとして直接これを測れるものではないため，**計算価値**と呼ばれ，投資の総期待費用を下げる働きをする．

これを理解するには，次のような簡単な例が役に立つだろう．部品の価格はずっと\$200 で一定だが，工場建設に必要な費用の額は不確かであるとする．また，工場を建設するために，第一段階において\$1000 を支払わなければならないとする．そして，0.5 の確率で工場はそのまま完成されるが，0.5 の確率で完成のために\$3000 が追加的に必要になるとする．工場建設の費用の期待値は $\$1000 + (0.5)(\$3000) = \$2500$ であり工場の現在価値は\$2200 であるから，投資の NPV は負となり，投資を行うべきでないとの結論が下される．しかし，これは，プロジェクトの第一段階を完了することによって得られる情報の価値と，第二段階で\$3000 が追加的に必要であればプロジェクトを中止することができるという事実を無視している．正しくは，NPV は $-\$1000 + (0.5)(\$2200) = \$100$ となる．NPV が正であるからプロジェクトの第一段階においては投資を実行すべきである．

以上のように，プロジェクトの費用に関する不確実性は投資の実行を先延ばしにすることもあれば，逆に早めることもあることが分かる．不確実性の度合いが企業の行動と独立であれば，それは利益に対する不確実性と同じような影響をもたらし投資を先延ばしする方へ働く．しかし，もし不確実性の度合いが投資によって低くなるのであれば，逆の方向へ働く．費用に関する不確実性の問題については，あとでもう一度触れ，その意味についてより詳しく考察する

こととする.

2.4 利子率に関する不確実性

次に，投資の費用と利益については確実にこれを知り得るが，将来のキャッシュフローを割引くための利子率がいくぶん予測不可能な変化をする場合について考える．**利子率に関する不確実性**は投資の意思決定にどのような影響を及ぼすのであろうか．

利子率に関する不確実性は，投資の意思決定に対し，二つの面で影響を与える．第一に，利子率の予測不可能な変動は投資による将来の利益の期待値を大きくする可能性がある．例えば，永久に毎年\$1ずつ産み出す投資があるとしよう．その現在価値は，rを利子率とすれば\$1/rである．もし利子率rが10%であれば，その価値は\$1/0.10 = \$10となる．もしrが不確定でありそれぞれ0.5の確率で5%と15%の値をとるとすれば，$\mathcal{E}(r) = 10\%$である．しかし，永久に毎年\$1ずつ受け取ることのできる権利の現在価値は，$0.5(\$1/0.05) + 0.5(\$1/0.15) = \$13.33 > \$10$となる．つまり，利子率に関する不確実性は投資の魅力を大きくし，投資実行のインセンティブを高めることになる[12]．

それにもかかわらず，将来の利子率に関する不確実性は投資を延期する方へ働く．それは，次に説明するように，別の要因が上で述べた第一の要因とは反対の方向に作用し，利子率が上がるか下がるかを見るために投資を待つことの価値を高めるからである．これはちょうど，投資から得られる利益に関する不確実性の場合と同じような働きをする．

このことを明らかにするために，再度二期間のモデルで話しを続けよう．今度は，部品の価格を\$200に固定し，部品工場を建設するための費用を\$2000に

---

[12] この結果は，将来のキャッシュフローの現在価値が利子率の凸関数であるという事実と相まって，専門用語を使えば「**ジェンセンの不等式**」を示唆している．ジェンセンの不等式とは，xを確率変数とし，$f(x)$がxの凸関数であるとすれば，$\mathcal{E}[f(x)] > f(\mathcal{E}[x])$が成り立つことを言う．したがって，$x$の期待値が同じでもその分散が大きくなれば，$\mathcal{E}[f(x)]$は大きくなる．ここでの例では，来年の利子率の期待値が固定されたままその不確実性が大きくなれば，来年得る利益の現在価値の期待値は大きくなることになる．

固定する．そして，不確実性は利子率についてのみ存在ものとする．現在，利子率は 10%であるが，来年，それぞれ 0.5 の確率で 5%か 15%へ変化し，その後は新しい水準に留まるものとする．

次の年の部品工場の価値はいくらになるのであろうか．仮に，利子率に不確実性がなかったら，つまり，利子率が 10%に留まるものと知っていたら，来年における工場の価値は次式で計算される．

$$V_1 = \sum_{t=0}^{\infty} \frac{200}{(1.1)^t} = \$2200$$

ところが，ここでの例では，来年の利子率の期待値は 10%であるが実際の値は未知であるため，来年における工場の価値は，次のように計算される．

$$V_1 = \begin{cases} \text{確率 } 0.5 \text{ で} & \sum_{t=0}^{\infty} 200/(1.15)^t = \$1533 \\ \text{確率 } 0.5 \text{ で} & \sum_{t=0}^{\infty} 200/(1.05)^t = \$4200 \end{cases}$$

したがって，V_1 の期待値は，$(0.5)(\$1533) + (0.5)(\$4200) = \$2867$ となり利子率が確定的な場合よりも大きくなる．

将来の利子率の期待値が一定に保たれたまま不確実性が増大した場合には，プロジェクトの価値の期待値が大きくなることが分かった．それでは，利子率に関する不確実性は，実際の投資の意思決定にどのような影響を与えるのであろうか．その前に，不確実性が無い状況下では，今の例ではすぐに投資を行うのが妥当であることを思い出しておこう．それは，今投資を実行した場合のプロジェクトの NPV は，

$$\text{NPV} = -2000 + \sum_{t=0}^{\infty} \frac{200}{(1.1)^t} = \$200 \tag{2.18}$$

となるのに対し，来年まで待つと $\$2200/1.1 - \$2000 = \$0$ となるからである．

ところが，利子率が不確実な場合には状況が変わり，今投資をした場合の NPV は

$$\text{NPV} = -2000 + 200 + \frac{\mathcal{E}(V_1)}{1.1} = -1800 + \frac{2867}{1.1} = \$806 \tag{2.19}$$

となる．これは，今投資を実行すれば部品を生産して\$200で売ることができると同時に，翌年における価値の期待値が\$2867の工場を保有することになるからである．NPVは正であるが，敢えて投資を行うかどうかの決定を来年まで待つこととしよう．もし利子率が15%に上昇すれば，工場の価値は\$1533になってしまい，投資費用\$2000を下回ることになる．したがって，利子率が5%に下がった場合にのみ投資を行うこととなる．その確率は0.5であるから，投資の意思決定を来年まで待つ場合のNPVは，次式で与えられる．

$$\text{NPV} = (0.5)\left[\frac{-2000}{1.1} + \frac{1}{1.1}\sum_{t=0}^{\infty}\frac{200}{(1.05)^t}\right] = \$1000 \tag{2.20}$$

このNPVの方が，今すぐ投資を実行する場合のNPVよりも高いため，待つ方が得策である．

以上は，利子率の不確実性に関する簡単な分析であるが，そこには重要な内容が含まれている．第一に，利子率がその期待値を変えずに不安定さを増すと，プロジェクトの価値の期待値は大きくなるが，同時に投資の意思決定に対する判断を先延ばしにするようなインセンティブが働くということである．第二に，投資の促進を**公共政策**の目的とする場合には，利子率の水準そのものよりも利子率の安定化を図ることの方が重要であるということである．たとえ低くとも不安定な利子率を誘導するような政策は，結局，全体としての投資支出を押し下げることになる[13]．第9章で説明するように，政府の政策においては，税率や**貿易政策**と同様に，他の政策においても安定性と予測可能性を確保することが，重要な政策手段となり得るのである．

2.5 規模と柔軟性

経済や経営を勉強した学生なら知っているように，費用の節約にとって**規模の経済**は重要な要素である．二つ三つの小さなプラントを作る代わりに一つの大きなプラントを作ることで，企業は平均費用を低下させ，収益性を向上させ

---

[13] Ingersoll and Ross(1992) では，利子率に関する不確実性下のもとで，連続時間のモデル構築が行われており，概ね同じような結論が得られている．

ることが可能となるであろう．このことは，企業が製品の需要の増加に対応する際には投資を集約して行うべきである，すなわち，プラントの規模を拡大するための投資はこれを頻繁に行うのではなく，代わり大規模かつ効率的にこれを実行すべきであるということを示唆している．

しかしながら，**需要の伸びに関する不確実性**が存在する場合（通常はそうであるが），企業はどのような行動をとるべきだろうか．**生産能力**を拡大するための不可逆な大規模投資を実行したものの，実際には需要の伸びがゆっくりしたものであったり，あるいは逆に需要が縮小すると，結果的に，保有する資産が必要なくなってしまうことがあり得る．このように，需要の伸びが不確実であると，規模の経済と必要に応じて細切れに追加投資を繰り返すことで得られる投資の柔軟性との間には，トレード・オフが存在することとなる．

このことは，例えば**電力事業**においては重要な問題である．電力の単価は，大規模な石炭火力発電装置を作れば，小さな装置を追加していく場合に比べ，はるかに安くなる．しかし，事業は電力需要の伸び率に関する不確実性に直面している[14]．もちろん，だからといって小規模に電力の生産能力の拡大を行えば，柔軟性が確保される反面割高となる．したがって，投資の柔軟性の価値を評価することが重要となるが，本書で用いているオプション・アプローチは，この問題に対しても有効である．ここではまず，需要の伸びは確実に分かっているが，燃料の価格に関しては不確実性が存在するような簡単な例を用いて説明しよう[15]．

電力会社が直面している電力需要は，一年に 100 メガ・ワット（MW）ずつ増えていくものとする．この会社は生産能力の拡大を迫られているが，問題はどのようにこれを拡大すれば良いかということである．ここでは，電力会社には，1 億 8 千万ドル[16]の資本コストが必要な石炭を燃料とする 200MW の

---

[14] その理由は，対象とする地域あるいは国全体の電力需要の伸び率が不確実なだけでなく，近頃では，しばしば，廃熱発電など他の資源を利用する電力会社との競争にさらされるためである．
[15] ここでの例は，Sawhill(1989) で示された例をもとにしている．
[16] 訳者注）原著では，at a capital cost of \$190million (Plant A) となっているが，そのすぐあとでは，プラント A の資本コストは \$90million per 100MW of capacity と書かれており，式 (2.21) においても $PV_A = 180 + \cdots$ とあることから，原著の 190 は 180 のタイプミスで

発電施設（プラント A）を建設するか，1 億ドルの資本コストが必要な石油を燃料とする 100MW の発電施設（プラント B）を建設するかの二つの代替案が考えられるとしよう．現時点における石炭と石油の価格では，プラント A は 100MW あたり年間 1 千 9 百万ドルの操業コストがかかるのに対し，プラント B は年間 2 千万ドルの操業コストがかかるとすると，石炭を燃料とする発電施設は，資本コスト（100MW あたり 9 千万ドル）の面だけでなく操業コストの面でもより経済的である．事業にとっての割引率を 10% と仮定し，プラントは以後永久に操業可能であると仮定する．すると，**燃料価格**が一定であれば，プラント A の方が明らかに望ましい選択肢となる．

しかし，実際には燃料の価格は一定とは限らない．ここで重要なのは石炭と石油の相対価格であり，石炭は石油に比べれば価格が安定していることである．そこで，石炭の価格は一定であるが，石油の価格は次の年に等確率で値上がりか値下がりをすると仮定する．もし石油価格が値上がりすると，プラント B の操業コストは年間 3 千万ドルに上昇するが，逆に石油価格が値下がりすると，操業コストは年間 1 千万ドルに下降するとする．(図 **2.7** 参照.)

すると，プラントを選択する問題はもっと複雑になる．プラント B に比べれば，プラント A は規模が大きいために資本コストが低く，また，現在の石油価格の水準での操業コストも低いが，プラント B の方が 1 年間の需要の伸びにぴったり合うように供給が可能であり，その意味で**柔軟性**が高い．すなわち，石炭を燃料とする発電プラント A の場合には，これを建設すると次の年に石油が値下がりしても，追加供給 100MW はその施設の余力を使って石炭を燃料とする発電で供給することになるのに対し，プラント B ではそのような制約を受けずに済むからである．どちらの選択が適当であるかを決めるために，最初の年から毎年発電され続ける年間 100MW の電力供給と，次の年から発電され続ける年間 100MW の電力供給それぞれについて，年間の費用の期待値を現在価値に換算したものを求めることにする．

あると判断した．

第 2 章 簡単な例題による考え方の整理

プラントA

200 MW

年間の燃料コスト(百万ドル)

$t=0$ → $t=1$ → $t=2$ → ⋯
19   19   19

プラントB

100 MW

$t=0$ $t=1$ → $t=2$ → ⋯

20     $\frac{1}{2}$ ↗ 30   30

     $\frac{1}{2}$ ↘ 10   10

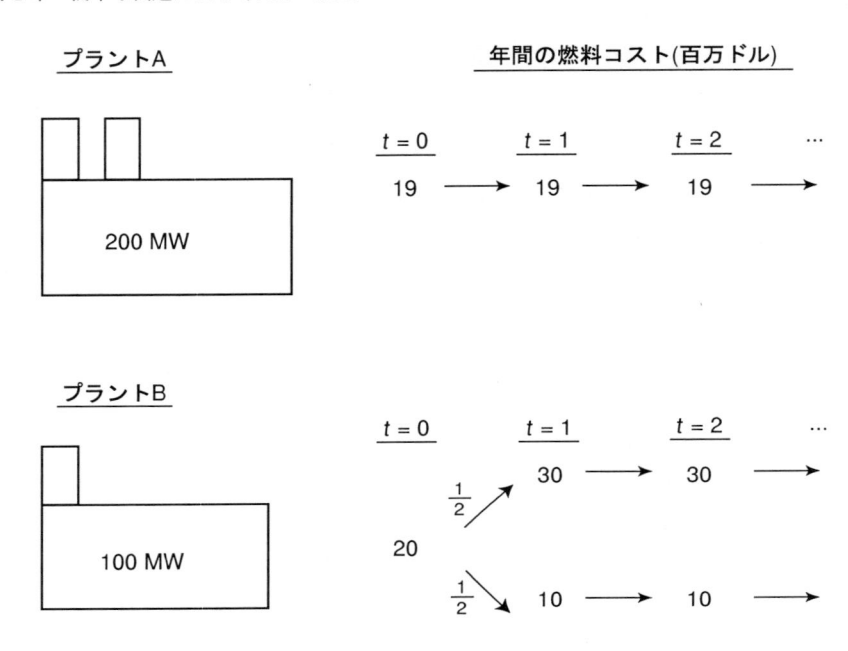

図 2.7 電力発電プラントの選択

まず，200MW すべてを石炭もしくは石油を燃料とする発電によって供給する場合について考えよう．石炭を選ぶのであれば費用フローの現在価値は次式のように計算される[17]．

$$\mathrm{PV}_A = 180 + \sum_{t=0}^{\infty} \frac{19}{(1.1)^t} + \sum_{t=1}^{\infty} \frac{19}{(1.1)^t} = \$579 \qquad (2.21)$$

式 (2.21) における 180 は 200MW に対する資本コストである．また，19 は 100MV あたりの毎年の操業コストであり，$t=0$ で始まる項は今年始まる供給に，$t=1$ で始まる項は来年始まる供給にそれぞれ対応している．次に，燃料として石油を選択すると仮定すると，年間の操業費用の期待値は 2 千万ドルで

---

[17] 訳者注）以後，本章の計算式中の数字（およびそれを説明する本文）は，$1 million（百万ドル）単位で記されている．

あるから，費用フローの現在価値は次式のように計算される．

$$\mathrm{PV}_B = 100 + \frac{100}{1.1} + \sum_{t=0}^{\infty} \frac{20}{(1.1)^t} + \sum_{t=1}^{\infty} \frac{20}{(1.1)^t} = \$611 \quad (2.22)$$

この結果から判断すると，プラント A の方が優れているように見える．

ところが，上記の計算では，規模の小さい方の石油を燃料とする発電プラントが持つ柔軟性を無視している．今年，100MW のプラント B を導入し，石油が値上がりしたら，次の年に 100MW のプラント B を追加する代わりに，200MW のプラント A を導入するとしよう．これにより，合計で 300MW の電力供給能力を得ることになる．意味のある比較を行うためには，2 年後から利用される追加的な 100MW の供給分の現在価値を考慮して，以下のように計算する必要がある．

$$\begin{aligned}\mathrm{PV}'_B =& 100 + \sum_{t=0}^{\infty} \frac{20}{(1.1)^t} \\ &+ \frac{1}{2}\left[\frac{100}{1.1} + \sum_{t=1}^{\infty} \frac{10}{(1.1)^t}\right] \\ &+ \frac{1}{2}\left[\frac{180}{1.1} - \frac{90}{(1.1)^2} + \sum_{t=1}^{\infty} \frac{19}{(1.1)^t}\right] = \$555\end{aligned} \quad (2.23)$$

式 (2.23) の二行目は，石油が値下がりした場合にのみ導入される 2 代目のプラント B の資本コストと操業コストであり，三行目はプラント A による最初の 100MW 分の資本コストと操業コストである．費用の現在価値は 5 億 5 千 5 百万ドルとなり，規模の小さいプラント B を導入して柔軟性を確保する方が優れているということが分かる．

柔軟性の価値を計る一つの方法は，プラント A の資本コストがいくら低ければ A が望ましい選択肢になり得るのかを調べるものである．I_A をプラント A の資本コストとする．これを導入して稼働することに伴う費用の現在価値は，

$$I_A + \sum_{t=0}^{\infty} \frac{19}{(1.1)^t} + \sum_{t=1}^{\infty} \frac{19}{(1.1)^t} = I_A + 399$$

となる．一方，プラント B を今導入し，来年石油価格の上下によってプラント A か B を決めてこれを導入し，200MW を供給する場合の費用の現在価値は，

$$100 + \sum_{t=0}^{\infty} \frac{20}{(1.1)^t} + \frac{1}{2}\left[\frac{100}{1.1} + \sum_{t=1}^{\infty} \frac{10}{(1.1)^t}\right] + \frac{1}{2}\left[\frac{I_A}{1.1} - \frac{0.5I_A}{(1.1)^2} + \sum_{t=1}^{\infty} \frac{19}{(1.1)^t}\right]$$
$$= 320 + \frac{1}{2}(90.9 + 100) + \frac{1}{2}(0.496 I_A + 190) = 510.5 + 0.248 I_A$$

である．これら二つのいずれを選択した場合においても事業が無差別となるような資本コストを求めるために，上の二つの式によって表される現在価値が等しいとおく．

$$I_A + 399 = 510.5 + 0.248 I_A$$

解は $I_A = \$148.3$（百万）となる．この例では，経済的な小プラントによる**柔軟性**をあきらめるためには，200MW のプラント A を用いた場合の費用が，100MW のプラント B 二つを用いた場合の費用に比べて 75%以下でなければならないという，非常に強い**規模の経済**が働くことが必要とされるような結果が導かれた．

2.6 文献ガイド

純現在価値基準とその投資の意思決定に対する適用は，企業金融の講義では重要なトピックであり，本書で扱う内容の出発点となるものである．リスク調整済み割引率を決めるために**資本資産価格モデル**を用いることも含め，NPV の計算に不慣れな読者は，企業金融に関する標準的な教科書を読んでみようと思われるかも知れない．そのような方には，**Brealey and Myers**(1992) は良書である．

本書では，税の問題はほとんど考慮に入れていないが，実際には NPV の計算に必要な**割引率**の選定に際して影響を及ぼす．Taggart(1991) では，リスクと税に関して調整済みの割引率も含め，標準的な NPV モデルに用いられる割

引率の計算に関する様々な方法が紹介されている．Ruback(1986)では，リスク無しの税引き後の名目キャッシュフローが，常に税引き後の無リスク利子率（例えば，財務省証券レートから法人税を引いたもの）による割引価値に等しいことが示されている．また，Myers and Ruback(1992)では，NPVの計算におけるリスクのあるキャッシュフローを割り引くための単純で頑健なルールが導かれている．

本書全体を通して，投資の意思決定と**金融オプション**の評価・実行の関係を強調したいと思う．恐らくそれ程必要ではないかも知れないが，オプションあるいは**オプション価格評価**についてよく知ることは，本書を読むうえで一層役に立つであろう．**Brealey** and Myers(1992)では，それについての簡単な入門が用意されているので参考にされたい．Rubinstein(1992)や**Varian**(1987)による解説論文も同様である．より詳しいことについては，Cox and Rubinstein(1985)やHull(1987)，Jarrow and Rudd(1983)を参照されたい．多少昔のものになってしまうが，Smith(1976)も大変参考になる．**オプションとしてみた投資**に関する議論については，Kester(1984)，Mason and Merton(1985)，Trigeorgis and Mason(1987)，Copeland, Koller, and Murrin(1991)の第12章などを参照されると良いだろう．

第II部

不確実性下の動的最適化の数学的基礎

第3章

確率過程と伊藤の公式

　本章と次の章では，本書を理解するために必要な数学のツール——確率解析，**動的計画法，条件付請求権分析法**——について説明する．これらのツールを用いて，連続時間アプローチにより投資の意思決定を分析することができる．このアプローチは直感的でありかつ極めてパワフルである．また，ここで導入する概念とテクニックは経済学やファイナンスにおいて広く普及している．投資問題にこれらを適用するということがなくても学ぶに価するものである．

　確率過程の議論から始めよう．まず，単純な離散時間過程を説明し，次に**ウィーナー過程**（あるいは**ブラウン運動**）の説明に進む．ウィーナー過程は重要な連続時間過程であり，本書で作成する様々なモデルの基礎（積み木）となるものである．ウィーナー過程の意味とその特性について説明し，この過程が離散時間ランダムウォークの極限をとって連続化したものとして誘導できることを示そう．また，ウィーナー過程がより広いクラスの連続時間の確率過程に一般化できかも示そう．一般化されたウィーナー過程は**伊藤過程**と呼ばれている．伊藤過程はプロジェクトの価値，製品価格，投入費用，および他の変数の変動を表現するものとして利用できる．そこでは各変数は時間的に確率的に変動し，また投資の決定に影響を与える．

　これらの過程は，後で見るように，通常の意味では時間微分が存在しない．そのため，通常の解析方法により扱うことができないものが出てくる．一般化

されたウィーナー過程を微分するためには，**伊藤の公式**を利用しなければならない．伊藤の公式は**確率積分**の基礎理論とも呼ばれる．この公式によって確率過程を使った関数を微分および積分することができるようになった．ここでは伊藤の公式をヒューリスティックに誘導し，多くの例を通して，この公式を利用すればウィーナー過程を用いた関数を簡単に解析できることを示す．また，伊藤の公式を確率微分方程式を誘導すること，およびそれを解くために利用することができることも示そう．次に，ジャンプ過程を導入する．この過程は連続的に変動するのでなく，変化の頻度は少ないが離散的にジャンプするという過程である．伊藤の公式を変形して適用すればジャンプ過程を分析できることを示す．最後に，本書の付録では**コルモゴロフ方程式**を紹介する．コルモゴロフ方程式は確率過程の確率密度関数の変動を説明する．これがどのように利用できるかも説明する．

3.1 確率過程

確率過程とは時間的に変化することであり，少なくとも部分的にはランダムな過程である．ボストンのダウンタウンの気温はその一つの例である．その時間的な変化は部分的には決定的である（気温は日中は上昇し夜は下降する．春から夏に向かって上昇し秋から冬に向けて下降する）．しかし，部分的にはランダムで予測できない[1]．IBM 社の株価も確率過程である．その株価は確率的に変動する．しかし，長期にわたっては株価は正の期待成長率を有している．これによって投資家はその株を保有するリスクが補償されるのである．確率過程を，もっと形式的には，確率則—時間 t に関する変数 x の変動 x_t の確率則—として定義される．例えば，時刻 $t_1 < t_2 < t_3$ などが与えれると，x_1, x_2, x_3 などの値に対応する確率が与えられたり，あるいはそれを計算できる．これらの

---

[1] 気温のランダムネスは気象学の限界を反映したものと主張する人もいるであろう．完全で十分に正確な気象モデルを作成することができれば原理的にはランダムネスは消去しうる．しかし，オペレーショナルな観点からみれば，次の週の気温は確率変数である．

値はある範囲に存在する．例えば，

$$\text{Prob}(a_1 < x_1 \leq b_1, a_2 < x_2 \leq b_2, \ldots)$$

時刻 t_1 になって x_1 の実現値を観測すると，将来の値に関する確率はこの情報により条件付けることができる[2]．

ボストンの気温と IBM の株価の過程には大きな違いがある．ボストンの気温は**定常過程**である．定常というのは大雑把な言い方をすれば，この変数の統計的な性質が長期では一定であることを意味している[3]．例えば，明日の気温の期待値は今日の気温に依存しているが，来年の 1 月 1 日の気温の期待値と分散は今日の気温とはほとんど独立である．また，それは今後 2 年間の 1 月 1 日の気温の期待値と分散，今後 3 年間の 1 月 1 日の気温の期待値と分散…に等しい．一方，IBM 株の価格は**非定常過程**である．この価格の期待値はどこまでも成長することができる．また，後ですぐに見るように，T 年間の価格の分散は T の増加とともに増加する．

ボストンの気温と IBM の株価は，時間の指標 t が連続変数という意味において，両方とも「**連続時間確率過程**」である．（気温や株価はある特定の時刻にのみ測るものであっても，これらの変数は時間とともに連続変化する．）本書のほとんどは連続時間過程を扱うが，「**離散時間過程**」の例から始めるのが理解しやすい．離散時間過程は時間が変化しても変数の値はとびとびの離散点でのみしか変化しない．同様に，x_t について論理的に考えられる全ての値の集合（状態と呼ばれる）は連続集合と離散集合のどちらでもありうる．これらのすべての可能性を許しているので上記のわれわれの定義は十分に一般的である．

確率過程の最も簡単な例は「**離散時間＝離散状態ランダムウォーク**」である．ここで，x_t を既知の値 x_0 から始まる確率変数とする．また，各時刻 $t = 1, 2, 3, \ldots$ で大きさ 1 のジャンプをする．上昇するのか下降するのかの確率

---

[2] 本書では確率過程についての詳細かつ厳密な扱いはしない．確率過程を投資問題に適用するために必要な最小限のものを直感的に説明する．詳細かつ一般的な取り扱いについては **Cox, D.R. and Miller, D.R.**(1965)，**Feller, William**(1971)，および **Karkin, Samuel and Taylor, Howard M.**(1975) を参照のこと．

[3] 超長期の地球温暖化やその逆の氷河期の可能性はここでは無視している．

は 1/2 とする．ジャンプは互いに独立であるので，x_t の変動は次式で与えられる

$$x_t = x_{t-1} + \epsilon_t \tag{3.1}$$

ここで，ϵ_t は確率分布をもつ確率変数とする．

$$\mathrm{Prob}(\epsilon_t = 1) = \mathrm{Prob}(\epsilon_t = -1) = \frac{1}{2} \quad (t = 1, 2, \ldots)$$

x_t は離散値のみをとるので x_t を離散状態過程という．例えば，$x_0 = 0$ とする．すると t が奇数のときは x_t の取りうる値は $(-t, \ldots, -1, 1, \ldots, t)$ であり，t が偶数のときの x_t の取りうる値は $(-t, \ldots, -2, 0, 2, \ldots, t)$ である．x_t の確率分布は**二項分布**から得られる．t ステップを考える．n 回の下降ジャンプと $t-n$ 回の上昇ジャンプの確率は次式で与えられる．

$$\binom{t}{n} 2^{-t}$$

それゆえ，時刻 t において x_t が $t - 2n$ の値をとる確率は次式である．

$$\mathrm{Prob}(x_t = t - 2n) = \binom{t}{n} 2^{-t} \tag{3.2}$$

ウィーナー過程はこの離散時間＝離散状態ランダムウォークの極限をとって連続にしたものとして誘導される．この誘導については次の節で述べ，そこではこの分布を用いる．ここで注意すべきことは，x_t の分散が t と共に増加するように，x_t の取りうる値の範囲は t と共に増加することである．つまり，x_t は非定常過程である．

上昇と下降のジャンプの確率は 1/2 であるので，時刻 $t = 0$ において x_t の期待価値はすべての t についてゼロである．（同様に，時刻 t において，$T > t$ に関する x_T の期待価値は x_t である．）この過程を一般化する一つの方法は上昇と下降のジャンプの確率を変化することである．p を上昇ジャンプの確率とする．下降ジャンプの確率は $q = (1-p), p > q$ とする．するとわらわれは，「**ドリフト**

を持つランダムウォーク」を得る．この過程においては，時刻 $t=0$ において，$t>0$ に関する x_t の期待価値はゼロよりも大きく，時間 t と共に増加する．

離散時間=離散状態ランダムウォーク過程を一般化するもう一つの方法は各時刻 t におけるジャンプの大きさを連続な確率変数とすることである．例えば，各ジャンプの大きさを平均ゼロ，標準偏差 σ をもつ正規分布とする．すると x_t は「離散時間=連続状態確率過程」となる．

離散時間=連続状態確率過程の別の例は「1 次の**自己回帰過程**」である．略して 1 次の **AR 過程**という．この過程は次式で与えられる．

$$x_t = \delta + \rho x_{t-1} + \zeta_t \tag{3.3}$$

ここで，δ および ρ は一定であり，$-1<\rho<1$．また，ζ_t は平均ゼロの正規分布確率変数である．AR(1) 過程は定常過程であり，x_t はその現在の価値には無関係に，長期的な期待値 $\delta/(1-\rho)$ をもつ．[この長期的な期待値は式 (3.3) において $x_t=x_{t-1}=x$ として x について解けば得られる．]AR(1) 過程は平均回帰過程とも呼ばれる．x_t がこの長期的な期待値に回帰する傾向を持つからである．本章の最後において，この過程の連続型について検討する．

（離散的あるいは連続的，またドリフトをもつあるいは持たない）**ランダムウォーク**および AR(1) 過程は両方とも「**マルコフ性**」を満たす．そのため，「**マルコフ過程**」と呼ばれる．マルコフ性は x_{t+1} の確率分布が x_t にのみ依存するというものである．時刻 t 以前に起こったことは何も関係しない．例えば，式 (3.1) で与えられる基礎的なランダムウォークの場合，もし $x_t=6$ であれば，x_{t+1} は 5 あるいは 7 となり，その確率は 1/2 である．$x_{t-1}, x_{t-2}, \ldots$ の値は無関係である．x_t だけが関係ある．確率過程の分析を非常に簡単にすることができるのでマルコフ性は重要である．連続時間過程の説明のときにこのことを見よう．

3.2　ウィーナー過程

ウィーナー過程は，「**ブラウン運動**」とも呼ばれる．この過程は連続時間確率

過程であり 3 つの重要な性質をもっている[4]．第一に，ウィーナー過程は「マルコフ過程」である．先に述べたように，マルコフ過程はすべての将来の価値に関する確率分布はそれぞれの現在の価値にのみ依存する．それより過去の値の過程や現在の情報以外のものに影響されることはない．その結果，マルコフ過程の現在の価値は将来価値をベスト予測をするのに必要なすべてであり唯一のものである．第二に，ウィーナー過程は「**独立増分**」を持つ．どの期間の過程もその変化の確率分布は他の期間のものとは（重複がなければ）独立である．第三に，ある有限期間の過程の変化は「正規分布」する．その分散は時間間隔とともに線形に増加する．

マルコフ性は特に重要である．繰り返しになるが，過程の将来のパスを予測するのに現在の情報だけが有用である．株価はしばしばマルコフ過程としてモデル化される．そこではパブリックな情報は現在の株価に瞬時に反映されることが基礎となっている．（これは市場の弱形式の効率性と呼ばれている．これが成立しなければ，投資家はテクニカル分析を用いて原理的には「市場を出し抜く」ことができる．つまり，価格の過去のパターンを用いて将来を予測できる．）ウィーナー過程が独立増分を持つという事実は，この過程がランダムウォークの連続時間型であると考えることができることを意味している．この点についてはすぐに述べる．

上記で述べた 3 つの条件—マルコフ性，独立増分，正規分布をもつ変化—は大きな制約となると思える．ウィーナー過程が現実のモデルとなりうるような現実世界の変数はほとんどないであろう．例えば，株価がマルコフ性を満たし独立増分をもつことはおそらく合理的であろう．しかし，価格変化が正規分布することは合理的な仮定とは言えないであろう．株価は決してゼロ以下にはならない．株価の変化は対数分布すると仮定した方がもっと合理的であろう．つ

---

[4] 1827 年に植物学者 **Robert Brown** は初めて流れの中で漂う粒子を観察しその動きを記述した．その動きは周辺の粒子の連続的でランダムな影響の結果として生じる．それでこの動きはブラウン運動と名づけられた．1905 年，**Albert Einstein** はブラウン運動の数学理論を提案した．1923 年に **Norbert Wiener** はアインシュタインのモデルを拡張してより厳密なものとした．

まり，価格の対数をとったものが正規分布であるとする[5]．しかし，これは価格の対数をウィーナー過程としてモデル化するのであって，価格そのものをウィーナー過程としてモデル化するのではない．後で見るように，適当な変換を施すことにより，ウィーナー過程は連続的に（あるいはほぼ連続的に）変化しかつ確率的に変化するような極めて広範な変数をモデル化するための積み木として利用することができる．

ウィーナー過程の性質をいくぶん形式的に再度述べることにする．きっと役に立つであろう．$z(t)$ がウィーナー過程ならば，z，期間 Δt に対応する Δz における変化は次の条件を満たす．

1. Δz と Δt の関係は次式で与えられる．

$$\Delta z = \epsilon_t \sqrt{\Delta t}$$

ここで，ϵ_t は正規分布をもつ確率変数であり，平均がゼロ，標準偏差が 1 である．

2. 確率変数 ϵ_t は系列相関がない．つまり，$\mathcal{E}[\epsilon_t \epsilon_s] = 0, t \neq s$．任意の異なる 2 つの期間の Δz の値は独立である．[つまり，$z(t)$ は独立増分をもつマルコフ過程に従う．]

この二つの条件が，ある有限の期間 T についての z の変化に関してどんな意味を持っているのかを見ておこう．この期間を n 等分（$n = T/\Delta t$）することができる．この区間に対する z の変化は次式で与えられる．

$$z(s+T) - z(s) = \sum_{i=1}^{n} \epsilon_i \sqrt{\Delta t} \tag{3.4}$$

ϵ_i は互いに独立である．だから，こられの合計に**中心極限定理**を適用することができる．つまり，差分 $z(s+T) - z(s)$ は平均ゼロ，分散 $n\Delta t = T$ の正規分布である．Δz が $\sqrt{\Delta t}$ に依存していて Δt には依存しないということはとりた

---

[5] 本書では自然対数（その底は e）を用いる．

てて重要である．ウィーナー過程における変化の分散は期間とは線形増加の関係にある．

この性質については後に再検討する．また，ウィーナー過程は非定常であることに注意すべきである．長期的にはその分散は不定となる．

Δt を無限小とすることによってウィーナー過程の増分 dz を連続時間の中で表現することができる．

$$dz = \epsilon_t \sqrt{dt} \qquad (3.5)$$

ϵ_t は平均ゼロで分散 1 なので，$\mathcal{E}(dz) = 0$, および $\mathcal{V}[dz] = [\mathcal{E}(dz)^2] = dt$. ところが，ウィーナー過程は通常の意味での時間微分を持たない，$\Delta z / \Delta t = \epsilon_t (\Delta t)^{-1/2}$. Δt がゼロに近づくとその導関数は不定となる．

二つ以上のウィーナー過程を用いたいときには，過程間の共分散を考慮しなければならない．$z_1(t)$ および $z_2(t)$ をウィーナー過程とする．また，$\mathcal{E}(dz_1 dz_2) = \rho_{12} dt$ とする．ここで，ρ_{12} は二つの過程の「**相関係数**」である．ウィーナー過程は単位時間あたりの分散および標準偏差が 1 に等しいので $([\mathcal{E}(dz)^2]/dt = 1)$, ρ_{12} はまた二つの過程の単位時間あたりの**共分散**でもある[6]．

3.2.A　ドリフトを持つブラウン運動

ウィーナー過程はもっと複雑な過程として簡単に一般化することができる．式 (3.5) をそのまま一般化したものが**ドリフトを持つブラウン運動**である．

$$dx = \alpha \, dt + \sigma \, dz \qquad (3.6)$$

ここで，dz は上記で定義したウィーナー過程の増分である．式 (3.6) において，α はドリフトパラメータ，σ は分散パラメータと呼ばれている．注意すべきことは，任意の期間 Δt についての x の変化 Δx は正規分布することである．その期待値は $\mathcal{E}(\Delta x) = \alpha \Delta t$, 分散は $\mathcal{V}(\Delta x) = \sigma^2 \Delta t$.

---

[6] X と Y を確率変数とすると，これらの相関係数は $\rho_{XY} = \text{Cov}(XY)/(\sigma_X \sigma_Y)$. ここでは，$\sigma_X = \sigma_Y = 1$.

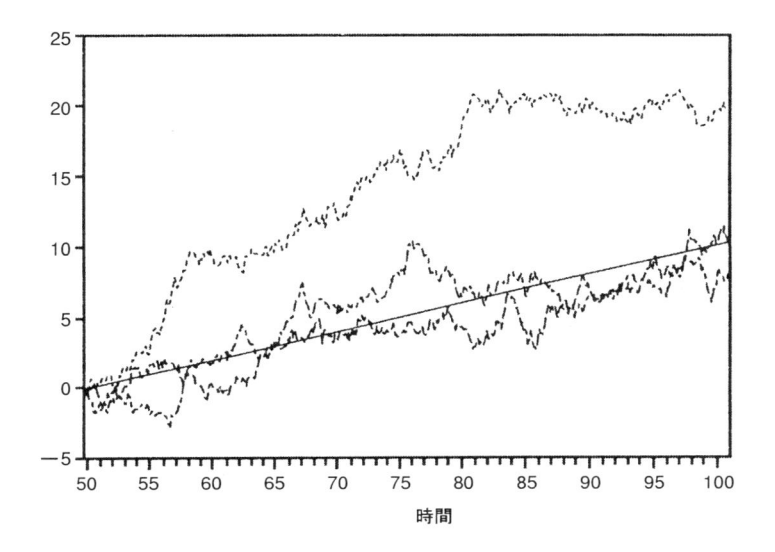

図 3.1 ドリフトをもつブラウン運動のサンプルパス

図 3.1 は式 (3.6) においてトレンド $\alpha = 0.2$/年, 標準偏差 $\sigma = 1.0$/年 とした場合のサンプルパスのうちその 3 本を示したものである．この図の時間の単位は年表示であるが（期間は 1950 年から 2000 年），計算における時間の単位は月単位とした．つまり，次式を用いて $x(t)$ の系列を計算した（初期値は $x_{1950} = 0$）．

$$x_t = x_{t-1} + 0.01667 + 0.2887\epsilon_t \tag{3.7}$$

式 (3.7) の各時点 t において，ϵ_t は平均 0, 標準偏差 1 の正規分布から抽出する．なお，パラメータ α と σ は月単位の値を用いている．トレンド $\alpha = 0.2$/年は月単位では 0.0167 である．また，標準偏差 $\sigma = 1.0$/年 の分散は $\sigma^2 = 1.0$/年 であり，月あたりの分散は $1/12 = 0.0833$ であるのでその標準偏差は $\sqrt{0.0833} = 0.2887$ となる．また，図 3.1 にはトレンドを示す直線を入れたが，この直線は式 (3.7) において $\epsilon_t = 0$ としたものである．

図 **3.2** は上記の確率過程の最適予測を示している．ここで，1950 年から 1974 年までのサンプルパスを上記と同様に式 (3.7) を用いて作成し，1975 年から

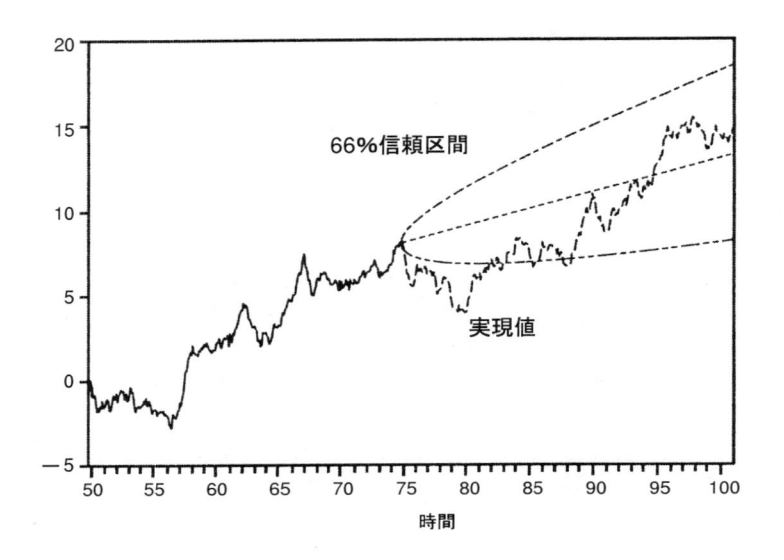

図 3.2 ドリフトをもつブラウン運動の最適予測

2000年までの $x(t)$ を予測している（この図において実現値というのは1975年以降についてもサンプルパスを発生させたものである）．この過程が**マルコフ性**に従うことから，1975年の予測に必要なものは1974年12月の $x(t)$ の値だけであることに注意されたい．つまり，この月から T 月後の x についての予測値は次式で与えられる．

$$\widehat{x}_{1974+T} = x_{1974} + 0.01667T$$

図3.2には66%**信頼区間**—$x(t)$ の予測系列から両側（正および負）に標準偏差分だけ隔たった幅—も示されている（95%信頼区間であればその幅は標準偏差の1.96倍になる）．**ウィーナー過程**の分散は時間とともに線形に増加するので，その標準偏差は時間の平方根に比例することに注意する．つまり，Tヶ月先の予測の66%信頼区間は次式で与えられる．

$$x_{1974} + 0.01667T \pm 0.2887\sqrt{T}$$

90%および95%信頼区間も同様に計算できる．

図 3.1 および図 3.2 から，ブラウン運動は長期ではトレンドに支配され，短期では確率過程のボラティリティに支配されていることが分かる．また，これは $(x_t - x_0)$ の平均が αt であり，その標準偏差が $\sigma\sqrt{t}$ であるという事実からも理解できる．つまり，大きな t（長期）については，$\sqrt{t} \ll t$ であるが，小さな t（短期）ではその逆の関係が成立する．さらに，$\alpha > 0$ のとき $x_t < x_0$ となる確率について考えてみてもこのことが理解できる．大きな t についてはこの確率は非常に小さいが，t が小さいとその確率は約 $1/2$ となる．

ドリフトをもつブラウン運動は単純な確率過程であるが，これを完全に理解するこが重要である．この観点からよく考えてみると，式 (3.6) におけるウィーナー過程の定義と一般化されたその特性にはいくつかの疑問点が残されている．例えば，なぜ dx は dt の平方根に依存する必要があるのか？また，任意の有限な期間について x の期待変化を正規分布とすることは合理的なのだろうか？式 (3.6) およびその特性をもっとよく把握する一つの方法はこの過程が離散時間においてランダムウォークとどのように関連しているかを示すことである．次にこれをみよう．

3.2.B ブラウン運動のランダムウォーク表現

式 (3.6) が離散時間のランダムウォークの連続極限として誘導できることを示そう[7]．まず，時間を Δt で分割し離散時間とする．また，各時点において変数 x は Δh だけ上下に変動すると仮定する．上昇する確率を p とする．下降する確率は $q = 1 - p$ である．図 3.3 は x_0 を初期値とした 3 期間における各時点の x のとり得る値を示している．時間 t と値 x の可能な各組み合わせについて，その点に達する確率も図示した．各時点から次に移るとき，Δx は確率変数であり $\pm h$ をとることができることに注意する．また，x は**独立増分**をもつ**マルコフ過程**に従う―その将来値の確率分布は現在の地点の位置にのみ依存し，各時点で上昇するか下降するかといった確率は過去の出来事とは独立である．

---

[7] このアプローチは **Cox, D.R. and Miller, D.R.** (1965) に詳しい．本節の説明は **Dixit, Avinash**(1993a) に基づいている．

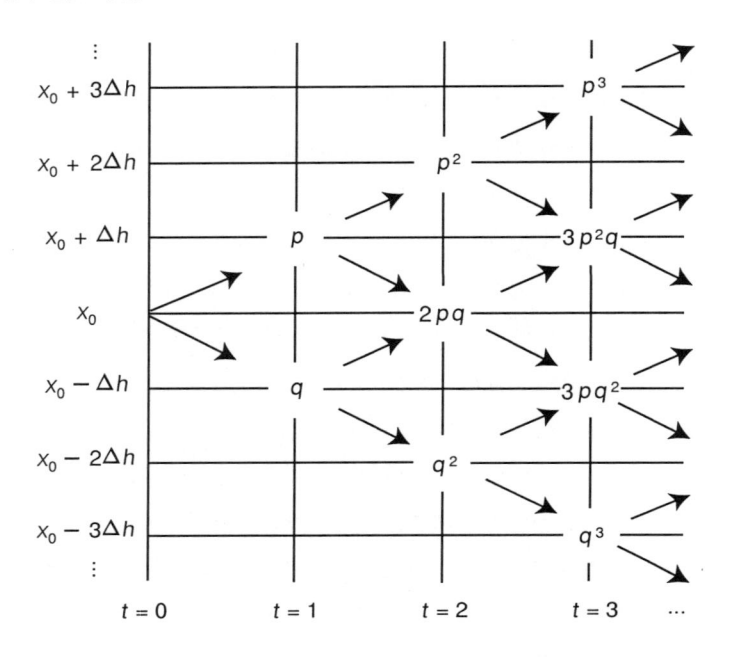

図 3.3 ブラウン運動のランダムウォーク表現

x の将来価値の分布について検討しよう．まず，Δx の平均は $\mathcal{E}[\Delta x] = (p-q)\Delta h$．また，

$$\mathcal{E}[(\Delta x)^2] = p(\Delta h)^2 + q(-\Delta h)^2 = (\Delta h)^2$$

したがって，Δx の分散は，

$$\mathcal{V}[\Delta x] = \mathcal{E}[(\Delta x)^2] - (\mathcal{E}[\Delta x]^2) = [1 - (p-q)^2](\Delta h)^2 = 4pq(\Delta h)^2 \quad (3.8)$$

期間 t は $n = t/\Delta t$ 個の離散時間のステップを持つ．ランダムウォークにおいては後続するステップは独立であるので，$(x_t - x_0)$ の累積変化は**二項確率変数**である．その期待値は，

$$n(p-q)\Delta h = t(p-q)\Delta h/\Delta t$$

分散は，

$$n[1-(p-q)^2](\Delta h)^2 = 4pqt(\Delta h)^2/\Delta t$$

これに解釈を与えるためには，連続した n 回の独立試行を考える．ここで，1回の試行で success であれば 1 をカウントしこの発生確率を p とする．逆に，failure であれば 0 をカウントする．発生確率は $q = 1 - p$. n 回の独立試行における success の数は平均 np，分散 npq の**二項分布**となる（**Feller, William**(1968,pp.223,228))．これを上記のランダムウォークに適用する．success の場合，Δh をカウントし，failure では $-\Delta h$ をカウントする．そうすると，例えば，ランダムウォークの分散は通常の二項表現の分散を $4(\Delta h)^2$ 倍したものとなる．

確率 p, q，増分 Δh，および Δt は任意に選べるので，すぐ後で Δt を 0 に近づける．そうすることで，$(x_t - x_0)$ の平均と分散が変化しないように，また，$p, q, \Delta h$ の選び方とは独立となるようにする．さらに，その極限をとって式 (3.6) を得たい．それには $p, q, \Delta h$ を次のように設定すればよい．

$$\Delta h = \sigma\sqrt{\Delta t} \tag{3.9}$$

$$p = \frac{1}{2}\left[1 + \frac{\alpha}{\sigma}\sqrt{\Delta t}\right], \qquad q = \frac{1}{2}\left[1 - \frac{\alpha}{\sigma}\sqrt{\Delta t}\right] \tag{3.10}$$

次を得る．

$$p - q = \frac{\alpha}{\sigma}\sqrt{\Delta t} = \frac{\alpha}{\sigma^2}\Delta h$$

こうして設定した $p, q, \Delta h$ を上記の $(x_t - x_0)$ の平均と分散の式に代入する．そして Δt を 0 に近づける．任意の有限な t についてステップ数 n は無限大に近づき，**二項分布**は正規分布に収束する．その平均は，

$$t\frac{\alpha}{\sigma^2}\Delta h \frac{\Delta h}{\Delta t} = \alpha t$$

分散は,
$$t\left[1-\left(\frac{\alpha}{\sigma}\right)^2\Delta t\right]\frac{\sigma^2\Delta t}{\Delta t} \to \sigma^2 t$$

これらはまさにわれわれが求めようとしているブラウン運動である. α が単位時間あたりのドリフトであり, σ^2 がその分散である. $\Delta t \to 0$ として極限をとると, $(x_t - x_0)$ の平均と分散とは両方とも Δh と Δt には独立である.

上記のように, ブラウン運動は, 式 (3.9) の関係を保持しながら離散時間の間隔と変数の変化量を 0 に近づけた場合の**ランダムウォークの極限**であることが分かった. また, Δh と Δt についてのこの関係は任意に設定されたものではない. 式 (3.9) は $(x_t - x_0)$ の分散は時間 t に依存するがステップ数とは独立となる唯一の関係である. これで, 式 (3.6) における dx が dt の平方根に依存し (dz を通して), dt には依存しない理由が理解できる. また, 有限期間の x の変化が正規分布に従う理由も分かる. ステップ数が非常に大きくなると二項分布は正規分布に近づくからである.

ブラウン運動の性質で興味深いことは $\Delta t \to 0$ につれて有限な離散時間の間隔に対する経路の総移動距離が無限大になることである. これは Δh と Δt の関係によるものである. 確率 1 で $|\Delta x| = \Delta h$ であるので, $\mathcal{E}(|\Delta x|) = \Delta h$. 期間 t に関する経路の総期待距離は

$$n\Delta h = t\frac{\Delta h}{\Delta t} = \frac{t\sigma}{\sqrt{\Delta t}}$$

Δt が 0 に近づくにつれて上記の経路の総期待距離は不定となる. 同様に, $\Delta x = +\Delta h$ となるか $\Delta x = -\Delta h$ となるかによって, $\Delta x/\Delta t \to \pm\infty$ となる. このように, **ブラウン運動のサンプルパス**は多くの上昇と下降をもっているし, それはぎざぎざに見える. この経路は微分できない. 導関数 dx/dt は存在しないし, $\mathcal{E}(dx/dt)$ について語ることができない. しかし, 一般に $\mathcal{E}[dx]$ が存在し, $(1/dt)\mathcal{E}[dx]$ が存在する.

3.3　ブラウン運動の一般化——伊藤過程

ウィーナー過程はより広い範囲の確率変数をモデル化するための積み木のような役割を果たす．いくつかの例を示そう．これらの例はドリフトをもつ基礎的なブラウン運動を一般化したモデルのある特殊ケースである．一般化したモデルについては前節で検討した．

$$dx = a(x,t)\,dt + b(x,t)\,dz \tag{3.11}$$

ここで，記号について再度確認しておく．dz はウィーナー過程の増分である．$a(x,t)$ と $b(x,t)$ は既知の（非確率）関数である．前節のモデルと異なる点はドリフトと分散の係数が現在の状態と時間を2変数とする関数であることである．式 (3.11) で表わされる連続時間確率過程 $x(t)$ を「**伊藤過程**」という．

伊藤過程の増分の平均と分散について考える．$\mathcal{E}(dz) = 0$ なので，$\mathcal{E}(dx) = a(x,t)\,dt$．$dx$ の分散は $\mathcal{E}[(dx)^2] - (\mathcal{E}[dx])^2$ に等しい．これには dt 項，$(dt)^2$ 項，および $(dt)(dz)$ 項（次数は $(dt)^{3/2}$）が含まれている．dt が無限小となると $(dt)^2$ 項および $(dt)^{3/2}$ 項は無視しうる．分散は dt 項について考えればよい．

$$\mathcal{V}[dx] = b^2(x,t)dt$$

$a(x,t)$ を伊藤過程の期待 instantaneous **ドリフト変化率**，$b^2(x,t)$ を期待 instantaneous **分散変化率**という．

3.3.A　幾何ブラウン運動

式 (3.11) の特別ケースで重要なモデルが「ドリフトをもつ幾何ブラウン運動」である．幾何ブラウン運動は $a(x,t) = \alpha x, b(x,t) = \sigma x$ とした過程である．ここで，α と σ は定数である．この場合，式 (3.11) は次式となる．

$$dx = \alpha x\,dt + \sigma x\,dz \tag{3.12}$$

式 (3.6) の基礎的なブラウン運動についての議論から，x の変化率，$\Delta x/x$ は正規分布することが分かる．これらは x の自然対数における変化であるので，x と Δx のもともとの変化は**対数正規分布**に従う．

x とその対数の関係はここでは少し複雑である．次の節で $f(x)$ が式 (3.12) で与えられたとき，$F(x) = \log x$ が次式のドリフトをもつブラウン運動に従うことを示す．

$$dF = (\alpha - \frac{1}{2}\sigma^2)dt + \sigma\,dz \tag{3.13}$$

有限な期間 t については，x の対数の変化は平均 $(\alpha - \frac{1}{2}\sigma^2)t$，分散 $\sigma^2 t$ の正規分布に従う．x そのものについては，$x(0) = x_0$ のとき，$x(t)$ の期待値が次で与えられることが示される．

$$\mathcal{E}[x(t)] = x_0 e^{\alpha t}$$

$x(t)$ の分散は次式で与えられる[8]．

$$\mathcal{V}[x(t)] = x_0^2 e^{2\alpha t}(e^{\sigma^2 t} - 1)$$

幾何ブラウン運動の期待に関するこの結果はある期間における $x(t)$ の現在割引価値の期待値を計算するのに利用できる．例えば，

$$\mathcal{E}\left[\int_0^\infty x(t)e^{-rt}\,dt\right] = \int_0^\infty x_0 e^{-(r-\alpha)t}\,dt = x_0/(r-\alpha) \tag{3.14}$$

ただし，割引率 r が成長率 α より大きいことに注意する．この式は後の章で役に立つ．キャッシュフローが幾何ブラウン運動に従う場合にその割引現在価値を計算するのに利用できるからである．

幾何ブラウン運動は証券価格，金利，賃金，製品価格，およびその他の経済・金融の変数のモデルとしてよく用いられる．図 **3.4** に式 (3.12) においてドリフト変化率を $\alpha = 0.09 (= 9\%/\text{年}), \sigma = 0.2 (= 20\%/\text{年})$ としたときのサンプル

---

[8] 対数正規分布とその性質については **Aitchison, J. and Brown, J.A.C.**(1957) に詳しい．

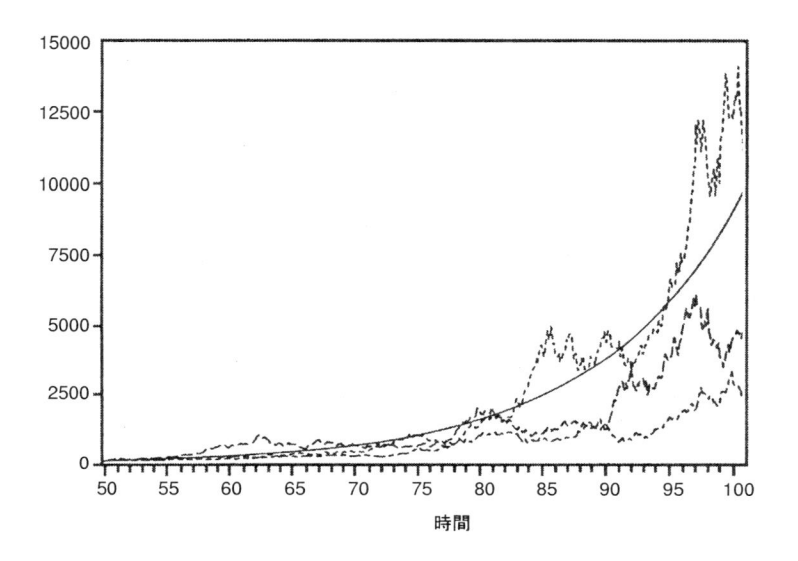

3.3 ブラウン運動の一般化—伊藤過程

図 3.4 幾何ブラウン運動のサンプルパス

パスのうち 3 本を示した．これらのパラメータはニューヨークの株式指数（実質）の年平均成長率およびその標準偏差にほぼ等しい．前掲の図 3.1 と同じように，サンプルパスは月単位 Δt で発生させた．また，$x(t)$ は $x_{1950} = 100$ として次式で求める．

$$x_t = 1.0075 x_{t-1} + 0.0577 x_{t-1} \epsilon_t \tag{3.15}$$

（前と同様に各時点 t において ϵ_t を平均 0，標準偏差 1 の正規分布から抽出する.）また，図中のトレンド線は式 (3.15) において $\epsilon_t = 0$ として得たものである．これらのサンプルパスの一つにはその期待成長率において「証券市場」を凌駕しているが，他の二つのサンプルパスは明らかに証券市場よりも低位にあることに注意する．

図 3.5 はこの幾何ブラウン運動の最適予測である．前節と同じように，サンプルパスは 1950 年から 1975 年の期間で発生させて，その後の $x(t)$ を予測した．比較のためにこのサンプルパスを延長した実現値も発生させた．ここでも前節と同じように，**マルコフ性**により，予測には 1974 年 12 月の $x(t)$ の値だけ

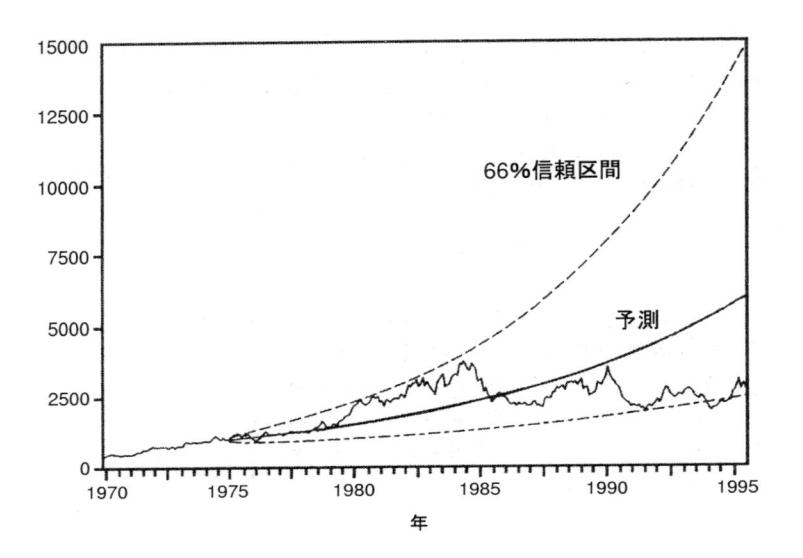

図 3.5 幾何ブラウン運動の最適予測

が必要である．x の予測値は次式で与えられる．

$$\widehat{x}_{1974+T} = (1.0075)^T x_{1974}$$

ここで，T は 1975 年 1 月を予測開始時点として一ヶ月ごとに測ったものである．この図も前節と同様に予測の 66%信頼区間を示した．x の変化率の標準偏差は時間の平方根に比例するので，上側信頼区間と下側信頼区間は次式で与えられる．

$$(1.0075)^T (1.0577)^{\sqrt{T}} x_{1974}, \qquad (1.0075)^T (1.0577)^{-\sqrt{T}} x_{1974}$$

この信頼区間は非常に幅が広いことに注意する．この例の実現値の場合,「証券市場」はその予測を下回っている．

3.3.B 平均回帰過程

図 3.1 と図 3.4 のサンプルパスが示すように，ブラウン運動はその初期点から取り止めもなく離れる傾向をもっている．これは例えば投機的な資産価格の

ようないくつかの経済変数では現実的であるが他の経済変数には適さない．例えば，銅や原油のような原料のままの商品価格を考えてみよう．これらの価格は幾何ブラウン運動として表現されることもあるが，これに対して長期的な限界生産コストに何らかの関係をもつように表現すべきであるという指摘がある．換言すれば，短期では原油価格は確率的に上限に変動する（戦争であるとか，原油生産国における革命であるとか，あるいは OPEC カルテルの強弱といったものに撹乱を受ける），しかし長期では原油価格は限界的な生産コストに引き戻されるような動きを見せる．つまり，原油価格は**「平均回帰過程」**としてモデル化すべきであると主張するものである．

最も基礎的な平均回帰過程は**「オルンシュタイン＝ウーレンベック過程」**である．

$$dx = \eta(\overline{x} - x)\,dt + \sigma\,dz \tag{3.16}$$

ここで，η は回帰の速度であり，$\overline{x}$ は x の「正常」な水準である．正常な水準とは x が回帰する先の水準である（x が**商品価格**であれば，$\overline{x}$ はこの商品の長期限界生産コストとなる）．x の期待変化は x と $\overline{x}$ の差に依存している．x が $\overline{x}$ よりも大きければ，次の短期間には x は下降するであろう．逆に，x が $\overline{x}$ より小さければ，次の短期間には x は上昇するであろう．つまり，この過程は**マルコフ性**を満たすが，**独立増分**を持たない．

x の価値が x_0，かつ x が式 (3.16) に従うならば，将来時点 t の期待値は，

$$\mathcal{E}[x_t] = \overline{x} + (x_0 - \overline{x})e^{-\eta t} \tag{3.17}$$

また，$(x_t - \overline{x})$ の分散は

$$\mathcal{V}[x_t - \overline{x}] = \frac{\sigma^2}{2\eta}(1 - e^{-2\eta t}) \tag{3.18}$$

[式 (3.17) と式 (3.18) の誘導についてはこの章の付録を参照のこと．] x_t の期待値は t が大きくなるにつれて $\overline{x}$ に，その分散は $\sigma^2/2\eta$ に収束することが分かる．また，$\eta \to \infty$ のとき，$\mathcal{V}[x_t] \to 0$ となる．これは x は決して $\overline{x}$ から一時

第 3 章　確率過程と伊藤の公式

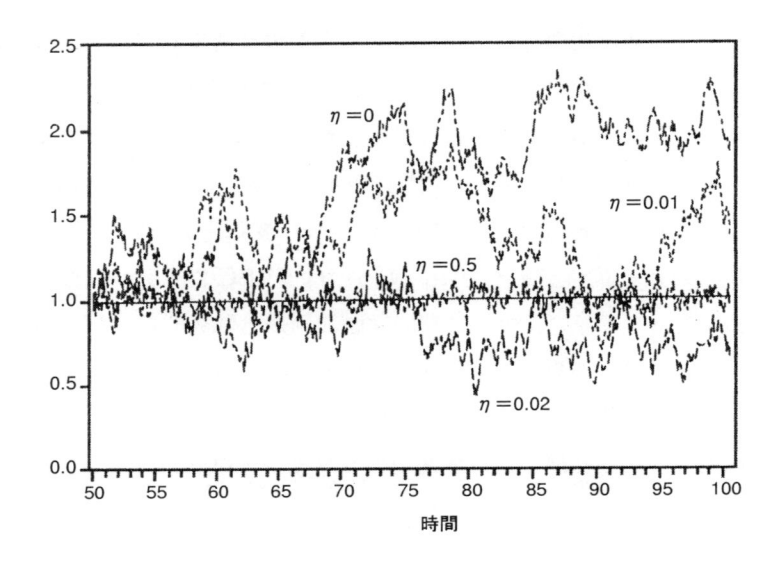

図 3.6　平均回帰過程のサンプルパス

りとも乖離できないことを意味する．また，$\eta \to 0$ のとき，x は基本的なブラウン運動となり，$\mathcal{V}[x_t] \to \sigma^2 t$ となる．

図 3.6 は式 (3.16) において η の値を変えた 4 つのサンプルパスを示してる．各ケースにおいて，$\sigma = 0.05/$月, $\bar{x} = 1$，および $x(t)$ の初期値を $x_0 = 1$ とした．一つのサンプルパスは $\eta = 0$ であり，ドリフトなしの基礎的なブラウン運動に対応する．図から，このサンプルパスは初期値 1 から大きく乖離する傾向を見て取れる．他のサンプルパスは $\eta = 0.01, 0.02,$ および 0.5 としたものである．η が大きくなれば $x(t)$ が $\bar{x}$ から離れなくなる．$\eta = 0.5$ の場合，その乖離の程度は非常に小さくまた離れてもすぐに戻る傾向にある．

図 3.7 は $\eta = 0.02$ としたオルンシュタイン＝ウーレンベック過程の最適予測を示したものである．このケースにおいて，1950 年から 1980 年期末までサンプルパスを作成し，1981 年から 2000 年については $x(t)$ の予測を行った．予測結果と比較するために，1980 年までのサンプルパスを延長した実現値も求めた．また，予測の 66%信頼区間も図示した．4,5 年後に予測の分散が

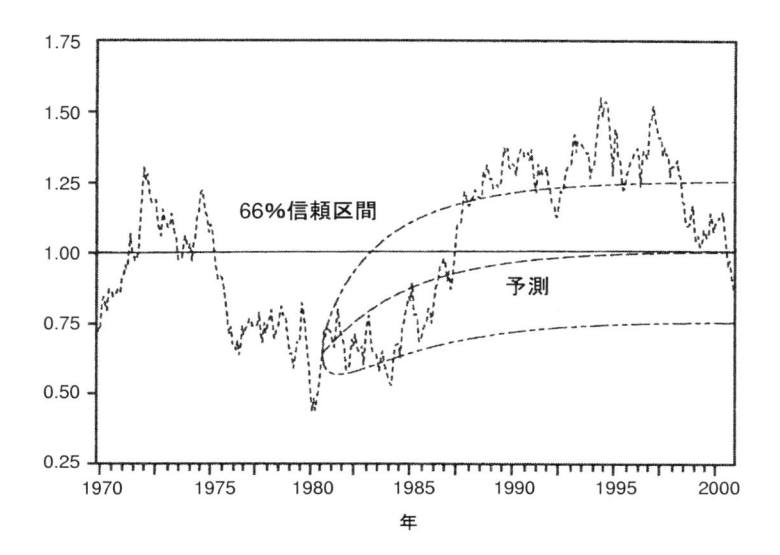

図 3.7 平均回帰過程の最適予測

$\sigma^2/2\eta = 0.0025/0.04 = 0.065$ に収束することに注意する．つまり，66%信頼区間（±1標準偏差）は予測値 ±0.25 に収束する．

式 (3.16) は離散時間の 1 次の**自己回帰過程**を連続時間としたものである．特に，式 (3.16) は次の 1 次の **AR 過程**において $\Delta t \to 0$ として極限をとったものである．

$$x_t - x_{t-1} = \overline{x}(1 - e^{-\eta}) + (e^{-\eta} - 1)x_{t-1} + \epsilon_t \tag{3.19}$$

ここで，ϵ_t は平均 0，標準偏差 σ_ϵ の正規分布に従う．また，

$$\sigma_\epsilon^2 = \frac{\sigma^2}{2\eta}(1 - e^{-2\eta})$$

したがって，離散時間データ（利用可能なデータ）を用いて回帰分析により式 (3.16) のパラメータを推定することができる．

$$x_t - x_{t-1} = a + bx_{t-1} + \epsilon_t$$

推定結果を用いてパラメータを計算する．

$$\overline{x} = -\frac{\widehat{a}}{\widehat{b}}$$

$$\widehat{\eta} = -\log(1+\widehat{b})$$

$$\widehat{\sigma} = \widehat{\sigma}_\epsilon \sqrt{\frac{\log(1+\widehat{b})}{(1+\widehat{b})^2 - 1}}$$

ここで，$\widehat{\sigma}_\epsilon$ は回帰の標準誤差である．

式 (3.16) を一般化することは容易である．例えば，式 (3.16) において $x(t)$ はそのまま $\widehat{x}$ に回帰するが，その分散変化率は x に比例する過程を考えることができる．

$$dx = \eta(\overline{x} - x)\, dt + \sigma x\, dz \tag{3.20}$$

また，変数の変化率を基礎的な平均回帰過程としてモデル化することもできる．この過程は次式と等価である．

$$dx = \eta x(\overline{x} - x)\, dt + \sigma x\, dz \tag{3.21}$$

投資決定に関するいくつかの平均回帰過程の含意については後で検討する．

本節の説明を終える前に，前掲の問いについて再考しておこう．原料のままの商品やその他の商品の価格をモデル化するには幾何ブラウン運動と平均回帰過程とではどちらがベストであろうか？この問いに答える方法は対象とする商品の価格データを検証することである．特に，式 (3.19) を推定して右辺の x_{t-1} の係数が 0 かどうかの有意性検定を行う．この推定には二つの問題がある．第一に，この係数が 0 になる（つまり，x_t がランダムウォークに従う）という帰無仮説の下では，その最小二乗推定（OLS）は 0 に対してバイアスを持っている．そのため，標準的な t 検定によってこの係数の有意性を検定することはできない．そのため，t 検定に代えて**単位根検定**を行うことになる[9]．第二の問題は

---

[9] 単位根検定は Dikey and **Fuller, Wayne**(1981) によって提案された．いくつかの改良が行われている．この検定の入門的な内容は **Pindyck, Robert** and **Rubinfeld, Daniel**(1991) の第 15 章を参照のこと．

もっと深刻な問題である．つまり，変数が平均回帰しているかどうかをある一定の信頼水準のもとで決定するためには何十年にもわたるデータが必要である．

参考のために，図 3.8 と図 3.9 に原油と銅の価格を示す．1967 年価格を基準とした過去 120 年間の価格である[10]．これらの価格が大雑把に見れば平均回帰しているようであるが，平均回帰レートは非常に遅いようである．実際に単位根検定を行ってもこれが支持される．120 年間のフルサンプルについて検定を行うと**ランダムウォーク仮説**は容易に棄却される．つまり，データはこれらの商品価格が平均回帰していることを裏付けている．ところが，30 年とか 40 年といった期間のデータを用いて単位根検定を行うとランダムウォーク仮説は棄却できない．他の経済変数についても同様のことが起こるであろう．つまり，30 年かそこらのデータを用いて価格がランダムウォークなのか平均回帰なのかを統計的に判断することは困難である．

結論を言えば，価格やその他の変数をモデル化するときに平均回帰にするかどうかの判断は統計的な検定ではなく（例えば，均衡メカニズムの演算からの直感などの）理論的な仮説に頼らざるを得ない場合が多いであろう．モデルを選択する際の規準には分析が容易かどうかという判断もある．本書の後の章では，プロジェクトを評価したり，最適投資規準を求めるために分析を簡単にするために原資産の確率変数を幾何ブラウン運動としてモデル化している[11]．

3.4　伊藤の公式

伊藤過程，式 (3.11) は連続時間であるが微分不可能であることを知った．しかし，伊藤過程を用いた関数を扱う際に，これを**微分**する必要に迫られる．例えば，銅鉱山に投資するオプションの価値を銅の価格の関数として表現するこ

---

[10] 1870 年から 1973 年までのデータは **Manthy, Robert S.**(1978) からの抜粋である．1973 年以降のデータは U.S. Energy Information Energy and U.S. Bureau of Mines の刊行物から得た．価格は**卸売物価指数**（現在は Product Price Index）により物価調整している．

[11] 原資産の価格を平均回帰過程としてモデル化すると最適投資規準の解析解を得ることは一般には不可能である．そうする場合，解析解に代えて数値解法を用いる必要がある．石油やその他の資源の価格を幾何ブラウン運動としたモデル化することに対する批判については Lund(1991b) を参照のこと．

第 3 章 確率過程と伊藤の公式

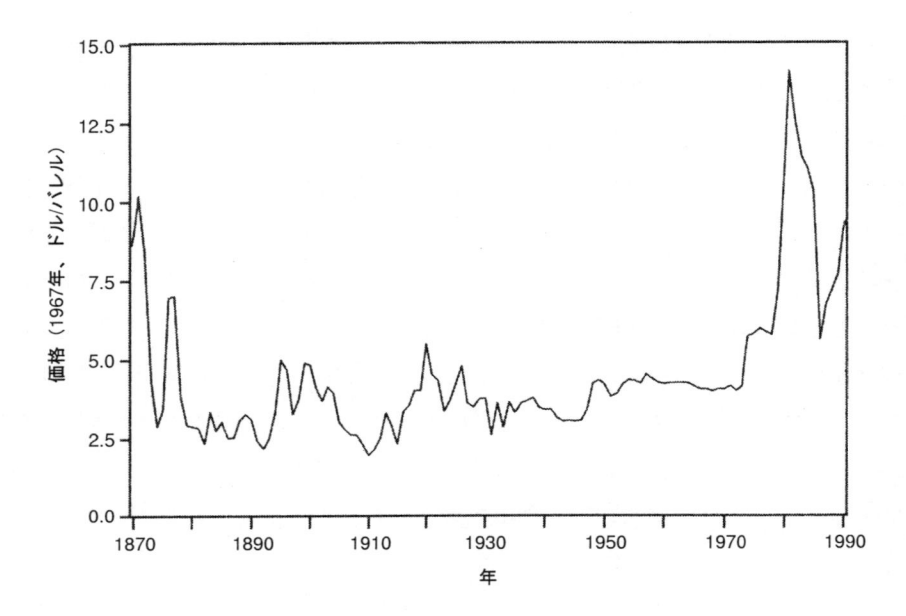

図 3.8 原油価格（1967 年，ドル／バレル）

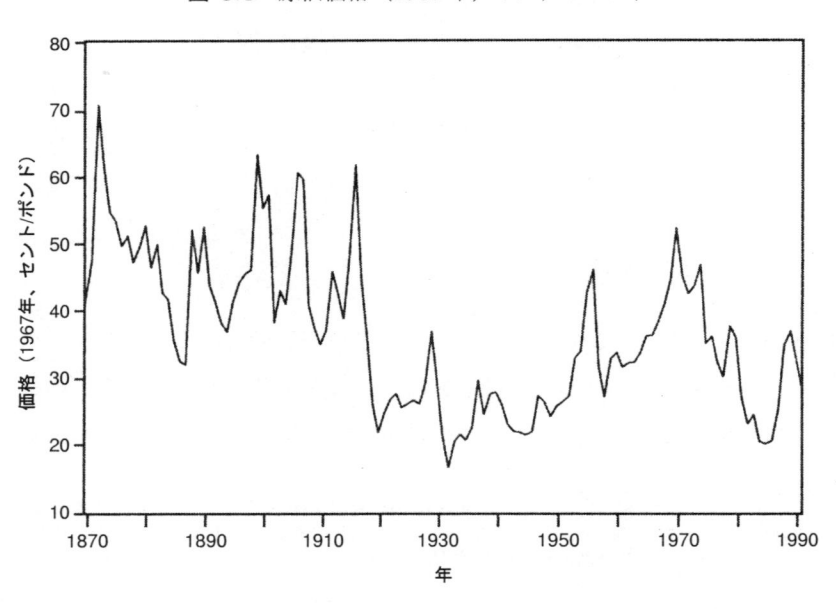

図 3.9 銅価格（1967 年，セント／バレル）

3.4 伊藤の公式

とがある．また，銅価格を幾何ブラウン運動で表現することがある．この場合，このオプションの価値が従う確率過程を決定しなければならない．これは一般には伊藤過程を用いた関数を微分したり積分することになり,「伊藤の公式」を利用する必要が出てくる．

伊藤の公式は**テイラー級数展開**の一種であると思えば理解しやすい．いま，$x(t)$ が式 (3.11) の過程に従うものとする．また，x について少なくとも 2 回微分可能で t については 1 回微分可能な関数 $F(x,t)$ を考える．この関数の全微分 dF を得たい．通常の微分ルールでは全微分は x と t の一次オーダーの変化として定義される．

$$dF = \frac{\partial F}{\partial x}dx + \frac{\partial F}{\partial t}dt$$

しかし，ここでは x についてのみより高次の項を含めてみよう．

$$dF = \frac{\partial F}{\partial x}dx + \frac{\partial F}{\partial t}dt + \frac{1}{2}\frac{\partial^2 F}{\partial x^2}(dx)^2 + \frac{1}{6}\frac{\partial^3 F}{\partial x^3}(dx)^3 + \cdots \tag{3.22}$$

通常の微分ではこれらの高次項は極限をとると消えてしまう．ここでもそうなるかどうかを確かめるために，式 (3.22) の右辺の第 3 項と第 4 項を展開してみよう．まず，$(dx)^2$ を決定するために dx に式 (3.11) を代入する．

$$(dx)^2 = a^2(x,t)(dt)^2 + 2a(x,t)b(x,t)(dt)^{\frac{3}{2}} + b^2(x,t)\,dt \tag{3.23}$$

dt が無減少になると $(dt)^{3/2}$ と $(dt)^2$ の項は dt 項よりも速く 0 に近づく．そのため，これらの項は無視できる．

$$(dx)^2 = b^2(x,t)\,dt$$

式 (3.22) の右辺第 4 項については，$(dx)^3$ を展開すると展開式の各項は dt の累乗がすべて 1 以上となるので，極限をとると dt よりも速く 0 に近づく．これは $(dx)^4$ などのより高次の項についても言える．という訳で，**伊藤の公式**は全微分 dF を次式で与える．

$$dF = \frac{\partial F}{\partial t}dt + \frac{\partial F}{\partial x}dx + \frac{1}{2}\frac{\partial^2 F}{\partial x^2}(dx)^2 \tag{3.24}$$

また，dx に式 (3.11) を代入した展開式で書くこともできる.

$$dF = \left[\frac{\partial F}{\partial t} + a(x,t)\frac{\partial F}{\partial x} + \frac{1}{2}b^2(x,t)\frac{\partial^2 F}{\partial x^2}\right]dt + b(x,t)\frac{\partial F}{\partial x}dz \qquad (3.25)$$

通常の**微分のチェインルール**と比べて式 (3.25) はもうひとつ別の項を持っている．これを直感的な理解を与えるために，次の簡単化をしてみよう．ドリフト変化率を $a(x,t) = 0$，また $\partial F/\partial t = 0$ とする．すると，$\mathcal{E}(dx) = 0$ であるが $\mathcal{E}(dF) \neq 0$ となる．これは**ジェンセンの不等式**で言っていることと同じことである．もし，F が x について凸関数（つまり，$\partial^2 F/\partial x^2 > 0$）ならば $\mathcal{E}(dF)$ は正となる．F が凹関数（つまり，$\partial^2 F/\partial x^2 < 0$）ならば $\mathcal{E}(dF)$ は負となる．伊藤過程では，dx は $\sqrt{dt}$ のように，$(dx)^2$ は dt のように振る舞うので，凸性や凹性の影響は dt に関係し F の全微分において無視することはできない．

この**テイラー級数展開**をいくつかの伊藤過程からなる関数に適用するのは簡単である．例えば，$F = F(x_1, \ldots, x_m, t)$ を時間 t と m 個の伊藤過程 $x_1, \ldots, x_m$ からなるものとする．

$$dx_i = a_i(x_1, \ldots, x_m, t)dt + b_i(x_1, \ldots, x_m, t)dz_i, \qquad i = 1, \ldots, m \qquad (3.26)$$

ここで，$\mathcal{E}(dz_i\, dz_j) = \rho_{ij}\, dt$．伊藤の項式を適用すると全微分 dF を得る．

$$dF = \frac{\partial F}{\partial t}dt + \sum_i \frac{\partial F}{\partial x_i}dx_i + \frac{1}{2}\sum_i\sum_j \frac{\partial^2 F}{\partial x_i\, \partial x_j}dx_i\, dx_j \qquad (3.27)$$

また，dx_i に式 (3.26) を代入し，これを展開式の形で表現すると次式を得る．

$$\begin{aligned}dF = \Bigg[\frac{\partial F}{\partial t} &+ \sum_i a_i(x_1, \ldots t)\frac{\partial F}{\partial x_i} + \frac{1}{2}\sum_i b_i^2(x_1, \ldots t)\frac{\partial^2 F}{\partial x_i^2} \\ &+ \frac{1}{2}\sum_{i \neq j}\rho_{ij}b_i(x_1, \ldots, t)b_j(x_1, \ldots t)\frac{\partial^2 F}{\partial x_i\, \partial x_j}dx_i\, dx_j\Bigg]dt \\ &+ \sum_i b_i(x_1, \ldots, t)\frac{\partial F}{\partial x_i}dz_i\end{aligned} \qquad (3.28)$$

例：幾何ブラウン運動 式 (3.12) の**幾何ブラウン運動**について再度検討しよう．$F(x) = \log x$ に従う過程が式 (3.13) で与えられることを示すために伊藤の

公式を利用しよう．$\partial F/\partial t = 0, \partial F/\partial x = 1/x, \partial^2 F/\partial x^2 = -1/x^2$ なので，式 (3.24) から次式を得る．

$$dF = \frac{1}{x}dx - \frac{1}{2x^2}(dx)^2$$
$$= \alpha\, dt + \sigma\, dz - \frac{1}{2}\sigma^2\, dt = (\alpha - \frac{1}{2}\sigma^2)dt + \sigma\, dz \quad (3.29)$$

つまり，任意の有限な期間 T について，$\log x$ の変化は平均 $(\alpha - \frac{1}{2}\sigma^2)T$，および $\sigma^2 T$ をもつ正規分布に従う．

それではなぜ $F(x) = \log x$ のドリフト変化率は α よりも小さいのであろうか？その理由は $\log x$ が x の凹関数，かる x が確率変数であるからである．$\log x$ の期待値は x の期待値の対数よりも小さな変化である（これもジェンセンの不等式の結果に他ならない．）x についての不確実性はより長期の方が大きい．そのため，$\log x$ の期待価値は時間とともに増加する量によって減らされる．つまり，ドリフト変化率が減少する．

例：相関関係を持つブラウン運動 二つ目の例として，関数 $F(x,t) = xy$ について検討しよう．ここで，x, y はそれぞれ幾何ブラウン運動に従うものとする．

$$dx = \alpha_x x\, dt + \sigma_x x\, dz_x$$
$$dy = \alpha_y y\, dt + \sigma_y y\, dz_y$$

ここで，$\mathcal{E}[dz_x dz_y] = \rho\, dt$．$F(x,y)$ および $G = \log F$ に従う過程を調べよう．

$\partial^2 F/\partial x^2 = \partial^2 F/\partial y^2 = 0$ かつ $\partial^2 F/\partial x\, \partial y = 1$ なので，式 (3.27) から次式を得る．

$$dF = x\, dy + y\, dx + dx\, dy \quad (3.30)$$

dx と dy に代入し整理すると次式を得る．

$$dF = (\alpha_x + \alpha_y + \rho\sigma_x\sigma_y)F\, dt + (\sigma_x dz_x + \sigma_y dz_y)F \quad (3.31)$$

つまり，F も幾何ブラウン運動に従う．それでは，$G = \log F$ はどうであろう

か？前記の例と同様に考えると次式を得る．

$$dG = (\alpha_x + \alpha_y - \frac{1}{2}\sigma_x^2 - \frac{1}{2}\sigma_y^2)dt + \sigma_x\,dz_x + \sigma_y\,dz_y \tag{3.32}$$

式 (3.32) から任意の期間 T について $\log F$ の変化は平均 $(\alpha_x + \alpha_y - \frac{1}{2}\sigma_x^2 - \frac{1}{2}\sigma_y^2)T$ および分散 $(\sigma_x^2 + \sigma_y^2 + 2\rho\sigma_x\sigma_y)T$ の正規分布に従うことが分かる．

例：割引現在価値　$F(x) = x^\theta$ について考える．x は式 (3.12) の幾何ブラウン運動に従うものとする．ここでは，期待割引現在価値がどのように計算されるかを示そう．

$$\mathcal{E}\left[\int_0^\infty F(x(t))e^{-rt}\,dt\right]$$

まず，伊藤の公式から，

$$\begin{aligned}dF &= \theta x^{\theta-1}[\alpha x\,dt + \sigma x\,dz] + \frac{1}{2}\theta(\theta-1)x^{\theta-2}\sigma^2 x^2\,dt \\ &= [\theta\alpha + \frac{1}{2}\theta(\theta-1)\sigma^2]F\,dt + \theta\sigma F\,dz\end{aligned} \tag{3.33}$$

式 (3.33) をみると F は幾何ブラウン運動に従うことが分かる．そこで，幾何ブラウン運動の期待に関する式 (3.14) を用いると次式を得る．

$$\mathcal{E}[F(x,t)] = F(x_0)\exp[(\theta\alpha + \frac{1}{2}\theta(\theta-1)\sigma^2)t] \tag{3.34}$$

また，割引現在価値は次式で与えられる．

$$x_0^\theta/[r - \theta\alpha - \frac{1}{2}\theta(\theta-1)\sigma^2]$$

3.5　バリヤと長期分布

x の初期値を x_0 としよう．また，x は式 (3.6) の基礎的なブラウン運動に従うものとする．この過程はそのままでは時刻 t に平均 $(x_0 + \alpha t)$，分散 $\sigma^2 t$ の正規分布を持つ．いま，この過程に制約を設ける．x が上方の**反射壁** $\bar{x}$ を超えることができないという条件を課す．この条件は次のことを意味する．先の**ランダムウォーク表現**で説明すると，今 $\bar{x} - \Delta h$ にいるとして，x が上昇しようと

するとそこには反射壁があるので $\bar{x} - \Delta h$ に押し戻される（逆に x の下降については何も障害がなく $\bar{x} - 2\Delta h$ に下降できる）．同様に，下方の反射壁を設定しよう．

経済への応用では，市場の均衡メカニズムが働くのでこうした壁はしばしば見受けられる．例えば，x が商品の価格ならば，企業の新規参入する価格が上方の反射壁となり，既存企業が市場から撤退する価格が下方の壁となる．こうしたモデルについては第 8 章と第 9 章で扱う．

ここでは，x が長期間こうした過程に従う場合に何が起こるかについて考えてみよう．**マルコフ性**のため，初期値 x_0 の影響は反射壁に一旦触れると消えてしまう．この運動は仕掛けられた二つの壁の間を行きつ戻りつするので，**長期分布**の**定常過程**として捉えられる．この分布の確率密度 $\phi(x)$ を求めてみよう．

再び，**ランダムウォーク表現**を利用する．隣接する 3 点，$x - \Delta h, x, x + \Delta h$ について考えよう．任意の微小時間 Δt において，確率密度 $\phi(x - \Delta h)$ は確率 p で上昇し，確率密度 $\phi(x + \Delta h)$ は確率 q で下降する．ここで，p, q は式 (3.10) で与えられる．これらの動きがこの微少期間の後の x における確率密度を構成する．この確率分布が定常であれば，それが $\phi(x)$ である．

$$\phi(x) = p\phi(x - \Delta h) + q\phi(x + \Delta h) \tag{3.35}$$

さて，p, q に代入して右辺をテイラー展開し項別に整理すると次式を得る．

$$\begin{aligned}\phi(x) =& \frac{1}{2}\left[1 + \frac{\alpha}{\sigma^2}\Delta h\right]\left[\phi(x) - \Delta h \phi'(x) + \frac{1}{2}(\Delta h)^2 \phi''(x) + \cdots\right] \\ &+ \frac{1}{2}\left[1 - \frac{\alpha}{\sigma^2}\Delta h\right]\left[\phi(x) + \Delta h \phi'(x) + \frac{1}{2}(\Delta h)^2 \phi''(x) + \cdots\right] \\ =& \phi(x) - \frac{\alpha}{\sigma^2}(\Delta h)^2 \phi'(x) + \frac{1}{2}(\Delta h)^2 \phi''(x) + \cdots\end{aligned}$$

$(\Delta h)^2$（あるいは Δt）よりも速く 0 に近づく項を省略する．両辺から $\phi(x)$ を消去して $(\Delta h)^2$ で除して極限 $\Delta h \to 0$ をとる．次の微分方程式を得る．

$$\phi''(x) = \gamma \phi'(x) \tag{3.36}$$

ここで，$\gamma = 2\alpha/\sigma^2$.

この方程式の一般解は容易に見出せる．

$$\phi(x) = Ae^{\gamma x} + B$$

ここで，A と B は決定定数である．これらの定数を決定するには，二つの壁 $\overline{x}$ と $\underline{x}$ において何が起こるかを検討する必要がある．上方の壁について考えよう．確率密度 $\phi(\overline{x} - \Delta h)$ は確率 p で上昇するが，壁にあたって $\overline{x} - \Delta h$ に押し戻される．そのため，確率密度をバランスさせる等式は次のように修正される．

$$\phi(\overline{x} - \Delta h) = p\phi(\overline{x} - \Delta h) - p\phi(\overline{x} - 2\Delta h)$$

これを展開し前と同じように簡単化すると次式を得る．

$$\phi'(\overline{x}) = \gamma\phi(\overline{x})$$

一般解をこれに代入すると，$B = 0$ が得られる．下方の壁 $\underline{x}$ について上記と同様の議論を行なうと同じ結果が得られる．

最後に，定数 A は $\overline{x}$ と $\underline{x}$ の間の確率密度の合計が 1 となるように選ばなければならない．次式を得る．

$$\phi(x) = \gamma \exp(\gamma x)/[\exp(\gamma \overline{x}) - \exp(\gamma \underline{x})] \tag{3.37}$$

長期の定常確率密度は単純な指数関数である．x の過程が正のドリフト係数をもつとき（$\alpha > 0$，つまり $\gamma > 0$），上記の指数関数は上方の壁に向かって上昇する．ドリフト係数が負の場合，密度は下方の壁に向かって下降する．$\gamma > 0$ であれば，下方の壁 $\underline{x}$ は $-\infty$ とすることができるので上方の壁 $\overline{x}$ のみを考慮すれば十分である．つまり，その過程は密度が指数的に $\overline{x}$ の左側にくる長期的な定常分布をもつ．同様に，$\gamma < 0$ のときは，上方の壁 $\overline{x}$ は ∞ とすることができる．

第 8 章と第 9 章においてこの分布を利用する．そこでは，「突然死 (sudden death)」のジャンプ過程を考慮した議論を一般化する．より実質的な拡張は x

が一般的な伊藤過程に従うケースを含むものである．また，長期の定常状態だけではなく確率分布の実際のダイナミクスを検討することも実質的な拡張である．これら二つの拡張は確率密度に関する微分方程式—**コルモゴロフ方程式**—を展開することが必要である．コルモゴロフ方程式については本章の付録について説明している．

3.6 ジャンプ過程

これまで拡散過程についてのみ考えてきた．つまり，いたるところで連続であるという確率過程についてのみ検討してきた．しかし，経済変数が稀に離散的に**ジャンプ**するモデルが現実的である場合がある．既存の企業数が少ない市場に新しいライバル企業が参入するといった場合がその一例である．そのとき，価格は突然下落する．同様に，予測不可能であるがライバルが関連する特許の開発に成功すると価値が大きく下落するモデルとして特許の価値を扱うというのもその例である．また，石油の価格を**ブラウン運動とジャンプを混合した過程**とみなすこともある．つまり，正常な期間には価格は連続的に変化するが，戦争や革命が勃発したり終息すると価格は大きくジャンプしたり下落する．本節では，**ポアソン過程（ジャンプ過程）**について検討する．これを扱う際に役に立つ伊藤の変形公式を紹介する．

ポアソン過程は到着時間がポアソン分布に従うものでジャンプの大きさは固定されたものであったり確率的に変化したりする過程である．これらのジャンプを「**イベント**」と呼ぶ．λ をイベントの「**平均到着率**」とする．無限小の時間 dt においてイベントが起こる確率は $\lambda\,dt$，その間にイベントが発生しない確率は $1 - \lambda\,dt$ で与えられる．イベントは大きさ u のジャンプであるとし，大きさ自身が確率変数でもありうる．

いま，ウィーナー過程と類似したポアソン過程を q とする．言い換えれば，

$$dq = \begin{cases} \text{確率 } 1 - \lambda\,dt \text{ で} & 0 \\ \text{確率 } \lambda\,dt \text{ で} & u \end{cases}$$

変数 x に関する確率過程をポアソン微分方程式として表現する．これは式 (3.11) の**伊藤過程**に対応するものである．

$$dx = f(x,t)\,dt + g(x,t)\,dq \tag{3.38}$$

ここで，$f(x,t)\,dt$ と $g(x,t)$ は既知の（非確率）関数である．

$H(x,t)$ を x,t についての（微分可能な）関数とする．H の期待変化，$\mathcal{E}(dH)$ を誘導しよう．誘導するために，dH を次のように展開する．

$$\begin{aligned} dH &= \frac{\partial H}{\partial t}dt + \frac{\partial H}{\partial x}dx \\ &= \frac{\partial H}{\partial t}dt + \frac{\partial H}{\partial x}[f(x,t)\,dt + g(x,t)\,dq] \end{aligned} \tag{3.39}$$

（伊藤過程とは異なり高次の項は dt よりも速く 0 に近づくことに注意する．dx は $\sqrt{dt}$ に依存しない．）x の変化は二つの方法で H に変化を与える．第一に，$H[x,t]$ は x のドリフトに対して連続的かつ決定的に変化する．第二に，ポアソンイベントが発生する確率が存在する．つまり，このイベントが起こると，x は確率量 $ug(x,t)$ だけ変化する．それにより $H(x,t)$ は変化する．dt の間にポアソンイベントが発生する確率は $\lambda\,dt$ であるので，次式を得る．

$$\mathcal{E}\left[\frac{\partial H}{\partial x}g(x,t)\,dq\right] = \mathcal{E}_u\{\lambda[H(x+ug(x,t),t) - H(x,t)]\}dt \tag{3.40}$$

ここで，右辺の期待はジャンプの大きさ u についてとる．そのため，H の微分の期待は次式で与えられる．

$$\mathcal{E}[dH] = \left[\frac{\partial H}{\partial t}dt + f(x,t)\frac{\partial H}{\partial x}\right]dt + \mathcal{E}_u\{\lambda[H(x+g(x,t)u,t) - H(x,t)]\}dt \tag{3.41}$$

式 (3.41) がジャンプ過程に関する伊藤の変形公式であり，連続過程に対する伊藤の公式に対応するものである．

伊藤過程とジャンプ過程の組み合わせを考える．前者は常に変化し後者は稀にしか変化しない．適正な伊藤の変形公式はこの二つの影響を組み合わせたも

のである．いま，確率過程が次式で表わされるとする．

$$dx = a(x,t)\,dt + b(x,t)\,dz + g(x,t)\,dq$$

このとき，関数 $H(x,t)$ の変化についての期待価値は次式で与えられる．

$$\begin{aligned}\mathcal{E}[dH] =& \left[\frac{\partial H}{\partial t}\,dt + a(x,t)(\frac{\partial H}{\partial x} + \frac{1}{2}b^2(x,t)\frac{\partial^2 H}{\partial x^2}\right]dt \\ &+ \mathcal{E}_u\{\lambda[H(x+g(x,t)u,t) - H(x,t)]\}dt\end{aligned} \quad (3.42)$$

二階の微分は過程の連続部分による変動にのみ関連していることに注意する．過程のジャンプの部分は式 (3.42) の右辺の最後の項に関連している．この項は離散的に異なる点における H の価値の差を表わしている．

例：賃金の現在価値　永久の寿命をもつある個人を考える．この人物は賃金 $W(t)$ を受け取るとする．また，賃金はランダムな時点に一定率 ϵ で上昇するものとする．λ を賃金上昇の平均到着率とすると，この個人の賃金に関する微分方程式は次式で与えられる．

$$dW = \epsilon\,dq \quad (3.43)$$

ここで，確率 1 で $u=1$ である．この人の期待所得流列の現在価値はいくらであろうか？

次を計算すればよい．

$$V(W) = \mathcal{E}\int_0^\infty W(t)e^{-\rho t}\,dt$$

V を一つの資産として扱うことができる．この資産の収益率を ρ とする．資産 V の収益はその資産からの配当（賃金）とその資産のキャピタルゲインの合計に等しい．

$$\rho V\,dt = W(t)\,dt + \mathcal{E}(dV)$$

このケースでは，$\mathcal{E}(dV) = (dV/dW)\lambda\epsilon\,dt = (\lambda\epsilon/\rho)dt$ であるので，

$$V(W) = \frac{W}{\rho} + \frac{\lambda\epsilon}{\rho^2}$$

つまり，V は賃金 W が永久に支払われる年金と単位時間あたりの平均上昇率の資本還元価値の合計に等しい．

例：機械の価値 ある機械はそれが稼動すれば一定の利益フロー π を生み出すものとする．メンテナンスをする必要はないが，ある時点で故障しその場合には廃棄されるとする．λ を平均故障率とし ρ を割引率とするとき，この機械の価値はいくらになるであろうか？

機械の価値は次の過程に従う．

$$dV = -V\,dq$$

ここでのイベントは確率 1 で $u = 1$ である．資産収益の方程式は次式となる．

$$\rho V\,dt = \pi\,dt + \mathcal{E}(dV) = \pi\,dt - \lambda V\,dt$$

整理すると，

$$V = \frac{\pi}{\rho + \lambda}$$

つまり，利益フローをある種の年金として扱うことができる．また，その価値は λ 分だけ割り増した割引率で割引いて求められる．これは非常に一般的な考え方である．発生率 λ でポアソンイベントが発生するとき利益フローを止めることが可能なとき，利益フローの流列があたかも決して止まることのないようにその期待現在価値を計算することができる．ただし，割引率は λ 分だけ割り増される．後の章において多くのアプリケーションを扱うときにこの計算を用いる．

3.7 文献ガイド

本書では確率過程と**伊藤の公式**の扱いは入門的かつ直感的なレベルである．確率過程とその性質についてより深い取り扱いをするには次の文献を参照するのがよい．**Cox, D.R. and Miller, D.R.**(1965), **Feller, William**(1971), および **Karkin, Samuel** and Taylor(1975, 1981)．Cox and Miller (1965) と

Karkin and **Taylor, Howard M.**(1975, 1981) はコルモゴロフ方程式の取り扱いについて特に優れている．また，Merton(1990) の第 3 章は経済と金融のモデル作成における連続過程とジャンプ過程の利用方法について議論している．確率過程についてのより厳密な取り扱いについては，**Karatzas, Ioannis** and **Shreve, Steven E.**(1988) を参照のこと．

伊藤の公式についてより詳細だが入門レベルで議論をしつつその応用について述べたものとしては，**Merton, Robert** (1971)，**Chow, Gregory**(1979)，**Malliaris, A.G.** and **Brock, William A.**(1982)，および **Hull, John**(1989) がある．[Merton(1971) はポアソン過程とその例について参考になる議論をしている．] より厳密な扱いについては，**Kushner, Harold** (1967)，**Arnold, Ludwig**(1974)，**Dothan, Michael U.** (1990)，および **Harrison, J.Michael**(1985) の第 4 章を参照のこと．また，期待現在価値の計算についてのより詳細な議論については **Dixit, Avinash**(1993a) を参照のこと．

補論

A　コルモゴロフ方程式

読者は次のような質問に答えられるだろうか？$x(t)$ がある確率過程に従いその現在の値が x_0 であるとするとき，将来の時刻 t において x がある範囲に入る確率はいくらか？あるいは，時間 $t \leq T$ の間に $x(t)$ がある点 x_1 に達する確率はいくらか？こうした質問に答えるためには，x の確率分布とその時間変化を記述することが必要である．こうしたことを表現するには「**コルモゴロフ方程式**」を利用する．

式 (3.6) の**ドリフトを持つブラウン運動**に関するコルモゴロフ方程式を導こう．ここでは，ドリフトを持つブラウン運動を本章の 3.2.B 節で紹介した離散時間のランダムウォーク表現として扱う．期間 t を $n = t/\Delta t$ の離散時間に分割したことを次のことと共に思い出して頂きたい．x は確率 p で Δh だけ上昇し，確率 $q = 1 - p$ で Δh だけ下降する．さらに，$(x_t - x_0)$ の分散を Δt の選

択とは独立にするために，$\Delta h = \sigma \sqrt{\Delta t}$ とおく．

いま，$\phi(x_0, t_0; x, t)$ は $x(t)$ に関する確率密度関数とし，そこでは早い時点 t_0 において $x(0) = x_0$ が与えられているものとする．つまり，

$$\text{Prob}[a \leq x(t) \leq b | x(t_0) = x_0] = \int_a^b \phi(x_0, t_0; u, t) du$$

$t - \Delta t$ から t の期間において，この過程が点 x に達するには二つのルートがある．$x - \Delta h$ から x に達するルートと $x + \Delta h$ から x に達するルートである．

$$\phi(x_0, t_0; x, t) = p\phi(x_0, t_0; x - \Delta h, t - \Delta t) + q\phi(x_0, t_0; x + \Delta h, t - \Delta t) \quad (3.44)$$

本書ではこの式を定常状態の確率計算の動的な一般化とする（式 (3.35) を参照のこと）．

さて，$\phi(x_0, t_0; x - \Delta h, t - \Delta t)$ を $\phi(x_0, t_0; x, t)$ の回りにテイラー展開しよう．

$$\phi(x_0, t_0; x - \Delta h, t - \Delta t)$$
$$= \phi(x_0, t_0; x, t) - \Delta t \frac{\partial \phi}{\partial t} - \Delta h \frac{\partial \phi}{\partial x} + \frac{1}{2}(\Delta h)^2 \frac{\partial^2 \phi}{\partial x^2} + \cdots$$

上記の展開式において 3 次以上の項は $(\Delta t)^{3/2}, (\Delta t)^2, \cdots$ の次数であるので Δt よりも速くゼロに近づく．同様に $\phi(x_0, t_0; x + \Delta h, t - \Delta t)$ を展開する．これらの展開式を式 (3.44) を導入する．

$$\phi(x_0, t_0; x, t) = (p+q)\phi(x_0, t_0; x, t) - (p+q)\Delta t \frac{\partial \phi}{\partial t}$$
$$- (p-q)\Delta h \frac{\partial \phi}{\partial x} + \frac{1}{2}(p+q)(\Delta h)^2 \frac{\partial^2 \phi}{\partial x^2}$$

さらに，$p+q = 1$，および式 (3.10) から $p-q = (\alpha/\sigma)\sqrt{\Delta t}$．また，$\Delta h = \sigma\sqrt{\Delta t}$ を代入し Δt で除して整理すると，

$$\frac{1}{2}\sigma^2 \frac{\partial^2}{\partial x^2}\phi(x_0, t_0; x, t) - \alpha \frac{\partial}{\partial x}\phi(x_0, t_0; x, t) = \frac{\partial}{\partial t}\phi(x_0, t_0; x, t) \quad (3.45)$$

式 (3.45) はドリフトをもつブラウン運動に関する「**コルモゴロフの前向き方程式**」と呼ぶ．これは確率密度関数 $\phi(x_0, t_0 : x, t)$ の時間的な変化を記述する

方程式である．同じようにして，式 (3.11) の一般的な伊藤過程に関するコルモゴロフの前向き方程式を導くことができる[12]．

$$\frac{1}{2}\frac{\partial^2}{\partial x^2}[b^2(x,t)\phi(x_0,t_0;x,t)] - \frac{\partial}{\partial x}[a(x,t)\phi(x_0,t_0;x,t)] = \frac{\partial}{\partial t}\phi(x_0,t_0;x,t)$$
(3.46)

式 (3.45) と式 (3.46) は「前向き」方程式と呼ばれる．その理由はこれらの方程式は時刻 t_0 における初期値 x_0 が境界条件として持っていて x の将来価値の密度関数を前向きに解くからである．逆に，同様にして時間を後ろ向きに辿りながらその密度関数を記述することもできる．つまり，時刻 t における $x(t)$ を境界条件としてその前の時刻 $t_0 < t$ における x_0 の値に関する密度関数を解析する．伊藤過程の「**コルモゴロフの後ろ向き方程式**」は次式で与えられる．

$$\frac{1}{2}b^2(x_0,t_0)\frac{\partial^2}{\partial x_0^2}\phi(x_0,t_0;x,t) + a(x_0,t_0)\frac{\partial}{\partial x_0}\phi(x_0,t_0;x,t) \\ = -\frac{\partial}{\partial t_0}\phi(x_0,t_0;x,t)$$
(3.47)

後の章でコルモゴロフ方程式を利用する．そのため，ここで二つの例についてちょっとした検討をしておこう．

例：オルンシュタイン＝ウーレンベック過程　式 (3.16) のオルンシュタイン＝ウーレンベック（平均回帰）過程について再び検討しよう．説明を簡単にするために，$\overline{x} = 0$ とおく．この過程は次式で与えられる．

$$dx = -\eta x\, dt + \sigma\, dz$$
(3.48)

$x(t)$ の平均と分散は式 (3.17) と式 (3.18) により与えられることは既に述べた．これを証明するために**コルモゴロフの前向き方程式**を利用する．

$x(t)$ の**積率母関数**を次のように書くことにする．

$$M(\theta, t) \equiv \mathcal{E}(e^{-\theta x}) = \int_{-\infty}^{\infty} \phi(x_0, t_0; x, t)e^{-\theta x}\, dx$$
(3.49)

---
[12] 前向きおよび後ろ向きのコルモゴロフ方程式の誘導とより詳細な議論は **Karkin, Samuel and Taylor, Howard M.**(1981) を参照のこと．

積率母関数の微分は，

$$\frac{\partial M}{\partial t} = \int_{-\infty}^{\infty} \frac{\partial \phi}{\partial t} e^{-\theta x} \, dx \tag{3.50}$$

この過程のコルモゴロフの前向き方程式は次式で与えられる．

$$\frac{\partial \phi}{\partial t} = \frac{1}{2}\sigma^2 \frac{\partial^2 \phi}{\partial x^2} - \eta x \frac{\partial \phi}{\partial x} + \eta \phi \tag{3.51}$$

式 (3.51) を式 (3.50) の $\partial \phi/\partial t$ に代入して部分積分すると積率母関数に関する次の方程式を得る．

$$\frac{1}{2}\sigma^2 \theta^2 M - \eta \theta \frac{\partial M}{\partial \theta} = \frac{\partial M}{\partial t} \tag{3.52}$$

次の境界条件のもとで式 (3.52) の偏微分方程式を解くことになる．

$$M(0, t) = 1, \qquad -M_\theta(0, 0) = x_0, \qquad \mathcal{V}[x(0)] = M_{\theta\theta}(0, 0) - x_0^2 = 0$$

読者は式 (3.52) の方程式の解が次式で与えられること確認できるであろう．

$$M(\theta, t) = e^{\sigma^2 \theta^2/4\eta} \left[1 - x_0 \theta e^{-\eta t} + \left(\frac{1}{2}x_0^2 - \frac{\sigma^2}{4\eta}\right) \theta^2 e^{-2\eta t} \right] \tag{3.53}$$

また，$\mathcal{E}(x_t) = -M_\theta(0, t), \mathcal{E}(x_t^2) = M_{\theta\theta}(0, t)$ から，読者は式 (3.17) と式 (3.18) を証明できる．

例：再生可能な資源の定常状態分布　コルモゴロフ方程式は偏微分方程式であるのでそれを解くことが困難なことが多い．しかし，確率変数の長期的な定常状態の性質について知りたいという場合がある．全ての確率過程が定常状態の関数に収束する確率密度をもつということはない（例えば，幾何ブラウン運動はその関数をもたないが，オルンシュタイン＝ウーレンベック過程はもっている）．しかし，定常状態分布が存在すれば，多くの場合，前向きのコルモゴロフ方程式を用いてその分布を知ることができる．そこでは方程式は常微分方程式として扱うことができる．

単純な演習として，先に誘導した反射壁をもつ長期定常ブラウン運動についての負の指数分布を式 (3.45) を用いて直接導いてみよう．この分布は初期値

x_0, t_0，および現在時刻 t とは独立なので関数 $\phi(x)$ について次の常微分方程式を得る.

$$\frac{1}{2}\sigma^2 \phi''(x) - \alpha \phi'(x) = 0$$

この方程式は式 (3.36) と同じものであり，前述した解法により解が求まる.

次にもっと複雑な確率過程について考えてみよう. 再生可能な資源のストック $x(t)$ の時間変化を記述するための過程を考える. その資源の採取率 $q(x)$ は x に依存するものとする.

$$dx = [f(x) - q(x)]dt + \sigma(x)\,dz \tag{3.54}$$

ここで，$f(x)$ はこの資源の**成長関数**であり，次の性質を有する凹関数である

$$f(x_{\min}) = f(x_{\max}) = 0, \qquad f(x) > 0 \quad \text{for} \quad x_{\min} < x < x_{\max}$$

式 (3.54) は確率過程であるが再生可能な資源に関する文献の多くはこれを決定論的に扱い，社会的に最適な $q(x)$ と競争市場における $q(x)$ を比較している. しかし，植物学者や生態学者が従来から，多くの再生可能な資源のストックは決定論的ではなく確率論的に変動していると認めている. そのため，式 (3.54) が自然な表現である[13]. 確率的に変動し**定常均衡**する $x(t)$ の確率密度について検討する.

定常均衡においては，前向き方程式 (3.46) において ϕ は x_0, t_0, t に依存しない. **定常密度関数**を $\phi_\infty(x)$ と書く. 方程式は次式となる（いったん積分する）.

$$\frac{1}{2}\frac{d}{dx}[\sigma^2(x)\phi_\infty(x)] = [f(x) - q(x)]\phi_\infty(x)$$

これは次のように書き改められる.

$$\frac{d[\sigma^2(x)\phi_\infty(x)]}{\sigma^2(x)\phi_\infty(x)} = \frac{2}{\sigma^2(x)}[f(x) - q(x)]\,dx \tag{3.55}$$

---

[13] 例えば，**Beddington, John R.** and **May, Robert**(1977)，および **Goel, S.** and **Richter-Dyn** を参照のこと. 再生可能な資源経済について総括した **Clark, Colin**(1976) は決定論的な議論であるが優れた文献である.

積分すると定常密度関数について次の式を得る[14].

$$\phi_\infty(x) = \frac{m}{\sigma^2(x)} \exp\left[2 \int^x \frac{f(\nu) - q(\nu)}{\sigma^2(\nu)} d\nu\right] \quad (3.56)$$

ここで，m は積分定数であり，$\int_0^\infty \phi_\infty(x)\,dx = 1$ となるように選ばれる．

一例として，**ロジスティック関数** $f(x)$ を考える．

$$f(x) = \alpha x(1 - x/K)$$

ここで，K は資源ストックの「carrying capacity」である．また，資源が採取されることはない，つまり $q(x) = 0$ であるとし，また $\sigma(x) = \sigma x$ とする．式 (3.56) は $\sigma^2 < 2\alpha$ のときに次の定常密度となる

$$\phi_\infty(x) = \frac{\left(\frac{2\alpha}{\sigma^2 K}\right)^{\frac{2\alpha}{\sigma^2} - 1} x^{\frac{2\alpha}{\sigma^2} - 2} e^{-\frac{2\alpha x}{\sigma^2 K}}}{\Gamma\left(\frac{2\alpha}{\sigma^2} - 1\right)} \quad (3.57)$$

ここで，Γ はガンマ関数である．この式を用いて定常均衡における x の期待価値を計算できる．

$$\mathcal{E}(x_\infty) = K\left(1 - \frac{\sigma^2}{2\alpha}\right) \quad (3.58)$$

確率変動は x の定常状態の期待価値に還元され，σ^2 が 2α に近づくにつれて $\mathcal{E}(\phi_\infty)$ は 0 に近づく．また，$\sigma^2 \geq 2\alpha$ のとき，確率変動は資源ストックの消滅をさせる，つまり，ϕ_∞ は崩壊し，確率 1 で $x(t) \to 0$ となる [これについてのより詳細な議論，再生可能な資源に関連するモデル，および最適な確率的な採取規準 $q^*(x)$ については **Pindyck, Robert** を参照のこと．]

---

[14] Merton(1975) もまたこの式を導いた．また，これを確率的に変動する新古典派のモデルにどのように応用できるかを示した．

第4章

不確実性下の動的計画法問題

　投資の意思決定において，時間は重要な役割を果たす．今日行った投資の成果は将来収益の流列として発生する．そして，その将来収益の流列は，自社あるいはライバル企業が将来行う意思決定に加えて，将来の不確実性にも影響を受ける．企業は，現在の意思決定を行う場合に将来起こるこれら全てのことについて考慮しなければならない．第2章で強調したように，同じ意思決定を後で行うチャンスがあるということが，投資の意思決定における一つの特徴である．したがって，意思決定を延期するというオプションは，今日の意思決定のメニューに加えなければならない．投資の意思決定をモデル化するためにわれわれが用いる数学のテクニックは，これら全てのことを扱うことが出来るものでなければならない．

　本章では，そのような2つのテクニック——**動的計画法**と**条件付請求権分析**——を学ぶ．実際，これら2つは互いに密接に結びついており，多くの応用問題において同一の結果につながる．しかし，それらは金融市場や将来のキャッシュフローを評価する際に用いられる割引率について異なった仮定を置いている．

　動的計画法は動学的最適化問題を解く際の非常に一般的な道具であり，不確実性を扱う際に特に有益である．それによって，全ての連続する意思決定を2つの要素に分割することが出来る．すなわち，一つの要素は現在の意思決定であり，もう一つの要素は将来に関する評価関数である．その評価関数は，その

現在の意思決定により生じる状態からスタートした場合の，その後の全ての意思決定の結果を要約したものとなる．投資の期限が決まっている場合には，最後の意思決定があり，その後には何も決めるものは無い．したがって，スタンダードな静学的最適化手法を用いることによって，最後の最適な意思決定を見つけることが出来る．また，この最終時点の解を用いることによって，最後から2番目の時点の意思決定に対しても適切な評価関数を作ることができる．そして2番目の時点における最適な意思決定を行うことが出来る．このような方法を最初の時点に向けて行い続けることによって，最初の時点における最適な意思決定も決定することが出来る．この一連の計算は難しいように見えるが，コンピュータのハードウェアとソフトウェアの発達により，容易に計算できるようになった．本書では，この種のいくつかの問題に対する解答を紹介する．もし投資計画の期限が無いならば，より難しい計算のようにみえるが，実は逐次性（同様の手法により各時点の最適な解を求めることが出来ること）により単純化できる．すなわち，それぞれの時点の意思決定問題は，最初の問題と全く同じように解くことが出来る．この手法により，**数値計算**が容易になるだけでなく，解の理論的な性質を理解することが出来るし，場合によっては**解析解**を導くことが出来る．

条件付請求権分析は金融経済学で用いられている考え方である．投資計画は，将来のコストとベネフィットの流列—それらは時間とともに変化し予測不可能な出来事に依存するが—によって定義されるということを観察することから始めよう．投資するチャンスや投資プロジェクトによる将来の利益流列を得る権利を持っている企業や個人は，価値ある「資産」を持っていることになる．現代経済社会は，あらゆる種類の豊富な資産のメニューを提供している．もし，われわれの投資プロジェクトや投資機会が，たまたまそうした市場で取引される資産であった場合には，市場価格が観察できる．しかし，そうした資産が，直接，市場で取引されていなくても，その資産を市場で取引されている他の資産と結びつけることが出来れば，市場で取引されていない資産でも，インプリシット（間接的）に価格を求めることが出来る．

必要なことは，各将来時点において不確実な出来事を全て織り込んだ上で，われわれの投資計画が生み出すものと全く同じ収益パターンをもったポートフォリオを，市場で取引されている資産を適当に組み合わせることによって構築することである．このポートフォリオの構成は固定的である必要は無い．各資産の市場価格が変動した場合には，構成も逐次変化させていけば良い．したがって，われわれの投資プロジェクトの価値は，そのポートフォリオの価値と等しくならなければならない．なぜならば，些細な価値の違いは，裁定機会——無コストで確実な儲けを得ること（二つの資産のうち安い資産を買い，高い資産を売る）——があることを意味するからである．この計算の中で暗示されていることは，会社は最も効率的な方法によって投資機会を活用する必要があるということである．なぜならば，もしそうしなければ，裁定者が投資機会を入手することで，無コストで利益を得ることが出来るからである．いったん投資機会の価値を知ると，その価値を実現するための投資形態，投資額，投資のタイミングを見つけることが出来る．そしてその中からベストのものを選ぶことで最適な投資政策を決定できる．

　この章の最初の節では，動的計画法の基本的な考え方を学ぶ．まず，われわれは第2章において学んだ2期間モデルから始める．そして次により長期間の問題に拡大するとともに，**離散時間**，**連続時間**の場合をそれぞれ学ぶ．そこでは，第3章で紹介した2つの特別な不確実性の形——**伊藤過程**と**ポアソン過程**——を考察する．第4.2節では，不確実性を伴う将来の収益に対する**条件付請求権分析**の一般的な考え方や裁定取引によるそうした債権の価格付けを学ぶ．そこでも焦点は**伊藤過程**と**ポアソン過程**である．第4.3節では，2つのアプローチの関係について説明する．われわれはまた，リスクの程度が時間とともに変化する場合の収益の割引や評価についての簡単な計算方法を見つけるためにその関係を用いる．

　本章を通して，われわれは厳密な証明よりも，むしろ計算方法の背後にある直感的な理解に重点を置く．技術的な詳細についての概要は，補論を参照してほしい．

第4章 不確実性下の動的計画法問題

4.1 動的計画法

このセクションでは，**動的計画法**の基本的な考え方を紹介する．まず，第2章で学習した2期間モデルから始め，次にそれを用いて簡単な具体的ケースを分析する．次に，それらを拡張する形で，より一般的な理論——多期間の意思決定戦略——の分析につなげる．最後に，**連続時間**での分析を行い，不確実性を**伊藤過程**または**ポアソン過程**で表す．それは，後の章で出てくるほとんどの応用問題の準備となる．

4.1.A　2期間モデルの例

第2章で紹介した2期間モデルによって，われわれは投資の意思決定の最適なタイミングや**オプション**価値といった考え方について学んだ．そこではまず，最初にすぐに投資をすることによって得られる**純現在価値**と，待つことによって得られる**純現在価値**を比較することから始めた．**動的計画法**は，本質的には，より一般的なダイナミックな意思決定において，そのような比較をシステマティックに行う方法である．この点を明確にするため，一つの例を見てみよう．

まず，最初のステップとして，この節では第2章で紹介した単純な2期間モデルを，より一般的な状況に拡張しよう．以前の例では，ほとんどのパラメータは特定の数値であったが，今回は任意の値とする．I を工場における投資の**埋没費用**とする．この投資により，工場は永久に毎期1単位の生産物を得ることが出来る．r を金利とする．今期（0期）の生産物価格を P_0 とする．生産物価格は次期には q の確率で $(1+u)P_0$，$(1-q)$ の確率で $(1-d)P_0$ となる．

最初に，投資機会は0期にのみ利用可能であると仮定する．もし，企業が0期に投資を行わないとすると，1期には決定を翻すことは出来ない．V_0 を，投資を行った場合に得られる期待収入の**純現在価値**とする．生産物価格の上昇と下落をそれぞれの確率でウエイト付けし，割り引いた上で，全ての期について

足し合わせると以下の通りとなる．

$$V_0 = P_0 + [q(1+u)P_0 + (1-q)(1-d)P_0]\left[\frac{1}{1+r} + \frac{1}{(1+r)^2} + \cdots\right]$$
$$= P_0 + [1 + q(u+d) - d]P_0 \frac{1/(1+r)}{1 - 1/(1+r)}$$
$$= P_0[1 + r + q(u+d) - d]/r$$

ただし，総和が収束するために $r > 0$ が必要となる．もし $V_0 > I$ ならば，投資が行われ，企業は $V_0 - I$ の価値を得ることが出来る．もし $V_0 < I$ ならば，投資は行われず，企業は何も手にすることは出来ない．もし $V_0 = I$ ならば，投資をすることとしないことは無差別となり，どちらの場合でもゼロの価値しか得られない．企業が 0 期に投資をすべきかどうかを決めなければならない状況に置かれた場合，Ω_0 を企業が投資プロジェクトから得られる純受取額とする．投資は 0 期に行わなければ以後永遠に行われないと仮定する．その場合，以下の式が成り立つ．

$$\Omega_0 = \max[V_0 - I, 0] \tag{4.1}$$

次に，投資機会が将来の時点でも利用可能な，より現実的な状況を考えよう．ここでは，0 期において以前とは異なったトレードオフ関係に直面する．すなわち，今期投資を行うか，あるいは今期は投資をせずに待ち，1 期時点でベストな選択（投資を行うか，行わないか）を行うか，である．この状況を評価するためには，企業は将来起こりうる状況に対して自らが取りうる行動を想定しなければならない．1 期から先は，状況が変わらないので，1 期以降にプロジェクトを延期することは無い．したがって，われわれは 1 期における状況を考慮するだけでよい．

企業は 0 期には投資をせず，「待つ」という選択をしたとしよう．1 期には製品価格は以下のとおりとなる．

$$P_1 = \begin{cases} \text{確率 } q \text{ で} & (1+u)P_0 \\ \text{確率 } 1-q \text{ で} & (1-d)P_0 \end{cases}$$

価格は 2 期以降このままで推移する．この製品から得られる収入の**純現在価値**は以下のとおりとなる．

$$V_1 = P_1 + P_1/(1+r) + P_1/(1+r)^2 + \cdots$$
$$= P_1(1+r)/r$$

価格が下落または上昇する場合のいずれにおいても，$V_1 > 0$ とういう状況下で企業が投資を行った場合，その企業は以下の純受取額を得ることが出来る．

$$F_1 = \max[V_1 - I, 0]$$

将来の最適な意思決定に基づくこの結果は，**継続価値**と呼ばれることがある．0 期においては，1 期時点の価格 P_1 は**確率変数**となる．したがって，P_1 から計算される V_1 も F_1 も**確率変数**となる．$\mathcal{E}_0$ を 0 期に利用可能な情報を使って計算した期待値（確率でウエイト付けした平均値）とする．この場合，以下の式が成り立つ．

$$\begin{aligned}\mathcal{E}_0[F_1] =& q \max[(1+u)P_0(1+r)/r - I, 0] \\ &+ (1-q)\max[(1-d)P_0(1+r)/r - I, 0]\end{aligned} \quad (4.2)$$

これは**期待継続価値**，あるいは単に**継続価値**と呼ばれる（ここで「期待」とは上記の確率でウエイト付けしたという意味である）．

では次に，0 期の意思決定に戻ろう．企業には 2 つの選択肢がある．直ちに投資をした場合，企業は収入の**純現在価値**から投資金額を差し引いた価値，$V_0 - I$ を受け取る．もし企業が直ちに投資を行わなければ，上記**継続価値** $\mathcal{E}_0[F_1]$ を得る．しかし，その継続価値は 1 期時点のものなので，0 期時点で比較可能にするためには $1/(1+r)$ をかけて割り引く必要がある．最適な戦略は，もちろん現在価値の高いものを選ぶということである．したがって，すべての投資機会が最適に選ばれる場合の投資の**純現在価値** F_0 は，以下のとおりとなる．

$$F_0 = \max\left\{V_0 - I, \frac{1}{1+r}\mathcal{E}_0[F_1]\right\} \quad (4.3)$$

4.1 動的計画法

企業の最適な戦略は，この純現在価値を最大にするものである．

上記の考え方は，**動的計画法**の本質的な考え方を捉えている．われわれは，先行き全ての意思決定を 2 つ——現在の選択と先行きの意思決定（それら効果は**継続価値**に反映されている）——に分けることが出来る．各時点において最適な意思決定を行うためには，われわれは最終時点の意志決定から始めて，その後，順次初期時点に向かって意思決定を考えていかなければならない．最終意思決定時点では，われわれは最適な戦略を取ることが出来るので，継続価値も見つけることが出来る（われわれの例では F_1 である）．1 期前の時点での意思決定においては，われわれは期待継続価値を知っており，現在の行動（投資をするか，最終時点まで待つか）を最適に選ぶことが出来る．われわれの例では，投資期間は 2 期間であり，それで話は済む．より長期の投資期間がある場合には，同様な方法を繰り返し用いて投資の意思決定を分析することが出来る．

次期に利用可能な投資機会がある時の意思決定は，それが無い場合に比べて制約が少ない．後者のケースとしては，式 (4.1) における投資から得られる純受取額（Ω_0）がある．この場合，0 期において投資の意思決定期間が終わるので，純受取額（Ω_0）を 0 期における**最終価値**と呼ぶことにする．次に，式 (4.3) における F_0 を制約の少ない意思決定問題における純受取額とする．F_0 と Ω_0 の差は，選択の自由度があることによる価値であり，**延期オプション**と呼ばれる．

第 2 章では，われわれは，P_0 や q といったパラメータが特定の値をとる場合に，投資の価値（F_0），最終価値（Ω_0）を計算した．読者は，今一度それらの具体的な例に戻って，一般的な理論の文脈においてそれらを理解することが出来る．ここでは，それらの結果のうち一つの特徴を指摘しておこう．第 2 章の図 2.4 をみると，投資機会の価値（F_0）が製品価格の初期値（P_0）に依存していることがわかる．P_0 が**臨界値**（249）を超えると，企業は一度に投資を行うことが最適となることが分かる．そして，**延期オプション**が価値を失い，投資機会の価値（F_0）が最終価値（Ω_0）と一致することになり，更にそれはこの価格の範囲（$P_0 > 249$）では $V_0 - I$ と一致する．P_0 が 249 を下回る場合には，待つことが最適となる．その場合，F_0 のグラフは Ω_0 のグラフの上に位置する．

第2章の他の図表において他のパラメータが変化した場合でも，同様の結果が得られる．ポイントとしては，すぐに投資を実行することが最適な場合となる**臨界値**は，投資機会の価値（F_0）を表す直線と最終価値（Ω_0）を表す直線が重なっているところで見つけられるということである．

延期オプションの価値に対して影響を与える要因に対して理解を深めるために，F_0 と Ω_0 の違いの源泉をより注意深く分析してみよう．最初に，意思決定を延期することによって企業は0期における収入 P_0 を諦めることになる．この違いはすぐに投資を実行することが良いことを示している．第二に，意思決定を延期することによって，投資のコストを延期することを意味する．この場合，金利が正であるので，待つことが良いことになる．（より一般的には，投資のコスト自体時間とともに変化する可能性がある．そしてそのことは，更に考慮すべき問題へと導く．例えば，もし企業が，資本財価格が時間とともに安くなると期待している場合には，待つことに対するもう一つの理由となる．）第三に，またより重要な点であるが，待つことによって，価格が上昇した場合と下落した場合に，それぞれ別々に最適な行動を考えることが出来る点である．すぐに投資を実施するという意思決定を行う場合には，上昇と下落の平均値に基づくしかない．待つことによって状況に応じて最適な行動が決められる—特に価格が下落した場合に投資をしなくてすむ—ことは，待つことによる自由度の増大に対して特別な価値を与える[1]．

4.1.B　多期間のケース

今度は，上記の2期間モデルを一般化しよう．この章以降の応用問題では，ほとんどのケースで以下を仮定する．まず，時間は**連続時間**とする．また，不確実性については，**状態変数**が**ウィーナー過程**あるいは，より一般的な**確率過程**とする．しかし，このセクションでは，**離散マルコフ過程**を用いて不確実性

---

[1] 専門用語では，最大値は凸関数なので，**ジャンセンの不等式**により，価格が上昇した場合における投資価値の最大値と価格が下落した場合における投資価値の最大値の平均値は，価格の平均値に対応する投資価値の最大値よりも大きくなることを意味する．

4.1 動的計画法

をモデル化して，動的計画法の理論を展開する．この方法によっていくつかの一般的な性質が連続時間の設定よりも容易に理解できる．本書におけるセッティングは，限られたケースである．確率過程は，**マルコフ過程**であり，第3章でみたように，それらは単位時間の長さやランダムウォークのステップの大きさが，分析を行う上で十分小さいので，**離散時間**におけるランダムウォークの極限とみなすことが出来る．

現実の投資に対する応用を考えながら，企業の投資決定について考察するが，理論については，もちろん完全に一般的なものである．企業の現在の状態—それは企業の事業や生産拡大の機会に影響を与えるものであるが—は，**状態変数** (x) として記述される．理解のための単純化として，われわれはこの状態変数をスカラーとする．しかし，理論上はどのような次元のベクトルに対しても拡張可能である．いつの時点，あるいは任意の時点 t において，現在の状態変数 x_t は既知であるが，将来時点の変数 x_{t+1}, x_{t+2} …はランダムウォークとなる．われわれは，ここでは，それら将来の状態変数は**マルコフ過程**に従うと仮定する．この場合，将来の状態変数の確率分布の決定に関連しているすべての情報は，現在の状態変数 x_t に集約されている．

各時点では，企業にとっていくつかの選択肢がある．それらを**操作変数**（u）として表す．一度に投資をするかあるいは待つかの選択に迫られている上記の例では，**操作変数**（u）は，二者択一の変数—待つことを選ぶと 0，投資をすると 1—とすることが出来る．例えば，他の応用問題では，投資の規模が選択すべき変数となり，u は連続変数となる．企業が，投資の規模の他に選択すべき変数がある場合，u はベクトルとなる．時間 t における**操作変数**（u_t）の値は，その時（t）に利用可能な情報（x_t）のみを用いて決定されなければならない．

時間 t における**状態変数**と**操作変数**は企業の今期の収益に対して影響を与える．われわれはその今期の収益を $\pi_t(x_t, u_t)$ として表す．この場合，**操作変数**は，雇用者数や原材料投入量に相当する．時間 t における**状態変数**（x_t）と**操作変数**（u_t）は，将来の状態の確率分布にも影響を与える．この場合，u_t が単なる投資量，あるいは R&D 投資量である場合や，事業を諦めるという意思

決定である場合もある．$\Phi_t(x_{t+1}|x_t, u_t)$ を現在の情報（状態変数や操作変数）に基づいた次期における**累積確率分布**関数とする．

割引ファクターはどの期間においても $1/(1+\rho)$ とする（ρ は割引率）．目的は，投資からえられる収益の期待**純現在価値**を最大化するため，将来時点までの操作変数の流列（$u_t, u_{t+1}\cdots$）を選ぶことである．時々，われわれは将来のある特定の時点（T）で意思決定を止める必要に迫られる．その最後の時点での収益は，その最後の時点での状態に依存し，その時点での収益関数を $\Omega_T(x_T)$ と定義する．

これでわれわれは基本的な動的計画法のテクニックを用いる準備が出来た．基本的な考え方は，将来にわたる意思決定の流列を 2 つ — 現在とそれ以降の全ての将来 — に分けることであることを思い出していただきたい．現時点を t，状態変数を x_t とする．今後企業が全ての意思決定を最適に行ったときに得られる収益の純現在価値を $F_t(x_t)$ とする．

企業が操作変数 u_t を選択した時，企業は現時点の収益 $\pi_t(x_t, u_t)$ をすぐに得ることが出来る．次期（$t+1$）には，状態変数は x_{t+1} となる．その後の最適な意思決定は，われわれの表記では $F_{t+1}(x_{t+1})$ となる．この変数は，t 期からみると**確率変数**であるので，現時点 t 期においてはその期待値，$\mathcal{E}_t[F_{t+1}(x_{t+1})]$ を考えなければならない．これが**継続価値**（continuation value）と呼ばれるものである[2]．その継続価値の期待値を現在時点 t まで割り引き，今期の収益との和をとると以下のとおりとなる．

$$\pi_t(x_t, u_t) + \frac{1}{1+\rho}\mathcal{E}_t[F_{t+1}(x_{t+1})]$$

企業は上記式を最大化するように u_t を選ぶ．そしてその最大値が $F_t(x_t)$ とな

---

[2] 期待値の表記は明らかであろう．しかし，t 期の情報が状態変数と操作変数の両方を含むことを正確に表すために，一度式で表すことにする．

$$\mathcal{E}_t[F_{t+1}(x_{t+1})] = \int F_{t+1}(x_{t+1})\, d\Phi_t(x_{t+1}|x_t, u_t)$$

ここで積分範囲は x_{t+1} がとり得る範囲，すなわち $\Phi_t(x_{t+1}|x_t, u_t)$ が値をとり得る範囲となる．

る．したがって，以下の式が成り立つ．

$$F_t(x_t) = \max_{u_t}\left\{\pi_t(x_t, u_t) + \frac{1}{1+\rho}\mathcal{E}_t[F_{t+1}(x_{t+1})]\right\} \quad (4.4)$$

上記式の背後にある考え方は，ベルマンの最適性原理として以下のように述べられる．「初期時点の選択が何であろうと，その選択により得られる結果から生じる状態から始まるそれ以降の問題に関して最適であるという性質をもつものが最適政策となる．」ここで，先行きの操作変数（$u_{t+1}, u_{t+2}, \cdots$）が最適に選ばれていることは，**継続価値**に反映されている．したがって，最初の操作変数（u_t）のみを最適に選べばよいことになる．

将来にわたる収益を，現時点での収益と将来の継続価値に分解する式 (4.4) の結果は，**ベルマン方程式**，あるいは最適性の基礎方程式と呼ばれる．繰り返しになるが，式 (4.4) の第一項は今期の収益，第二項は**継続価値**を表す．そして，今期の最適な行動は，この 2 つの合計値を最大にすることである．

2 期間の例では，今期投資を行うと $V_0 - I$ の純価値を得ることが出来，待つことにすると今期は何も得ることは出来ないが**継続価値**（$\mathcal{E}_0[F_1]/(1+r)$）を得ることが出来る．そして 2 つの代替的な選択肢から，より大きな価値をもたらす戦略を選ぶことが最適な行動となる．したがって，先の式 (4.3) は式 (4.4) における一般的な**ベルマン方程式**の特殊ケースとなる．

もし多期間の問題が，最終時点 T が存在する有限期間の問題である場合には，われわれは単に最終時点 T における最適化問題から始め，その後同様に初期時点に向かって各時点の最適化問題を解いていくだけでよい．投資期間の最終時点では，企業は最終時点の $\Omega_T(x_T)$ を得る．その 1 期前における価値関数は以下のとおりとなる．

$$F_{T-1}(x_{T-1}) = \max_{u_{T-1}}\left\{\pi(x_{T-1}, u_{T-1}) + \frac{1}{1+\rho}\mathcal{E}_{T-1}[\Omega_T(x_T)]\right\}$$

これによって u_{T-1} に対する最適化問題を解くことが出来る．そして $F_{T-2}(x_{T-2})$ を得る．そしてこのような方法を順次行っていく．かつては，この方法は非常に複雑で実務的ではないと考えられていた．そしてあらゆる間接的な方法が考

え出された．しかし，コンピュータの発達により最終時点から初期時点への計算が非常に楽に出来るようになった．後の章における数値シミュレーションのいくつかはコンピュータを使って計算したものである．この章の後半で，一つの例を示そう．

4.1.C　無限期間のケース

意思決定の問題に決まった期限が無い場合には，順次前に向かって解くことが出来るような最終時点の**評価関数**は存在しない．その代わり，**数値計算**や理論分析を可能にする繰り返し構造が存在する．無限期間を式 (4.4) に当てはめるという重要な単純化は，時間 t からは独立である．もちろん，現在の**状態変数** x_t は重要であるが，時間 t 自体は何の影響も及ぼさない．利潤関数 π，**遷移確率分布関数** Φ，割引率 ρ が特定の時間には依存しない（このような条件は多くの経済学の分析において満たされるし，正当化される）という状況のもとでうまくいく．

この問題設定においては，1 期間の問題は，スタート時点の状態は新しいものであることを除いては，現在の問題のように見える．よって，**評価関数**はすべての期間において共通となる．もちろんその評価関数は，異なる x_t で評価されることになるが．したがって，評価関数は時間の付記を持たないものとなる（以前は F_t であったが今回は F のみである）．**ベルマン方程式**は，任意の時間 t において以下のとおりとなる．

$$F(x_t) = \max_{u_t} \left\{ \pi(x_t, u_t) + \frac{1}{1+\rho} \mathcal{E}_t[F(x_{t+1})] \right\}$$

x_t や x_{t+1} はどのような実現可能な状態でもとり得るので，一般的な表記として x と x' として書くことにする．したがってわれわれはすべての x に対して以下の**ベルマン方程式**を得る．

$$F(x) = \max_{u} \left\{ \pi(x, u) + \frac{1}{1+\rho} \mathcal{E}[F(x')|x, u] \right\} \tag{4.5}$$

ここでの期待値は，現時点での x や u の情報に基づいて形成される．これが，

無限期間における繰り返し構造をもった**動的計画法**問題を解くための**ベルマン方程式**である．

今やバックワードに解くための最終時点は無いので，**評価関数** F を見つける明確な方法を失ってしまったようにみえる．関数 F を知らないので，ベルマン方程式の右辺の最大化問題を解くことにより最適な操作変数 u を見つけることは出来ない．したがって，われわれは解が存在し，その方法があると仮定しなければならない．幸運なことに，そのどの問題も難しくは無い．

式 (4.5) の繰り返し**ベルマン方程式**は，あらゆる x の値に対応する方程式の全体のリストとして考えることが出来る．そしてその中には，すべての未知の**評価関数** $F(x)$ が含まれている．もし x が特定の有限値（x_i）をとるとすると，これは，未知の $F(x_i)$ の数と同じ数の方程式をもつ同時方程式体系となる．より一般的に，式 (4.5) はすべての評価関数 F が未知の関数方程式とみなすことが出来る．

見た目はそうではないが，実はこの方程式は線形ではない．最適な操作変数（u）の選択は全ての評価関数の値（$F(x')$）に依存している．そしてその評価関数は適切な確率でウエイト付けされて式の右辺に期待値をとって表されている．最適な操作変数が順次代入されていくと，結果は $F(x')$ の値にたいして非線形となる．

一般的に，非線形方程式が解を持つかどうかについて分からない．ましてや唯一の解を持つかなど全く分からない．幸運にも，繰返し**ベルマン方程式**は，われわれの経済の応用問題において典型的な条件のもとでは，解となる関数 $F(x)$ の存在と一意性は証明することが出来る．実務的な観点からみると，この点はテクニカルすぎるので，基本的な考え方については本章の補論 A に簡潔に紹介する．より理論的な面に興味のある読者は例えば Stokey, Lucas, and Prescott(1989, 第 4，9 章) を読んでいただきたい．しかし，テクニカルな議論は間接的には有益なものである．それは本質的に実践的な解決方法であるからだ．

解は繰返しの構造を持っている．まず始めに，真の**評価関数**を $F^{(1)}(x)$ と推

測することから始めよう．これを式 (4.5) の右辺にあてはめ，それによって対応する最適な操作変数（u_1）を見つける．この場合，u_1 は**状態変数** x **のみの関数**として表される．これを代入することによって，式の右辺は新しく x の関数となる．そしてそれを今度は $F^{(2)}(x)$ と呼ぶことにする．今度はそれをあたらな真の評価関数用い，同様の方法を繰り返す．そして $F^{(3)}(x), F^{(4)}(x) \cdots$ はそのうち真の関数に収束してゆく．最初の推測がどんなに悪くても，真の関数に収束することは保証されている．しかし，もちろん良い初期の推測があれば，少ない試行で望ましい正確な結果にたどり着くことが出来る．

問題は右辺の割引因子（$1/(1+\rho)$）である．これは 1 よりも小さいので，ある期間から次の期間に移る時に推測の間違いを小さくする役目を果たす．収益の流列が上限を画されている限りにおいては，u の選択におけるエラーが発散することは有り得ない．そして次第に正しい解答が残ることになる．

この方法は簡単なので，容易に理解し，コンピュータにプログラムし，実際に計算を実行したり出来る．各時点間においては，ごく僅かしかエラーが消失しないので（特に割引率 ρ が小さい時はなお一層消失率は減少する），計算には時間がかかる．しかし，時間がかかるために，実行出来ないと思うのは間違いだ．今日では，稀少なメインフレーム・コンピュータのリソースに縛られること無く，何日間もパーソナル・コンピュータを走らせておくことが可能である．したがって，この方法は多くの応用問題に次第に使われるようになっており，計量経済分析の分野でも用いられている．この方法の具体的な**数値計算**の問題を，この章の後半部分でみてみよう．

4.1.D　最適停止政策

動的計画法問題のうち，実務上特に重要な一つの問題がある．その問題においては，各期の選択は二者択一となる．一つの選択は，プロセスを停止し，そこで最終利益を得るというものである．もう一つは，もう一期続けて次期に再び二者択一の選択が可能となる選択である．第 2 章や本章の第 4.1 節での投資

モデルにおいては，停止は「投資の実施」に該当し，継続は「待つ」ことに対応する．本節では，「継続」はその期において何も利益を生み出さない．しかし，別の問題では「継続」という選択をした場合でも利益を得る場合もある．例えば，世の中の景気が悪い状況下で工場の閉鎖を考えている企業を考える．事業継続はプラス，マイナスどちらの利益も生じうる．一方，閉鎖をすれば，工場や器具等の売却による利益を得られるが，労働者の解雇費用や現状復帰費用，様々な契約破棄費用等を支払わなければならない．

$\pi(x)$ を当期利益額，$\Omega(x)$ を最終利益額とする．**ベルマン方程式**は以下のとおりとなる．

$$F(x) = \max\left\{\Omega(x), \pi(x) + \frac{1}{1+\rho}\mathcal{E}[F(x')|x]\right\} \tag{4.6}$$

x のある範囲の中では，停止することによって，このベルマン方程式の右辺の最大値が達成される．それ以外の x の範囲では，継続により最大値が達成される．一般に，この区分は任意のものである．ある範囲で停止が最適である場合には，それ以外の範囲では継続が最適となる．しかし，ほとんどの経済的な応用問題では，構造がより複雑である．ある特定の値 x^* を境にして停止が最適な場合と継続が最適な場合が分けられることがある．例えば，第 2 章の投資問題では，初期時点の価格 $P_0 = 249$ を境に，それよりも右側では投資を行うことが最適となり，それよりも左では待つことが最適となる．われわれが扱う全ての応用問題では，同様の性質を持っている．そしてそれぞれのケースでは，**臨界値**を境にどちらが最適な行動となるのかが明確である．読者がこの結果を完全に理解するためには，すべての問題にあてはまる一般的な条件を示さなければならない．ここでは直観的な説明にとどめ，より厳密な説明は補論 B で行うことにする．

理解を深めるために，ここではある**臨界値** (x^*) よりも大きい x の場合には継続が最適となり，その臨界値よりも小さい場合には停止が最適となることにする．大きい x に対して，停止よりも継続が相対的に魅力的となるような条件について分析してみよう．第一に，継続から得られる利益が，停止によって得

られる最終利益よりも大きいことが必要となる．継続から得られる利益がフローである一方，停止から得られる最終利益はストックであるので，両者を同一の土俵（フローまたはストック）で評価する必要がある．数学的に正確な表現を用いると以下のとおりとなる．

$$\pi(x) + (1+\rho)^{-1}\mathcal{E}[\Omega(x')|x] - \Omega(x) \tag{4.7}$$

この場合，x が増加するにつれて式 (4.7) は増加する．第二に，現在有利な立場にある場合，近い将来それが逆転し不利な状況に追い込まれることはなさそうである．このために，x の**確率過程**については正の**系列相関**，あるいは持続性を想定する必要がある．より正確に表現すると，今期の x が増加すると，次期の x' の**条件付確率** $\Phi(x'|x)$ は，大きな x' の値に対してより大きな確率を割り当てることになる．すなわち，確率分布が全ての範囲において右にシフトすることを意味する（専門用語では，これは「**一次確率優位**」という）．これら 2 つが，望ましい結果をもたらす**十分条件**となる．

もし式 (4.7) が x の増加につれて減少するならば，臨界値（x^*）の左側では継続が最適となり，右側では停止が最適となる．第二の条件については不変である．すなわち，**確率過程**について負の**系列相関**を想定する必要は無い．

上記 2 つの条件については，われわれの応用問題において常に満たされることを繰返しとなるがここでもう一度述べておく．第一の条件は，それぞれの例において容易に満たされる．第二の条件は，ランダムウォーク，**ブラウン運動**，**平均回帰自己相関過程**においては満たされるが，実際ほとんどの経済の応用問題においても満たされる．

概念を理解するための簡略化として，ここでは利益や最終利益は時間 t に依存しないものとする．しかし，時間に依存するような拡張も難しくは無い．**臨界値**が単に時間 t の関数 $x^*(t)$ となる．本章の後の節やその他の応用問題においては，このように扱う．

4.1.E 連続時間のケース

本節では 4.1.B 節における一般的なコントロール問題にもどるが，今回はそれぞれの時間の長さが Δt とする．われわれは究極的には，Δt がゼロに近づき，時間が連続となる極限のケースに興味がある．$\pi(x, u, t)$ を単位時間当たりの収益率とすると時間の長さ Δt の間に獲得する収益額は $\pi(x, u, t)\Delta t$ となる．ρ を単位時間当たりの割引率とすると，Δt の間における割引率は $1/(1+\rho\Delta t)$ となる．

ベルマン方程式 (4.5) は今回は以下のとおりとなる．

$$F(x,t) = \max_u \{\pi(x,u,t)\Delta t + (1+\rho\Delta t)^{-1} \mathcal{E}[F(x', t+\Delta t)|x,u]\}$$

上記式に $(1+\rho\Delta t)$ を掛けて，整理すると以下のとおりとなる．

$$\rho\Delta t F(x,t) = \max_u \{\pi(x,u,t)\Delta t(1+\rho\Delta t) + \mathcal{E}[F(x', t+\Delta t) - F(x,t)]\}$$
$$= \max_u \{\pi(x,u,t)\Delta t(1+\rho\Delta t) + \mathcal{E}[\Delta F]\}$$

Δt で両辺を割り，Δt がゼロになるとすると，以下のようになる．

$$\rho F(x,t) = \max_u \left\{\pi(x,u,t) + \frac{1}{dt}\mathcal{E}[dF]\right\} \tag{4.8}$$

ここで $(1/dt)\mathcal{E}[dF]$ は $\mathcal{E}[\Delta F]/\Delta t$ の極限である．ここで，期待値は現在の x, u に依存していることを覚えておかなければならない．また，dt の間に $F(x,t)$ の変化分を計算する時，x と t の両方の変化の影響を含めることを覚えておく必要がある．

この形の**ベルマン方程式**をみると，将来にわたる収益のフローに対する権利が資産であり，その価値は $F(x,t)$ であることが良く分かる．左辺は割引率が ρ の場合においてこの資産を保有することにより必要とされる単位時間当たりの収益を表す．右辺の第一項は，今期の収益，あるいは資産からの配当を表す．また，右辺の第二項は期待キャピタルゲイン（負の場合はキャピタルロス）である．したがって，右辺の合計値は当該資産を持つことによって得られる時間

当たりの期待収益の総額となる．右辺と左辺が等しいということは，裁定機会がない，あるいは均衡にあることを示しており，それは投資家が当該資産を持ちたいという意思を表現しているものと解釈できる．u に関して最大化するということは，資産が現在最適に使われていることを意味する．その際，「最適である」ということは，現在の収益だけでなく将来の価値についても最適になるように資産が使われていることを意味する．

右辺の極限値は，Δt 期間後の**確率変数** x' の値に対応する期待値に依存する．**連続時間**において更なる分析が可能であり，$F(x,t)$ の関数が解を持つような，連続時間において極限をもつ**確率過程**は 2 種類ある．幸運なことに，それらは経済分析への応用に当たって特に有益である．実際，それらは第 3 章で学んだ**伊藤過程とポアソン過程**である．われわれは次の 2 つの節において，それらの 2 つの確率過程を用いて**動的計画法**の理論を展開する．

上記の分析はごく短期間 $(t, t+dt)$ においてあてはまるものであるが，結果の方程式はあらゆる t にあてはまる．われわれは，投資の有限期間の最終期（T）を選び，最終収益を想定することにより分析を行うか，あるいは無限期間において繰返し構造を想定することにより分析を行うといった方法をとることにより，分析を完成させることができる．どの方法をとるにしても，解の存在や一意性に関する厳密な証明は，**連続時間**のもとではきわめて難解である．証明の詳細は，われわれが関心を持つ経済問題への応用にとって重要ではないので，ここでは割愛する．興味のある読者は Fleming and Rishel(1975) あるいは Krylov(1980) を参照していただきたい．

われわれが用いる数学は，別の面でも簡略化している．われわれは**連続時間**における極限をより簡略的に，読者の理解を助けるように扱ってきたし，今後もそのように扱っていく．しかし，そのような扱いをすることには極めてトリッキーな問題が隠されており，より厳密な扱いをする場合には注意を要することを読者に知らせておくことが良いと考えている．**離散時間**では，現在時点 t における行動 u_t は現在の状態 x_t に関する知識に依存するが，将来の状態 x_{t+1} には依存しないことを明記しておいた．**連続時間**では，現在の状態と次の

瞬間の状態の間には明確な区切りが存在しない．しかし，将来（次の瞬間も含む）に関する情報に，現在の選択が依存することはないことに注意する必要がある．もしそうでなければ，後知恵によって恩恵を受けることになり，無限の利益を得ることができる．数学の専門用語では，これは不確実性が「時間に関して右から連続である」が，戦略は「時間に関して左から連続である」ことを条件にすることによって避けることができる．これは，どのような行動もある「ごく僅かな時間」が経過しないと変化し得ない一方，**確率過程**におけるどのようなジャンプもその「ごく僅かな時間」の間に起こる．詳細については，Duffie(1988, pp.139–40) を参照されたい．

4.1.F 伊藤過程

(4.8) 式に対応するシンプルな形を持つ最初の**連続時間**における**確率過程**は，第 3 章で学んだ**伊藤過程**である．式 (3.11) は伊藤過程の定義式であるが，ここではドリフト項と撹乱項のパラメータが操作変数と**状態変数**に依存するとする．

$$dx = a(x,u,t)dt + b(x,u,t)dz \tag{4.9}$$

ここで dz は標準**ウィーナー過程**である．以前と同じように，収益を $\pi(x,u,t)$ とし，企業（あるいは資産）価値を $F(x,t)$ とする．

x を時間 t における位置とすると，$x' = x + dx$ は僅かな時間 Δt 後におけるランダムな位置となる．そのような過程に対する**伊藤の公式**は式 (3.25) に記述されている．それを**評価関数** F にあてはめると以下のとおりとなる．

$$\mathcal{E}\big[F(x+\Delta x, t+\Delta t)|x,u\big]$$
$$= F(x,t) + \Big[F_t(x,t) + a(x,u,t)F_x(x,t) + \frac{1}{2}b^2(x,u,t)F_{xx}(x,t)\Big]\Delta t + o(\Delta t)$$

ここで $o(\Delta t)$ は Δt よりも早くゼロに収束する項を表す．式 (4.8) の「収益方程

式」は以下のようになる．

$$\rho F(x,t) = \max_u \{\pi(x,u,t) + F_t(x,t) \\ + a(x,u,t)F_x(x,t) + \frac{1}{2}b^2(x,u,t)F_{xx}(x,t)\} \quad (4.10)$$

われわれは，$F_t(x,t), F_x(x,t), F_{xx}(x,t), x, t$，また，他の様々なパラメータ（これらは π, a, b の関数形を規定するものとなる）によって，最適な u を表すことが出来る．この最適な u という関数を式 (4.10) の右辺に代入すると，2次の**偏微分方程式**を得る．ここで，F は従属変数であり，x, t は独立変数となる．一般的に，この方程式は大変複雑なものとなる．しかし，多くの応用問題では，この方程式を解析的に，または**数値計算**を用いて解く方法を示すことが出来る．

解法は，一般的に**離散時間**のケースと同じような方法である．もし投資期間に終期が存在すれば，その最終時点を T，その時点での最終利益額を $\Omega(x_T, T)$ とすると，**境界条件**式は以下のとおりとなる．

$$F(x,T) = \Omega(x,T) \quad \text{for all } x$$

われわれは時間 T から始めて，時間を遡り，それぞれの時間における $F(x,t)$ を見つける．実際に解を見つけるためには，離散的な x と t の組み合わせを選び，それを F に代入して数値を求めることが必要となる．われわれは，この方法を用いた例を2つ示す．一つは本章の後半において**動的計画法**の問題を解く時に示す．もう一つは，第10章において**偏微分方程式**を解く時に示す．

もし無限期間の問題を扱う場合で，π, a, b が時間に依存しない場合には，**評価関数**も時間に依存しない．この場合，式 (4.10) は，x が唯一の独立変数の**微分方程式**となる．

$$\rho F(x) = \max_u \{\pi(x,u) + a(x,u)F'(x) + \frac{1}{2}b^2(x,u)F''(x)\} \quad (4.11)$$

われわれは標準的な微分積分における表記に従い，プライム (′) を一つの独立変数をもつ関数の全微分を表すものとする．また，複数の独立変数をもつ関数の場合には，下付きの文字を当該独立変数の偏微分を表すものとする．今後は

概ねこのような表記方法を用いるが，何らかの理由がある場合には，時々下付き文字を全微分を表す場合に用いることもある．

第5章から第9章にかけての投資モデルの多くは，式(4.11)のように定式化し，解を得ることが出来る．そして，次第にそのような問題に対する解法を身につけることが出来る．ここで一つの典型的な問題をみてみよう．それは，**伊藤過程**の**最適停止問題**である．この問題は，これからわれわれが取り組む全ての応用問題にとって大変重要である．

4.1.G　最適停止政策とスムース・ペースティング条件

ここでは二者択一の問題を考えよう．企業は，今期の収益を得るために現在の状態を継続するか，あるいは現在の状態をやめて最終的な利益を得るか，という選択に常に迫られている．今期の収益 $\pi(x,t)$ も最終利益 $\Omega(x,t)$ も**状態変数** x と t に依存する．ここで x は以下の**伊藤過程**に従うとする．

$$dx = a(x,t)dt + b(x,t)dz \tag{4.12}$$

上記の状況の最も典型的な例は，企業が事業を継続するか，あるいは事業をやめて設備を売却し売却価値を得るかという問題である．設備投資の問題も同様に扱うことが出来る．すなわち，上記の「継続」が「投資を待つ」ことに該当し，その場合のペイオフはゼロとなる．一方，上記の「停止」が「投資の実行」に該当し，その場合のペイオフは，当該設備投資を実施することにより得られる将来にわたる収益の**純現在価値**から投資コストを差し引いたもの，すなわち投資収益の純現在価値

直観的には，毎期，ある $x^*(t)$ という臨界値があり，その片側に x_t がある場合には「継続」，その反対側にある場合には「停止」という状況があると考えられる．4.1.D節では，この点をはっきりさせるため，収益の流列や最終収益に対していくつかの条件が課されていた．もし，式(4.7)が x の増加関数であった場合には，x が大きい値であればあるほど「継続」が相対的に魅力的な選択となる．**連続時間**では，x が式(4.12)の**伊藤過程**に従う場合，補論Bに示す通

り，時間 t において，以下の式は x の増加関数となる．

$$\pi(x) - \rho\Omega(x,t) + a(x,t)\Omega_x(x,t) + \frac{1}{2}b^2(x,t)\Omega_{xx}(x,t) + \Omega_t(x,t)$$

同様に，もし式 (4.7) が x の減少関数である場合には，x が増加するにつれて「停止」がより魅力的となり，「継続」は魅力が無くなる．われわれの応用問題では，これらの条件のうちの一つが成り立つ．例として，前者のケースを見てみよう．

上記の条件を前提とすると，各時点 t において**臨界値** $x^*(t)$ があり，これは (x,t) 空間を 2 つに分ける曲線を描くことになる．この曲線の上側では「継続」が最適となり，下側では「停止」が最適となる．もちろん，事前的には曲線方程式 $x = x^*(t)$ を知っているわけではないが，**動的計画法**の解を得る過程でそれを見つける必要がある．

最適停止問題の**ベルマン方程式** (4.6) は以下のとおりとなる．

$$F(x,t) = \max\{\Omega(x,t), \pi(x,t) + (1+\rho dt)^{-1}\mathcal{E}[F(x+dx, t+dt)|x]\}$$

右辺の第 2 項が第 1 項よりも大きい場合，「継続」が最適となる．**伊藤の公式**により第 2 項を展開し，整理すると，**評価関数**を満たす以下の**偏微分方程式**が得られる．

$$\frac{1}{2}b^2(x,t)F_{xx}(x,t) + a(x,t)F_x(x,t) + F_t(x,t) - \rho F(x,t) + \pi(x,t) = 0 \quad (4.13)$$

ここで下付き文字は偏微分を表す．

上記式は $x > x^*(t)$ の時には成立する．ここでわれわれは，$x = x^*(t)$ が成り立つ**境界条件**を探す必要がある．上記の**ベルマン方程式**から，「停止」が最適となる場合は，$F(x,t) = \Omega(x,t)$ となり，連続関数であることから以下の条件を課すことが出来る．

$$F(x^*(t), t) = \Omega(x^*(t), t) \quad \text{for all } t \tag{4.14}$$

これは，未知の**評価関数** $F(x,t)$ と既知の最終利得関数 $\Omega(x,t)$ を結び付けるので，**バリュー・マッチング条件**と呼ばれる．

しかし，境界自体は未知である．式 (4.13) が成立する (x,t) 空間の一部分自体が内生的に決定される．その部分の境界—$x^*(t)$ 曲線とここでは呼ぶが—は，**自由境界**と呼ばれる．上記のような方程式を解き，解の存在部分を決定する問題を，**自由境界**問題と呼ぶ．

もし，関数 $F(x,t)$ とともに $x^*(t)$ を見つけようとするならば，式 (4.14) に加えて第二の条件が必要となることは明らかである．これに関しては，**偏微分方程式**の一般的な数学理論はほとんど役に立たない．**自由境界**問題に適用可能な条件はそれぞれの問題に応じて特定化されるため，それぞれの経済学的な条件から得なければならない（同様のことが物理学や生物学にもあてはまる）．われわれにとっての正しい条件とは，各時点 t において，x の関数である**評価関数** $F(x,t)$ と $\Omega(x,t)$ は境界 $x^*(t)$ において下記の直交条件を満たす必要がある．

$$F_x(x^*(t),t) = \Omega_x(x^*(t),t) \quad \text{for all } t \tag{4.15}$$

これを**高次境界条件**，**スムース・ペースティング条件**という．なぜなら，境界 $x^*(t)$ では，関数の値そのものが等しくなることの他に，偏微分値，あるいはその点における関数の接線が等しくなることが必要だからである．

連続性の条件は直感的であるが，接線の値が等しくなるという条件は，分かりにくいが覚えておく必要がある．しかし，この点に関する議論はややテクニカルなので，詳細は補論 C で述べる．ここでは，それがどのように使われるのかを示すにとどめよう．

4.1.H 例—機械設備の最適廃棄政策

以後の各章では，**動的計画法**と**条件付請求権分析**の多くの応用問題を学ぶ．これまでややドライな一般的な理論面を学んできたが，ここで具体的な問題に則して理解を深めることは有益であろう．問題を解くに当たっては詳細な点にまで立ち入らず，直感的に理解できるような解法を示すに止める．ここでの例題が，問題解決の様々なステップを理解することに役立ち，より詳細な解法に取り組む場合の助けとなることを期待する．

第4章 不確実性下の動的計画法問題

ある会社が資産として耐用年数 T 年の製造設備を持っているとしよう．収益性は年を経るごとに減少する．この理由としては，まず，設備が次第に老朽化し，生産効率が落ちてくる，あるいはより多く補修が必要となるためと考えられる．また，別の理由として，新たな技術進歩を取り入れた最新設備に対して，今もっている設備が競争力を失うためである，ということも考えられる．その他にも，全ての財の需要に影響する景気循環や，特定の財への需要の変化によって，製造設備の生産性に対しては確率的なショックが発生する．ここで，x を利益を表す**状態変数**とし，それが以下の**確率過程**に従うとする．

$$dx = a\,dt + b\,dz$$

ここで $a < 0$ とすると，製造設備が生み出す営業利益が時間とともに減少することを表すことになる．

製造設備が物理的に存在可能な期間の間に，企業はその設備を休止することが出来る．もし，利益がマイナスとなった場合には，設備を休止することは魅力的な選択肢となるかもしれない．しかし，一旦休止すれば設備の老朽化が急速に進むので，利益がプラスに転じる見込みが出たとしても，再び設備を動かすことには大変コストがかかる．したがって，休止の意思決定は，将来起こりそうな状態をあらかじめ見越して行うべきである．企業は，将来の状況を勘案した場合，現時点で少々の損失が生じても設備を運行し続けることを選択するかもしれない．もちろん，設備の耐用年数が終わりに近づいているならば，損失を甘受せず，休止するほうがよい．この問題では，われわれは2つの変数を常に注目しなければならない．一つは利益 x，もう一つは機会の耐用年数 t である．直感的には，ある境界曲線 $x^*(t)$ を想定し，その曲線の下側に x がある場合には設備を休止することになる．

実際に用いるパラメータは，$T = 10$ 年,$\rho = 10\%$/年, $a = -0.1$/年, $b = 0.2$ (これは年間の**標準偏差**が 0.2，あるいは**分散**が 0.04 であることを示唆している)，である．**数値計算**による解を求めるには，**ブラウン運動**の**離散時間**近似を用いる．そこで 1 単位の時間 $\Delta t = 0.01$，あるいは 3.65 日とする．したがっ

て，x の単位時間当たりの変化分は $\Delta h = b\sqrt{\Delta t} = 0.02$ となる．

4.1.B 節の最後で示した方法を用いてこの**動的計画法**の問題を直接解く．この解法では，まず最終時点 T から始めて時間を遡っていく．**図 4.1** は解法を示している．図 4.1(a) では，最適な境界曲線 $x^*(t)$ が (t, x) 空間に描かれている．各時点 t において，もし収益 x がこの曲線の上に位置すれば，設備は運行しつづけることになり，その場合の**評価関数** $F(x, t)$ は式 (4.13) の**微分方程式**を満たす．

$$\frac{1}{2}b^2 F_{xx}(x,t) + a F_x(x,t) + F_t(x,t) - \rho F(x,t) + x = 0$$

その曲線の下では，設備は休止され，その価値はゼロとなる（ただし，幾分かの売却価値関数が想定出来る場合でも解くことが出来る）．ここで，図の曲線が 10 年の耐用年数に近づくにつれてどのようにゼロに近づくかを確認してほしい．もし設備が早晩価値が喪失してしまうのなら，将来の収益の好転を期待して現在の損失を甘受する理由は無い．物理的な耐用年数が長ければ長いほど，現時点での損失を甘受する気持ちは大きくなる．しかし，この効果は究極的には無くなっていくものである．10 年の耐用年数の場合，もし現在の損失が 0.15 程度ならば，最新設備は運行され続けるであろう．

図 4.1 の (b) のグラフは，特定の t の値における x の関数としての**評価関数** $F(x, t)$ を描いている．予想される通り，x の値が大きければ設備の価値も大きくなる．しかし，たとえ $x = 0$ としても設備は価値を持ちうる．なぜなら，x がシンプルな**ブラウン運動**に従うとの仮定のもとでは，将来 x が上昇する可能性があるからである．**バリュー・マッチング条件**と**スムース・ペースティング条件**を満たすことに注意されたい．すなわち，任意の t に対して，x が $x^*(t)$ に近づくにつれて $F(x, t)$ と $F_x(x, t)$ は 0 に収束する．

では，設備が非常に長い—事実上永遠の—耐用年数を持っている場合はどうであろうか．この場合は，特定の時間における問題設定を離れて，$F(x)$ を求めるために繰り返し構造をもった関数方程式を解くことになる．あるいは，式 (4.13) における時間を特定化せず，以下のような通常の**微分方程式**を解けば

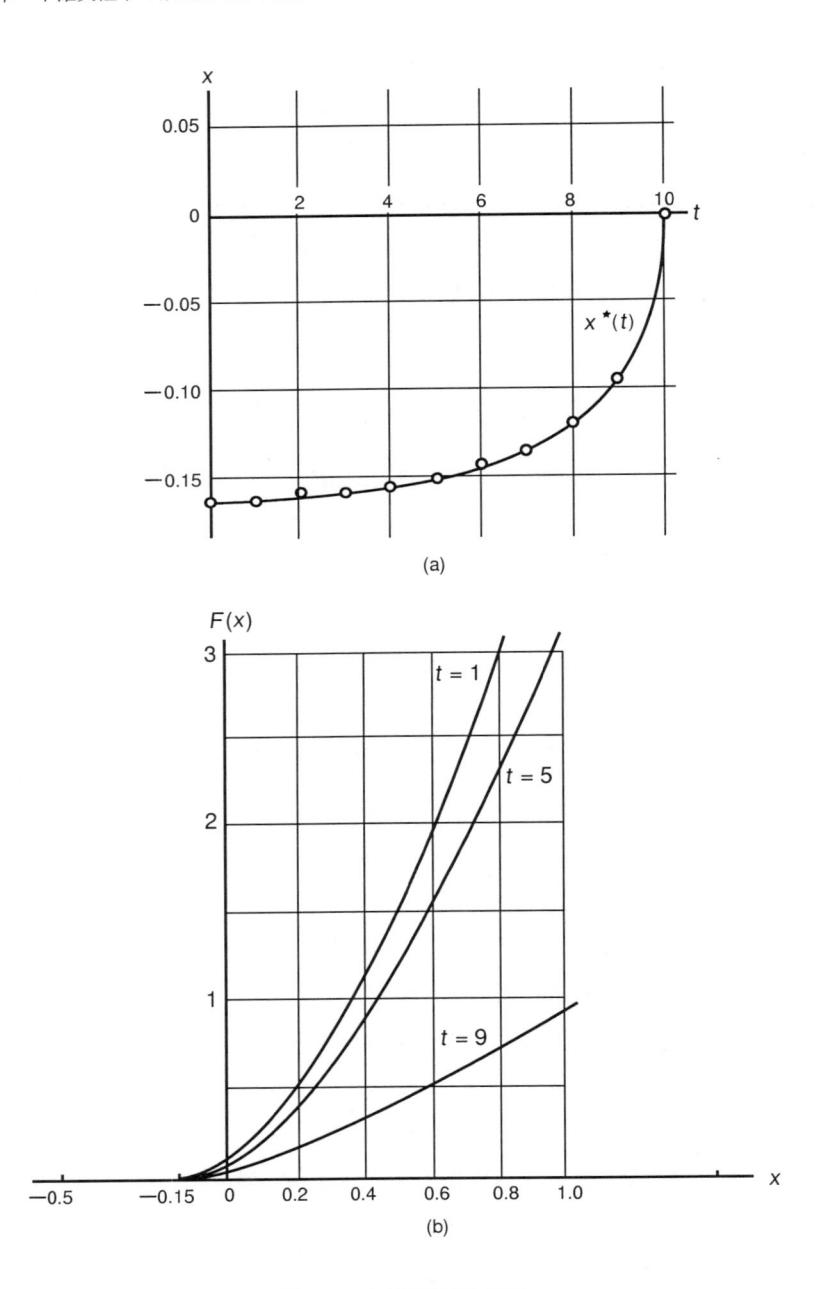

図 4.1 減価償却と廃棄

よい.

$$\frac{1}{2}b^2 F''(x) + aF'(x) - \rho F(x) + x = 0$$

上記方程式の解と境界値 x^* は，**バリュー・マッチング条件** ($F(x^*) = 0$) と**スムース・ペースティング条件** ($F'(x^*) = 0$) を用いて求められる．第5章から第7章においては，この方法についてより詳細に分析する．ここでは興味ある読者に対して問題を提示するに止めておく．ここで用いた数値例では，設備休止の**臨界値** x^* は -0.17 となる．したがって，現在の損失を将来時点で回収しようと考える場合には，10年の耐用年数は，極めて永遠という状況に近いことになる．

4.1.I ポアソン過程

第3章では**ポアソン過程**（ジャンプ過程）を紹介した．ごく短い時間 dt においては，確率変数 x がジャンプする確率は，$\lambda\,dt$（λ は平均回帰率）となる．もしジャンプが起これば，その大きさは $g(x,t)u$（$g(x,t)$ は既知の関数，u は**確率変数**）となる．確率 $(1-\lambda\,dt)$ のもとでは，ランダムなジャンプが起こらず，x は単位時間あたり $f(x,t)dt$ の大きさだけ確定的に動くことになる．このような性質を，ブラウン運動の定式化にならってコンパクトに表現すると以下のとおりとなる．

$$dx = f(x,t)\,dt + g(x,t)\,dq \tag{4.16}$$

ここで dq は**確率変数**であり，確率 $\lambda\,dt$ で u，$1-\lambda\,dt$ で 0 となる．

次に**状態変数**が**ポアソン過程**にしたがう場合の**動的計画法**の問題を考えてみよう．われわれが最も慣れ親しんだ例である**最適停止問題**政策についてみてみよう．x の値によって2つの状態——すぐに停止し最終利益 $\Omega(x,t)$ を得るか，次の単位時間 dt の間継続し $\pi(x,t)$ の収益の流列を得るか——が考えられる．この場合，式 (4.8) の収益関数はどうなるであろうか．

u を既知の**非確率変数**とする．x から $x+g(x,t)$ へとジャンプし，停止領域

に入るかどうかという状況次第で，**評価関数**の変化分 dF には 2 つの可能性がある．もし x が停止領域に入るのであれば以下の式が成り立つ．

$$dF = \lambda\,dt[\Omega(x + g(x,t)u) - F(x,t)] + (1 - \lambda\,dt)[F(x + f(x,t)\,dt) - F(x,t)]$$

これを式 (4.8) にあてはめ，dt が 0 に近づくとすると，以下の式となる．

$$\rho F(x,t) = \pi(x,t) + \lambda[\Omega(x + g(x,t)u) - F(x,t)] + F_x(x,t)f(x,t) \qquad (4.17)$$

もし $x + g(x,t)u$ が継続領域に残れば，上記の $\Omega(x + g(x,t)u)$ を $F(x + g(x,t)u)$ に置き換えた式となる．より一般的には，u が**確率変数**の場合は，これら 2 つのケースを考慮しなければならず，u に関する確率分布上で期待値を用いることによって，2 つの状態を結びつける必要がある．

ここで今回の新しい特徴点に注意しよう．**伊藤過程**における式 (4.13) の**偏微分方程式**とは異なり，式 (4.17) は連続体上で極値をとらない．したがって，それを別々に解き，停止領域で最終利益に対してあてはめることは出来ない．したがって，一般的な**ポアソン過程**の問題は極めて難しい．

しかし，いくつかの簡単なケースもある．もしジャンプが特定の場所 x_0 で起こるとしよう．この場合には，x_0 が継続領域にあれば以下の式が成り立つ．

$$[\rho + \lambda]F(x,t) = \pi(x,t) + \lambda F(x_0,t)$$

また，もし x_0 が停止領域にあれば，$\Omega(x_0,t)$ を伴うシンプルな式となる．例えば，もし x_0 が収益流列が急になくなる場合，$\Omega(x_0,t) = 0$，$F(x,t) = \pi(x,t)/(\rho+\lambda)$ となる．ここで**ポアソン過程**の発生確率 λ は，割引率 ρ に加わるだけである．

後の章では，分析上取り扱いやすいシンプルな**ポアソン過程**を用いて不確実性を表現したいくつかの例をみてみる．いくつかの例では，**確率変数** x が，特定のハザードレート（発生確率）をもつ**ポアソン過程**に従い，ジャンプが無い場合には**伊藤過程**に従うというミックスしたモデルを学ぶ．その場合，方程式と解がここで示したいくつかの特徴をしめすことが分かる．

4.2 条件付請求権分析

動的計画法問題の応用問題としての**最適停止問題**において，$F(x,t)$ は企業の将来収益 $\pi(x,t)$ に対する請求権という資産の現在価値と解釈できる．式 (4.8) は，投資家がこの資産を短期間保有するための条件となっている．すなわち，当期のキャッシュフローとキャピタルゲインが手に入るので，その収益率（割引率）は ρ となる．この割引率は外生的に与えられるが，実際には資本の機会費用として解釈出来る．この機会費用とは，同等のリスクを持った代替的な投資案件から得られる収益率と等しくなるべきである．本節では，この点をより明確にし，リスクをよりうまく扱うことが出来るようにする．

金融経済学は，投資家の意思決定，そうした投資家の意思決定の集約としての市場均衡，資産の均衡価格について洗練された理論を発展させてきた．基本的な問題設定は，異なったリスクとリターンを持った多数の資産（それらは市場で取引されている）が存在する経済である．新たな資産を評価するためには，その資産のリスクとリターンを現在取引されている資産をいくつか組み合わせて作ったポートフォリオによって複製する必要がある．そして，その新しい資産の価格は，**複製ポートフォリオ**の価値に等しくなければならない．もしその両者に価格差があった場合には，高い方を売り，安い方を買うことによってリスクなしで確実に儲ける裁定取引により，そうした価格差はすぐに解消される．したがって，等価の資産とポートフォリオの価格差は，均衡では長続きしない．われわれのこれまでの分析における「継続領域」において保有される資産は，このように分析される．この理論を用いた多くの問題では，不確実性は**伊藤過程**として表現される．われわれも同様に行う．

4.2.A 複製ポートフォリオ

単純な例から見てみよう．収益のフローが，ある変数 (x)―例えば企業の販売価格など―に依存しているとしよう．われわれは比例的な収益率を扱うので，

x が**幾何ブラウン運動**にしたがうと仮定することが便利である.

$$dx = \alpha x \, dt + \sigma x \, dz \qquad (4.18)$$

ここで α は成長率のパラメータであり, σ は比例的な分散のパラメータである. dz は標準**ウィーナー過程**を表す. 後でより一般的な状況に拡張する.

　ここで, 企業の産出額それ自体が資産として金融市場で取引されていると仮定しよう. もし企業の産出物が石油や銅のような商品であった場合には文字通り成り立つ. 次節では, x の変動リスク (上記の dz 項) が, 現在市場で取引されている資産を組み合わせて構成されるポートフォリオによって複製可能であることを示す.

　他の資産と同様に,「産出額」という資産は極めて高いリターンを提供すると期待される場合にのみ投資家によって保有される. そのリターンは, 場合によっては資産価格の上昇 α によってもたらされる. また, 場合によっては直接的, あるいは間接的な配当という形をとる場合もある. 直接的な配当とは, 例えば, 資産が樹木とした場合, その樹木が育った場合に一部を切り出して木材とするようなケースが考えられる. 間接的な配当とは, 石油や銅鉱を扱う企業が, そうした商品を自ら在庫として保有するケースを想定できる. この場合, 企業はスポット市場で商品を調達せずに自ら在庫を抱えることが得な場合がある. この場合の**コンビニエンスイールド**は配当とみなすことが出来る. コンビニエンスイールドの役割についての詳細は, 第5章, 第6章で説明する. ここでは単に配当収益率を δ とする. $\mu = \alpha + \delta$ として, これを期待総収益率とする.

　この期待収益率は, 当該資産を保有する投資家が負担するリスクの対価となる必要がある. もちろん, そのリスクとは分散不可能なリスクのことである. 市場ポートフォリオは, 最大限の分散されたポートフォリオであるが, このポートフォリオの収益率と個別資産の収益率の共分散が個別資産のリスクプレミアムを決定する.

　われわれの分析では, 無リスク資産収益率を r とし, 外生的に与えられる.

これは例えば国債の収益率である[3]．**資本資産価格モデル** (CAPM) から得られる均衡条件は以下のとおりである．

$$\mu = r + \phi\sigma\rho_{xm} \tag{4.19}$$

ここで ϕ は市場パラメータ（リスクの市場価値）であり，われわれの分析においては外生変数とする．ρ_{xm} は特定資産 x の収益率と市場ポートフォリオ m の相関係数である[4]．

利益 $\pi(x,t)$ を稼ぐ企業の価値 $F(x,t)$ は，そのリスクとリターンの性質を既に市場で取引されている資産によって複製することが出来る．ここで，1ドルの資金を無リスク資産に投資し，企業の産出額という資産を n 単位買う場合を考えよう．望ましいと考えている**複製ポートフォリオ**を構築するために，n は短期間しか保有しないとする．このポートフォリオは $(1 + nx)$ ドルのコストがかかったことになる．この資産をごく短い期間 dt だけ保有する．この間に，無リスク資産は確実なリターン $r\,dt$ を提供する一方，他の資産は配当として $n\delta x\,dt$ とランダムなキャピタルゲイン $n\,dx = n\alpha x\,dt + n\sigma x\,dz$ を提供する．したがって，1ドルの投資に対する総リターンは以下のようになる．

$$\frac{r + n(\alpha + \delta)x}{1 + nx}dt + \frac{\sigma nx}{1 + nx}dz$$

この価値と，同じ短い期間 dt に企業の所有権＝株式を保有する場合の価値を比べてみよう．企業の所有権を購入する場合 $F(x,t)$ がかかる．配当は $\pi(x,t)\,dt$ である．ここで，x は最初の意思決定を行った時に既知となっているので，この資産に対する投資には不確実性が存在しない[5]．その資産はまた，ラ

---

[3] 実際には，インフレーションがあるため国債にもリスクはある．この点についてここでは簡便化のため立ち入らない．金利の期間構造を決定する一般均衡モデルについては，Cox, Ingersoll, and Ross(1985) を参照せよ．
[4] 資本資産価格モデルの詳細については，金融経済学の基本的な教科書を参照．Brealey and Myers(1992) は比較的入門的な教科書である．Huang and Litzenberger(1990) はより高度な教科書．
[5] 厳密には，**連続時間**では $\pi(x,t)$ はごく短い間にも変化する可能性はあり，その変動はランダムである．しかし，こうした点を考慮した場合の差異は，dt^2 の大きさであり，われわれの分析ではそれを無視する．

ンダムなキャピタルゲインを生み出す．その価値を**伊藤の公式**を用いて計算すると以下のとおりとなる．

$$dF = [F_t(x,t) + \alpha x F_x(x,t) + \frac{1}{2}\sigma^2 x^2 F_{xx}(x,t)]\,dt + \sigma x F_x(x,t)\,dz$$

したがって，1ドルの投資に対する総リターンは以下のとおりであおる．

$$\frac{\pi(x,t) + F_t(x,t) + \alpha x F_x(x,t) + \frac{1}{2}\sigma^2 x^2 F_{xx}(x,t)}{F(x,t)}\,dt + \frac{\sigma x F_x(x,t)}{F(x,t)}\,dz$$

われわれの構築したポートフォリオが企業の株式のリスクを複製しているのならば，以下の条件が成り立つ必要がある．

$$nx/(1+nx) = xF_x(x,t)/F(x,t) \tag{A}$$

しかし市場では，全く同じリスクを持つ2つの資産は同じリターンを持たなければならない．したがって，以下の式も必要となる．

$$\frac{\pi(x,t) + \alpha x F_x(x,t) + \frac{1}{2}\sigma^2 x^2 F_{xx}(x,t)}{F(x,t)} = \frac{r + n(\alpha+\delta)x}{1+nx}$$

上記式の右辺にある $nx/(1+nx)$ に，(A) を代入すると以下のように整理出来る．

$$r\left[1 - \frac{xF_x(x,t)}{F(x,t)}\right] + (\alpha+\delta)\frac{xF_x(x,t)}{F(x,t)}$$

簡単化すると，リターン方程式は以下のように企業価値に関する**偏微分方程式**となる．

$$\frac{1}{2}\sigma^2 x^2 F_{xx}(x,t) + (r-\delta)xF_x(x,t) + F_t(x,t) - rF(x,t) + \pi(x,t) = 0 \quad (4.20)$$

この式は，**動的計画法**によって導出した式 (4.13) と非常に良く似ている．実際，もし動的計画法の方程式において，**幾何ブラウン運動**の部分を $a(x,t) = \alpha x$, $b(x,t) = \sigma x$ とした場合には，ほとんど同じ式が得られる．残っている差異は，①外生的に決められた特定の割引率 ρ に代わって無リスク資産の収益率 r が使われていること，② F_x の項の係数が α に代わって $r - \delta$ が用いられているこ

とである．第 4.3 節において，**動的計画法**と**条件付請求権評価分析**の類似性について論じる．

同じ結果を得るための代替的な方法は，企業を保有し，x を n 単位の空売り（ショート）すればよい．n はこのポートフォリオが無リスクとなるように選ばれる．この方が計算をする上では多少シンプルである．今後はこの方法を用いることにする．しかし，上記で示された点は，**複製ポートフォリオ**を構築するというアイデアについて直接的かつ明快に示している．

4.2.B　スパニングアセット[6]の使用

x のリスクが直接市場で取引されていなくても，x の不確実性を捉える（あるいは複製する）ことが出来る他の資産を取引することが出来れば十分である．これからそれがどのように行われるのかを示していこう．この場合，上記の分析をより一般化し，x が式 (4.12) で表される任意の**伊藤過程**にしたがうとする．また，上記の複製を行う別のアプローチも示していく．

x の確率過程と完全に相関する**確率過程**を持つ市場で取引されている資産を想定する．その資産は株式や先物取引のように単純な資産である場合もあれば，いくつかの資産を組み合わせたダイナミックポートフォリオ[7]である場合もある．市場で取引される資産によって x のリスクを完全に捉えることが出来ることを，われわれは「スパンする」，あるいは「複製する」と呼ぶことにする．複製したポートフォリオの市場価値を X としよう．X の**確率過程**は以下のような定式化をする．

$$dX = A(x,t)X\,dt + B(x,t)X\,dz \tag{4.21}$$

2 つの点に注意してほしい．第一に，係数 $A(x,t)$ と $B(x,t)$ は**状態変数** x の関

---

[6] 「スパン (span)」とは，ある資産のリスク，リターンを他のいくつかの資産を組み合わせることによって複製することである．数学的には，(x,y) というベクトルを，(x_0,y_0)，(x_1,y_1) という 2 組のベクトルによって $(x,y) = \alpha(x_0,y_0) + \beta(x_1,y_1)$ として表すことが出来ることで，グラフ上では (x_0,y_0) と (x_1,y_1) というベクトルを適当に拡大・縮小し，組み合わせることで表される．(訳注)

[7] ダイナミックポートフォリオとは，その価値を x の**確率過程**と完全に相関するようにポートフォリオ中身を絶えず調整するものである．(訳注)

数であり，**複製ポートフォリオ**の価格 X の関数ではないことである．これは，**状態変数**が現在の経済の状態に関する全ての情報を要約していることと整合的である．第二に，式 (4.21) で表される**確率過程**の係数 $A(x,t)$ と $B(x,t)$ は，式 (4.12) で表される**状態変数**の確率過程の係数 $a(x,t)$ と $b(x,t)$ は関係がある必要が無いという点である．しかし，もし X が x の確率過程を捉えているのであれば，上記の 2 つの**ウィーナー過程**の確率変動部分 dz は同じでなければならない．ここで「同じ」とは，2 つが同じ確率法則に従うだけでなく，実現値が全く同じであることを意味する．

複製資産は $D(x,t)$ の配当を支払うとする．このような条件設定の下で，時間 t から時間 $t+dt$ の間のごく短い時間の間に，1 ドルの投資によって得られる総リターンは以下の通りとなる．

$$[D(x,t) + A(x,t)]\,dt + B(x,t)\,dz$$

次にどの程度のリターンがあれば投資家がこの複製資産を持ちたがるかを考えてみよう．**資本資産価格モデル**に基づく期待収益率 $\mu_X(x,t)$ は以下のとおりである．

$$\mu_X(x,t) = r + \phi\rho_{xm}B(x,t) \tag{4.22}$$

これを理解するためには，これを式 (4.19) と比較してみよう．市場リスク ϕ は市場全体に関するパラメータであるので，2 つのケースにおいて同じである．X のリターンの**標準偏差**は $B(x,t)$ であり，変化分 dX と dx が完全に相関しているので，X のリターンと市場のリターンの相関係数は，x のリターンと市場のリターンの相関係数と同じであり，それを ρ_{xm} とする．最後に，X が実際に保有される均衡においては以下の条件が成立する必要がある．

$$\mu_X(x,t) = D(x,t) + A(x,t) \tag{4.23}$$

ここで 1 つの企業と資産 Xn 単位のショートポジションからなるポートフォリオを考えよう．このポートフォリオを購入するには $[F(x,t) - nX]$ ドルかか

る．このポートフォリオをごく短時間 dt の間保有する．この間，企業は配当 $\pi(x,t)\,dt$ 支払う．更に，1 単位の X を保有している場合，配当 $D(x,t)X\,dt$ 支払われるので，ショートポジションをとっている人は，ロングポジションをとっている人に対しこの配当を支払わなければならない．このポートフォリオのキャピタルゲインは，**伊藤の公式**を用いて簡略化すると以下のとおりとなる．

$$dF - n\,dX = \left[F_t + aF_x + \frac{1}{2}b^2 F_{xx} - nAX\right]dt + \left[bF_x - nBX\right]dz$$

このポートフォリオを無リスクとするためには，$n = bF_x/(BX)$ を選ばなければならない．

これを行った後，このポートフォリオの期待収益率と無リスク資産の収益率 ($r[F - nX]\,dt$) を等しくする．これを行い，簡略化すると $F(x,t)$ が満たすべき以下の**偏微分方程式**が得られる．

$$\begin{aligned}
\frac{1}{2}&b^2(x,t)F_{xx}(x,t) \\
&+ \{a(x,t) - [b(x,t)/B(x,t)][\mu_X(x,t) - r]\}F_x(x,t) \\
&- rF(x,t) + F_t(x,t) + \pi(x,t) = 0
\end{aligned} \tag{4.24}$$

この式は先の式 (4.20) と基本的には同じである．

条件付請求権分析のメリットは，この方程式の係数が $a(x,t)$ のようにモデルの定式化から既知であるか，あるいは $\mu_X(x,t)$ のように市場情報から推定することが出来ることである．それを所与とすると，**偏微分方程式**を解くことで企業の価値を得ることが出来る．

4.2.C スムース・ペースティング条件

上記の分析では，様々な資産がごく短期間 dt 保有することが唯一想定されている．時間 $t + dt$ の後においては資産の変動がどうなるかには関心がないし，式 (4.20) や式 (4.24) の**偏微分方程式**の有効性には影響が及ばない．しかし，これらの方程式の解法には**境界条件**が必要となり，境界条件を得るためには，より先行きの時間まで考慮に入れる必要がある．

もし上記で評価されている企業が特定の最終時点 T において最終利益 $\Omega(x_T, T)$ を支払わなければならないとすると，すべての x に対して境界条件 $F(x, T) = \Omega(x, T)$ のもとで**偏微分方程式**を解くことが出来る．同様に，もし**状態変数** x がある**臨界値** $x^*(t)$ に達した場合，最終時点よりも以前の t 期において最終利益を支払わなければならない時もある．ここでは以下の**境界条件**が成立する．

$$F(x^*(t), t) = \Omega(x^*(t), t) \quad \text{for all } t$$

これは，**動的計画法**の節で扱った式 (4.14) の**バリュー・マッチング条件**と同じである．

時々企業は最終利益関数 $\Omega(x, t)$ を知りつつ，最終時点を最適に選ぶ場合がある．この意思決定は企業価値を最大化するように行われる．**動的計画法**から，そのような選択により閾値，あるいは**自由境界** $x^*(t)$ を決定し，また適切な追加的条件 (4.15) は**スムース・ペースティング条件**である以下の式となる．

$$F_x(x^*(t), t) = \Omega_x(x^*(t), t) \quad \text{for all } t$$

4.2.D ポアソン過程

状態変数 x が**伊藤過程**ではなく，式 (4.16) の**ポアソン過程**にしたがう場合を考えよう．われわれは，上記の分析で行ったように式 (4.20) のような方程式を得るために**複製ポートフォリオ**を作り出すことが出来るであろうか．

原理的には，$x(t)$ の**確率過程**を複製する資産を見つけることは可能であるかもしれない．例えば，もし $x(t)$ がオイル価格（それは**ポアソン過程**にしたがうと考えられている）である場合には，複製資産はオイルの期近物の先物契約とすることが可能である．しかし，より一般的には $x(t)$ を複製するためには，複数資産で構成された**動的ポートフォリオ**を用いる必要がある．その動的ポートフォリオの資産内容は $x(t)$ の変動に伴い連続的に調整される．もし $x(t)$ が**伊藤過程**したがう場合，こうしたことは可能である．なぜなら，x の変動が連続

であるので，x がある値から別の値に変動するにつれてポートフォリオを連続的に調整することが可能であるからだ．もし x が**ポアソン過程**にしたがい，離散的なジャンプを行う場合，こうしたことは不可能である．

これは，**ポアソン過程**を伴う**状態変数**を扱う場合には，次の 2 つのうちどちらかの仮定をしなければならない．第一は，ポアソン過程を伴う x の確率的変化は市場ポートフォリオと無相関であるということである．この場合，リスクに関する調整は不要で，方程式 (4.20) は再び成立するが，その場合は $\delta \equiv r - \alpha$ となる．これは，割引率が無リスク金利 r である場合の**動的計画法**と同様である．第二の代替的な方法としては，外生的な割引率 ρ を用いて動的計画法を使うことが出来る．

4.3　2 つのアプローチの関係

これまで読者は**動的計画法**と**条件付請求権分析**の相似点について気付き始めていると思う．動的計画法における**評価関数**と条件付請求権分析における資産価値は，非常に良く似た**偏微分方程式**を満たす．動的計画法における**ベルマン方程式**は，資産価値の観点からみて投資家の資産保有意欲を示している．条件付請求権分析における**境界条件**は，投資家が保有する資産価値を最大化するように**オプション**の最適な権利行使時期を選ぼうとするという考え方に基づいている．

しかし，いくつかの違いもある．動的計画法では，目的関数の一つの構成要素として割引率 ρ が外生的に決められている．条件付請求権分析では，資産の期待収益率は資本市場の均衡によって導出される．その場合において唯一外生的なのは無リスク資産金利 r である（ただし，より一般的な分析においては無リスク資産金利も内生的に決定される場合がある）．したがって，割引率の扱いについては，**条件付請求権分析**のほうが良い．

これを考慮に入れると，**条件付請求権分析**はリスク資産を十分もった厚みのある市場の存在が必要となる．重要な要件は，われわれが評価しようとしてい

る資産のリターンの確率部分 dz は，市場で取引されている資産（あるいは市場で取引されている資産によって構成されたダイナミックポートフォリオ）の確率変動部分によって正確に複製される必要がある．これは非常に強い条件である．これは，確率変動部分が完全に同じ確率法則にしたがうことが必要であるだけでなく，それらが完全相関する，すなわちそれぞれ全ての変動の実現値が他の資産によって完全に複製することが出来なければならないことを意味する．**動的計画法**はそのような条件は必要としない．もしリスクが市場で取引されていなければ，目的関数は単に意思決定者による主観的なリスク評価を反映することになる．目的関数は，通常，一定の割引率 ρ を用いて計算された効用関数の**純現在価値**という形式を取る．これは非常に限定的な方法であるが，一般化可能である．もちろんわれわれは，個人の選好に関する客観的な，あるいは観察可能な知識を持ち合わせていないので，理論を検証することはより難しい．

したがって，2つの方法はそれぞれ有利な点と不利な点をそれぞれ持っていることがわかる．これら2つを用いれば，大変多くの多彩な応用問題を扱うことが出来る．特定の問題においては，一つの方法が実践上もう一つの方法よりも便利である．また，読者によってはある方法が他の方法よりも使いやすいと感じることがあるかもしれない．しかし，2つの方法には本質的な違いは無い．これから後に続く各章において，2つの方法を問題に応じて使い分けて用いる．例えば，第5章では基本的な投資問題[8]を解くにあたって，最初に**動的計画法**を用いて，その後，**条件付請求権分析**を用いる．この問題を分析することによって，2つのアプローチの違いを理解しよう．

4.3.A 等価リスク中立評価方法

動的計画法と**条件付請求権分析**の関係について更に分析することによって，資産評価のための**偏微分方程式**を書き出し，それに対する解法を得る有益な方法を見つけることが出来る．われわれはこれを，**状態変数** x に依存する収益

---

[8] この投資問題において，工場の現在価値 V をリターンとして，埋没費用 I を投資する．この場合，V は**幾何ブラウン運動**にしたがう．(訳注)

$\pi(x,t)$ をもつ企業という慣れ親しんだ方法によって示していこう．最終時点は T，最終利益は $\Omega(x_T,T)$ とする．状態変数は以下のように**幾何ブラウン運動**にしたがうとする．

$$dx = \alpha x\,dt + \sigma x\,dz$$

これらの特別な仮定によって，われわれは，シンプルな方法で説明することが出来る．しかし，読者は基本的な考え方は更に一層有効であることをこれから理解できるようになるであろう．

時間 t における状態が x であるとする．$F(x,t)$ を企業の価値とする．これは将来にわたる収益に対する請求権とも解釈できる．この章の前半でみてきた 2 つの方法それぞれによってこれに対する解を求めていく．

最初に**動的計画法**から始めよう．ここで，外生的な割引率を ρ とする．$F(x,t)$ は収益の**純現在価値**であるので以下のように定式化される．

$$F(x,t) = \mathcal{E}_t\left[\int_t^T e^{-\rho(\tau-t)}\pi(x_\tau,\tau)\,d\tau + e^{-\rho(T-t)}\Omega(x_T,T)\right] \tag{4.25}$$

ここで $\mathcal{E}_t$ は時間 t における情報にもとづいた期待値であることを表している．

もし単位時間 dt における状態を考えると，**状態変数**は $(x+dx)$ となり，資産価値は $F(x+dx,t+dt)$ となる．これを時間 t に等しい単位で表すために，割引要素 $e^{-\rho dt}$ によって割り引く必要がある．さらに，dx は時間 t からのランダムな変動であるので，期待値を取らなければならない．したがって，以下の式が成立する．

$$F(x,t) = \pi(x,t)\,dt + e^{-\rho dt}\mathcal{E}_t\left[F(x+dx,t+dt)\right] \tag{4.26}$$

t 期から T 期までの全ての時間を 2 つの部分－直近のごく短い時間 dt とそれを超えた時間－に分けるというこのアイデアは動的計画法のエッセンスである．したがって，式 (4.26) は**ベルマン方程式**である．この例では，dt の間になんの行動も起こさないので，右辺を最大化する必要は無い．

第4章 不確実性下の動的計画法問題

伊藤の公式を用いて右辺を展開し，$dt \to 0$ としたときに dt よりも早くゼロに近づく項（たとえば dt^2）は省くと，以下のようになる．

$$\pi(x,t)\,dt + e^{-\rho\,dt}\mathcal{E}_t\big[F(x+dx, t+dt)\big]$$
$$= \pi(x,t)\,dt + (1-\rho\,dt)\big[F(x,t) + F_t(x,t)\,dt$$
$$+ F_x(x,t)\alpha x\,dt + \frac{1}{2}F_{xx}(x,t)\sigma^2 x^2\,dt\big]$$
$$= F(x,t) + \big[\frac{1}{2}\sigma^2 x^2 F_{xx}(x,t) + \alpha x F_x(x,t) + F_t(x,t) - \rho F(x,t) + \pi(x,t)\big]\,dt$$

式 (4.26) に代入し簡単化すると，$F(x,t)$ は以下の**偏微分方程式**を満たす．

$$\frac{1}{2}\sigma^2 x^2 F_{xx}(x,t) + \alpha x F_x(x,t) + F_t(x,t) - \rho F(x,t) + \pi(x,t) = 0 \quad (4.27)$$

これはまさに式 (4.12) と同じ**動的計画法**の式であり，今回は**幾何ブラウン運動**であるという違いがあるだけだ．**境界条件**は以下のとおりとなる．

$$F(x,T) = \Omega(x,T) \quad \text{for all } x \quad (4.28)$$

式 (4.25) は上記式を満たす．言い換えれば，その表現は**偏微分方程式**に対する解法であるといえる．

もし，その方程式と**境界条件**を導出することから始め，それから解法を見つけ出すとしたら，それは大変な仕事のように思える．しかし，大変ラッキーなことに，方程式を導出する前に式 (4.25) の解をすぐに見つけられる稀な例がある．もちろん，期待値を評価するのは大変な仕事である．時間 t における**状態変数** x を所与とすると，将来のどの時点における状態も対数正規分布にしたがう．また，$\tau \geq t$ においては，x_τ の対数値は平均 $\log(x) + (\alpha - 1/2\sigma^2)(\tau - t)$ となり，分散は $\sigma^2(\tau - t)$ となる．もし，$\pi(x,t)$ と $\Omega(x_T)$ が，例えばべき乗関数や指数関数のような大変便利な関数形をもっているとしたら，式 (4.25) を明示的に評価することが出来る．そうでない場合には，**数値計算**による解法に頼るしかない．しかし，その表現はこれから見るように，いくつかの有益な概念を持っている．

式 (4.25) が**境界条件** (4.28) とともに**偏微分方程式** (4.27) に対する解であるということは，Feynman-Kac の公式として知られている一般的な結果の特別なケースである．詳細や厳密な議論については Karatzas and Shreve(1988, pp.267ff) を参照[9]．

ここで**条件付請求権分析**の立場から企業評価の問題を考えてみよう．これまで見てきたように，その価値は式 (4.20) の**偏微分方程式**を満たす．読者のためにもう一度示しておこう．

$$\frac{1}{2}\sigma^2 x^2 F_{xx}(x,t) + (r-\delta)x F_x(x,t) + F_t(x,t) - rF(x,t) + \pi(x,t) = 0$$

r が無リスク金利，$\delta = \mu - \alpha$ が x の配当，あるいは**コンビニエンスイールド**であることを思い出していただきたい．**境界条件**は再び式 (4.28) となる．

ここで，前もって解を知っているわけではない．しかし，この偏微分方程式と式 (4.27) の**動的計画法**を用いて得られた偏微分方程式の相似点に気付くことによって，その解をすぐに書き出すことが出来る．後者の場合，外生的に決まる割引率 ρ は，無リスク金利 r に置き換えられ，x の**幾何ブラウン運動**の成長率 α は $(r-\delta)$ に置き換えられる．言い換えると，x が異なる成長パラメータ $\alpha' = r - \delta$ にしたがう過程であると想定すればよい．

したがって解は以下のとおりとなる．

$$F(x,t) = \mathcal{E}'_t\left[\int_t^T e^{-r(\tau-t)}\pi(x'_\tau,\tau)\,d\tau + e^{-r(T-t)}\Omega(x'_T,T)\right] \quad (4.29)$$

ここで x' は，時間 t から始まる同じ初期の**状態変数**から出発し，新たな**幾何ブラウン運動**にしたがう別の変数である．

$$dx' = \alpha' x'\,dt + \sigma x'\,dz \equiv (r-\delta)x'\,dt + \sigma x'\,dz \quad (4.30)$$

---

[9] 量子電子力学では，その結果は直ちに有益な結果をもたらす．それは，Feynman(1949) における図を用いた解法をもとに，量子運動の全ての想定されるパスに関する確率を要約したものである．彼の方法は，**動的計画法**や**伊藤の公式**が開発される以前においては，驚くべき業績であった．量子電子力学では，確率でウエイト付けされた**状態変数**は複素数となるので，**動的計画法**や**条件付請求権分析**においては使うことが出来ないのではないかと考えられる．もし使えるのであれば，Feynman は物理における彼の業績に加えて，金融経済学の父として称えられるであろう．

この**確率過程**に時間 t における情報に基づいて期待値 $\mathcal{E}'_t$ をとる.

これは,非常に幅広く用いることが可能であり,金融経済学においても注目されている方法である**等価リスク中立評価方法**の例となっている.厳密かつ一般的な理論については,Duffie(1988,Section17) または Huang and Litzenberger(1990,Chapter8) を参照せよ.

4.3.B 例題

ここで簡単な例を見ていこう.それぞれのケースでは,初期値を $F(x,0)$ とする.

最初に,収益が無く最終利益が $\Omega(x) = x$ となる,最も簡単なケースをみてみよう.

$$F(x,0) = e^{-\rho T}\mathcal{E}_0[x_T]$$

ここで**等価リスク中立評価方法**を用いると,x' の期待値は以下のとおり.

$$\mathcal{E}'_0[x'_T] = xe^{(r-\delta)T}$$

それゆえ,以下が成立.

$$F(x,0) = e^{-rT}xe^{(r-\delta)T} = xe^{-\delta T} = e^{-\mu T}xe^{\alpha T}$$

言い換えれば,x は α の率で成長し,リスクを調整した割引率 μ で将来収益を割り引いていることになる.この結果は明らかなものであるが,一般的な公式を示し,読者が自信を持って問題に対処できるように最も簡単な例としてとりあげた.

次に,$\Omega = x\beta$ のケース(β は外生変数)を考える.対数正規分布の標準的な結果を用いると,以下が成り立つ.

$$\mathcal{E}'_0[(x'_T)^\beta] = x^\beta \exp[\beta(r-\delta)T + \frac{1}{2}\sigma^2\beta(\beta-1)T]$$

$$F(x,0) = x^\beta \exp\bigl[\bigl(\frac{1}{2}\sigma^2\beta(\beta-1) + (r-\delta)\beta - r\bigr)T\bigr]$$

もし $\beta = 1$ であれば，これは上記のように $xe^{-\delta T}$ に簡略化される．もし $\beta = 0$ であれば，単に e^{-rT} を得る．収益 $x^0 \equiv 1$ が無リスクであり，割引率 r で割り引かれる．最後に，β が二次方程式の根であると考えよう．

$$\frac{1}{2}\sigma^2\beta(\beta-1) + (r-\delta)\beta - r = 0$$

その場合 $F(x,0) = x^\beta$ を得る．ここで成長は完全に割引率によってオフセットされている．したがって，初期値 x で最終利益関数を評価することが出来るし，それを資産価値と呼んでいる．後の第 6 章や他の章でこれをどのように使うのかが示される．

ちょっとしたトリッキーな例として，リスク中立的で，割引率がなく，パラメータ a, b が以下のように定義されるものを考えてみよう．

$$\Omega(x) = \begin{cases} 1 & \text{if } a \leq x \leq b \\ 0 & \text{otherwise} \end{cases}$$

ここで $F(x,0)$ は単に**幾何ブラウン運動**の確率である．それは初期値 x からスタートし，時間 T には区間 (a,b) 内に至る．b が a に収束すると，それに対応する確率密度 $F(x,0)/(b-a)$ を得ることになる．

どちらの方法でも，この方程式は以下の**偏微分方程式**を満たす．

$$\frac{1}{2}\sigma^2 x^2 F_{xx}(x,t) + \alpha x F_x(x,t) + F_t(x,t) = 0$$

言い換えると，われわれはバックワードの Kolmogorov 方程式を資産価格評価の公式の系として導出した（詳しくは第 3 章の補論参照）．

4.4 文献ガイド

動的計画法は Richard Bellman 等によって 1950 年代に開発された．それは経済分析やオペレーションリサーチにおける標準的な道具であり，いくつかの教科書で扱われている．経済分析における簡単な例については Dixit(1990, Chapter 11) 参照．その他の良い参考書としては，Dreyfus(1965)，Harris(1987)，

Kamien and Schwartz(1991) がある．Stokey and Lucas with Prescott(1989)
は，動的計画法について理論的に厳密に扱っているほか，動的一般均衡理論，
成長理論，労働経済学などに関するいくつかの応用問題も扱っているすばらし
い教科書である．

本書では，**動的計画法をブラウン運動**を用いた最適制御や**最適停止問題**に
のみ用いている．より詳細な，しかし直観的な理解ができる教科書として
は Dixit(1993a) がある．より理論的に厳密な教科書としては，Fleming and
Rishel(1975) や Krylov(1980) がある．

条件付請求権分析は，Black and Scholes(1973) と Merton(1971,1973) のパイ
オニア的論文から始まりシステマティックに発展してきた．ただし，先駆的研
究は Samuelson(1965) である．この論文では**確率微分**や**スムース・ペースティ
ング条件**を導入している．今日では，条件付請求権分析は金融経済学におけ
る確立した一分野となっており，取り扱っている教科書も多い．例えば，Cox
and Rubinstein(1985)，Hull(1989)，Jarrow and Rudd(1983) を参照せよ．初
学者は，Journal of Economic Perspective の特別シンポジュームにおける発表
論文，Rubinstein(1979) と Varian(1987) を読むことによって理解が深まるで
あろう．本章の最初のほうで学んだ**ブラウン運動**によって表現されるランダム
ウォークを用いた条件付請求権分析は，Cox and Ross(1976)，Cox, Ross, and
Rubinstein(1979) によって発展した．より高度な理論的な取り扱いについては，
Duffie(1988, 1992)，Dothan(1990)，Huang and Litzenberger(1990) を参照．

等価リスク中立評価方法や関連した概念についてのパイオニア的論文で，厳
密な扱いをしているものとして Harrison and Kreps(1979) がある．この概念の
先駆的な研究は Arrow(1970)，Cox and Ross(1976) にみられる．

Bernstein(1992) は，これら概念の発展史について楽しく学べる本である．

補論

A 逐次的な動的計画法

ここでは無限期間の**動的計画法**における**ベルマン方程式**の解についての存在と一意性の証明の骨子についてみてみよう．ここで読者のためにもう一度ベルマン方程式を示す．

$$F(x) = \max_u \left\{ \pi(x, u) + \frac{1}{1+\rho} \mathcal{E}[F(x')|x, u] \right\} \tag{4.5}$$

われわれは (4.5) を満たす関数 $F(x)$ を見つける．右辺を操作対象とみなす．関数 $F(x)$ を所与とすると，右辺は x の新しい関数を定義していることになる．その解は，このような方法が当てはまる関数 $F(x)$ 自身となる．このような構造をもった式を解いて「関数型」を見つけることを，専門的な言葉では，操作対象の**不動点**をみつけることになる．

まず，任意の初期関数 $F^{(1)}(x)$ から始めて順次手順を追っていく．これを式 (4.5) の右辺に利用する．ここで右辺は完全に既知となる．したがって，操作変数を適用する結果が全ての x について計算が可能となる．この結果を新関数 $F^{(2)}(x)$ と呼ぶ．次に，これをまた右辺に当てはめ次の関数 $F^{(3)}(x)$ とする．こうした作業を順次続けていく．では，m が無限大に近づく時，$F^{(m)}(x)$ の流列はどうなるのであろうか．

$F^{(1)}(x)$ に替えて，異なる関数，$Z^{(1)}(x) = F^{(1)}(x) + k$（$k$ は任意の正の定数），で計算を始めることを考える．これを式 (4.5) の右辺に代入すると以下のようになる．

$$(1+\rho)^{-1} \mathcal{E}[Z^{(1)}(x')|x, u] = (1+\rho)^{-1} \{\mathcal{E}[F^{(1)}(x')|x, u] + k\}$$

これには特別な項，$(1+\rho)^{-1}k$，が右辺にある．これによって，最大値を与える u や他の項の価値を変えることは無い．したがって，全ての x に対して，操作変数を $Z^{(1)}(x)$ にあてはめた結果，以下の新しい関数が出来る．

$$Z^{(2)}(x) = F^{(2)}(x) + (1+\rho)^{-1}k$$

このように進めると，以下の式を得る．

$$Z^{(m)}(x) = F^{(m)}(x) + (1+\rho)^{-(m-1)}k$$

言い換えれば，最初に選んだ関数の変化，あるいは誤差が，逐次ステップの過程で $1/(1+\rho)$ に比例して幾何級数的に減少していく．逐次ステップの手順を続けると，初期関数の選択にかかわらず，同じ**極限関数** $F(x)$ に収束することが直感的に理解できるし，厳密に証明することもそれほど難しいことではない．極限では，$F^{(m+1)}(x)$ と $F^{(m)}(x)$ が同じとなる．極限関数 $F(x)$ は，逐次ステップの不動点となっているのである．これが式 (4.5) を満たすことは明らかである．誤差の幾何級数的な減少という性質（専門用語では**縮小写像**の性質）によって，解の存在と一意性が証明できる．また，逐次手順により**数値計算**の方法も明らかとなる．

B　最適停止領域

ここでは，継続と停止の二者択一問題について考えよう．**ベルマン方程式**は (4.6) となるが，もう一度同じ式を下に示す．

$$F(x) = \max\left\{\Omega(x), \pi(x) + \frac{1}{1+\rho}\mathcal{E}[F(x')|x]\right\} \tag{4.6}$$

継続が最適な選択となるのは，x の値が (4.6) の右辺を最大化し，その時に第二項が第一項よりも大きい場合である．すなわち以下の通りとなる．

$$\pi(x) + (1+\rho)^{-1}\int F(x')\,d\Phi(x'|x) > \Omega(x)$$

すぐに停止することが最適なときは，逆の不等号が成立する場合である．x のこれらの領域をそれぞれ継続領域と停止領域と呼ぶ．われわれはこれらの領域の構造に興味がある．

$\pi(x), \Omega(x), \Phi(x'|x)$ を任意に決めた場合，それぞれの領域は代替的な領域に続いて存在する．x 以下では継続が最適となり，それ以上では停止が最適となるかもしれない．しかし，多くの経済問題では，継続と停止を明確に分ける

ある**臨界値** x^* が存在することが期待される．そのような臨界値を**ペイオフ関数**や**分布関数**がもつような条件について考察する．

$\Omega(x)$ を式 (4.6) の両辺から引き，$F(x) - \Omega(x)$ を簡潔に表現するため $G(x)$ としよう．

$$\begin{aligned}
G(x) &= \max\left[0, \pi(x) - \Omega(x) + (1+\rho)^{-1}\int F(x')\,d\Phi(x'|x)\right] \\
&= \max\left[0, \pi(x) - \Omega(x) + (1+\rho)^{-1}\int \Omega(x')\,d\Phi(x'|x)\right. \\
&\qquad\left. + (1+\rho)^{-1}\int G(x')\,d\Phi(x'|x)\right]
\end{aligned} \quad (4.31)$$

ここで求めている性質を得るために十分な二つの仮定を行う．

仮定 1：以下の式は x に関して単調関数である．

$$\pi(x) + (1+\rho)^{-1}\int \Omega(x')\,d\Phi(x'|x) - \Omega(x)$$

限定的に，ここでは増加関数とする．

これは停止する 1 期前に待つことの価値とすぐに停止することの価値の差である．この表現の利点は，1 期間待つことの有利さが，最適なタイミングで停止するまで待つということの有利さに読みかえることが出来る点である．関数が増加関数であれば，より高い x では継続が最適となり，低い x では停止が最適となる．もし減少関数であれば，逆が成り立つ．

仮定 2：不確実性は正の系列相関をもつ．すなわち，現在の x の値が増加する時，将来の値 x' の**累積確率分布** $\Phi(x'|x)$ は一様に右にシフトする．

もしこれが成立しないとすると，現時点で相対的に有利な高い x の値は，近い将来逆転される可能性が高まるということを意味している．この仮定は，今後われわれが学ぶ全ての場合において成り立つものとする．

これら二つの仮定を前提とすると，式 (4.31) に対する関数解 $G(x)$ は増加関数とならなければならない．これを理解するために，右辺の最大値をもたらす第二項が二つのパートからなっていることに注意してほしい．第一に，仮定 1 でも表現したように，直接的に増加すると仮定している部分である．第二は積

分部分であり，$G(x)$ が増加関数であれば，この部分も増加する．仮定 2 より，より大きな x は，増加関数 $G(x')$ に付随している確率ウエイトを右側へシフトさせる．したがって，期待値を増加させる．増加関数から始めると，右辺は新たな増加関数を持つことになる．逐次的な方法における不動点，すなわち式 (4.31) の解は，それ自身増加関数となる[10]．

式 (4.31) の第二項は増加関数であることを証明した．したがって，第二項が正であることの必要十分条件が $x > x^*$ となるような一意の x^* が存在する．これまで証明したように，この x^* より右では継続が最適となり，その左では停止が最適となる．

連続時間では，ρ を $\rho\,dt$ に替え，$\pi(x)$ を $\pi(x)\,dt$ に替える必要がある．$x' = x + dx$ であり，$dx = \mu x\,dt + \sigma x\,dz$ という**幾何ブラウン運動**にしたがう x を考える．**伊藤過程の公式**を使って $\Omega(x')$ を展開すると，仮定 1 は単に以下式が単調であることを要求していることが分かる．

$$\pi(x) - \rho\Omega(x) + \mu x\Omega'(x) + \frac{1}{2}\sigma^2 x^2 \Omega''(x)$$

C　スムース・ペースティング条件

ここでは，**状態変数**が**伊藤過程**にしたがう時，有限かつ時間に依存する**最適停止問題**をみてみよう．継続領域と停止領域を分ける**自由境界**を決めるバリュー・マッチング条件（式 (4.14)）と**スムース・ペースティング条件**（式 (4.15)）をよりフォーマルな形で示していく．

ごく短い時間 dt の間に，**ベルマン方程式** (4.6) は以下の通りとなる．

$$F(x,t) = \max\{\Omega(x), \pi(x,t)\,dt + (1 - \rho\,dt)F(x,t) + \mathcal{E}[dF]\}$$

もしこの式の右辺の第一項が第二項よりも大きい場合には停止が最適であり，第二項が大きい場合には継続が最適となる．

---

[10]　技術的に細かいことを言うと，操作変数は非減少関数の凸円錐において閉じている．したがって，この超空間では不動点が存在する．それは，関数の全ての空間において不動点が存在することを意味する．しかし，補論の A でみたように，後者の不動点は一意である．

補論 C　スムース・ペースティング条件

　特定の時間 t を固定する．ここで議論を明確にするために，$x > x^*(t)$ の場合には継続が最適で，$x < x^*(t)$ の場合には停止が最適となる場合を考えよう．まず初めに，式 (4.14) の結論とは反対に，$F(x^*(t),t) < \Omega(x^*(t),t)$ と仮定しよう．連続性の条件より，$x^*(t)$ の少し右側にある x に対しては $F(x(t),t) < \Omega(x(t),t)$ が成立する．右辺における第二項が $F(x,t)$ と異なるのは dt の部分である．したがって，十分に小さい dt に対しては，また，$F(x(t),t) < \Omega(x(t),t)$ が成立する．そのような x に対してはすぐに停止することが最適となるが，それは $x^*(t)$ が**臨界値**であるという定義に矛盾する．次に $F(x^*(t),t) > \Omega(x^*(t),t)$ とする．連続性の条件より，$x^*(t)$ の少し左側にある x に対しては $F(x(t),t) > \Omega(x(t),t)$ が成立する．十分に小さい dt に対しては，また，$F(x(t),t) > \Omega(x(t),t)$ が成立する．そのような x に対しては継続が最適となるが，それは $x^*(t)$ が**臨界値**であるという定義に矛盾する．

　背理法により更に**スムース・ペースティング条件**に関する議論は続く．図 **4.2** を使いながらそれを見てゆこう．またここで，$x^*(t)$ の右側では継続が最適で，左側では停止が最適である場合を考えよう．x^* において関数 $F(x,t)$ と $\Omega(x,t)$ が接線を持つようにスムースに繋がっていないならば，それらは折れ曲がって

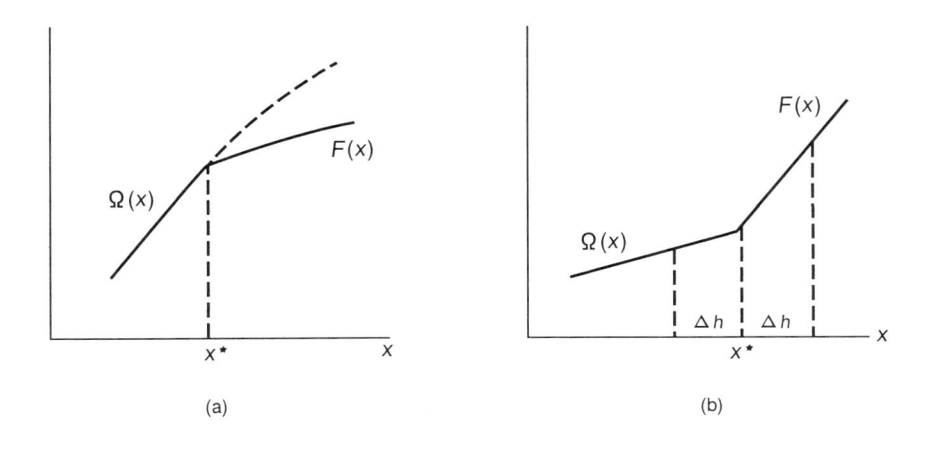

図 **4.2**　スムース・ペースティング条件の証明

いることになる．これは，図の (a) におけるような増加関数における折れ曲がりとはなりえない．なぜなら，連続性の条件より，$x^*(t)$ よりもごく僅かに小さい x に対しては，$\Omega(x,t)$ は $F(x,t)$ よりも大きくなり，継続よりも停止が最適となるが，これは $x^*(t)$ が**臨界値**であるという定義に矛盾する．次に，減少関数における屈折点を図の (b) で考えよう．$x^*(t)$ は二つの選択が無差別となるようなポイントとはなり得ない．なぜなら，ごく短い時間 Δt の間においては継続が最適の戦略であるからだ．直観的には，もう少し長く待つことにより，x の次のステップが観察でき，屈折点のどちらのサイドに x が位置するのかを見ることが出来る．この二つの平均は，屈折点そのものよりもより良い．Δt 時間後に発生するのでその分平均値を割り引いたとしても，これはあてはまる．理由は，**ブラウン運動**は Δt の根に比例して変化し，それは値に影響する．一方，割引の効果は Δt に比例する．Δt が小さい時には，前者の効果が相対的に大きい．この議論はより代数的に詳細に論じる必要がある．

第 3 章でみたように，x の**確率過程**をランダムウォークとした．この場合，最小のインターバルは $\Delta h = b(x,t)\sqrt{\Delta t}$ となり，上方へ変化する確率と下方へ変化する確率はそれぞれ以下の通りとなる．

$$p = \frac{1}{2}\bigl[1 + a(x,t)\sqrt{\Delta t}/b(x,t)\bigr], \qquad q = \frac{1}{2}\bigl[1 - a(x,t)\sqrt{\Delta t}/b(x,t)\bigr]$$

第 3 章ではドリフト係数 α と確率係数 σ は一定であった．ここではより一般的に関数 $a(x,t), b(x,t)$ とする．

ここで代替的な政策を考えよう．もし次のステップの x が上方だったら，継続が最適となり，下方だったら停止し最終利得を得る場合を考えよう．適切な確率ウエイトと割引を行うことで以下の式を得る．

$$\pi(x^*(t),t)\Delta t \\ + (1-\rho\Delta t)^{-1}\bigl[pF(x^*(t)+\Delta h, t+\Delta t) + q\Omega(x^*(t)-\Delta h, t+\Delta t)\bigr]$$

これを $(x^*(t),t)$ の周りでテイラー展開し，上記の**バリュー・マッチング条件**を用いる．この場合 Δt が $(\Delta h)^2$ のオーダーであることを思い出してほしい．最

初の二つの項は以下の通りとなる．

$$F(x^*(t),t) + \frac{1}{2}\left[F_x(x^*(t),t) - \Omega_x(x^*(t),t)\right]\Delta h$$

関数が図 4.2 の (b) のように減少する場合に屈折点において同じ値をとるとすると，$x^*(t)$ にいおいて $F_x > \Omega x$ となり，第二項が正であることが分かる．したがって，代替政策は $x^*(t)$ における継続の価値や最終価値よりも良い場合がある．しかし，最適政策は二つの選択の間において無差別であるような**臨界値**が存在するという定義に矛盾する．

第III部

不確実性下における企業の意思決定問題

第 5 章

投資機会と投資タイミング

　本章では，これまでの章で準備した所要の数学的知識を用いて，不確実性下での投資決定についての分析に移ることにする．本章および本書全体を通じて，主たる関心は，次の二つの重要な特性を有する投資支出に置かれている．一つ目は，支出の少なくとも一部に不可逆性 (いったん投資を行ってしまうと，再び全額を取り戻すことができない埋没費用が存在する) という特徴があることである．二つ目は，投資が延期できるという特徴であり，これによって，企業は，価格やコスト，その他の市場条件に関する新たな情報が得られるまで，資源の投入を延期する機会を有することになる．

　第 2 章の簡単な例で示したとおり，不可逆な投資支出を延期できることは，投資決定に多大な影響を及ぼす．特に，ビジネススクールの学生に一般に教えられている，**純現在価値基準** (net present value rule) は，「事業の実施によって得られるキャッシュフローの期待現在価値が，少なくともその費用の現在価値よりも大きいならば，当該事業への投資は妥当である」とするものであるが，これは投資支出が延期できることによって価値を失ってしまう．この投資基準は，現時点において投資決定を行い，新たな情報を獲得するまで投資決定を延期するオプションを放棄することの機会費用を無視していることから，誤っているといえる．第 2 章で検討したとおり，機会費用は投資の総費用の一部として含めなければならない．本章以降では，この機会費用や，機会費用が投資に

おいて有する意味について，かなり一般性の高いレベルで詳細に検討する．

　本章においては，不可逆な投資に関する最も基本的な連続時間モデルの一つを詳細に説明し分析する．**McDonald and Siegel** (1986) によって開発されたこのモデルでは，企業はある単一の事業にどのタイミングで投資を行うかを決定しなければならない状況に置かれている．その投資費用 I は既知かつ不変であるが，**事業の価値** (value of project) V の変動は幾何ブラウン運動に従うものとされている．純現在価値基準では，$V > I$ である限り，当該事業への投資は妥当であると判断されるが，McDonald and Siegel が示したとおり，これは誤りである．V の将来の価値は既知ではないため，現時点で投資を行えば機会費用が発生する．したがって，最適投資基準において事業への投資が妥当であると判断されるのは，V が少なくとも I を上回る臨界値 V^* と同程度に大きい場合となる．後述するように，パラメーターが適切な値のときには，臨界値は I の 2～3 倍にもなる．したがって，純現在価値基準は，単に誤っているだけでなく，非常に大きな誤りを犯していることが多いといえる．

　この基本モデルについて詳細に述べた後，動的計画法によって最適投資基準 (すなわち，臨界値 V^*) をどのように導出できるかを示す．この方法においては，割引率をどのように設定するかという問題が生じる．また，資本市場が (後で明確化される意味において)「完備」であるならば，この投資問題はオプションの価格評価問題として捉えられ，条件付請求権分析のテクニックを用いて解くことができる．そこで，この最適投資問題を，あらためて条件付請求権分析法を用いて解き，企業の投資オプションの特徴やその重要なパラメーターと投資オプションとの間の相互関係について検討する．最後に，事業の価値 V の変動が従う確率過程として，別の確率過程を検討することでモデルを拡張する．ここでは，V が平均回帰過程に従う場合と，ブラウン運動とポアソンジャンプの複合過程に従う場合のそれぞれに適用される最適投資基準を導出し分析する．

5.1 基本モデル

ここではまず，**McDonald and Siegel** (1986) によって開発されたモデルを出発点とする．そこでは，V の価値を有する事業と引き替えに埋没費用 I を支出する場合，どの時点で支出することが最適であるかという問題を検討している．ここでの V は，次のような**幾何ブラウン運動**にしたがって徐々に増大するものとする．

$$dV = \alpha V\, dt + \sigma V\, dz \tag{5.1}$$

ここで dz は**ウィーナー過程**の増分である．式 (5.1) は，現時点での事業の価値は既知であるが，将来の価値の分布は対数正規分布となり，その**分散**は時間とともに線形的に増加することを意味している (まさに同じ式が第 3 章第 3.3.A 節に示されている)．したがって，**情報** (information) は時間の経過とともに蓄積されていくものの (企業は V が変動することを認識している)，将来の事業の価値は常に不確実なままとなっている．

式 (5.1) は，明らかに，現実の事業を抽象化したものとなっている．例えば，ある生産能力を有する機械工場を経営する事業を想定してみよう．**可変費用** (variable cost) が正であり，かつ製品価格が可変費用よりも小さい場合に一時的に工場の**操業を停止するオプション** (option to shut down) や，完全に事業を廃棄するオプションを経営者が有しているならば，たとえ製品価格が**幾何ブラウン運動**に従ったとしても，V は幾何ブラウン運動に従うとは限らない (第 6 章と第 7 章においては，製品価格が幾何ブラウン運動に従い，かつ事業を一時的に停止したり，廃棄したりすることができる場合のモデルを構築する)．もし可変費用が正であり，経営者が工場の操業を停止するオプションを有していないならば (規制による制約などのため)，V は負になる可能性がある．これは V の分布が対数正規分布になるという仮定と矛盾する．加えて，競争的な製品市場では，価格が長期的な産業全体の限界費用から大きく乖離しない，あるいは，価格の確率的変動はそれほど頻繁には生じないが，いったん生じればその

変動幅は大きくなると考えられる．このため，V は平均回帰過程あるいはジャンプ過程に従うと考えることもできる．しかし，差し当たっては，基本的な考え方とテクニックを分かりやすく説明するために，こうした可能性は無視することにする．なお，本章第 5.5.A 節では，V が従う確率過程として平均回帰過程を外生的に設定して検討を行う．産業均衡については第 8 章と第 9 章において検討する．

企業の投資機会は，**行使期限のないコールオプション** (perpetual call option) と等価であるということに着目する（コールオプションは，事前に規定された価格で株を購入する権利であり，義務ではない）．そうすると，投資決定はこのオプションをどの時点で行使するかを決定することと等価になる．したがって，第 2 章で示した簡単な例で説明したとおり，投資決定は**オプションの価値**の評価問題として捉えることができる[1]．別の見方をすれば，この問題は**動的計画法**の問題として捉えることもできる．以降では，最初に，動的計画法を用いて最適投資基準を導出し，次いで**オプションの価格評価** (option pricing) に用いられる方法 (条件付請求権分析法) を用いて最適投資基準を導出する．そうすることで，両者のアプローチや，各々が設定している仮定を比較することができる．さらに，その後，最適投資基準の解の特性について検討する．

以下では，**投資機会の価値** (value of the investment opportunity)，すなわち，投資オプションの価値を $F(V)$ と表記する．ここでは，その価値を最大化する基準を導出する．時点 t における投資から得られるペイオフは $V_t - I$ であるため，ここでは，次式のように，その期待現在価値を最大化する必要がある．

$$F(V) = \max \mathcal{E}\left[(V_t - I)e^{-\rho T}\right] \tag{5.2}$$

ここで，$\mathcal{E}$ は期待値の演算子であり，T は投資が行われる (未知の) 将来の時点，ρ は割引率である．そして，最大化は，V に関する式 (5.1) を制約条件として行われる．この問題を有意なものとするためには，$\alpha < \rho$ という仮定を置か

---

[1] 投資機会は，有配株に関する**行使期限のないコールオプション**に相当する (完成した事業からの収入は，株の配当と等価である)．このような**オプションの価値の評価**とオプションの行使に係わる問題の解法は，**Samuelson** (1965) によって最初に示されている．

なければならない．この仮定を置かなければ，T の値が大きくなればなるほど，式 (5.1) の積分は無限に大きくなる．すなわち，待ち続けることが常により望ましい方針となり，最適解が存在しなくなってしまう．ここで，$\rho - \alpha$ を δ とおけば，$\delta > 0$ を仮定していることになる．

5.1.A　決定論的ケース

最大の関心は，不確実性が投資決定にどのように影響を与えるかを把握することにあるが，まず，不確実性が存在しない場合 (つまり，式 (5.1) の σ がゼロの場合) について検討しておくことは有益である．後述するように，この場合でも依然として投資決定を延期することの価値は存在する．

$\sigma = 0$ ならば，$V(t) = V_0 e^{\alpha t}$ である．ここで，$V_0 = V(0)$ である．このとき，現時点での事業の価値を V とおけば，将来の任意の時点 T において投資を行う場合の投資機会の価値は次式で表される．

$$F(V) = (Ve^{\alpha T} - I)e^{-\rho T} \tag{5.3}$$

ここで，$\alpha \leq 0$ のとき，$V(t)$ は時間によらず一定，または時間とともに減少することから，$V > I$ ならば，現時点で投資を行うことが最適となることは明らかである．さもなければ，投資は行われない．したがって，$F(V) = \max[V - I, 0]$ となる．

では，$0 < \alpha < \rho$ のときはどうであろうか？このときには，現時点で $V < I$ であっても，$F(V) > 0$ となる．なぜならば，将来のある時点で V が I よりも大きくなる可能性があるためである．また，たとえ現時点で V が I を超えていたとしても，現時点で投資を行うよりも，投資を延期する方が望ましいこともある．このことを理解するために，式 (5.3) における $F(V)$ を T について最大化してみよう．最大化の一階の条件は，

$$\frac{dF(V)}{dT} = -(\rho - \alpha)Ve^{-(\rho - \alpha)T} + \rho I e^{-\rho T} = 0$$

であり，これを解くことで次式が得られる[2]．

$$T^* = \max\left\{\frac{1}{\alpha}\log\left[\frac{\rho I}{(\rho-\alpha)V}\right], 0\right\} \quad (5.4)$$

もし，V が I に比べてそれほど大きくないならば，$T^* > 0$ となる T^* が得られる．この場合に投資を延期することが望ましくなる理由としては，現在価値で考えたとき，投資の費用は $e^{-\rho T}$ の項によって時間とともに減少する一方で，ペイオフはそれよりも小さい $e^{-(\rho-\alpha)T}$ の項によって減少するためである．

では，V がどのような値であれば現時点で投資することが最適になるだろうか？$T^* = 0$ とおけば，$V \geq V^*$ ならば，現時点で投資することが妥当となることが分かるであろう．ここで，

$$V^* = \frac{\rho}{\rho-\alpha}I > I \quad (5.5)$$

である．最後に，式 (5.4) を式 (5.3) に代入すれば，$F(V)$ の解が次式のとおり得られる．

$$F(V) = \begin{cases} [\alpha I/(\rho-\alpha)][(\rho-\alpha)V/\rho I]^{\rho/\alpha} & \text{for } V \leq V^* \\ V - I & \text{for } V > V^* \end{cases} \quad (5.6)$$

図 **5.1** においては，$I = 1, \rho = 0.10, \alpha = 0, 0.03, 0.06$ の場合の $F(V)$ が V の関数として示されている．各々の場合において，$F(V)$ と直線 $V - I$ の接点は，臨界値 $V^* = \rho I/(\rho-\alpha)$ である．したがって，α が増大するにしたがって $F(V)$ は増大し，臨界値 V^* も増大する．また，V の増大は延期することの価値を創出するとともに，**投資機会の価値**を増大させる．

5.1.B 確率論的ケース

ここでは，$\sigma > 0$ の一般的なケースに戻って検討を進めよう．問題は，V の価値を有する資産を得るために金額 I の投資を行う場合の最適投資時点を決定することである．V は確率的に徐々に増大するため，決定論的ケースで決定し

---

[2] 読者は，$\alpha > 0$ のとき (現在のケースではそうなっている)，この時点で最大化の二階の条件が満たされていることを確認することができるだろう．

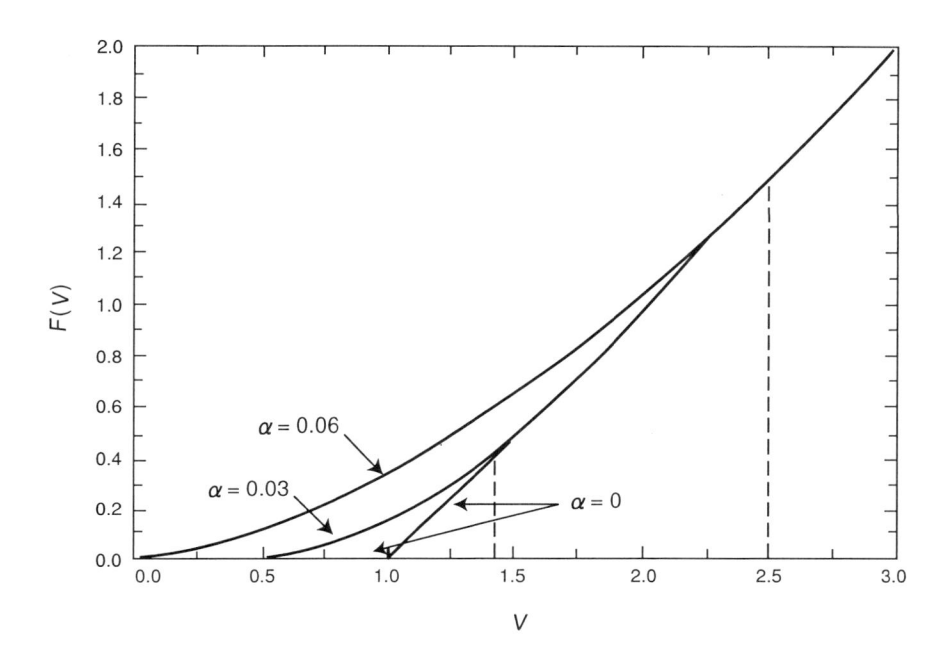

図 5.1 投資機会の価値 ($\sigma = 0, \rho = 0.1$ のときの $F(V)$)

たようには最適投資時点 T を決定することはできない.その代わり,投資基準は,$V \geq V^*$ となるときに投資を行うことが最適となるといったように,**臨界値** (critical value)V^* の式で表されることになる.後述するように,σ が増大すれば V^* は増大し,**投資を延期することの価値** (value to waiting) も増大する.しかしながら,一般的には,資産価値の増加率 ($\alpha > 0$) および不確実性 ($\sigma > 0$) の双方が延期することの価値を創出し,投資タイミングに影響を与えるということを念頭に置いておく必要がある.

以下の二つの節では,この投資問題を第 4 章で説明した方法,すなわち動的計画法と条件付請求権分析法の二つの方法を用いて解く.これらの二つの方法で解くことによって,両者の方法を詳細に比較できるようになる.

5.2　動的計画法による解

　第4章での用語を用いれば，既に連続時間における最適停止問題については分かっている．投資が行われる時点 T までは，投資機会 $F(V)$ は何のキャッシュフローも生み出さないため，投資機会を保有することによって得られる唯一の収益は，投資機会自体の資産価値となる．したがって，第4章で述べたとおり，**続行領域** (投資を行うことが最適でない V の価値) においては，**ベルマン方程式** (Bellman equation) は次式のとおりとなる．

$$\rho F\, dt = \mathcal{E}(dF) \tag{5.7}$$

式 (5.7) は，微小期間 dt における投資機会の総期待収益 $\rho F\, dt$ が，投資機会自体の資産価値の期待変動量に等しいということを述べているに過ぎない．

　ここで**伊藤の公式**を用いて dF を展開する．分かりやすくするために，微分の表記にプライム記号を用いる (例えば，$F' = dF/dV, F'' = d^2F/dV^2$ など)．

$$dF = F'(V)\, dV + \frac{1}{2} F''(V)(dV)^2$$

この式の dV に式 (5.1) を代入し，$\mathcal{E}(dz) = 0$ であることに注意すれば，次式が得られる．

$$\mathcal{E}(dF) = \alpha V F'(V)\, dt + \frac{1}{2} \sigma^2 V^2 F''(V)\, dt$$

したがって，ベルマン方程式は次式のように表されることになる．

$$\frac{1}{2}\sigma^2 V^2 F''(V) + \alpha V F'(V) - \rho F = 0 \tag{5.8}$$

ここで，$\alpha = \rho - \delta$ とおけば，解の分析や，条件付請求権分析法によって得られる解との比較が容易になる．最適解が存在するためには，$\alpha < \rho$，つまり $\delta > 0$ となっている必要がある (その理由は既に決定論的ケースで説明した)．これらの表記を用いると，ベルマン方程式は，$F(V)$ が満たさなければならない微分方程式として次式のとおり表すことができる．

$$\frac{1}{2}\sigma^2 V^2 F''(V) + (\rho - \delta) V F'(V) - \rho F = 0 \tag{5.9}$$

加えて，$F(V)$ は以下の**境界条件**を満たさなければならない．

$$F(0) = 0 \tag{5.10}$$

$$F(V^*) = V^* - I \tag{5.11}$$

$$F'(V^*) = 1 \tag{5.12}$$

境界条件の式 (5.10) は，もし V がゼロになれば，$F(V)$ はゼロに留まることから設定されているものである (これは V に関する確率過程の式 (5.1) が意味することである)．したがって，$V = 0$ ならば，**投資オプション** (option to invest) は何の価値も持たないことになる．他の二つの条件は，最適投資の考え方から設定されるものである．なお，V^* は，投資が最適となるときの価格，あるいは，第 4 章での用語でいえば，続行領域の**自由境界**である．式 (5.11) は，単に，企業は投資によって $V^* - I$ のペイオフを得るということを意味する，**バリュー・マッチング条件**である．最後に，式 (5.12) は，第 4 章およびその補論 C で述べた**スムース・ペースティング条件**である．もし臨界行使点 V^* において，$F(V)$ が連続かつ滑らかでなければ，別の時点でオプションを行使した方が望ましいということになる．

式 (5.9) は二次の微分方程式であるにもかかわらず，満たすべき境界条件が三つあることに注意する必要がある．その理由は，最初の境界条件の位置は確定しているが ($V = 0$)，二番目の境界条件の位置は未確定であるためである．すなわち，「自由境界」である V^* は解の導出過程で決定されなければならない．このため，三番目の境界条件が必要になるのである．

式 (5.11) については，もう一つ別の有益な解釈を行うことができる．この式は $V^* - F(V^*) = I$ と変形できる．企業が投資を行えば，事業の価値 V を得ることができる一方で，$F(V)$ の価値を有する投資機会 (投資オプション) を放棄することになる．したがって，企業の利益，すなわち**機会費用**を考慮した純利益は $V - F(V)$ となる．臨界値 V^* は，この純利益が投資の直接的費用 (実際にか

かる費用)I に等しくなるときの値である．したがって，事業の価値は投資の総額 (直接的費用と機会費用の和) に等しくなるため，この式を $V^* = I + F(V^*)$ と表すことができる．この点については後にあらためて詳細に検討する．$F(V)$ を解くためには，境界条件である式 (5.10) から式 (5.12) の下で式 (5.9) を解かなければならない．この場合，解の関数形を推定し，これを式に代入することで解は容易に導くことができる．以降では，最初に，その解について説明し，その特性を導き出す．次に，その特性についてさらに詳細な検討を行う．境界条件である式 (5.10) を満たすためには，解は次の関数形をとる必要がある．

$$F(V) = AV^{\beta_1} \tag{5.13}$$

ここで，A は未知定数である．また，$\beta_1 > 1$ は既知の定数であり，その値は σ や ρ, δ といった微分方程式のパラメーターに依存する．

残りの境界条件である式 (5.11) および式 (5.12) は，定数 A と，投資が最適となる時点での**臨界値** V^* という二つの未知数を求めるために用いられる．式 (5.13) を式 (5.11) と式 (5.12) に代入し整理すると，以下の式が得られる．

$$V^* = \frac{\beta_1}{\beta_1 - 1} I \tag{5.14}$$

および

$$A = (V^* - I)/(V^*)^{\beta_1} = (\beta_1 - 1)^{\beta_1 - 1}/[(\beta_1)^{\beta_1} I^{\beta_1 - 1}] \tag{5.15}$$

式 (5.13) から式 (5.15) は，**投資機会の価値**と，**最適投資基準** (optimal investment rule)，すなわち投資が最適となる時点での臨界値 V^* を与える．この解の特性については後に詳細に検討する．当面の最も重要なポイントは，$\beta_1 > 1$ であることから $\beta_1/(\beta_1 - 1) > 1$ であり，$V^* > I$ となることである．したがって，純現在価値基準は誤りであることが分かる．不確実性と不可逆性は，臨界値 V^* と I の値を**分離** (wedge) したのである．その分離の度合いは係数 $\beta_1/(\beta_1 - 1)$ で表される．そして，重要なことは，β_1 の値を規定するパラメーターに現実的な値を与えたときに，この係数の値がどの程度の大きさになるか，そしてパラ

メーターの値を変化させたときに，この係数の値がどれだけ影響されるかを検討することである．この検討のためには，式 (5.13) で表される解をさらに詳細に検討しなければならない．

5.2.A 特性二次方程式 (Fundamental Quadratic)

二次の同次微分方程式である式 (5.9) は，独立変数 F およびその導関数の線形式であるため，その一般解は二つの独立な解の線形和で表現することができる．解の関数形が AV^β であるとすれば，これを式 (5.9) に代入することによって，式 (5.9) を満たす β は，次の**二次方程式** (quadratic equation) の解であることが確認できる．

$$\frac{1}{2}\sigma^2\beta(\beta-1) + (\rho-\delta)\beta - \rho = 0 \tag{5.16}$$

この二次方程式の解は次式で表される．

$$\beta_1 = \frac{1}{2} - (\rho-\delta)/\sigma^2 + \sqrt{\left[(\rho-\delta)/\sigma^2 - \frac{1}{2}\right]^2 + 2\rho/\sigma^2} > 1$$

$$\beta_2 = \frac{1}{2} - (\rho-\delta)/\sigma^2 - \sqrt{\left[(\rho-\delta)/\sigma^2 - \frac{1}{2}\right]^2 + 2\rho/\sigma^2} < 0$$

したがって，式 (5.9) の一般解は次式のとおりとなる．

$$F(V) = A_1 V^{\beta_1} + A_2 V^{\beta_2}$$

ここで，A_1 および A_2 は未知定数である．この問題においては，境界条件の式 (5.10) によって $A_2 = 0$ となり，式 (5.13) の形式だけが残ることになる．

係数 $\beta_1/(\beta_1-1)$ に関する経済学的な疑問に答えるためには，式 (5.16) の二次方程式をより詳細に検討しなければならない．この方程式やこれに極めて類似した式は，ほぼ各章において現れるため，最初にこのような検討を行うことは，標準的な用語を設定したり，一般的な結論を得たりする上では有益であろう．

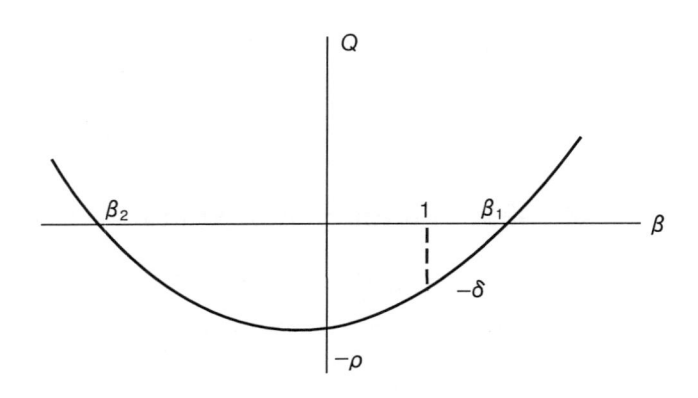

第 5 章 投資機会と投資タイミング

図 5.2 特性二次方程式

以降では，この二次方程式の変数を β と表し，二次方程式全体 (左辺) を Q と表記する．したがって，Q はパラメーター σ, ρ, δ の関数であると同時に変数 β の関数でもある．これらの関数関係については，特に重要でない限り，明示しない．二次方程式の解は解析的に得ることもできるが，幾何学的に図示することも有益であろう．図 5.2 には，Q が β の関数として示されている．$Q(\beta)$ において β^2 の係数は正であるため，グラフは下に凸の放物線となり，β が $\pm\infty$ に近づくにつれ，$Q(\beta)$ の値は ∞ に近づく．また，$Q(1) = -\delta < 0$ ($\delta > 0$ と仮定したため)，および $Q(0) = -\rho < 0$ である．すなわち，このグラフは 1 より右側の点と，0 より左側の点で水平軸と交わる．そのうち，1 よりも大きい点は β_1 と称してきた解であり，もう一つの負の点は β_2 と称してきた解である．

ここで，正の解である β_1 に着目しよう．パラメーター (例えば σ など) が変化するとき，β_1 はどのように変化するだろうか？これについては，標準的な比較静学で答えることができる．この二次方程式の両辺を σ で微分すると，次式が得られる．

$$\frac{\partial Q}{\partial \beta}\frac{\partial \beta_1}{\partial \sigma} + \frac{\partial Q}{\partial \sigma} = 0$$

ここで，全ての微分係数は β_1 で評価されているものとする．図 5.2 からは，β_1

において，$\partial Q/\partial \beta > 0$ であることが分かる．また，$\beta_1 > 1$ においては，

$$\partial Q/\partial \sigma = \sigma\beta(\beta-1) > 0$$

であることも分かる．したがって，$\partial \beta_1/\partial \sigma < 0$ となる．よって，σ が増大すれば，β_1 が減少するため，$\beta_1/(\beta_1-1)$ は増大することになる．したがって，将来の V の値に関する不確実性が増大すれば，V^* と I の分離の度合も増大する．これは，企業が不可逆な投資を実行しようとする際には，より大きな超過利益の獲得を望むことを意味する．

読者は同様にして，この二次方程式に関する他の二つの特性を確認することができる．一つ目は，δ の増大に伴って β_1 も増大することである．したがって，δ が増大すれば，係数 $\beta_1/(\beta_1-1)$ は減少する．二つ目は，ρ の増大に伴って β_1 が減少することである．したがって，ρ が増大すれば，係数も増大する．本章の第5.4節においては，これらの結果を詳細に検討し，数値計算例を示す．

β_1 に関する極論的な検討結果を知っておくことも有益であろう．これらについては以下の事項を述べるにとどめるが，これらは数学の公式を用いれば容易に確認することができる．まず，$\sigma \to \infty$ となるとき，$\beta_1 \to 1$ および $V^* \to \infty$ となる．すなわち，σ が無限大のとき，企業は決して投資を行わないことになる．次に，$\sigma \to 0$ となるとき，どのような結果が生じるかを考えてみよう．

$\alpha > 0$ ならば，　$\beta_1 \to \rho/(\rho-\delta)$ および $V^* \to (\rho/\delta)I$ となる．
$\alpha \leq 0$ ならば，　$\beta_1 \to \infty$ および $V^* \to I$ となる．

これらの結果は，前に検討した決定論的ケースの結果と一致する．

5.2.B 新古典派投資理論 (neoclassical investment theory) との関係

この分析をもう少し深めるために，検討の対象とする事業を，次の確率過程に従う利益 π_t を生み出しつつ，永久に稼働し続ける工場であるとしよう．

$$d\pi = \alpha\pi\, dt + \sigma\pi\, dz$$

第 5 章 投資機会と投資タイミング

したがって，V は次式で与えられる．

$$V_t = \mathcal{E} \int_t^\infty \pi_s e^{-\rho(s-t)}\, ds = \frac{\pi_t}{\rho - \alpha}$$

ここで，dV は式 (5.1) で与えられる．通常の**マーシャルの投資基準** (Marshallian rule) によれば，$V_t \geq I$ または $\pi_t \geq (\rho - \alpha)I$ である限り，投資を行うことは妥当と判断される．しかしながら，式 (5.14) は，この条件の代わりに，次式が成立するときに投資を行うべきであるということを意味している．

$$\pi_t \geq \pi^* = \frac{\beta}{\beta - 1}(\rho - \alpha)I > (\rho - \alpha)I \tag{5.17}$$

次に，これをジョルゲンソンの投資アプローチの観点からみてみる[3]．β_1 が解となる式 (5.16) からは次式が得られる．

$$\frac{\beta_1}{\beta_1 - 1}(\rho - \alpha) = \rho + \frac{1}{2}\sigma^2 \beta_1$$

したがって，臨界利益水準 π^* は次式で表される．

$$\pi^* = (\rho + \frac{1}{2}\sigma^2 \beta_1)I > \rho I \tag{5.18}$$

ここで，資本減耗はゼロと仮定しているため，ρI は資本に関する**ジョルゲンソンの利用者コスト** (Jorgensonian user cost) となる．すなわち，**ジョルゲンソンの投資基準** (Jorgensonian investment rule) は，$\pi_t = \rho I$ となるときに投資を行うべきであるとするものであるが，式 (5.18) は，将来の利益が不確実であれば，臨界利益水準 π^* は，この**資本に関する利用者コスト** (User cost of capital) を超えた値でなければならないということを示している．

不確実性が存在しなければ，**ジョルゲンソンの投資基準**は，$\pi_t = \rho I$ となるときに投資を行うべきであり，$\pi_t = (\rho - \alpha)I$ では投資を行うべきではないということになる．前述のとおり，これを最適タイミングの基準として解釈するこ

---

[3] **Jorgenson** (1963) は，不確実性が存在しなければ，1 単位の追加的資本の投入によって得られる限界利益が**資本に関する利用者コスト**と等しくなるときに，企業は投資を行うべきであることを明らかにした．本文脈においてこの視点を示唆していただいた **Giuseppe Bertola** 氏に謝意を表する．

ともできる．前述のとおり，企業は次式を最大化するように投資時点 T を選択しなければならない．

$$\max_T \left(\frac{\pi_0 e^{\alpha T}}{\rho - \alpha} - I\right) e^{-\rho T} = \frac{\pi_0 e^{-(\rho-\alpha)T}}{\rho - \alpha} - I e^{-\rho T} \quad (5.19)$$

この解からは、次式を満たす時点 T において投資を行うことが妥当となる．

$$\pi_T = \pi_0 e^{\alpha T} = \rho I \quad (5.20)$$

(読者は、$\alpha > 0$ がこの最大化の二階の条件であることを確認されたい．) したがって、たとえ不確実性が存在しなくても，企業にとっては投資を延期することが望ましい．なぜなら，投資を延期することによって，I の支払いを延期させることができる（したがって、延期した期間だけ I が割り引かれることになる）ためである[4]．式 (5.18) が示すとおり，不確実性が存在すれば、$(1/2)\sigma^2\beta_1$ の項が追加され、企業は投資を実行するまでに、より長く待たなければならないことになる．この追加的な項は，**新古典派投資モデル** (Neoclassical investment model) の修正項として捉えることができる．

5.2.C　トービンの q との関係

Tobin (1969) は，「ある現存する資本財自体またはその所有権の価値」と，「現時点での当該資本財の再生費用」の比として定義される値 q を導入した．これはオーソドックスな投資理論における中心的な概念となっている．その考え方は，もしこの値が 1 を超えるならば，企業は資本ストックを増加させることで，企業の市場価値を高めることができるというものである．したがって，ある企業にとっての q が 1 よりも大きいとき，当該企業は投資を行い，1 よりも小さいとき，当該企業は投資を行わないことになる．さらに，ある産業（または市場全体）に含まれる企業の平均市場価値と，これに対応する資本の平均回帰費用に基づいて，集計レベルでの q を算出することができる．その結果から，集計レベルでも，投資支出がこの q の値と正の相関関係にあることが分かる．q

---

[4]　著者が知る限り，この点は **Marglin** (1963, 第 2 章) において最初に示されたものである．

の計測方法やその解釈については多くの問題が提起されている．そのうちの重要な問題として，投資にあたっての重要な指標が，企業あるいは産業全体としての価値や資本ストックを用いて算出される**平均 q** (average q) ではなく，**限界 q** (marginal q)，すなわち，企業あるいは産業全体の追加的な投資から算出される q であるということが挙げられる．限界 q の概念については，第 11 章および第 12 章でより詳細に検討することとし，ここでは，もう一つ別の問題を強調しておくことにする．前述のとおり，q の計算式の分子は，現存する資産の市場価値である．投資決定において問題とされることは，将来実施される事業がもたらす企業の価値への影響である．これまで検討してきたように，これを考慮するためには，投資オプションを放棄する費用を事業の価値から差し引いておかなければならない．したがって，事業の価値が V であり，オプションの価値が $F(V)$ であることが分かっているとき，企業の価値は当該事業の実施によって，V ではなく $V - F(V)$ だけ増加することになる．これに伴って q も $[V - F(V)]/I$ という比として定義される．このとき，式 (5.11) からも分かるとおり，投資を正当化する q の臨界値はまさに 1 となり，ここから臨界値 V^* が決定される．

しかしながら，限界的な 1 単位の資本がもたらす企業価値の増分が企業全体の市場価値に占める比率を決定することは困難である．これが一つの要因となって，q はもともとの概念とは若干異なるように定義されたり，計測されたりするようになってきている．すなわち，完成した投資事業から得られる期待収益の現在価値と，当該事業に係わる建設費との比として捉えられるようになってきている．これは，q の算出において，現存する資産の価値を用いることに相当する．そこでは，投資オプションは既に行使されており，その機会費用は既に過去に負担されているといった考え方がとられている．本書での表記法を用いれば，これは q を V/I として定義することを意味する．したがって，投資を正当化する閾値 q^* は次式で表される．

$$q^* = \beta_1/(\beta_1 - 1) > 1 \tag{5.21}$$

V の値は変動するため，通常の方法で計測された q が 1 を超えても，投資を呼び込むことができない期間が生じる可能性がある．これが，企業の投資決定に及ぼす不可逆性の影響についての新たな視点である．

第 11 章および第 12 章においては，q の概念を用いた投資研究に関する文献について説明する機会がある．こうした文献の中には，前述の q の定義のうち，最初に述べた定義に基づいているものもあれば，二番目に述べた定義に基づいているものもあるため，それらについては慎重に峻別しなければならない．ここで，最初に述べた定義 (オプションの価値が考慮されており，上限が 1 となる q) を「**企業価値 (value of the firm)**」概念と呼び，二番目に述べた定義 (オプションの価値が無視されており，臨界水準が $\beta_1/(\beta_1-1)$ となる q) を，「**現存資産価値 (value of assets in place)**」概念と呼ぶ．

5.3　条件付請求権分析法による解

投資を行っている企業の株式が公開されており，当該企業の経営者が株主の利益を意志決定に反映させたいと考えるならば，経営者は企業の市場価値を最大化するよう努めなければならない．どのようにすれば，前節で導出された投資基準が企業の市場価値を最大化するものであるかを知ることができるであろうか？この投資基準の一つの問題は，それが定数である割引率 ρ に基づいていることにある．この割引率をどのように導けばよいが明らかではない上，割引率が時間的に一定であるのかすらも明らかではない．そこで，第 4 章で説明したように，**条件付請求権 (オプション価格評価)** の方法を用いて企業の市場価値を最大化する若干修正された投資基準を導出する．本節では，その導出に必要な手順を詳細にたどることにする．

5.3.A　モデルの再解釈

条件付請求権分析法を用いるためには，重要な仮定を一つ置かなければならない．それは，V の確率的変動は現存の資産によって複製可能でなければなら

ないというものである．特に，**資本市場** (capital markets) が充分に「完備」であって，少なくとも原則的には，その価格変動が V と完全に相関する資産，または資産の**動的ポートフォリオ** (資産価格が変動するにつれて，構成資産が連続的に調整されるポートフォリオ) が存在していなければならない．これは，市場が充分に完備であって，投資家にとって選択可能な**機会集合**に企業の意志決定が影響を及ぼさないということと等価である[5]．

複製可能性 (spanning) の仮定は，現物市場や先物市場において典型的に取引が行われているほとんどの**商品** (commodities) や，製品の価格が株式やポートフォリオの価値に相関を有する製品については満たされると考えられる．しかしながら，この仮定が満たされない場合もあり得る．例えば，既存の製品と関連のない新製品の開発事業や，R&D 事業などの結果を予測することが困難なものが挙げられる．

本節においては，複製可能性は満たされていると仮定する．すなわち，原則として，V の将来の価値に関する不確実性は，現存の資産によって複製可能であると仮定する．この仮定によって，リスク選好や割引率に関する仮定を置くことなく，企業の市場価値を最大化する投資基準を規定することができるようになる．また，条件付請求権分析法を用いることによって，解の特性を解釈することも容易になる．もちろん，複製可能性が満たされないならば，企業の期待収益の現在価値を最大化するために**動的計画法**が用いられることになる．しかしながら，根拠なく設定される割引率に左右されることになる．これら 2 つのアプローチの関係については第 4 章第 4.3 節における検討を参照のこと．

以降では，第 4 章第 4.2 節において概説した条件付請求権の評価理論に従うこととするが，理解を深耕し明確にするために，一部については，その詳細を繰り返し述べることもある．いま，x を資産の価格または資産の動的ポートフォリオの価格とし，V と完全に相関関係にあるものとする．また，x と市場

---

[5] **複製可能性**とその含意に関する厳密かつ詳細な検討については，**Huang and Litzenberger** (1990) および **Duffie** (1992) を参照のこと．Duffie and Huang(1985) は複製可能性が満たされるために必要な条件を整理している．

ポートフォリオの相関係数を ρ_{xm} とする．x は V と完全に相関関係にあると仮定しているため，$\rho_{xm} = \rho_{Vm}$ である．この資産またはポートフォリオについては，配当は支払われないものと仮定する．したがって，全ての収益はキャピタルゲインによるものとなる．次に，x は次式にしたがって変動するものとする．

$$dx = \mu x \, dt + \sigma x \, dz \qquad (5.22)$$

ここで，ドリフト率 μ はこの資産または資産のポートフォリオを所有することによる期待収益率である．**資本資産価格モデル** (CAPM) に従えば，μ は資産の**システマティックリスク** (systematic risk)，すなわち，**分散不可能な** (nondiversifiable) **リスク**を反映したものとなる．第 4 章で説明したとおり，μ は次式で表される．

$$\mu = r + \phi \rho_{xm} \sigma$$

ここで，r は**安全資産の収益率** (risk-free interest rate) であり，ϕ は**リスクの市場価格**である[6]．したがって，μ は事業を保有しようとする投資家にとって必要な収益率である，**リスク調整済み期待収益率** (risk-adjusted expected rate of return) となる．ここでは，V の期待変化率 α はこのリスク調整済み期待収益率よりも小さいと仮定する．(後述するように，もしそうでないならば，企業は決して投資を行わない．なぜなら，現在の V がいかなる水準にあろうと，投資決定を延期して投資オプションを単に保持し続けることが，常に企業にとって望ましい行動になるからである．) いま，μ と α の差を δ と表記すると，$\delta = \mu - \alpha$ だから，$\delta > 0$ を仮定していることになる．これは，第 4.2 節における動的計画法における仮定と同じ意味を有する．

パラメーター δ はこのモデルにおいて重要な役割を果たす．第 4 章においては，その明示的な，あるいは非明示的な配当としての役割について検討した．

---

[6] すなわち，$\phi = (r_m - r)/\sigma_m$ となる．ここで，r_m は市場の期待収益であり，σ_m は収益の標準偏差である．いま，市場として**ニューヨーク証券取引所株価指数** (New York Stock Exchange Index) を例にとると，$r_m - r \approx 0.08, \sigma_m \approx 0.2$ であるから，$\phi \approx 0.4$ となる．**資本資産価格モデル**に関する詳細な解説については，**Brealey and Myers** (1991) または **Duffie** (1992) を参照のこと．

ここでは，これらの特徴について詳細に述べる．ここでは，**金融コールオプション**とのアナロジーによって説明することが有益であろう．もし，V が普通株の価格であるとするならば，δ は株式の**配当率** (dividend rate) に相当する．株式の保有による総期待収益率は，$\mu = \delta + \alpha$ となる．すなわち，配当率と**期待キャピタル収益率** (expected rate of capital gain) との和となる．ここで，配当率 δ がゼロならば，株式の**コールオプション**は常に満期まで保有されることになり，満期前の行使はありえない．なぜなら，株式から得られる全ての収益は，その価格変動から得られることになり，これはコールオプションについても同様であることから，オプションを行使しないで保有し続ける**機会費用**がゼロになるためである．しかしながら，配当率が正ならば，オプションを行使しないで保有し続けることの機会費用が生じる．この機会費用は，株式を保有しないでオプションを保有し続けることによって逸失する配当のキャッシュフローの総額である．δ は比例配当率であるため，株価が高いほど，配当のキャッシュフローは大きくなる．したがって，株価がある程度高くなると，オプションの行使が妥当になるほど，逸失する配当の機会費用は大きくなる．

ここでの投資の問題では，μ は完成した事業を所有することによって得られる期待収益率である．これは資本市場において形成される均衡収益率であり，適正な**リスクプレミアム** (risk premium) を含むものとなる．もし $\delta > 0$ ならば，事業の期待キャピタル収益率は μ よりも小さくなる．したがって，δ は事業の建設が遅延し，その代わりに投資オプションを保有し続けることによる機会費用であると捉えることができる．もし $\delta = 0$ ならば，オプションを保有し続けることによる機会費用は存在しないため，当該事業の現在価値がいかに高くても，企業は投資を行わない．これが $\delta > 0$ を仮定する理由である．一方で，δ が極めて大きい場合には，オプションの価値は非常に小さくなる．なぜなら，投資の延期による機会費用が非常に大きくなるためである．したがって，δ が無限大に近づくにしたがって，オプションの価値はゼロに近づくことになる．すなわち，事実上，現時点で投資を行うか，決して投資を行わないかの選択しか残されない．したがって，この場合では，標準的な純現在価値基準を採用す

ることが再び妥当となる．

　パラメーターδについては，次のように別の解釈を行うことも可能である．例えば，競合他社の参入過程やキャパシティの拡大過程を反映するものと捉えることができる（しかしながら，第8章においては，ライバルの参入過程を内生化した，より完全なモデルについて検討し，その結果として得られる均衡点は，単に各企業にとってのδを高めることだけではうまく説明することができないことを示す）．あるいは，単に事業から得られるキャッシュフローを反映したものとして捉えることもできる．もし事業が永久に存続するならば，式(5.1)は事業の操業期間におけるVの変化を表現するものとなり，δVは事業が生み出すキャッシュフローとなる．いま，δは定数と仮定しているため，δVは当該事業の市場価値の一定比率に等しい将来のキャッシュフローと一致することになる[7]．

　次に，σをはじめとする他のパラメーターが変化するときに，δにいかなる変化が生じるかを検討する必要がある．そこでは様々な可能性が想定される．ここで，安全資産の収益率rは，ある資産(または企業，あるいは産業)にいかなる事態が生じようとも，資本市場全体を考慮することによって常に定数であると仮定する．市場全体のリスクの価格ϕも同様に定数と仮定する．いま，σが増大するとしよう．これは，リスク調整済み割引率μを増大させる．xの市場における均衡状態を維持するためには，αまたはδが変化しなければならない．論理的には，二つの極端なケースを考えることができる．一つ目は，αがxのファンダメンタルズであり，そのためμの変化に応じてδが変化する場合が考えられる（例えば，配当率が保有している商品の量に依存する場合など）．

---

[7] 収益率(payout rate)δと所要の期待収益μを定数と仮定することは，事業期間を無限大と仮定していることを意味している．いま，πを事業からの収益とすると，

$$V_0 = \int_0^T \pi_t e^{-\mu t}\, dt = \int_0^T \delta V_0 e^{(\mu-\delta)t} e^{-\mu t}\, dt$$

これは$T=\infty$を意味している．もし事業期間が有限ならば，式(5.1)は操業期間におけるVの変動を表現し得ない．しかしながら，投資決定に極めて重要な，事業の建設前におけるVの変動を表現することはできる．この点に関する詳細な解説については，**Majd and Pindyck** (1987, pp.11-13)を参照のこと．

もう一つは，δ が基礎的な行動パラメーターであり，x の価格変動に対して α が調整される場合が考えられる．また，三つ目の可能性としては，α と δ の双方が調整される場合が考えられる．以下での数値計算や比較静学分析においては，δ を基礎的なパラメーターとみなし，σ とは独立であるとして扱うことが多い．しかし，その結果と本質的に異なる結果をもたらす別の可能性が存在することも述べるつもりである．

5.3.B 解の導出

ここでは，投資機会の評価に戻って，最適投資基準について検討することにしよう．これまでと同様に，$F(V)$ は企業が有する**投資オプション**の価値である．ここでは，第 2 章の二期間モデルや第 4 章第 4.2 節の一般的な理論で採用した方法とほとんど同様の方法で $F(V)$ を決定する．すなわち，**無リスクポートフォリオ**を構築して，その期待収益率を決定し，オプションの期待収益率をこの安全資産の収益率と同等とみなす方法である．

まず，想定するポートフォリオは，$F(V)$ の価値を有する投資オプションと，$n = F'(V)$ 単位の事業（あるいは，V と完全に相関関係を有する資産またはポートフォリオ x）のショートポジションで構成される．このポートフォリオの価値は $\Phi = F - F'(V)V$ である．なお，このポートフォリオは**動的ポートフォリオ**であり，V が変化するときに，$F'(V)$ は，ある微小期間から次の微小期間に移行する際に変化し，これに応じてポートフォリオの構成も変更される．しかしながら，各微小期間 dt においては，保有している事業は n 単位で変化しないものとする．

このポートフォリオは**ショートポジション**を含んでいるため，各期に $\delta V F'(V)$ を支払う必要がある．さもなければ，合理的な投資家は取引のロングポジション側に参画することはありえない．この点については第 2 章第 2.1.A 節において説明した．ここではその計算過程を簡単に要約する．一単位の事業のロングポジションをとる投資家は，キャピタルゲイン αV と配当 δV の合計に等しい

リスク調整済みの収益 μV を得る必要がある．ショートポジションは $F'(V)$ 単位の事業となっているため，支払額は $\delta V F'(V)$ となる．この支出を考慮すると，微小期間 dt において当該ポートフォリオを保有することによって得られる総収益は次式で表される[8]．

$$dF - F'(V)\,dV - \delta V F'(V)\,dt$$

この式に**伊藤の公式**を用いて dF について整理すると，次式が得られる．

$$dF - F'(V)\,dV + \frac{1}{2}F''(V)(dV)^2$$

したがって，当該ポートフォリオの総収益は次式のとおりとなる．

$$\frac{1}{2}F''(V)(dV)^2 - \delta V F'(V)\,dt$$

dV に関する式 (5.1) から，$(dV)^2 = \sigma^2 V^2\,dt$ となることが分かっているため，当該ポートフォリオの総収益は次式のように表される．

$$\frac{1}{2}\sigma^2 V^2 F''(V)\,dt - \delta V F'(V)\,dt$$

ここで，この収益は無リスクであることに注意する必要がある．したがって，**裁定** (arbitrage) の可能性を排除するためには，この収益は $r\Phi\,dt = r[F - F'(V)V]\,dt$ に等しくなければならない．よって，次式が得られる．

$$\frac{1}{2}\sigma^2 V^2 F''(V)\,dt - \delta V F'(V)\,dt = r[F - F'(V)V]\,dt$$

両辺を dt で除して整理すると，$F(V)$ が満たさなければならない微分方程式は次式のとおり導出される．

$$\frac{1}{2}\sigma^2 V^2 F''(V) + (r-\delta)V F'(V) - rF = 0 \tag{5.23}$$

---
[8] $n = F'(V)$ はこの微小期間中では一定とされているため，$dF'(V)$ を含む項は式中には現れない．

この式は，動的計画法によって導出された式 (5.9) とほぼ同一のようにみえる．唯一の違いは，割引率 ρ が安全資産の収益率 r に置き換わっている点である．また，ここでは，式 (5.10)〜(5.12) と同じ境界条件が適用できる．これは前述した理由と同じ理由によるものである．また，$F(V)$ の解も次式のように同じ関数形を有することになる．

$$F(V) = AV^{\beta_1}$$

β_1 に関する**二次方程式**も，割引率 ρ が安全資産の収益率 r に置き換わっている点を除いて同じ形式となるため，次式のとおりとなる．

$$\beta_1 = \frac{1}{2} - (r-\delta)/\sigma^2 + \sqrt{\left[(r-\delta)/\sigma^2 - \frac{1}{2}\right]^2 + 2r/\sigma^2} \qquad (5.24)$$

臨界値 (critical value)V^* および定数 A も式 (5.14) および式 (5.15) と同じ式で与えられる．

ここで，この投資問題に関する条件付請求権分析の解は，**リスク中立性** (Risk neutrality) を仮定すれば (すなわち，割引率 ρ が安全資産の収益率と等しくなる)[9]，動的計画法の解と等価になることが分かる．したがって，**複製可能性**の仮定が置かれるか否かによらず，この投資問題の解を得ることはできるが，複製可能性を仮定しなれば，解は仮定された割引率に左右されることになる．いずれの場合でも，解は同一の形式となり，σ や δ の変化が及ぼす影響も同一と

---

[9] この結果は **Cox and Ross** (1976) によって最初に示されたものである．また，式 (5.23) は，ここで構築した無リスクポートフォリオの正味のペイオフを最大化する**ベルマン方程式**になっていることに注意する必要がある．このポートフォリオは無リスクであるため，この問題に関するベルマン方程式は，

$$r\Phi \, dt = -\delta V F'(V) \, dt + \mathcal{E}(d\Phi) \qquad \text{(i)}$$

となる．これはすなわち，当該ポートフォリオの収益が微小期間中のキャッシュフロー (ショートポジションを維持するためには $\delta V F'(V)$ の支出が必要であるため，このキャッシュフローは負となる) と期待キャピタル収益率の和に等しくなることを意味している．$\Phi = F - F'(V)V$ を代入し，前述のように dF を展開すれば，式 (5.23) は式 (i) から得られることが分かる．また，式 (i) において，$\delta = \mu - \alpha$ となっており，$r - \alpha$ となっていないことから，依然として，V に適用可能なリスク調整済み期待収益の推定値を算出しておかなければならない．これは第 4 章第 4.3.A 節において検討した「**等価リスク中立評価法** (equivalent risk-neutral valuation)」の例である．

なる．しかしながら，複製可能性を仮定しなければ，投資家や経営者の効用関数に制約的な仮定を置かないかぎり，割引率 ρ の「正確な」値を理論的に決定することはできないのである．例えば，CAPM では，複製可能性を仮定していないため，普通の方法では**リスク調整済み割引率** (risk-adjusted discount rate) を算出するために用いることはできない．

5.4 最適投資基準の特徴

ここでは，複製可能性を仮定し，式 (5.13)，(5.14)，(5.15) および (5.24) で与えられる最適投資基準の特徴と**投資機会の価値**について検討することにしよう．以下ではいくつかの数値解を示すが，これらは分析結果を示すとともに，解が様々なパラメーターの値にどのように依存しているかを示す上でも有用であろう．後述するように，これらの結果は標準的なオプションの価値の評価モデルから得られる結果と定性的には同一である．

以下では，特に明示しない限り，投資の費用を $I(=1), r = 0.04, \delta = 0.04$ および $\sigma = 0.2$ （いずれも年率）とする．（μ や α についてはその値を設定する必要はなく，これらの差である δ のみを設定すればよいことに注意する必要がある．）事業からの収益率は事業によって大きく異なる．このため，δ の 4% という値は適当な値であると考えられるが，必ずしも代表的な値とはいえない．σ については，株式市場全体での収益率の標準偏差は平均して約 20% で推移してきている．これは様々な資産ポートフォリオを代表しているが，株式の収益におけるレバレッジ効果も含んでいるため，平均的な資産に関する適当な数値であると考えられる．

また，$\beta_1 = 2, V^* = 2I = 2$ および $A = 1/4$ と設定する．したがって，V が少なくとも I と同じ程度大きい限り企業は投資を行うことが妥当であるとする純現在価値基準では，全く誤った結論が導かれることが分かる．このパラメーター設定の下では，企業が投資を行うためには，V は少なくとも I の 2 倍以上でなければならないのである．企業の投資機会の価値は，$V \leq 2$ のとき，

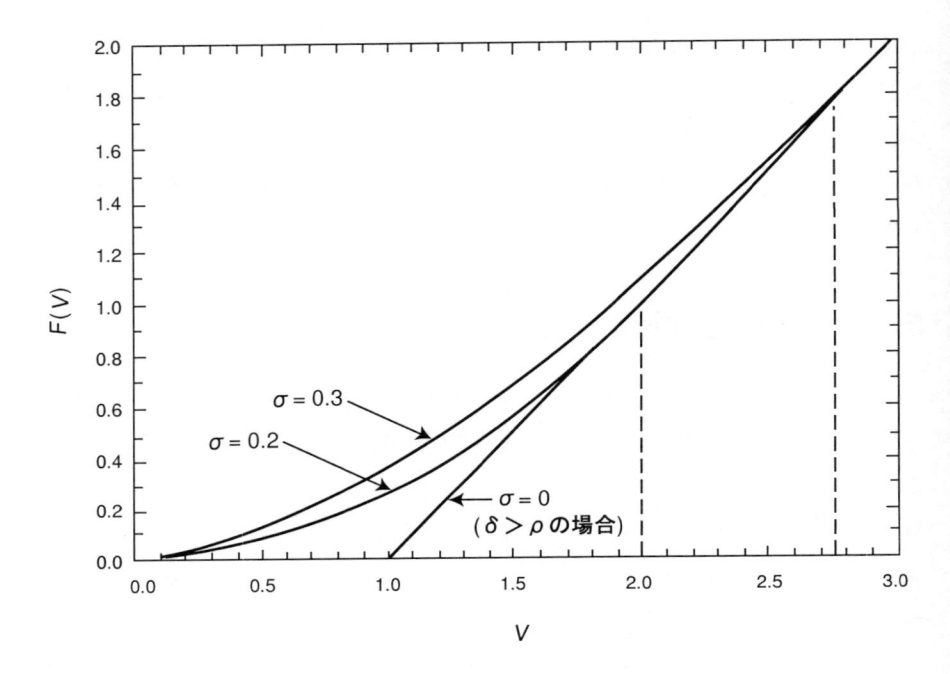

図 5.3 投資機会の価値 ($\sigma = 0, 0.2, 0.3$ のときの $F(V)$)

$F(V) = (1/4)V^2$ となり，$V > 2$ のとき，$F(V) = V - 1$ となる（$V > 2$ のとき，企業はこの投資オプションを行使し，正味のペイオフ $V - 1$ を得るため）．

図 5.3 には，これらのパラメーター設定の下で，$F(V)$ が V の関数として図示されている．また，同図においては，$\sigma = 0$ と $\sigma = 0.3$ の場合についても図示している．各々のケースでは，$F(V)$ と直線 $V - I$ の接点は臨界値 V^* となる．この図では，純現在価値基準が，投資の延期を放棄して現時点で投資を行うことの機会費用を含めるように修正されなければならないことも示されている．その機会費用とはまさしく $F(V)$ のことである．$V < V^*$ のとき，$F(V) > V - I$ であるため，$V < I + F(V)$ となる．すなわち，事業の価値はその全費用(直接的な費用 I と機会費用 $F(V)$ の和) よりも小さくなる．[$\sigma = 0$ のときには，$V^* = I$ であり，$V \leq I$ のとき $F(V) = 0$ である．]

σ が増大すれば $F(V)$ も増大し，これに伴って，臨界値 V^* も増大する．こ

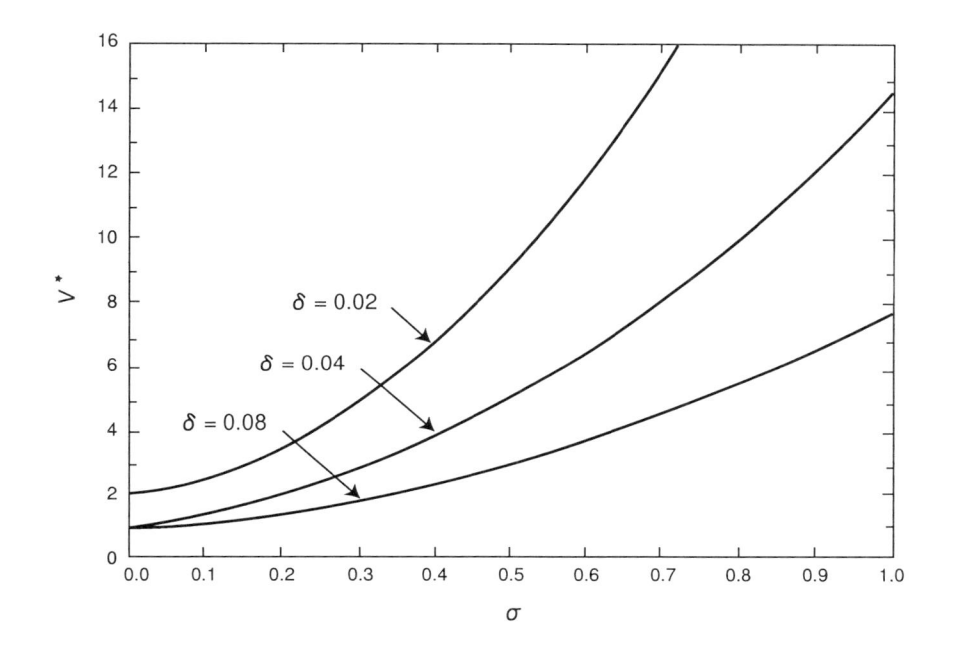

図 5.4 σ の関数としての臨界値 V^*

のため，不確実性が大きくなれば，企業の投資機会の価値は増大するが，(まさにその理由のために，) 企業が行う実際の投資額は減少することになる．その結果，企業が置かれている市場環境や経済環境がより不確実になると，たとえ企業の投資活動が減退し生産も減少することになったとしても，企業の市場価値は増大することになる．

図 5.4 においては，V^* の σ への依存性がより直接的に示されている．すなわち，σ の増大に伴って V^* が顕著に増大することがわかる．したがって，投資家や経営者の**リスク選好** (risk preferences) や，V に係わるリスクと市場リスクとの相関性によらず，投資活動は**事業価値のボラティリティ**(volatility in project values) に非常に敏感であるといえる．企業はリスク中立的であり，V の確率的変動は完全に分散化することができる．このとき，σ の増大は依然と

して V^* を増大させ，投資を抑制するようにはたらく[10].

図 5.5 および**図 5.6** には，$F(V)$ と V^* が δ にどのように依存しているかが示されている．ここでは，δ が 0.04 から 0.08 に増大すると，$F(V)$ が減少し，これに伴って臨界値 V^* も減少することが分かる．（図 5.6 に示すとおり，$\delta \to \infty$ のとき，$V < I$ を満たす V については $F(V) \to 0$ となり，$V^* \to I$ となる．）その理由は，δ が増大すれば（α を除く他の全ての条件を一定に保てば），V の期待増加率は減少し，これに伴って，投資を行って V を得るオプションの期待評価額も減少することになるからである．実際，この場合には，現時点で投資を行うよりも投資を延期する方が費用が大きくなる．このことを理解するために，マンション建設への投資を考えてみよう．ここで δV は純賃料収入フローとなる．マンションからの総収益率（これはリスク調整済み市場収益率に等しくなるはずである）は，二つの要素，すなわち，この収入フローと期待キャピタル収益率の和から構成されている．したがって，マンションからの総収益率に対して相対的に収入フローが大きくなると，マンションを所有するよりも，マンションに投資するオプションを保有し続ける方が，逸失する利益は大きくなる．

これまで σ と δ を独立なパラメーターとして取り扱ってきた．ここで，その代わりに，σ の変化に応じて δ が調整されるとしよう．このとき，σ が一単位だけ増加すると $\phi \rho_{xm}$ 単位だけ δ が変化しなければならない．なぜなら，

$$\delta = \mu - \alpha = r + \phi \sigma \rho_{xm} - \alpha$$

となるためである．これらのパラメーターについて適切な値を設定して，上記の二つの計算を行えば，この場合の σ の変化がもたらす影響を把握することができる．

もし，**安全資産の収益率** (risk-free rate) である r が増大すれば，$F(V)$ が増大し，これに伴って V^* も増大する．その理由は，将来の時点 T における投資支出 I の現在価値は Ie^{-rT} であり，その投資によって得られる事業の現在価値

---

[10] $\sigma = 0$ のとき，$\delta \geq 0.04$ ならば $V^* = 1$ となるが，$\delta < 0.04$ ならば $V^* > 1$ となる．この結果は前に説明した**ジョルゲンソンの基準** (Jorgensonian criterion) を裏付けている．

5.4 最適投資基準の特徴

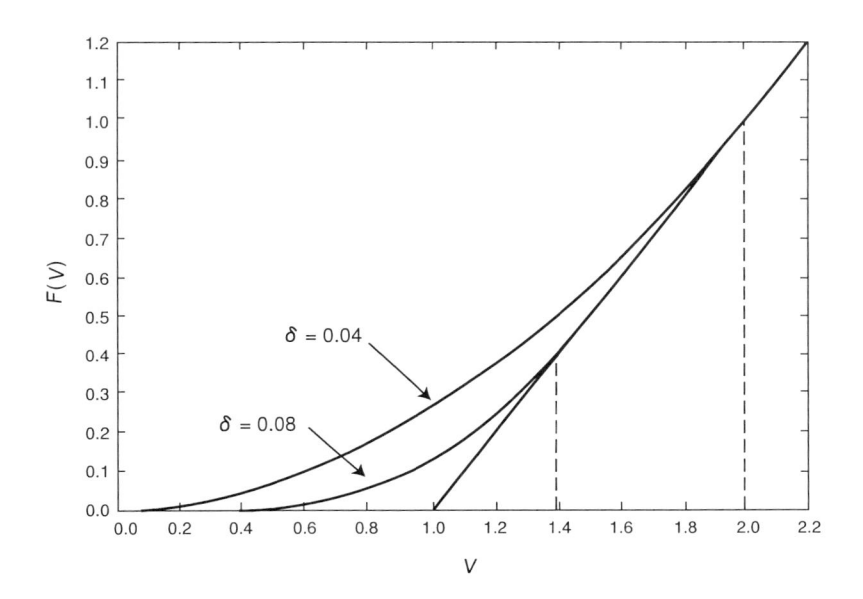

図 5.5 投資機会の価値 ($\delta = 0.04, 0.08$ のときの $F(V)$)

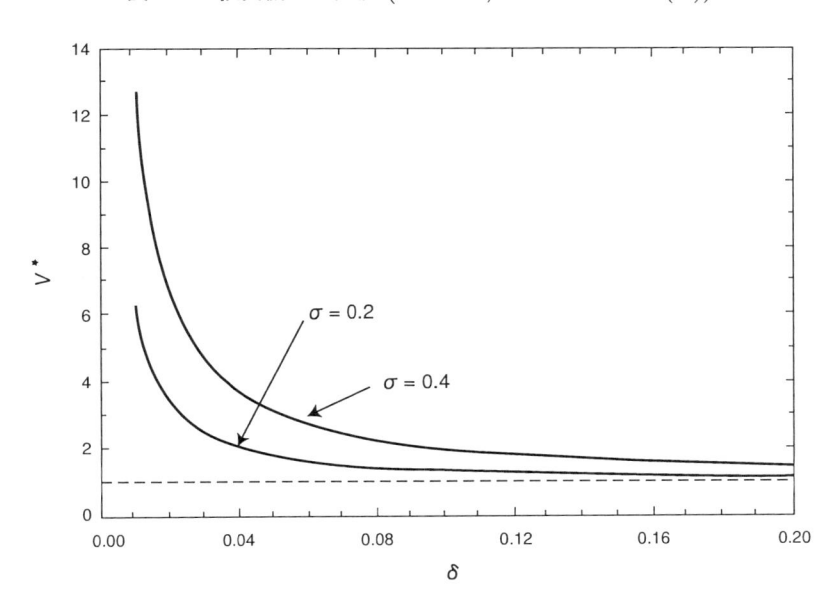

図 5.6 δ の関数としての臨界値 V^*

は $Ve^{-\delta T}$ であるためである.すなわち,δ が一定ならば,r が増大すると投資費用の現在価値は減少するが,ペイオフの現在価値は減少しないためである.しかしながら,r が増大すると企業が有する投資オプションの価値が増大する一方で,こうした投資オプションはほとんど行使されなくなってしまうことに注意する必要がある.以上から,標準的なモデルに反映されていない別の要因が作用しなければ,安全資産の収益率 (実質) の増大は投資の減少をもたらすことになる.標準的なモデルでは,安全資産の収益率が増大すると,資本コストの増大によって,投資は減少することになる.すなわち,このモデルにおいては,安全資産の収益率が増大すると,投資オプションの価値は増大し,これに伴って,現時点で投資を行うことの機会費用も増大することになる (図 **5.7** では,δ の値が 0.04 および 0.08 のとき,V^* が r にどのように依存しているかが示されている).

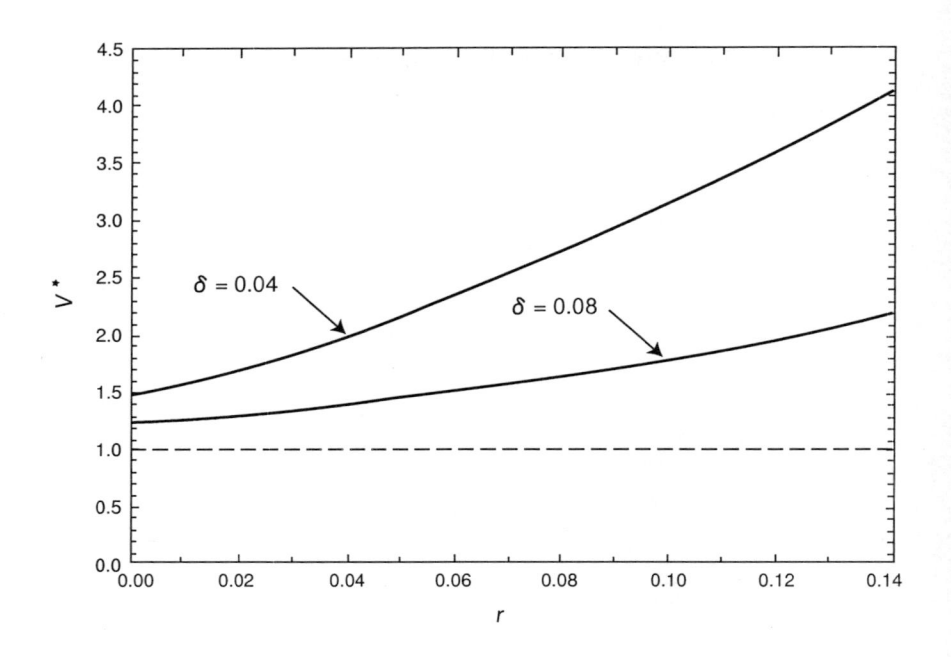

図 **5.7** r の関数としての臨界値 V^*

この計算においては，r が増大しても δ は一定で変化しないものとした．ここでは，その代わりに，α を一定とし，r が一単位だけ増加すると，これに対応して δ が一単位だけ増加するものとしよう．いま，r が減少すれば，β_1 が減少することになり，これに伴って臨界値 V^* が増大する．この意味においては，安全資産の収益率が低くなると投資は減少する．これはオプションの考え方を理論的に表している．すなわち，安全資産の収益率が低くなれば，相対的に将来の価値をより重視することになるため，投資オプションを行使する機会費用が増大するのである．

図 **5.8** には，**最適投資基準**がパラメーターの値にどのように依存するかを別の視点から，すなわち，**トービンの q** によって示している．ここでは，第 5.2.C 節において説明した「現存資産価値」の概念を用いている．これはオプションを行使することの機会費用を無視したものである．ここで，

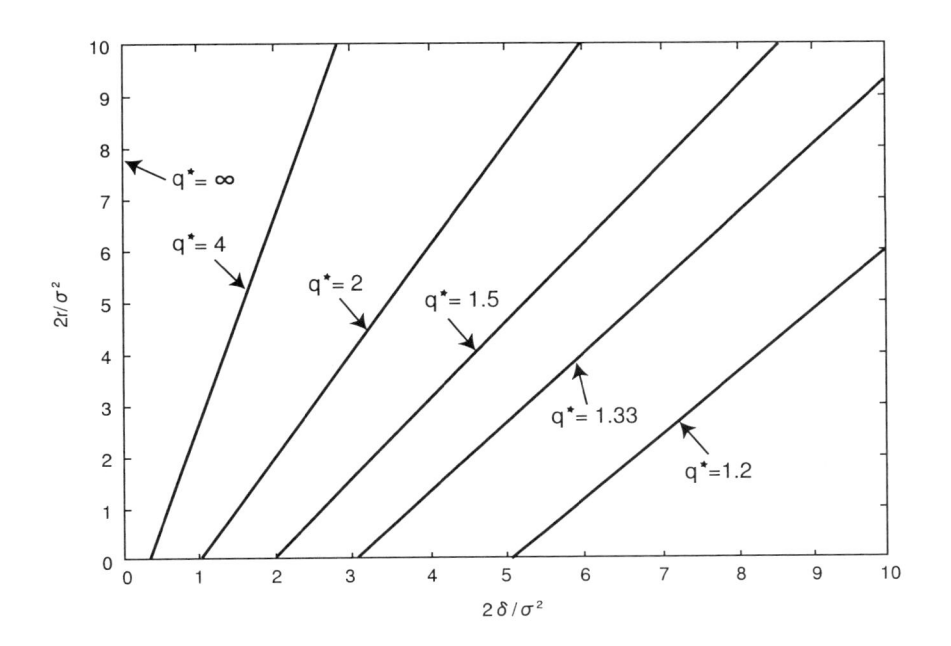

図 **5.8** 定数 $q^* = \beta_1/(\beta_1 - 1)$ の曲線

$q^* = V^*/I = \beta_1/(\beta_1 - 1)$ は，トービンの q の臨界値，すなわち，投資決定の基準における I の係数である．この図では，一定の q^* の値に対する等値線が，パラメーター $2r/\sigma^2$ および $2\delta/\sigma^2$ の異なる値の組合せについて示されている．ここで r と δ を $2/\sigma^2$ で基準化したのは，$\beta_1 = q^*/(q^* - 1)$ を式 (5.16) に代入すれば分かるとおり，q^* が次式を満たさなければならないためである．

$$\frac{2r}{\sigma^2} = q^*\left(\frac{2\delta}{\sigma^2}\right) - \frac{q^*}{q^* - 1}$$

図に示されているとおり，δ が小さいか，r が大きいとき，この係数は大きくなる．

これらの**比較静学** (comparative statics) の分析結果は，**金融コールオプショ****ン**のそれと一致する．ここでの投資オプションは，有配株における行使期限のないオプションに相当し，V が株式の価格に，δ が (比例) 配当率に，そして I がオプションの行使価格に相当する．図 5.1〜5.7 に示されているように，株式におけるコールオプションの価値や最適行使基準はパラメーター σ, δ および r に依存する[11]．

繰り返しになるが，比較静学の結果を解釈する際には慎重を期さなければならない．なぜなら，各パラメーターが相互に独立であることはほとんどないからである．例えば，安全資産の収益率 r が増大すれば，リスク調整済み期待収益率 μ は増大する．これは，ドリフト率 α が一定ならば，δ が増大することを意味する．同様に，σ が増大すれば，μ が増大する．これは，α が一定ならば，δ が増大することを意味する．市場の動向を表すパラメーター (例えば r など) の変化が投資機会の価値や最適投資基準にどのような影響を及ぼすかを分析する際には，こうした相互依存関係を考慮する必要がある．

このほかに，比較静学の検討を行う際に念頭に置いておくべきこととして，ここで設定したモデルにおいては，パラメーター α, σ などを定数と仮定していることがあげられる．もし α や σ が時間とともに変動する，あるいは状態変数

---

[11] 金融コールオプションとその比較静学に関する詳細な解説については，**Cox and Rubinstein** (1985) および **Hull** (1989) を参照のこと．

V の変化 (決定論的であろうと確率論的であろうと) に応じて変動し，かつ企業がこれを認識しているならば，最適投資基準を導く際には，こうした関数関係を反映させる必要がある．この場合，例えば，式 (5.1) における α や σ は，関数 $\alpha(V,t)$ や $\sigma(V,t)$ に置き換えなければならない．そうなると，問題はかなり複雑なものになる．もし，時間がパラメーターの値に影響を及ぼすならば，投資機会の価値も同様に，V と時間 t の関数になり，式 (5.23) は偏微分方程式になる．たとえ，α や σ が V のみの関数であったとしても，V が従う確率過程が**平均回帰過程**の場合と同様に，$F(V)$ に関する常微分方程式は複雑になり，数値計算が必要となることが多い．この例を以下に示そう[12]．

図 **5.9** および図 **5.10** には，$V-I$ および $F(V)=(1/4)V^2$ の**サンプルパス**を示す．双方のケースにおいては，$\mu=0.08, \delta=0.04$，ドリフト率 $\alpha=0.04$ を仮定している．(前述のとおり，r および σ は，双方とも年率で $r=0.04, \sigma=0.2$ である．) まず，各サンプルパスでは，1980 年に $V_0=I=1$ であるとした．そして，期間単位を 1ヶ月とし，次式を用いて V_t を算出した．

$$V_t = 1.00327 V_{t-1} + 0.0577 V_{t-1}\epsilon_t \tag{5.25}$$

ここで，ϵ_t は，任意の時点 t において，平均ゼロで標準偏差 1 の**正規分布**に従う．(係数 $0.0577=0.20/\sqrt{12}$ は，月間の標準偏差であることに注意する必要がある．)

いま，$V_0=I=1$ であるから，標準的な純現在価値基準に基づけば，現時点で投資を行うべきであると判断される．しかしながら，$F(V_0)=0.25$ であるため，$V_0<I+F(V_0)$ となり，企業は現時点で投資を行わずに，投資を延期することが妥当となる．図 5.9 の例では，企業は V が $V^*=2$ に達するまで，約 5 年間投資を延期することになる．この**延期期間** (waiting time) はサンプルパス

---

[12] あるいは，σ が時間の経過に伴って，例えば，**平均回帰過程**にしたがって確率的に変動するものと考えることもできる．

$$d\sigma = \eta(\bar{\sigma}-\sigma)\,dt + \xi\sigma\,dw$$

ここで，dw は**ウィーナー過程**の増分であり，dz と相関性を持たない．このとき，投資機会の価値は V と σ という二つの状態変数の関数となり，偏微分方程式を満たす．この種の問題については，**Hull and White** (1987), **Scott** (1987) および **Wiggins** (1987) で検討されている．

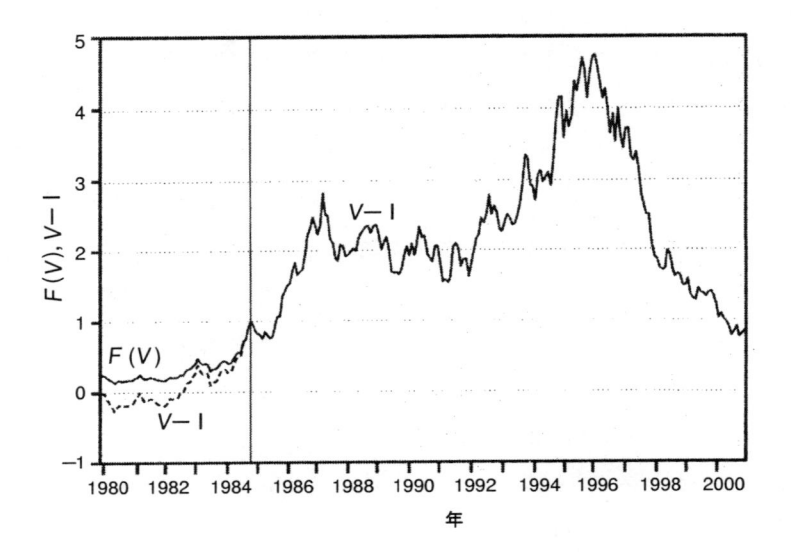

第 5 章 投資機会と投資タイミング

図 5.9 $F(V)$ および $V-I$ のサンプルパス

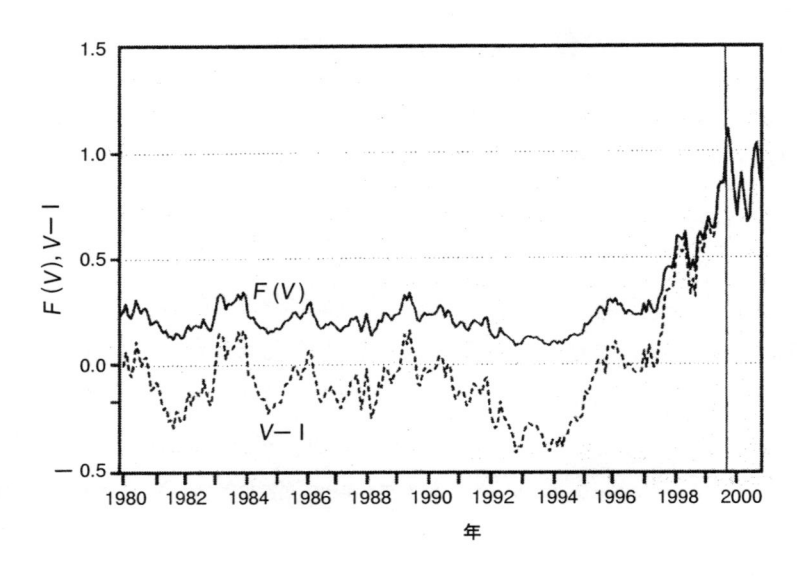

図 5.10 $F(V)$ および $V-I$ の別のサンプルパス

によってかなり異なる．例えば，図 5.10 のサンプルパスでは，企業は V が臨界値である 2 に達するまで，さらに長期 (約 20 年間) にわたって投資を延期しなければならない[13]．

5.5 異なる確率過程の場合

V のモデルとして幾何ブラウン運動を仮定することは便利であるが，この仮定が現実的でないケースもある．本節では，V が異なる確率過程に従う場合の，投資機会の価値と最適投資基準について検討を行うことにする．最初に，平均回帰過程の場合を検討し，次いで，ポアソンジャンプ過程の場合を検討する．

5.5.A 平均回帰過程

V が次式で表される平均回帰過程に従うものとしよう．

$$dV = \eta(\bar{V} - V)V\,dt + \sigma V\,dz \tag{5.26}$$

ここで，V の期待変化率は $(1/dt)\mathcal{E}(dV/V) = \eta(\bar{V} - V)$ である．また，期待絶対変化量は $(1/dt)\mathcal{E}(dV) = \eta\bar{V}V - \eta V^2$ となる．この放物線は $V = 0$ および $V = \bar{V}$ においてゼロとなり，$V = \bar{V}/2$ において最大値をとる．後述するように，この確率過程の利点は，この投資問題の解を解析的に導出することができる点にある．

ここでの最適投資基準の導出には条件付請求権分析法を用いる．いま，μ を事業のリスク調整済み割引率とおく (すなわち，μ は V の確率変動におけるシステマティックリスクを反映したものである)．この場合，V の期待増加率は定数にはならないが，その代わり，V の関数として表されることになる．したがって，「**不足率 (shortfall)**」$\delta = \mu - (1/dt)\mathcal{E}(dV)/V$ も同様に V の関数とな

---

[13] この「延期期間」の期待値や分散は解析的に算出することができる．ここでは，その式の形式を知る必要はないが，興味ある読者のために，**Dixit** (1993a, pp.54-57) に簡単な例が示されていること，厳密な理論が **Karlin** and **Taylor** (1981, pp.242-244) や **Harrison** (1985, pp.11-14) に示されていることを紹介しておく．

る[14]．すなわち，

$$\delta(V) = \mu - \eta(\bar{V} - V) \tag{5.27}$$

ここでも式 (5.23) の微分方程式が適用されることになるが，δ については式 (5.27) が代入されることになる．したがって，$F(V)$ は次式を満たさなければならない．

$$\frac{1}{2}\sigma^2 V^2 F''(V) + [r - \mu + \eta(\bar{V} - V)]V F'(V) - rF = 0 \tag{5.28}$$

また，$F(V)$ は式 (5.10)～(5.12) と同じ境界条件を満たさなければならない．（$V = 0$ は式 (5.26) の確率過程の**吸収壁** (absorbing barrier) であるため，$F(0) = 0$ となることに注意する必要がある．）

式 (5.28) の解を導出する方法は，式 (5.23) の解を導出したときよりも若干複雑である．いま，新たな関数 $h(V)$ を次式のように定義する．

$$F(V) = AV^\theta h(V) \tag{5.29}$$

ここで，A と θ は，後に $h(V)$ が微分方程式を満たすように決定される定数である．この $F(V)$ の式を式 (5.28) に代入し整理すると，次式が得られる．

$$\begin{aligned}
& V^\theta h(V) \left[\frac{1}{2}\sigma^2 \theta(\theta - 1) + (r - \mu + \eta\bar{V})\theta - r \right] \\
& + V^{\theta+1} h(V) \left[\frac{1}{2}\sigma^2 V h''(V) + (\sigma^2 \theta + r - \mu + \eta\bar{V} - \eta V)h'(V) - \eta\theta h(V) \right] = 0
\end{aligned} \tag{5.30}$$

式 (5.30) は任意の V の値について満たされなければならないため，式 (5.30) の 1 行目および 2 行目の括弧内の項はそれぞれゼロとならなければならない．そこで，まず，式 (5.30) の 1 行目の括弧内の項がゼロとなるように θ を定め

---

[14] これまで V が平均回帰となる理由を説明するモデルを構築してこなかったが，平均回帰となる収入がない限り，V の収益率は均衡レート μ を下回ることになる．この点に関する解説については，**McDonald and Siegel** (1984) を参照のこと．

る．すなわち，
$$\frac{1}{2}\sigma^2\theta(\theta-1) + (r-\mu+\eta\bar{V})\theta - r = 0$$
この θ に関する二次方程式は二つの解を有する．その一つは正であり，もう一つは負である．$F(0) = 0$ という境界条件を満たすためには，次式で表される正の解を用いる必要がある．

$$\theta = \frac{1}{2} + (\mu-r-\eta\bar{V})/\sigma^2 + \sqrt{\left[(r-\mu+\eta\bar{V})/\sigma^2 - \frac{1}{2}\right]^2 + 2r/\sigma^2} \quad (5.31)$$

また，式 (5.30) の 2 行目からは，次式が得られる．

$$\frac{1}{2}\sigma^2 V h''(V) + (\sigma^2\theta + r - \mu + \eta\bar{V} - \eta V)h'(V) - \eta\theta h(V) = 0 \quad (5.32)$$

ここで，$x = 2\eta V/\sigma^2$ を代入すれば，式 (5.32) を標準的な式に変換することができる．いま，$h(V) = g(x)$ とおくと，$h'(V) = (2\eta/\sigma^2)g'(x)$ および $h''(V) = (2\eta/\sigma^2)^2 g''(x)$ となる．したがって，式 (5.32) は次式のとおりとなる．

$$xg''(x) + (b-x)g'(x) - \theta g(x) = 0 \quad (5.33)$$

ここで，
$$b = 2\theta + 2(r-\mu+\eta\bar{V})/\sigma^2$$

である．式 (5.33) は **Kummer の方程式** (Kummer's Equation) として知られている．その解は，**合流型超幾何関数** (confluent hypergeometric function) $H(x;\theta,b(\theta))$ であり，次式の**級数形式** (series representation) で表される[15]．

$$H(x;\theta,b) = 1 + \frac{\theta}{b}x + \frac{\theta(\theta+1)}{b(b+1)}\frac{x^2}{2!} + \frac{\theta(\theta+1)(\theta+2)}{b(b+1)(b+2)}\frac{x^3}{3!} + \cdots \quad (5.34)$$

ここで，式 (5.28) の解が式 (5.29) の形式をとることがわかっている．したがって，その解は次式で表される．

$$F(V) = AV^\theta H\left(\frac{2\eta}{\sigma^2}V;\theta,b\right) \quad (5.35)$$

---

[15] 合流型超幾何関数とその特性に関する解説については，**Abramowitz and Stegun** (1964)，**Pearson** (1990) の 7.9 節，あるいは **Slater** (1960) を参照のこと．

ここで，A は未知定数である．A の値は，投資最適時点における臨界値 V^* とともに，$F(V^*) = V^* - I$ および $F_V(V^*) = 1$ という残りの二つの境界条件から求められる．合流型超幾何関数は無限級数であるため，A および V^* は数値計算で求められることになる．

以下の数値解を検討することにより，平均回帰の影響に関する知見を得ることができる．ここでは，特に明示しない限り，$I = 1, r = 0.04, \mu = 0.08$ および $\sigma = 0.2$ と固定し，η と V の値を変化させる．しかしながら，$(1/dt)\mathcal{E}(dV/V)$ の η への依存性が V の尺度に依存することに注意する必要がある．ここでは，V の値が 0.5 から 1.5 の範囲で数値計算を行う．したがって，0.5 以上の η の値は非常に高い**平均回帰率** (rate of mean reversion) であるといえる．

図 **5.11** には，$\eta = 0.05$（これは，比較的小さな平均回帰率である）および $\bar{V} = 0.5, 1.0, 1.5$ のときの**投資機会の価値** $F(V)$ と臨界値 V^* を示す．比較のた

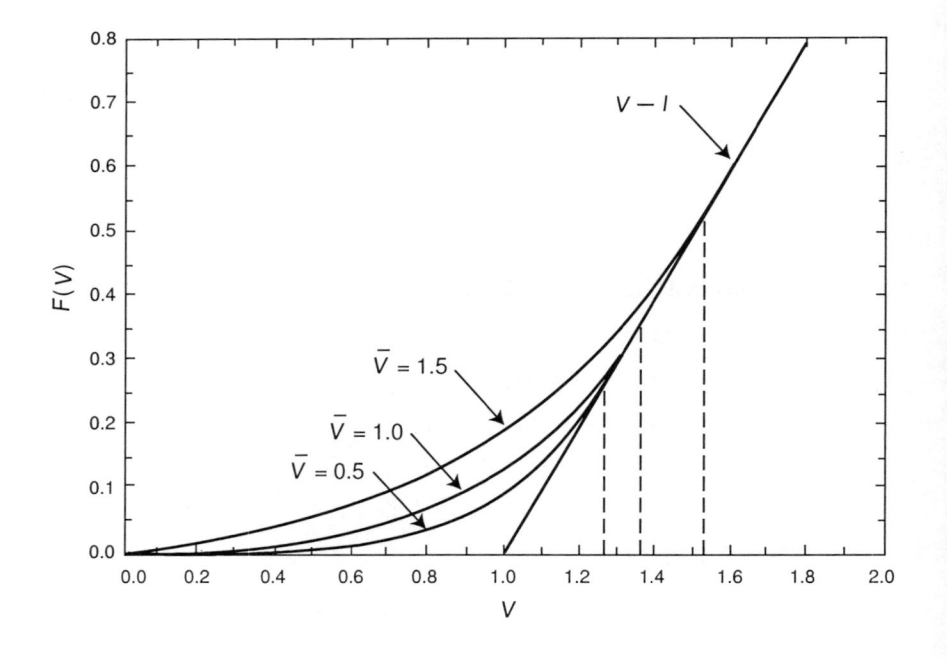

図 **5.11** 平均回帰 (mean reversion)($\eta = 0.05$ および $\bar{V} = 0.5, 1.0, 1.5$ のときの $F(V)$)

めに，もし η がゼロの場合を考えれば，ここでのモデルは前節での基本的なモデルに一致することになる．そこでは $\alpha = 0$ となるため，$\delta = \mu = 0.08$ となる．そして，このケースでは V^* は 1.39 となる．図 5.11 では，η が充分に小さいため，各 $\overline{V}$ の値についての V^* は 1.39 にかなり近くなっている．また，容易に予想されるように，$\overline{V}$ が増大すれば，$F(V)$ は増大し，V^* も増大する．さらに，他の条件が同一ならば，$\overline{V}$ が増大すれば，V の期待増加率が増大することになり，V を購入するオプションの価値も増大する．

図 **5.12** および図 **5.13** にも，$\overline{V} = 0.5, 1.0, 1.5$ のときの**投資機会の価値** $F(V)$ と臨界値 V^* を示すが，図 5.12 では $\eta = 0.1$ であり，図 5.13 では $\eta = 0.5$ である．これらの図に示されているとおり，$\overline{V} = 1.5 (I$ よりも大きい$)$ のときには，η が増大すれば $F(V)$ は増大するが，$\overline{V} = 0.5 (I$ よりも小さい$)$ のときには，η が増大すれば $F(V)$ は減少する．[$\overline{V} < I$ であって，η が十分に大きいならば，V が I よりも大きくなる可能性はほとんどないため，投資オプションはそれほど価値を持たない．一方，$\overline{V} > I$ であって，η が十分に大きいならば，たとえ V の初期値が小さかったとしても，V は極めて早い段階で I よりも大きくなり，I よりも大きいまま推移する可能性が高いため，$F(V)$ は大きくなる．]

図 5.12 および図 5.13 には，もし $\overline{V}$ および η が充分に大きいならば，$F(V)$ はもはや一様に下に凸の曲線にはならず，V の値が小さい範囲においては凹となることも示されている．これは，V の変動を式 (5.26) で表される確率過程で記述した結果である．この確率過程は $V = 0$ で吸収壁を有するが (このため，$F(0) = 0$ となる) **平均回帰率**は V の値が正の小さい範囲においては急激に増大し，これに伴って $F(V)$ も同様に急激に増大する．このことは，図 5.13 の $\overline{V} = 1.5$ のケースで最も顕著にみられる．すなわち，$F(0) = 0$ であるが，いったん，V が少しでもゼロよりも大きくなると，V の期待増加率は非常に大きくなり，これに伴って $F(V)$ も急激に増大する．

図 **5.14** には，$\overline{V} = 0.5, 1.0, 1.5$ のときの**臨界値** V^* が，平均回帰パラメーター η の関数として示されている．この図からは，$\overline{V}$ が大きいときには，η の増大に伴って V^* が増大するが，$\overline{V}$ が小さいときには，η の増大に伴って V^*

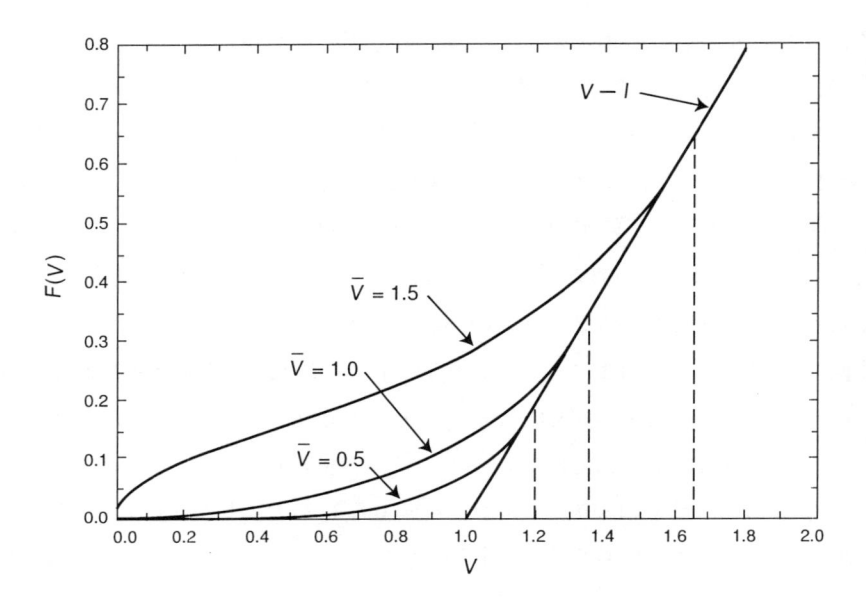

第 5 章 投資機会と投資タイミング

図 **5.12** 平均回帰 ($\eta = 0.1$ および $\overline{V} = 0.5, 1.0, 1.5$ のときの $F(V)$)

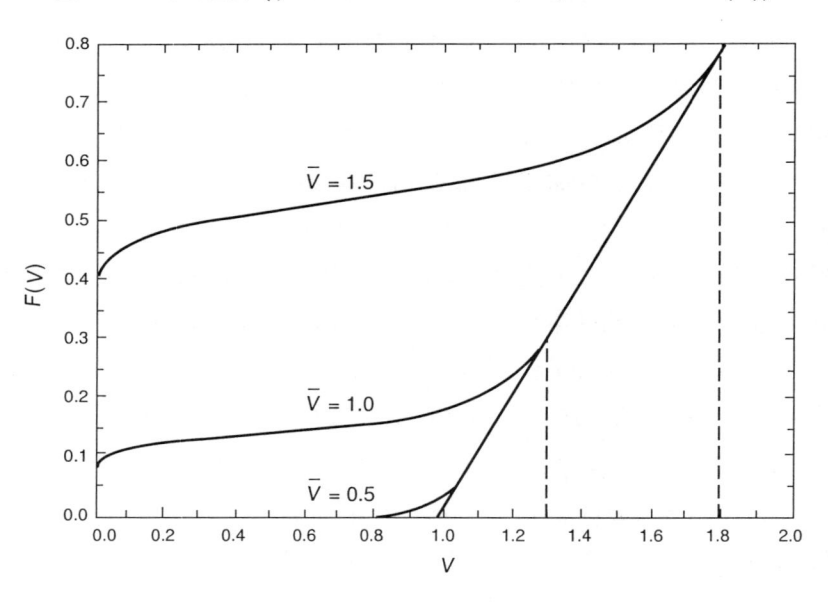

図 **5.13** 平均回帰 ($\eta = 0.5$ および $\overline{V} = 0.5, 1.0, 1.5$ のときの $F(V)$)

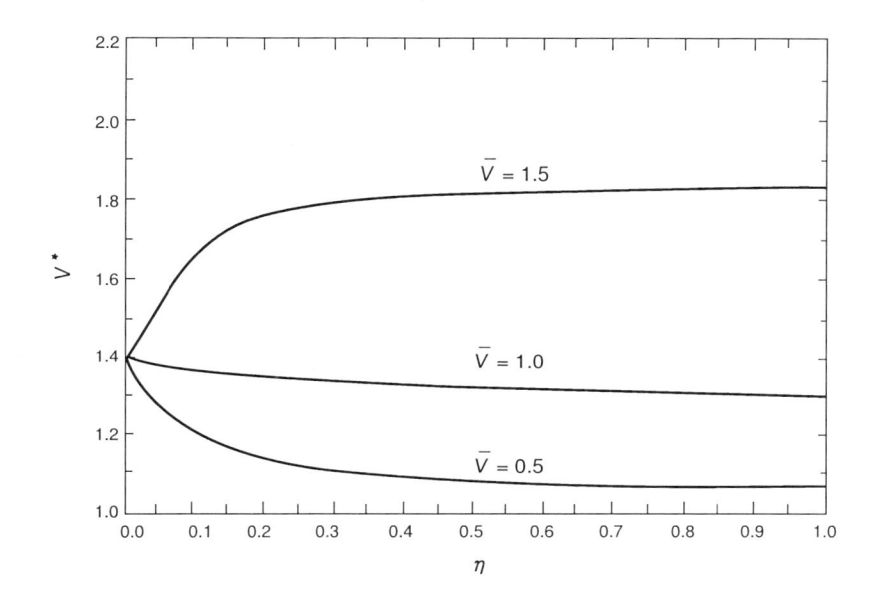

図 **5.14** η の関数としての臨界値 V^* ($\mu = 0.08$ および $\overline{V} = 0.5, 1.0, 1.5$)

が減少することが分かる．これは，前述の内容を意味している．すなわち，$\overline{V}$ が大きいときには，η の増大に伴って $F(V)$ は増大する (よって V^* も増大する) が，$\overline{V}$ が小さいときには，η の増大に伴って $F(V)$ は減少する．図 5.14 においては，$\overline{V} = I$ が分割線になっているが，実際には，η の増大に伴って V^* が増大するか減少するかは，**リスク調整済み期待収益率** μ にも依存することが示されている．なお，図 5.14 においては，$\mu = 0.08$ としている．**図 5.15** においても，V^* が η の関数として示されているが，ここでは $\mu = 0.04$ としている．他の条件が同一のとき，μ が小さい値をとれば，期待キャピタルゲインの「**不足率**」$\delta = \mu - (1/dt)E(dV)/V$ の値が小さくなり，$F(V)$ が大きい値をとる．$F(V)$ の増加は η が小さい場合に最も顕著である (η が大きいときには，どのケースでも V は急速に $\overline{V}$ に回帰していくことが期待される)．よって，μ が小さいときには，V が I よりもかなり大きくない限り，V^* は η の増大に伴って減少することになる．

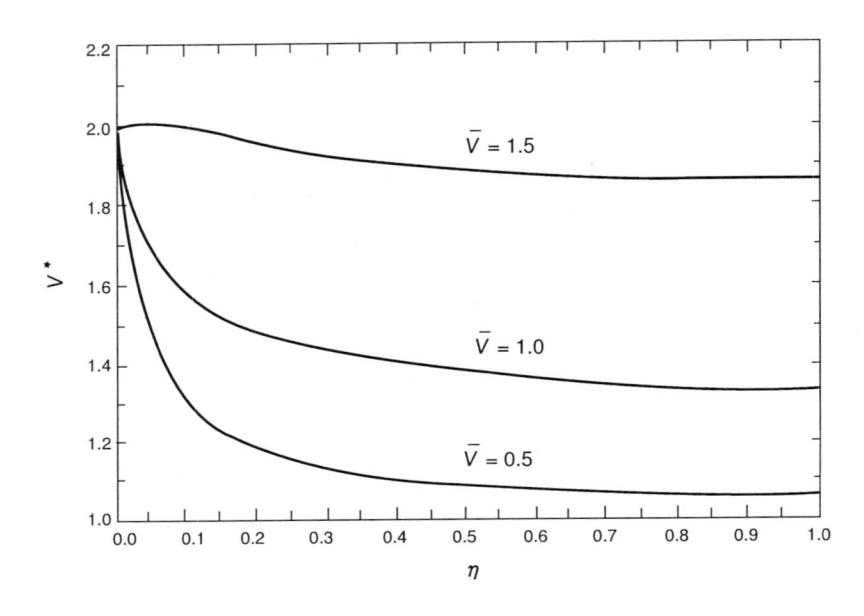

図 5.15 η の関数としての臨界値 V^* ($\mu = 0.04$ および $\overline{V} = 0.5, 1.0, 1.5$)

最後に，**図 5.16** および **図 5.17** には，V^* の μ への依存性が示されている．図 5.16 においては，$\overline{V} = 1.0$ および $\eta = 0.05, 0.1, 0.5$ のときの V^* が μ の関数として示されている．図 5.17 においては，$\overline{V} = 1.5$ の場合が示されている．全てのケースにおいて，V^* は μ の増大とともに減少していることに注意する必要がある．μ が増大することは，キャピタルゲインの不足率 $\delta(V)$ が増大することを意味しており，したがって，$F(V)$ が減少すれば V^* も減少する．しかしながら，その減少率は V と η に依存する．η が小さいとき，V^* は大きな値からスタートし（もし η がゼロならば，当該モデルは前節で述べたモデルとなり，$\alpha = 0$ かつ $\delta = \mu$ となるため，$\lim_{\mu \to 0} V^* = \infty$ となる），急激に減少していく（なぜなら，$\overline{V}$ への回帰率が小さいため，V の期待キャピタル収益率が小さくなるためである）．また，容易に予想されるように，$\overline{V}$ が増大すれば，η や μ の値によらず，V^*[および $F(V)$] は増大する．

V が従う確率過程を，式 (5.26) で表される**平均回帰過程**と仮定することに

5.5 異なる確率過程の場合

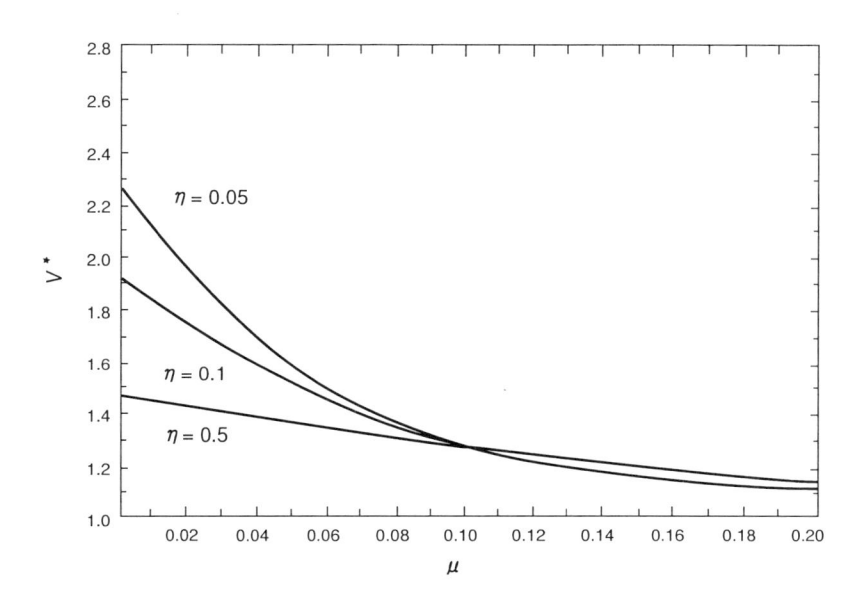

図 5.16 μ の関数としての臨界値 V^* ($\overline{V} = 1.0$ および $\eta = 0.05, 0.1, 0.5$)

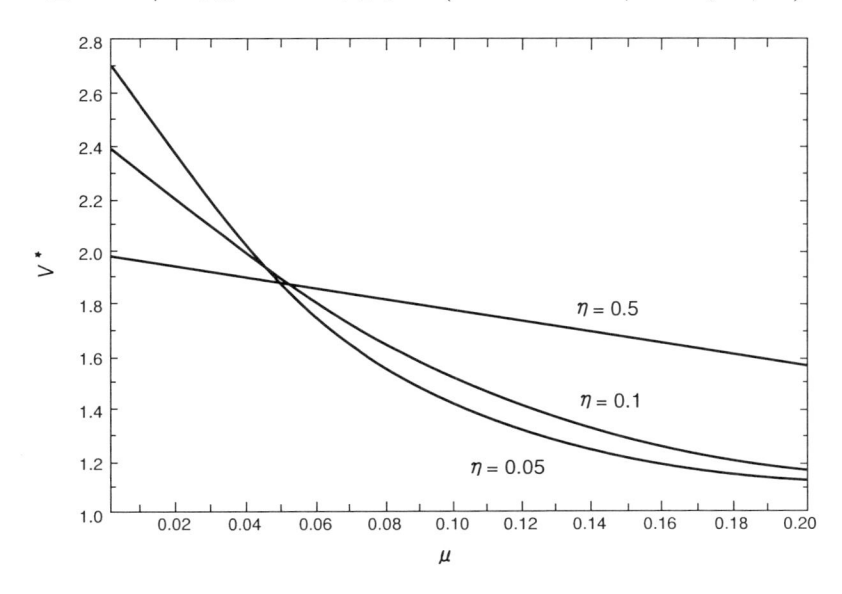

図 5.17 μ の関数としての臨界値 V^* ($\overline{V} = 1.5$ および $\eta = 0.05, 0.1, 0.5$)

は，投資機会の価値や最適投資基準に関する準分析解が導出できるという利点がある．この仮定はそれほど制約的ではない．さらに，V が従う確率過程として，別の形式の平均回帰過程を採用することもできる（例えば，平均回帰の割合ではなく絶対量 V について線形になっている形式など）．仮定する確率過程によっては，結果として得られる $F(V)$ の微分方程式が，既知の級数解を持つこともあれば，そうでない場合もある．ただし，いずれの場合であっても，通常は困難なく，数値計算によって解くことができる．

5.5.B　ブラウン運動とジャンプ過程の複合過程

ここでは，再び V が幾何ブラウン運動に従う基本モデルに戻って，これまでとは異なる方向でモデルを拡張することにする．すなわち，任意の時点において，V が下方向に**ポアソンジャンプ** (Poisson jump) する可能性があることにする．この場合のモデルでは，ある企業が V の価値を有する事業への投資オプションを行使できる特許を有しているものの，複数の競合他社も同様の研究開発を進めており，これに成功すれば，その企業も当該事業に投資できるようになるといった状況を記述することができる．これらの競合他社の一社でも開発に成功すれば，結果として生じる競争によって，事業から得られる利益は減少し，事業の価値 V も減少することになる．基本モデルを修正するために，V がブラウン運動とジャンプ過程の複合過程に従うと仮定する．このとき，次式が成立する．

$$dV = \alpha V \, dt + \sigma V \, dz - V \, dq \tag{5.36}$$

ここで，dq は**平均到着率**が λ である**ポアソン過程**の増分であり，dq と dz は独立である（$\mathcal{E}(dq\,dz) = 0$）．いま，もしある「**事象**」(event) が生起したならば，q は確率 1 で一定の割合 $\phi(0 \leq \phi \leq 1)$ だけ下落するものと仮定する．すなわち，式 (5.36) は，V は幾何ブラウン運動にしたがって変動するが，各微小期間 dt においては，小さな確率 $\lambda\,dt$ でその値が $(1-\phi)$ 倍に下落する可能性があり，こうした事象が生起した後は，次の事象が生起するまで再び**幾何ブラウン運**

5.5 異なる確率過程の場合

動に従う変動が継続することを意味している (この種のポアソンジャンプ過程については第 3 章を参照のこと).

式 (5.36) の意味を明確化しておくことは重要であろう．第一に，V の期待変化率は α ではなく，$(1/dt)\mathcal{E}(dV)/V = \alpha - \lambda\phi$ となる．なぜなら，各微小期間 dt において，確率 $\lambda\,dt$ で V が 100ϕ パーセント下落するためである．そして，λ が増大すれば，V の値が突然下落する可能性が増大し，V のキャピタル収益率は減少する．第二に，**ポアソン事象** (Poisson event) は稀にしか生起しないため，微小期間 dt における dV/V の分散は，ほとんどの場合，ブラウン運動の部分での分散 $\sigma^2\,dt$ に等しくなる．しかしながら，当該事象が生起すれば，V に非常に大きな変動をもたらすため，時点 t における情報を所与として算出される分散への影響は無視できない．**ブラウン運動**をランダムウォークで近似し，簡単のために $\alpha = 0$ とすれば，次式が得られる．

$$dV = \begin{cases} \text{確率}\frac{1}{2}(1-\lambda\,dt) \text{ で} & \sigma V\sqrt{dt} \\ \text{確率}\frac{1}{2}(1-\lambda\,dt) \text{ で} & -\sigma V\sqrt{dt} \\ \text{確率}\lambda\,dt \text{ で} & -\phi V \end{cases}$$

このとき，

$$\mathcal{E}[dV] = -\lambda\,dt\,\phi V$$

および

$$\mathcal{E}[(dV)^2] = (1-\lambda\,dt)\sigma^2 V^2\,dt + \lambda\,dt\,\phi^2 V^2$$

であるから，$(dt)^2$ 等の項を無視すれば，

$$\begin{aligned} \mathcal{V}[dV] &= \mathcal{E}[(dV)^2] - \{\mathcal{E}[dV]\}^2 \\ &= (1-\lambda\,dt)\sigma^2 V^2\,dt + \lambda\,dt\,\phi^2 V^2 - \lambda^2\phi^2 V^2(dt)^2 \\ &= \sigma^2 V^2\,dt + \lambda\phi^2 V^2\,dt \end{aligned}$$

となる．

ここで，分散の式が二つの項で構成されていることに注意する必要がある．第一項，$\sigma^2 V^2\,dt$ は，dV の瞬間的な (あるいは「局所的な」) 分散であり，ジャ

ンプが生起しないという条件の下で、確率過程の式におけるブラウン運動の部分から算出されるものである。第二項、$\lambda\phi^2 V^2 dt$ は、ジャンプの可能性によるものである。すぐ後で、V の関数の微分係数を導出するために伊藤の公式を利用することになる。第3章で述べたとおり、**伊藤の公式**をブラウン運動とジャンプ過程の複合過程に適用するときには、二次の微分係数を有する新たな項には、分散の第一項のみが寄与する。ジャンプの部分は、離散的な不連続点における V の値の差に関する別の項に寄与する。

最後に、λ の変化がもたらす影響を評価するために、V が下落するまでに連続的に変動する期間 T の期待値を求めることにする。$\mathcal{E}(T)$ を求めるために、期間 $(0, T)$ において事象が生起しない確率が $e^{-\lambda T}$ で表されることを利用する。これを用いると、微小期間 $(T, T + dT)$ において最初の事象が生起する確率は $e^{-\lambda T}\lambda\, dT$ となる。したがって、V が**ポアソンジャンプ**するまでの期間の期待値は、次式で表される。

$$\mathcal{E}[T] = \int_0^\infty \lambda T e^{-\lambda T}\, dT = 1/\lambda \tag{5.37}$$

以下では、**動的計画法**を用いて最適投資基準を得るために解の導出を進めることにする。ここで、企業はリスク中立的であると仮定し、割引率を $\rho = r$ とする。このとき、投資機会の価値 $F(V)$ に関する**ベルマン方程式**は、次式のとおりとなる。

$$rF\, dt = \mathcal{E}(dF)$$

いま、ブラウン運動とジャンプ過程の複合過程 (第3章第3.5節参照) に関する**伊藤の公式**を用いて dF を展開する。

$$rF\, dt = \alpha V F'(V)\, dt + \frac{1}{2}\sigma^2 V^2 F''(V)\, dt - \lambda\{F(V) - F[(1-\phi)V]\}dt \tag{5.38}$$

α を $r - \delta$ で置き換えると、次式が得られる。

$$\frac{1}{2}\sigma^2 V^2 F''(V) + (r - \delta)V F'(V) - (r + \lambda)F(V) + \lambda F[(1-\phi)V] = 0 \tag{5.39}$$

ここでも式 (5.10)〜(5.12) と同じ境界条件が適用される．

式 (5.39) の解は，ここでも $F(V) = AV^{\beta_1}$ の形式をとるが，β_1 は若干複雑な次の非線形方程式の正の解となる．

$$\frac{1}{2}\sigma^2 \beta(\beta - 1) + (r - \delta)\beta - (r + \lambda) + \lambda(1 - \phi)^\beta = 0 \tag{5.40}$$

式 (5.40) を満たし，かつ条件 $F(0) = 0$ を満たす β の値は数値計算によって求めることができる．次に，その β_1 を所与として，V^* と A は式 (5.14) および式 (5.15) から求められる．なお，式 (5.14) および式 (5.15) は，それぞれ境界条件である，式 (5.11) および式 (5.12) から得られる[16]．

図 **5.18** においては，$\phi = 0, 0.4, 1$ のときの臨界値 V^* が σ の関数として示されている．(なお，各ケースでは $\lambda = 0.1, r = \delta = 0.04$ および $I = 1$ である．) ここで，ϕ が増大すると V^* が減少することに注意する必要がある．その理由は，ϕ の値が増大すれば，投資機会の価値が減少するためである．(事象が生起すれば，V は大きく下落する．) したがって，投資を延期するよりも，現時点で投資を行う方が機会費用は小さくなるのである．

表 **5.1** においては，$\phi = 1$ の場合 (事象が生起すると V がゼロに下落する場合) について，様々な λ の値に対する β_1, V^* および A の値を示している．(この表においては，$r = \delta = 0.04, \sigma = 0.2, I = 1$ である．) λ が正の値のとき，λ が増大すると，投資機会の価値は二つの方向から影響を受ける．一つ目は，V の**期待キャピタル収益率**が減少し (α から $\alpha - \lambda$ まで)，$F(V)$ を減少させる．二つ目は，有限の期間における V の変化率の分散が増大し，$F(V)$ を増加させる．表 5.1 が示すとおり，その総体としての影響は $F(V)$ を減少させる方向にはたらき，臨界値 V^* を減少させる．しかも，この総体としての影響は極めて強く，

---

[16] もし，$\phi = 1$ (すなわち，事象が生起すると V がゼロになり，永久にゼロのままになる) ならば，式 (5.40) は**二次方程式**に単純化され，定数項において，**ポアソンパラメーター** (Poisson parameter)λ が利子率に加えられている点を除いて，前に検討した二次方程式と同一の式になる．その正の解は次式で表される．

$$\beta_1 = \frac{1}{2} - (r - \delta)/\sigma^2 + \sqrt{\left[(r - \delta)/\sigma^2 - \frac{1}{2}\right]^2 + 2(r + \lambda)/\sigma^2}$$

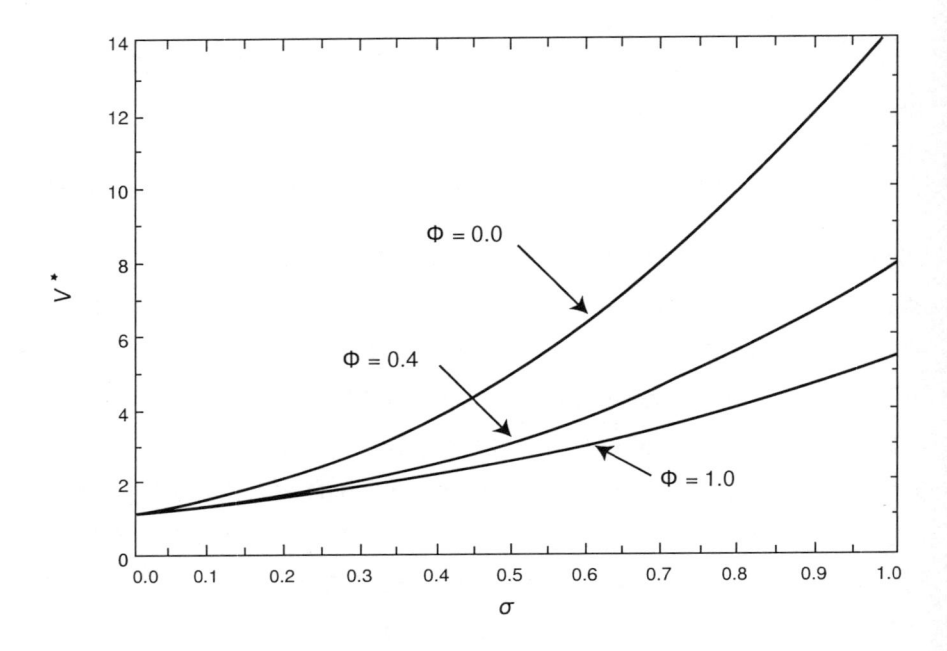

第 5 章　投資機会と投資タイミング

図 **5.18**　ポアソン過程とブラウン運動の複合過程における σ の関数としての臨界値 $V^*(\lambda=0.1)$

表 **5.1**　β_1, V^* および A の λ への依存性 (注：$I=1, \phi=1, r=\delta=0.04$ および $\sigma=0.2$)

λ	β_1	V^*	A
0	2.00	2.00	0.250
0.05	2.70	1.59	0.169
0.1	3.19	1.46	0.138
0.2	4.00	1.33	0.105
0.3	4.65	1.27	0.009
0.5	5.72	1.21	0.007
1.0	7.73	1.15	0.005

λ が少しでも増大すれば，V^* は急激に減少する．例えば，式 (5.37) を用いれば，λ が 0.2 のとき，V が正となっている期待期間 $\mathcal{E}(T)$ は 5 年であるが，λ がゼロのときと比較すれば，A は半分以上下落し，V^* は 2 から 1.33 まで下落していることが分かる．

前述したとおり，**比較静学**を解釈する際には注意が必要である．このケースでは，α を一定にしたまま λ を増大させているが，市場で決定される V の期待収益率は一定であり (このケースでは安全資産の収益率 r である)，λ が増大すれば同じ大きさだけ α が増大するはずである (さもなければ，投資家はこの事業を保有するという選択は行わない) という議論もある．ここで，ϕ を 1 と仮定しよう．このとき，α が λ と同じだけ増加し，$\alpha - \lambda$ が一定になるとすれば，式 (5.40) における $(\lambda - \delta)$ の項を $(r + \lambda - \delta)$ に置き換えなければならない．このケースでは，λ の増大は安全資産の収益率 r の増大と等価になり，$F(V)$ と V^* の増大をもたらす[17]．

式 (5.36) で与えられた**ジャンプ過程**では，簡単に解くことのできる $F(V)$ の微分方程式が導出される．もちろん，V が従う確率過程として，別の確率過程を仮定することもできる．例えば，**特許** (patent) を保有する企業は，その特許に関する研究開発を行っている多数の他社との競合に適用するかもしれない．このとき，ある一社が開発に成功すれば，V の下落量は一定ではなく，ランダムかもしれない．また，時の経過とともに，別の他社が市場への参入に成功し，V は下落し続けるかもしれない．しかしながら，そうしたモデルに関する最適投資基準の算出はより一層困難であり，通常は数値計算法を用いる必要がある．

5.6 文献ガイド

McDonald-Siegel (1986) のモデルに先立つ業績としては，企業の投資オプ

---

[17] **Merton** (1976) は，価格がブラウン運動とポアソンジャンプの複合過程に従う無配株のコールオプションの価値を表す式を導出し，もし「**事象**」が株価をゼロに下落させるものであるならば，安全資産の収益率 r を $r' \equiv r + \lambda$ に置き換えた**ブラック＝ショールズ公式** (Black-Scholes (1973)) が適用可能であることを示した．そこでは，株式の期待キャピタル収益率を一定に保っている (ドリフト率 α を $\alpha + \lambda$ に置き換えている)．このとき，λ の増大はオプションの価値を増大させることになる．

ションが企業の市場価値の構成要素になっていることを示した **Myers** (1977) や，天然資源埋蔵量を天然資源の産出オプションとして捉え，この考え方に基づいた価値評価が可能であることを示した **Tourinho** (1979)，そして **Cukierman** (1980) および **Bernanke** (1983) の業績が挙げられる．最後の二人の業績においても，企業が不可逆な投資決定を延期するインセンティブを有し，新たな情報が得られるまで投資決定を延期することができる場合のモデルが開発されている．しかしながら，これらのモデルにおける情報の取扱いは，事業の将来価値の不確実性を減少させるものとされている．本章においては，情報は時の経過とともに継続的に得られるものの，将来は常に不確実であるといった状況を分析の対象としている．**Brock, Rothschild**, and **Stiglitz** (1988) では，不確実性に関する資産理論上の意味を検討している．また，**Demers** (1991) は時の経過とともに情報が得られるときの投資に関する研究に貢献した最近の業績である．

　条件付請求権分析法を用いて最適投資基準を導出するためには，投資から得られる収入の不確実性が既存の資産によって複製可能であると仮定しなければならない．**Duffie and Huang** (1985) では動的な複製可能性が満たされるために必要な諸条件を整理している．**Huang and Litzenberger** (1990), **Duffie** (1992) および **Dothan** (1990) では，大学院のテキストレベルの詳細な説明が行われている．また，前述のとおり，基本的な投資オプションは，有配株における行使期限のない**コールオプション**に相当し，同じ特性を有している．金融オプションの評価と最適行使に関する詳細な取扱いについては，**Cox and Rubinstein** (1985) や **Hull** (1989) あるいは **Jarrow and Rudd** (1983) を参照のこと．また，オプションの価格評価の方法とその結果の概要については，**Smith** (1976) を参照のこと．

　V が幾何ブラウン運動に従う基本ケースに関する本書での検討結果は，**Dixit** (1992) および **Pindyck** (1991b) のサーベイ論文においても，その説明や解釈が示されている．また，**Merton** (1977) および **Mason and Merton** (1985) では，金融オプションと投資決定との関係について検討が行われている．破産

に係わる費用を考慮しない限り，モジリアーニ＝ミラーの定理は成立し，企業の実際の投資決定はその資本構成から独立となる．

　調整費用 (adjustment costs) の意味を含めた，**新古典派投資理論**の一般的な概要については，**Nickell** (1978) を参照のこと．

第6章

事業の価値と投資決定

　第5章における不可逆な投資に関する基本モデルには，企業の投資オプションと金融コールオプションとの間に強い類似性が認められる．コールオプションの場合，オプションの原資産である株式の価格は，外生的に与えた確率過程 (通常は，幾何ブラウン運動) に従うものと仮定される．本書で検討している実際の投資に関するモデルでは，対応する状態変数は事業の価値 V であり，これまで外生的に確率過程を設定してきた．

　しかしながら，第5章のはじめに述べたとおり，V が外生的な確率過程 (特に，幾何ブラウン運動) に従うものとすることは，現実を抽象化したものである．第一に，もし事業が工場の経営であり，当該工場の操業に可変費用が存在するならば，V は幾何ブラウン運動には従わない．第二に，より重要なことであるが，事業の価値は生産物や投入要素の将来価格や利子率などに依存する．これらは，各種市場における需要や技術的条件の観点から説明することができる．すなわち，V の変動は，これらのより基礎的な変数の不確実性に遡ることができる．どこまで遡るかは分析の目的による．企業行動を理解する上では，生産物や投入要素の将来価格が従う確率過程を外生的に与えることによって分析を行えばよいと考えられる．産業レベルでは，生産物の価格が従う確率過程を外生的に与えればよい．より一般的な均衡レベルであっても，全産業の要素需要を検討することによって，投入要素の価格が従う確率過程を，同時決定的に与

えればよい．本章では，この方針に沿って，最初の一歩を踏み出すことにする．

本章では，概して，所定量の生産物を生産する単一の事業に投資を行う特権的機会あるいは独占権を有する企業について検討を行う．基本的な不確実性は，その生産物の需要に存在するものとし，需要量を与えれば，これに対応して即時的に価格が決定されるものとする．したがって，生産物の価格 P は外生的なものとして取り扱えられるようになり，また，事業の価値 V や投資オプションの価値 F は，**生産物の価格** P が従う所与の確率過程に基づいて決定されることになる．これらを決定する手法は第 5 章において用いた手法，すなわち，条件付請求権分析法や動的計画法と同じである．以降では，再度，投資オプションの価値が，それを保持することのプレミアムを含むこと，すなわち，これが伝統的な**マーシャルの基準** (Marshallian criterion) よりも厳しい基準となっていることを概観する．

第 6.1 節においては，操業費用 (operating cost) をかけずに生産を行うことができる最も単純なケースについて検討することから始める．この場合，完成した事業の価値は，ちょうど，総収入の現在価値に等しくなる．そして，V の関数として表した第 5 章の式が，P の関数式として書き換えられることになる．

第 6.2 節においては，**操業費用** C を導入する．したがって，当該事業は，各期において $(P-C)$ に等しい操業利益を生み出すことになる．このことは新たな問題をもたらす．すなわち，生産物の価格が C を下回り，操業利益が負になる可能性があり，そのときに，どのようなことが生じるかを検討しなければならない．そこでは，やや極端ではあるが，次の二つの可能性について検討する．一つ目は，本章の検討課題である．すなわち，P が C を下回れば，費用をかけずに当該事業の操業を停止することができ，その後，$P>C$ となれば，費用をかけずに当該事業の操業を再開することができるケースである．事実上，このような場合には，当該事業は $P>C$ となる場合に行使される瞬間的な操業オプションが無限に連続する形態として捉えることができ，この考え方にしたがってその価値を評価することができる．もう一つの極端な可能性は，第 7 章の検討課題であるが，事業の操業再開に投資費用 I がかかるものと仮定し，そうし

た操業の**一時的停止** (temporary suspension) を認めないケースである．この場合，将来の操業オプションを維持するために，ある程度の損失は許容されるが，損失がかなりの大きさになれば，当該事業は**廃棄**される．もちろん，現実の問題はこれら両極の間のどこかに位置することになる．一般的に実施中の事業においては，操業が停止されると徐々に消失する，あるいは「錆び付いてしまう」特殊な資産が形成される．例えば，労働者のスキルや顧客のロイヤルティーなどが挙げられる．すなわち，操業停止には，新規操業開始に要する費用よりも小さいものの一定の費用を伴うのである．その費用の差は生産物の特性や停止期間に依存する．ここでの両極のケースの検討によって得られた結果は，両極の間に位置する対象事業の特性に応じて，適切に組み合わせることができる．

第 6.3 節においては，事業の生産量を決定する，労働力や原材料などの投入量が，一時的な価格変動に応じて瞬間的に変動することとする．このとき，利益は価格の非線形関数として表され，投資に係わる不確実性の影響が変化することになる．

ここまでの分析では，事業がいったん完成すると，生産物を永久に生産し続けるものと仮定している．この非現実的な仮定は，オプションの価値に関する基本的な概念を，わかりやすく説明するために置いたものに過ぎない．第 6.4 節においては，**減耗**の概念を導入することで，この仮定を緩和する．ここでは，オプションの価値への影響は，ある事業がいずれは操業を継続できなくなるといったことに依存するのではなく，当初の事業が寿命を迎えたときに，企業にとって活用可能な機会をいかに捉えるかに依存することが示される．また，オプションの価値は，減耗がかなり急速に進む事業であっても，依然として著しく大きいことも示される．

本章の結論の節においては，企業の投資決定に影響を及ぼす二つの変数 (生産物の価格と投資費用) が双方とも確率的に変動する状況について検討を行う．ここでは，投資オプションの価値はこれらの独立な二変数の関数となり，偏微分方程式を満たすことになる．一般的に，そうした方程式を解析的に解くことは困難であり，数値計算法を用いて解かなければならない．しかしながら，同

次方程式の特性のおかげで，この問題は通常の微分方程式に変形され，解析的に解くことができるようになる．そこでは，投資が最適になるのは，投資費用に対する生産物の価格の比がある閾値を超えるときに限られることになる．この閾値は，投資を延期するオプションの価値によって影響をうける．

本章を通じて，モデルに新たな特性を導入しても，第 5 章で得られたオプションの価値に係わる知見は，依然として有効であり有益である．そこで構築された手法も引き続き有効である．以降の章では，モデルの一般化と新たな問題の提起を続ける．第 7 章においては，キャッシュフローが負に転じる際に，事業の操業を一時的に停止する，あるいは永久に事業を放棄する可能性について検討を行う．そして，第 8 章と第 9 章においては，産業均衡のレベルに視点を移す．そこでは，各企業がある単一の事業に投資する機会を有する．第 10 章においては，再び，単一企業に視点を戻すことにするが，事業を多くの投資段階から構成されるものと捉えることで一般化を図る．なお，これら全ての投資段階は，利益が生み出される前に完了させておかなければならないものである．最後に，第 11 章では，段階的投資について検討を行う．そこでは，追加的に一単位だけキャパシティを拡大すれば，即座に，限界的な収入を生み出し始める．

6.1　操業費用がかからない最も単純なケース

本節では，企業の投資事業は，いったん完成すれば永久に一定の生産量を生産し続けるものとする．簡単のため，生産量の単位は事業の生産量が年間 1 単位となるように選ぶことにする．いま，生産量 Q に対応する価格を与える**逆需要関数** (inverse demand function) が $P = YD(Q)$ であると想定しよう．ここで，Y は**確率シフト変数** (stochastic shift variable) である．本節では，生産に係わる可変費用をゼロと仮定しているため，企業の**利益** (profit flow) は $P = YD(1)$ と表される．したがって，一般性を失うことなく，P 自体を確率変数として捉えることができる．

本章では，概ね，P は最も単純で，最も第 5 章の分析の枠組みに類似する確

率過程，すなわち，次式の**幾何ブラウン運動**に従うものと仮定する．

$$dP = \alpha P\,dt + \sigma P\,dz \tag{6.1}$$

利益は P であり，その期待値はトレンド率 α で増加する．もし，将来の収入が割引率 μ で割り引かれるならば，現時点での価格が P のとき，事業の現在価値 V は，$V = P/(\mu - \alpha)$ で与えられる．この場合，P の一定倍数である V も，同じパラメーター α および σ を有する幾何ブラウン運動に従うことになる．したがって，ここでの投資問題は，第 5 章で検討したモデルに帰せられるが，以降において一般化を図るために，直接的に P について書き換える必要がある．

6.1.A　リスク調整済み収益率 (risk-adjusted rate of return)

資本資産価格モデル (CAPM) を用いれば，**リスク調整済み割引率** μ を決定することができる．そのためには，P の確率的変動が金融市場で「**複製可能**」と仮定する必要がある．すなわち，P と完全に相関するような取引資産が存在する，あるいは，複数の資産を組み合わせることで，そのような**動的ポートフォリオ**を構築することが可能なものとする必要がある．説明を簡単にするために，事業の生産物が直接的に取引可能なものであるとする．この場合，割引率 μ は P についての市場のリスク調整済み期待収益率となる．第 5 章で示した式と同様に，CAPM の式は次式で表すことができる．

$$\mu = r + \phi\sigma\rho_{pm} \tag{6.2}$$

ここで，r は安全資産のキャッシュフローに対応する割引率，ρ_{pm} は P の変動に応じて変動する資産と市場ポートフォリオとの相関係数，そして ϕ はリスクの市場価格である．事業の価値 V が有界となるためには，$\mu > \alpha$ とする必要がある．ここで，第 5 章と同様に，両者の差 $\mu - \alpha$ を δ と表記することにする．

生産物または P に完全に相関する資産から μ だけの総期待収益率が得られるときに限って，投資家はこれを保有しようとする．μ のうち，α は期待キャピタルゲインの形態で生み出され，残りの δ は一種の**配当** (dividend) として生じ

ることになる．もし，事業の生産物が貯蔵可能な商品 (例えば，石油や銅など) であるならば，δ は**在庫による純限界コンビニエンスイールド** (net marginal convenience yield from storage)，すなわち，限界的一単位の在庫が生み出す利益 (在庫費用の削減) を表すことになる[1]．ここでは，概して，δ を外生的に特定化されるパラメーターとして扱う．しかしながら，実際には，**コンビニエンスイールド**は (時間の経過とともに確率的に，あるいは総在庫量などの市場全体の変数に反応して) 変動する．そして，これまで述べてきたモデルを用いてこれを考慮することは可能である[2]．

パラメーターの値が変化しても，$\mu - \alpha = \delta$ の均衡関係は保たれなければならない．しかし，均衡関係を保つために，三つのパラメーターのうちのいずれが調整されることになるかは，技術的動向や行動パターンに依存する．ここで，市場全体の特性を表す安全資産の収益率 r と**リスクの市場価格** ϕ は，以降の分析において外生的に与えられるものと仮定する．価格 P の資産の σ が増大する場合には，μ が増大しなければならない．もし，δ がファンダメンタルな市場の定数であるならば，μ の変化と一対一対応で α が変化しなければならない．しかしながら，もし，α がファンダメンタルな市場の定数であるならば，δ が調整されなければならない（例えば，総在庫量が変化するなど）．σ の変化が企業の投資決定に及ぼす影響について研究するとき，その答えは，これらの視点のいずれを採用するかに依存することになる．ここでは，概して，δ が基礎的なパラメーターであり，α が調整されるものとして取り扱うものとする．別の取り扱いを行うと，異なる重要な結論が導かれるときには，その旨を指摘す

---

[1] こうした利益として，生産の円滑化や在庫切れの回避，計画的な生産と販売の促進に係わる能力の向上を含めることもできる．たとえ在庫品の期待キャピタルゲインがリスク調整済み収益率を下回る場合，あるいは負となる場合であっても，企業が在庫を抱えようとするのは**コンビニエンスイールド**が存在するためである．容易に想像できるように，多くの商品では，**限界コンビニエンスイールド**は総在庫量に反比例して変動する．コンビニエンスイールドに関する経験的研究や，コンビニエンスイールドが**商品価格**の形成に果たす役割については，**Pindyck** (1993 c,d) を参照のこと．

[2] 例えば，**Gibson and Schwartz** (1990,1991) を参照のこと．そこでは，**石油価格**が幾何ブラウン運動に従い，コンビニエンスイールド率がある確率過程に従うとき，石油生産事業の価値をどのように評価できるかが示されている．また，**Brennan** (1991) では，コンビニエンスイールドや，コンビニエンスイールドと価格および時間との依存関係について，異なる関数や確率過程を推定し検定している．

ることとする．

6.1.B　事業の評価

ここで検討の対象としている事業は，不確実あるいは派生的な資産であり，そのペイオフは原資産の価格 P に依存する．したがって，**事業の価値を原資産の価格 P の関数 $V(P)$ として導出することができる**．そこでは，第 4 章および第 5 章において異なる文脈で検討した**条件付請求権評価法**の手順に従うものとする．まず，評価対象の資産 (当該事業) と原資産 (P) を適切に組み合わせて，**無リスクポートフォリオ** (riskless portfolio) を構築する．このポートフォリオは無リスクであるため，安全資産の収益率が生み出される．この条件からは，未知である当該事業の価値に関する微分方程式が得られる．この方程式は，境界条件を適切に設定すれば解くことができる．

いま，時点 t において，1 単位の事業と n 単位の生産物の**ショートポジション**を含むポートフォリオを構築するものとしよう．ここで，n はポートフォリオが無リスクになるよう定められる．また，微小期間 $(t, t+dt)$ においては，このポートフォリオが保有されるものとしよう．

事業の所有者は微小期間 dt において，$P\,dt$ の収入を得る．また，ショートポジションの所有者は，生産物 1 単位につき，対応するロングポジションの所有者に対して，当人が得ていたはずの配当あるいはコンビニエンスイールドに相当する $\delta P\,dt$ を支払わなければならない．したがって，このポートフォリオの保有によって，純配当 $(P - n\delta P)dt$ が得られる．また，このポートフォリオの保有によって，(確率的な) キャピタルゲインを得ることもできる．このキャピタルゲインは次式で表される．

$$dV - n\,dP = \{\alpha(P)P[V'(P) - n] + \frac{1}{2}\sigma(P)^2 P^2 V''(P)\}dt \\ + P[V'(P) - n]\sigma(P)\,dz$$

(dV を価格の確率過程として表現するために**伊藤の公式**を用いた．) いま，dz

6.1 操業費用がかからない最も単純なケース

の項が消えて,ポートフォリオが無リスクになるよう,$n = V'(P)$ とする[3]. このとき,このポートフォリオの総収益は次式で表される.

$$[P - \delta P V'(P) + \frac{1}{2}\sigma^2 P^2 V''(P)]dt$$

これが安全資産の収益である $r[V(P) - nP]dt$ に等しくなることから,式を整理すると,次式の微分方程式を得ることができる.

$$\frac{1}{2}\sigma^2 P^2 V''(P) + (r-\delta)PV'(P) - rV(P) + P = 0 \qquad (6.3)$$

単純に代入してみれば分かるとおり,この方程式の同次項は $V(P) = AP^\beta$ を解として有する.ここで,β は次の**特性二次方程式** (Fundamental quadratic equation) の解である.

$$\mathcal{Q} \equiv \frac{1}{2}\sigma^2\beta(\beta-1) + (r-\delta)\beta - r = 0 \qquad (6.4)$$

この式は第5章の式と極めて類似している.第5章では,その根と,三つのパラメーター r, δ および σ への根の依存性について,詳細に説明した.ここで最も重要なことは,経済的条件として $r > 0$ および $\delta < 0$ を与えたとき,二つの根は $\beta_1 > 1$ および $\beta_2 < 0$ を満たすことである.

次に,この方程式の同次項の一般解は,二つの独立な解 $B_1 P^{\beta_1}$ および $B_2 P^{\beta_2}$ の線形和となる.これに,この方程式全体に関する特殊解を加える.最も容易に見出される特殊解は P/δ である.したがって,

$$V(P) = B_1 P^{\beta_1} + B_2 P^{\beta_2} + P/\delta$$

ここで, B_1 および B_2 は,未知定数である.

---

[3] ポートフォリオの構成は,微小期間 $(t, t+dt)$ において一定に保たれる.したがって,この微小期間においては,たとえ $V'(P)$ 自体が P の変化に伴って変化するとしても,n は $V'(P(t))$ のままとなる.長期的には,「動的ヘッジ戦略」に基づいてこのポートフォリオは各微小期間ごとに調整される.したがって,n は,微小期間 $(t+dt, t+2dt)$ においては $V'(P(t+dt))$ に定められるなど,連鎖物価指数のように定められる.$dt \to 0$ とした連続時間のケースにおいて,こうした戦略を厳密に定式化する場合には細心の注意が必要となる.この点については,**Harrison and Kreps** (1979) および **Duffie** (1988, pp.138-147) を参照のこと.

6.1.C　ファンダメンタルズと投機的バブル

解における P/δ の項は，初期時点での収入水準が P のときの将来の収入 P_t の期待現在価値として解釈することができる．なぜなら，$\mathcal{E}[P_t] = Pe^{\alpha t}$ であり，適切なリスク調整済み収益率 μ で割り引くと[4]，次式が得られるためである．

$$\int_0^\infty Pe^{\alpha t}e^{-\mu t}\,dt = P/(\mu - \alpha) = P/\delta$$

これは，将来の収益によって説明されることから，**事業価値を構成するファンダメンタルな要素** (fundamental component of value) であるといえる．他の二つの項は，**事業価値を構成する投機的な要素** (speculative component of value) である．これらについては，投機を認めない経済状況を想定することによって消去することができる．

まず，この式は $V(0) = 0$ を満たす必要がある．式 (6.1) の幾何ブラウン運動において，価格が常にゼロであれば，V も常にゼロに留まる．専門用語でいえば，ゼロがこの確率過程にとっての吸収壁となっている．ある資産から収益が見込めないなら，当該資産は価値を持たないのである．しかしながら，$\beta_2 < 0$ であるため，P がゼロに近づけば，P の β_2 乗は無限大に発散してしまう．価値 V が発散しないようにするためには，対応する係数 B_2 を $B_2 = 0$ としなければならない．

もう一つの項 $B_1 P^{\beta_1}$ については，それほど簡単に消去することはできない．これは，$P \to \infty$ となるときの，V の**投機的バブル** (speculative bubbles) に係わる要素を表している．ある資産を，将来，充分なキャピタルゲインを獲得して再売却できることが期待されているならば，当該資産はその**ファンダメンタルズ** (fundamentals) を超えて過大に評価されるであろう．これが第一項がまさに意味していることである．

これを検討するために，常に P^{β_1} と評価される資産は，期待されるキャピタルゲインのみからリスク調整済み収益を生み出すことを示す．**伊藤の公式**から，

---

[4] 第 4 章第 4.3.A 節における「**等価リスク中立評価法**」に基づくアプローチも参照のこと．

次式が得られる．

$$d(P^{\beta_1})/P^{\beta_1} = \{\beta_1 P^{\beta_1-1} dP + \frac{1}{2}\beta_1(\beta_1-1)P^{\beta_1-2}\sigma^2 P^2 dt\}/P_1^{\beta}$$
$$= \{\beta_1\alpha + \frac{1}{2}\beta_1(\beta_1-1)\sigma^2\}dt + \beta_1\sigma\,dz$$
$$= \{r + (\mu-r)\beta_1\}dt + \beta_1\sigma\,dz$$
$$= \{r + \phi\beta_1\rho_{pm}\sigma\}dt + \beta_1\sigma\,dz$$

ここで，第三行目は β_1 が二次方程式 $\mathcal{Q}=0$ を満たすことから得られ，最終行は CAPM の式 (6.2) を用いることで得られる．この式から，P^{β_1} から得られる収益の標準偏差は，まさに P の標準偏差の β_1 倍となる．また，P^{β_1} と**市場ポートフォリオ**との共分散は，P と市場ポートフォリオとの共分散の β_1 倍となる．共分散と分散の双方ともが β_1 倍となっていることから，P^{β_1} と市場ポートフォリオとの相関係数は，P と市場ポートフォリオとの相関係数 ρ_{pm} に一致する．したがって，P^{β_1} のリスク調整済み収益率は $(r+\phi\rho_{pm}\beta_1\sigma)$ となり，まさに上式の最終行に現れている期待収益率に一致する[5]．

以降，本章においては，このような**投機的バブル**を認めないものとする．このときの事業の価値は，上式の積分によって得られた**ファンダメンタルな要素**のみが残されることになる．すなわち，

$$V(P) = P/\delta \tag{6.5}$$

6.1.D 投資オプションの評価

いったん事業の価値 V が現時点での価格 P の関数として表されれば，伊藤の公式を用いることで，P が従う拡散過程から V の拡散過程を得ることができる．したがって，原理的には，第 5 章の方法によって事業への投資オプションの価値 F を V の関数として得ることができることになる．しかしながら，V が従う確率過程のパラメーター (ドリフト係数と拡散係数) は一般的に非常に複

---

[5] β が**特性二次方程式**の根であるときに，P^β についての**リスク調整済み割引率**が P^β の期待増加率に等しくなることについては，第 4 章第 4.3.A 節においても，**等価リスク中立評価法**を用いて示されている．

雑な式となり，F と V との関係を表す微分方程式を解くことは困難である．より簡単な別のアプローチとしては，上記の $V(P)$ の解を最適行使閾値が満たすべき境界条件として用いることで，投資オプションの価値を価格の関数 $F(P)$ として求める方法がある．

ここでは，本章での単純な事業ケースを検討するために，この方法を採用することにする．以下では，再度，条件付請求権評価法の手順に従う．ここで，ポートフォリオは，投資オプションと $n = F'(P)$ 単位の生産物のショートポジションから構成される．これまでと同様の手順に従えば，読者は次式で表される微分方程式が得られることを確認できるであろう．

$$\frac{1}{2}\sigma^2 P^2 F''(P) + (r - \delta) P F'(P) - r F(P) = 0 \tag{6.6}$$

この式は，事業の価値に関する式 (6.3) に酷似しているが，このオプションには，もちろん配当も収入もない．この式は二次の同次線形方程式であるため，その解は一次独立な二つの解の線形和となる．すなわち，次式の形式となる．

$$F(P) = A_1 P^{\beta_1} + A_2 P^{\beta_2}$$

ここで，A_1 および A_2 は未知定数である．この解は，当該オプションを保有することが最適となる価格の範囲において有効である．生産物の価格が上昇すれば，投資がより魅力的になるため，その範囲はゼロから投資閾値 P^* までとなる．もちろん，P^* 自体も解の一部として今後決定される未知数である．したがって，ここでは，A_1, A_2 および P^* の三つの未知数が存在していることから，解を導くためには，三つの境界条件が必要となる．

ゼロの近傍における $F(P)$ の挙動は一つの境界条件となる．すなわち，P が極めて小さいとき，これが行使閾値 P^* にまで上昇する見込みは極めて僅かである．したがって，この極値においては，オプションはほぼ無価値になるはずである．P がゼロに近づくにつれて $F(P)$ がゼロに近づくようにするためには，P の負の累乗項の係数がゼロとならなければならない．すなわち，$A_2 = 0$ とならなければならない．

6.1 操業費用がかからない最も単純なケース

その他の二つの境界条件を得るために，P^* における $F(P)$ の挙動を検討することにする．この閾値においては，オプションを行使すること，すなわち，投資オプションの行使価格 (埋没費用) I を支払って，価値 $V(P)$ の資産 (事業) を得ることが最適になる．第 5 章と同様に，二つの境界条件がこれを決定する．一つ目は，オプションの価値がこれを行使することによって得られる事業の正味の価値に等しくなるということである．これは次式で表される**バリュー・マッチング条件**である．

$$F(P^*) = V(P^*) - I \tag{6.7}$$

二つ目は，$F(P)$ および $V(P) - I$ のグラフは P^* において接するということである．これは次式で表される**スムース・ペースティング条件**である．

$$F'(P^*) = V'(P^*) \tag{6.8}$$

$F(P)$ および $V(P)$ に具体的な関数形を代入すれば，バリュー・マッチング条件とスムース・ペースティング条件は次式のように表すことができる．

$$A_1(P^*)^{\beta_1} = P^*/\delta - I$$

$$\beta_1 A_1 (P^*)^{\beta_1 - 1} = 1/\delta$$

これらの式から次式が得られる．

$$P^* = \frac{\beta_1}{\beta_1 - 1} \delta I \tag{6.9}$$

参考までに，以下に A_1 の解についても示しておく．

$$A_1 = (\beta_1)^{\beta_1 - 1} I^{-(\beta_1 - 1)} / (\delta \beta_1)^{\beta_1} \tag{6.10}$$

式 (6.5) の関係を用いて，価格の閾値を価値の閾値で表せば，次式が得られる．

$$V^* = \frac{\beta_1}{\beta_1 - 1} I$$

この式はまさに第 5 章の式 (5.14) と同一である．すなわち，事業の価値とオプションの価値の双方を生産物の価格で表現しようとするアプローチから，事業の価値を直接的に導き出そうとするアプローチの結果と同じ結果が得られたことになる．この例においては，V は P の一定倍となっており，この二つのアプローチが等価であることを直接的に示すことは容易である．しかしながら，結果は全く一般的である．P は経済的により基礎的な変数であるため，一般に，P について分析を行うことが便利であることが後に分かるであろう．

第 5 章において強調した重要な点は，$V^* > I$，すなわち，投資を延期することのオプションの価値が，投資から得られる期待価値が費用を上回るか否かを示す投資行動の閾値を意味するということであった．これに対応する概念は，$P^*/\delta > I$ あるいは $P^* > \delta I$ で表わされている．したがって，δI は，投資のフロー等価費用 (単位時間あたり) と呼ぶことができる．すなわち，これは，期待価値によって投資費用を回収するために必要な，初期時点での収益水準である[6]．

第 5 章においては，V^* が I を超える比率，すなわち，「**オプション価値係数 (option value multiple)**」$\beta_1/(\beta_1 - 1)$ について詳細に検討した．そこでは，パラメーター r, σ および δ が様々な値をとるときの係数の値を計算した．ここではそのポイントを繰り返し述べる必要はないが，後に本章において新たに構築する，より一般的なモデルにおいても同様の計算を行う．

同様に，第 5 章においては，現存資産の価値とその再生費用との比率，すなわち V/I という意味で**トービンの q** を定義した．こう定義することによって，たとえ q が 1 を超えていたとしても，$\beta_1/(\beta_1 - 1)$ を下回る限り，投資が行われない可能性があるという，投資の延期がもたらす影響を解釈できるようになる．ここでも同様に，$q = P/(\delta I)$ と定義することで，同じ解釈を行うことができる．

---

[6] いま，価格における不確実性とトレンドを無視すれば，$\delta = r$ が得られ，フロー等価費用はまさに金利費用，すなわち投資相当額の**機会費用** rI となる．

6.1.E 動的計画法

もし，P のリスクが既存の資産によって複製できないならば，**無リスクポートフォリオ**を構築して，$V(P)$ に関する微分方程式を得ることができなくなる．第 4 章および第 5 章において説明したとおり，このような場合には，代わりに外生的に割引率 ρ を与える動的計画法が用いられることになる．しかしながら，そこでは CAPM を用いて，この割引率と，安全資産の収益率およびリスクの市場価格とを結びつけることはできない．以下に，動的計画法の手順を簡単に要約する．

時点 t における事業の価値は，微小期間 $(t, t+dt)$ における操業利益と，時点 $t+dt$ 以降に事業を継続することによって得られる価値の合計として表すことができる．すなわち，次式のように表される．

$$V(P) = P\,dt + \mathcal{E}[V(P+dP)e^{-\rho\,dt}]$$

伊藤の公式を用いて，この式の右辺を展開すると，次式が得られる．

$$V(P) = P\,dt + [\alpha P V'(P) + \frac{1}{2}\sigma^2 P^2 V''(P)]dt + (1-\rho\,dt)V(P) + o(dt)$$

ここで，$o(dt)$ は，dt よりも速くゼロに収束する項をまとめた項である．簡単のために，両辺を dt で除し，$dt \to 0$ としたときの極限をとると，次の微分方程式が得られる．

$$\frac{1}{2}\sigma^2 P^2 V''(P) + \alpha P V'(P) - \rho V(P) + P = 0$$

この式は，r が (任意の) 割引率 ρ に，そして，$(r-\delta)$ が α に置き換わっている点を除いて，前に導出した式 (6.3) とほぼ同一の式になっている．この方程式も同様の方法によって解くことができ，バブル解を認めなければ，$V(P) = P/(\rho - \alpha)$ が得られる．この式が経済的に有意であるためには，$\rho > \alpha$ とする必要がある．

第6章 事業の価値と投資決定

次に，投資オプションも同様に分析することができる．オプションが保持され続ける $(0, P^*)$ の範囲に P がある場合から分析を始めることにしよう．将来を直近の微小期間とそれ以降の期間に分割する．そして，前式と同様に展開し整理すると，次の微分方程式が得られる．

$$\frac{1}{2}\sigma^2 P^2 F''(P) + \alpha P F'(P) - \rho F(P) = 0$$

いま，次の**二次方程式**を考えてみよう．

$$\mathcal{Q} \equiv \frac{1}{2}\sigma^2 \beta(\beta - 1) + \alpha\beta - \rho = 0$$

$\rho > \alpha$ であるから，大きい方の解 β_1 は 1 を超えることになる．また，$\rho > 0$ であるから，もう一方の解 β_2 は負となる．したがって，オプションの価値に関する解は，$F(P) = A_1 P^{\beta_1}$ という関数形をとる．ここで A_1 は未知定数である．

最後に，P^* における $F(P)$ と $V(P)$ に関するバリュー・マッチング条件とスムース・ペースティング条件を用いる．そこで得られる結果は，次式のように式 (6.9) に類似した式となる．

$$P^* = \frac{\beta_1}{\beta_1 - 1}(\rho - \alpha)I$$

以降，本章では，ほとんどのケースにおいて複製可能性を仮定して条件付請求権法を用いることとし，代わりに動的計画法が用いられたときにどのような点が修正されるかについては読者への課題とする．なお，説明を充実させたり簡単にするために，逆のアプローチをとることもある．

6.2 操業費用と一時的操業停止

ここで，再度，**生産物の価格**が式 (6.1) の**幾何ブラウン運動**に従うものとしよう．ここで，α, σ, μ および $\delta \equiv \mu - \alpha$ はいずれも定数である．もし，事業に投資するオプションが行使されようとしているならば，$\mu > \alpha$ あるいは $\delta > 0$ となる必要がある．ここでは，この条件が満たされているものと仮定する．また，事業の操業には**フロー費用** (flow cost) C を伴うが，P が C を下回るときに

は費用を伴わずに一時的に操業を停止することができ，また，その後，P が C を上回るようになれば費用を伴わずに操業を再開できるものと仮定する．したがって，どの時点においても，この事業からの**利益**は次式で表される．

$$\pi(P) = \max[P - C, 0] \tag{6.11}$$

McDonald and **Siegel** (1985) では，こうした事業についての別の見方が示されている．それは，事業の所有者に無限のオプション集合が与えられているという考え方である．時点 t におけるオプションとは，もしこれが行使されるならば，その瞬間において生み出される P を受け取るために C を支払うことを意味する．各オプションは各々定められた時点においてのみ行使することができるため，これらは**ヨーロピアンコールオプション** (European call option) として捉えることができる[7]．そこでは，こうしたオプションの価値を評価し(標準的な**ブラック=ショールズ公式**が用いられる)，その値を t について積分して合計すれば，事業の価値を評価することができることも示されている．ただし，後に，P に依存する単純な条件付請求権として事業を評価することの方が容易であることが分かる．以降では，前と同様の手順にしたがって $V(P)$ を導出し，その後，投資オプションの評価問題に立ち戻ることにする．

6.2.A 事業の価値

再度，事業 1 単位と，P を複製する資産のショートポジション $n = V_P(P)$ 単位から構成されるポートフォリオについて検討することにしよう．微小期間 $(t, t + dt)$ において，このポートフォリオの保有者は，当該時点での操業オプションを行使することができる．$P > C$ であれば，操業オプションは利益をもたらし，得られる利益は $\pi(P) = \max(P - C, 0)$ となる．このポートフォリオに関するその他の側面 (キャピタルゲインや，ショートポジションをとることによる配当の支払いなど) については，前述のとおりである．したがって，事

---

[7] **ヨーロピアン・オプション** (European option) は，満期時においてのみ行使可能である．一方，**アメリカン・オプション** (American option) では，満期までの任意の時点 (満期時を含む) で行使可能である．

業の価値に関する微分方程式は次式のように表される．

$$\frac{1}{2}\sigma^2 P^2 V''(P) + (r-\delta)PV'(P) - rV(P) + \pi(P) = 0$$

これは通常の手法で解くことができる．これまでと全く同様に，同次項の部分は二つの独立な解 P^{β_1} および P^{β_2} を持つ．唯一の新たな特徴は，非同次項の部分，すなわち強制関数 (forcing function) の $\pi(P)$ が $P > C$ の場合と $P < C$ の場合で異なって定義されることである．このため，この方程式は $P > C$ と $P < C$ で場合分けして解く必要がある．また，$P = C$ では，双方の解は一致する．

$P < C$ の領域においては，$\pi(P) = 0$ となることから，方程式の同次項の部分のみが残ることになる．したがって，その一般解は，次式のように，二次方程式の二つの根を累乗に持つ二つの解の線形和となる．

$$V(P) = K_1 P^{\beta_1} + K_2 P^{\beta_2}$$

ここで，K_1 と K_2 は未知定数である．$P > C$ の領域においては，同次項の部分の解の線形和に，方程式全体の特殊解を加えたものが解となる．いま，$(P/\delta - C/r)$ がこの方程式を満たすことは，代入してみれば容易に示される．したがって，$P > C$ の領域における解は次式のとおりとなる．

$$V(P) = B_1 P^{\beta_1} + B_2 P^{\beta_2} + P/\delta - C/r$$

ここで，B_1 と B_2 は未知定数である．

これらの解については，以下のように経済的な解釈を行うことができる．$P < C$ の領域においては，操業は停止されるため，事業は何の利益も生み出さない．しかしながら，将来のある時点で，生産物の価格が $P > C$ の領域に上昇する可能性がある．そうなったときには，操業が再開され，事業は利益を生み出すことになる．したがって，$P < C$ のとき，事業の価値 $V(P)$ は，このような将来の利益の期待現在価値を表しているに過ぎない．

次に，$P > C$ の領域について検討する．たとえ収入が C を下回る状況であっても，企業が事業の操業を永遠に継続しなければならない場合を想定してみよ

う．このような事業の正味の価値はどの程度の大きさになるだろうか？収入の期待値は増加率 α で増加し，適切なリスク調整済み収益率 μ で割り引かれることになる．したがって，事業の期待現在価値は $P/(\mu-\alpha) = P/\delta$ となる．確実に生じる一定の費用 C は安全資産の収益率 r で割り引かれ，その現在価値は C/r となる．この事業の正味の価値 $(P/\delta - C/r)$ は上記の解の最後の二項を構成している．この特殊解では，損失が発生しても操業を継続することに何の条件も課していないため，他の二項が，P が C を下回ったときに**操業を停止するオプションの価値**を表すものとなっている．

解に含まれる定数については，双方の領域の境界を検討することによって決定される．まず，$P < C$ の領域について検討する．P が非常に小さい値になるとき，遠い将来のことを考慮しなければ，この値が C を上回るまで増大することはほとんどありえないであろう．したがって，将来の利益の期待現在価値，すなわち，事業の価値はゼロに近いものとなる．しかしながら，β_2 が負であるため，P をゼロに近づけていけば，P^{β_2} は無限大に発散してしまう．したがって，この項に係わる定数 K_2 はゼロにならなければならない．次に，$P > C$ の領域について検討する．P が非常に大きな値となるとき，遠い将来のことを考慮しなければ，操業を停止するオプションが行使される可能性は極めて低くなり，このオプションの価値はゼロになる．このため，$B_1 = 0$ とすることによって，P の正の累乗項が消去されることになる[8]．したがって，残る項は次式のとおりとなる．

$$V(P) = \begin{cases} K_1 P^{\beta_1} & \text{if } P < C \\ B_2 P^{\beta_2} + P/\delta - C/r & \text{if } P > C \end{cases} \quad (6.12)$$

しかしながら，この式にはまだ二つの定数が残されている．そこで，これらを決定するために，双方の領域の境界である $P = C$ の点について検討する．P が従うブラウン運動はこの境界をまたがって自由に拡散することができることから，事業の価値を表す関数は，この境界において不連続に変化してはな

---

[8] これらの議論においては，これまでと同様に，**投機的バブル**を認めていないことに注意する必要がある．

らない．実際，解である $V(P)$ は C について連続かつ微分可能でなければならない．これを理解する上での議論については，**Dixit** (1993a, 3.8 節) を参照のこと．また，これに関する厳密な証明については，**Karatzas** and **Shreve** (1988, 定理 4.4.9) を参照のこと．さて，C における二領域における解の値と微分係数をそれぞれ等しいとおくと，次式が得られる．

$$K_1 C^{\beta_1} = B_2 C^{\beta_2} + C/\delta - C/r$$

$$\beta_1 K_1 C^{\beta_1 - 1} = \beta_2 B_2 C^{\beta_2 - 1} + 1/\delta$$

これらは未知数 K_1 および B_2 に関する二元一次連立方程式となっているため，次式で表される解を容易に得ることができる．

$$K_1 = \frac{C^{1-\beta_1}}{\beta_1 - \beta_2}\left(\frac{\beta_2}{r} - \frac{\beta_2 - 1}{\delta}\right) \tag{6.13}$$

$$B_2 = \frac{C^{1-\beta_2}}{\beta_1 - \beta_2}\left(\frac{\beta_1}{r} - \frac{\beta_1 - 1}{\delta}\right) \tag{6.14}$$

K_1 の項は，将来における操業再開オプションから得られる期待利益を表しており，B_2 の項は，将来の操業停止の価値を表していることから，二つの定数はいずれも正とならなければならない．したがって，次式が成立している必要がある．

$$r > \beta_1(r - \delta) \quad \text{and} \quad r > \beta_2(r - \delta)$$

これらを確認するために，まず，二次形式 $\mathcal{Q}(\beta)$ を $\beta = r/(r-\delta)$ で評価してみよう．ここからは，次式が得られる．

$$\mathcal{Q}(r/(r-\delta)) = \frac{1}{2}\sigma^2 r\delta/(r-\delta)^2 > 0$$

したがって，$r/(r-\delta)$ は，大きい方の根 β_1 の右側か，小さい方の根 β_2 の左側のどちらかに位置することになる．まず，$r > \delta$ のときには，$r/(r-\delta) > 0$ となることから次式が得られる．

$$r/(r-\delta) > \beta_1 > \beta_2$$

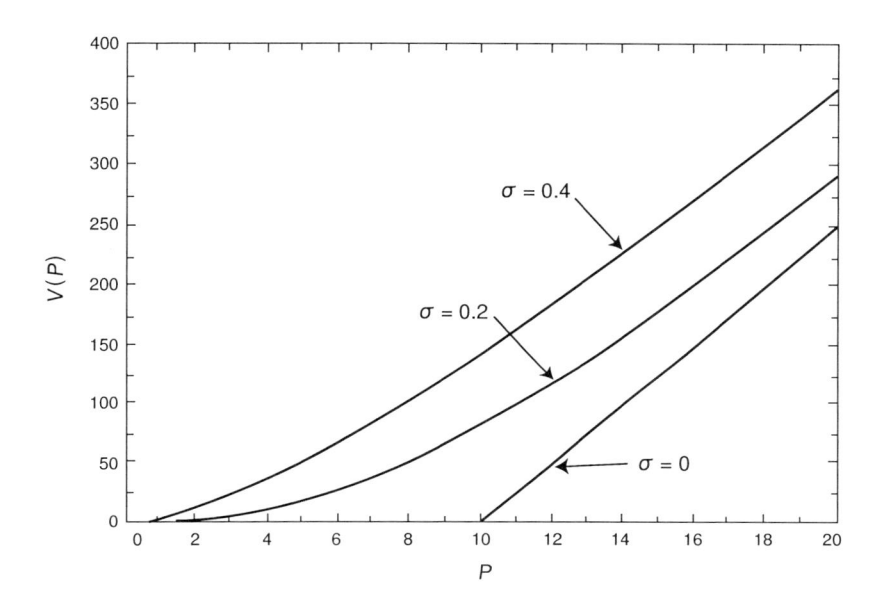

図 6.1 事業の価値 $V(P)$ ($\sigma = 0, 0.2, 0.4$) (注：$r = \delta = 0.04$ および $C = 10$)

次に，$r < \delta$ のときには，$r/(r-\delta) < 0$ となる．したがって，次式が得られる．

$$r/(r-\delta) < \beta_2 < \beta_1$$

この両辺に負の値である $(r-\delta)$ を乗ずると，不等号が逆になることから，ここでも所要の結果が得られる．

数値例を用いてこの結果を示しておくことは有益であろう．特に明示しない限り，$r = \delta = 0.04$ および $C = 10$ とする．**図 6.1** においては，$\sigma = 0, 0.2, 0.4$ のときの $V(P)$ が P の関数として示されている．$\sigma = 0$ のときには，将来，P が上昇する可能性はないため，この場合，$P < 10$ のとき事業による生産は行われない（あるいは事業は価値を有さない）．$P > 10$ のときには，$V(P) = (P-10)/0.04 = 25P - 250$ となる．しかしながら，$\sigma > 0$ であっても，$P > 0$ である限り，事業は何らかの価値を有する．これは，現時点で企業が生産を行っていなくても，将来おいて生産が行われる可能性があるためである．

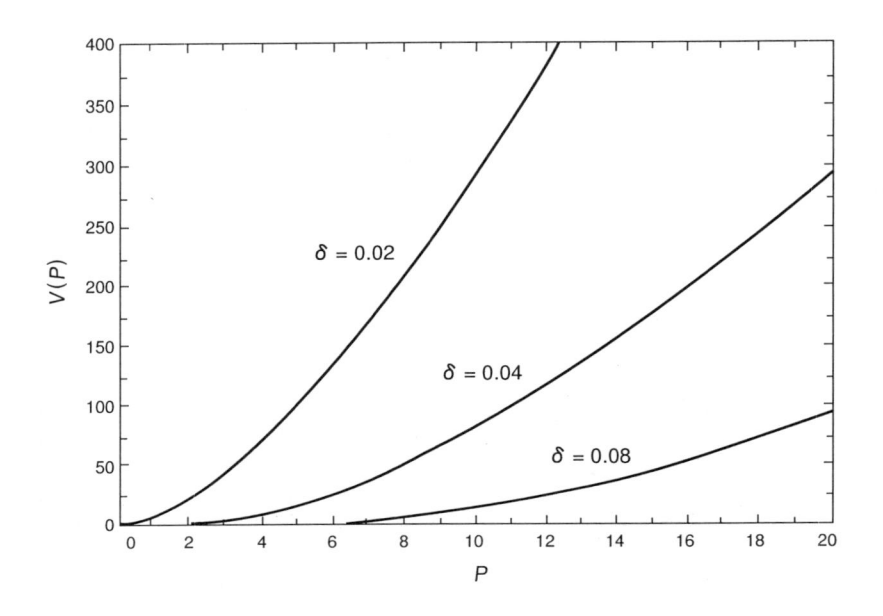

図 6.2 事業の価値 $V(P)(\delta = 0.02, 0.04, 0.08)$ (注:$r = 0.04, \sigma = 0.2$ および $C = 10$)

また,将来の利益の下限値はゼロまでに限定されている一方で,上限値には限定がないため,σ が増大すれば,期待将来利益が増大し,これに伴って $V(P)$ も増大することになる.

図 6.2 においては,$\sigma = 0.2$ および $\delta = 0.02, 0.04, 0.08$ のときの $V(P)$ が示されている.リスク調整済み割引率がどのような値であっても,δ が増大すれば,期待価格評価値は減少し,したがって,事業の価値も減少することになる.

6.2.B 投資オプションの価値

いまや事業の価値 $V(P)$ は既知であるため,当該事業の投資オプションの価値 $F(P)$ と**最適投資基準**を導出することができる.P は式 (6.1) の幾何ブラウン運動に従うため,前節と同じ手順によって投資オプションの価値は次式で表

されることが分かる.

$$F(P) = A_1 P^{\beta_1} + A_2 P^{\beta_2}$$

$P=0$ は**吸収壁**であるため,$F(0)=0$ となり,$A_2=0$ となることが分かる.**最適行使時点** (optimal exercise point)P^* においては,式 (6.12) から $F(P)$ と $V(P)$ とを結びつける**バリュー・マッチング条件**と**スムース・ペースティング条件**が成立する.もちろん,$P<C$ の領域においては,オプションは行使されない.このときには,一定期間だけ事業を停止させておくために,投資費用 I を投入する理由はどこにもないからである.このことは,以下のように理論的に確認することができる.$A_1 P^{\beta_1}$ は,$K_1 P^{\beta_1} - I$ とバリュー・マッチング条件およびスムース・ペースティング条件を満たさない.このため,式 (6.12) のうち,操業領域 $(P>C)$ における $V(P)$ の解が用いられることになる.このときのバリュー・マッチング条件とスムース・ペースティング条件は次式で与えられる.

$$A_1(P^*)^{\beta_1} = B_2(P^*)^{\beta_2} + P^*/\delta - C/r - I \tag{6.15}$$

$$\beta_1 A_1 (P^*)^{\beta_1 - 1} = \beta_2 B_2 (P^*)^{\beta_2 - 1} + 1/\delta \tag{6.16}$$

ここで,B_2 は (6.14) 式から既知であり,(6.15) 式および (6.16) 式の連立方程式は A_1 および P^* について解くことができる.A_1 を消去すれば,投資閾値に関する次式を得る.

$$(\beta_1 - \beta_2) B_2 (P^*)^{\beta_2} + (\beta_1 - 1) P^*/\delta - \beta_1 (C/r + I) = 0 \tag{6.17}$$

数値計算によって容易に解くことのできる式 (6.17) から,最適投資基準を導くことができる.読者は,第一に,式 (6.17) の P^* の解として,マーシャルの総費用 (操業費用+投資の資本費用に係わる金利) である $(C + rI)$ よりも大きい正の解が唯一存在することを確認することができる.そして第二に,$V(P^*) > I$ であるため,投資が最適になる前に事業の純現在価値はゼロを超えることになることを確認することができる.

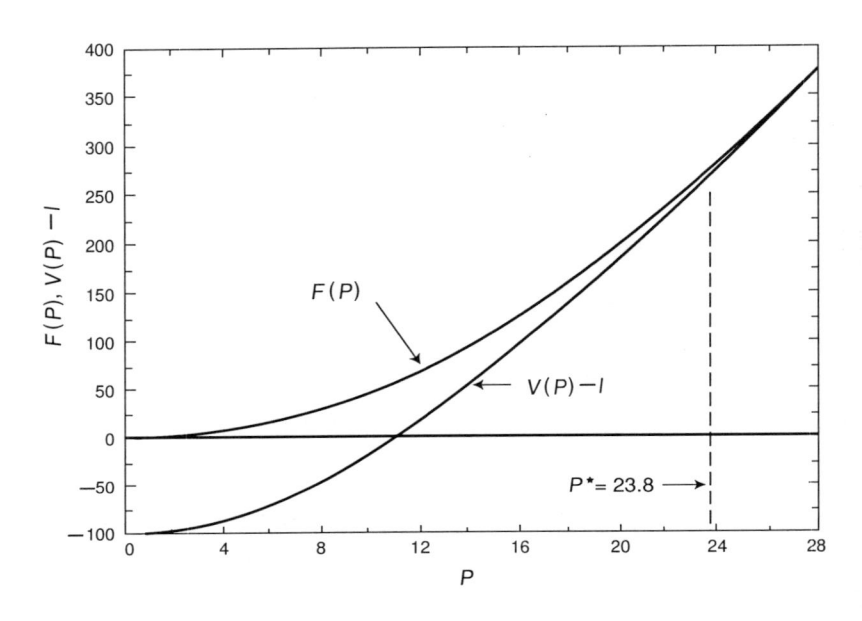

図 **6.3** 投資機会の価値 (value of investment opportunity)($F(P)$ および $V(P) - I$)
(注：$r = \delta = 0.04, \sigma = 0.2$ および $I = 100$)

ここで再び数値例に戻り，$r = \delta = 0.04, \sigma = 0.2$ および $I = 100$ のときの $F(P)$ および P^* の解を**図 6.3** に図示する．この図には，$F(P)$ と $V(P) - I$ が示されている．ここで，**バリュー・マッチング条件**からは P^* が $F(P^*) = V(P^*) - I$ を満たすこと，**スムース・ペースティング条件**からは P^* はこの二曲線の接点に位置することを思い出してもらいたい．

ここで，σ あるいは δ が変化したときに，これらの曲線がどのようにシフトするかを検討することにしよう．前述のとおり，σ が増大すると任意の P について $V(P)$ が増大することが分かっている．(既に説明したように，事業は将来の生産に関するコールオプションの集合として捉えることができ，価格の変動が増大すれば，これらのオプションの価値も増大する．) しかしながら，σ の増大によって事業の価値は増大するものの，投資が最適となる**臨界価格** (critical price) もまた増大することになる ($\partial P^*/\partial \sigma > 0$)．その理由は，任

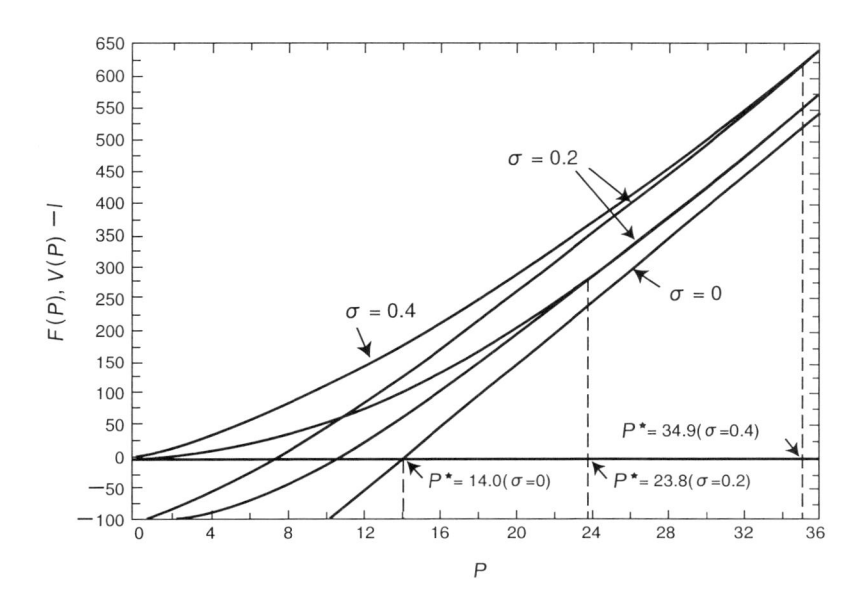

図 6.4 投資機会の価値 ($\sigma = 0, 0.2, 0.4$ のときの $F(P)$ および $V(P) - I$)

意の P について，投資オプションの価値 (すなわち，投資の機会費用) である $F(P)$ は，$V(P)$ よりも大きくなるためである．したがって，第 5 章で構築した簡単なモデルでの結果と同様に，不確実性の増大は投資の減少を招く．このことは，$\sigma = 0, 0.2, 0.4$ のときの $F(P)$ および $V(P) - I$ を示した**図 6.4** に示されている．$\sigma = 0$ のとき，事業の価値がその費用である 100 にちょうど等しくなる臨界価格は 14 となる．そして σ が増大するにつれて，$V(P)$ と $F(P)$ はともに増大する．例えば，$\sigma = 0.2$ のときの P^* は 23.8 であり，$\sigma = 0.4$ のときの P^* は 34.9 である．

δ が増大することによっても，企業が投資を行う臨界価格 P^* は増大する．そこでは二つの相反する影響が生じる．δ が増大することによって P の期待増加率が減少すれば，将来の生産に係わるオプションは価値を失っていき，その結果として $V(P)$ は減少することになる．また同時に，投資を延期することの機会費用も増大するため (すなわち，$F(P)$ の期待増加率は減少するため)，

第 6 章 事業の価値と投資決定

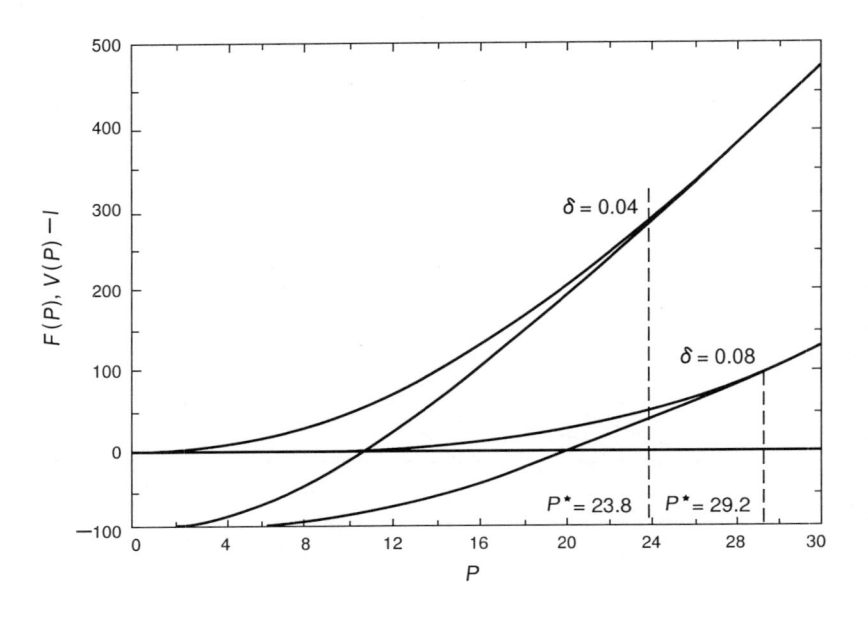

図 6.5 投資機会の価値 ($\delta = 0.04, 0.08$ のときの $F(P)$ および $V(P) - I$)

投資オプションを保持し続けるよりも，これを行使することのインセンティブがより強くなる．これらの影響のうち，支配的な影響は前者であり，δ の増大は P^* の増大をもたらすことになる．このことは，$\delta = 0.04, 0.08$ のときの $F(P)$ および $V(P) - I$ を示した**図 6.5** に示されている (いずれの場合でも，$r = 0.04, \sigma = 0.2$ である)．ここでは，δ が増大するとき，$V(P)$ および $F(P)$ は急激に減少し，両者の接点 P^* は右側にシフトする．

この結果は，一見，第 5 章の簡単なモデルから得られた結果と相反するように見えるかもしれない．ここで，第 5 章のモデルにおいては，δ が増大すると，事業の価値の臨界値 V^* は減少した．しかしながら，このモデルでは δ が増大するときに P^* が増大する一方で，対応する事業の価値 $V(P^*)$ は減少する．このことは，$\delta = 0.04, 0.08$ のときの P^* を σ の関数として示した**図 6.6**，および $V(P^*)$ を示した**図 6.7** から確認することができる．例えば，もし σ が 0.2 であって，δ が 0.04 から 0.08 に増大するとき，P^* は 23.8 から 29.2 に増大する

6.2 操業費用と一時的操業停止

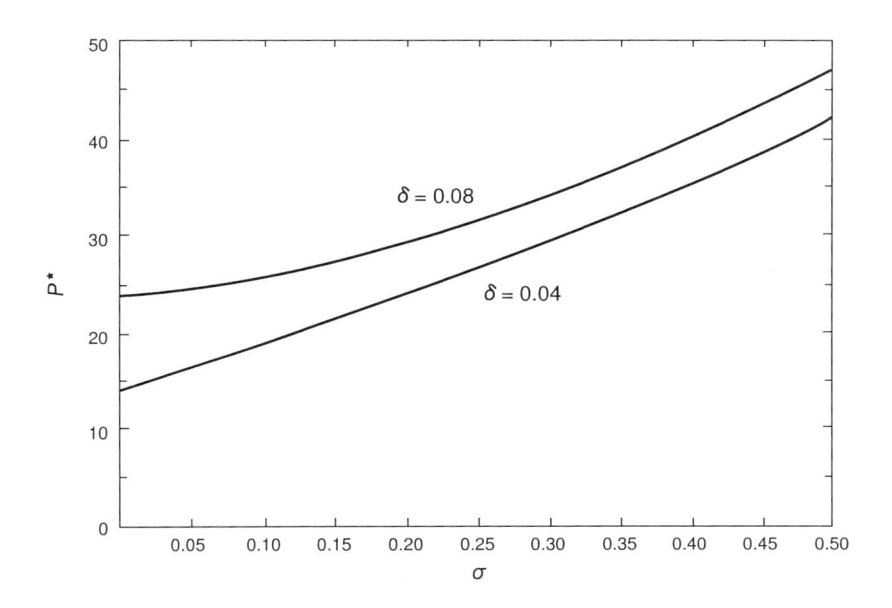

図 6.6 $\delta = 0.04, 0.08$ のときの，σ の関数としての臨界価格 P^*

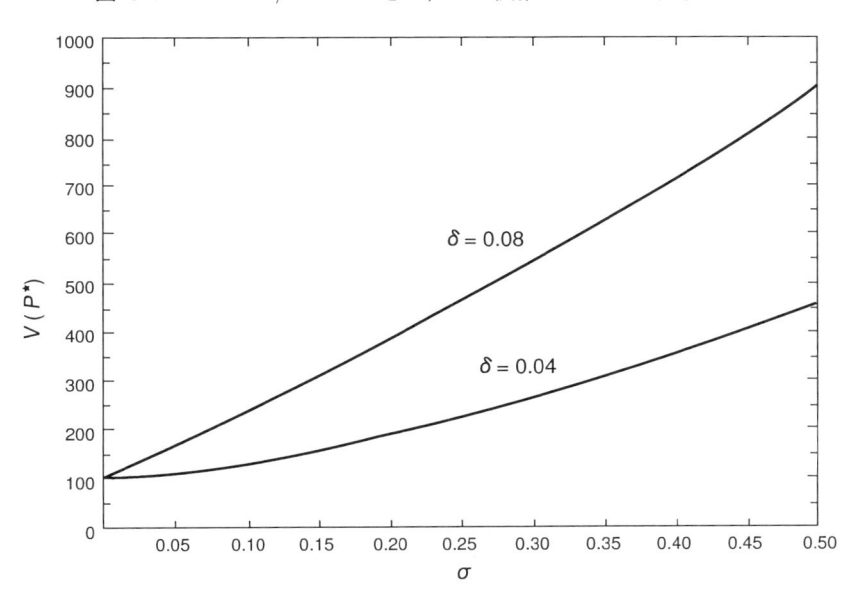

図 6.7 $\delta = 0.04, 0.08$ のときの，σ の関数としての $V(P^*)$

が，P^* がいくら増大したとしても V は減少する．したがって，簡単なモデルにおいて示されたとおり，$V^* = V(P^*)$ は δ とともに減少していくことになる．

6.3 生産量が変動する事業

本章の基本モデルは様々な方向に拡張あるいは一般化することができる．その一つは，生産物の価格が従う確率過程をより一般的なものにすることである．例えば，第5章で検討した**平均再生過程**やさらに一般的な伊藤過程などが挙げられる．このように一般化することで生じる唯一の差異は，事業の価値とオプションの価値に関する微分方程式における係数がさらに複雑な P の関数になることである．このようなケースでは，通常，解の導出に数値計算法を用いなければならない．このような計算を行っても，経済学的に新しい一般的な知見は得られないことから，ここではこうした方向性でのモデルの拡張は取り扱わない．

これとは異なる方向でモデルを拡張することは検討に値する．ここでは，いったん事業が完成すれば，各時点で労働力や原材料などの投入量を変化させることによって，**操業を柔軟に行う** (flexibility of operation) ことができる単一の事業を想定する．このような事業では，事業期間を通じた不可逆なコミットメントは求められない．よって，任意の時点における最適投入量は，当該時点における生産物の価格に依存することになり，当該事業は右肩上がりの供給曲線を持つことになる．その結果，事業から得られる利益は生産物の価格に依存することになる．そして，企業の投資決定も生産物の価格から影響を受けることになる．以下では，このことを詳細に検討する．

いま，操業に係わる変数 (例えば，労働力や中間投入財の量など) を任意の時点において選択できるものとする．ここでは，これらの変数をベクトル v で表すことにする．これらが投入されることによって，生産物は生産関数 $h(v)$ にしたがって生産されると同時に，可変費用 $C(v)$ が発生することになる．企業は，操業利益を最大化するよう v の最適選択を行う．これについては，次式のように表される**即時的な利潤関数** (instantaneous profit function) によって結果を

捉えることができる．

$$\pi(P) \equiv \max_v [Ph(v) - C(v)] \tag{6.18}$$

第 6.2 節では，任意の時点において，企業が操業を行うか否かの単純な二者択一を行う基本モデルを検討した．このような選択は，より一般化した本節のモデルにおける特殊ケースとして考えることができる．すなわち，変数 v が 0 と 1 の二値のみをとるものとしよう．前者は**操業停止**状態に対応し，後者は操業状態に対応する．そうすると，この特殊ケースは次のように定式化することができる．

$$v = 1 \text{ のとき}, \quad h(v) = 1, \quad C(v) = C$$
$$v = 0 \text{ のとき}, \quad h(v) = 0, \quad C(v) = 0$$

このとき，$\pi(P) = \max[P - C, 0]$ とおけば，第 6.2 節で構築したモデルを得ることができる．よく知られている別の例として，生産関数に**コブ＝ダグラス型生産関数** (Cobb-Douglas production function) を用いることが考えられる．いま，v をスカラーであるとし，

$$h(v) = v^\theta, \qquad 0 < \theta < 1$$

とする．ここで，投入財の価格を定数 c とおくことによって，生産物の価格の不確実性に検討の焦点を絞ることにする．（なお，本章の最終節においては，価格と費用の双方の不確実性を考慮した例を分析する．）これにより，即時的な利潤最大化から，**投入財の需要関数** (input demand function) として，

$$v = [\theta P / c]^{1/(1-\theta)}$$

が得られ，生産物の**即時的な供給関数** (instantaneous supply function) として，

$$h(v) = [\theta P / c]^{\theta / (1-\theta)}$$

が得られる．なお，投入財を複数の種類に一般化することは困難ではなく，式もほとんど同一形式で表されることになる．

投入財の量を最適に選択したときの利潤は次式のとおりとなる.

$$\pi(P) = (1-\theta)(\theta/c)^{\theta/(1-\theta)} P^{1/(1-\theta)} \tag{6.19}$$

表記を簡潔にするために,これを $\pi(P) = KP^\gamma$ と表す.ここで,$\gamma = 1/(1-\theta) > 1$ である.

最大化された利益 $\pi(P)$ の式における P の累乗は 1 を超えているため,$\pi(P)$ は P の凸関数である.これは,標準的な「**双対性 (duality property)**」を有することを意味している.これについては,**Dixit** (1990) あるいは **Varian** (1991) を参照のこと.直観的には次のように理解できる.まず,任意の時点において,操業に係わる投入財の投入量を変動させなければ,生産量は一定となり,収入や利益は生産物の価格 P に比例して変化することになる.次に,任意の時点において,投入財の投入量を変動させることができれば,投入量を最適に選択することによって,P の増大局面では,利益の増大を P の上昇率よりも大きく伸ばすことができ,P の減少局面では,利益の減少を P の減少率よりも小さく抑えることができるはずである.このため,$\pi(P)$ が凸関数になるのである.これは,不確実性が投資に及ぼす影響についての重要な関係である.

次に,**事業の価値**,すなわち,連綿と続く操業オプションの全体の価値を導出することにする.各時点におけるオプションは,P の変化に伴って v を選択しつつ行使されることになる.ただし,各時点において,生産に係わる費用を一定であるとすれば,P が操業停止の分岐点 (有名な**マーシャルの最小平均費用** (Marshallian minimum average cost)) を下回る可能性があったかもしれない.

ここでも,生産物の価格は式 (6.1) の幾何ブラウン運動に従うものと仮定することにしよう.そうすると,これまでと同じ手順にしたがって,次式のとおり,事業の価値に関する微分方程式が得られる.

$$\frac{1}{2}\sigma^2 P^2 V''(P) + (r-\delta)PV'(P) - rV(P) + KP^\gamma = 0 \tag{6.20}$$

この式の同次項はこれまでの式と同じであるが,非同次項は異なっている.そこで,$K_1 P^\gamma$ の形式で表される特殊解を導出してみる.これを上式に代入し,

K_1 について解くと，次式で表される解が得られる．

$$KP^\gamma / [r - (r-\delta)\gamma - \frac{1}{2}\sigma^2\gamma(\gamma-1)]$$

この式は複雑に見えるかもしれないが，適切なリスク調整済み割引率を用いて利益 KP^γ の期待現在価値を算出したものであると経済的に解釈することができる．これは，第 4 章第 4.3.A 節において述べた**等価リスク中立評価法**の適用例としても捉えることができる．これは，P が従う確率過程の増加率を $(r-\delta)$ に置き換えれば，割引率として安全資産の割引率を適用できるということである．以上から，将来の任意の時点 t において，P_t が対数正規分布となるという結果を用いると次式が導かれる．

$$\mathcal{E}'[K(P_t)^\gamma] = KP^\gamma \exp\{[\gamma(r-\delta) - \frac{1}{2}\sigma^2\gamma(\gamma-1)]t\}$$

ここで，P は初期時点での生産物の価格であり，$\mathcal{E}'$ はこの新しい確率過程に関する期待値を表す演算子である．この両辺に e^{-rt} を乗じて積分すれば，前式の現在価値を求めることができる．

この結果をより直接的に検討するために**伊藤の公式**を用いると，P^γ の期待増加率 α' は次式のように表すことができる．

$$\alpha' = \mathcal{E}[dP^\gamma]/P^\gamma = \{\gamma P^{\gamma-1}\mathcal{E}[dP] + \frac{1}{2}\gamma(\gamma-1)P^{\gamma-2}\sigma^2 P^2\,dt\}/P^\gamma$$
$$= \{\gamma\alpha + \frac{1}{2}\gamma(\gamma-1)\sigma^2\}dt$$

第 6.1.C 節においては，P の任意の累乗に対応するリスク調整済み割引率を算出した．その式を用いれば，P^γ に比例する収益に関する収益率 μ' は次式のとおりとなる．

$$\mu' = r + \gamma(\mu - r)$$

したがって，P^γ の**収益不足率**あるいは**コンビニエンスイールド**は次式で表さ

れることになる.

$$\begin{aligned}\delta' &= \mu' - \alpha' \\ &= r - (r-\delta)\gamma - \frac{1}{2}\sigma^2\gamma(\gamma-1)\end{aligned} \quad (6.21)$$

これを用いると,特殊解はリスク調整済み割引率を用いて算出される収益の期待現在価値 KP^γ/δ' となる.

ここでもバブル解を認めずに,事業の価値がファンダメンタルズに等しいとおけば,次式が得られる.

$$V(P) = KP^\gamma/\delta' \quad (6.22)$$

この式が経済学的に有意になるためには,$\delta' > 0$ とする必要がある.これについては,別の視点から捉えることができる.すなわち,δ' を γ で評価した特性二次方程式の値のマイナスとして捉えることができる.したがって,$\delta' > 0$ であるためには,$\mathcal{Q}(\gamma) < 0$ である必要がある.そうなると,γ の値はこの二次方程式の二つの根の間に位置していなければならないことになる.特に,$\gamma < \beta_1$ とならなければならない.また,β_1 の値も,**コブ=ダグラス型生産関数**における変数の累乗に係わる制約条件から,$\theta < (\beta_1 - 1)/\beta_1$ を満たさなければならない.オプションの価値に関する解は,これまでと同様の形式となり,次式で表される.

$$F(P) = A_1 P^{\beta_1}$$

最後に,バリュー・マッチング条件とスムース・ペースティング条件である,

$$F(P^*) = V(P^*) - I, \quad F'(P^*) = V'(P^*)$$

は次式のように解くことができ,投資を誘引する価格の閾値 P^* の特性が明確化される.

$$\frac{K(P^*)^\gamma}{\delta'} = \frac{\beta_1}{\beta_1 - \gamma} I \quad (6.23)$$

この式は，左辺に示されている収益の期待現在価値が，「**オプション価値係数**」$\beta_1/(\beta_1-\gamma)$ 倍だけ投資費用を上回っていなければならないことを意味している．ここで設定されている条件 $\beta_1 > \gamma > 0$ の下では，上記の係数は 1 を超えることになる．

ここで，不確実性が投資に及ぼす影響を検討してみることにしよう．ここでは，これまでと同様に，δ を σ とは独立なパラメーターとしてみなすことにする．σ の増大がもたらす影響の一つは既知である．すなわち，σ の増大は β_1 の減少を通じて係数 $\beta_1/(\beta_1-\gamma)$ の増大をもたらす．このことは，P^* の増大に寄与する．すなわち，変動性が増大すれば，投資オプションの価値は増大し，投資を実施する上での収益性の閾値も増大することになる．しかしながら，ここでは，もう一つの影響があることを示す．すなわち，δ を一定に保ちつつ，σ を増大させると，式 (6.21) から δ' が減少することが分かる．式 (6.23) は，これが P^* の減少をもたらし，投資の促進に寄与することを意味している．

不確実性に係わるこの新たな側面は，価格に対する利益の凸性によるものである．より将来について検討すれば，価格の分布に関する分散は増大する．**ジェンセンの不等式** (Jensen's inequality) から，凸関数の期待値は増大することが分かっている．**伊藤の公式**はこれを詳細に示している．すなわち，利益の期待増加率の式において，$(1/2)\sigma^2\gamma(\gamma-1)$ という追加的な項が存在していることから，σ が増大すると，利益の期待現在価値が増大し投資の促進がもたらされることになる．投資に及ぼすこの「Jensen の不等式効果」は，第 11 章において再び現れることになる．

6.4　減耗

これまで，投資がいったん行われれば，事業は永久に存続するものと仮定してきた．しかし，実際には，物理的な減耗や**技術の陳腐化** (technological obsolescence) が事業の存続期間を有限なものとする．これは，時間の経過や資本の利用，競合する技術の発展を通じた資本の減耗を意味する．こうした側面

を考慮するために分析の枠組みを修正することは，式がある程度複雑になるものの，原理的には困難なことではない．本節では，経済理論において一般に用いられる比較的簡単な減耗パターンを導入する際に，こうした修正をいかに行うかを示すことにする．

減耗は，本書における投資の「リアル・オプション」アプローチに概念的な関連性を有している．**減耗事業** (depreciating project) への投資機会は時の経過とともに価値を失っていくため，減耗を考慮すると，これまで強調してきた問題の重要性は小さくなるのではないかという見方もあるかもしれない．しかしながら，以下の分析では，そうした直観については慎重に解釈しなければならないことを示す．ある行為を実行に移すことに関するオプションの価値は，当該行為の不可逆性の度合いに依存する．これは，事業の存続期間の見込みだけでなく，当該事業の減却後に活用可能な機会が残されるか否かにも依存する．

6.4.A 指数関数的減耗

ここでは，分析の便宜上の理由から，経済理論において最もよく仮定される形態の**減耗**から検討を始めることにする．いま，事業の存続期間は確率変数であり，**ポアソン過程**に従うものとする．任意の時点 T において，事業がこの時点まで存続しているときに，続く微小期間 dT の間に事業が減却する確率は λdT となる．事業の開始時点からみて，時点 T より前に事業が減却する確率，あるいは確率変数である事業の存続期間 T の累積確率分布関数は，$1 - e^{-\lambda T}$ であり，対応する T の確率密度関数は $\lambda e^{-\lambda T}$ である．

ここで，事業の存続期間中に，当該事業によって毎年 1 単位の生産物が可変費用を伴わずに生産されるものと仮定する．初期時点での生産物の価格を P とし，その後の価格の変動経路 P_t が増加率 α を伴う幾何ブラウン運動に従うものとする．また，P に対応するリスク調整済み割引率を μ とする．

もし，事業がちょうど T 年間だけ存続するならば，その利益の期待現在価値

は次式で表される．

$$\mathcal{E}\int_0^T e^{-\mu t}P_t\,dt = \int_0^T Pe^{\alpha t}e^{-\mu t}\,dt$$
$$= P[1-e^{-(\mu-\alpha)T}]/(\mu-\alpha)$$
$$= P[1-e^{-\delta T}]/\delta$$

ここでも，これまでと同様に，$\mu - \alpha = \delta$ と表わす．δ は P に係わるリスクを複製する，取引資産の収益不足率あるいはコンビニエンスイールドである．いま，ポアソン過程に従う事業の存続期間の確率密度関数を用いると，次式のように，**事業の期待価値**を求めることができる．

$$V(P) = \int_0^\infty \lambda e^{-\lambda T} P \frac{1-e^{-\delta T}}{\delta} dT$$
$$= \frac{\lambda P}{\delta}\left[\frac{1}{\lambda} - \frac{1}{\lambda+\delta}\right]$$
$$= P/(\lambda+\delta)$$

事業が永久に存続するとみなすことは，形式的には可能であるが，その場合，将来の利益を割り引く割引率については，ポアソン死滅パラメーターを加えることにより μ から $\mu+\lambda$ に増大させる必要がある．これは第 3 章および第 4 章におけるポアソン過程に関する一般的な分析と整合する．

この式については，別の解釈も考えられる．一つ目は，事業は永久に存続するが，時の経過に伴って徐々に機能しなくなり，事業開始からの時点 t では $e^{-\lambda t}$ の生産量しか生産できなくなると解釈するものである．このような解釈からも，上記のように算出された期待価値と同じ大きさの割引現在価値が得られる．二つ目は，時の経過に伴って，生産機械に要するメンテナンス支出が増大していくと解釈するものである．このとき，$Pe^{-\lambda t}$ を時点 t において生み出される利益の代理式あるいは縮約式とみなすことができる．

次に，こうした事業の投資オプションの価値を評価する．ここでは次の二つの可能性を峻別しなければならない．一つ目は，このオプションが一回限りの事業に対して投資する権利を企業に与えるケースである．すなわち，当該事業

が滅却した後，企業は何の権利も有しないと考えるのである．二つ目は，企業が永久に投資する権利を有するケースである．すなわち，当該事業が滅却した後も，企業は初期時点と同様の投資機会を再び有すると考えるのである．ここでは，最初のケースの検討から始めることにする．いま，オプションの価値を $F(P)$ と表すことにする．次に，これまでと同様に，オプション一単位と，P のリスクを複製する資産のショートポジション $F'(P)$ 単位から構成されるポートフォリオを構築する．この取引資産は当該事業あるいは企業にとって全く外生的なものであり，当該事業とともに減耗するわけではないということに注意する必要がある．したがって，そのコンビニエンスイールドは $\delta = \mu - \alpha$ となる．このとき，これまでと同様の手順で計算を行うことによって，オプションの価値の関数形を次式のとおり導くことができる．

$$F(P) = A_1 P^{\beta_1}$$

ここで，A_1 は未知定数であり，β_1 は式 (6.4) の二次方程式の正根である．

投資閾値 (investment threshold) P^* と定数 A_1 は，次式のバリュー・マッチング条件とスムース・ペースティング条件から同時に決定される．

$$F(P) = V(P) - I, \quad F'(P) = V'(P)$$

ここで，I は投資における埋没費用である．簡単な計算によって，次式が得られる．

$$P^* = \frac{\beta_1}{\beta_1 - 1}(\delta + \lambda)I \tag{6.24}$$

これは，前に導出した，永久に存続する事業の投資閾値を表す式 (6.9) とほぼ同一の式になっている．唯一の差異は，右辺の δ が $\delta + \lambda$ に置き換わっていることである．これは，以下のようにリスク中立でかつ価格のトレンド項がゼロという特殊なケースから考えることで理解することができるであろう．このケースでは，$\delta = r$ となり，rI は永久に存続する投資の費用を年間費用あるいはフロー費用として等価換算したものとなる．また，閾値における利益は，投

6.4 減耗

資が行われたときに失われるオプションの価値を反映して，この費用の倍数として表されることになる．ここで**減耗**を考慮すれば，フロー等価費用はポアソン死滅パラメーター分だけ増大することになる．なぜなら，事業の存続期間がより短くなり，その期間で，投資の埋没費用を回収しなければならないためである．しかしながら，この新たなフロー費用にも同じ**オプション価値係数**が適用される．すなわち，β_1 の式は減耗によって影響を受けないのである．したがって，減耗がオプションの価値の重要性を小さくするという直観は，この意味では妥当ではない．

ここでの投資機会は一回限りの事業について有効であるとしているため，たとえ事業の存続期間が有限であっても，オプションの行使は不可逆なものとなる．ここで，物理的な事業の存続期間は無限であるが，生産量は指数関数的に減少するという別の考え方をとれば，減耗は行為の不可逆性に何の影響も及ぼさないことになる．

もし，投資のオプションが永久に行使可能であり，最初の事業におけるオプションが失効した後も，企業が同一の事業を実施する権利を有するならば，問題は異なってくる．もちろん，最初の事業が滅却した直後の時点においては，確率的に変動する価格の水準が低すぎて投資を正当化できないこともありうる．しかし，その後，価格水準が閾値にまで再び上昇すれば，企業は再び投資オプションを有するため，次の事業を立ち上げることが可能になる．以下では，このようなケースについて検討を行うことにする．

この検討においては，様々な P の非線形関数で表される収入や価値を検討する必要があり，かつ，各々に適合するリスク調整済み割引率は異なってくる．ここでは，外生的に特定した割引率 ρ を用いる動的計画法を用いる．しかしながら，もし，ポアソン過程に従う事業の滅却リスクが完全に分散可能ならば，同じ分析を条件付請求権法を用いて行うこともできる．なお，この点については，第 4 章のポアソン過程の説明において検討した．

いま，投資閾値を P^*，投資オプションの価値を $F(P)$ と表すことにする．オプションが行使されない $0 < P < P^*$ の範囲においては，次式で表されるとお

り，このオプションは期待キャピタルゲインのみを有することになる．

$$\mathcal{E}[dF(P)] = [\alpha P F'(P) + \frac{1}{2}\sigma^2 P^2 F''(P)]dt$$

この式が，通常の収益 $\rho F(P)\,dt$ に等しいとすれば，これまでと同様の $F(P)$ に関する微分方程式が導出され，そして，次式のとおり同様の解が得られることになる．

$$F(P) = A_1 P^{\beta_1}$$

ここで，A_1 は未知定数であり，β_1 は次の二次方程式の正根である．

$$\frac{1}{2}\sigma^2 \beta(\beta-1) + \alpha\beta - \rho = 0 \tag{6.25}$$

ここでも，負根の項を消去するために，$P \to 0$ としたときの極限を考慮している．

いま，将来の全てのオプションの価値を加えた事業の価値を $J(P)$ と表すことにする．まず，$P < P^*$ の領域について検討してみよう．微小期間 dt の間に得られる利益は $P\,dt$ である．また，確率 $\lambda\,dt$ で現在の事業が滅却すると，企業は再び $F(P)$ の価値を有するオプションを保有することになる．したがって，$J(P)$ について，次式が得られる．

$$J(P) = P\,dt + (1-\lambda\,dt)e^{-\rho\,dt}\mathcal{E}[J(P+dP)] + \lambda\,dt e^{-\rho\,dt}\mathcal{E}[F(P+dP)]$$

この右辺を**伊藤の公式**を用いて展開し整理すると，次式が得られる．

$$\frac{1}{2}\sigma^2 P^2 J''(P) + \alpha P J'(P) - (\rho+\lambda)J(P) + P + \lambda A_1 P^{\beta_1} = 0$$

この方程式の解は次式のとおりとなる．

$$J(P) = B_1 P^{\beta'_1} + P/(\rho+\lambda-\alpha) + A_1 P^{\beta_1}$$

ここで，B_1 は未知定数であり，β'_1 は次の二次方程式の正根である．

$$\frac{1}{2}\sigma^2 \beta(\beta-1) + \alpha\beta - (\rho+\lambda) = 0 \tag{6.26}$$

次に，$P > P^*$ の領域においても同様の分析が適用できるが，このときには，現在の事業が減却しても即座に新たな事業が立ち上げられることになる．したがって，$J(P)$ の式は次式のとおりとなる．

$$J(P) = P\,dt + (1 - \lambda\,dt)e^{-\rho\,dt}\mathcal{E}[J(P + dP)] + \lambda\,dt e^{-\rho\,dt}\mathcal{E}[F(P + dP - I)]$$

この式を展開し整理すれば，次式が得られる．

$$\frac{1}{2}\sigma^2 P^2 J''(P) + \alpha P J'(P) - \rho J(P) + P - \lambda I = 0$$

この方程式の解は次式のとおりとなる．

$$J(P) = B_2 P^{\beta_2} + P/(\rho - \alpha) - \lambda I/\rho$$

ここで，B_2 は未知定数であり，β_2 は (6.25) 式の二次方程式の負根である．

いま，$J(P)$ の二つの曲線は，両者の領域に共通の点 P^* で接していなければならない．また，P^* は投資閾値であるため，P^* において $F(P)$ は $J(P) - I$ とバリュー・マッチング条件とスムース・ペースティング条件を満たさなければならない．以上より，定数 C_1, B_1, B_2 および閾値 P^* について四つの式が得られた．したがって，これらの解を決定することができる．

一見したところ複雑に感じられる手順ではあるが，ここから得られる答えは極めて簡単なものである．関数 $J(P)$ の二つの曲線は P^* の右側と左側から P^* において接するため，P^* における $F(P)$ と $J(P) - I$ との関係を表すバリュー・マッチング条件およびスムース・ペースティング条件については，どちらか片方の曲線を用いればよい．ここでは，より容易に解を導くことができる左側の曲線を用いることにする．**バリュー・マッチング条件**は次式で表される．

$$A_1 P^{\beta_1} = B_1 P^{\beta_1'} + P/(\rho + \lambda - \alpha) + A_1 P^{\beta_1} - I$$

すなわち，

$$B_1 P^{\beta_1'} + P/(\rho + \lambda - \alpha) = I$$

また，**スムース・ペースティング条件**は次式で表される．

$$\beta'_1 B_1 P^{\beta'_1 - 1} + 1/(\rho + \lambda - \alpha) = 0$$

これらの式を解き，$\rho - \alpha = \delta$ と表せば，次式が得られる．

$$P^* = \frac{\beta'_1}{\beta'_1 - 1}(\delta + \lambda)I \tag{6.27}$$

この式を，事業において投資を行う権利を一回だけ付与するオプションについて導出された式 (6.24) と対比してみよう．フロー等価費用の部分は同一であるが，**オプション価値係数**が異なっている．根 β'_1 は式 (6.26) から求められているが，これは β_1 を求めた式 (6.25) とは異なっている．後者では，**減耗**を表すパラメーター λ が割引率 ρ に加えられている．したがって，$\beta'_1 > \beta_1$ および $\beta'_1/(\beta'_1 - 1) < \beta_1/(\beta_1 - 1)$ となり，このケースでは，減耗によってオプション価値係数が小さくなるのである．すなわち，投資オプションが永久に行使可能ならば，事業がより速く減耗するときでも，ある任意の時点でオプションを行使するという行為の不可逆性は小さくなるのである．

表 6.1 には，この効果の大きさを数値で示している．ここでは，本章の最初で計算した真ん中のケースと同様に，$\rho = r = 0.04$ および $\alpha = 0$ としている．表においては，σ と λ が様々な値をとるときのオプション価値係数 $\beta'_1/(\beta'_1 - 1)$ の値が示されている．表からは，減耗がオプション価値係数に多大な影響を及

表 6.1 減耗を考慮した場合のオプション価値係数

λ	σ			
	0.1	0.2	0.3	0.4
0.00	1.4215	2.0000	2.7631	3.7321
0.01	1.3706	1.8632	2.5000	3.2966
0.05	1.2651	1.5954	2.0000	2.4868
0.10	1.2077	1.4561	1.7500	2.0938
0.15	1.1759	1.3813	1.6193	1.8927

ぼしていることが分かる．しかし，係数は1を大きく上回ったままである．この傾向は，σ がそれほど小さくないところで顕著に現れている．

6.4.B　サドンデス (sudden death)

指数関数的減耗，すなわち**ポアソン減耗** (Poisson decay) に次いで，経済分析においてよく用いられる減耗の形態としてはサドンデスが挙げられる[9]．これは，事業が完全に機能し続ける一定の有限期間が過ぎると，突然，瞬時に滅却するというものである．

ここで，この一定の有限の事業期間を T と表記する．事業は，毎年一単位の生産物を生産し続け，T 年間にわたり毎年 $\{P_t\}$ の利益を生み出した後，突然，生産を停止する．いま，初期時点での生産物の価格を P とする．事業開始時点での事業の価値は，事業期間における期待利益の割引現在価値となる．すなわち，次式のとおりとなる．

$$V(P) = \mathcal{E} \int_0^T e^{-\mu T} P_t \, dt$$
$$= P[1 - e^{-(\mu-\alpha)T}]/(\mu - \alpha)$$
$$= P[1 - e^{-\delta T}]/\delta$$

ここでは，リスク調整済み割引率 μ を用いて，価格すなわち利益の期待値が増加率 α で指数関数的に増大するものとした．

式 (6.5) において，永久に存続する事業の価値は $V(P) = P/\delta$ と表された．上式はこれを極めて自然に一般化した式としてみなすことができる．なぜなら，

---

[9] 経済理論において，このようなサドンデスによる減耗は，「**一頭立ての馬車** (One-hoss shay)」と称されることがある．これは **Oliver Wendell Holmes** 卿の "The Deacon's Masterpiece; or the Wonderful One-hoss Shay" という詩に由来する．

Have you heard of the wonderful one-hoss shay	素敵な一頭立ての馬車のことを聞いたことがあるかい？
Which was built in such a logical way	そいつは，これまで100年間
That it ran a hundred years to a day	走り続けたほど論理的にできていた．
And then, of a sudden, it …	ところが，突然，そいつは…
… went to pieces all at once	バラバラになって壊れてしまった．

これを引用した目的は，経済学者が教養を全く欠いているわけではないということを示すことにある．

上式で T を無限大としたときの極限をとれば，この事業が永久に存続する事業の価値の式が得られるためである．

前節と同様の手順に従えば，投資オプションの価値は，一回限りの事業にのみ有効な場合と永久に有効な場合のそれぞれについて求めることができる．これについては，読者への演習問題にしておく．

6.4.C 一般的なケース

上記のよく用いられる減耗の形態は，極めて一般化した分析の枠組みに組み込むことができる．いま，事業が $\pi(P,t)$ の利益を生み出すものとしよう．ポアソン減耗のケースでは，π は指数関数的に減少していき，「**一頭立ての馬車**」のケースでは，π は一定期間中は一定であるが，その後ゼロになってしまう．より一般的には，資本が徐々に物理的に減耗していくか，建設段階で事業に投入された技術が後発の事業と競合するといった理由によって，π は時の経過とともに徐々に減少していくこともある．後者のケースでは，$\pi(P,t)$ がゼロとなる，内生的に決定される時点において，事業は操業を停止することになる．この現象は「**経済的陳腐化 (economic obsolescence)**」と称されることがある．これは，**Solow, Tobin, von Weizsacker** and **Yaari** (1967) および **Bliss** (1968) による決定論的単調技術発展の枠組みにおいてモデル化された．興味ある読者は，研究演習として，これを不確実性下でのケースに拡張してみることを薦める．

このような事業の価値は，π の現在価値の積分として表現することができる．しかし，π が一般形の場合には，これを算出することは困難である．そこで以下では，別のアプローチについて述べる．このアプローチには，建設開始時点だけでなく，事業期間中の任意の時点での事業の価値に関する一般式を得ることができるというメリットがある．

いま，現時点での生産物の価格 P と現在の時点 t の関数として事業の価値を $V(P,t)$ と表す．ここで，これまでと同様に，微小期間 dt において，事業を保有するとともに，P と完全に相関する n 単位の資産を空売りするポートフォリ

オを考える．この微小期間において，このポートフォリオは $\pi(P,t) - n\delta P\,dt$ の配当を生み出す．ここで，これまでと同様に，$\delta = \mu - \alpha$ は，P を複製する資産の「**収益不足率**」あるいは**コンビニエンスイールド**であり，配当の式における第二項はショートポジションの保有者が，対応するロングポジションの保有者への支払額を表している．したがって，このポートフォリオは次式で与えられるキャピタルゲインを生み出す．

$$dV(P,t) - n\,dP = [V_P(P,t) - n]dP + \left[\frac{1}{2}\sigma^2 P^2 V_{PP}(P,t) + V_t(P,t)\right]dt$$

ここで，V は二つの独立な変数の関数であるため，添字によって偏微分を表記している (例えば，$V_P = \partial V/\partial P$ など)．n を $n = V_P(P,t)$ となるように選べば，このポートフォリオを無リスクにすることができる．そこで，その期待総収益が安全資産の収益に等しいとおくと，次式が得られる．

$$\pi(P,t) - \delta P V_P(P,t) + \frac{1}{2}\sigma^2 P^2 V_{PP}(P,t) + V_t(P,t) = r[V(P,t) - P V_P(P,t)]$$

よって，

$$\frac{1}{2}\sigma^2 P^2 V_{PP}(P,t) + (r-\delta)P V_P(P,t) + V_t(P,t) - rV(P,t) + \pi(P,t) = 0$$

この偏微分方程式は数値計算法によって解くことができる．もし，事業期間 T の最大値が既知ならば，$t = T$ の時点では任意の P について $V(P,T) = 0$ を満たすという条件からスタートして，時間的に遡って解を求めることができる．このような解については，第 10 章で，別の文脈の中で示す．

ここで，問題と新たな項 $V_t(P,t)$ の経済的意味について述べる．事業の価値は次の二つの理由によって変化する．一つ目は，確率的に変動する価格の初期値の違いによるものであり，二つ目は，将来の利益の水準を変化させる時間の経過によるものである．後者の影響は，まさに経済学者が**減耗**という言葉で意味するものである．したがって，$-V_t(P,t)$ は**経済的減耗** (economic depreciation) の定量的な尺度となる．この考え方は，**Samuelson** (1964) によって，不確実性は存在せず，かつ，将来は完全に予測可能であるという仮定の下で明確化されたものである．ここでは，不確実性と合理的期待を組み込むというモデルの自然な拡張を行った．

6.5 価格と費用の不確実性

これまでは，確率変数として生産物の価格 (需要シフト変数) のみを認め，投資決定に関係する他のパラメーターは既知であるか一定であるとしてきた．これは，比較的簡単な設定の下で分析手法を構築するためであった．同様の手法は，複数の確率変数が企業の意志決定に影響を及ぼす，より一般的な状況でも用いることができる．例えば，投資費用 I と生産物の価格 P の双方が不確実であるならば，事業の価値や投資オプションの価値をこれらの変数の関数として，$V(P,I)$ および $F(P,I)$ と表せばよい．次に，ベクトル (P,I) の領域のうち，投資が行われる領域全体と投資が行われない領域全体，およびこれらを分離する境界領域，すなわち閾曲線を明確化する必要がある．言うまでもなく，これは数学的には困難な作業である．二つの独立な変数がある場合，上記の価値を表す関数は偏微分方程式を満たすことから，ある程度複雑な数値計算法を用いることによって，その解を求めることができる[10]．しかしながら，特殊な性質を有する場合 (特に，同次形の場合など) においては，問題を一つの状態変数に関する問題に変形することで解くことができる．以下では，この場合の解法を示す．

いま，投資費用 I と収益 P の双方が不確実な単位規模の事業を考えてみよう．ここでは，これらの二つの変数の不確実性がある共通のマクロ経済的な要素の変動を通じて，相関性を有するものとする．このとき，P と I が **幾何ブラウン運動** に従うものと仮定すると，次式が得られる．

$$dP/P = \alpha_P\, dt + \sigma_P\, dz_P, \qquad dI/I = \alpha_I\, dt + \sigma_I\, dz_I$$

ここで，$\mathcal{E}[dz_P^2] = dt, \mathcal{E}[dz_I^2] = dt, \mathcal{E}[dz_P dz_I] = \rho\, dt$ である．

---

[10] 正確にいえば，楕円形偏微分方程式について自由境界問題を解かなければならない．

6.5 価格と費用の不確実性

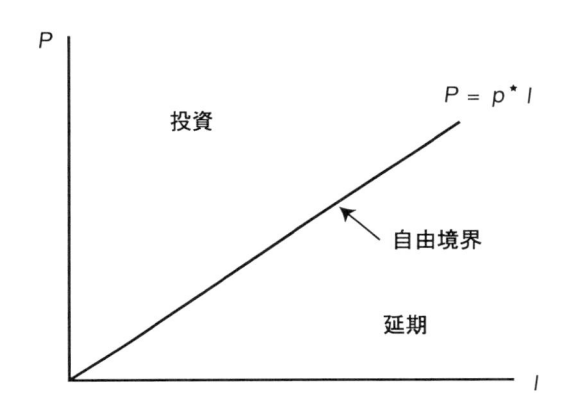

図 6.8 価格と費用が不確実な場合の投資

いったん投資が実行されれば，その後の投資費用の変動に係わる不確実性は一切問題にならない．現在の価格が P のときの事業の価値は，$V(P) = P/(\mu_P - \alpha_P) = P/\delta_P$ と表される．ここで，$\mu_P = r + \phi \rho_{pm} \sigma_P$ は P に対応する**リスク調整済み割引率**であり，$\delta_P = \mu_P - \alpha_P$ は P の「**コンビニエンスイールド**」あるいは「**収益不足率**」である．

しかしながら，投資オプションの価値は P と I の双方に依存する．直観的には，このオプションは P が小さいか I が大きいときに保有され，P が所与の I に対して十分大きくなるとき，あるいは I が所与の P に対して十分小さくなるときに行使されると考えられる．図 **6.8** には，(I, P) 平面において，投資を延期すべき領域，投資を実施すべき領域，およびこれらを分離する境界領域が示されている．ここでは，こうした直観をより精緻化して，境界を明確化し，最適投資基準を規定するための分析手法を構築することを目的とする．

以降の手順も，これまでと同様である．いま，オプションの価値を $F(P, I)$ と表記することとし，$F(P, I)$ に関する微分方程式を導くことにする．生産物の価格と投資費用のリスクは双方とも既存の資産によって複製可能であると仮定し，以降ではその資産の価格がそれぞれ P および I であるとして分析を進め

る[11]．簡潔のために，これらの資産をそれぞれ，「生産物」と「資本」と呼ぶことにする．いま，一単位のオプションと m 単位の生産物のショートポジション，および n 単位の資本のショートポジションから構成されるポートフォリオを考える．**伊藤の公式**を用いると，次式が得られる．

$$d(F - mP - nI) = (F_P - m)dP + (F_I - n)dI \\ + \frac{1}{2}(F_{PP}\sigma_P^2 P^2 + 2F_{PI}\rho\sigma_P\sigma_I PI + F_{II}\sigma_I^2 I^2)dt$$

ここで，右辺の dP と dI は確率変数である．しかしながら，m と n を，それぞれ，$m = F_P, n = F_I$ となるように選べば，これらの項は消去され，このポートフォリオを無リスクにすることができる．このとき，微小期間 $(t, t+dt)$ において，このポートフォリオの所有者は，次式のキャピタルゲインを確実に得る．

$$\frac{1}{2}(F_{PP}\sigma_P^2 P^2 + 2F_{PI}\rho\sigma_P\sigma_I PI + F_{II}\sigma_I^2 I^2)dt$$

また，このポートフォリオの所有者は生産物と資本のコンビニエンスイールドに対応する $(m\delta_P P + n\delta_I I)dt$ をショートポジションを保有するために支払わなければならない．これらの二つの構成要素の合計が，安全資産の収益 $r(F - mP - nI)dt$ に等しいとおいて整理すると，次式の基礎方程式が得られる．

$$\frac{1}{2}(\sigma_P^2 P^2 F_{PP} + 2\rho\sigma_P\sigma_I PI F_{PI} + \sigma_I^2 I^2 F_{II}) \\ + (r - \delta_P)PF_P + (r - \delta_I)IF_I - rF = 0 \tag{6.28}$$

ここでは，(P, I) という二つの独立な変数が存在していることから，これは偏微分方程式となる．これは，オプションを行使せずに保有することが最適となる (P, I) 平面の領域において成立する．また，即時にオプションが行使される領域においては，次式が成立する．

$$F(P, I) = V(P) - I = P/\delta_P - I$$

---

[11] この仮定が満たされないならば，動的計画法を用いることで，ほぼ同じような微分方程式を導出することができる．

6.5 価格と費用の不確実性

これらの二領域の境界においては，この式が**バリュー・マッチング条件**となる．また，これら二つの関数は境界において接していなければならないため，次式の**スムース・ペースティング条件**が得られる．

$$F_P(P, I) = V'(P) = 1/\delta_P, \qquad F_I(P, I) = -1$$

これらの境界条件によって，微分方程式は境界自体の位置を確定させるとともに，投資を延期すべき領域における F の関数の解を与える．

境界自体が未知であるということは，この種の問題を極めて難しくしている．事実，偏微分方程式の理論では，このクラスの「**自由境界**」問題に関する一般的な知見は乏しい．したがって，ほとんどのケースでは解析的に解くことは不可能であり，数値計算法が個別的な状況に応じてアドホックに適用される．このことは，価格のみが不確実であるときの問題と，原則的には何ら異なる点はない．投資臨界値 P^* はそれ自体が未知数であり，投資が行われる一次元の P の領域と，投資が行われない P の領域とを分離する自由境界点となる．一次元の場合には，解析的解法でも数値計算法でも解は容易に導かれる．幸いなことに，このケースでは，同次性ゆえに問題を一次元の問題に変形することができる．

現時点での P と I の値が二倍になれば，事業の価値や投資費用はちょうど二倍になる．したがって，最適意志決定は唯一 $p \equiv P/I$ という比率に依存することになる．そして，図 6.8 の境界は原点を通る半直線となる．これに伴って，オプションの価値は次式の通り (P, I) の一次同次式として表されることになる．

$$F(P, I) = If(P/I) = If(p)$$

ここで，f は未同定の関数である．

一階，二階の偏微分をとると，以下の式が得られる．

$$F_P(P, I) = f'(p), \qquad F_I(P, I) = f(p) - pf'(p)$$

また，

$$F_{PP}(P, I) = f''(p)/I, \quad F_{PI}(P, I) = -pf''(p)/I, \quad F_{II}(P, I) = p^2 f''(p)/I$$

これらを式 (6.28) の偏微分方程式に代入して整理すると，次式が得られる．

$$\frac{1}{2}(\sigma_P^2 - 2\rho\sigma_P\sigma_I + \sigma_I^2)p^2 f''(p) + (\delta_I - \delta_P)pf'(p) - \delta_I f(p) = 0 \quad (6.29)$$

これは，スカラーの独立変数 p を持つ未同定の関数 $f(p)$ に関する常微分方程式である．さらに，この式は，生産物の価格のみが不確実であるケースの式 (6.6) と全く同じ式になっている．したがって，その境界条件も同じになる．すなわち，バリュー・マッチング条件は，

$$f(p) = p/\delta_P - 1$$

と表され，二つのスムース・ペースティング条件は，

$$f'(p) = 1/\delta_P, \quad f(p) - pf'(p) = -1$$

と表される．これらの三つの条件は，いずれの条件も他の二つの条件から導くことができる．そこで，ここでは，価格が不確実であるケースで選んだ条件と全く同じ二つの条件，すなわち，バリュー・マッチング条件と一つ目のスムース・ペースティング条件を選び，同様の手順によって解を求める．**特性二次方程式**は次式のとおりである．

$$\mathcal{Q} = \frac{1}{2}(\sigma_P^2 - 2\rho\sigma_P\sigma_I + \sigma_I^2)\beta(\beta-1) + (\delta_I - \delta_P)\beta - \delta_I = 0$$

ここで，この二次方程式の解のうち大きい方を β_1 と表す．δ_I と δ_P が双方とも正であるとすれば (ここでは，そのように仮定している)，$\beta_1 > 1$ となる．このとき，次式が得られる．

$$P^*/I^* = p^* = \frac{\beta_1}{\beta_1 - 1}\delta_P \quad (6.30)$$

この原点を通る半直線は，(P, I) 平面において，投資を延期すべき領域と投資を実施すべき領域を分離する．その傾きは，標準的な**オプション価値係数**と解釈される[12]．もし，σ_P と σ_I のどちらかが増大すれば，β_1 は減少し，係数

---

[12] ここでは，安全資産の収益率の項が二次方程式や解の式に含まれていないため不可解に感じるかもしれない．しかし，実際には，r は依然として μ_P, δ_P および δ_I の中に隠されて含まれているのである．

$\beta_1/(\beta_1 - 1)$ は増大する.しかしながら,ρ が増大すればこの係数は減少する.これらの分散を一定とすると,P と I の共分散が増大すれば,その比率の不確実性は減少し,その結果,投資を延期するインセンティブは減少することになる.

6.6 文献ガイド

　本章では,より完全に近い投資モデルを示した上で,**企業の価値** (value of a firm) の大部分がオプションの集合の価値であるという重要な概念も拡張した.第5章においては,企業は価値のある多くの投資オプションを有していることを示した.これらの中には行使されるものもあれば,行使されないものもある.このため,企業の価値は,既存の事業 (すなわち,現存資産) の価値に,将来の新たな事業に関する投資オプションの価値を加えたものに等しくなる.本章では,既存の事業もオプションの集合 (生産物の価格が操業費用と比較して十分大きくなったときに,生産を行い利益を獲得するオプション) として捉えることができることも示した.こうした考え方は,**Marcus and Modest** (1984) において,**農業生産** (agricultural production) における意志決定という文脈の中に現れているが,詳細な説明は **McDonald and Siegel** (1985) によって最初に行われた.そこでは,当該生産物の価格が幾何ブラウン運動に従うならば,一定の操業費用を伴って一単位の生産物を生産する事業は,**ヨーロピアンコールオプション**の無限集合の合計として評価することができることが示されている.本章で採用したアプローチはもっと一般的で扱いやすいものである.すなわち,当該事業を単一の条件付請求権として評価することによって,第5章において投資オプションの価値 $F(P)$ の式を導出したときと同じ方法を用いて,$V(P)$ に関する微分方程式を導出した.そして,境界条件における $V(P)$ の解を用いて,$F(P)$ の解を求めるとともに最適投資基準を規定した.このアプローチは,**Pindyck** (1988b) において,段階的投資の文脈の中で展開された.

　事業および投資機会の評価にあたっての重要な出発点は,生産物の価格 $P(t)$

が従う確率過程を設定することであった．ここでは，価格が幾何ブラウン運動に従うならば，その期待増加率はリスク調整済み期待収益率 μ よりも小さいと仮定した．**貯蔵可能な商品** (storable commodity) では，この両者の差には，**在庫の所有者に生じるコンビニエンスイールド**が反映されていることになる．この点は，**McDonald and Siegel** (1985) によって提起されており，コンビニエンスイールド自体の確率機構については，**Gibson and Schwartz** (1990) および **Brennan** (1991) によって検討されている．

本章では多くの**自由境界問題**を紹介したが，その中には解析的に解けるものもあれば，**数値計算** (numerical solution) による方法を用いなければならないものもある．こうした問題やその解に関する数学的知識の深耕を図りたい読者には，**Guenther and Lee** (1988) および **Fasano and Primicerio** (1983) を推める．

Bertola (1988, 第 1 章) には，生産物の価格と資本財の価格および投入数量を変化させることのできる投入財の価格が同時に不確実である場合を取り扱う，極めて一般化されたモデルが紹介されている．

これらの方法のほとんどは状態変数の選択に依存している．ここでは，第 4 章および第 10 章における多変数問題の数値計算と同じアプローチを採用した．最近の数値計算法の成果には，有限要素法という異なるアプローチによるものもある．この方法は，独立変数の領域全体を小さなセルに分割して，各セルにおいて求める関数を低次の多項式に近似し，隣接する各セルの近似式がセルの境界において連続かつ微分可能であるとして問題を解くものである．この方法は多くの経済学的な問題に応用できるものと期待される．興味ある読者は **Johnson** (1990) や **Judd** (1992) 等の文献を参考にされたい．

第7章

参入, 退出, 操業停止および廃棄

前章では, 最初に事業の価値の評価方法を示し, 次いで, 事業への投資オプションの価値の評価方法を示すとともに, 最適投資基準を規定した. そこでの出発点は, 事業によって生み出される生産物の価格変動が従う確率過程を与え, 将来の操業利益における不確実性を検討することであった. この利益が負になる場合には, 何の費用をかけることなく, 企業は操業を停止し, 後に利益が正に回復したときに操業を**再開** (restarting) できるものと仮定した.

費用をかけずに事業を**停止**したり**再開**したりできるという仮定はほとんどの事業で現実的ではない. 中には, 事業の操業を停止したり再開したりすることがほとんど不可能なものもある. 例えば, 新たな医薬品開発を行う研究所が挙げられる. 研究所の業務を停止すれば, 科学者の研究チームを失い, 将来, 医薬品開発を再開することができなくなる可能性がある. このような場合以外では, かなりの費用をかければ, 操業を停止したり後に再開したりすることは可能である. 例えば, 地下鉱山の操業を停止すれば, 鉱山を水没させることなく後に操業を再開できるようにしておくための埋没費用や継続的な固定費用が発生する. また, 実際に操業を再開するためには, 追加的な埋没費用が発生する.

本章では, 前章で構築したモデルと対極的なモデルを構築することからはじめる. すなわち, 操業を停止してしまえば, いかなる場合であっても, 企業が操業を再開するためには, 全投資費用を再度投入しなければならないと仮定す

るものである．(これは，いったん資本が使われなくなると，あたかも「錆び」ついたかのように使用不能になるという考え方である．)

いま，操業中の企業が，操業停止ではなく，事業の完全な**廃棄**を検討しなければならないとしよう．もちろん，企業は操業利益が赤字になった時点で即座にこうした検討を行うとは限らない．操業の再開には費用を要するため，操業を継続するオプションには**価値**が認められることになる．そして，事業の廃棄は，操業による損失がかなり大きい場合においてのみ最適となる．企業は当初に有していた市場影響力を保持し続けるものとし，さらに，当該企業が仮に操業を廃棄しても，再び投資を行う権利は失われないものと仮定する．(第8章においては，この対極にある完全競争産業について検討する．そこでは，極めて多数の企業がある事業に投資を行うことができ，かつ操業中の企業はいずれも事業を廃棄することができるが，再参入に関する特別な特権を保持し続けることはできないものとしている．)

実際には，費用をかけずに操業を**一時的に停止**できる場合と，操業を停止すると即座に使用不可能になってしまう場合の両極の間に位置するケースがほとんどである．ほとんどの事業では，操業が行われなくなると投下された資本は使用不可能になるが，それは即座にではなく徐々に使用不可能になっていくのである．さらに，**機械** (machinery) や**船舶** (Ships) などは本当に使用不可能になってしまうが，**鉱山** (mines) が使用不可能になるかどうかは，落盤や水没が発生するか否かによる．顧客のロイヤリティーやブランドとしての認知をはじめとするその他の無形資産は，使用不可能になるのではなく消失することになる[1]．このため，操業の再開にはある程度の費用を要するものの，新規投資の場合ほどではない．操業再開に要する費用が，操業停止期間に応じて増大する事業もある．これらをモデル化するためには，**操業再開オプション** (option to restart) をゼロの状態から投資を行うオプションとは異なるものとして捉え，

---

[1] 新規研究プロジェクトを請け負った科学者は資本投資を行わなければならない．例えば，文献に精通することや，新たな数学的なテクニックや実験スキルを身につけることなどが挙げられる．経験上，数週間もプロジェクトから離れてしまえば，このような資本はかなり急速に錆びついてしまう．

この新たなオプションの価値に影響を及ぼす状態変数として，操業停止からの経過時間をモデルに導入する必要がある．このようにして得られる偏微分方程式は数値計算法によって解くことができるが，ここではこうしたケースについては取り扱わない．

本章の後半では，これとは異なる中間的なケースについて検討を行う．すなわち，遊休資本の「錆び」つきは「メンテナンス」によって防止できるという考え方である．これはまさに機械や船舶，鉱山の場合に当てはまる考え方であり，顧客のロイヤリティーをはじめとする無形資産の場合には当てはまらない．前者のような場合では，企業は，廃棄を行う代わりに資本をメンテナンスしつつ，生産物の生産を積極的には行わないという方法で事業を継続することを選択するかもしれない．例えば，船舶の場合には「**退役** (mothballing)」あるいは「**廃船** (laid-up)」にされる．このような場合では，継続的にメンテナンス費用は発生するものの，将来，再び投資を行う際の再投資費用が削減されることになる．こうした選択肢間のトレードオフは，これら二つの費用の相対的な大きさや，いかに早期に望ましい操業条件を回復できるかに依存する．

事業の**廃棄** (abandonment) の可能性を考慮する場合，数学的には，確率的に変動して操業の採算性に影響を及ぼす状態変数 (例えば，価格など) に加えて，もう一つの離散状態変数が導入されることになる．この変数は事業が操業していないならばゼロ，操業中ならば 1 という値をとる．このとき，企業戦略は，これら二つの状態の一方からもう一方へと事業の操業状態を移行する一連の意思決定から構成されるものとして捉えることができる．いずれの離散状態においても，企業はもう一方の状態に移行するコールオプションを有することになる．すなわち，休眠企業は投資オプションを行使することができる．このオプションが行使されれば，当該企業は操業利益に加えて廃棄オプションを得ることになる．これらのオプションの最適行使基準は，確率変数 (価格) について同時に規定されなければならない．同様に，「**操業停止**」という第三の選択肢を検討するときには，三つの離散状態が存在することになり，それらの最適な移行基準も規定することができる．

7.1 参入・退出戦略

ここでの検討は，需要に不確実性がある場合に限定し，価格は幾何ブラウン運動に従うものと仮定する．興味ある読者は，価格の変動に異なる確率過程を仮定するならば，第5章第5.5節で述べた方向性に沿ってモデルを拡張することができ，他の変数に不確実性の存在を仮定するならば，第5章第5.6節で述べた方向性に沿ってモデルを拡張することができる．ここでは，可能な限り第6章の枠組みと表記方法を踏襲する．投資および**廃棄**の意志決定は，プライステイカーである企業によって行われることとし，また，生産物の価格は，ここでも，次式の**幾何ブラウン運動**に従うものと仮定する．

$$dP = \alpha P\, dt + \sigma P\, dz \tag{7.1}$$

企業が投資を行う(すなわち，市場に参入する)場合，当該企業は一期当たり一単位の生産物を生産し，廃棄しない限り永久に存続する事業を得るものとする．操業に要する**可変費用** C は既知の定数とする．安全資産の収益率は外生的に r に固定する．価格の確率的変動は経済における他の資産によって複製可能であると仮定する．(ただし，前述したとおり，この仮定が満たされなくても，動的計画法によって解を導出することはできる．)企業の収益に対する**リスク調整済み割引率**は，

$$\mu = r + \phi \rho_{PM} \sigma \tag{7.2}$$

と表される．ここで，ϕ は**リスクの市場価格**であり，ρ_{PM} は価格 P と市場ポートフォリオとの相関係数である．$\delta = \mu - \alpha$ については，これまでどおり，価格に関する**収益不足率**を表すものとし，$\delta > 0$ と仮定する．

企業にとって，事業への投資には総額 I の費用を要し，事業の廃棄には総額 E の費用を要するものとする．後者の費用には，法的に必要な労働者への**解雇補償金** (termination payments) や鉱山跡地の原状回復費用も含むものとする．投資費用 I のうち，埋没費用とはならず退出時に回収可能な投資費用の割合を

考慮すると，E が負になるという場合もあり得る．しかし，当然ながら，事業が短期的に投資と廃棄を繰り返すことで利益をあげることのできる「カネのなる木」となる可能性を排除するために，$I + E > 0$ とする必要がある．

　第 6 章においては，事業の価値 V を求めることから検討をはじめ，次いで投資オプション F の価値を求めた．ここでの検討対象は，これらの一連の事業サイクルとなる．実際に，事業は各種の要素から構成される資産であり，その一部には**廃棄オプション** (option to abandon) も含まれている．このオプションが行使されれば，企業は休眠状態に戻ることになる．このとき，企業は投資オプションという別の資産を得ることになる．次に，このオプションが行使されれば，再び企業は事業活動に戻ることになる．したがって，操業企業と休眠企業の価値は相互に関連しあっており，同時に決定されなければならない．

　直観的には，需要の状況が充分望ましくなれば，休眠企業は投資を行い，需要の状況がかなり悪化すれば，操業企業は事業を廃棄すると考えられる．実際，投資と廃棄，すなわち二つのオプションの保持と行使に関する最適戦略が，二つの閾価格 P_H および P_L ($P_H > P_L$) の式で表されることが以降において分かる．すなわち，休眠企業にとっては，P が P_H を下回る限り，休眠企業のままであることが最適となるが，P が閾値 P_H に達すると投資を行うことになる．また，操業企業にとっては，P が P_L よりも大きい限り，操業企業のままであることが最適となるが，P が P_L に下落すれば，事業を廃棄することになる．価格が閾値 P_H および P_L の間の範囲にあるときには，操業中であっても，投資の延期中であっても，最適戦略は現状維持を継続することになる．以下ではこの直観を確認するために検討を進めることにする．また，外生的にデータを与えたときの，これらの閾値の大きさについても算出を行うことにする．

7.1.A　二つのオプションの評価

　企業の価値は，外生的な状態変数 P と，企業の現状が休眠中 (0) であるか操業中 (1) であるかを示す離散状態変数の関数で表される．分かりやすくする

ために，ここでは表記方法を若干変えて，$V_0(P)$ を **投資オプションの価値** (すなわち，**休眠企業の価値**) を表すことにし，$V_1(P)$ を **操業企業の価値** (value of active firm) を表すことにする．なお，$V_1(P)$ は，操業によって得られる利益と，価格がかなり低下した際に行使される廃棄オプションの価値という二つの要素の合計である．

価格が $(0, P_H)$ の範囲では，休眠企業は投資オプションを手放さずに保有し続ける．したがって，第 6 章で示したとおり，裁定によって，$V_0(P)$ はこの範囲において $V_0(P)$ に関する微分方程式を満たすことになる．また，境界条件によって，$V_0(P)$ と $V_1(P)$ の値と微分係数は P_H において一致する．同様に，価格が (P_L, ∞) の範囲では，操業企業は操業企業として廃棄オプションを保有し続ける．$V_1(P)$ はこれ対応する微分方程式を満たし，境界条件によって $V_1(P)$ と $V_0(P)$ の値と微分係数は P_L において一致することになる．この方程式体系と境界条件は，解を導く上で充分な情報を含んでいる．

まず，休眠企業の方からはじめることにしよう．$V_0(P)$ に関する微分方程式を得るために，一単位の投資オプションと $V_0'(P)$ 単位の生産物のショートポジションから構成されるポートフォリオを構築する．その後の手順は第 5 章および第 6 章で示した手順と全く同じであるため，ここではそうした手順を省略し，読者への演習として残しておく．この手順に従えば，結果として，次式が得られる．

$$\frac{1}{2}\sigma^2 P^2 V_0''(P) + (r-\delta)P V_0'(P) - r V_0(P) = 0 \tag{7.3}$$

この式は次の一般解を有する．

$$V_0(P) = A_1 P^{\beta_1} + A_2 P^{\beta_2}$$

ここで，A_1 と A_2 は未知定数であり，β_1 と β_2 は，第 5 章および第 6 章で繰り返し説明した二次方程式の解である．すなわち，

$$\beta_1 = \frac{1}{2} - (\rho-\delta)/\sigma^2 + \sqrt{\left[(\rho-\delta)/\sigma^2 - \frac{1}{2}\right]^2 + 2\rho/\sigma^2} > 1$$

および，

$$\beta_2 = \frac{1}{2} - (\rho-\delta)/\sigma^2 - \sqrt{\left[(\rho-\delta)/\sigma^2 - \frac{1}{2}\right]^2 + 2\rho/\sigma^2} < 0$$

である．P をゼロに近づけていけば，投資オプションは完全にアウトオブザマネーになって無価値になっていくため，負根 β_2 の係数 A_2 はゼロにならなければならない．したがって，

$$V_0(P) = A_1 P^{\beta_1} \tag{7.4}$$

となる．この式は価格が $(0, P_H)$ の範囲において有意であることに注意する必要がある．

次に，操業企業の価値について検討しよう．その計算過程は，ポートフォリオを構成する実際の事業の部分に関して，$(P-C)\,dt$ のキャッシュフローの支払いを要することを除いては，これまでと同じである．その算出の結果として，次式が得られる．

$$\frac{1}{2}\sigma^2 P^2 V_1''(P) + (r-\delta)P V_1'(P) - rV_1(P) + P - C = 0 \tag{7.5}$$

この方程式の一般解は次式のとおりとなる．

$$V_1(P) = B_1 P^{\beta_1} + B_2 P^{\beta_2} + P/\delta - C/r$$

第 6 章で述べたとおり，最後の二項は，いかなる損失が生じても企業が操業を継続しなければならないときの事業の価値，最初の二項は，事業の**廃棄オプション**の価値として解釈することができる．P を無限大に近づけていけば，そう遠くない将来において事業が**廃棄**される可能性は極めて小さくなる．このため，P が極めて大きくなるときには，廃棄オプションの価値はゼロに近づくはずである．したがって，正根 β_1 の項の係数 B_1 はゼロとなる．したがって，事業の価値の式には，次式の項が残されることになる．

$$V_1(P) = B_2 P^{\beta_2} + P/\delta - C/r \tag{7.6}$$

この式は P が (P_L, ∞) の範囲において有意である.

投資閾値 P_H において,企業は $V_0(P_H)$ の価値を有する投資オプションという資産を放棄して $V_1(P_H)$ の価値を有する事業を得るために,投資オプションを行使して総額 I の費用を支出する.したがって,次の**バリュー・マッチング**条件と**スムース・ペースティング**条件が得られる.

$$V_0(P_H) = V_1(P_H) - I, \qquad V_0'(P_H) = V_1'(P_H) \tag{7.7}$$

同様に,**廃棄閾値** (abandonment threshold) P_L においては,バリュー・マッチング条件とスムース・ペースティング条件は次式のとおり表される.

$$V_1(P_L) = V_0(P_L) - E, \qquad V_1'(P_L) = V_0'(P_L) \tag{7.8}$$

式 (7.4) および (7.6) を $V_0(P)$ と $V_1(P)$ の式に代入すると,これらの条件式は次式のとおりとなる.

$$-A_1 P_H^{\beta_1} + B_2 P_H^{\beta_2} + P_H/\delta - C/r = I \tag{7.9}$$

$$-\beta_1 A_1 P_H^{\beta_1 - 1} + \beta_2 B_2 P_H^{\beta_2 - 1} + 1/\delta = 0 \tag{7.10}$$

$$-A_1 P_L^{\beta_1} + B_2 P_L^{\beta_2} + P_L/\delta - C/r = -E \tag{7.11}$$

$$-\beta_1 A_1 P_L^{\beta_1 - 1} + \beta_2 B_2 P_L^{\beta_2 - 1} + 1/\delta = 0 \tag{7.12}$$

この四元連立方程式から,四つの未知数,すなわちオプションの価値における閾値 P_H, P_L および係数 A_1, B_2 が決定される.

これらの方程式は閾値については非線形であるため,閉じた形式の解析解を求めることは不可能である.しかしながら,解が一意に存在し,経済学的に直観的に理解することのできる基本的性質を有することは証明可能である.閾値は $0 < P_L < P_H < \infty$ を満たし,オプションの価値の項における係数 A_1 と B_2

は正である[2]．その他の重要かつ一般的な経済的知見については，解析的な方法によって得られるものもあるが，さらに詳細な結果を得るためには数値計算法が必要となる．以下では，これらについて検討を進めることにする．

7.1.B　近視眼的意志決定との比較

　中級クラスの経済学の教科書に示されている典型的な投資と廃棄の理論は，マーシャルの**長期平均費用** (long-run average cost) と**短期可変費用** (short-run variable cost) の考え方に基づいている．ここで検討している単位規模の企業の長期平均費用は，**操業費用**と投資によって生じる埋没費用に係わる金利の合計，すなわち $(C+rI)$ となる．教科書的な理論によれば，生産物の価格がこれを超えれば，企業は投資すべきであると判断される．同様に，生産物の価格が可変費用 C を下回れば，操業企業は事業を廃棄すべきであると判断される．事業を廃棄する際に総額 E の費用を要する場合には，企業はこの費用に係わる金利も考慮するため，閾値は $(C-rE)$ となる．

　言い換えれば，伝統的なマーシャルの考え方は，投資の収益率 $(P-C)/I$ や廃棄の収益率 $(C-P)/E$ と，**正常収益率** (normal return) である r とを比較することである．この考え方においては，**静学的期待** (Static expectations) あるいは短視眼的な合理性が暗黙のうちに仮定されている．すなわち，現在の価格が永久に維持されることが仮定されている．この考え方は，価格が変化したこと自体が驚くべきことであり，価格が再び変化することはあり得ないと企業が確信している場合の分析には適しているかもしれない．しかしながら，このように価格が変化する生産物はほとんどない．現実の世界においては，企業が直面する需要 (および費用) の状況は常に変化するものであり，企業は将来の状況が常に不確実であるということを考慮して，投資あるいは廃棄の意志決定を行わなければならない．したがって，企業が置かれている不確実な投資環境の確率的な変動法則について，企業が**合理的期待** (rational expectations) を有する

---

[2]　証明の過程は長く，それ自体はそれほど面白いものではないため，ここでは省略する．興味ある読者は **Dixit** (1989a, Appendix A) を参照のこと．

と仮定する方がより自然な理論的アプローチであろう．上記のモデルはまさにこうした仮定に基づいている．すなわち，企業の意思決定は，式 (7.1) で与えられた生産物の価格が従う確率過程の下で，最適なものとなっている．

ここで，企業が静学的期待ではなく合理的期待を有すると仮定することで，どのような違いが生じるかを検討してみることにしよう．ここで，最適投資閾値 P_H と**マーシャルの閾値** (Marshallian threshold)$(C+rI)$，および最適廃棄閾値 P_L とマーシャルの閾値 $(C-rE)$ を，それぞれ，どのようにして比較すればよいのであろうか？この問いに答えるために，まず，次の関数を定義する．

$$G(P) \equiv V_1(P) - V_0(P) \\ = -A_1 P^{\beta_1} + B_2 P^{\beta_2} + P/\delta - C/r \tag{7.13}$$

この関数は，形式的には，全ての P の領域において定義することができる．しかしながら，$V_1(P)$ は領域 (P_L, ∞) においてのみ操業企業の価値を定義しており，$V_0(P)$ は領域 $(0, P_H)$ においてのみ休眠企業の価値を定義していることに注意しなければならない．したがって，$G(P)$ は領域 (P_L, P_H) においてのみ，**操業企業に移行することによる企業価値の増分** (incremental value of becoming active) として解釈することができる．これは，休眠状態よりも活動状態にあることの方がどれだけ価値があるかを示している．

P の値が小さいときには，P の負の累乗 β_2 を有する項が $G(P)$ の支配的な項となる．この項は減少凸関数である．また，P の値が大きいときには，P の累乗 $\beta_1(\beta_1 > 1)$ を有する項が支配的になる．この項は負の値をとり，減少凹関数となる．P の値がその中間的な値のときには，第三項が $G(P)$ の増大に寄与する．したがって，$G(P)$ の一般的な形状は図 **7.1** に示すとおりとなる．

閾値において適用される境界条件は $G(P)$ の式で表される．まず，式 (7.9) と式 (7.11) のバリュー・マッチング条件は次式のとおりとなる．

$$G(P_H) = I, \qquad G(P_L) = -E$$

次に，式 (7.10) と式 (7.12) のスムース・ペースティング条件は次式のとおりと

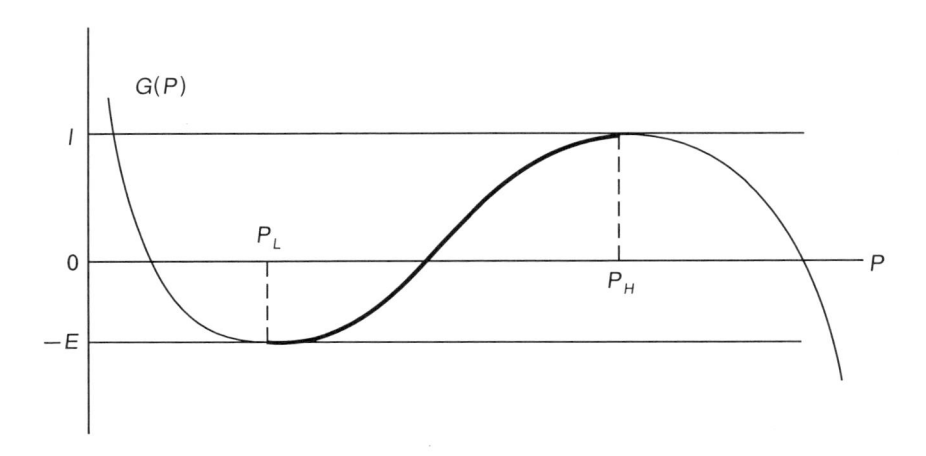

図 **7.1** 閾値 P_L および P_H の決定

なる.

$$G'(P_H) = 0, \qquad G'(P_L) = 0$$

図 7.1 を参照すれば，これらの条件は，$G(P)$ のグラフが P_L から P_H の範囲においてはＳ字型となり，極大となる I の高さで水平線と接し，極小となる $-E$ の高さで水平線と接することを意味していることが分かるであろう[3]．ここで，$G(P)$ は P_H において凸であり，P_L において凹である．

ここで，極大値をとる閾値について検討する．$V_0(P)$ の微分方程式である式 (7.3) から $V_1(P)$ の微分方程式である式 (7.5) の差をとると，次式が得られる．

$$\frac{1}{2}\sigma^2 G''(P) + (r-\delta)G'(P) - rG(P) + P - C = 0$$

この式を $P = P_H$ で評価し，P_H において満たされるべき境界条件を用いると，次式が得られる．

$$-rI + P_H - C = -\frac{1}{2}\sigma^2 G''(P_H) > 0$$

---

[3] インタラクティブなグラフィックソフトがあれば，このような幾何学的な方法によって閾値を計算することができる．すなわち，水平線 I および $-E$ を $G(P)$ のグラフに重ね合わせ，これらが $G(P)$ のグラフの接線になるまで係数 A_1 と B_2 を調整する．そこで得られた接点の水平座標の値が最適閾値 P_H および P_L となる．

ここから，$P_H > C + rI$ となることが分かる．同様にもう一方の極値では，$P_L < C - rE$ が得られる．すなわち，これは，**合理的期待**を仮定したときの最適閾値間の領域が，**静学的期待**を仮定したマーシャルのそれよりも広がっていることを意味している．将来の生産物の価格における不確実性を考慮すると，休眠企業はより投資を行おうとはしなくなり，操業企業ではより事業の廃棄を行おうとはしなくなる．これは，第5章および第6章で検討した，現状維持のオプションを意味している[4]．以下では，数値シミュレーションの結果からその定量的な大きさを検討した後に，その意味を検討することにする．

7.1.C 比較静学

閾値を決定する方程式は非線形的であり，閉じた形式の解を持たないが，外生的なパラメーターの微小変化についての全微分は，通常，線形である．したがって，少なくともいくつかのパラメーターに関する定性的な比較静学の結果は直接的に得ることができる．一方で，関心の対象であるパラメーター，特に $r, \delta = \mu - \alpha,$ および σ は，P の累乗となる β_1 および β_2 を根として有する二次方程式の構成要素であるため，これらのパラメーターの変化は G の関数に複雑な影響を及ぼすことになる．したがって，解析的な比較静学では解釈が困難であり，数値シミュレーションに頼らざるを得なくなる．その他の I, E および C といったパラメーターは単純な影響を及ぼすものであり，一般的な方法によってその影響を示すことができる．ここでは，投資費用 I について詳細に検討を行うが，その他の二つのパラメーターについても同様に検討を行うことができる．

ここでも関数 G について検討を行うことは有益であり，これによって，そのオプション価値係数への依存性を示すことが容易になる．ここで，関数 G を $G(P, A_1, B_2)$ と表すことにする．このとき，バリュー・マッチング条件とス

---

[4] マクロ経済学者の中には，静学的期待から合理的期待に仮定を変更することによって，企業の意志決定が，変動化するのではなく，現状維持化することを，予期しない面白い結果であると捉える者もいるかもしれない．

ムース・ペースティング条件は次のように表される.

$$G(P_H, A_1, B_2) = I, \qquad G(P_L, A_1, B_2) = -E \qquad (7.14)$$

$$G_P(P_H, A_1, B_2) = 0, \qquad G_P(P_L, A_1, B_2) = 0 \qquad (7.15)$$

いま, I が dI だけ変化するとしたとき, A_1, B_2, P_H, P_L という四つの外生変数がどのように変化するかを検討する. まず, 式 (7.14) の**バリュー・マッチング条件**を全微分してみよう. G の偏微分をこれまでどおり添字を用いて表記するとともに, 簡略化のために, $G_A(P_H, A_1, B_2) = G_A(H)$ 等と表記することにする. これらの表記に従えば, 次式が得られる.

$$G_A(H)\, dA_1 + G_B(H)\, dB_2 = dI$$
$$G_A(L)\, dA_1 + G_B(L)\, dB_2 = 0$$

ここで, $G_P(H) dP_H$ と $G_P(L) dP_L$ の項については, 式 (7.15) のスムース・ペースティング条件によって消去されることに注意する必要がある. 以上から, 四つの外生変数の変化 dA_1, dB_2, dP_L および dP_H の一般的な比較静学システムは, 実際は, より単純なシステムに分離されることになる. まず, オプション価値係数の変化 dA_1, dB_2 に関する上の二つの方程式を解く. 次に, **スムース・ペースティング条件**の式を全微分することによって, 閾値の変化 dP_L, dP_H を得ることができる.

いま, $G_A(H) = -P_H^{\beta_1}$ 等と表記すれば, 解は次式で表される.

$$dA_1 = -P_L^{\beta_2}\, dI/\Delta, \qquad dB_2 = -P_L^{\beta_1}\, dI/\Delta$$

ここで,

$$\Delta = P_H^{\beta_1} P_L^{\beta_2} - P_H^{\beta_2} P_L^{\beta_1}$$

である. $P_H > P_L$ であり, $\beta_1 > 0 > \beta_2$ であることから, これは正である.

式 (7.15) の P_H におけるスムース・ペースティング条件の式を全微分すると，次式が得られる．

$$G_{PP}(H)\,dP_H + G_{PA}(H)\,dA_1 + G_{PB}(H)\,dB_2 = 0$$

よって，次式が得られる．

$$G_{PP}(H)\,dP_H = -[\beta_1 P_H^{\beta_1-1} P_L^{\beta_2} - \beta_2 P_H^{\beta_2-1} P_L^{\beta_1}]dI/\Delta$$

$G(P)$ は P_H においては凹であるため，$G_{PP}(H)$ は負となる．したがって，$dI > 0$ のとき $dP_H > 0$ となる．すなわち，予想どおり，投資費用が増大すると，投資閾値も増大することになる．同様に，E が増大すると，P_L も減少することになる．

同じようにして，P_L におけるスムース・ペースティング条件の式を全微分すると，次式が得られる．

$$G_{PP}(L)\,dP_L = -(\beta_1 - \beta_2)P_L^{\beta_1+\beta_2-1}\,dI/\Delta$$

$G_{PP}(L) > 0$ であるため，$dI > 0$ のとき $dP_L < 0$ となる．すなわち，投資費用が増大すると，**廃棄閾値**は減少することになる．このような費用と閾値の重要な関係も，よく考えてみれば，直観的に理解することができる．すなわち，廃棄オプションは価値を有するため，企業は操業中の事業を廃棄する場合には一定の抵抗感がある．なぜなら，事業を継続しておけば，将来，生産物の価格が充分望ましい水準に転じたときに，再び投資費用を支出しなくて済むからである．したがって，投資費用が増大すれば，このオプションの価値は増大し，より事業を廃棄しようとしなくなる．廃棄費用 E が増大すれば，投資閾値 P_H も増大するという結果も，その鏡像として捉えれば一層理解することができるだろう．また，将来において操業停止に要する費用が増大すれば，企業は事業に投資しようとはしなくなる．

I と E の双方がゼロに近づくとき，これらの微分係数を比較静学的に評価すれば，P_H および P_L は双方とも C に近づくが，$dP_H/dI \to \infty$ および

$dP_L/dI \to \infty$ となる．また，E についても同様である．したがって，**参入・退出費用** (entry and exit costs) がいくら小さくても，参入・退出閾値は急激に離れていくようになる．**Dixit** (1991a) においては，式 (7.14) および式 (7.15) に示されている四つの方程式をテイラー展開し，ひたすら代数計算を行うと，次式が成立することが明らかにされている．

$$\log(P_H/P_L) = k(I + E)^{1/3} \tag{7.16}$$

ここで，k は定数である．これは，微小かつ三次の**参入・退出費用**（小さい ϵ について ϵ^3 に比例する）が，一次の (ϵ に比例する) 参入・退出閾値の格差を生み出すことを意味している．すなわち，微小の**埋没費用**は，企業の意志決定に対して非線形的に大きな影響を及ぼすのである．

さらに，微小の埋没費用は全く対称的な影響を閾値に及ぼす．すなわち，参入閾値は，参入費用と全く同様に退出費用からも影響を受ける．各費用がより大きくなると，各費用はその「各々の」閾値から強く影響を受けるようになる．その理由は直観的に明らかであろう．参入を検討している企業を考えてみよう．参入費用は直ちに支出しなければならないが，退出費用は将来のある時点で支払わなければならないという見通しを通じてのみ企業の意志決定に影響を及ぼすに過ぎない．将来の費用は割引かれるため，直ちに生じる影響の方が強く影響を及ぼすことになる．しかしながら，もしそうした費用が微小ならば，両閾値は極めて近い値をとる．また，価格がブラウン運動に従うことから，一方の閾値は他の閾値に極めて急速に一致するようになる．したがって，割引によって生じる差は小さく，極限においては消失してしまう．

C が増大するとともに，P_H と P_L の双方が増大することについては，読者の演習としておく．予想されるとおり，**操業費用**が大きい事業では，投資はより実施されなくなり，事業の廃棄はより迅速に行われることになる．

第7章 参入，退出，操業停止および廃棄

7.1.D 例：銅産業への参入・退出

　将来の需要状況に関する不確実性は，企業が現状維持を図ろうとする領域を拡大させることについては既に示した．すなわち，最適投資閾値および最適廃棄閾値の間の領域が，マーシャルのそれよりも広がることになる．では，実際にその現状維持領域はどの程度大きくなるのであろうか？また，実際のところ，これまで検討してきたように不可逆性や不確実性を考慮する必要はあるのだろうか？あるいは，投資や廃棄の意志決定の多くの場合において，単純なマーシャルの投資基準を十分良好な近似式として用いることはできないのであろうか？これらの質問に答えるためには，具体的な例を検討してみることが有益である．

　ここでは，新たな**銅生産施設** (copper production facility)(鉱山と製錬所および精製所が一体となっている施設) への投資と，現在操業中の施設の永久廃棄を検討することにしよう．銅の価格は歴史的にかなり変動性が高い．(銅の価格の年間変動率の標準偏差はここ20年間で20%から50%となっている．) 加えて，鉱山や製錬所の操業開始や閉鎖には多大な埋没費用を要するため，銅の生産者は不確実性を考慮して，極めて慎重に市場への参入・退出の意志決定を行う必要がある．

　実際には，操業中の銅山を有する生産者は，事業の永久廃棄と操業の継続といったオプション以外のオプションも有している．すなわち，銅山については一時的に操業を「停止」し，後に銅価格が上昇したときに操業を再開することもできる．操業停止と再開には埋没費用 (操業停止中に鉱山が水没したり落盤したりすることを回避するために必要な施設の建設費用や，操業再開に必要な追加的支出) と，継続的に発生する固定費用 (排水や無断侵入の防止などに要する費用) を伴う．しかしながら，そう遠くない将来において操業再開が見込まれるならば，事業を廃棄し，後にゼロから新たな鉱山を開発するよりも，一時的に操業を停止した方が必要となる費用は小さくなる．次節では，一時的な操業停止と再開といった選択の可能性を考慮できるようにするために，参入・退出の基本モデルを拡張する．しかしながら，当面は，このようなオプションを

無視し，投資と廃棄のみを検討する[5]．同様に，銅生産者は，精製所を除いては，鉱山の操業や操業停止を行うことができるが，簡単のため，ここでは精製銅の生産も一貫操業ラインの一部として取り扱うことにする．

ここで，年間 1,000 万ポンドの精製銅を生産する施設を想定しよう．分析を簡単にするために，鉱山の埋蔵量が有限で，そのうち枯渇するという可能性は無視し，その代わりに，鉱山は永久に操業可能であるものと仮定する．(多くの銅山は少なくとも 20 年から 30 年は操業可能であるため，この仮定はそれほど極端なものではないと考えられる．) こうした鉱山と製錬所および精製所の整備費用を $I = 2,000$ 万ドル，そして，廃棄費用 (その多くは物理的な原状復旧や環境面での原状復旧に係わる費用である) を $E = 200$ 万ドル という妥当な値に設定する．(これらをはじめとする全ての金額は 1992 年価格である．) アメリカにおいては，銅生産に係わる**平均可変費用** (average variable cost) は企業によって異なり，他国も考慮するならばさらに大きく異なってくる．ここでは，可変費用を $C = 0.80$ ドル/ポンド と設定する．これは，1992 年におけるアメリカの銅生産者についての平均値である．なお，以降の分析ではこの費用を変化させたときの，参入・退出閾値に及ぼす影響についても検討する．(比較のために，銅 1 ポンドの平均価格を示しておくと，1992 年においては約 1.00 ドルであったが，1985-1992 の期間においては，約 0.60 ドルまで下落したこともあれば 1.50 ドルを上回ったこともある．) **銅山** (copper mine) や精製所に関する実際のリスク調整済み年間収益率を $\mu = 0.06$，年間平均**コンビニエンスイールド** (利益不足率) を $\delta = \mu - \alpha = 0.04$，そして実際の安全資産の収益率を $r = 0.04$ という妥当な値に設定する．最後に，変動性のパラメーター σ については 0.2 を基本値として設定するが，σ の値が 0.1 から 0.4 の範囲にある場合についても検討を行う．この範囲については年代によって異なる σ の推定値の範囲に一致させている[6]．

---

[5] **Brennan and Scwartz** (1985) では，条件付請求権法を用いて銅山の価値を評価しており，一時的な鉱山の操業停止やその後の再開に関するオプションに分析の焦点を当てている．

[6] σ については，例えば，**Bodie and Rosanski** (1980) や **Brennan** (1991) を参照のこと．コンビニエンスイールドとして $\delta = 0.04$ を用いるのは，これが過去 20 年間の平均値に近

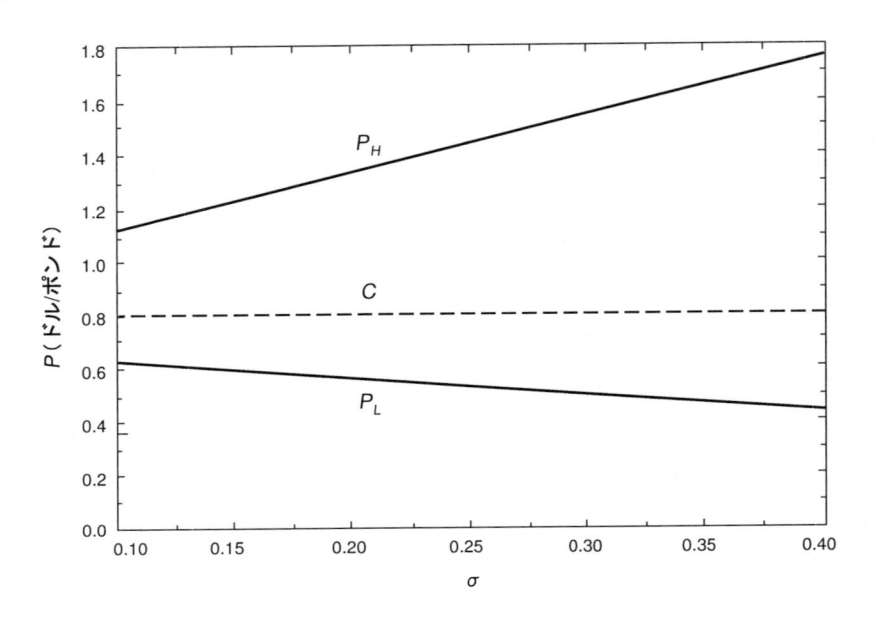

第7章 参入，退出，操業停止および廃棄

図 7.2 銅の例：ボラティリティ σ の関数としての参入・退出閾値

これらのようにパラメーターの値を設定すると，式 (7.9) から式 (7.12) は，数値解析法によって解くことができ，定数 A_1, B_2 および参入・退出閾値 P_H, P_L の値を決定することができる．図 7.2 においては，参入・退出臨界閾値 P_H, P_L が変動性のパラメーター σ の関数として示されている．$\sigma = 0.2$ のときには，閾値 P_H, P_L はそれぞれ 1.35 ドル，0.55 ドルとなることが分かる．比較のために，将来の銅の価格に不確実性が存在しない場合 ($\sigma = 0$) を想定すれば，閾値はそれぞれ 0.88 ドル，0.79 ドルとなる[7]．したがって，不確実性が極めて適度

い値であるためであるが，この期間を通じてこのパラメーターの値は大きく変動していたことに留意する必要がある．この期間においては，δ がゼロに近い値になっていたために操業が一時停止された期間もあれば，総在庫量が低水準であったときに，短期間だが，δ が年率で30%から40%程度となっていた期間もあった．ここでは分析を簡単にするために，δ を一定と仮定した．コンビニエンスイールドやその挙動に関する一般的な検討や，銅に関するこれらの検討については，**Brennan** (1991) や **Pindyck** (1993c,d) を参照のこと．

[7] この事業では年間 1,000 万ポンドの銅を生産すると仮定しているため，投資の NPV は，$-20 + 10P/0.04 - 8/0.04$ (百万ドル) と表される．(収入は $\mu = 0.06$ で割り引かれるが，式には収入が期待増加率 $\alpha = 0.02$ で増加することも反映されている．また，操業費用は安全資産の割引率 $r = 0.04$ で割り引かれている．) もし $\sigma = 0$ ならば，企業は NPV > 0 のとき，すなわち $P > 0.88$ ドル となるときに投資を行う．同様に，いったん企業が市場に参入すれ

な大きさの値をとるときには，現状維持の領域が劇的に増大することが分かる．ここでの例では，$0.88 - 0.79 = 0.09$ ドルから $1.35 - 0.55 = 0.80$ ドルまで増大する．さらに，この図からは，σ の増大とともに，この領域が増大していくことが分かる．σ が 0.4 ならば，この領域の幅は約 1.30 ドルにまで増大する．

図 7.3 および図 7.4 では，参入・退出閾値の操業費用 C および退出に係わる埋没費用 E への依存性が示されている．図 7.3 からは，操業費用が増大するとともに，P_H と P_L の双方が増大していることが分かる．操業費用が増大すれば，事業から得られる期待利益は減少し事業の価値も減少するため，企業が投資を行うときには，銅の価格水準が高くなっている必要がある．さらに，C が増大するときには，企業が失う金銭はより大きくなるため，企業が事業を廃棄する価格閾値は増大することになる．

図 7.4 からは，**廃棄費用** (abandonment cost)E が増大すれば，参入閾値 P_H も増大することが分かる．その理由は，任意の P について，E が増大すれば，事業の**廃棄オプション**の価値が減少し事業の価値も減少するため，企業が投資を行うときには，銅の価格水準が高くなっている必要があるためである．同様に，E が増大すれば，廃棄閾値 P_L は減少する．なぜなら，企業が**廃棄オプション** (abandonment option) を行使するために支払う金銭が増大するため，企業が事業を廃棄するときには，銅の価格水準が低くなっている必要があるためである．しかしながら，E が増大すれば，P_H は増大し P_L は減少するが，それほど大きく増減しないことが分かる．その理由は，廃棄オプションの価値が σ や大きな参入費用 I によって大きく規定され，E が変動してもそれほど変動しないためである．

図 7.5 においては，**休眠企業の価値** (value of idle firm)$V_0(P)$ と**操業企業の価値** (value of active firm)$V_1(P)$ が，銅の価格 P の関数として示されている．(基本ケースのパラメーターの値として，$I = 2,000$ 万ドル$, E = 200$ 万ドル$, C = 0.80$ ドル/ポンド$, r = \delta = 0.04$ および $\sigma = 0.2$ を用いている．) また，こ

ば，市場に存在することの NPV は，$-2 - P/0.04 + 8/0.04$(百万ドル) と表される．これは，$P < 0.79$ ドル となるときに正になる．

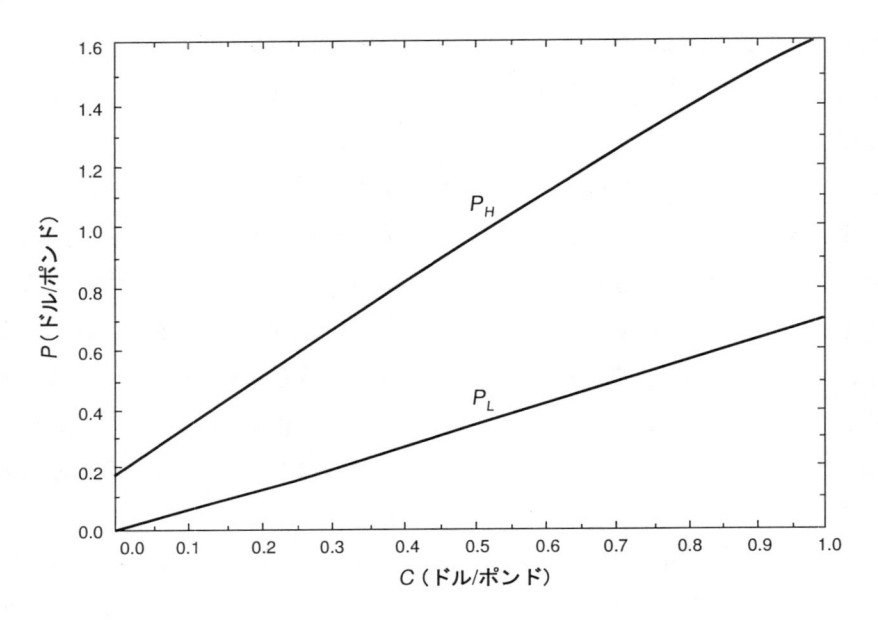

第7章 参入，退出，操業停止および廃棄

図 7.3 操業費用 C の関数としての参入・退出閾値 ($\sigma = 0.2$ のとき)

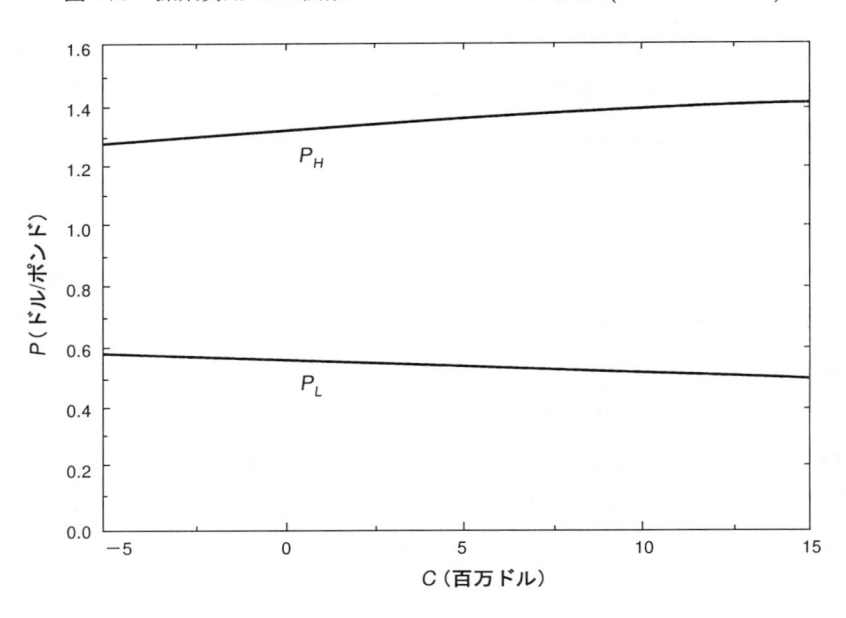

図 7.4 廃棄費用 E の関数としての参入・退出閾値 ($\sigma = 0.2$ のとき)

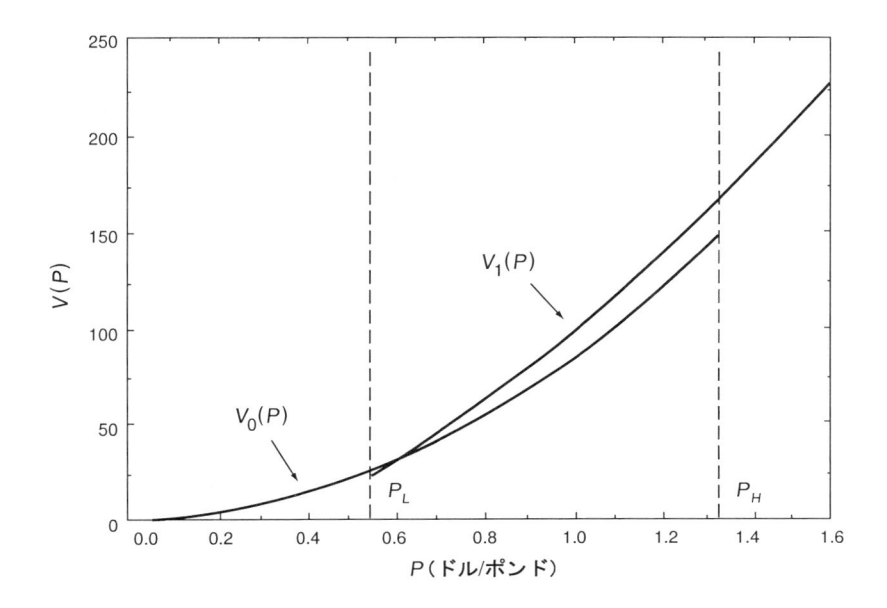

図 **7.5** P の関数としての $V_0(P)$ および $V_1(P)$

こには閾値 P_H, P_L も示されている.ここで,$P = P_L$ のときには,$V_0(P)$ は廃棄費用 $E = 2$ だけ $V_1(P)$ を上回ることになる.なぜなら,このときには廃棄オプションを行使して,$E + V_1$ を放棄して V_0 を受け取ることが最適となるためである.同様に,$P = P_H$ のときには,投資を行うことが最適となるため,$V_1 = V_0 + I$ となる.

最後に,**図 7.6** においては,関数 $G(P) = V_1(P) - V_0(P)$ が示されている.ここで,P_L と P_H の間の現状維持領域では,$G(P)$ の形状は S 字型となっており,$P = P_H$ において高さ I の水平線に接し,$P = P_L$ において高さ $-E$ の水平線に接している.

この例からは,過去 20 年間のアメリカやその他の地域における銅生産者の行動を理解することができる.価格水準が非常に低い期間 (例えば,1980 年代半ばには,大恐慌のために**銅価格**が実質ベースで最低の水準にまで落ち込んでいる) においても,多くの企業では,たとえ不採算であっても,銅価格が高い

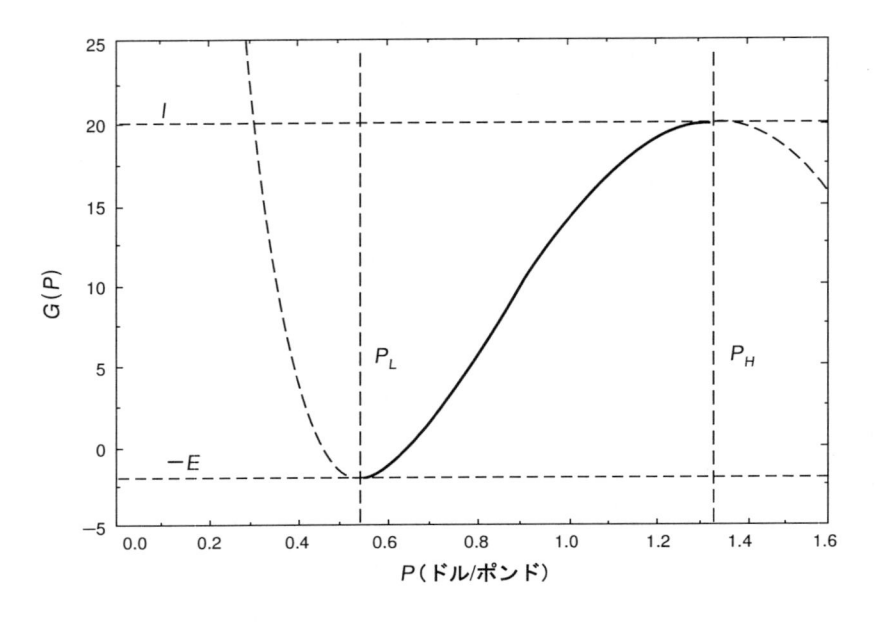

図 7.6 $G(P) = V_1(P) - V_0(P)$

水準にあったときに開発した鉱山と製錬所の操業を継続した.一方,価格水準が高いときでも,たとえ採算性が見込めそうでも,企業は新たな鉱山に投資しなかったり,銅価格が低い水準にあったときに閉鎖した銅山の操業を再開しなかったりしている.こうした生産者の不確実性に対する反応は,銅価格の水準自体にフィードバック効果を及ぼし,銅の需要がわずかしかなかった 1980 年代半ばにおいても,企業は銅山を閉鎖しようとしなかったため,銅の価格は予想以上に下落してしまった.

ここでは,銅の価格が従う確率過程を企業にとって外生的なものとして仮定した.第 8 章においては,産業行動の均衡モデルにおいて,競争的に生産される商品の価格がどのように内生化されるかを検討する.そこでは,ここで検討した銅産業における参入・退出の例に立ち戻るが,価格が内生化される競争均衡の文脈において検討を行うものとする.

7.2 操業停止, 操業再開および廃棄

　前述したとおり, 銅の価格が下落したときに, 銅の生産者は鉱山の操業の永久に廃棄すること以外のオプションを有している. すなわち, 銅山の操業を**一時的停止**の状態にしておき, 将来, 新たな鉱山をゼロから開発する費用よりも埋没費用が小さくなるときに操業を再開するものとすることができる.「操業停止」にされた生産設備や「**廃船**」にされた船舶はこうした一時的な操業停止状態の例である.

　操業停止にも, 永久的な廃棄と同様に, 埋没費用がかかる. ここでは, これを E_M と表記することにする. 加えて, いったん生産設備が操業停止になると, この資産のメンテナンスには M のフロー費用が必要となる. また, 将来, さらに埋没費用 R を投入すれば, 操業を再開できるものとする. 操業停止は, **メンテナンス費用** (maintenance cost) M が**実際の操業費用** (cost of actual operation) C を下回り, かつ, 操業再開費用 R が新規投資費用 I を下回るときにのみ意味のある意志決定となる. 以下では, このような条件が満たされるものと仮定する. ここでの目的は, 操業中の事業の価値や, こうした事業への投資機会の価値, あるいは, **投資**, **操業停止**, **操業再開**および**廃棄**の意志決定基準が, 様々な費用 I, E_M, M, R や**生産物価格のボラティリティ**によってどのような影響を受けるかを検討することにある.

　これまでと同様に, 生産物の価格は式 (7.1) の**幾何ブラウン運動**に従うと仮定する. 企業は, 将来における生産物の価格の不確実性を考慮して, 生産設備を操業停止にするか否か, どの時点で操業停止にするかを決定しなければならないものとする. これらは, 直観的には, 次の一般的な考え方に従うものと考えられる. まず, 整備された資産を企業が全く保有していない状態から検討を始めると, 企業は生産物の価格が閾値 (threshold) P_H よりも大きくなれば投資を行う. そして当該企業は生産物の価格が別の閾値 P_M よりも小さくなれば事業の操業を停止する. 事業の操業が停止されているとき, 生産物の価格が第三の閾値 P_R よりも大きくなれば, 企業は当該事業の操業を再開する. **操業再開**

費用は，ゼロから投資を行う費用よりも小さいため，$P_R < P_H$ となると考えられる．逆に，生産物の価格が小さくなれば，事業の操業が再開される見通しはほとんどなくなる，あるいは操業再開は遠い将来のことになってしまうため，メンテナンス費用を節約するために，操業停止中の事業を完全に廃棄する第四の閾値 P_S が存在することになる．このとき，企業は当初の休眠状態に戻る．

もちろん，これらの**閾値** P_H, P_M, P_R および P_S は全て内生変数であり，基本的なパラメーターの式によって表されることになる．さらに基本的なことではあるが，いったい企業が**操業停止オプション**を行使することが最適となることがあるのかどうかを問わなければならない．メンテナンス費用 M が充分に大きいならば，あるいは操業再開費用 R が投資費用 I と比べてそれほど小さくないならば，生産物の価格が閾値 P_L を下回るとき，企業は操業中の事業を直ちに廃棄した方がよいことになる．すなわち，この場合には，前節のモデルに戻ることになる．ここでは，操業停止が企業の最適戦略の一部を構成することになるかどうかを内生的に決定しなければならない．

7.2.A 最適移行の基準

前節では，事業の廃棄費用を E と表記した．ここでは，さらに，事業の**操業停止費用** (cost of mothballing) を E_M とし，操業停止中の事業に係わる**廃棄費用** (cost of scrapping) を E_S とする．(鉱山の例では，前者は鉱山労働者の**解雇費用** (cost of firing) に相当し，後者は**原状回復費用** (cost of site restoration) に相当する．後者は，船舶の場合には**廃棄価値**のために負になる可能性もある．) 説明を簡単にするために，$E_M + E_S = E$ と仮定する．すなわち，事業を直ちに廃棄する費用が，事業の操業を停止する費用と，操業停止中の事業を廃棄する費用の和に等しいとする．実際には，操業中の事業を完全に廃棄する場合，操業停止の段階を経ると幾分多くの費用を要することになる．船舶の場合，船舶を準備する費用を廃船地との間を往復する費用は二度かかるかもしれないが，退職や解雇による**労働力の削減** (labor force reduction) を徐々に行う方法

があれば，幾ばくかの**労働者解雇費用** (Labor firing costs) の節減を図ることができるかもしれない．**費用の非加法性** (non-additivity of costs) が生み出す問題についての検討は，読者に委ねることにする．

同様の考え方は投資費用 I にも適用することができる．原理的には，費用 J で事業を操業停止状態として整備し，後に，費用 R で操業を開始できるものと仮定することはできる．しかしながら，このように段階的に投資することで，直接的に投資するよりも費用を節減できることはほぼあり得ない．したがって，企業がこうした方法をとることが最適になることはありえない．すなわち，企業は決して操業停止状態の事業に投資を行うことはない．操業の時点まで**投資を延期** (postponing investment) することによって，初期投資となる資本費用 J の支出を延期するとともに，メンテナンス費用 M の節約を図ることができる[8]．

以上より，三つの状態間で可能な六つの移行方法のうち，五つの方法が残されたことになる．休眠から操業，操業から操業停止，操業停止から廃棄，操業停止から操業再開，操業から廃棄といった五つの移行方法のうち，最初の四つは操業停止が最適戦略の一部を構成する場合に有効となる．そうでない場合には，一つ目と最後の移行方法のみが有効となる．当面は，生産物の価格が一定の水準まで下落すると，操業停止に移行すると仮定して分析を進め，分析の過程においてその有効範囲を決定することにする．

ここでは，これまでと同様に，**休眠状態** (idle state) と**操業状態** (operating state) をそれぞれ 0 と 1 というラベルを用いて表記し，加えて**操業停止状態** (mothballed state) を m というラベルを用いて表記することにする．各状態にある企業の価値は，期待利益や費用と移行オプションの適切な組み合わせとして求めることができる．この方法は，本章や第 5 章，第 6 章で用いた方法と全く同じである．このため，ここでは分析の概要を述べるにとどめ，詳細は省略する．

企業は価格が $(0, P_H)$ の範囲にある場合には休眠状態となっている．このと

---

[8] **寡占産業** (oligopolistic industry) では，操業停止中の事業を保有することに戦略的な理由が存在するかもしれないが，ここでは，そうした市場構造は考慮しない．

き，企業の価値は式 (7.4) によって次式のように表される．

$$V_0(P) = A_1 P^{\beta_1}$$

ここで，A_1 は未知定数である．これはまさに投資オプションの価値である．ここでは，P がゼロに近づくにつれて $V_0(P)$ はゼロに近づくことから，負の累乗 β_2 の項を既に消去している．

同様に，(P_M, ∞) の範囲では企業は**操業状態**となっており，企業の価値は式 (7.6) によって次式で表される．

$$V_1(P) = B_2 P^{\beta_2} + P/\delta - C/r$$

ここで，B_2 は未知定数である．前節で構築したモデルにおいて，$B_2 P^{\beta_2}$ は**廃棄オプションの価値** (value of option to abandon) を表していたが，ここでは，**操業停止オプションの価値** (value of option to mothball) となる．これまでと同様に，他の二項は，操業を永久に継続することの期待現在価値となっている．もちろん，**操業停止オプション**の価値は，その後の操業再開や廃棄の可能性から導出される．

価格が (P_S, P_R) の範囲にある場合には，**操業停止状態**は継続されることになる．この範囲にはゼロも無限大も含まれないため，オプションの価値の式における正の累乗項も負の累乗項も消去することはできない．したがって，**操業停止状態の事業の価値** (value of mothballed project) は次式で表されることになる．

$$V_m(P) = D_1 P^{\beta_1} + D_2 P^{\beta_2} - M/r \tag{7.17}$$

ここで，D_1 および D_2 は未知定数である．式 (7.17) の第一項は操業停止状態の事業に関する**操業再開オプションの価値** (value of option to reactivate) である．第二項は事業の**廃棄オプションの価値** (value of option to scrap) である．最後に，最終項は，事業が永久に操業停止状態にとどまると仮定した場合の現在価値ベースでの総メンテナンス費用を単に表しているに過ぎない．

各移行点においては，それぞれ**バリュー・マッチング条件**と**スムース・ペースティング条件**が存在する．最初の投資時点においては，これらの条件は次式

で表される.
$$V_0(P_H) = V_1(P_H) - I, \qquad V_0'(P_H) = V_1'(P_H)$$

操業停止時点においては,条件式は次式で表される.
$$V_1(P_M) = V_m(P_M) - E_M, \qquad V_1'(P_M) = V_m'(P_M)$$

操業再開時点での条件式は,
$$V_m(P_R) = V_1(P_R) - R, \qquad V_m'(P_R) = V_1'(P_R)$$

となる.最後に,**廃棄**時点での条件式は,
$$V_m(P_S) = V_0(P_S) - E_S, \qquad V_m'(P_S) = V_0'(P_S)$$

となる.この八つの方程式体系から,四つの閾値 P_H, P_M, P_R, P_S と,四つのオプション価値係数 A_1, B_2, D_1, D_2 が決定されることになる.形式的にはこの連立方程式を解くことができる.しかし,次にそうした解が経済的に有意であるか否かを検討するとともに,操業停止オプションが実際に有効となるパラメーターの値の範囲を決定しなければならない.

その検討は,操業停止と操業再開の間の移行から始めることが最も望ましいと考えられる.上記の関数形を用いると,これら二つの閾値における四つの方程式は以下のとおりとなる.

$$-D_1 P_R^{\beta_1} + (B_2 - D_2) P_R^{\beta_2} + P_R/\delta - (C-M)/r = R \qquad (7.18)$$

$$-\beta_1 D_1 P_R^{\beta_1-1} + \beta_2(B_2 - D_2) P_R^{\beta_2-1} + 1/\delta = 0 \qquad (7.19)$$

$$-D_1 P_M^{\beta_1} + (B_2 - D_2) P_M^{\beta_2} + P_M/\delta - (C-M)/r = -E_M \qquad (7.20)$$

$$-\beta_1 D_1 P_M^{\beta_1-1} + \beta_2(B_2 - D_2) P_M^{\beta_2-1} + 1/\delta = 0 \qquad (7.21)$$

これらは四つの未知数 $D_1, (B_2 - D_2), P_R, P_M$ に関する四つの方程式体系であることから，これらの式だけで解くことができる．さらに，この方程式体系は，前節において検討した，投資と廃棄のみで操業停止オプションが存在しないケースに関する方程式体系と全く同じである．式 (7.18) から式 (7.21) を，式 (7.9) から式 (7.12) と比較されたい．ここでは，R を**投資費用** (cost of investment) に，E_M を**廃棄費用** (cost of abandonment) に，そして $(C - M)$ を**操業費用** (cost of operation) に解釈し直すだけでよい．このとき，P_R が前節の**投資閾値**に相当し，P_M が**廃棄閾値**に相当する．

これまでのモデルのアナロジーを引き続き適用するために，$H(I, E, C)$ を投資–廃棄システムの解となる大きい方の閾値として，$L(I, E, C)$ を小さい方の閾値と定義する．これらはそれぞれ，総費用やフロー費用の関数として表される．ここで，比較静学の結果を思い出してもらいたい．すなわち，H と L の両関数は，フロー費用を表す独立変数 C について増加関数となり，関数 H は総費用を表す独立変数 I および E について増加関数であるが，関数 L はこれらの変数について減少関数となる．いま，ここでのモデルの操業再開閾値と操業停止閾値は次の形式で表すことができる．

$$P_R = H(R, E_M, C - M), \qquad P_M = L(R, E_M, C - M)$$

さて，八つの方程式体系の残りの四つの方程式の検討に戻ることにしよう．新規投資時点におけるバリュー・マッチング条件とスムース・ペースティング条件は，これまでと同様に，次式で表される．

$$-A_1 P_H^{\beta_1} + B_2 P_H^{\beta_2} + P_H/\delta - C/r = I \tag{7.22}$$

$$-\beta_1 A_1 P_H^{\beta_1 - 1} + \beta_2 B_2 P_H^{\beta_2 - 1} + 1/\delta = 0 \tag{7.23}$$

廃棄閾値におけるこれらの条件は次式のとおりとなる．

$$(D_2 - A_2) P_S^{\beta_1} + D_2 P_S^{\beta_2} - M/r = -E_S \tag{7.24}$$

$$\beta_1(D_1 - A_1)P_S^{\beta_1-1} + \beta_2 D_2 P_S^{\beta_2-1} = 0 \tag{7.25}$$

これらの方程式には六つの未知数 (閾値 P_H, P_S および係数 $A_1, B_2, (D_1-A_1), D_2$) が存在する．しかしながら，最初の四つの方程式の解から，係数間の二つの関係，すなわち $D_1 = (D_1 - A_1) + A_1$ と $(B_2 - D_2)$ の関係が得られている．したがって，これらの方程式の解を導出することができることになる．

この方程式体系は複雑すぎて解析的に解を求めることはできないことから，次節では，数値シミュレーションの結果を示すことで解の特性に関する知見を得ることとする．なお，直観的には，解の一般的な性質は以下のように考えることができる．まず，M と R が双方ともゼロならば，操業停止は**費用のかからない操業停止** (costless suspension) と等価になり，第 6 章における **McDonald-Siegel** (1985) の基本モデルに戻ることになる．このとき，操業停止と操業再開の誘因は双方とも C の一点に一致し，廃棄の誘因はゼロに下落する．次に，R と M の一方が徐々に増大していく場合を考える．

M を一定として R を増大させると，**操業再開閾値** (Reactivation threshold) P_R は増大し，**操業停止閾値** (mothballing threshold) P_M は減少する．これはこれまで本章において検討した，投資費用が増大するときの投資閾値と廃棄閾値の動きに一致している．また，このとき，新規投資の閾値 P_H は増大する．操業再開費用が増大すれば，操業停止オプションは有効性を失っていき，企業はより投資を行おうとはしなくなる．最後に，このときには，廃棄閾値 P_S も増大する．したがって，操業再開費用が増大するときには，価格が減少するときほど，企業は操業停止状態の事業を進んで保有しようとはしなくなる．さらに R を増大させていくと，操業停止閾値 P_M は減少し，廃棄閾値 P_S は増大する．**操業停止**が最適戦略の一部を構成するためには，$P_M > P_S$ でなければならない．したがって，これら二つの閾値が一致する R の値は，操業停止が有効でなくなるパラメーター空間の境界を規定することになる．ここで，この領域において二つの閾値が一致した値を P_C と表記する．この P_C において満たされる**バリュー・マッチング条件**である式 (7.20) と式 (7.24) を合計するとともに，こ

のときの**スムース・ペースティング条件**である式 (7.21) と式 (7.25) についても同様に合計すると，次式が得られる．

$$-A_1 P_C^{\beta_1} + B_2 P_C^{\beta_2} + P_C/\delta - C/r = -(E_M + E_S) = -E$$

$$-\beta_1 A_1 P_C^{\beta_1-1} + \beta_2 B_2 P_C^{\beta_2-1} + 1/\delta = 0$$

これらはまさに，廃棄閾値での方程式である式 (7.11) と式 (7.12) に一致している．これらの式は，投資閾値での方程式である式 (7.9) と式 (7.10) と並んで，これまで本章において検討した，操業停止が全く有効でない場合において，閾値 P_H と P_L によって満たされる式である．すなわち，ここでの論理展開は全て前述したものと整合しているのである．R の値が充分に大きいときには，企業は操業停止の可能性を無視して，これまでと同様に休眠状態と操業状態との間を最適に移行することになる．

次に，R を一定として M を増大させることにする．これは，操業停止によって節減されるフロー費用 $(C - M)$ を減少させる．したがって，P_R と P_M は双方とも減少することになる．すなわち，企業は操業状態の事業を停止しようとしなくなり，また操業停止状態の事業を再開しようとするようになるのである．しかしながら，P_H と P_S は増大するため，企業はさらに投資を行おうとはしなくなり，操業状態の事業を廃棄しようとするようになる．M がある臨界水準にまで増大すると，P_M が減少し P_S が増大して，両者はある点で一致することになる．この点よりも M が大きくなると，**操業停止**は有効な意志決定ではなくなってしまう．

また，操業停止の有効領域を規定する R と M の臨界値の間にもトレードオフ関係がある．すなわち，R が増大すれば，M の臨界値は減少し，逆の場合も同様となる．

7.2.B 数値例

ここでは，数値例で前述の直観を確認する．注目すべきパラメーターは，**メンテナンス費用** M と**操業再開費用** R である．これらに焦点を絞るために，以下の説明では，操業停止費用 E_M と廃棄費用 E_S はともにゼロであると仮定する．したがって，このときには，その和である直接的な廃棄費用 E もゼロとなる．ただし，後に，これらのパラメーターがゼロでないとしたときの影響についても別の数値例で説明することにする．

いま，$C=1$ と標準化する．また，企業はリスク中立であると仮定し，$r=0.05$ とする．生産物の価格が従う確率過程は $\alpha=0$ および $\sigma=0.2$ というパラメーターを有するものとする．このとき，$\mu=r=0.05$ となり，また $\delta=\mu-\alpha=0.05$ となる．投資総費用は $I=2$ とし，廃棄総費用は存在せず $E=0$ とする．操業停止の可能性を無視して，これらの値を用いると，投資と廃棄の閾値はそれぞれ $P_H=1.5977, P_L=0.7135$ となる．

次に，操業停止の可能性を考慮して，$M=0.01$ のケースと $M=0.05$ のケースについて検討を行うことにする．それぞれのケースについて，以下では R の値の範囲を検討する．結果として得られる四つの閾値を**表 7.1** に示す．表には，各ケースについて，M が一定で R が変化するときの影響が詳細に示されている．ケース 1 においては，メンテナンス費用は小さく，$M=0.01$ である．このときには，価格が臨界値 $\bar{R}\approx 1.76$ までの範囲にあるときに，操業停止は有効な戦略となる．いったん，R がこの $\bar{R}$ を超えると，操業停止は有効な戦略ではなくなる．R が 0 から $\bar{R}$ まで増大すると，(1) P_H は操業停止が有効でなくなる水準まで増大していく，(2) $R=\bar{R}$ となるまで，P_M は減少していく一方で P_S は増大していき，P_L で両者は一致する，(3) P_R は増大していき，R が $\bar{R}$ にまで達すると，P_R は意味を持たなくなる．

ケース 2 においては，メンテナンス費用はケース 1 よりも大きく，$M=0.05$ である．このときには，操業停止が有効となる価格の範囲は狭くなり，$\bar{R}$ は 1 を若干上回る値となる．

表 **7.1** 操業停止閾値および廃棄閾値 (パラメーター: $r=0.05, \delta=0.05, \sigma=0.2, C=1, I=2, E=0$)

ケース 1: メンテナンス費用が小さい場合. $M=0.01$				
R	P_H	P_R	P_M	P_S
0.2	1.557	1.202	0.8322	0.2937
0.4	1.568	1.272	0.7987	0.3171
0.6	1.576	1.325	0.7770	0.3424
0.8	1.582	1.372	0.7608	0.3713
1.0	1.587	1.413	0.7478	0.4061
1.2	1.591	1.451	0.7369	0.4498
1.4	1.594	1.487	0.7276	0.5085
1.6	1.597	1.521	0.7195	0.5955
1.7634	1.598	1.548	0.7135	0.7135
ケース 2: メンテナンス費用が大きい場合. $M=0.05$				
R	P_H	P_R	P_M	P_S
0.1	1.577	1.108	0.8246	0.5240
0.2	1.583	1.157	0.7968	0.5430
0.3	1.587	1.194	0.7783	0.5612
0.4	1.590	1.225	0.7644	0.5793
0.5	1.592	1.253	0.7530	0.5978
0.6	1.594	1.278	0.7434	0.6170
0.7	1.596	1.301	0.7351	0.6371
0.8	1.597	1.323	0.7278	0.6584
0.9	1.597	1.343	0.7212	0.6811
1.0307	1.598	1.370	0.7135	0.7135

図 **7.7** からは，閾値の変動に関する一般的な傾向を容易に把握することができる．ここでは，M が相対的に小さい値で一定としたときの，各閾値が R の関数として太線で示されている．$R < \bar{R}$ の範囲では，操業停止は最適戦略の一部を構成することになる．$R \geq \bar{R}$ の範囲では，二つの閾値 P_M と P_S は一致して P_L となる．M が大きな値のときには，これらの曲線は細線で表されている位置にシフトする．すなわち，曲線 P_M は下に，曲線 P_S は上にシフトし，両者が一致する $\bar{R}$ の値は小さくなる．曲線 P_H は上にシフトし，この小さく

7.2 操業停止, 操業再開および廃棄

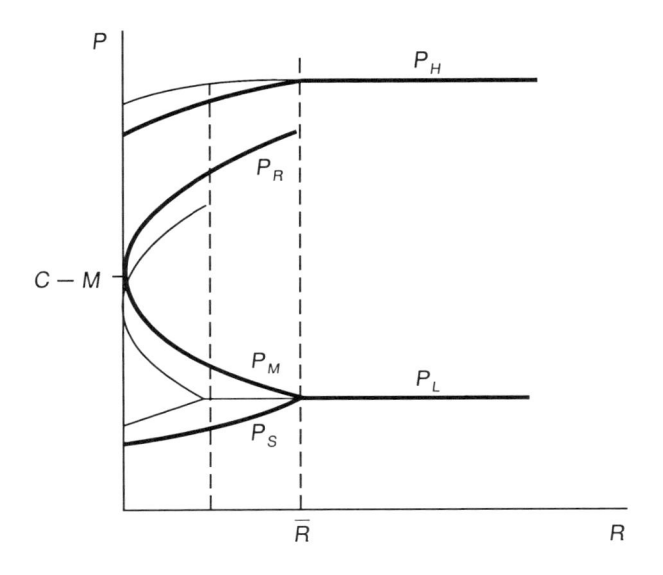

図 7.7 操業停止と廃棄

なった $\bar{R}$ において一定の上限値に達する. 曲線 P_R は下にシフトし, 操業停止が有効でなくなる点が終端点となる. また, R をゼロから増加させていくと, 操業再開閾値と操業停止閾値は急激に離れていく. ここでは, 操業停止費用を $E_M = 0$ としているため, 操業を停止しその後に再開するという状態の移行に要する総費用 $R + E_M$ は小さくなる. したがって, これは三乗根の式である式 (7.16) の例として捉えることができる.

もう一つの数値実験からは興味深い結果が得られる. それは, ここでの操業停止モデルを第 6 章のモデルの極限として捉えるために, R と M を小さくしていくものである. 実際にそのような捉え方は可能であるが, 極限に向かうスピードは極めて緩慢である. これは, 不確実性が存在する場合には, ほんの小さな埋没費用であっても投資決定には非常に重要な要素になるという一般的な知見と整合している. 前述のとおり, $C = 1$ 等にパラメーターの値を保ちつつ, 操業停止に関連する費用を $M = 0.001, R = 0.02$ にまで減少させたとしても, $P_R = 1.089, P_M = 0.919$ となり, それぞれ両者の極限値である 1 から約 10% も

異なる値にしかならない．廃棄閾値も $P_S = 0.0963$ となり，その極限値であるゼロを大きく上回っている．

7.2.C 例：石油タンカーの建造，退役，廃棄

上に示した数値例は，最適閾値が様々な費用に係わるパラメーターに依存していることを定性的に示す上で有益である．しかしながら，実世界における，投資，操業停止，操業再開，廃棄に係わる最適意志決定の例を検討することも有益であろう．そこからは，銅産業の例と同様に，埋没費用と不確実性の重要性が示されるとともに，これまで構築してきたモデルが実際にどのように適用されるかについても示される．

以下では，これまで構築してきたモデルを**石油タンカー産業** (oil tanker industry) に適用する．石油タンカー産業はここでの例としては格好の例である．なぜなら，潜在的なあるいは実際のタンカー所有者は，利益面でかなりの不確実性と大きな**埋没費用**に直面しているからである．**石油タンカー市場** (market for oil tanker) は極めて競争的な市場であり，タンカー料金 (タンカーの使用による日収入，すなわちモデルにおける価格 P に相当する) も石油価格の変動や，石油生産地と消費地の分布の変動，タンカーの供給水準の変動に伴って大きく変動することから不確実性が生じる．また，新規タンカー建造や退役タンカーのメンテナンスや復帰に要する費用はかなり多額に上るため，埋没費用も重要になる．

さて，石油タンカーの一般的なサイズには次の四つがある．キャパシティ約 35,000 重量トン (DWT) の小型タンカー，キャパシティ約 85,000 DWT の中型タンカー，キャパシティ約 140,000 DWT の大型タンカー，そして 1970 年代後半以来のタンカーの大型化に伴って建造されてきているキャパシティ約 270,000DWT の「超大型石油タンカー (VLCC)」である．料金および建造，操業，その他の費用は，タンカーのキャパシティの大きさに線形的に比例するわけではない．このため，投資や操業停止等の意志決定の経済性はタンカーの種

別によって大きく異なってくる.そこで,以下では単一の種別のタンカー(キャパシティ85,000 DWT の中型タンカー) に着目して分析を行うことにする[9].

キャパシティ85,000 DWT のタンカーの新規建造費用は約 4,000 万ドルである.(ここでの全ての費用と収入は1992年価格である.) タンカーの**退役費用**は一回当たり $E_M = 20$ 万ドル,退役したタンカーの**廃棄費用** (cost of scrapping) は $E_S = -340$ 万ドル(タンカーには正の廃棄価値があるため),退役タンカーの**復帰費用**は $R = 79$ 万ドル である.また,**退役タンカーのメンテナンス費用**は年間 $M = 51.5$ 万ドル である.最後に,石油価格と労務費を所与とすると,1992年におけるこのタンカーの年間**操業費用**は概ね $C = 440$ 万ドル である.1992年においては,このクラスのタンカーは概ね $P = 51.5$ 万ドル の年間粗収入を生み出していた.ここで,P は**幾何ブラウン運動**に従うものと仮定すれば,この確率過程における**ドリフト項** α と**ボラティリティ** σ はそれぞれ実際の時系列的な粗収入データの標本平均と標本分散から推定することができる.1980年から1992年半ばまでの四半期データを用いると,$\alpha = 0$ および $\sigma = 0.15$ となる.最後に,安全資産の収益率 r とリスク調整済み収益率 μ の双方については 0.05 という値を用いる (すなわち,$\delta = 0.05$ となる)[10].

図 **7.8** には,**臨界閾値** (critical thresholds) P_H, P_R, P_M, P_S が一回当たりの復帰費用 R の関数として示されている.ここでの R の基本値である 79 万ドルに対して,730 万ドルという 1992 年の年間平均粗収入は退役タンカーの復帰には充分大きいが,新規のタンカーに**投資する** (invest) ために必要な年間約 950 万ドルという閾値を大きく下回っている.この結果と整合して,実際に,1992年において新規の**石油タンカー投資**はほとんどなかった.R が増大すれ

---

[9] 石油タンカー産業の一般的な紹介については,**Rawlinson and Porter** (1986) を参照のこと.**Goncalves** (1992) においても,タンカーを対象に,最適投資決定基準や,スポット契約価格と長期契約価格の関係について条件付請求権分析法によって検討が行われている.

[10] 収入,費用,および産業に係わるその他の変数に関する時系列データは,ボストンの Marsoft 社から入手した.Marsoft 社社長の **Arlie G. Sterling** 博士には,このようなデータをご提供いただくとともに,石油タンカー産業に関する様々な経済的な問題についてアドバイスをいただいたことに謝意を表する.また,Bergen の Norwegian Schools of Economics and Business の **Victor Norman** 氏および **Siri Pettersen Strandenes** 氏にもデータやアドバイスをいただいたことに謝意を表する.

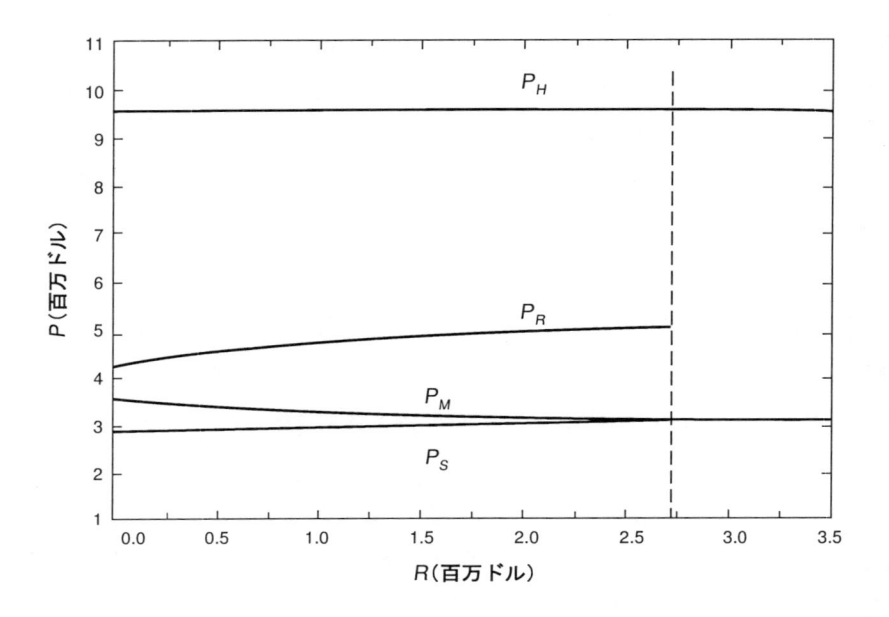

図 7.8 復帰費用 R の関数としての臨界閾値

ば，P_R と P_S は増大し，P_M は減少するが，その変化はそれほど急激なものではないことが分かる．また，この復帰費用が約 270 万ドルを下回る限り，**退役**というオプションは有効となる．投資閾値 P_H も R の増大に伴って増大する (その変化はあまりに緩慢すぎてグラフから識別することは困難である)．なぜなら，R が増大すればタンカーの価値は減少するため，企業が投資を行おうとする際には，収入水準が高くなっている必要があるためである[11].

図 7.9 には，**最適閾値** (optimal thresholds) が，操業中のタンカーの退役一回あたりの費用 E_M の関数として示されている．ここからは，閾値の E_M への依存性は，定性的には，R への依存性と同じであることが分かる．E_M の値が 100 万ドルを超えることは現実的ではないが (ここでの基本値が 20 万ドルであったこと思い出してもらいたい)，ここでは，説明のためにこのような大きな

---

[11] 図 7.7 のときとは異なり，三乗根の式において，曲線 P_R と曲線 P_M は垂直軸で一致しない．なぜなら，図 7.7 のときには，操業停止費用はゼロと仮定したが，ここでの数値例ではそのような仮定は置いていないためである．

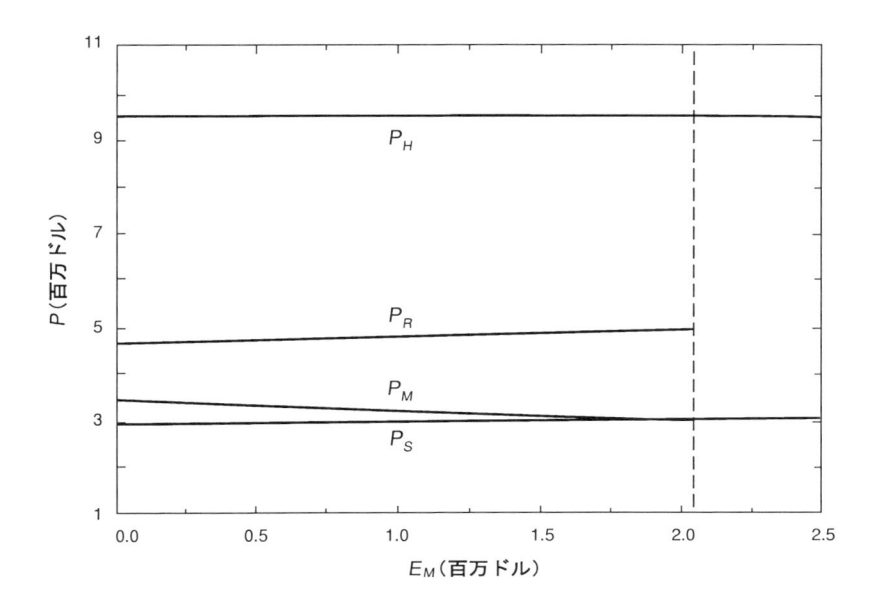

図 **7.9** 退役一回あたりの費用 E_M の関数としての臨界閾値

値も検討範囲に含めている．なお，E_M が210万ドルを下回る限り，退役オプションは有効となる．

図 **7.10** には，最適閾値が年間の**退役タンカーのメンテナンス費用** (cost of maintaining mothballed tanker)M の関数として示されている．この図から明らかなように，メンテナンス費用は，企業にとって退役が有効なオプションであるか否かを決定する重要なパラメーターとなっている．なぜなら，退役オプションは M が約72万ドルまでに限って有効となるが，ここでの M の基本値である51.5万ドルはこの値からそれほど離れた値ではないからである．M の値が増大すれば，タンカーの価値は減少し投資閾値が増大することを思い出してもらいたい．M の値が増大すれば，退役は適切なオプションではなくなるため，P_R, P_M は減少し P_S は増大することになる．

図 **7.11** には，最適閾値が年間操業費用 C の関数として示されている．M の値が増大するときと同様に，操業費用が増大すればタンカーの価値は減少し，

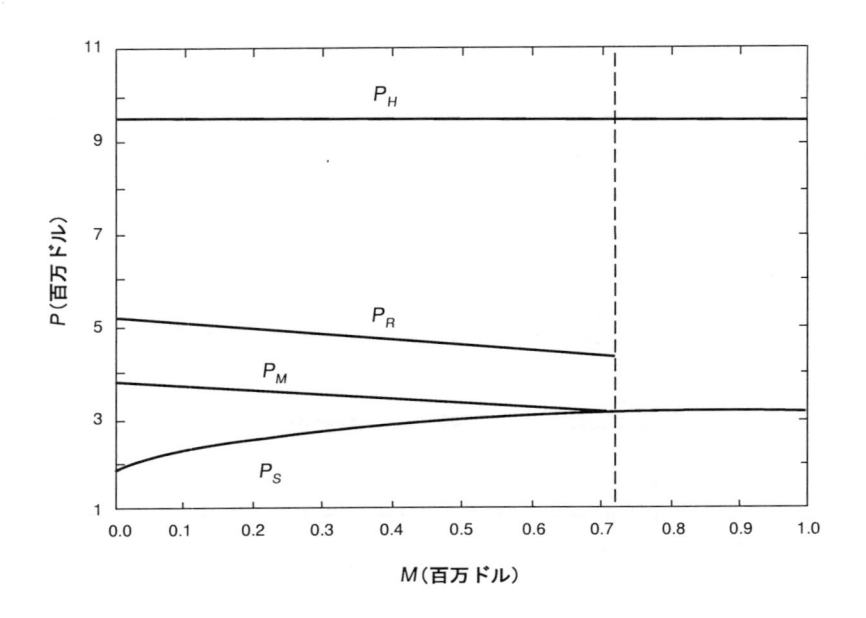

第 7 章　参入，退出，操業停止および廃棄

図 7.10　年間メンテナンス費用 M の関数としての臨界閾値

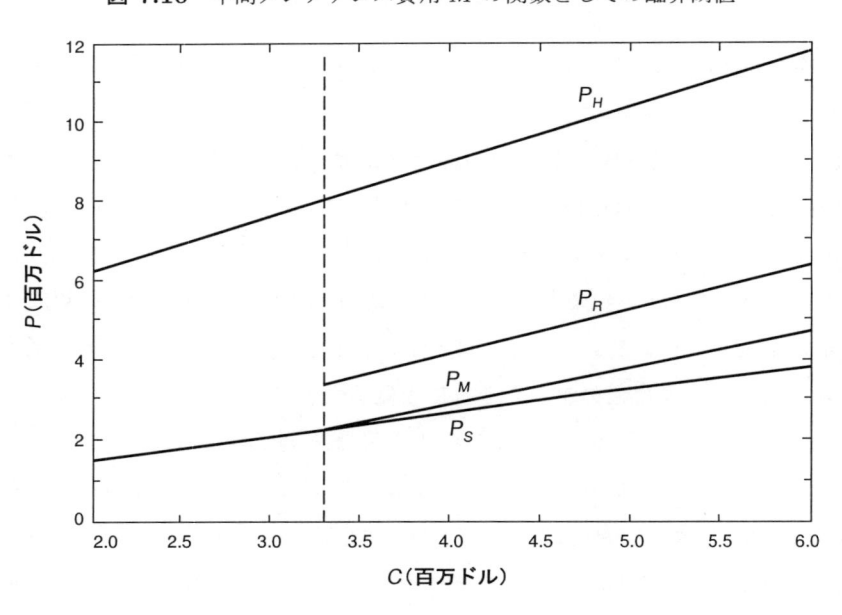

図 7.11　年間操業費用 C の関数としての臨界閾値

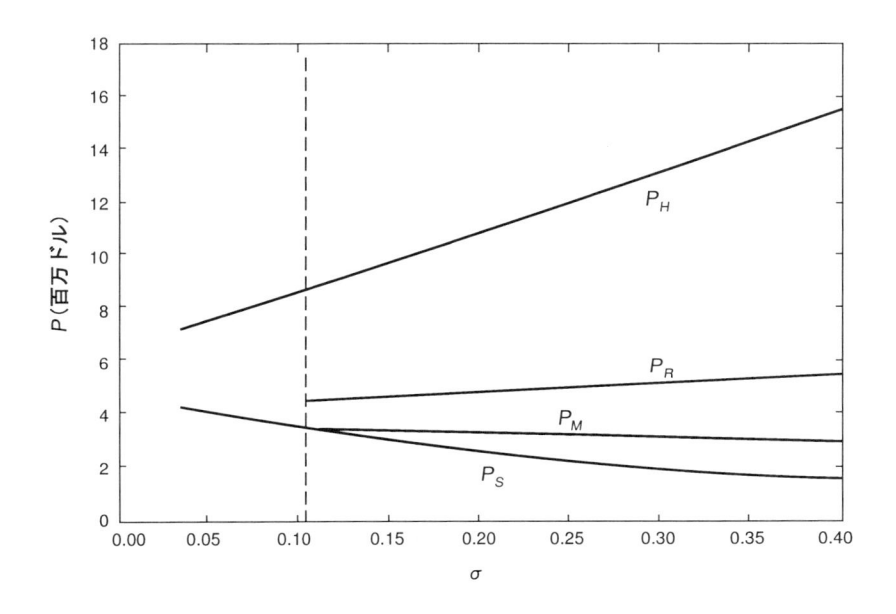

図 **7.12** ボラティリティ σ の関数としての臨界閾値

投資閾値 P_H は増大する．一方，予想どおり，操業費用の変化は，メンテナンス費用の変化よりもタンカーの価値や P_H に多大な影響を及ぼす．また，操業費用が増大すれば，操業中のタンカーの価値は減少し退役タンカーが復帰する閾値 P_R は増大することになる．また，このときには P_M や P_S も増大するため，企業がタンカーを退役あるいは廃棄しようとする際には，収入 P がそれほど減少している必要はない．

最後に，図 **7.12** には，最適閾値が σ の関数として示されている．ここで σ は収入 P の年間変動率の標準偏差である．閾値，特に P_H と P_S は，σ に対してかなり敏感である．銅産業の例でみたとおり，σ の値が増大すると，現状維持の領域はかなり広がる．同様に，σ が約 0.1 よりも小さければ，P_M と P_S は一致するため，退役オプションは企業にとって有効ではなくなってしまう．なぜなら，退役は，近い将来において収入が相当に増大する（このため，タンカーが復帰する）可能性がかなり見込まれるときに限って有効となるからであ

る．$\sigma < 0.1$ のとき，退役，復帰およびメンテナンスに要する費用を所与とするとき，収入が相当に増大する可能性は小さ過ぎるため，退役は経済的に有意な意志決定にはならない．

7.3　文献ガイド

投資と廃棄の意志決定を一体的に取り扱った先駆的な業績としては，**Brennan and Schwarz** (1985) が挙げられる．そこでは，価格が時の経過とともに変動する自然資源を生産する鉱山の開発，閉鎖，操業停止に係わる極めて一般的な意志決定モデルが構築されている．鉱山の埋蔵量に有限性を導入すると，本章で検討した各種の問題よりもはるかに複雑になってしまう．実際に，モデルが極めて複雑になると，重要な考え方を理解しづらくなってしまう．Brennan and Schwarz では，投資と廃棄に関する価格閾値を決定づける方程式体系を得ると，即座に数値解析を行っている．そこでは，参入閾値と退出閾値の価格の比が求められており，パラメーターの値が妥当な値のときには，その値が 1 を超えることも示されている．

Dixit (1989a) では，参入・退出の意志決定を，操業停止や埋蔵量の有限性の問題から切り離している．そうすることで，いくつかの分析的な結果や知見が得られている．特に，参入・退出閾値での価格を，全費用あるいは可変費用に係わる短視眼的基準，すなわち**マーシャルの基準**とそれぞれ比較することが可能になった．これは投資オプションと廃棄オプションのそれぞれが有する時間の価値，もっと一般的に言えば，現状維持オプションの価値の役割を明らかにしている．本章での説明は Dixit の取扱いにかなり従っている．

最適操業停止決定 (optimal mothballing decisions) に関する初期の業績としては，**Mossin** (1968) が挙げられる．ここで構築されたモデルでは，操業収入が，上限と下限に**反射壁**を有するトレンド項のないランダムウォークに従うとともに，事業が廃棄される可能性はないものと仮定されている．ここでは，事業の操業停止や操業再開が最適となる最適収入水準が計算されている．より一

7.3 文献ガイド

般的な Brennan and Schwartz(1985) のモデルでは，操業停止だけでなく，操業や廃棄の可能性も含んだものとなっている．しかしながら，そこでは，**操業停止**の閾値に廃棄の閾値と同じ記号を用いており，活動状態からこの二つの状態への移行を混同している．また，数値計算は，メンテナンス費用をゼロと仮定したモデルについてのみ実施されている．このときには，廃棄状態には決して移行しないため，そこでは操業状態と操業停止状態という二つの状態間の移行のみが検討されている．本書でのアプローチは，この業績に続く業績ではあるが，幾分より明確な分析が行われている Dixit(1988) に従っている．

本章で検討したモデルは，経済状態の変化に応じた多数の選択肢間での最適移行に関する一般的な問題の例である．各選択肢間の移行をオプションの行使であり，各移行はペイオフと再移行オプションとを組み合わせた資産として捉えることができる．すなわち，一組の結合オプションあるいは**複合オプション** (compound options) の集合であり，それらは同時決定的に評価されなければならない．このような複合オプションの分析については，一般的な理論的視点からの分析や，特定の応用を目的としているものなど，文献は膨大に存在する．**Geske** (1979) は金融経済学におけるこの種の分析の嚆矢である．これに続く文献には，Geske and **Johnson** (1984) や **Carr** (1988) がある．

実際の実物投資意志決定に戻ると，**Kulatilaka** and **Marcus** (1988) では，三期間の二状態間での移行モデルが構築されており，また，これをどのように多期間や多状態に拡張できるかについても示されている．また，そこでは**リアルオプション**に関する初期の文献がサーベイされており，そこでの分析の枠組みに既往の各種モデルが位置づけられている．

Fine and **Freund** (1990) では，不確実性の下で企業がそのキャパシティを決定しなければならないという状況を取り扱う，一般的な二期間モデルが検討されている．そこでは，企業は特定資産(特殊な生産物の生産に適した資産)か**柔軟資産** (flexible capital)(たとえ大きな費用を要するとしても，あらゆる生産物を生産可能な資産) のどちらかを選択できることになっている．**Triantis** and **Hodder** (1990) は連続時間で同様のモデルを構築している．**He** and **Pindyck**

(1992) では，企業が段階的にキャパシティを拡大することができるものとして分析が進められている．これらのモデルにおいては，投資を延期することによって，企業がより有利な投資を後に行う機会 (全く投資を行わないというものではない．これは，第 5 章および第 6 章で取り扱ったケースと同様である．) を保持することになるため，オプションの価値が一層重要となる．

Bentolila and Bertola (1990) では，**雇用・解雇費用** (hiring and firing costs) が存在する場合の，企業の**雇用決定** (employment decisions) が検討されている．**Dixit** (1989b,c) では，**為替レート** (exchange rates) が変動する場合の，生産および**輸入–輸出選択** (import-export choices) が検討されている．これは **Baldwin and Krugman** (1989) の先行的な業績に立脚するものである．これについては，Krugman(1989) も参照のこと．Dumas (1992) および Krugman(1988) では，為替レートが従う確率過程が内生的に決定されるように一般均衡レベルでこうしたモデルを構築している．**Kogut** and Kulatilaka(1993) では，為替レートの変動に応じて，**多国籍企業** (multinational firms) が生産をある国から別の国にシフトする意志決定について検討している．**Van Wijnbergen** (1985) では，**政策の不確実性** (policy uncertainty) という文脈で，発展途上国からの**資本流出**に関する二期間モデルを構築している．

第IV部

企業間競争の均衡

第8章

競争産業における動的均衡

　第5〜7章では，1企業の投資に関するさまざまな意思決定について検討した．そこでは，企業がプロジェクトへの投資に対して独占権を持っていると仮定した．すなわち，他の企業が競争に参入する可能性を無視してきた[1]．そのためプロジェクトの利潤フローには生産に伴うショックのみを考慮した．また固定生産量のプロジェクトを仮定していたので，外生的な価格過程としてショックをモデル化することができた．その結果，マーシャルの現在価値判定条件あるいは価格と費用の比較は，実際の企業の最適選択とは大きく異なることがわかった．不確実性下において，現在価格が長期平均費用を超過するだけでは投資はなされず，投資の埋没費用の現在収益率が大きく資本原価を超過するとき，投資が正当化された．同様に，単に価格が平均の変動費用以下に低下する，あるいは現在の営業利益高が負になるだけでは廃棄は生じない．その損失が十分に大きくなったとき，廃棄が生じる．その理由は，不確実性を有する状況で不可逆的な意志決定を延期できるオプション価値が存在するためであった．

　しかし実際には，ほとんどの企業は投資の独占権を有しておらず，新規企業の参入，あるいは既存企業の拡張の可能性を考慮しなければならない．これは，

---

[1] 第5章でのプロジェクトの価値における利益率の不足分（$\delta = \mu - \alpha$，ここでμは等価なリスクを有する資産の競争時の期待収益を示す）に，他企業による参入の可能性を反映することは可能であった．しかし，そこでは明示的に参入をモデル化しなかったし，なぜ利益率の不足分が一定なのかの理由を提示していない．

第 8 章　競争産業における動的均衡

これまでの結論に対する根本的な疑問となる．延期する機会およびその価値は，競争している他企業が何を行うかに依存する．自由な参入ができるとき，この価値はゼロまで減少するのか．それは，投資する場合の長期平均費用や，投資しない場合の平均変動費用と価格を比較するマーシャルの判定条件を変更することになるのか．読者は，個々の企業に関する理論は産業レベルの均衡分析への拡張には役に立たないのではないかと不安を抱くであろう．

本章と次章で，これらの問題を取り上げる．答の大部分は安心を与えてくれるものである．延期する価値は競争の特性だけでなく，不確実性の特性にも依存する．不確実性が企業特有のものである場合には，企業の延期する価値はゼロにはならず，1 企業レベルの分析は容易に産業均衡まで拡張することができる．集計された，あるいは産業全体の不確実性については，延期する価値はゼロとなる．しかし，価格と費用を比較するマーシャルの判定条件を変更するものではない．投資を決定する最適な閾値価格は費用とは異なる．異なる理由は，第 5～7 章で行った企業レベルの分析方法と同じである．われわれは，もはや外生的に価格の確率過程を記述する必要はない．産業均衡では価格は内生変数となる．そのため，より深いレベル (すなわち需要と費用の条件) まで不確実性を辿らなければならない．新規参入が価格に与える内生的なフィードバックは，不確実性が産業全体に生じている場合，マーシャルの判定条件と最適ルールの間にギャップを生じさせる．

先の独占企業の分析は実際にも，また学習する上でも有益なものである．産業レベルの分析は，これまでの章と同じテクニック (動的計画法や派生商品分析) を使用して導かれる．

本章は，産業均衡に関する基礎理論を取り扱う．言いかえれば，第 5～7 章で行った 1 企業の意思決定モデルを産業均衡のモデルへと拡張する．次章で，さまざまな拡張および含意，すなわち企業間の異質性を考慮したり，少数の企業間の不完全競争を単純な例で検討する．

最後におそらく最も重要な問題として，第 9 章で投資政策の問題について取り扱う．不確実性下での企業の不可逆的な決定は，現状維持のオプション価値

によって大きな影響を受ける．したがって，政府は企業に大きな慣性が働くとき，投資を促進すべきなのか．さまざまな政策手段がどのように投資に影響するのか．特に，政府の政策(例えば価格統制)は本当に不確実性を減らすのか．政府自身の活動(例えば将来の税率や規制の変更)に関する不確実性はどういう影響を与えるのか．実際の多くの状況において，それらが政策の有用なガイドとなるならば，こうした問題は産業レベルで検討されなければならない．

　はじめに，**不確実性**が産業全体の場合と，企業特有の場合における**不可逆性**の性質について簡単に述べる．一部あるいはすべての投資が埋没費用である場合，投資は部分的にあるいは完全に不可逆となる．第1章の1.3節で，われわれはこれが生じるいくつかの一般的な理由を提示した．おそらくもっとも大きなものは装置や設備それ自身の特異性であった．これは，企業特有よりも産業全体の不確実性の場合により大きな影響力をもつ．製鉄所は製鉄業の外部では使用することができない．ある製鉄を行う企業が大きな負のショックを受ければ，その企業は別の企業にその装置を売り，かなりの金額を得ることができる．したがって，不可逆性はそれほど大きくない．しかしながら，産業全体が負のショックを受ける場合，装置の再販売価格は安く，不可逆性は大きい．したがって，集計された不確実性の文脈において，ここでの理論が重要性をもつ．もちろん，企業特有のショックであっても，いくつかの投資支出は埋没費用となる．例えば企業特有のランダムショックを発見する過程で表れる任意の研究あるいは探索費用．またさらに，企業特有ではない資本(自動車，電子計算機，事務機器，オフィス用品など)においても品質に関する非対称情報による再販売価格の損害がある[いわゆるAkerlof(1970)により例証された「レモン」問題]．

8.1　基本的な知識

　数理モデルに移る前に，知識を拡張しておこう．まず不確実性が企業特有であると仮定しよう．各企業は，需要(例えば，差別化された製品をつくる産業における嗜好の変化)，あるいは費用(例えば，企業家スキルの思いがけない改

善) とは無関係のショックを受ける．前章と同様，各企業のショックが正の系列相関を持っていると仮定しよう．モデルでは，ブラウン運動としてこれらのショックを記述する．たとえ事前に2つの企業が同じ状態であったとしても，望ましいショックを受ける企業は，ライバル企業に対して優位になる．埋没資本に投資する前に，この優位がどれだけ長く続くかを延期することによって確認できる．したがって，オプション価値分析が適用でき，産業均衡のモデルを組み立てることができる．

次に，産業全体の不確実性，例えば，各企業の生産物が均質であるときの需要ショックを考えよう．さしあたり，投資がすべて**不可逆**であると仮定しよう．この環境では，産業需要あるいは費用に与える望ましい，または望ましくないショックは価格に非対称の効果を与える．まず望ましくない需要ショック(需要の減少)は，既存企業の供給曲線にそって価格低下を導くだろう．しかし，望ましいショック(需要の増加)は，十分に大きな場合，企業の参入あるいは拡張を引き起こす．これは右へ供給曲線を移動させ，価格上昇を押さえる．したがって，需要ショックの確率過程は，価格の確率過程には非対称的なショックとなる．価格が下降するときとは異なり，新規参入によって価格の上昇は抑制される．これまでの独占企業における投資の意志決定に関する分析は対称的なブラウン運動過程を仮定していた．この対称的な価格過程を修正しなければならない．価格の確率過程の非対称性は，投資からの期待利得を減少させる．また，そのためマーシャルの長期平均費用を超過し，投資を正当化する閾値価格を低くする．同様に，退出あるいは廃棄が可能である場合，個々の企業が損失を受け入れる期間を長くするので，他の企業の退出は価格過程に下限を設定する．

本章のほとんどは以上の知識の精緻化である．ここでわれわれは2つの長所をもつモデルを用いる．第5〜7章の独占企業モデルの一般化であり，それが最も単純な方法で知識を導き出す．

多くの企業が存在する産業を想定しよう．各企業は**リスク中立**であり[2]，競争

---

[2] CAPMへの拡張も可能である．単にこの文脈にさらにいくつかの条件を導入するだけである．詳細は興味を持つ読者に委ねる．

的に行動し，確率過程と他の企業の意志決定ルールに関して合理的な期待を持っている．個々の企業は，埋没費用を投資して生産物を毎期 1 単位づつ生産する能力を有している．生産の変動費用はゼロであり，需要の弾力性は埋没費用を払っても企業がその生産能力で実際生産したいと考えるほど十分に大きい[3]．

異なる企業の製品価格は，集計された産業全体の需要ショック，あるいは個々の企業の製品に関する相対的な嗜好自体を変化させる企業特有の需要ショックのために予測不可能である．そのため，ある企業の製品は，外生的なプレミアムもしくは市場平均価格に関する割引を含む価格であるとする．このプレミアムもしくは割引は確率過程に従う．また，その変化は企業特有のショックを構成する．さらに，市場需要曲線はそれ自身，別の確率過程に従う集計されたショックとなる．より明確にしよう．われわれは，次式に従ってある 1 企業の 1 単位の価格が与えられると仮定する．

$$P = XYD(Q) \tag{8.1}$$

ここで，X は企業特有のショック，Y は産業全体のショック，Q は現在の生産量を示す．また，$D(Q)$ は**逆需要曲線**であり，確率的でない部分を包含する減少関数である．各企業は 1 単位生産する．Q は現在生産中の企業数 (1 企業は 1 単位の生産を行うため) であり，連続変数として扱う[4]．

この特定された文脈において，より正確に不確実性の非対称性の影響に関する知識について述べることができる．われわれは，不確実性下での選択の一般理論から，不確実性が大きくなるにつれて，利得が凸の場合には，行為の期待値が大きくなり，また利得が凹の場合，小さくなることを知っている．単純な場合として，不確実性が対称的であり，等しい確率をもって X もしくは Y の将来値が上下すると考えよう．企業特有 (X ショック) の場合と産業全体 (Y ショック) の場合においてこの不確実性の影響は対照的である．

---

[3] Q 企業が存在する場合，これは $1/Q$ より大きな価格弾力性を有することを意味する．したがって，この仮定による制約はきわめて小さいと考えられる．
[4] 確率変数の連続性および大数の法則が当てはまるというわれわれの取扱いは，明らかにヒューリスティックであるが，結論に影響を与えない．また，正確な扱いは現在の目的には冗長で適切ではない．正確な理論的基礎に関しては，Judd(1985) を参照せよ．

まず企業特有の**不確実性**について検討しよう．X ショックは，価格の不確実性，そして利潤の不確実性に比例すると考えられる．企業が直ちに投資すれば，その将来利潤の分布は X の線形関数となる．また，その期待値は不確実性の増加に影響されない．しかし，企業が投資を延期すれば，価格が上昇するときに投資する上側のポテンシャルを保持する一方，価格が下がるときに投資しないことになるので，その低下リスクを減らすことができる．延期は，企業の利得を X の凸関数にするということである．したがって，延期の期待値は X の不確実性とともに上昇する．この延期と直ちに投資する期待利得に対する不確実性の影響の非対照性は，不確実性が大きくなると，延期することの「オプション価値」プレミアムが大きくなることを説明する．

次に産業全体の不確実性について検討しよう．企業は，Y が上昇すると，その企業のみならず他の企業にとっても魅力的なものとなり，参入を招くことを知っている．しかしながら，他の企業が参入する場合，供給曲線自体が右にシフトし，価格は Y より小さくしか変化しない．それゆえ，価格は Y の凹関数であり，利潤も同様である．Y の不確実性の増大は，投資しないことに比べて投資することの期待値を減らす．つまり，企業は投資する前に，より高い現在の収益性(マーシャルより多い収益)を要求する．

これら 2 種類の不確実性の相違とともに類似性にも注目すべきである．それぞれ，基本的に対称的な需要ショックが非対称な利潤ショックとなる．しかし，これはまったく異なる過程で生じる．企業特有の不確実性の場合には，低下する利潤ショックは延期する可能性によって緩和される．したがって，不確実性が大きくなるにつれて，直ちに投資することに比べて延期をより価値のあるものにする．産業全体の不確実性の場合には，競争しているすべての企業の延期する価値はゼロである．しかし，価格上昇による潜在的利益は，他企業の参入によってなくなる．したがって，不確実性が大きくなるにつれて，投資しない場合と比較した投資する価値は小さくなる．

実際には，他にもショック変数の関数として表される利潤の凸か凹性に影響を与える要因がある．もし，企業がいくつかの変数を即座に変えることができ

るならば，その利潤は (第6章第6.3節で見たように) 価格の凸関数になる．さらに，第11章で，企業が資本ストックを増加することができ，また，生産量が生産関数によって与えられるとき，増分投資の限界収益性が価格において凸となることを示す．しかし，上記の知識はなお同様にあてはまる．例えば，企業特有の不確実性がある場合，延期は低下リスクをなくし，利潤をショック変数の凸関数にする．第8章および第9章の大半では，これら追加的な凸性については議論しない．固定サイズの単一のプロジェクトへの投資を考える企業，そして今述べた2種類の非対称的な不確実性にのみ注目する．

8.2　集計された不確実性

　以上の直感的知識は単純であるが，不確実性の一般的なモデルを定式化し，正確に解くのは困難である．議論を容易にするために，一般的なモデルの複雑さを残したいくつかの特殊なケースについて検討し，その考え方を説明する．この節および次節では，産業全体のショック Y だけを考慮する．第8.4節では，企業特有の不確実性だけに注目する．第8.5節において2種類の不確実性がともに存在する場合について，単純であるが一般的なモデルを用いて検討する．

　すべての不確実性が産業全体である場合，一般的な需要曲線 (8.1) の中の X は一定となる．ここでは，それを1としよう．すると，産業の**逆需要曲線**は次のようになる．

$$P = YD(Q) \tag{8.2}$$

集計されたショック Y は次に示す幾何学的な**ブラウン運動過程**に従うものとしよう．

$$dY = \alpha Y\,dt + \sigma Y\,dz \tag{8.3}$$

多数の危険中立的な企業が競争していると仮定する．各企業は初期に埋没費用 I を伴う不可逆な投資をすることができる．一度この投資がなされれば，それは変動費用ゼロで1単位の生産フローを永久につくりだす．各企業の1単位の

生産は，産業全体の生産量 Q に比べてきわめて小さいと仮定する．各企業は微小の価格支配者である．Q 企業が投資する場合，短期的な均衡価格は上記の式 (8.2) から決まる．

先に述べたように，これは第5〜7章のモデルの単純な援用である．この後そして第9章において，各企業が変動費用，短期間の生産量の可変性，退出可能性などを有する場合，ショックが需要にさまざまな形で影響をあたえる場合，そして産業がいくらか不完全競争を持つ場合など，さまざまな一般化を行う．

産業均衡の段階に進むために，通常の教科書にでてくる静的モデルについて考えよう．その産業の価格—ある数値—は各企業にとってはパラメータである．価格に対する個々の企業の最適反応による生産量の合計は産業全体の供給関数となる．均衡価格は需要と供給が一致するという条件によって決定される．不確実性を伴う動的な問題に対応する均衡概念の一つは合理的期待である．各企業は価格の確率過程全体を外生変数として考える．そこでまず，価格過程から議論を始めよう．すべての企業がこの価格過程に応答し，各瞬間に市場が清算される過程を考える．これはある確率過程から別の確率過程へ導く関数あるいは写像である．2つの価格過程が一致するときが，均衡，あるいは言いかえれば，写像の不動点，となる．

確率過程は全体として，複雑な数学的なものである—無限の次元，関数空間の中のベクトル—一般法則でそのような不動点を見つけることはきわめて難しい．しかし，単純な方法を用いてこの問題の解を見つけることができる．

微小期間内では新規参入が起こらないので，Q は固定である．したがって，P は Y に比例し，方程式 (8.3) より次のように表現される．

$$dP = \alpha P\,dt + \sigma P\,dz \tag{8.4}$$

参入を考えている企業は，この過程を観察し，高値の場合，需要が高いことを示すシグナルと解釈する．直観的知識から，もし $\overline{P}$ の閾値以上であれば，新規参入を引き起こす．新規参入すると直ちに Q が増加し，価格は需要曲線に沿って低下する．したがって，価格が $\overline{P}$ 以上に上昇する場合，価格は即座にわずか

に下がる．専門用語では，閾値 $\overline{P}$ が価格過程における上側の**反射壁** (reflecting barrier) となる．

もちろん，企業はこれをすべて合理的に予想する．したがって，ある1企業のパースペクティブから導かれる価格過程は，方程式 (8.4) の幾何ブラウン運動過程を修正する．この過程は，価格 P が $\overline{P}$ 未満のときは，同じであるが，価格はこれ以上高くならないという上側の反射壁が存在する．

第5〜7章では，式 (8.4) が幾何ブラウン運動に従う価格過程に直面した際の独占企業の参入について検討した．他企業が参入を決定するという各企業の合理的期待によって価格過程が上限価格 $\overline{P}$ を持っていること以外は，競争企業の参入決定と同じ問題である．ここでは，この新しい価格過程によって，企業の最適な参入決定を再検討する．

その解は，価格が閾値 P^* まで上昇すると企業が参入を選択するという閾値によって特徴づけられる．今，すべての企業は均質なので，産業均衡における企業の参入閾値は他のすべての企業の合理的な期待値と等しいことになる．したがって，われわれはまず $\overline{P}$ から始めて，P^* を見つけるという1企業の決定問題を解くこととする．この過程の固定点，すなわち $P^* = \overline{P}$ は産業均衡を決定する．この均衡価格過程が上限を有する幾何ブラウン運動であるということ自体は単純な計算であることに注意しよう．われわれは，一般的な確率過程全体の関数空間上の写像の代わりに，1つの値から別の値に移行するという (一続きの) 不動点を探す必要がある．

8.2.A　生産している企業の価値

均衡計算の第一歩は，規定されたタイプの価格過程に直面している企業の価値を見つけることである．将来の価格パスは現在の価格レベル P に依存するので，企業の将来利潤の期待現在価値は P の関数 $v(P)$ となる．価格過程が上限の価格障壁によって限定されなければ，$v(P) = P/\delta$ となる．ここで $\delta = r - \alpha$ は割引率 (この場合，無リスク金利) と上限の価格障壁以下である価格 P の期

待成長率との差である[5]．$\overline{P}$ の反射壁は，価格と利潤の上側の可能性をなくすために，企業の価値は，P/δ 未満になる．この修正式を導くことにしよう．

まず価格 $P < \overline{P}$ からはじめよう．時間 dt の微小区間では，価格過程は，ほとんど上限以下にとどまる．通常の動的計画法や派生商品分析によって，よく知られた次の微分方程式を得る．

$$\frac{1}{2}\sigma^2 P^2 v''(P) + (r-\delta)Pv'(P) - rv(P) + P = 0 \tag{8.5}$$

この方程式の一般解はよく知られている．

$$v(P) = BP^{\beta_1} + P/\delta \tag{8.6}$$

ここで B は確定される定数であり，β_1 は次の二次方程式の正根である．

$$\mathcal{Q} \equiv \frac{1}{2}\sigma^2\beta(\beta-1) + (r-\delta)\beta - r = 0$$

実際，通常 $r > 0, \delta > 0$ の条件では $\beta_1 > 1$ である．

これは直観と一致する．P/δ は上限価格がない状態における企業の価値を表す．BP^{β_1} は上限価格による補正を表す．したがって，B は負となる．また，なぜ二次方程式の負根を含んでいる項を消去しているかについて説明しよう．現在の価格 P が非常に小さい場合，障壁 $\overline{P}$ は遠い将来を除いて実現することはほとんどない．したがって，障壁の存在による補正は小さくなるはずである．しかしながら，P がゼロに近づくとともに，P の負根の乗数をもつ項は無限大になる．したがって，その項は解とはならない．

定数 B の値を決定するために，われわれは上側の終点に注目する．反射壁 $\overline{P}$ に非常に接近している点からはじめると，次の微小時間の間に価格はほぼ低下する．もし価値関数がその点で負 (正) の傾きをもっているならば，確実に利潤 (損失) が生じる．この可能性を排除するために，次の条件が満たされる必要が

---

[5] 企業が危険中立的であると仮定したことを思い出そう．またわれわれは，スパンニングが保たれると仮定している．そして μ は式 (8.4) 中の dz と完全に相関する資産もしくは資産のポートフォリオの競争市場における危険度調整済みの割引率である．こうして δ は $\mu - \alpha$ に等しい．この点に関しては第 6 章 6.1.B 節を参照せよ．

ある.

$$v'(\overline{P}) \equiv \beta_1 B \overline{P}^{\beta_1 - 1} + 1/\delta = 0 \quad (8.7)$$

これはスムース・ペースティング条件のように見えるが，なんからの最適化の結果ではない．この条件は拡散過程のあらゆる反射壁にあてはまる[6]．

式 (8.7) から B を解いて次式を得る．

$$B = -\overline{P}^{1-\beta_1}/\beta_1 \delta$$

$B < 0$ である．以前に説明したように，障壁はある上側の価格ポテンシャルを遮断するので，補正は減少を意味する．B を式 (8.6) に代入して，次式を得る．

$$v(P) = \frac{P}{\delta} - \frac{1}{\delta \beta_1} P^{\beta_1} \overline{P}^{1-\beta_1} \quad (8.8)$$

8.2.B 均衡

産業均衡を見つけるには，動的なゼロ超過利潤条件を使用すればよい．すべての企業に共通の参入閾値 $\overline{P}$ において，各企業の参入する，しないの価値が等しくなる．すなわち，$v(\overline{P})$ は参入費用 I と等しいことになる．上記の式 (8.8) を用いて，次式を得る．

$$\overline{P} = \frac{\beta_1}{\beta_1 - 1} \delta I \quad (8.9)$$

この参入価格は，同じ需要過程に直面する独占企業の価値と等しい値である．第 6 章の式 (6.9) とこれを比較してみよ．しかし，この 2 つの値は 2 つの点で異なる．まず第 6 章の独占企業は参入による影響を受けることはなかった．したがって，独占企業の場合は価格過程に上側の障壁はなかったが，競争企業では存在する．また本章での競争企業の場合，延期するオプション価値はゼロであるが，独占企業では正のオプション価値を持つ．これらの違いは互いに打ち消し合う．

---

[6] Malliaris and Brock(1982 , p200) もしくは Dixit(1993a , 3.5 節) を参照せよ．

第8章 競争産業における動的均衡

以上，競争企業と独占企業の参入閾値の特徴を特殊な例を用いて示した．第9章では，競争企業は将来の参入に関して近視眼的に投資の決定をし，あたかもこの産業に参入する最後の企業であるかのように行動するときの一般的な解を求める．結果的に，投資と延期の価値に与える効果は等しいことを示す．

解をより深く理解するために，均衡を構成する固定点の過程の詳細について検討する．参入しようとしている企業を考えてみよう．参入のオプション価値を $f(P)$ としよう．第6章でみたように，$f(P)$ は次のように表現される．

$$f(P) = AP^{\beta_1}$$

ここで A は確定される定数であり，β_1 は前述の通りである．企業は価格 P で参入するとき，費用 I を投資し，$v(P)$ の価値の資産を受け取る．最適な参入閾値 P^* はよく知られている次の2つの条件を満たす．まず，バリュー・マッチング条件．

$$f(P^*) = v(P^*) - I$$

そして，スムース・ペースティング条件

$$f'(P^*) = v'(P^*)$$

$f(P)$ と $v(P)$ の関数形を利用して，次式を得る．

$$A(P^*)^{\beta_1} = B(P^*)^{\beta_1} + P^*/\delta - I$$

$$\beta_1 A(P^*)^{\beta_1-1} = \beta_1 B(P^*)^{\beta_1-1} + 1/\delta$$

B は上側の障壁 $\overline{P}$ を仮定して求めた定数であることに注意せよ．

これら2つの式から閾値 P^* と定数 A を導くと次のようになる．

$$P^* = \frac{\beta_1}{\beta_1 - 1}\delta I \tag{8.10}$$

8.2 集計された不確実性

$$A = B + \frac{1}{\beta_1 \delta}(P^*)^{1-\beta_1}$$
$$= \frac{1}{\beta_1 \delta}\left[(P^*)^{1-\beta_1} - \overline{P}^{1-\beta_1}\right] \qquad (8.11)$$

解の2つの特徴を見ておこう．障壁 $\overline{P}$ は価値関数 $v(P)$ の定数である B を通じてのみ影響を与える．そしてオプション価値関数 $f(P)$ の定数 A は B と1対1で対応している．これらは均衡において重要な意味を持つ．

まず，式 (8.10) は参入閾値 P^* が B そして障壁 $\overline{P}$ とは独立であることを示している．もちろん，経済的に意味のある解においては，障壁は参入閾値より低いことはない．障壁の正確なレベルは企業の参入決定に影響を与える[7]．定数 A と B の関係から，注目すべき特性がわかる．上側の障壁の変更はこれら2つに等しい効果，したがって生産を開始した企業と潜在的な企業のオプション価値に対して等しい影響がある．おおざっぱに言って，上側の価格ポテンシャルの遮断は，参入する企業と延期する企業の価値に等しい効果をもつ．これが独占企業と競争産業の参入閾値の一致を説明する．そのため，2つの間のトレードオフに変化はない．

障壁は十分に高い限り重要ではないので，われわれは障壁を参入閾値に影響を与えない無限大にすることができる．他の企業による参入可能性に直面しないので，価格過程への上側の障壁がないときの需要曲線に直面する1独占企業の決定に等しい．これは，独占企業と競争産業の参入閾値の一致を説明する．第9章で，この種の一般的な結果についてより詳しく述べる．

競争産業における均衡解を得るために，われわれは式 (8.10) 中で $P^* = \overline{P}$ となることを示した．これは直観的知識から導かれた式 (8.9) を再度登場させる．さらに，式 (8.11) で $P^* = \overline{P}$ にすることは $A = 0$ を与える．したがって，生産していない企業のオプション価値 $f(P)$ はすべてゼロとなる．これは直観的知識の出発点であったが，より正確な理論的展開を通じて確認された．

独占企業と競争企業の違いは図 8.1 に示される．競争企業の直面している価

---

[7] 第9章で，問題になるほど低い上限価格の効果について検討する．

第 8 章　競争産業における動的均衡

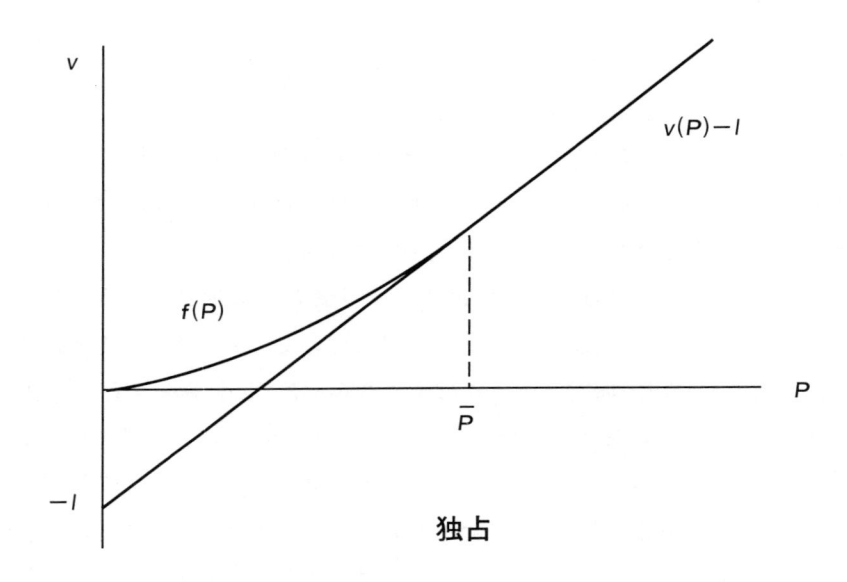

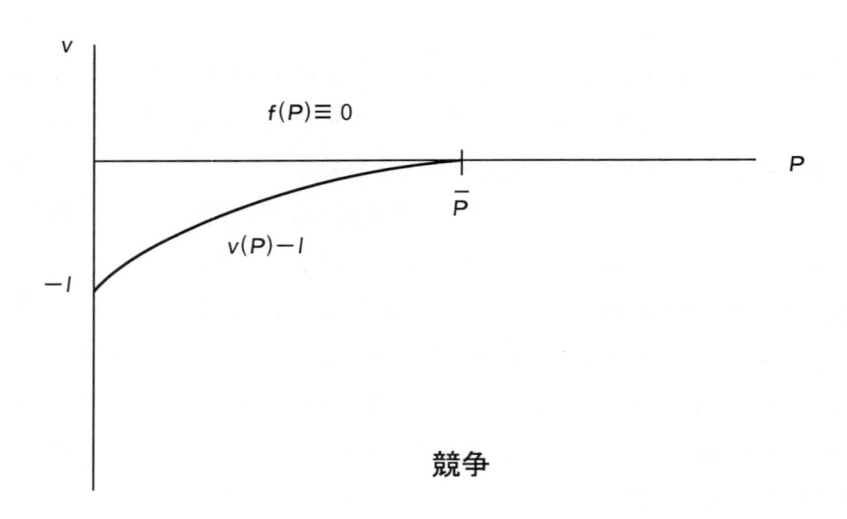

図 8.1　独占および競争下における参入の意思決定

格の範囲は，他企業の参入のために上限がある．一方，独占企業の価格の範囲には上限がない．独占企業は正の延期する価値をもち，最適な参入閾値までの範囲のとき正の投資する価値を持つ．競争企業では延期する価値はゼロである．その投資の価値はほとんどの価格範囲で負であり，価格が高くなるにつれてゼロに近づき，上限価格 $\overline{P}$ でゼロとなる．

この違いは，通常の利益率に関するマーシャルの概念と参入閾値を関連づけることにより理解される．最も単純なケースとして $\alpha = O$ の場合を考えよう．過程にはトレンドがなく，われわれが仮定したように危険中立的な企業を考える（$\delta = r$）．独占企業はトレンドのない価格過程に直面する．現在価格 P が与えられると，将来時点での価格の期待値もまた P となる．価格 $P_0 = rI$ で企業が投資するとき，通常の収益は埋没費用をカバーする．しかし，第 6 章でみたように，企業は P_0 を $\beta_1/(\beta_1 - 1)$ 倍した P^* にまで価格が上がるまで投資しない．このことを延期のオプション価値の観点から説明した．

ここで，競争企業はその延期のオプション価値がゼロであっても，価格が P_0 に上昇しても投資せず，延期するということを示そう．これは価格過程の違いから説明される．競争企業の価格過程は将来の価格と収益の期待値を減少させる上側の障壁を有している．特に，他企業が同じ選択に直面し，同じ決定を下すということをすべての企業が知っているので，価格は，参入のときのレベルを上回らない．参入時の価格は平均値ではなく，最良の価格である．もし競争企業が，価格が P_0 になると参入するというルールを採用すれば，参入が生じた瞬間でのみ通常の収益を得て，残りの瞬間ではより低い収益しか得られない．時間平均での収益は当初の投資支出に見合わない．一方，参入閾値 P_0 を超過して投資する場合，各企業はある期間は通常以上の収益を得て，残りの期間は通常以下の収益を得る．均衡 $\overline{P}$ は平均して通常の収益を確保するレベルである．

産業均衡価格兼参入閾値は，同じパラメーター α, σ, r および δ を有する独占企業の閾値と一致するので，競争均衡の場合の数値を示す必要はない．必要なら第 5 章および第 6 章を参照せよ．ここでは，いくつかの変数を使って示す．

表 8.1 参入時の β_1 および $\overline{P}/I$

α	σ	β_1	$\overline{P}/I$
0	0	∞	0.050
0	0.2	2.16	0.093
0	0.4	1.44	0.165
0.03	0	1.67	0.050
0.03	0.2	1.35	0.077
0.03	0.4	1.16	0.143

表 8.1 は閾値での β_1 および投下資本利益率を示す．

$$\overline{P}/I = \beta_1 \delta/(\beta_1 - 1)$$

$r = 0.05, \alpha = 0, 0.03$，そして $\sigma = 0, 0.2, 0.4$ である．$\alpha = \sigma = 0$ のときには，$\overline{P}/I$ はマーシャルの収益と同じ，つまり，利子率 $r = 0.05$ となる．$\alpha = 0.03$ と $\sigma = 0$ のときを考えよう [第 5 章で議論したように，α が正であるとき，不確実性がなくても延期の価値は存在し，$\beta_1/(\beta_1 - 1) = 2.5$ となる．しかし，δ は α が大きくなるにつれて減少し，r に等しくなる]．σ が 0.2，0.4 と増加するにつれて，β は小さくなり，$\overline{P}/I$ はマーシャルの収益より 2〜3 倍増加する．したがって第 5 章および第 6 章での一般的な知見，すなわち独占企業の最適な決定が教科書的な現在価値アプローチと本質的に異なることは，競争産業においてもあてはまる．その均衡は，初等から中等レベルのミクロ理論の教科書で示されるマーシャルの理論と本質的に異なる．

8.3 退出を伴う産業均衡

上記の基本モデルは，第 6 章の独占企業の議論と密接に関連しており，集計された不確実性を備えた競争産業の場合でも非常に類似した結果を与える．このモデルの拡張は第 9 章でなされる．本章では，よりここにふさわしい一つの話題を取り上げる．退出を導入して，第 7 章の独占企業の参入と退出決定に密

接に関連するモデルを構築する．そして集計された不確実性を備えた競争産業でもまったく同じ結論が得られることを示す．

退出が意味のあるオプションであるためには，2つの条件が必要である．まず，営業利益高フローは時々負にならなければならないということである．われわれはこれを個々の企業の変動費用 C を導入して可能にする．第2に，ペナルティー費用なしに一時的な生産の停止や再開をすることが排除されなければならない．ここではそのように扱う．さらに退出の総費用として E を導入する．以前と同様に，これはあらゆる法律上必要な諸費用あるいは土地を再使用する費用を含む．これは参入費用の埋没しない部分を表しており，負 (ただし I 未満) となるかもしれない．

価格過程において企業の退出が生じるライン－ある下側の反射壁－に関して考えよう．このラインは，参入の際考えた上側の反射壁と同じものである．各企業は，直面する価格過程 (2つの障壁間の幾何ブラウン運動) に関する合理的期待をもっている．企業自身の参入や退出の決定は，価格の上側及び下側の閾値を用いて表現できる．2つの障壁の均衡レベルは固定点の議論から見つかる．各企業の閾値は，産業の全企業の行動によって生成される障壁と等しいはずである．

まず生産を開始した企業の価値を求め，次に生産しない企業のオプション価値を求めるので，計算は全く参入ができないという前の場合によりも多少複雑である．生産を開始した企業の選択は，退出するオプションを含み，したがって，2つの値は同時に決まる．

生産を開始した企業は，$\overline{P}$ と $\underline{P}$ の障壁で式 (8.4) の価格過程に直面している．現在価格 P が $\overline{P}$ と $\underline{P}$ の範囲内にあるときの価値を $v_1(P)$ で表す．これはよく知られている次の微分方程式で表される．

$$\frac{1}{2}\sigma^2 P^2 v_1''(P) + (r-\delta)Pv_1'(P) - rv_1(P) + P - C = 0 \qquad (8.12)$$

解の形式も第 7 章からよく知られており，次のようになる．

$$v_1(P) = B_1 P^{\beta_1} + B_2 P^{\beta_2} + P/\delta - C/r \tag{8.13}$$

最後の 2 つの項は，障壁のない価格過程に対応する利潤の期待現在価値である．新たな修正は，方程式は $(\overline{P}, \underline{P})$ の価格の範囲内にあるので，前の 2 項のうちいずれかを削除するために価格 P がゼロまたは無限大にするときの極限を考慮する必要はない，ということである．初項は，正根 β_1 に対応し，価格過程で上側の制限を表す．第 2 項は，負根 β_2 に対応しており，退出する企業のオプション価値を表す．上側の反射壁は，無裁定条件 [上記の参入のみの場合の式 (8.7) と同じ] を表す．

$$v_1'(\overline{P}) = \beta_1 B_1 \overline{P}^{\beta_1 - 1} + \beta_2 B_2 \overline{P}^{\beta_2 - 1} + 1/\delta = O \tag{8.14}$$

生産しない企業の価値を $v_0(P)$ で表すと，次のようになる．

$$v_0(P) = A_1 P^{\beta_1} + A_2 P^{\beta_2} \tag{8.15}$$

ここで，第 1 項が活動の開始オプションの価値であり，第 2 項は，価格過程中の下限に起因する価値の増加を示す．下側の反射壁より，以下の式が得られる．

$$v'0(\underline{P}) = \beta_1 A_1 \underline{P}^{\beta_1 - 1} + \beta_2 A_2 \underline{P}^{\beta_2 - 1} = 0 \tag{8.16}$$

参入閾値 P_H，退出閾値 P_L と仮定しよう．通常のバリュー・マッチング条件とスムース・ペースティング条件から次式が得られる．

$$v_0(P_H) = v_1(P_H) - I \tag{8.17}$$

$$v_1(P_L) = v_0(P_L) - E \tag{8.18}$$

$$v_0'(P_H) = v_1'(P_H) \tag{8.19}$$

$$v_1'(P_L) = v_0'(P_L) \tag{8.20}$$

2つの反射壁 $\overline{P}$ と $\underline{P}$ が与えられると，これらの4本の式がこれらの反射壁で一致するという条件から，定数 A_1, A_2, B_1, B_2 および閾値 P_H, P_L を得ることができる．最後に，固定点の条件 $P_H = \overline{P}$ および $P_L = \underline{P}$ より，均衡が決定する．

閾値を見つけることから始めよう．4つのバリュー・マッチング条件とスムース・ペースティング条件に注目して次式を得る．

$$(B_1 - A_1)P_H^{\beta_1} + (B_2 - A_2)P_H^{\beta_2} + P_H/\delta - C/r = I \tag{8.21}$$

$$\beta_1(B_1 - A_1)P_H^{\beta_1 - 1} + \beta_2(B_2 - A_2)P_H^{\beta_2 - 1} + 1/\delta = 0 \tag{8.22}$$

$$(B_1 - A_1)P_L^{\beta_1} + (B_2 - A_2)P_L^{\beta_2} + P_L/\delta - C/r = -E \tag{8.23}$$

$$\beta_1(B_1 - A_1)P_L^{\beta_1 - 1} + \beta_2(B_2 - A_2)P_L^{\beta_2 - 1} + 1/\delta = 0 \tag{8.24}$$

これらを4つの未知量をもつ4本の方程式と見なす．閾値 P_H, P_L，および $(B_1 - A_1), (B_2 - A_2)$ は「合成」された定数である．この形式は，第7章で示した独占企業の参入と退出の閾値を定義した連立方程式 (7.9)～(7.12) と等しい．したがって，参入がないときのモデルと同様に，現在の体系は $\overline{P}$ や $\underline{P}$ の障壁と無関係に，同じ閾値が得られる．すなわち障壁は閾値に影響しない．もちろん，意味をもつには，障壁は閾値を挟んで十分に広くなければならない．すなわち，$\underline{P} \leq P_L$ と $P_H \leq \overline{P}$ である必要がある．そうでなければ，障壁は実体をもたない．繰り返すが，理由は，障壁の値が各ペアのオプション価値の定数 A_1, A_2, B_1, B_2 に影響するからである．したがって，参入や退出，生産するか，しないかというトレードオフを決めるのは，$(B_1 - A_1)$ と $(B_2 - A_2)$ という2つの差である．

最後に，**均衡**に移ろう．これは，上記の連立方程式 (8.21)～(8.24) で $\overline{P} = P_H$ そして $\underline{P} = P_L$ とすればよい．これは第7章で示した独占企業の体系と等しく，ここで数値計算を繰り返す必要はない．そこでの慣性の範囲の大きさに関する注意は，ここでも当てはまる．競争均衡価格過程中の上下限は，マーシャルの

長期平均費用および平均変動費用と基本的に一致せず，遠く離れている．これを具体的な数字で示そう．

生産を開始した，そしてしていない企業の個別の価値を求めよう．障壁で2組の式 (8.14)(8.16) と (8.19)(8.20) をスムース・ペースティング条件 $v_0'(\overline{P}) = O = v_0'(\underline{P})$ で結びつけると次のようになる．

$$\beta_1 A_1 \overline{P}^{\beta_1 - 1} + \beta_2 A_2 \overline{P}^{\beta_2 - 1} = 0$$

$$\beta_1 A_1 \underline{P}^{\beta_1 - 1} + \beta_2 A_2 \underline{P}^{\beta_2 - 1} = 0$$

これらを A_1 と A_2 に関する線形方程式として行列表現すると，その係数行列は次のようになる．

$$\begin{pmatrix} \beta_1 \overline{P}^{\beta_1 - 1} & \beta_2 \overline{P}^{\beta_2 - 1} \\ \beta_1 \underline{P}^{\beta_1 - 1} & \beta_2 \underline{P}^{\beta_2 - 1} \end{pmatrix}$$

これは $\overline{P} > \underline{P}$ である限り，逆行列をもたない．唯一の解は $A_1 = A_2 = 0$ である．したがって，競争条件より生産しない企業の価値はゼロである．以上で解が求まったことになる．

8.3.A 銅産業の参入，退出，そして価格

第7章でみた銅鉱業の参入及び退出の例を再び取り上げ，理解を深めよう．実際，投資の独占権をもつ企業のデータで例証することは第7章では取り上げなかった．同じ数値が産業均衡の文脈においても有益である．中央のケースでは，平均的な鉱山，溶解炉，そして製鋼所(1年当たり10ミリオン・ポンドの銅を生産する)の資本費用 $I = 20$ 百万ドル，そして放棄された敷地の復旧費用 E は2百万ドルであると仮定した．変動費用 C は1ポンド当たり 0.8 ドルであり，この数値のまわりに散らばっていた．価格ボラティリティーパラメーターは1年単位で $\sigma = 0.2$ で，このまわりに散らばっている．無リスク利子率は $r = 0.04$ であった．また，収益不足分は $\delta = 0.04$ であった．これらの数値のとき，マーシャルの参入閾値価格は 0.88 ドル，退出閾値は 0.792 ドルとな

表 8.2　銅産業における参入および退出閾値

		上側の閾値		下側の閾値	
c	σ	マーシャル	正確	マーシャル	正確
0.8	0.1	0.88	1.12	0.792	0.63
0.8	0.2	0.88	1.35	0.792	0.55
0.8	0.4	0.88	1.75	0.792	0.45
0.4	0.2	0.48	0.80	0.392	0.26
0.6	0.2	0.68	1.06	0.592	0.40
0.8	0.2	0.88	1.35	0.792	0.55
1.0	0.2	1.08	1.60	0.992	0.70

る．表 8.2 に示されているが，実際の参入と退出閾値はそれぞれ 1.35 ドルと 0.55 ドルである．表は，さらに C と σ が他の値のときのマーシャルの参入閾値価格と実際の閾値を示している．

図 8.2 および 8.3 は，変動費用 C が 1 ポンドあたり 0.8 で $\sigma = 0.2$ の場合について，銅の価格のパスを示している．この価格の変動は上下の反射壁を有する**幾何ブラウン運動**として表され，それは 1.35 ドルと 0.55 ドルの参入と退出の閾値を示している．これらの閾値は水平線で図中に示されている．またマーシャルの閾値が 0.88 ドルと 0.79 ドルであることも示している (図では，時間が年で測定されている．また，各年のパスは 50 分割されている)．図 8.2 は (銅の生産者の視点からは) 幸運なパスを示しており，価格は多くの時間をその範囲の上方にある (一方，図 8.3 が「不運な」パスを示している)．

これらの図はある特殊なケースであるが，われわれは，長期間とったときに価格がそれぞれの領域に何%の時間存在するかを予想できる．価格の長期的な定常分布を計算することにより，この質問に答えよう．P が反射壁 $\overline{P}$ と $\underline{P}$ の間で式 (8.4) の幾何ブラウン運動に従うことから始めよう．したがって，伊藤の補題を使うと，$p \equiv \log P$ がドリフトパラメータ $\alpha' = \alpha - (1/2)\sigma^2$，分散パラメーター σ を有する単純なブラウン運動に従うことがわかる．第 3 章第 3.5 節の結果を用いて，p の長期的な定常分布を得ることができる．それは指数分

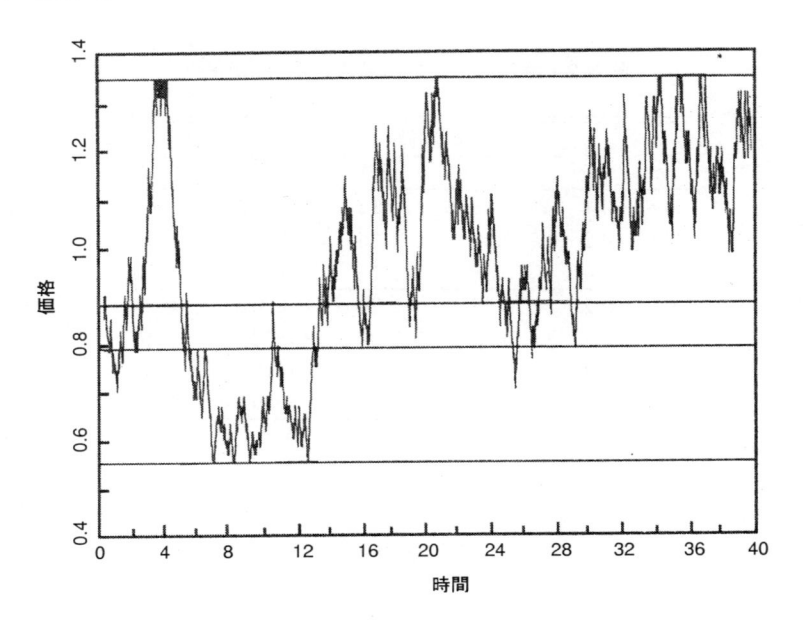

第 8 章　競争産業における動的均衡

図 8.2　銅価格の推移例 1

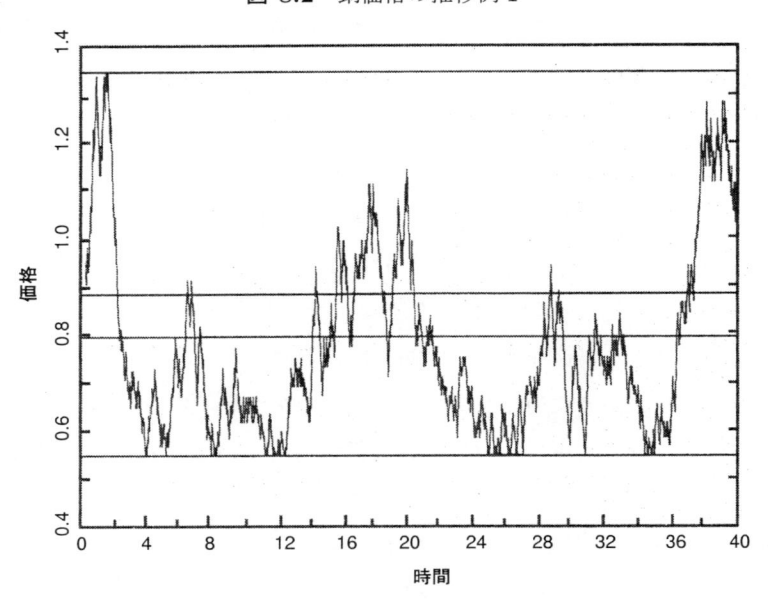

図 8.3　銅価格の推移例 2

布であり，密度関数は $Ke^{\gamma x}(\gamma = 2\alpha'/\sigma^2$, 比例定数 K) となる．これで，p が範囲 $(\underline{p}, \overline{p})$ の部分集合においてどの程度の時間を費やすかを容易に計算することができる．その結果から，P の対応する範囲に変換することができる．

われわれの基本ケースのパラメータ値については，平均的に，0.88 ドルと 1.35 ドルという上側のマーシャルの閾値と参入閾値の間にほぼ 58.5% の時間，価格が存在するであろうということがわかる．したがって，半分以上の時間，銅の生産者は従来のミクロ経済学でいうところの通常の利潤以上の利潤を得る．価格が 0.79 ドルと 0.88 ドルという 2 つのマーシャルの閾値の間にある時間はおよそ 11.3% である (その場合には企業は正の利潤だが通常以下の利潤を得ることになる)．残りの時間は，価格が 0.55 ドルの退出閾値と 0.79 ドルの下側のマーシャルの閾値との間になる．時間の約 30.2%，企業は損失を被る．

これらの数値は，不確実性の条件下での競争産業のダイナミクスが教科書にでてくる数値と大きく異なっていることを示している．時間のほぼ 90% についてては，銅産業がマーシャルの理論では存在しない状態にある．すなわち，価格は，新規参入を招かない長期平均費用以上であるか，退出を引き起こさない平均の変動費用未満にある．マーシャルの教科書のパースペクティブを使用して，そのような観察を解釈しようとしている人にとって，参入がないときの通常以上の利潤は参入障壁を，また，損失を被っている企業の生産の継続は強烈な競争を意味する．われわれの理論は，競争過程が確率的で動的な文脈で適切に解釈される場合，産業のほとんどの盛衰をカバーするようなエピソードは完全競争と整合しているということができる．第 9 章でこの政策的含意について触れる．

8.4 企業特有の不確実性

この節では，もう一つの極端な場合として需要曲線 (8.1) のすべての不確実性が純粋に企業特有のものであると仮定する．今，産業全体のショック Y は 1 に等しいとすると，任意の 1 企業の逆需要曲線が次のようになる．

$$P = XD(Q) \tag{8.25}$$

第 8 章 競争産業における動的均衡

　第 8 章のイントロダクションで，概説した企業特有の不確実性に関する直観的知識を思い出してみよう．1 つの企業がその収益性に関してよいショックを受ける場合，それは平均的に，この運のよさは競争企業には共有されない．したがって，それは直ちに投資する必要がないことを意味する．延期し，かつこの運のよさが一時的かどうか確かめる時間的余裕がある．

　最初のモデルでは，この考えをより正確にすることを目標とする．各企業が潜在的な収益性に関する現在のレベルを観察した後に意思決定することができれば，延期するという考えは適切である．最も純粋な形式でこの側面を捉えるために，潜在的な企業 (各々は連続的にその企業特有のショックを観察することができ，次に，投資するべきかどうか決定することができる) を固定した母集団からなる産業を考えよう．しかし，それは競争均衡の別の基本的な特徴，すなわち自由な参入を無視することになる．したがって，次のステップとして現在の潜在的な収益を観察していて参入の機会をうかがう企業の意思決定について検討する．この決定は特定のショックについての知識なしで導かれる．

　われわれは以下のように 2 段階のモデルを構築する．まず，費用 R を払うことによって，すべての企業は既知の分布からその需要ショック X の最初の値を得ることができる．そして，この変数が企業特有の，あるいはその企業とは無関係な**幾何ブラウン運動過程**に従う．各企業はさらに埋没投資 I を払うことにより実際の生産を開始することができる．

　例を用いて，これを示す．研究費 R を支払うことにより新薬を開発することができる製薬企業を考えよう．まず，その有効性および収益性の最初の推計値を求める．そして，企業は薬品の特許を取得する．しかし，もし推計された利潤が十分に高くなければ，新薬を生産するのに必要な追加投資 I をしないであろう．時間の経過により薬品の新しい効能が発見されて推計利潤が増加したり，同じ効能を有する薬品が他企業によって開発されて推計利潤が減少する可能性があるからである．

　そのような状況で長期の競争産業均衡について考えよう．多数の競争企業は無関係のショックに面している．また，個々の企業は固有の不確実性とボラティ

リティを有している．個々の企業のショックは独立であるが，大数の法則により産業総計ではランダムではない[8]．総生産量は時間を通じて変化するが，母集団分布は安定している．しかしながら，企業レベルの不確実性は産業均衡に強い影響を及ぼす．生産している企業の分布パラメータ，そしてランダムではない産業の生産量と価格から求まるさまざまな実際の値は，各企業が面している不確実性の程度に依存する．

比較的大きな産業レベルの条件により，企業レベルの不確実性を無視できるという考えは，近年の経験的研究の中で強調されてきた．Davis and Haltiwanger(1990) らは，米国経済における雇用の小さな純変化の基礎となる，全体の雇用と解雇を興味深く実証した．この種の応用のためにつくられたモデルは一般的な直観的知識を目立たせるためにあまりにも多い文脈特定の内容を含んでいる．われわれの単純なモデルは，読者のより概念的な理解およびそのような現象のより一般的な直観的知識の発展を支援する．

企業の 2 段階の意思決定にあうように，X の不確実性の性質を特定化することから始めよう．新規参入企業は既知の分布から X の最初の値を得る．その後，X は次式で示される**幾何ブラウン運動**をする．

$$dX = \alpha X \, dt + \sigma X \, dz \tag{8.26}$$

われわれは X を特異な需要ショック (嗜好変化のランダムな変動は産業中のわずかな変化を価格プレミアムとしてあたえる) とした．結局，収益性のショック，あるいは，第 6 章第 6.3 節で議論したように瞬間的な変数選択により最適化がなされたあとでの簡略化された技術的ショックとして X を考えることができた．

産業への自由な参入があり，また，誰でも R を払うことにより最初の値を得ることができる．しかし，直ちに製品を生産する義務はない．さらに埋没投資 I をしなければならず，この不可逆コミットメントを行なう前に X がより望ましいレベルに達するかどうか確かめるために延期することができる．

ここで，そのような産業の長期確率均衡を特徴づけよう．そのような均衡を

---

[8] これに関して正式な仮の処理をしないことを思い出そう．

仮定し，均衡を構成するさまざまな安定的な数量(価格，企業数など)を内生的に決定する．料金 R を支払って最初の X を知る新規参加者のランダムでないフローを N としよう．それらのショックは，独立にそして確率的に推移する．ランダムでないフロー M は活動を開始する企業のフローを表す．生産を開始した企業の合計数を一定の Q に保つ．そのため，投資，延期にかかわらず，すべての企業が，パラメーター λ で表されるポアソン過程に従って消滅すると仮定する．またこの過程は企業間で独立であると仮定する．定常的均衡において，M は λQ と等しい．

不確実性がすべて独立であるので，各企業は危険中立で期待純利益を最大にするように行動すると考える．r は将来の利潤フローが割引された無リスク金利を表す．

8.4.A 活動の開始決定

生産を開始した企業数が多く，Q であるときの定常的均衡では，新規参入を考えたり，延期している企業はこの Q を所与として考える．その利潤フローは $XD(Q)$ である．連続的に X を観察し，いつその投資費用 I を払って生産者となるかを検討する．これは，われわれが第6章第6.1節で検討した基礎的な単一企業モデルと形式的に等しい．その節の式 (6.9) は，投資を引き起こす価格閾値 P^* を導く．本章では，それが企業のショックの閾値 X^* を与え，定義式が次式のようになる．

$$X^*D(Q) = \frac{\beta_1}{\beta_1 - 1}(r + \lambda - \alpha)I \qquad (8.27)$$

ここで，β_1 は次の二次方程式の正根である．

$$Q \equiv \frac{1}{2}\sigma^2\beta(\beta - 1) + \alpha\beta - (r + \lambda) = 0$$

期待利益フローの収束を保証する条件は $r + \lambda > \alpha$ である．第3章第3.5節および第4章4.1.I節のポアソン過程の議論でみたように，ポアソンの消滅確率が割引率のように作用し，収束を達成する．収束条件が満たされると仮定する

と，第5章および第6章のよく知られたモデルでみたように $\beta_1 > 1$ となる．

本章へのイントロダクションでの直観的知識では，式 (8.27) が第5章および第6章での独占企業の参入決定の対応する考え方とまったく同じである．不確実性が企業特有の場合，望ましい X を得た企業はライバル企業に対して優位に立つ．望ましい X はこの企業に特有なものであり，直ちに投資しない場合，ライバル企業はその X を盗み知ることができない．したがって，延期は正の価値をもつ．また，企業の最適決定はよく知られている慣性を有する．

もちろん，上記の議論と合致した方法で Q は決定されることが示されるまで，産業均衡としては不完全である．モデルの完成には，もう少しステップを踏む必要がある．

8.4.B 参入の決定

X^* が上述のように決まるとき，われわれは，Q の生産を開始した企業を有する産業において，X を観察する潜在的な企業の価値を見つけることができる．

$$V(X,Q) = \begin{cases} A(Q)X^{\beta_1} & \text{if } X \leq X^* \\ XD(Q)/(r+\lambda-\alpha)I & \text{if } X \geq X^* \end{cases} \quad (8.28)$$

これは，第5～7章でも示されている．上は延期する企業に対するオプション価値を，下は即時の活動を開始によって潜在的な企業が得る利潤（活動を開始費用を差し引いたネットの値）の期待現在価値を示している．もちろん，後の式は，即時の活動開始が最適の領域においてそして前の式は延期が最適の領域において当てはまる．X^* は，バリュー・マッチング条件とスムース・ペースティング条件から決定される．

$$A(Q) = \frac{(\beta_1-1)^{\beta_1-1}}{\beta_1^{\beta_1}} \frac{1}{(r+\lambda-\alpha)^{\beta_1}} D(Q)^{\beta_1} I^{1-\beta_1} \quad (8.29)$$

Q が大きくなるにつれて，$D(Q)$ は小さくなり，式 (8.29) から $A(Q)$ は小さくなる．また，式 (8.27) から，X^* は大きくなる．そして，式 (8.28) から，Q が大きくなるにつれて，全体の価値関数 $V(X)$ が小さくなることがわかる．図

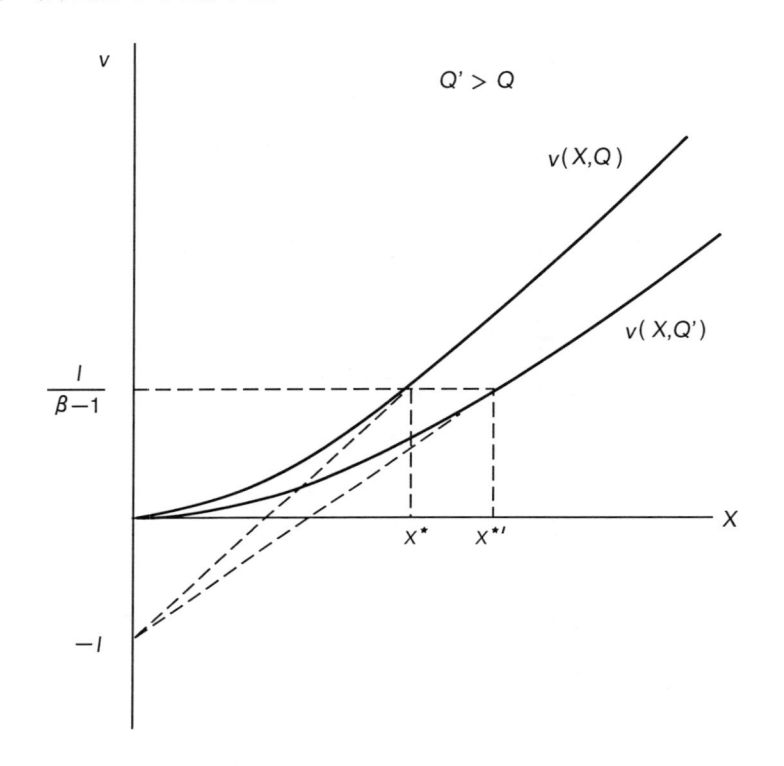

第 8 章 競争産業における動的均衡

図 8.4 ある企業の価値関数

8.4 は Q の変化と典型的な価値関数の変化を示す．直観的には，産業中に生産を開始した企業が多くなれば，いかなる新規参加者も小さな期待利潤フローを認識し，利益を得るために，自企業自身が活動を開始するときにより大きな企業特有のショックを要求すると考えられる．

その後，潜在的な参加企業は，既知の分布のもとでの X の最初の値を使用して，その期待利得 $\mathcal{E}_X[V(X,Q)]$ を計算する．自由参入であることから次式を得る．

$$\mathcal{E}_X[V(X,Q)] = R \tag{8.30}$$

ここで R は参入費用である．左辺は Q に関して単調であるから，この式より均衡量 Q を決定できる．

8.4 企業特有の不確実性

例として，最初の値が区間 $(0, \hat{X})$ で一様分布していると仮定しよう．活動開始閾値 X^* が $\hat{X}$ より大きいとわかれば，ゼロ利潤条件 (8.30) は次のようになる．

$$A(Q)\hat{X}^{\beta_1}/(1+\beta_1) = R$$

単純なケースとして，例えば，$D(Q)$ の弾力性が一定ならば，これは Q の明示的な (しかし代数的にはエレガントではない) 解となる．$X^* < \hat{X}$ のとき，次式を得る．

$$\frac{A(Q)}{1+\beta_1}(X^*)^{\beta_1+1} + \frac{D(Q)}{2(r+\lambda-\alpha)}\left[\hat{X}^2 - (X^*)^2\right] - I(\hat{X} - X^*) = R\hat{X}$$

これは数値計算によって解を求めることになる．

まだ完成ではない．活動中の企業数 Q は，一続きの (複雑な) 最初の参入決定，独立した任意の企業のショック変数 X，後の参入決定と独立したランダムな消滅から決まる．われわれは，産業均衡 Q をつくりだすために一貫した方法でこれらがどのように結びついているかを示さなければならない．

8.4.C 企業の分布

いま参入費用 R を払った1企業の実際の寿命を考えよう．まず既知の分布からランダムに取り出された X から始めよう．最初の X が閾値 X^* を超える場合，その企業は投資費用 I を支払い，直ちに生産を開始する．そうでなければ，X^* に到達したあとで，生産を開始する．この過程を通じて，企業は一定かつ外生の消滅確率 λ に直面する．

新しい参加企業の到着率を N とする．それらが時刻 t において生存し，位置 X を占める確率についての完全な確率的ダイナミクスは，コロモゴロフの式 (第3章の付録参照) を用いて調べることができる．われわれの目標は明確である．産業均衡における，さまざまな状態の企業数が X という値のときに，どれだけの企業が生産し，どれだけの企業が延期しているか，を把握することである．大数の法則により，われわれは長期定常均衡にのみ注目すればよい．これ

341

はポアソン消滅による退出率と生産開始率が時間で一定になること，同時に，さまざまな現在のレベル X を持った企業数が時間で一定になることを意味する．もちろん，実際にこれらの位置を占める企業は変化しつづけるものの，われわれの関心のある全体としては同じ X をもつ企業は時間で一定である．

この長期間にわたる企業の分布を計算する方法は，第 3 章第 3.5 節の方法と同じである．しかし，ここでは新しい 2 つの特徴 (すなわち新規参入，ポアソンの消滅) を含まなければならない．まず，対数 $x = \log X$ に変換する．ここで最初の値 x の確率密度関数を $g(x)$，そして対応する累積密度関数を $G(x)$ としよう．x は $-\infty$ になる可能性があることに注意しよう．$x^* = \log X^*$ とする．新しく参入する企業 $N[1 - G(x^*)]$ は，直ちに投資するだけの大きな値を得ている．残りの大部分の企業は，直ちに投資せずに活動開始閾値に達するのを延期する．

両グループとも，x は連続と考える．式 (8.26) に伊藤の補題を適用すると，x が次のブラウン運動に従うことがわかる．

$$dx = \nu\, dt + \sigma\, dz \tag{8.31}$$

ここで，$\nu = \alpha - (1/2)\sigma^2$ である．さらに，両方のグループはパラメータ λ を有するポアソン過程に従う外生的な「消滅」に直面している．

延期する企業 (それらは範囲 $(-\infty, x^*)$ 上に分散している) から始めよう．x に位置する企業の密度を $N\phi(x)$ とする．ここで N は参入率を表すスケールであり，$\phi(x)$ をより単純な式に導くものである．密度が時間で一定のままであるために，x における企業の到着率 (下からの正のショック，上からの負のショックを受取る) は，消滅率 (ブラウン運動過程やポアソン消滅のショックを受取る) と等しくなければならない．われわれは，より正確な方法で企業の「均衡フロー」式をつくることにする．

このために，第 3 章の 3.2.B 節において有用であったブラウン運動の 2 次近似を使用する．各領域の長さを $dh = \sigma\sqrt{dt}$ に分割しよう．そのような 1 つのセグメントに位置した企業は，まず $\lambda\, dt$ の率で消滅する．次に，p は右に 1 セグメント移動する，そして q は同様に左に移動する率であるとしよう．これらは

次のように書ける．

$$p = \frac{1}{2}\left[1 + \frac{\nu}{\sigma}\sqrt{dt}\right], \qquad q = \frac{1}{2}\left[1 - \frac{\nu}{\sigma}\sqrt{dt}\right]$$

今，中央のセグメント x を考えよう．そこには $N\phi(x)\,dh$ の企業が存在する．次の瞬間 dt において，これらがすべてポアソンあるいはブラウン運動のショックのいずれかによって x から移動もしくは消滅する．また左右にいる企業が，新規参入企業として到着する．図 8.5 はこれらのフローを概略的に示している．

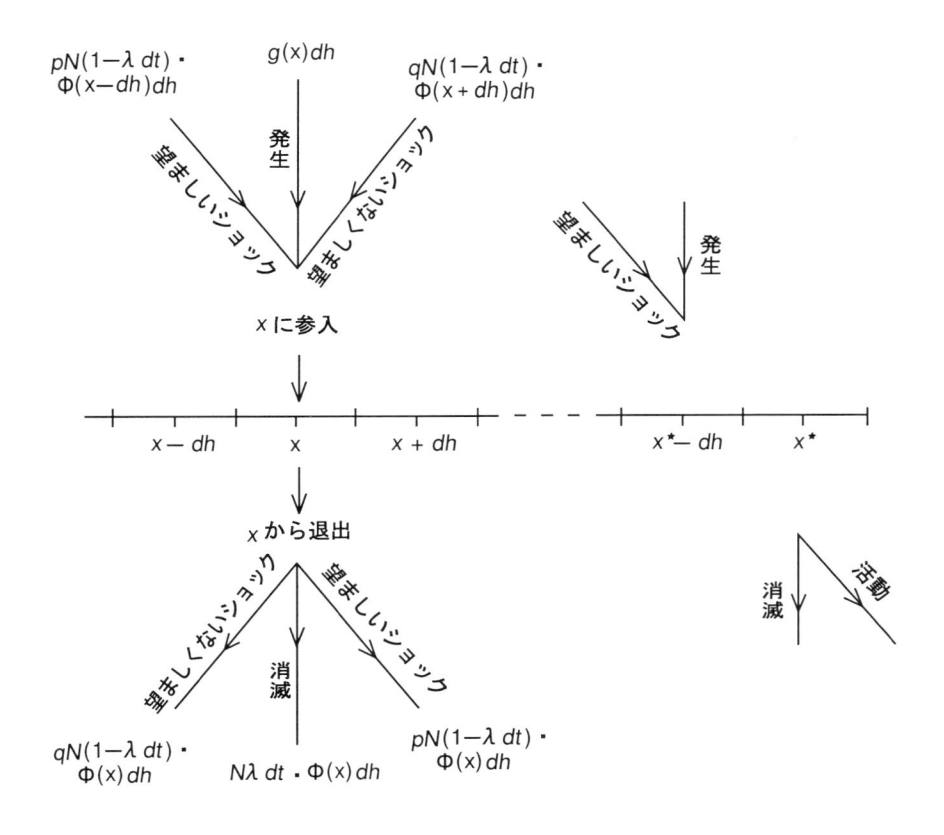

図 8.5 待機している企業の参入・シフト・退出

バランス式は次のようになる.

$$N\phi(x)\,dh = N\,dt\,g(x)\,dh + p(1-\lambda\,dt)N\phi(x-dh)dh \\ + q(1-\lambda\,dt)N\phi(x+dh)dh \tag{8.32}$$

両辺を $N\,dh$ で除し,右辺を $\phi(x\pm dh)$ の周りにテイラー展開を行うと,次の微分方程式を得る.

$$\frac{1}{2}\sigma^2\phi''(x) + \nu\phi'(x) - \lambda\phi(x) + g(x) = 0 \tag{8.33}$$

この方程式は幾何ブラウン運動が簡略化されているので第5〜7章で示した式とは若干異なる.しかし,解法はきわめて似ている.一般解が次の式で表されることを検証することは容易である.

$$\phi(x) = C_1\exp[\gamma_1 x] + C_2\exp[\gamma_2 x] + \phi_0(x)$$

ここで,末項が特殊解であり,また最初の2項は同次方程式の一般解を示す.定数 C_1 と C_2 はまだ確定されないが,γ_1 と γ_2 は次の二次方程式の解である.

$$\mathcal{Q} \equiv \frac{1}{2}\sigma^2\gamma^2 - \nu\gamma - \lambda = 0$$

したがって,1つは正で他方は負である.

定数 C_1 と C_2 を決定する第1の条件は,延期する企業の総数であり,これは次式で表される.

$$\int_{-\infty}^{x^*}\phi(x)\,dx$$

これは有限でなければならない.負の指数関数は $x\to-\infty$ のとき,無限大となるので,同次方程式の解から負の根を除外する.

第2の条件は,x^* に移動する企業が生産を開始し,この分布から消えることである.x^* のすぐ左側にある $x = x^* - dh$ のセグメントを考えてみよう.式 (8.32) のバランス式は次のように修正される.これは右側からの移動がないことから次のようになる.

$$N\phi(x)\,dh = N\,dt\,g(x)\,dh + p(1-\lambda\,dt)N\phi(x-dh)dh$$

単純化のために $\phi(x) = 0$ としよう. dh がゼロに近づくと, $\phi(x^*) = 0$ となる.

さらに延期している企業が x^* に移動し, 生産をはじめる比率を計算することができる. これらは, ちょうど x^* の左側のセグメントにある $N\phi(x - dh)dh$ 企業のうち $p(1 - \lambda\, dt)$ の比率である. 再び, テイラー展開を行って, 次式を得る.

$$\frac{1}{2}N[\phi(x^*) - \phi'(x^*)\, dh]dh = -\frac{1}{2}N\phi'(x^*)(dh)^2 = -\frac{1}{2}N\phi'(x^*)\sigma^2\, dt$$

これらの企業が時間間隔 dt で生産を開始するので, 生産を開始する比率は $-(1/2)\sigma^2 N\phi'(x^*)$ である.

解析的にこの計算を示そう. X の分布が区間 $(0, X)$ 上に一定であると仮定する. したがって, $x = \log X$ は指数分布となり, $(-\infty, \hat{x})$ の範囲で存在する. ここで $\hat{x} = \log \hat{X}$ である.

$$G(x) = g(x) = \exp(x - \hat{x})$$

残りのパラメーターは生産開始閾値 x^* が $\hat{x}$ 未満となるように仮定しよう (参入する企業は直ちに活動しないので単純である).

式 (8.33) の特殊積分は容易に次のようになる.

$$\phi_0(x) = e^{x - \hat{x}}/[\lambda + \nu - \frac{1}{2}\sigma^2]$$

この分母は, 経済的に意味をもつために正でなければならない. これは, $\gamma = 1$ と評価された二次形式 Q は負であることを示している. したがって, 正根 γ_1 は実際重根である. われわれはこれを仮定し, その解を γ とする.

式 (8.33) の一般解は次のようになる.

$$\phi(x) = Ce^{\gamma x} + \phi_0(x)$$

定数 C は $\phi(x^*) = 0$ の条件から決定される.

$$\phi(x) = \frac{1}{\lambda + \nu - \frac{1}{2}\sigma^2}\left[e^{x - \hat{x}} - e^{\gamma(x - x^*)}e^{x^* - \hat{x}}\right] \tag{8.34}$$

これより，延期する企業のいくつかの集計値を計算することができる．まず企業総数は

$$M \equiv N \int_{-\infty}^{x^*} \phi(x)\,dx = \frac{N}{\lambda+\nu-\frac{1}{2}\sigma^2}\frac{\gamma-1}{\gamma}e^{x^*-\hat{x}}$$

生産を開始する企業の比率は，

$$-\frac{1}{2}\sigma^2 N\phi'(x^*) = N\frac{\frac{1}{2}\sigma^2(\gamma-1)}{\lambda+\nu-\frac{1}{2}\sigma^2}e^{x^*-\hat{x}}$$

生産している企業の分布も同様に分かる．いくつかの企業が生産を開始し，X の下落をもたらす可能性を考えるため，x の範囲 $(-\infty, \infty)$ まで積分する必要がある．それらは，最初の X が X^* を越え，直ちに生産を開始する新規参入フローの一部，および x^* での生産開始フローによって増大し，ポアソンの消滅フローによって小さくなる．

産業均衡を求めるためには，X の分布ではなく，単に生産を開始した企業の合計数がわかればよい．直ちに生産を開始する新規参入量は $N[1-G(x^*)]$ である．生産開始量は $-(1/2)\sigma^2\phi'(x^*)$ を越える延期する企業の解から得られる．生産を開始した企業の母集団が Q で，消滅量は λQ である．数が一定に保たれるという条件から次式を得る．

$$\lambda Q = N[1-G(x^*) - \frac{1}{2}\sigma^2\phi'(x^*)] \tag{8.35}$$

生産開始の条件式 (8.27)，自由参入の条件式 (8.30) の均衡条件から x^* と Q を求めることができる．この式が N を定義する．新規参入企業は自由参入条件 (8.30) とは無関係であるので，われわれは長期均衡分析の通常の方法を使い，ちょうどその数が参入すると考えることができる．したがって，上記に描写した「確率的に定常」均衡は安定である．

X が一様分布であるこの特別な場合は，条件 (8.35) は次式のようになる．

$$\lambda Q = N\left[e^{x^*-\hat{x}}\frac{\lambda+\nu-\frac{1}{2}\sigma^2\gamma}{\lambda+\nu-\frac{1}{2}\sigma^2}\right]$$

これより，活動を開始する企業 Q，あるいは活動を開始する企業と延期する企業の合計 $(Q+M)$ のいずれかの比により，新規参入率 N を計算することができる．

さまざまな式がでてくるため複雑であるが，いくつかの一般的な法則はある．企業特有のショックの場合，各企業の投資決定は，よりよいショックの実現をまって投資を延期するオプション価値に大きく影響を受ける．産業レベルのショックでは，ショックおよび企業の反応は長期間の定常条件へ集約することができる．その結果，産業の生産量と価格はランダムではない．しかし，これらの変数の均衡レベルは企業特有の不確実性のパラメータによって影響される．さらに集計された確実性の背後に，ランダム性と変動が存在する．各企業のショックに応じて参入，投資，退出が決まる．

実際には，産業全体のショックと企業特有のショックはともに生じる．この章の残りでは，これまでの研究をうけて両方のショックを包含する一般的なモデルへと進むことにする．そして，第 12 章で，いくつかの現実のデータを用いたアプリケーションについて検討しよう．

8.5 一般的なモデル

ここでは，企業特有と産業全体の 2 つの**不確実性**がともに存在するという一般的なモデルで産業均衡を検討する．2 つの不確実性という追加的そして数学的な複雑さから，いくつかの単純化を図る．ここでの議論は Caballero and Pindyck(1992) にほぼ従っている．

一般的なケースとして，企業が危険中立 (あるいは，産業全体のリスクが全体として資本市場のリスクとは相関をもたない) であると仮定する．また，産業需要弾力性が一定であると仮定する．したがって，需要関数 (8.1) は次のようになる．

$$P = XYQ^{-\epsilon} \tag{8.36}$$

ここで $1/\epsilon$ は需要の価格弾力性を示す．さらに，前述した企業特定の不確実性

のモデルから第 2 の生産開始段階の議論を省略する ($I = 0$ および $X^* = 0$).

これまで同様に,各企業は製品を 1 単位生産する能力を持っており,変動費用はゼロである (P が利潤を表す). また入力変数 (不可逆性がないもの,もしくは調節費用) は最適なレベルが選ばれるという,より一般的な構造を考える. さらにこれまで同様,無限小そして連続変数として企業数 Q を扱う.

2 つのショックは独立した**幾何ブラウン運動**に従う[9]. dz_x および dz_y を,独立のウィーナー過程の増分としよう. $\mathcal{V}(d_z^*) = \mathcal{V}(dz_y) = dt$ および $\mathcal{E}(dz_x, dz_y) = 0$. このとき,企業特有のショックは次のように表現できる.

$$dX = \alpha_x X \, dt + \sigma_x X \, dz_x \tag{8.37}$$

そして産業全体のショックは次のようになる.

$$dY = \alpha_y Y \, dt + \sigma_y Y \, dz_y \tag{8.38}$$

新規参入企業は埋没費用 R を払い,最初の X を既知の分布から得る. $\overline{X}$ をこの最初の X の期待値としよう. 活動開始してから後の費用はゼロであり,利潤は常に正である. したがって,参入企業はすべて直ちに生産を開始する.

第 8.2 節のモデルでは,産業全体の不確実性のみを考えた. また,均衡は価格の上側の反射壁によって特徴づけられた. 企業特有の不確実性を追加して,価格に関する式 (8.36) で表現された産業全体の要因と同じ障壁は次のようになる.

$$W = YQ^{-\epsilon} \tag{8.39}$$

W が閾値 $\overline{W}$ 未満である限り,新しい企業が参入しないということを示している. 企業はポアソン消滅を受けるため,$dQ = -\lambda Q$ である. Y の幾何ブラウン運動と Q のポアソン消滅過程により,W の幾何ブラウン運動は次のように表現できる.

$$dW = (\alpha_y + \epsilon\lambda)W \, dt + \sigma_y W \, dz_y \tag{8.40}$$

---

[9] 独立の仮定は自然である. X を 2 つの成分,Y 軸の成分とそれと直交するものに分解せよ. Y ショックと完全に相関している前者は産業全体のものであり,Y それ自身に含まれる. 残りが企業特有のショックであり,Y とは独立となる.

しかし，W が $\overline{W}$ を越えると，企業が参入し，W は増加しない．したがって $\overline{W}$ が式 (8.40) で表される過程における上側の**反射壁**になる．もちろん，$\overline{W}$ は，均衡に関する連立方程式の一部として内生的に決定される．これについて検討しよう．

生産を開始した企業の価値は次のようになる．

$$V(X,W) = \mathcal{E}\int_0^\infty X_t W_t e^{-(r+\lambda)t}\,dt$$

ここで割引率は，ポアソン消滅パラメータ λ によって大きくなる．これは次の微分方程式で表される．

$$\frac{1}{2}[\sigma_x^2 X^2 V_{XX} + \sigma_y^2 W^2 V_{WW}] + [\alpha_x X V_X + \alpha_w W V_W] - (r+\lambda)V + XW = 0$$

ここで，α_w は $(\alpha_y + \epsilon\lambda)$ を示す．

この価値関数は X について線形である．企業特有のショックの初期値が 2 倍大きい企業は，2 倍の利潤フロー，したがって大きな価値を永久に持つことが期待される．しかし，価値関数は W に関して線形ではない．産業全体のショックが大きくなると，ついには新規参入を引き起こす閾値に到達する．したがって，比例してより大きな利潤フローが得られる期間は長続きしない．$V(X,W) = Xv(W)$ と書くことができる．V を上記の偏微分方程式へ代入して，次の常微分方程式が導かれる．

$$\frac{1}{2}\sigma_y^2 W^2 v''(W) + \alpha_w W v'(W) - (r+\lambda-\alpha_x)v(W) + W = 0 \qquad (8.41)$$

これは第 6 章および第 7 章で示したものである．解は次のようになる．

$$v(W) = \frac{W}{r+\lambda-\alpha_x-\alpha_w} - AW^{\beta_1}$$

ここで，A は確定される定数で，β_1 は次の二次方程式の正根です．

$$\frac{1}{2}\sigma_y^2 \beta(\beta-1) + \alpha_w \beta - (r+\lambda-\alpha_x) = 0$$

W がゼロになるときの極限を考慮して,負根を含む項を削除している.この解の解釈は,さらに,先に行った集計された不確実性の検討から明らかである.解の右辺の初項は,参入がないときの利潤の期待現在価値を表す.実際の新規参入が W の過程に上限を与えるので,第2項は新規参入のない過程からの減少分である.さらに,通常,解が経済的に意味をなすために,右辺の初項の分母 $(r+\lambda-\alpha_x-\alpha_w)$ は正である.これは β_1 が 1 より大きいことを示している.

本章の初めに行った式 (8.7) のように,反射壁における平滑化条件 $v'(\overline{W})=0$ から,定数が決まる.これより次式が導かれる.

$$v(W) = \frac{1}{r+\lambda-\alpha_x-\alpha_w}[W - W^{\beta_1}\overline{W}^{1-\beta_1}/\beta_1] \qquad (8.42)$$

X が与えられた企業の実際の価値は,$V(X,W) = Xv(W)$ である.参入を考えている企業は W のみを観測する.それゆえ,参入を考えている企業の期待値は $\overline{X}v(W)$ となる.閾値 $\overline{W}$ は自由参入条件によって定義される.したがって,この期待値は,その点で参入費用 R と等しくなる.これを代入して,整理すると次のようになる.

$$\overline{X}\,\overline{W} = \frac{\beta_1}{\beta_1-1}(r+\lambda-\alpha_x-\alpha_w)R \qquad (8.43)$$

これが第 8.2 節の式 (8.10) に示した純粋に産業全体の不確実性の場合と第 8.4 節の式 (8.27) に示したの純粋に企業特定の不確実性の式を結合した一般化である.この特徴は既に述べているので,コメントは不用である.

このモデルのさらに理論的な詳細については,Caballero and Pindyck(1992) を参照せよ.第 12 章で経験的な応用について議論する.

8.6 文献ガイド

Lucas and Prescott(1971) は離散時間マルコフ連鎖モデルを使用して,競争産業における投資の合理的な期待均衡について検討している.彼らは,均衡の最適性を検討した.Lippman and Rumelt(1985) は同じモデルに参入及び退出を組み入れた.

Edleson and Osband(1988) は，均衡中の競争企業の参入と退出閾値がマーシャルの参入閾値と一致しないことを示した．独占企業のオプション価値閾値と競争企業の自由参入閾値の一致は，Leahy(1992) によって最初に示された．ここでの説明はほとんど Dixit(1993b) によっている．

Dumas(1992) は，各企業がブラウン運動に従う不確実性下で費用を伴う決定を行う一般均衡の初期のモデルを示した．これは，生産資本の国際的な移転に関する研究であり，その目的は実際の為替レートの均衡力学を特徴づけることであった．

Caballero(1991) は，需要の価格弾性値がパラメーターで異なっており，完全競争を弾性値が無限大になることである解釈して，一企業の決定をモデル化するショートカットによって産業均衡を検討した．彼は，従来の現在価値基準がこれに包含されると主張した．しかし，人々は需要をより弾性的にする価格自体が内生的であると認識している．また，価格は上限か反射壁の役割を果たす．これらの効果は，適切な産業レベル分析を導くことによりのみ理解することができる．この点に関するより特定的，より詳細な議論に関しては，Pindyck(1993a) を参照せよ．Caballero and Pindyck(1992) は協力して，上記の処理の基礎を形成する，企業特有と集計された、2つの不確実性を有する産業均衡のモデルをつくった．

第9章

政策介入および不完全競争

　前章では，各企業はすべての他企業が同じ行動をすることを前提として，不確実性下で不可逆的な投資決定を行うという競争産業均衡の基本モデルを示した．企業特有の不確実性と産業全体の不確実性について検討し，ともに企業の投資意欲を減退させる効果があること，しかし，その理由は異なることを学んだ．産業全体の不確実性の場合，各企業は，望ましいシグナルについては他企業が参入したり，生産を拡大する．供給の増加により価格は上昇しない．企業の上側の潜在的利益，そして投資の期待値の減少を導いた．企業特有の不確実性の場合，各企業はその幸運を利用することができる．その後の状況を再評価する延期と即時の投資の価値を比較する．延期によってその幸運が一時的なものかどうか確かめることができ，投資価値が低下するリスクは減少する．したがって，不確実性は投資を延期する価値を高め，即時の投資を減少させる．

　本章では，これらの点を含む単純なモデルを拡張し，さらなる含意を得ることを目指す．第1の問題は，この産業均衡の**社会的最適性**に関するものである．多くの人は，不確実性によって企業が投資を控えるならば，投資するインセンティブを与えるために政府が活動するのが望ましいと主張する．われわれは，この議論はしばしば間違っており，少なくとも厳しく識別されるべきことを学ぶ．基本モデルの均衡は大きな慣性を示すが，固有の歪みや市場の失敗がないので，その慣性は社会的に最適である．同じ不確実性に面し，同じ不可逆投資

決定を考える計画者も活動を控えるべきである．ある種の市場の失敗が不確実性と不可逆性を伴う場合のみ，政策介入が正当化される．ここでの普通の政策介入はリスクを共有する市場の失敗であり，われわれはそれについて議論する．ただし，リスクを減少するいくつかの政策 (例えば価格統制) は逆効果であり，大きな副作用を持つことを学ぶ．

　社会的最適性を調べるための数学的な技術は有用な副産物をもたらす．さまざまな有用な方法で第 8 章の単純なモデルを拡張する．前章と同様に，増加する需要ショック，1 単位の生産能力とゼロの変動費用を有する企業を仮定する．新しいテクニックを使用すると，これらのすべての制限をなくすことができる．ただ一つの違いは，産業均衡では，価格過程の上限 (反射壁) が一定ではなく，生産している企業数とともに変化するということである．

　最後に，完全競争の仮定を緩めて，潜在的な競争者の数が小さい場合の産業均衡について検討する．確率的な選択問題は確率ゲームになる．そのようなゲームは，一般理論，解ともにきわめて難しい．しかし，いくつかの有用な知見をもたらす単純なモデルを示す．この種のより一般的な分析は，今後の重要な研究課題である．

　これらの章に関連する研究のさらに有望な領域は，これらの理論を検証する計量経済学の研究，および適切なところでそれらを適用する実証研究である．第 12 章では，この種の研究に関する簡潔なレビューを行う．また，今後の実証研究の方向について示唆する．

9.1　社会的最適性

　ここで産業は，いかなるリスクにも効率的な価格づけがなされる資本市場で生産する企業から構成される．生産物市場は競争的である．また，企業は合理的期待を持っている．これは完全市場が効率的に時間と不確実性を含む決定を調整する標準的な Arrow=Debreu の枠組みである．したがって，われわれは産業均衡が社会的に最適であると期待できる．ここではこの最適性を明示的に実

証する．

　この過程において，産業均衡を解く有用な方法を示す．社会的最適性は単純な動的最適化問題の解である．市場均衡を模写する場合，われわれはこの同じ最適化問題を解くことによって解を見つけることができる．最も単純なモデル以外は，均衡を見つけるこの方法は価格の内生的な確率過程の固定点を見つけるよりはるかに容易である．右上がりの短期供給曲線を持っている異質の企業が存在し，かつ増加しないショックを扱う第 8 章の単純なモデルを拡張することにより，これを実証する．

9.1.A　最適と均衡の一致

　集計された不確実性を有する第 8 章の基本モデルの社会的最適を特徴づけることからはじめよう．そのモデルでは，産業の逆需要曲線が次のように示されることを思い出そう．

$$P = YD(Q) \tag{9.1}$$

ここで，増加するシフト変数 Y は**幾何ブラウン運動**に従う．

$$dY = \alpha Y\, dt + \sigma Y\, dz \tag{9.2}$$

産業全体の生産量 Q は，生産している企業数 (それらは連続変数として扱われる) と等しい．各企業は埋没費用 I を投資することにより活動を開始する．産業の生産能力を拡大させる決定権を社会計画者が有していると仮定しよう．この文脈では，生産単位を，分散化された判断もしくは社会的最適を実行する企業として扱うことができる．

　ある瞬間の需要曲線で囲まれた面積は次のようになる．

$$YU(Q) = Y \int_0^Q D(q)\, dq \tag{9.3}$$

これは，シフト変数が値 Y をとるとき生産量 Q による**総社会的効用（消費者余剰）**と見なすことができる．$YU'(Q) = YD(Q)$ は**社会的限界効用**となる．分

散化された企業では，これは単に価格である．変動費用がないので，社会計画者は生産能力拡大費用を差し引いた社会的効用の期待現在価値を最大にすることを考える．

ある期間 t の社会的効用は $Y_t U(Q_t)$ である．もし ΔQ_t がこの瞬間に増加するならば，$I \Delta Q_t$ の費用が生じる．社会計画者の目標関数は次式で示される．

$$\mathcal{E}\left\{\int_0^\infty Y_t U(Q_t) e^{-\mu t}\, dt - \sum_t I \Delta Q_t e^{-rt}\right\}$$

ここで括弧内の第 2 項は，生産能力の拡大が生じるときの費用を期間ごとに配分したものである．費用が無リスク資産の利子率 r で割引かれる一方，不確かな収入は μ(システィマティック・リスクを含んでいる) で割引かれる．計画者は初期条件 $(Y_0 = Y, Q_0 = Q)$ のもとで，この社会的純現在価値を最大にする．

これは動的計画問題である．結論に早くたどり着くために，それを多少発見的に行う．第 11 章で，多少より詳細に単一企業の生産能力拡大の問題を考える[1]．

初期状態 (Q, Y) のとき，$W(Q, Y)$ を目的関数 (ベルマン価値関数) の最大化された値としよう．動的計画法において通常のように，その問題を近い将来とそれ以降に分割する．社会計画者の関心は，ある量 dQ だけ生産量を拡大すべきかどうかである．これには $I\,dQ$ だけ費用がかかる．また $W_Q(Q, Y) dQ$ だけ価値関数を増加させる．したがって，$W_Q(Q, Y) < I$ であれば，拡大しない．Y が大きくなれば，生産量拡大が促進されると直観的に予想できる．したがって，各 Q について閾値 $Y(Q)$(Y が $Y(Q)$ に達したとき限界拡大量 dQ が最適となる) がある．$Y(Q)$ は上方へシフトする．もちろん，われわれは，解の一部として $Y(Q)$ を得なければならない．$Y < Y(Q)$ となるこの曲線より下の領域において，企業は時間 dt の次の微小区間には生産能力を拡大しない．したがって，**動的計画法のベルマン方程式**は次のようになる．

$$W(Q, Y) = Y U(Q) dt + e^{-\rho\, dt} \mathcal{E}[W(Q, Y + dY)]$$

---

[1] 第 11 章第 11.1 節を読んだ後で，この節に戻り，方法と結果を比較すると，この有用性がわかるであろう．

第 9 章 政策介入および不完全競争

右辺を**伊藤の補題**を用いて展開し，第 5 章および第 6 章の中で頻繁に行ったように単純化して，ベルマン関数が次の微分方程式のようになることがわかる．

$$\frac{1}{2}\sigma^2 Y^2 W_{YY}(Q,Y) + (r-\delta)Y W_Y(Q,Y) - rW(Q,Y) + YU(Q) = 0 \quad (9.4)$$

これは各 Q における W と Y とを結びつける常微分方程式と見なすことができる．解を求めるために第 5 章および第 6 章の議論を再度利用する．

$$W(Q,Y) = B(Q)Y^{\beta_1} + YU(Q)/\delta \quad (9.5)$$

$B(Q)$ は決定される関数[2]，δ は $\mu - \alpha$，そして β_1 は次の二次方程式の正根である．

$$\mathcal{Q} \equiv \frac{1}{2}\sigma^2\beta(\beta-1) + (r-\delta)\beta - r = 0$$

$r > 0, \delta > 0$ を仮定し，収束のため $\beta_1 > 1$ である．これまで同様，$Y \to 0$ の極限について検討することにより，負根 β_2 の項は消去される．

解を完成するために最適な**生産能力拡大政策**を考える必要がある．限界 dQth 単位が追加される境界において，ベルマン関数の微分 $W_Q(Q,Y)$ は限界単位費用 I と等しい (値一致条件)．したがって次式が成立する．

$$B'(Q)Y^{\beta_1 - 1} + U'(Q)/\delta = I \quad (9.6)$$

さらに，利得 W_Q と費用 I の Y に関する微分は等しい (スムース・ペースティング条件)．$W_{QY}(Q,Y)$ はゼロでなければならない．すなわち，

$$\beta B'(Q)Y^{\beta_1 - 1} + U'(Q)/\delta = 0 \quad (9.7)$$

となる．閾値 $Y(Q)$ を見つけるためにこれら 2 つの式を解く．それは次式を満たす．

$$Y(Q)U'(Q) = \frac{\beta_1}{\beta_1 - 1}\delta I \quad (9.8)$$

---

[2] Q は微分方程式 (9.4) にパラメータとして入力されるので，積分定数も Q に依存する．

この式はごく自然に解釈できる．左辺は式 (9.3) によって与えられた総社会的効用の Q に関する微分であり，したがって価格 $YD(Q)$ と等しい．社会的に最適な閾値が価格の限界レベルの観点から定義されることになる．この限界価格は第 8 章の式 (8.9) に示した競争均衡での参入閾値 $\overline{P}$ に等しい．すなわち，社会的最適性と競争均衡はまったく同じである．以上で，はじめの直観的知識が確認された[3]．

社会的最適性のパースペクティブは，競争均衡のパースペクティブと形式的に同じであるが，いくつかの実際的な長所を持つ．例えば，需要ショックが増加しない場合，参入閾値価格は現在の生産能力に応じて異なる．純粋な均衡アプローチは，$\overline{P}(Q)$ の関数空間の中で固定点を見つけることが必要となる（それはきわめて難しい）．社会最適化アプローチは，そのような文脈をより容易に拡張する．次節でこれらのうちのいくつかを例証しよう．

単純なモデルに戻ろう．まず式 (9.6)，式 (9.7) から Y を省略して $B'(Q)$ を得る．そしてこれを積分して $B(Q)$ を得る．こうして，$W(Q,Y)$ が決定される．以下，説明しよう．

$$B'(Q) = -(\beta_1 - 1)^{\beta_1 - 1}\left(\frac{U'(Q)}{\delta}\right)^{\beta_1} I^{1-\beta_1}/\beta_1^{\beta_1}$$

ここでは正確な表現に関心はない．しかし，$B(Q)$ の積分はかなり重要である．Y がブラウン運動過程に従いながら，Q が現在のレベルに固定されるならば，式 (9.5) において第 2 項 $YU(Q)/\delta$ は $YU(Q)$ の期待現在価値を示す．したがって，第 1 項 $B(Q)Y^{\beta_1}$ は社会の投資能力の価値である．そのため，Y の増加とともに Q は増加する．言いかえれば，第 1 項はこの産業拡大のオプションに対する社会の価値である．限界の拡大量が実際に実行されると，社会は $YU'(Q)/\delta$ で表される追加された生産物の期待現在価値を得る一方で，限界のオプション $-B'(Q)Y^{\beta_1}$ を失う [$B'(Q)$ が負であることに注意せよ]．次に，バリュー・マッチング条件式 (9.6) により，これら 2 つの効果のバランス（純便

---

[3] 特殊な例において，均衡と最適性の一致を確認しただけである．一般的で正確な証明に関しては，Lucas and Prescott(1971) を参照せよ．

益）とその活動費用 I が等しいことを示す．

第 5 章および第 6 章の表記を使用して次式を得る．

$$v(Q,Y) = YU'(Q)/\delta, \qquad f(Q,Y) = -B'(Q)Y^{\beta_1}$$

$v(Q,Y)$ は導入後の限界単位の値であり，$f(Q,Y)$ はそれを導入するオプションの値を示す．最適な閾値は，第 6 章の式 (6.7)，(6.8) とまったく同じバリュー・マッチング条件とスムース・ペースティング条件から得られる．すなわち，次のようになる．

$$f(Q,Y) = v(Q,Y) - I, \qquad f_Y(Q,Y) = v_Y(Q,Y)$$

この産業全体の値は，Q 単位が既に生産しており，確率変数の現在レベルが Y である場合，次式が導かれる．

$$W(Q,Y) = \int_0^Q v(q,Y)\,dq + \int_Q^\infty f(q,Y)\,dq$$

すなわち，生産していた単位 Q に至るまでの価値の積分値と Q から無限大までのオプション価値の積分値の和によって表される．読者は，$W(Q,Y)$ の式 (9.5) の解となっていることを容易に確認することができる．

第 11 章において，その生産能力を少しづつ拡大することができる企業を考慮し，企業の合計値に類似したオプション価値成分を求める．次に，この直観的知識を概説し，その基礎を固める．

9.1.B　より一般的なモデル

社会的最適性のパースペクティブから産業均衡のモデルの一般化を行い，その過程で競争企業の不可逆投資決定に関する重要な原理を導く．

産業需要の一般化した式を次のように示す．

$$P = D(Q,Y) \tag{9.9}$$

需要曲線の下の面積は，次のようになる．

$$U(Q,Y) = \int_0^Q D(q,Y)\,dq \tag{9.10}$$

これを微分して，$U_Q(Q,Y) = D(Q,Y)$ を得る．

さらに企業に関して，より一般的で柔軟な技術を持たせよう．各企業はその操業率を瞬時に変更することができ，また，その能力は企業毎に異なると考える．生産量の比率を q とする企業 n の変動費用関数を $c(q,n)$ としよう．この関数は，標準的なものであり，q に関して1階微分，2階微分ともに正と仮定する（$c_q > 0, c_{qq} > 0$）．また，費用の増加する順に企業にラベルをつける．($c_n > 0, c_{qn} > 0$)

今，N 企業が生産していると仮定しよう．これを連続変数と見なす．社会計画者 (すなわち競争市場の統制者) は，総計の生産量 Q が費用を最小化するように $q(n)$ を生産する企業 n に配分する．したがって，総生産量 Q を制約条件として総費用 $C(Q,N)$ を最小にする問題として次式で表現される．

$$\min_{q(n)} \int_0^N c(q(n),n)\,dn \quad \text{subject to} \quad \int_0^N q(n)\,dn = Q$$

1階の条件は次のようになる．

$$c_q(q(n),n) = \omega \quad \text{for all } n \in [0,N]$$

ここで ω は**ラグランジュ乗数**である[4]．包絡線定理より，

$$C_Q(Q,N) = \omega$$

が得られる．言いかえれば，限界費用はどの企業でも等しくなる．また，総費用の限界費用も各企業の限界費用と等しくなる．この定理からさらに次式が得られる．

$$C_N(Q,N) = c(q(N),N) - \omega q(N)$$

---

[4] もし N が Q に比べて大きいならば，限界費用 $c_q(O,n)$ が大きな値となるいくつかの企業の生産量がゼロとなる局所解が得られる可能性がある．これは結果に重要な意味はなく，式を複雑にするだけなので省略する．

総生産量 Q もまた選択の問題である．社会計画者は正味の社会余剰 (便益 − 費用)$S(N,Y)$ を最大限にするように Q を選択する．これは需要シフト変数が Y で，生産を開始した企業が N である場合，次のように書くことができる．

$$S(N,Y) = \max_Q [U(Q,Y) - C(Q,N)]$$

1 階の条件から，$U_Q(Q,Y) = C_Q(Q,N)$ もしくは

$$D(Q,Y) = c_q(q(n),n) = \omega \qquad \text{for all } n \in [0,N]$$

が導かれる．価格は各企業の限界費用 (競争市場の短期均衡の標準的な状態) と等しい．

包絡線定理より，次式が得られる．

$$S_N(N,Y) = -C_N(N,Y) = \omega q(N) - c(q(N),N)$$
$$= D(Q,Y)q(N) - c(q(N),N)$$

これは単に最後 (N 番目) の企業の営業利益高を示している．それを $\pi(N,Y)$ と記述しよう．

ここで社会計画者の投資問題について考えよう．新規参入企業は不可逆投資 I をすることにより生産を開始することができる．第 4 章第 4.3 節の等価リスク中立評価手法を使ってリスク回避の問題を扱うことができるが，ここでは記述を単純にするために，リスク中立を仮定する．前述した特別な場合の拡張によって，社会的目標は次のようになる．

$$\mathcal{E}\left\{\int_0^\infty S(N_t,Y_t)e^{-rt}\,dt - \sum_t I\Delta N_t e^{-rt}\right\}$$

ここで，括弧内の第 2 項は，新規参入企業が生産を開始する場合，それらのすべての期間にわたって投資費用を支払うことを表現している．初期状態 (N,Y) の関数 (すなわちベルマン価値関数) の最大化された結果を $W(N,Y)$ と記述しよう．前節の積で表されるショック場合のステップを繰り返すことによって次式を得る．

$$W(N,Y) = B(N)Y^{\beta_1} + T(N,Y)$$

9.1 社会的最適性

ここで，$T(N,Y)$ は，もし N がその初期値のまま一定であるならば，生じる余剰の期待現在価値であり，初項は社会の生産量拡大によるオプションの価値を表す．

Y の限界レベルは，dN 番目の限界企業がわかればよい．これはよく知られているバリュー・マッチング条件とスムース・ペースティング条件によって与えられる．

$$W_N(N,Y) \equiv B'(N)Y^{\beta_1} + T_N(N,Y) = I$$

そして

$$W_{NY}(N,Y) \equiv \beta_1 B'(N)Y^{\beta_1-1} + T_{NY}(N,Y) = 0$$

これらの2式から $B'(N)$ を消去して，

$$T_N(N,Y) - \frac{Y}{\beta_1}T_{NY}(N,Y) = I \tag{9.11}$$

を得る．これは，N の関数として閾値 Y を定義している関数である．

これを次のように考えてみよう．

$$T(N,Y) = \mathcal{E}\left\{\int_0^\infty S(N,Y_t)e^{-rt}\,dt\right\}$$

積分記号を残したまま，これを微分して次式を得る．

$$T_N(N,Y) = \mathcal{E}\left\{\int_0^\infty S_N(N,Y_t)e^{-rt}\,dt\right\}$$

ここから，$S_N(N,Y)$ は N 番目の企業の操業利益 $\pi(N,Y)$ を表していることがわかる．$T_N(N,Y)$ は，N を固定したまま，Y_t が初期値 Y からはじまる確率過程に従うときの操業利益の期待値を表している．

したがって，T_{NY} は確率変数 Y が高いレベルからはじまるときの期待値の限界効果を示している．Y が大きくなると利潤は大きくなるので，T_{NY} は正である．したがって，式 (9.11) は，$T_N > I$ でなければならない．言いかえれば，N の生産している企業があるときに，限界企業 dN の参入を正当化する閾値で

は，そうすることの限界の期待値がその活動の費用より大きくなっているはずである．この理由はよく知られている．この超過分はオプションを行使する社会の機会費用である．

多くの関連する一般的なモデルは，先の単純な場合の分析および結果と同じである．しかし，1つの結果が異なる．この特別な場合において，式 (9.11) から導かれる閾値のレベルは一定の価格 $D(Q,Y)$ を意味する．一般に，閾値価格は現在の企業数 N の関数になる．

繰り返すが，ここでは歪みまたは市場の失敗がないので，社会計画者の問題は競争均衡における直接解と同じ結果となる．ここで，間接アプローチの長所についてみてみよう．参入閾値価格が関数 $\overline{P}(N)$ である場合，均衡の内生的な価格過程はより複雑である．新しい企業が参入するとともに，その上限 (反射壁) は変化する．均衡を見つけるためには，複雑な関数空間中の不動点の問題を解く必要がある．ただし，社会的最適性の問題は単純な動的な最適化計算のままである．

他にもある．式 (9.11) は，競争企業の参入決定を左右する，重要で単純な原理を含んでいる．N 企業が既に産業中に存在し，次の限界の企業が参入を考慮していると考えよう．また Y の確率的な生起に関して合理的期待を持っていると仮定しよう．しかし，Y が適切なレベルに上昇するとき，他の企業がその後に参入する可能性を無視して，最後の参加者であると考えて行動すると仮定する．その企業における利潤の現在価値の期待値は次のようになる．

$$v(N,Y) = \mathcal{E}\left\{\int_0^\infty \pi(N,Y_t)e^{-rt}\,dt\right\} = T_N(N,Y)$$

参入するオプションの価値 $f(N,Y)$ について通常の計算を行い，次式を得る．

$$f(N,Y) = b(N)Y^{\beta_1}$$

ここで，$b(N)$ は次のバリュー・マッチング条件とスムース・ペースティング条件から参入閾値 $Y(N)$ とともに確定される．

$$f(N,Y) = v(n,Y) - I, \qquad f_Y(N,Y) = v_Y(N,Y)$$

これらから $b(N)$ を削除すると，将来の参入，および参入が価格過程や利潤フローに及ぼす影響の可能性を各企業が認識しているという競争均衡と社会的最適性の閾値を表す式 (9.11) に等しいことを容易に示すことができる．

言いかえれば，各企業は，あたかもこの産業に入る最後の企業であるかのように，利潤の現在価値の期待値を見つけ，そして，標準のオプション価値の計算を行うことによって，参入の決定をすることになる．企業は Y の確率過程に関する合理的期待を有しているかもしれないが，それは他企業の参入決定に関して全く近視眼的であることを意味する．それだけでなく，他企業の参入決定を正しく予想した場合，同じ結論に達するだけでなく，きわめて単純な計算でこの答が導かれる．

N 番目の企業がこの産業に入る最後であるふりをする場合，2つのことを無視することになる．まず，N を固定して，Y の変化として $\pi(N,Y)$ が確率的に発生し，それによって利潤が与えられると考える．したがって，Y の増加に応じて生じる参入によって引き起こされる上側の利潤の減少を無視する．その他は等しく，この企業にとっては参入を考慮に入れたときよりも投資をより魅力的にする．しかし，将来の参入の見通しが延期する価値を減少させるという事実を無視している．それは，その決定を延期し，あたかも延期するオプションに正の価値があるかのように作用する．その他は等しいとすると，これは投資をそれほど魅力的でなくす．これらの2つの効果は互いに打ち消しあい，その結果，企業の最適行動には影響を及ぼさない．われわれは，第8章の8.2.B節で，この特別な場合に注目した．そこでは，上限がこの閾値と同じくらい高い限り，上限価格のレベルは企業の参入閾値価格の計算にはほとんど関係がなかった．ここでは，その結論の一般化を図る．競争均衡のこの注目すべき特性は Leahy(1992) によって明らかにされた．

9.1.C　独占禁止と貿易政策への示唆

　われわれは，ここまで構築したモデルによって社会的最適性と競争均衡が基本的に一致することを理解した．外部性がなく，関連リスクが効率的市場で取引することができる限り，動学と不確実性は政策介入の十分な理由にはならない．事実，市場では，ショックに対して大きな慣性を示す－投資がおこらない範囲が大きい．一般には，この企業の投資に対する優柔不断さは，政府が介入し，投資のペースを促進するのに十分な理由に見える．しかし，この慣性は最適であり，社会計画者はもはや投資しようと思わないであろう．

　確率的な動的市場均衡が非効率であり，政策介入が必要と思われる他の特徴がある．それは従来の教科書では，均衡を静的なものと考えていることである．そこでは，企業は，価格が平均の変動費用以下に低下すると参入し，長期平均費用を越えると退出する．長期平均費用より高い価格は独占禁止法に係る参入障壁の証拠と見なされる．同様に，平均の変動費用より低い価格は，通常外国企業によってダンピングのサインとみなされる．したがって，貿易制裁が正当化される．

　実際には，経済状況は静的ではないので，そのような結論は基本的に誤解されがちである．不確実性，すなわち確率過程に応じて変化する状況における産業均衡について考えることが必要である．不確実性に直面する産業の競争動学は，産業の「スナップ写真」である静止の理論が競争行動からの微分として解釈されることになる．競争均衡を確率過程と見なすこの考えはマクロ経済理論においてまったく同じである．同じ現実性を認識するため，**産業組織論**および**独占禁止政策**について考えよう．

　価格がマーシャルの長期平均費用 P_0 と均衡閾値 $\overline{P}$ の間にあり，瞬時に政策機関に観察される状況を考えてみよう．政策機関は，生産している企業が通常以上の利益を得るが，新規参入は起こらないことを知る．従来のミクロ経済理論あるいは産業組織論を用いて，政策機関は，独占力や参入障壁の存在を疑い，独占禁止の処置を講ずるかもしれない．しかし，それは間違っている．全体的

に見た過程は完全競争を行っており，長期的な期待収入は正常であり，均衡は社会的に最適である．

同様に，価格が最小の平均変動費用未満であるならば，損失を被っている企業はダンピングのシグナルを示す必要がない．市場条件が十分に発揮されるならば，企業が最適に退出する下限の閾値価格が最小の平均の変動費用よりかなり下になることを思い出そう．そのような状況では，埋没資本を維持するために合理的に悪い期間を乗り切っている企業を観測しているだけかもしれない[5]．

第 8 章の銅産業の数値例で，市場価格が多くの時間，マーシャルの範囲の外にあることを示した．したがって，単なるスナップ写真，数年の期間の時系列では依然不十分かもしれない．非常に長期間にわたる産業の観察によってのみ，競争規範からの逸脱を突き止めることができる．スナップ写真で政策を基礎付けることは，政策決定者は最適な意図にもかかわらず，重大な誤りになるかもしれない．上に示された図においては，長期平均費用以上の価格と一時的な大きな利潤は，単に長期的な平均値としての正常利潤となる競争産業の需要変動によるものである．しかし，政府はしばしば恐らく企業の不当利得である，あるいは恐らく過度の価格から消費者を保護しようとして制御に努める．都市居住の家賃統制はそのような政策の実例である．

第 9.2 節の動的な文脈において，そのような政策の投資への影響を記述するモデルに発展させる．価格統制が投資を低下させ，長期平均価格が実際に上昇する範囲において産業の生産量を減少させることを学ぶ．したがって価格統制の政策は集団のパースペクティブからさえ不合理な効果を有する．反対に，悪い期間に企業を支援するために政府が下限価格を導入すれば，それに企業は反応する．多くの企業が産業に参入する．また，それは政府歳入の大きな消耗に結びつき，悪い期間をさらに悪化させる可能性がある．アメリカやヨーロッパ (共通の農業政策) の農業の価格支持，長年の固定した政策は，しばしばそのよ

---

[5] もちろん，将来の市場条件がどうであろうと，また不確実性がないとしても，企業が習熟曲線の急激に低下している部分にあれば，価格は最小の平均の変動費用未満でありえる．そして，価格は経済条件と習熟曲線の組み合わせによって最小の平均変動費用未満でありえる．

うな効果をもつ.

9.1.D 市場の失敗と政策への反応

不確実性と不可逆性は市場の失敗をもたらし，政府介入を正当化する．公共政策に関する議論ではしばしばこの点で誤りが生じるので，このポイントを強調することは重要である．調整費用の存在は多くの場合，産業と労働者が逆のショック(特に国際競争から発生する)を受ける場合に政策アクションを要求する経済問題であると考えられてきた．そのような政府活動の要請は，他の純粋な市場の失敗に基づくべきである．

これは，市場が常に完全ではなく，政府介入が要求されないことを意味しない．市場の失敗のうちいくつかのものは，不確実性を有する動的な環境において生じる．特に，リスクの市場は多くの場合不完全である．この理由は，非対称の情報あるいは完全な契約ができないことと関係している．労働所得リスクは，特に保証することが困難である．市場の失敗におけるそのような個別の理由が，不確実性下の不可逆選択の基礎的な問題とともに存在する場合，2つはいくつかの新しく，興味深い次善の結果をつくりだす．

そのような市場の失敗を実証するモデルの詳細な記述をするだけのスペースはない．ここでは，それらの背後にある経済の直観的知識について概説することにする．興味を持った読者は，われわれの議論の基礎となる研究を行ったDixit and Rob(1993a, b)を参照せよ．リスク市場の失敗は，労働所得に関する文脈において頻繁かつ普通に生じている．労働供給の決定(例えば教育や職業の選択)は，本質的な埋没費用あるいは不可逆性を含んでおり，進行中の不確実性を有する環境においてなされる．したがって，それらは基本的な投資決定の問題であり，一般的な枠組みはこうした分析にもあてはまる．以上がわれわれの設定である．

2つの職業(われわれはそれらを**セクター**と呼び，それらは異なる産業あるいは地域かもしれない)の候補を提示する経済を考えてみよう．2つの相対的な魅

力は，例えば，ランダムな技術的なショックによって時間とともに変動する．

あるセクターから別のセクターへの変更は，再教育，移転，新しい家の購入および今まで住んでいたところの売却，引越しする家族の影響，新しい友達をつくったりするための時間や労力，など多くの有形無形の埋没費用を含んでいる（状況によるのはいうまでもない）．したがって，別のセクターの相対的な魅力，通常の利潤がこれらの費用だけではなく，現状のオプション価値をも相殺するほど十分に高くなければ，個々人は移ろうとはしないであろう．

2つのセクターにおける生産物の相対価格は，需要と供給が一致する均衡で決定される．セクター1と2を考えてみよう．労働流動性がない状態で，各セクターの労働者の収入はそのセクターの技術的な生産性ショックに比例して変化する．これは，人々が直面する所得リスクを包含する．セクター2が望ましいショックを受取ると仮定しよう．個々人がセクター1からセクター2に移動する場合，これはセクター2の生産を誘発し，セクター1に関する相対的な均衡価格を低下させる．それは，セクター1に比べてセクター2の所得の初期の増加を減少させる．言いかえれば，1人が望ましいセクターに移動する場合，それは両方のセクターすべての他者が直面する所得リスクを減少させる．

もしリスクが完全市場によって効率的に割り振られるならば，この価格変化は金銭の外部性だけになる．しかし，リスク市場は不完全なので，リスクの減少は実際に効果がある．それは，他のすべての移転者によって伝えられた有益な外部性である．移転者は彼自身の私的な計算を行い，この社会的便益を考慮しないので，結果として生じる労働流動性は次善である．過度の移転促進（恐らく雇用変化および再教育への補助金交付によるものが含まれる）ができる政府が，社会全体としてよりよい結果を達成することができる[6]．

このメカニズムは内生的な相対価格によって計算される．そのため，需要の弾力性が大きい場合には，それほど重要ではない．世界貿易に関して small-open

---

[6] この分析で注目しているのは，政府がしばしば労働流動性を減らす政策，例えば，都市内の住民に長期間の居住をすすめる公営住宅政策，を行うことは良くないということである．移転できない個々人が直面するより大きな所得リスクを改善する，多様な社会保険政策を保証することが必要となる．

であるという限定的な場合では，相対価格は世界市場条件によって決定される(恐らく確率過程として)．また，セクター間の労働移動はこの価格に影響を及ぼさない．均衡における移動の程度は，リスク市場が完全である場合より小さく，次善の最適性しかもたない．政府がリスクを共有する新しい方法を考えない限り，それは組織化されていない個人の選択の結果を改善することはできない．

さまざまな種類の課税は間接的にリスクの共有を提供する．開放経済では，貿易税がそれに当てはまる．政府が国内の相対価格が世界の相対価格と同じでなくなるよう税，あるいは補助金を提示するものとしよう．今，2つのセクターの所得は国内の生産価格を通じて結ばれており，さらに税収の配分あるいは補助金の影響を受ける．これはリスクの配分を変化させる．そのとき，リスク受忍度を向上させる政策を見つけることは基本的に難しくない．この政策は社会的改善につながる．しかし，政策の正確な性質は高度に状況依存的である．輸入関税のような単純な問題でも，どのような状況でも政策が有益であることは保証できない．

9.2 いくつかの政策の分析

政府は，経済的な決定を行う企業や消費者の直面する不確実性を変更する，いくつかの政策を行う．政策は，通常，いくらか短期的な政治的あるいは経済的な理由——企業の設定価格が高すぎるという確信，あるいはある投資を刺激する必要があるの認識，によって動機づけられる．最も単純な経済分析から，1つの目標に向かって実施された政策がしばしば副作用を有することがわかっている．これらは多くの場合，大きな負の影響を与える．この問題は，この本のテーマである確率的な動的な環境においてより厳しいものとなる．この節では，2つの政策の分析を通じて，このことを例証する．

9.2.A 価格統制

政府は，しばしば価格統制によって，価格のボラティリティーを減らそうと試みる．即時の目標は通常，あまりに高額な都市の賃貸料，あるいは 1970 年代の米国の天然ガスや原油の価格を統制することにより消費者を保護することであったり，ヨーロッパ共通農業政策 (European Common Agricultural Policy) やアメリカの農業支持価格のように生産者の収入を保障することである．経済学者は，そのような手段を一般に批判する．それらは有害な副作用 (例えば家賃統制された市での賃貸住宅の不足や品質の低下，そしてヨーロッパの小麦山脈やワイン湖) をつくりだす．これらの議論に関する基本的な経済分析は標準的な教科書における需要と供給の関係から説明される．価格が市場清算レベル以下に維持される場合，供給はほとんどなされない，またそれがあまりに高ければ，供給が多すぎることになる．しかし，これは静的な見方であって，実際には土地所有者や農民の投資決定によって，価格統制の影響は動的である．不確実性下の投資についてのわれわれのアプローチは，価格統制の影響のより豊富な分析を行い，それらの副作用についてのより深い理解をめざす．

基本的なモデルを使用し続けよう．概説すると，各企業は埋没費用となる投資 I を行って生産を開始することができ，1 単位の生産能力を持ち，生産の変動費用は C である．単純化のために，リスク中立および無リスクの割引率 r を仮定する．産業の需要曲線を次式で表す．

$$P = YD(Q) \tag{9.12}$$

ここで，集計されたショック Y は次の幾何ブラウン運動に従う．

$$dY = \alpha Y\,dt + \sigma Y\,dz$$

産業均衡が参入と退出の両方を含んでいる場合，価格の上下限に関する政策の最も単純なものを考えることができる．第 7 章のモデルを採用しよう．そこでは，生産していない企業は埋没投資費用を失うことになる．そして，参入閾値

と退出閾値によって任意の価格統制がない状態での産業均衡を特徴づけ．参入閾値を $\overline{S}$，退出閾値を $\underline{S}$ と記述しよう（理由はすぐに明らかとなる）．

政府が上限価格 $\overline{P}$ および(または)下限価格 $\underline{P}$ を課すと仮定しよう．産業における現在の Q および Y のレベルにおいて，式 (9.12) によって与えられた価格が $\overline{P}$ を超過する場合，企業は $\overline{P}$ に基づいて供給を行い，超過需要が生じることを意味する．市場を清算する価格が $\underline{P}$ 未満である場合，企業は $\underline{P}$ で供給を行う．また，政府は超過供給を吸収する最終的な買い手となる．われわれは，そのような政府購入が処分されるか，他の国々へ輸出もしくは提供されるかして，ここでの経済の需要あるいは供給にフィードバックされないものと仮定する（ヨーロッパの農業政策では真実である）．また，政府予算に対する影響もここでは無視できると考える．

第8章では，そのような政策が有効であるときの企業の参入と退出選択の側面について学んだ．そこでは，$\overline{P}$ が通常の参入閾値 $\overline{S}$ より高い限り，$\overline{P}$ の実際のレベルは $\overline{S}$ にまったく影響を与えない．上限価格が低くなると，直ちに投資する価値，そして投資の閾値に与える影響が相殺されることによって等しく延期の価値を減少させる．下限価格 $\underline{P}$ が通常の退出閾値 $\underline{S}$ より低い場合にも，同じことが起こる．

われわれは，上下限を設定することを認めなければならず，それがどう企業の選択や産業の均衡に影響するかを検討しなければならない．説明を単純にするために，上下限の問題を別々に考えよう．2つの扱いは原則，ジョイント分析へ結合することは容易である．

まず，下限価格は低く影響を与えない，例えば $\underline{P} = 0$ であるが，上限価格 $\overline{P}$ は時々影響を与えると仮定しよう．つまり，しばしば市場清算価格は $\overline{P}$ を超過する．この仮説的な市場清算価格を**潜在価格**と呼ぼう．実際の企業と潜在的な企業は需給量（不足の程度）を観察することができる（土地所有者は，アパートをつくったらどれだけの入居予定者がいるか予想しようとあちこち歩き回っているか，あるいは，新聞紙上でそれについて読むか）と仮定する．その結果，彼らは潜在価格を計算することができる．これは彼らの決定に影響を及ぼす．1

単位の生産で現在制御されている価格 $\overline{P}$ しか得られないとしても，潜在価格の方がはるかに高い場合，統制が続けられ，そのため，価格は長期間 $\overline{P}$ 以下にはならない．したがって，たとえそれが実際の当期収益フローを変えなくても，より高い潜在価格は投資をより魅力的にする．どこかに新たな投資を引き起こす閾値 $\overline{S}$ がある．上限価格 $\overline{P}$ が徐々に低下するとともに，潜在価格閾値 $\overline{S}$ は上昇する．上限価格がマーシャルの長期平均費用 ($C+rI$) に近づくと，潜在価格閾値は無限大となる－もし統制が正常利益だけをもたらすならば，この状態が永遠に続くということが保証された場合に限り，企業は投資する．

$\overline{P}$ がその有効性がこの範囲にあると仮定しよう．閾値を $\underline{S}<\overline{P}<\overline{S}$ のように決定する．実際の企業の価値 v を，潜在価格 S の関数と見なそう．

潜在価格 S が範囲 ($\underline{S}, \overline{P}$) の間にある場合，それは実際価格であり，また，企業の利潤フローは ($S-C$) となる．これより次式が導かれる．

$$v(S) = S/\delta - C/r + A_1 S^{\beta_1} + A_2 S^{\beta_2} \tag{9.13}$$

前の2項は，退出も上限価格による制限もないときの利潤の期待値である．期待率 α で S が上昇するとき，収入フローは ($r-\alpha=\delta$) で割引かれることに注意せよ）．後の2項は，退出閾値や上限価格に今後達するときの期待現在価値である．指数 β_1 と β_2 はよく知られている二次方程式の根である．また，A_1 と A_2 は確定される定数である．これを求めるために，退出閾値でのバリュー・マッチング条件とスムース・ペースティング条件をみてみよう．

$$v(\underline{S}) = 0, \qquad v'(\underline{S}) = 0$$

上限価格により制約をうけている，すなわち，潜在価格が範囲 ($\overline{P}, \overline{S}$) の間にある場合，利潤フローは ($\overline{P}-C$) であり，$v$ は次のように書くことができる．

$$v(S) = (\overline{P}-C)/r + B_1 S^{\beta_1} + B_2 S^{\beta_2} \tag{9.14}$$

繰り返すが，初項はこの利潤フローが永久に続くときの価値である．一定の収入 $\overline{P}$ が δ ではなく，r で割引されることに注意せよ．後の2項はこの範囲の限

第9章 政策介入および不完全競争

界に達するときの影響を示している．また B_1, B_2 は確定される定数である．参入閾値でのバリュー・マッチング条件とスムース・ペースティング条件は次のようになる．

$$v(\overline{S}) = I, \qquad v'(\overline{S}) = 0$$

最後に，2つのレジームが一致する $\overline{P}$ で，価値関数は連続的に微分可能であるという条件がある．式 (9.13)，(9.14) から求めた $v(S)$ は，$\overline{P}$ において等しくなる．また，同じことは $v'(S)$ においても成立する．

2つの閾値 $\overline{S}, \underline{S}$ および4つの定数 A_1, A_2, B_1, B_2 を決定するために6本の式がある．これらは数値解法によって求める必要がある（それを後に例証する）．

最初に，均衡に関するいくつかの有益な情報を引き出そう．第8章の実際価格と同じように，潜在価格 S は，パラメータ α, δ を有し，$\overline{S}, \underline{S}$ を反射壁とする幾何ブラウン運動に従う．そこで，第8章と同じ方法を使用して，S の長期間にわたる分布を見ることができる．S の対数は，ドリフト係数 $\alpha' = \alpha - (1/2)\sigma^2$，と標準偏差 σ を有する単純なブラウン運動に従う．したがって，その障壁 $\log \overline{S}$ と $\log \underline{S}$ の間では，確率密度が $e^{\gamma x} (\gamma = 2\alpha'/\sigma^2)$ に比例した指数分布となる．S の濃度は $S^{\gamma-1}$ に比例する．上限価格により制約を受ける確率，すなわち S が $\overline{P}$ より大きくなる割合は，次のようになる（ただし，$\gamma \neq 0$）．

$$[\overline{S}^\gamma - \overline{P}^\gamma]/[\overline{S}^\gamma - \underline{S}^\gamma] \tag{9.15}$$

$\overline{P}$ は政策がない場合の参入閾値からマーシャルの長期平均費用まで減少すると，この確率は 0 から 1 まで上昇する．

密度関数を使用して，実際の価格の長期平均 $\mathcal{E}[P]$ を求めることができる．実際の価格は区間 $(\underline{S}, \overline{P})$ において潜在価格 S と等しく，区間 $(\overline{P}, \overline{S})$ において上限価格 $\overline{P}$ と等しいので，期待値は次のようになる（ただし，$\gamma \neq 0$）．

$$\begin{aligned}\mathcal{E}[P] &= \left\{ \int_{\underline{S}}^{\overline{P}} S S^{\gamma-1} dS + \int_{\overline{P}}^{\overline{S}} \overline{P} S^{\gamma-1} dS \right\} \Big/ \int_{\underline{S}}^{\overline{S}} S^{\gamma-1} dS \\ &= \left\{ [\overline{P}^{\gamma+1} - \underline{S}^{\gamma+1}]/(\gamma+1) + \overline{P}[\overline{S}^\gamma - \overline{P}^\gamma]/\gamma \right\} / \left\{ [\overline{S}^\gamma - \underline{S}^\gamma]/\gamma \right\}\end{aligned} \tag{9.16}$$

$\gamma=0$ のとき，これらの 2 つの表現はロピタルの定理より，極限として解釈される．上限価格により制限される確率は次式で表される．

$$[\log \overline{S} - \log \overline{P}]/[\log \overline{S} - \log \underline{S}]$$

よって価格の期待値は次のようになる．

$$\mathcal{E}[P] = \{[\overline{P} - \underline{S}] + \overline{P}[\log \overline{S} - \log \overline{P}]\}/[\log \overline{S} - \log \underline{S}]$$

数値シミュレーションに移ろう．上限価格は，需要や自由市場価格が上昇している産業に適用される傾向にあるから，$\alpha = 0.02$ とする．$\sigma = 0.2$, および $r = 0.05$(それらは，先の章の中で使用した値) としよう．そして，$C = 1$(これは平均の変動費用を基準化する単位の選択), $I = 2$(マーシャルの長期平均費用 1.1) となる．

表 9.1 に結果を示す．統制がない状態 (あるいは上限価格が非常に高い) での参入閾値は 1.5324，退出閾値は 0.6790 である．上限価格が低下すると，最も重要な影響として，潜在価格の参入閾値が増加する．その程度は，はじめはゆるやかであるが，徐々に大きくなる．上限価格は，政策がないときの閾値と長

表 9.1 価格シーリングの効果 (Parameters: $\alpha = 0.02, \sigma = 0.2, r = 0.05, I = 2, C = 1$.)

$\overline{P}$	$\underline{S}$	$\overline{S}$	確率	$\mathcal{E}[P]$
∞	0.6790	1.5324	0.0000	1.0484
1.50	0.6790	1.5338	0.0273	1.0485
1.40	0.6795	1.5608	0.1307	1.0494
1.30	0.6823	1.6573	0.2736	1.0517
1.20	0.6930	1.9948	0.4802	1.0564
1.15	0.7066	2.6123	0.6275	1.0607
1.12	0.7212	4.0995	0.7467	1.0658
1.11	0.7280	6.0406	0.8001	1.0692
1.10	0.7364	∞	1.0000	1.1000

期平均費用の中間になるまでは，影響はない．上限価格が低下すると，それによって制限を受ける確率も大きくなる．退出閾値も上昇する．しかし，これはそれほど重要ではない．

この分析は，価格統制が投資を減少させるメカニズムについてのより明瞭な説明を与える．価格統制の下では，企業は需要の大きな圧力を観察するまで投資を控える．この供給の動的な減少は，ほとんどの期間において上限価格を上回るほど需要の圧力が大きいことを意味する．政策はそれ自身の「必要」をつくりだすのである．

恐らく最も面白く，驚くべき結果は，長期平均価格への価格統制の影響である．上限価格が低下するとともに，この価格は増加する．言いかえれば，政策は，消費者に対して価格を低下させるという意図した目標を達成しない．長期的な平均値からみると逆効果なのである．この理由は，上限価格以上の価格が遮断されている一方，投資や長期間にわたる供給の減少によって，価格が新しい上限価格にとどまる比率が増加するためである．**図 9.1** で，価格分布のシフトを確認しよう．$\overline{P}$ が低下するとともに，その右側の密度は消滅する．しかし，より大きな点質量が $\overline{P}$ に生じる．また，左側の面積が減少する．平均価格に対する影響は図からはよくわからないが，それが分かる数値シミュレーションか

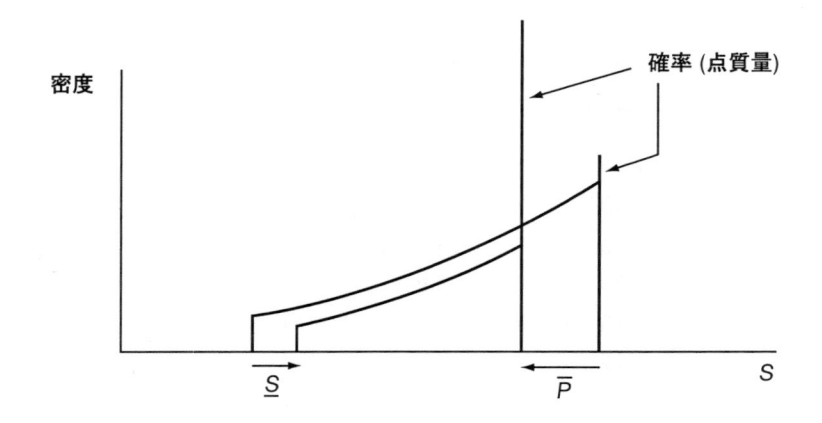

図 9.1 上限価格の価格分布への影響

9.2 いくつかの政策の分析

ら，その影響を確認する．

下限価格の分析も同様である．$\overline{P}$ がゼロから政策がない状態の退出閾値 $\underline{S}$ まで上昇するとき，下限価格は影響を与えない．この点を越えると，比較的需要の低い状態で影響し始める．そして参入と退出の閾値も変化する．下限価格が上昇すると，投資の下側のリスクは減少する．したがって，企業はより積極的に参入するようになり，退出は消極的になるので，両方の閾値は低下する．下限価格が C に達すると，退出閾値 $\underline{S}$ はゼロになる．変動費用がカバーされるという保証されている企業は決して退出しないからである．下限価格が変動費用 C とマーシャルの長期平均費用 $(C+rI)$ の間にある場合，参入閾値 $\underline{S}$ は $(C+rI)$ を越えるが，退出閾値 $\overline{S}$ はゼロのままである．これは新たな投資を考えている企業が通常利潤以下と通常以上の利潤の期間を必要とするからである．最後に，下限価格が $(C+rI)$ にまで上昇すると，参入閾値はその同じレベルにまで低下する．

均衡のより詳細な特徴をみるために，これまで同様に検討を行う．まず，下限価格 $\underline{P}$ が十分に高く，時々制約するが C 以下であると仮定しよう．潜在価格 S が $(\underline{S},\underline{P})$ の区間にあるとき，企業の利潤フローは $(\underline{P}-C)$ となり，その価値は次のように表される．

$$v(S) = (\underline{P}-C)/r + A_1 S^{\beta_1} + A_2 S^{\beta_2}$$

$(\underline{P},\overline{S})$ の区間にあるとき，下限価格は制約を与えない．実際の価格は潜在価格と等しく，利潤フローは $(S-C)$ となる．価値は次のようになる．

$$v(S) = S/\delta - C/r + B_1 S^{\beta_1} + B_2 S^{\beta_2}$$

ここで，$\underline{S}$ と $\overline{S}$ でのバリュー・マッチング条件とスムース・ペースティング条件，そして $\underline{P}$ での連続微分可能性により解が完成する．以前と同様に，下限価格が長期的に制約を与える確率と長期平均価格を計算する．

次に，下限価格 $\underline{P}$ が範囲 $(C, C+rI)$ にあると仮定しよう．ここでは，$\underline{S}=0$

である．S は $(0, \underline{P})$ の範囲にあるので，次式を得る．

$$v(S) = (\underline{P} - C)/r + A_1 S^{\beta_1}$$

これは，S が 0 に近づく極限を考慮することによって正根だけが残ること以外は上記の解と同じである．S が範囲 (L, S) にあるとき，解は全く上記と同じである．S のバリュー・マッチング条件とスムース・ペースティング条件および連続微分可能性の要求は，3 つの定数 A_1, B_1, B_2 および長期平均価格の閾値 $\overline{S}$ を決定するために 4 本の式を与える．

長期平均価格の計算はこの場合と異なる．一度参入した企業は退出しないので，長期間にわたる企業数は無限大で潜在価格の累積確率はゼロになる．そして極限において，上限価格は常に制約を与え，平均価格は上限価格と等しくなる．

表 9.2 に数値シミュレーションを示す．下限価格は減少している需要を備えた産業においてなされることが多いことから，$\alpha = -0.02$ としている以外のパラメータは上限価格の場合と同じである．繰り返すことになるが，最も著しい特徴は，下限価格が最小の制約がないレベルから変動費用 C まで上昇するとき，長期平均価格が減少することである．理由は同じである．需要が小さいときの価格は高くなるが，これは，需要が大きいときに過度の参入が低価格をもたらす影響によって相殺されるよりも大きい．その効果は大きくないが，無視できるものではない．したがって下限価格政策の長期的な影響は，有益となるように意図されているが，実際は有害である．これは多くの国々の農民が価格支持にあまりに依存し，それらの成果には非常に不満であるということを説明する．もちろん一度，下限価格が変動費用レベルを上回ると，それは常に制約をあたえる．平均価格は下限価格と等しくなり，1 対 1 で対応する．しかし，これは病理的な状態である．

9.2.B 政策不確実性

政府は，潜在的な投資家が直面する不確実性を減らす手段を提供するだけでなく，政策の変更可能性によって不確実性をつくりだすという側面もある．政

9.2 いくつかの政策の分析

表 9.2 下限価格の導入効果 ($\alpha = -0.02, \sigma = 0.2, r = 0.05, I = 2, C = 1.$)

$\underline{P}$	$\underline{S}$	$\overline{S}$	確率	$\mathcal{E}[P]$
0	0.7462	1.6667	0	1.0309
0.75	0.7462	1.6668	0.0126	1.0309
0.80	0.7398	1.6665	0.1804	1.0303
0.85	0.7184	1.6645	0.3511	1.0287
0.90	0.6722	1.6584	0.5291	1.0256
0.95	0.5735	1.6433	0.7238	1.0201
0.97	0.4982	1.6323	0.8185	1.0164
0.99	0.3543	1.6090	0.9160	1.0099
1.00	0	1.5960	1	1.00
1.02	0	1.5492	1	1.02
1.04	0	1.4899	1	1.04
1.06	0	1.4189	1	1.06
1.08	0	1.3257	1	1.08
1.09	0	1.2596	1	1.09
1.10	0	1.1000	1	1.10

策過程におけるこの特徴は，アメリカにおいてはよくみられることである．租税政策の変更が絶えず示唆され，議論されており，特定の新しい税法が議会で導入された後でさえ，数か月あるいは数年の討論を経て，修正される．政策変更の期待は，投資決定に大きな影響があると一般に信じられている．不確実性下の投資に関するわれわれの理論は，この確信の妥当性を明らかにする．しかし，政策の不確実性は，ブラウン運動過程ではうまく表現できない．ポアソン跳躍の方があてはまる可能性がある．われわれは，そのような政策の不確実性がどう投資に影響するかについて，Metcalf and Hassett(1993) の研究をもとに展開する．

第6章の基本モデルから出発する．埋没費用 I を有する個別の投資を考えている企業から始めよう．このプロジェクトは，投資後，永久に変動費用ゼロで

1 単位の生産をすることができる．生産価格は次の幾何ブラウン運動に従う．

$$dP = \alpha P\,dt + \sigma P\,dz$$

企業はリスク中立であり，r は割引率を示す．また $\delta = r - \alpha$ としよう．投資されたプロジェクトからの収入の期待現在価値は，最初の価格を P として P/δ で表される．

われわれが検討する政策手段は投資税控除の比率 θ である．この政策が実施される場合，企業の投資の埋没費用は $(1-\theta)I$ まで低下する．政府は 2 つの政策－控除なしと控除あり－を自由に変更できる．税控除がない状態を下付き添字 0 によって，また税控除があるときを下付き添字 1 によって表す．

政策変更をポアソン過程で表す．控除なしの状態から始めて，次の微小時間 dt の間に，その政策が実施されるという確率は $\lambda_1\,dt$ である．また，控除ありの状態から出発して，微小時間の間にそれが取消されるという確率を $\lambda_0\,dt$ で表す．

直感的に，企業は次のような投資政策をもつといえよう．P が低い値，例えば $(0, P_1)$ の区間にあるとき，企業は控除の有無に関係なく，投資はしない．区間 (P_1, P_0) 上にあるとき，控除ありの場合，企業は投資する．しかし，控除がないのであれば，そのような政策が近いうちに実施されると期待して投資を延期する．P_0 以上であり，即時の収入見込みが非常に大きいときは，現在の政策に関係なく企業は投資する．

閾値 P_1 と P_0 を決定するために，これまでと同じように考える．投資機会への純利得は，価格の関数であり，控除がない状態で $V_0(P)$，そして控除がある状態で $V_1(P)$ としよう．これまでの表現と式，そして閾値で満たすべき条件を同じように考えよう．

範囲 (P_0, ∞) のとき，常に企業は直ちに投資する．したがって，次式が得られる．

$$V_0(P) = P/\delta - I \tag{9.17}$$

そして

$$V_1(P) = P/\delta - (1-\theta)I \tag{9.18}$$

範囲 (P_1, P_0) では，控除がある場合，企業は直ちに投資する．したがって，$V_1(P)$ は式 (9.18) によって与えられる．しかし，$V_0(P)$ はより複雑である．次の時間 dt の微小区間内に，ある確率で税控除が実施されるからである．そのとき，企業は投資し，その値は $V_1(P + dP)$ となる．実施されなければ，その値は $V_0(P + dP)$ になる．したがって，次式が成立する．

$$V_0(P) = e^{-r\,dt}\{\lambda_1\,dt\mathcal{E}[V_1(P+dP)] + (1 - \lambda_1\,dt)\mathcal{E}[V_0(P+dP)]\}$$

右側を伊藤の補題を用いて展開し，dt を残して整理すると次のようになる．

$$\frac{1}{2}\sigma^2 P^2 V_0''(P) + (r-\delta)PV_0'(P) - rV_0(P) + \lambda_1[V_1(P) - V_0(P)] = 0 \tag{9.19}$$

これは通常の微分方程式である．近い将来，控除によって期待キャピタルゲインが得られるという，追加的な λ_1 を含んだ項を除いて，投資を待つ企業の価値の式と等しい．価格が (P_1, P_0) の範囲にあるとき，$V_1(P)$ はどうなるかに注意しよう．微分方程式の一般解として次式を得る．

$$V_0(P) = B_1 P^{\beta(1)_1} + B_2 P^{\beta(1)_2} + \frac{\lambda_1 P}{\delta(\delta + \lambda_1)} - \frac{\lambda_1(1-\theta)I}{r+\lambda_1} \tag{9.20}$$

ここで，B_1 と B_2 は確定される定数であり，$\beta(1)_1$ と $\beta(1)_2$ は次の2次方程式の正と負の解である．

$$\mathcal{Q}(1) \equiv \frac{1}{2}\sigma^2 \beta(\beta - 1) + (r-\delta)\beta - (r + \lambda_1) = 0$$

二次方程式およびその解は複雑に思われるかもしれないが，以下に示す関連する式およびその解と識別するのに有益である．

最後に，区間 $(0, P_1)$ についてみてみよう．企業は控除の有無に関係なく待機し，一方の政策が他の政策に転換する．上記と同じ要領で，次の2つペアの微

分方程式を得る.

$$\frac{1}{2}\sigma^2 P^2 V_0''(P) + (r-\delta)PV_0'(P) - rV_0(P) + \lambda_1[V_1(P) - V_0(P)] = 0$$

$$\frac{1}{2}\sigma^2 P^2 V_1''(P) + (r-\delta)PV_1'(P) - rV_1(P) + \lambda_0[V_0(P) - V_1(P)] = 0$$

これらは,簡単な微分方程式である.2つの新しい関数を定義しよう.

$$V_a(P) = V_1(P)/\lambda_0 + V_0(P)/\lambda_1, \qquad V_s(P) = V_1(P) - V_0(P)$$

すると,先の式は次のように書ける.

$$\frac{1}{2}\sigma^2 P^2 V_a''(P) + (r-\delta)PV_a'(P) - rV_a(P) = 0$$

$$\frac{1}{2}\sigma^2 P^2 V_s''(P) + (r-\delta)PV_s'(P) - (r+\lambda_0+\lambda_1)V_s(P) = 0$$

これらの式は,よく知られている二次方程式であり,解は P の階乗で表される.それぞれの式において,P はゼロ以上であるから,正根の項のみを含む.したがって次式が得られる.

$$V_a(P) = C_a P^{\beta(0)_1}, \qquad V_s(P) = D_s P^{\beta(2)_1}$$

ここで,C_a と D_s は確定される定数であり,$\beta(0)_1$ は次の λ_0 も λ_1 も含まない 2 次方程式の正根である.

$$\mathcal{Q}(0) \equiv \frac{1}{2}\sigma^2 \beta(\beta-1) + (r-\delta)\beta - r = 0$$

$\beta(1)$ は定数 λ_1 のみを含む $\mathcal{Q}(1)$ から,そして $\beta(2)$ は定数 λ_0 と λ_1 をともに含む $\mathcal{Q}(2)$ から導かれる.

$$\mathcal{Q}(2) \equiv \frac{1}{2}\sigma^2 \beta(\beta-1) + (r-\delta)\beta - (r+\lambda_0+\lambda_1) = 0$$

以前述べたように,下付添え字の 1 は,正の根を,下付添え字の 2 は負の根を表す.適切な根は,次の不等式を満たす.

$$\beta(2)_1 > \beta(1)_1 > \beta(0)_1 > 1 > 0 > \beta(1)_2$$

ここで，われわれは，範囲 $(0, p_1)$ における $V_0(P)$ と $V_1(P)$ の解を次のように書くことができる．

$$V_0(P) = \{\lambda_0 \lambda_1 C P^{\beta(0)_1} - \lambda_1 D P^{\beta(2)_1}\}/(\lambda_0 + \lambda_1) \tag{9.21}$$

そして

$$V_1(P) = \{\lambda_0 \lambda_1 C P^{\beta(0)_1} + \lambda_0 D P^{\beta(2)_1}\}/(\lambda_0 + \lambda_1) \tag{9.22}$$

ここで政策（税控除の有無）の価値について関連付けることができる．閾値 P_1 のとき，控除ありならば企業は投資する．したがって，$V_1(p)$ を表す式 (9.22) の左側と式 (9.18) の右側においてバリュー・マッチング条件とスムース・ペースティング条件を満たす．$V_0(P)$ については，これは決定する閾値ではない．しかし，関数は連続的に微分可能でなければならないので，式 (9.21) と式 (9.20) は値，微分ともに等しくなる．最後に，閾値 P_0 の最適選択については，$V_0(P)$ を表す式 (9.20) の左側と式 (9.17) の右側が，バリュー・マッチング条件とスムース・ペースティング条件を満たす．閾値 P_1, P_0 および 4 つの定数 B_1, B_2, C_a, D_s を決定するために 6 本の式がある．

この計算を数値解法で例証しよう．これまでと同じ典型的な値として $\alpha = 0, \sigma = 0.1$，および $r = 0.05$ に設定する．$\delta = r - \alpha = 0.05$ である．そして $I = 20$ としよう．これはマーシャルの投資閾値 $\delta I = 1$ という条件での選択の問題となり，数値をより容易ノ解釈できるようになる．これらの数値で税控除政策はないとき，最適の投資閾値は $P^* = 1.3702$ となる．したがって，マーシャルの閾値を越える通常のオプション価値プレミアムは 0.37 である．

10％の税控除について検討しよう ($\theta = 0.1$)．もしこの 10％の控除がなされるならば，閾値は 1.2331 まで低下する．しかし，ポアソン過程にしたがって控除があったり，なかったりすると，この 2 つの閾値は影響を受ける．2 つの閾値－現在，控除がない状態にあるときの P_0 と現在控除があるときの P_1 －について，政策の実施 (λ_1) および中止 (λ_0) のの確率がそれぞれ 0 から 0.5 まで変化するときの影響を調べる．結果を表 9.3 および 9.4 に示す．

第 9 章 政策介入および不完全競争

表 9.3 税控除がないときの投資の閾値 ($\alpha = 0, \sigma = 0.1, r = 0.05, I = 20.$)

	λ_1					
λ_0	0.0	0.1	0.2	0.3	0.4	0.5
0.0	1.371	1.498	1.642	1.813	2.003	2.201
0.1	1.371	1.494	1.641	1.813	2.003	2.201
0.2	1.371	1.492	1.640	1.813	2.003	2.201
0.3	1.371	1.491	1.639	1.812	2.003	2.201
0.4	1.371	1.491	1.638	1.812	2.003	2.201
0.5	1.371	1.490	1.638	1.812	2.002	2.200

表 9.4 税控除があるときの投資の閾値 ($\alpha = 0, \sigma = 0.1, r = 0.05, I = 20.$)

	λ_1					
λ_0	0.0	0.1	0.2	0.3	0.4	0.5
0.0	1.233	1.233	1.233	1.233	1.233	1.233
0.1	1.177	1.196	1.209	1.216	1.221	1.224
0.2	1.152	1.176	1.193	1.204	1.212	1.216
0.3	1.135	1.162	1.182	1.195	1.204	1.210
0.4	1.125	1.153	1.174	1.188	1.198	1.205
0.5	1.117	1.145	1.167	1.183	1.194	1.201

まず，現在，控除がない状態を考えよう．表 9.3 から翌年，控除がなされる確率 λ_1 が増加するにつれて，閾値 P_0 も増加することがわかる．これは直観的にわかる．投資費用が低下する可能性が高まり，延期する価値が増加するのである．注目すべきは数値の大きさである．通常の収益 1 を上回るオプション価値プレミアムは，控除が全くない場合，0.37 であった．10%の税控除が 30%の確率で導入されるとき，このプレミアムは 0.81 となり，約 2 倍以上となる．税控除は 0.23 までプレミアムを低下させる目標を持っていたことを思い出そう．ところが，政策が議論されており，その実施が不確かであるとき，強く投資が

抑制される．

現在，控除がない状態であっても，閾値 P_0 は控除がなくなるという確率 λ_0 によって影響を受ける．これは，企業が次に税控除が実行される将来の時点で，経済状況がきわめて悪い可能性があり，また，投資するのに十分に価格が上昇向する前に，控除がなくなるかもしれないと考えるからである．これは，延期する価値を減らす．しかし，その程度は無視できるほど小さい．

次に，現在，控除がある状態について考えよう．閾値 P_1 は表 9.4 に示されている．λ_0 の増加とともに P_1 は減少することがわかる．控除がなくなる可能性は，早く投資をした方がよいと企業に考えさせる．この影響は，上記の P_0 に対する λ_1 の投資を遅らせる影響よりは小さい．λ_0 がゼロから 0.5 まで増加するにつれて，プレミアムは 0.233 から 0.117 へと約半分になる．

さらに，λ_1 の増加は P_1 を増加させる．税控除の実施可能性が高くなるにつれて，現在行われている税控除が中止になる可能性に関係なく，P_1 はかなりの増加を示す．したがって，直ちに投資する可能性は低くなる．もちろん，$\lambda_0 = 0$ のときは除かれる．しかし λ_0 が大きくなるにつれて，大きな影響を持つようになる．$\lambda_1 = 0.5$ のとき，現在の控除が中止される可能性 (λ_0) が大きくなり，投資を促進するという効果はあまりない．

これらの結果は，投資に刺激を与える政策の実施に関する不確実性が，投資を抑制する可能性が大きいことを意味する．実際，政府が投資を加速したければ，最良のことはすぐに税控除を実行することである．そして，すぐに中止されると脅し，もう 2 度と控除がない (高い λ_0 と低い λ_1) と宣言することである．もちろん，そのような政策はほとんど信用されない．

われわれの分析は企業レベルで行ったが，第 8 章の方法を使用して，産業レベルでも議論することができる．多数からなる競争産業の確率的動的均衡において，各企業が投資の決定を行う価格閾値は産業の価格過程の上限価格となる．P_0 の増加は，投資しようとする個々の企業の抵抗により，産業供給の減少の影響と解釈される．税控除を導入すべきかどうかについての討論が，政府，議会，メディアなどで行われている間，企業はその結果を待つ．そして，その待って

いる間は高値のままであり，消費者にとっては費用となる．

Metcalf and Hassett(1993) は，投資の規模自体を選択するより一般的なモデルで検討している．彼らは，政策の不確実性は企業が投資する閾値を上昇させるだけでなく，その投資規模も低下させることを明らかにした．第 11 章で規模を選択する理論を考えるとき，読者は演習問題としてこの拡張を扱うことができるであろう．

9.3 寡占産業の例

これまで，われわれは極端な 2 つの市場構造 (すなわち第 5～7 章の独占，および第 8 章と第 9 章での完全競争) について検討してきた．理由は基本的であるからというのではなく，実際的であるからである．われわれの確率的，動的な設定において，寡占産業の取扱いはきわめて難しい．ここに確率的ゲーム理論を適用することは全く新しく，その理論をそのまま使用するモデルはほとんどない．われわれは，Smets(1991)(それはいくつか論点を扱う) に基づいて，特に単純な例について説明する．より一般的で，より充実した扱いについては，さらなる研究を待つほかない．

一般的なことを述べることは困難ではない．一方では，不確実性と不可逆性は延期するオプション価値，各企業の投資決定のより大きな優柔不断さをつくりだす．他方，ライバルに先を越される恐れが投資を急がせる．これらのうち，どちらがより大きいかは，その問題のパラメータとショックの現在の状態に依存する．われわれの単純なモデルでこの点について例証しよう．

埋没費用 I を支払うことにより生産を開始でき，1 単位の生産フローをもつ 2 つの企業を考えよう．生産の変動費用はゼロであり，産業需要が生産量を保証するのに十分に弾力的であると仮定する．したがって，産業生産量は生産している企業数と等しく，0 , 1 あるいは 2 である．価格は需要関数，式 (9.1) によって与えられる．

$$P = YD(Q) \tag{9.1}$$

また,増加するショック Y は幾何ブラウン運動の式 (9.2) に従う.単純化のために,企業はリスク中立である,もしくは Y の全体の市場リスクは無相関である,と仮定する.これは将来の費用と収入の割引率は,無リスク率 r であることを意味する.

動学ゲームは通常,後ろ向きに解かれる.これも例外ではない.われわれは,2 企業のうちの 1 つが既に投資したと仮定することから始めて,他方 (フォロワー) の最適の決定を見つける.次に,どちらの企業も投資していない状況から,他方の反応をわかった上で,どちらが先に行動すべきかを検討するという計算を行う.

フォロワーの利潤フローは $YD(2)$ となる.これまでと同様に,投資を引き起こす閾値 Y_2 を見つけることができる.それは次式の関係が満たされる.

$$Y_2 D(2) = \frac{\beta_1}{\beta_1 - 1} \delta I \tag{9.23}$$

ここで,β_1 と δ はこれまでと同じである.

もし $Y \geq Y_2$ であるならば,フォロワーは直ちに投資し,価値 $YD(2)/\delta - I$ を得る.逆に $Y < Y_2$ ならば,閾値に達するまでフォロワーは投資を控え,投資した時点で $Y_2 D(2)/\delta - I$ を得る.したがって,期待現在価値は次のようになる.

$$\mathcal{E}[e^{-rT}][Y_2 D(2)/\delta - I]$$

ここで,T は確率過程に従う需要ショックが Y から始まって,はじめて Y_2 に達するまでの時間を示す.補論において,この期待値を計算する.これを用いて,フォロワーの価値は,次式で表される.

$$V_2(Y) = \begin{cases} Y_2 D(2)/\delta - I & \text{if } Y \geq Y_2 \\ (Y/Y_2)^{\beta_1}[Y_2 D(2)/\delta - I] & \text{if } Y < Y_2 \end{cases} \tag{9.24}$$

この関数の形状は,図 **9.2** に示されている.式 (9.24) の 2 つの線が Y_2 で接していることに注意せよ.これは Y_2 でブラウン運動の現在価値のスムース・ペー

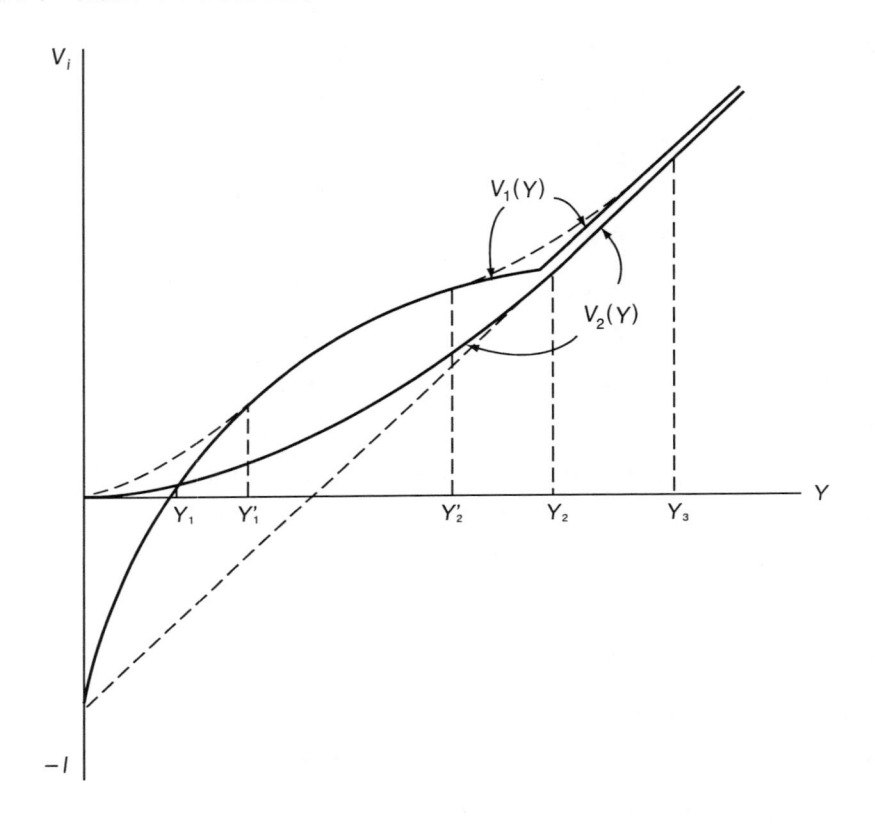

第 9 章 政策介入および不完全競争

図 9.2 複占におけるリーダー (1) とフォロワー (2) の価値

スティング条件と同じである[7].

次に, 2 つの企業ともまだ投資しておらず, どちらかの企業がリーダーになろうとしているとしよう [もちろん, 実際に Y がある範囲にある必要はないが, 少なくとも 1 つの企業が即座に投資するのが最適である範囲を決めるために仮説的なシナリオを正確に考慮しなければならない. したがって, これらの範囲を求める].

この計算を行う際に, その企業が投資したことを確認した後で, ライバル企

---

[7] 実際, これは最初の投資ルールと第 5 章式 (5.6) の価値の導出を説明する代替的な方法である.

業は投資するかどうかを決めると理解した上で，この企業は投資するかどうかを決定すると考える．ライバル企業は，前述したフォロワーの行動と同じである．もし $Y \geq Y_2$ であるならば，フォロワーは直ちに投資するので，リーダーの利潤フローは $YD(2)$ となる．その値はフォロワーと同じである．$Y < Y_2$ であるならば，Y_2 になるまでフォロワーは投資を待つ．その間，リーダーはより大きな利潤フロー $YD(1)$ とその期待値を持ち，次のように表現される．

$$\mathcal{E}\left[\int_0^T e^{-rt} YD(1)\, dt\right] + \mathcal{E}[e^{-rT}]Y_2 D(2)/\delta - I$$

ここで，これまで以前，T は需要の確率過程のショックが Y からはじめて Y_2 になるまでの時間である．期待値の計算は補論に委ね，ここでは結果を述べる．リーダーの価値は次のようになる．

$$V_1(Y) = \begin{cases} V_2(Y) = YD(2)/\delta - I & \text{if } Y \geq Y_2 \\ (1/\delta)YD(1)[1 - (Y/Y_2)^{\beta_1 - 1}] \\ \quad + (Y/Y_2)^{\beta_1} Y_2 D(2)/\delta - I & \text{if } Y < Y_2 \end{cases} \quad (9.25)$$

これは複雑な形をしており，図 9.2 に示されている．それは $Y < Y_2$ の範囲では上に凹面であり，その傾きは Y_2 で不連続である[8]．不連続になるのは，フォロワーの決定が Y_2 で不連続的に変化するためである．

Y_2 の左側においては，フォロワーが投資するまでに高収益のフローとなるので，リーダーの値はフォロワーより大きくなる．しかし，Y が非常に低い値にあるとき，リーダーは低い利潤フローしか得られないにもかかわらず，先に投資費用を支払うので，リーダーの価値はフォロワーの価値未満となる．Y_1 で 2 つの曲線が交差する．

われわれはリーダーとしての企業を特定していない．各企業は自身の利潤を考慮して，リーダーとなるか，フォロワーとなるかを決める．結果は初期の環境に依存して異なる．

---

[8] もし β_1 が十分大きいならば，実際 $V_1(Y)$ は Y_2 の左側にピークをもつ，そして Y_2 に負の傾きをもって接近するが，続く質的な結果には影響しない．

はじめの Y が Y_1 未満である場合，どちらの企業も投資しない．Y_1 に到達したとき，一方は直ちに投資する．また，他方は Y_2 まで待つ．しかし，2つはどちらの役割を果たしてもよい．

Y_1 において，われわれは $V_1(Y_1) = V_2(Y_1) > 0$ となることに注目しよう．式 (9.25) より，次の関係が導かれる．

$$\frac{Y_1 D(1)}{\delta}\left[1 - \left(\frac{Y_1}{Y_2}\right)^{\beta_1}\right] + \left(\frac{Y_1}{Y_2}\right)^{\beta_1}\frac{Y_2 D(2)}{\delta} - I > 0$$

あるいは

$$\frac{Y_1 D(1)}{\delta} > I + \left(\frac{Y_1}{Y_2}\right)^{\beta_1} + \frac{D(1) - D(2)}{\delta} > I$$

したがって $Y_1 D(1) > \delta I$ である．現在の利潤フローが埋没費用以上の収益となるまで，最初の投資は生じない．理由は完全競争の場合と同じである．たとえ延期する価値がゼロでも，最初に投資することを考える企業は別の企業による将来の参入が，利潤フロー分布の上側の部分を減らすと認識するからである．したがって，それを埋合せる十分な現在のプレミアムを必要とする．しかし，完全競争をしている場合と異なり，この時点での企業の期待現在価値は正である．2つの企業しかなく，自由な参入がないので，これは直感的にわかる．

N 企業にこの分析を拡張することは一見単純であるが，実際には難しい．しかし正確に検討しなくても，結果は明白である．例えば最初の企業による投資を引き起こす最も小さな Y，これを Y_1 とすると，$Y_1 D(1) > \delta I$，および $V_1(Y_1) = \cdots = V_N(Y_1)$ となる．N が無限大に近づくとともに，全企業共通の価値はゼロになる．

次に，Y が (Y_1, Y_2) の範囲からはじまるとしよう．各企業はリーダーの役割をすることで利益を得ようとする．一方がしない場合，他方が投資するので，どちらも待機のオプションはない．

もし両方の企業が直ちに投資すれば，各々 $YD(2)/\delta - I$ の価値を持つことに注意しよう．Y が範囲 (Y_1, Y_2) の中にある間，これはフォロワーの価値 $V_2(Y)$ より低い．したがって，同時の投資はそれらの共同のパースペクティブからは

「誤り」である．もちろん，そのような誤りはゲーム均衡において生じる．もしゲームが離散時間において行われるならば，均衡は，混合戦略 (ここで各々は直ちに投資する確率を独立に選ぶ) である．別の企業も混合戦略をとっており，ともに投資することと投資しないことの間で差はない．しかし，正の確率 (2企業の投資する確率の積) で，2つの企業はともに投資し，より低い値を得る．連続時間においては，そのような可能性はゼロになる．これを正確に記述するにはいくつかの微妙な制限事項がある．これらの詳細は省略する．興味を持つ読者は Fudenberg and Tirole(1985) を参照せよ．

われわれは，連続時間における均衡結果について説明する．1つの企業は，直ちに投資し，リーダーの (より大きな) 価値をもつ．その後，フォロワーは Y_2 に達するまでは投資を控え，Y_2 に達したとき，投資し (より劣った) 価値を得る．2つの企業は役割を交換できるので，2つの均衡が存在する．企業はともに等しいので，2つの均衡は判別不能である．実際，企業間のある小さな違いによって，どちらかが最初に投資する可能性はある．

リーダーとフォロワーの役割が外生的に先に割り当てられていると，問題は異なる．リーダーが投資するまで，フォロワーは投資することができない．そして，リーダーは待機する能力を持っており，そうするオプション価値を認識しているとしよう．オプション価値は通常の形式，ゼロを含むある範囲の Y において $A_1 Y^{\beta_1}$ となり，ゼロでも無限大でもない間において，$B_1 Y^{\beta_1} + B_2 Y^{\beta_2}$ となる (ここで，パラメータ β_1, β_2 は先に示した2次方程式の正根と負根)．図 9.2 では，直ちに投資するリーダーの価値を滑らかに通過する点線として，このオプション価値を示している．それらは Y_1', Y_2' で Y_3 で交わる．その後，Y が，(Y_1', Y_2') の範囲にある (Y_2 がそこに達するまで，フォロワーが待つ) 場合，そして Y_3 (他方が直ちに続く) 以上である場合，リーダーは直ちに投資する．Y が Y_1' 以下であるか，(Y_2', Y_3) の範囲にあるとき，リーダーは待つ．あるパラメーターのとき，オプション価値曲線は完全に $V_1(Y)$ より上に位置する．そのとき，リーダーは $(0, Y_3)$ の間，延期しつづける (投資は行われない)．

9.4 文献ガイド

市場は完全であるが，動的で不確実な環境下での競争均衡の最適性についての一般的な考えは，Arrow and Debreu まで戻る．Lucas and Prescott(1971) は，これを明示的に実証する最も初期の特定の投資モデルを示した．資本または労働の不可逆費用はそれら自身によっては市場の失敗を構成しないという事実は，国際交易条件への経済調整の文脈において重要であると Mussa(1982) によって強調された．しかし，彼は単一の予期しないショックに対する決定論的な反応だけを考慮した．

Lucas and Prescott(1974) は，セクター間の労働移動に費用を要するときの確率的動的均衡について研究した．彼らはリスク中立を仮定した．均衡は社会的に最適である．Dixit and Rob(1993a, b) はリスク回避および不完全なリスク市場を導入し，これらの環境における次善の均衡を改良することができる，いくつかの政策について検討した．

競争企業が近視眼的に行動し，将来の参入を無視しているとしても，最適な参入決定となるという事実は，Leahy(1992) によって発見された．

ここでの価格統制の動的効果の検討は Dixit(1991b) に従っている．また農業における価格安定政策についての完全な分析に関しては，Newbery and Stiglitz(1981) を参照せよ．

ここでの政策の不確実性に関する検討は，Metcalf and Hassett(1993 年) に基づく．リアルオプションのパースペクティブからの租税政策と投資の追加された研究は，Majd and Myers(1986)，および MacKie-Mason(1990) によってなされている．Rodrik(1991) は，異なるテクニックを使って政策の不確実性の影響を明らかにした．投資を刺激するように設計された政策 (例えば税制上の優遇措置) の不確実性は，毎年，政策が撤回される確率がある場合，その目的を達成しないことを示した．Aizenman and Marion(1991) は，税率が上昇したり低下したりする単純なモデルをつくり，この不確実性が物理的そして人的資本への不可逆的な投資を減らし，成長を抑制することを示した．

寡占において初期に投資する戦略的インセンティブと，不確実性に直面する柔軟性の価値のトレードオフは，2 期間モデルを使って研究された．例えば，Applelbaum and Lim(1985)，Spencer and Brander(1992)，および Kulatilaka and Perotti(1992)．最後の 2 人の著者は，興味深く，新しい主張を行なっている．生産量を変数とする複占では，はじめの移動者は大きな市場占有率を得る．したがって，リーダーの利潤は需要ショック変数の凸関数であり，フォロワーより凸の程度は大きい．結果として，不確実性の増加は初期の投資の相対的価値を増加する．

　連続時間における確率的なゲームに関する根本的な理論はそれ自体進行中の研究課題なので，連続時間の枠組みの複占モデルはあまりない．Dutta and Rustichini(1991) による最近の論文は有望な枠組みを提示した．また，Smets(1991) はそれを使用して，複占モデルを構築した．

補論

A　いくつかの期待現在価値

　ここで，第 9.3 節で述べた式をみてみよう．

$$\mathcal{E}[e^{-rT}] \quad \text{と} \quad \mathcal{E}\left\{\int_0^T e^{-rT} Y\, dt\right\}$$

ここで，Y が幾何ブラウン運動，式 (9.2) に従い，T は Y からはじまってはじめて Y_2 に達するまでの時間とする．そのような表現のより一般的なアプローチは，例えば，Harriosn(1985,P.42) もしくは Karlin and Taylor(1975,p.365) を参照せよ．

　この最初の値の期待値を $f(Y)$ と書こう．$Y < Y_2$ のとき，次の微小区間 dt の間に Y_2 になることはありそうもないような十分小さな dt を考えよう．次の時間において，この問題は新しいレベル $(Y + dY)$ から再開する．したがって，われわれは動的計画法と同様，漸化式表現を行う．

$$f(Y) = e^{-r\,dt}\mathcal{E}[f(Y + dY)]$$

第 9 章 政策介入および不完全競争

右辺を展開して，Y が式 (9.2) に従うこと，そして伊藤の補題を使って，次の式を得る．

$$f(Y) = [1 - r\,dt + o(dt)][f(Y) + \alpha Y f'(Y)\,dt + \frac{1}{2}\sigma^2 Y^2 f''(Y)\,dt + o(dt)]$$

単純化，そして $dt \to 0$ にすると，われわれは微分方程式を得る．

$$\frac{1}{2}\sigma^2 Y^2 f''(Y) + \alpha Y f'(Y) - r f(Y) = 0$$

これは次の一般解を持つ．

$$f(Y) = A_1 Y^{\beta_1} + A_2 Y^{\beta_2}$$

ここで，標準の二次方程式の β_1 は正根そして β_2 は負根である．

定数 A_1 と A_2 は 1 組の境界条件によって確定される．Y が Y_2 に接近するとともに，T は小さく，e^{-rT} は 1 に近い．したがって $f(Y_2) = 1$. Y が非常に小さい場合，T は大きく，e^{-rT} は 0 に近い．したがって $f(0) = 0$. これらを使って，われわれは $A_2 = 0$ および $A_1 Y_2^{\beta_1} = 1$ を得る．そこで，次のようにかける．

$$f(Y) = (Y/Y_2)^{\beta_1}$$

これは，本文中の式 (9.24) と (9.25) となっている．

同様に

$$g(Y) = \mathcal{E}\left\{\int_0^T Y_t e^{-rT}\,dt\right\}$$

を定義しよう．これは次の微分方程式を満たす．

$$\frac{1}{2}\sigma^2 Y^2 g''(Y) + \alpha Y g'(Y) - r g(Y) + Y = 0$$

これは次の一般解を持つ．

$$g(Y) = B_1 Y^{\beta_1} + B_2 Y^{\beta_2} + Y/(r - \alpha)$$

そして境界条件は $g(Y_2) = 0, g(0) = 0$ である．したがって次の式が成り立つ．

$$B_2 = 0 \quad と \quad B_1 = -Y_2^{1-\beta_1}/(r-\alpha)$$

これは本文の式 (9.25) そのものである．

第V部

拡張と応用

第10章

連続的投資

　この章と次章では，1企業の投資の意思決定について再び学ぼう．第5, 6, 7章では，企業がある投資プロジェクトに対し，いつ投資すべきかどうか，あるいは投資そのものを行うべきかどうか，について意思決定を行うことについて，分析のための一連のモデルを学んだ．第5章では，投資プロジェクトの価値は外生的な**確率過程**にしたがうとして扱い，最適な投資ルールを導き出した．第6章ではプロジェクトからの収益が外生的に確率過程にしたがうとして扱った．そして，生産における変動費を所与とすると，プロジェクトの価値と投資ルールを同時に導き出すことが出来た．最後に，第7章では，モデルを拡張し，操業停止，プロジェクト再開，設備廃棄について扱った．

　これら3章では，単一の，独立したプロジェクトを扱っており，投資の意思決定は，初期時点においてのみ行われた．しかし，多くの場合，投資の意思決定は連続的に，特定の順番に行われる．例えば，新しい油田開発投資は二段階の投資である．第一段階は油田を，独自に探査して入手するか，あるいは他社から購入して入手するかしなければならない．第二段階は，原油を油田から汲み出すための油井やパイプラインの開発が必要となる．石油会社は第一段階の投資（例えば，埋蔵の確認されている油田を購入すること）は行うが，第二段階の投資はすぐには行わず待つことを選択するかもしれない．新しい航空機開発への投資も，設計，プロトタイプの生産，テスト，最終仕上げ段階など多段

第10章 連続的投資

階の投資プロセスを持つ．製薬会社による新薬開発に対する投資も，リサーチ段階（新物質の開発や連邦食品薬事局 (FDA) の認可が下りるまで行われる広範なテストを含む），製品製造ラインの建設，製品のマーケティングなど多段階にわたる．航空機製造会社も製薬会社も第一段階の投資を終わった時に先に進むか，あるいは待つかを選択することが出来る．

唯一の意思決定しか含まないようにみえる投資であっても，連続的な意思決定を含む場合が有り得る．多くのプロジェクト，特に大きいものは完成までに多大な時間を要する．そして途中で一時的に，あるいは永久に中止される場合もある．結果として，そのような投資は多段階の意思決定を含んでいると考えることが可能である．最初の投資によって企業は，次に進んで更に投資を続けるかどうかということに関する権利——**オプション**を手に入れることになる．

連続投資の重要な性質は，もしプロジェクトが完成したときの価値が大幅に下落した時や，先行きの投資を続けていく上で予想されるコストが大幅に上昇すると見込まれる時，一時的にあるいは永久に投資を中止することが出来るという点である．もし企業があるプロジェクトを始めており，それが完成までに中止するという**オプション**が無い場合は，一段階のみの投資プロジェクトということになる．途中で中止するという可能性があるという投資の性質は，**複合オプション**という考え方に似ている．複合オプションとは，それぞれの段階での投資が，次の段階における投資に対するオプションを与えるものである．投資に関する問題とは，連続した（そして不可逆的な）支出を行う際の条件付計画を見つけ出すこと，ということになる．

本章では**連続投資**に関するいくつかの異なった問題を学んでいこう．それぞれのケースでは，本書でこれまで行ってきた通り，**金融オプション**の評価や権利行使との比較を行うことによって投資の意思決定を解説していく．まず始めに，企業の投資に関するオプションを評価する方法や最適投資ルールについての基本的なアプローチを示すため，シンプルな2段階，3段階**連続投資**の問題を扱う．次に，**連続時間**における投資問題を扱う．その場合，企業の投資プロジェクトは完成までに時間がかかり，市場状況によっていつでも投資を中

止できる状況を考察する．これらの投資問題を学ぶことにより，完成したプロジェクトの価値に関する不確実性（これは，例えば，プロジェクトの産出物の価格に関する不確実性に由来する）とプロジェクトの完成までにかかる費用に関する不確実性を明確に区別する必要があることが分かる．

これらの投資問題では，企業は投資プロジェクトが完成するまでは収益は得ることが出来ない．設計やプロトタイプの生産だけでは，企業は航空機を販売し収益を得ることは出来ない．われわれはまた，企業が**学習曲線**に沿って費用を引き下げていく状況に関する問題も扱う．ここでは現在の生産活動が二つの機能を持つ．一つは現在の収益を生み出すことであり，もう一つは将来にわたる生産コストの削減に寄与するということである．第 11 章では，資本が追加されるとすぐに収益に貢献するような**追加投資**に関する話題を扱う．

本章と次章における数学モデルは，2 つの**状態変数**を持つ．一つは投資段階の数，あるいは必要な資本額である．もう一つは投資の採算性に関する計数（価格など）である．**動的計画法**や**条件付請求権分析**から得られる**偏微分方程式**においては，**従属変数**はプロジェクトの価値や**オプション**の価値であり，上記の 2 つの**状態変数**は**独立変数**となる．これらの方程式の解は，典型的には**数値計算**によって求められる．ここで学ぶモデルは，数値計算によって比較的簡単に解を求めることができる．本章の補論には，数値計算の方法について短くまとめた．本文においては，それを特定の問題に用いている．

10.1 多段階プロジェクトにおける意思決定

第 6 章では，最終時点から初期時点に向かってバックワードに**最適化問題**を解くことにより，最適な投資ルールとプロジェクトの価値を見つけ出した．プロジェクトの産出物価格 P がある**確率過程**にしたがうとすると，P の関数としてプロジェクトの価値 $V(P)$ を求めることが出来る．そして，$V(P)$ が分かると，プロジェクトに対して投資を行うかどうかの**オプション**価値 $F(P)$ と最適な投資判断の**臨界価格** P^* を見つけ出すことが出来る．$V(P^*)$ は $F(P)$ の微分

方程式に必要な 2 つの**境界条件**に現れるので，$F(P)$ と P^* を見つけるためには $V(P)$ が必要となる．投資が 2 段階あるいはより多くの段階を持つような連続的な投資問題を解くためには，同様の方法を使うことが出来る．

具体的に，どのように問題が解決されるかをみるために，原油採掘プラントにおける 2 段階投資を考えよう．第一に，コスト (I_1) をかけて自ら探索するか他社から購入することにより油田を入手しなければならない．第二に，追加的なコスト (I_2) をかけて，汲み上げ設備やパイプラインを構築しなければならない．石油価格 P がある特定の**確率過程**にしたがうとする．企業は $F_1(P)$ の価値を持つオプション＝油田投資へのオプションとともに投資を始める．この投資を行うことにより，企業は油田開発投資への新たな**オプション** $F_2(P)$ を入手することになる．この第二の投資によって企業は，$V(P)$ の価値を持った生産能力を手に入れる．

最適な投資ルールを見つけるために，バックワードに問題を解くことが出来る．第一に，第 6 章でみたように，$V(P)$ は企業の**操業オプション**の価値であり，したがって計算することが出来る．次に，$F_2(P)$ は第 6 章でみたように，投資を行う**オプション**の価値を求めたやり方と同じ方法で求めることが出来る．その解は，最終時点における**境界条件**（例えば $F_2(0) = 0$）や，企業が投資を行うかどうかの**臨界値** (P_2^*) における**バリュー・マッチング条件**，**スムース・ペースティング条件**といった**境界条件**のもとで，ある**微分方程式**を満たす．最後に，$F_1(P)$ が求められる．それは，上記と同様の微分方程式や境界条件を満たすが，企業が第一段階の投資を行うかどうかの**臨界値** (P_1^*) については，上記 P_2^* とは異なりうる．第一段階の投資の収益は，$F_2(P)=$ 第二段階における投資を行うかどうかのオプションの価値，であるので，$F_1(P)$ や P_1^* を求めるためには $F_2(P)$ を知る必要がある．したがって，われわれは最終時点から始めて，初期時点に向けて投資問題を解くのである．

直観的には，P_2^* よりも P_1^* のほうが大きいと考えられる．第 5 章や第 6 章でみてきたように，リスクのある収益を得るために必要な**埋没費用**が高ければ高いほど，投資を行うかどうかの判断の分かれ目となる収益の**臨界値**（この場合

10.1 多段階プロジェクトにおける意思決定

は価格)も高くなる.もしプロジェクトが2段階であり,それぞれ500万ドルかかるとしたら,投資を続けるための臨界値は,どの段階の投資も行われていない状況の場合のほうが,第一段階が終了した後における場合よりも高くなる.第一段階が終了した後に発生しうる埋没費用は,どの段階の投資も行われていない場合よりも小さい.

三段階投資への拡張は明らかである.$F_1(P)$ を第一段階の投資を行うオプション,$F_2(P)$ を第二段階の投資を行うオプション,$F_3(P)$ を第三段階の投資を行うオプションとする.以前と同じように,最終時点から初めて初期時点に向けて問題を解く.最初にプロジェクトが完成したときの価値 $V(P)$ を求める.次に,これを用いて,$F_3(P)$ と**臨界値** P_3^* を求める.次に,$F_3(P)$ を用いて,$F_2(P)$ と臨界値 P_2^* を求める.最後に,$F_2(P)$ を用いて,$F_1(P)$ と P_1^* を求める.この場合 P_1^* よりも価格が大きいときは,投資を始めることが最適となる.

われわれは,産出価格 P を(外生的な)**確率状態変数**とみなしてきた.このため,V, F_1, F_2 は全て P の関数となる.しかし,いくつかの場合には,プロジェクトが終了し,実際に操業することにより収益を上げるまでは,実際の価格が分からないかもしれない.例えば,ビデオデッキやパソコンの実売価格は,それらの商品が販売されていない状況では観察可能ではない.企業が技術開発や生産ラインへ投資する時は,観察可能な指標(例えば関連したサービスへの支出意欲やアンケート調査等)をもとにしてこの価格を推計する必要がある.われわれのモデルでは,必要な価格指標が直接は観察可能ではない場合,P は観察可能な収益データ等によって代替する.単純化のために,この**状態変数**を単に「価格」と呼ぶことにする.

これまでに,上記で示したような計算を実際に行う場合の手順は,総合判断アプローチほど明確ではない.そこでわれわれは,2段階投資問題を詳しく学ぶことによって手順をしっかり理解しよう.

10.1.A 2段階プロジェクトの投資ルール

ここでは 2 段階プロジェクトについてより詳細にみてみよう．第 6 章と同様，投資プロジェクトが完成した時には，操業費用 C で 1 単位の生産物を産出するとする．生産物は価格 P で販売される．この場合，価格 P は以下のように**幾何ブラウン過程**にしたがうとする．

$$dP = \alpha P\,dt + \sigma P\,dz \tag{10.1}$$

ここで価格に関する不確実性は，資本市場における複数の金融商品により複製することが出来る[1]．したがって，**条件付請求権分析**が可能となる．μ を P における**リスク調整済み割引率**とし，$\delta = \mu - \alpha$ とする．第 6 章と同様に，P が C を下回った場合にはコストをかけることなく操業は一時的に停止される．そしてもし P が C を上回った場合にはコストをかけることなく再び操業を開始することが出来る．したがって，収益は $\pi(P) = \max[P - C, 0]$ となる．

プロジェクトの第一段階の投資には**埋没費用 I_1** がかかり，第二段階の投資には埋没費用 I_2 がかかる．われわれはこの投資問題を解くために，これまでと同様最終時点から初期時点に向けて解求めることにする．第一に，プロジェクト完成時の価値 $V(P)$ を見つけ出す．次に第二段階の投資を行う権利に関する**オプション価値 $F_2(P)$** と第二段階の投資判断の**臨界値 P_2^*** を求める．最後に第一段階の投資を行う権利に関するオプション価値 $F_1(P)$ と第一段階の投資判断の臨界値 P_1^* を求める．

プロジェクトの価値

われわれは既に $V(P)$ をどのように見つけるかを知っている．これは第 6 章の第 6.2 節で詳細を学んだ．ここではエッセンスだけを簡単に述べよう．

$V(P)$ は，① $V(0) = 0$，② $V(P)$ と $V_P(P)$ は $P = C$ において連続，という

---

[1] 複数の金融商品の組み合わせて，ある資産のリスク・リターン構造を複製することをスパン (span) するという．(訳注)

条件のもとで以下の**微分方程式**を満たさなければならない．

$$\frac{1}{2}\sigma^2 P^2 V''(P) + (r-\delta)PV'(P) - rV(P) + \pi(P) = 0 \tag{10.2}$$

解は以下の通りとなる．

$$V(P) = \begin{cases} A_1 P^{\beta_1} & \text{if } P < C \\ B_2 P^{\beta_2} + P/\delta - C/r & \text{if } P > C \end{cases} \tag{10.3}$$

ここで β_1, β_2 は以下の基本的な二次方程式の解である．

$$\beta_1 = \frac{1}{2} - (r-\delta)/\sigma^2 + \sqrt{\left[(r-\delta)/\sigma^2 - \frac{1}{2}\right]^2 + 2r/\sigma^2} > 1$$

$$\beta_2 = \frac{1}{2} - (r-\delta)/\sigma^2 - \sqrt{\left[(r-\delta)/\sigma^2 - \frac{1}{2}\right]^2 + 2r/\sigma^2} < 0$$

定数 A_1, B_2 は，$V(P)$ と $V'(P)$ が $P = C$ において連続であることから得られ，それは以下の通りとなる．

$$A_1 = \frac{C^{1-\beta_1}}{\beta_1 - \beta_2}\left(\frac{\beta_2}{r} - \frac{\beta_2 - 1}{\delta}\right) \tag{10.4}$$

$$B_2 = \frac{C^{1-\beta_2}}{\beta_1 - \beta_2}\left(\frac{\beta_1}{r} - \frac{\beta_1 - 1}{\delta}\right) \tag{10.5}$$

式 (10.3)，(10.4)，(10.5) は，どのような価格 P に対してもプロジェクトが完成したときの価値 $V(P)$ を与える．

第二段階の投資

第 6 章における単一プロジェクトの投資問題を解いたときと同じ方法で，プロジェクトの第二段階目の投資に対する**オプション**価値 $F_2(P)$ と**臨界値** P_2^*（この値を超えると投資を行うことが最適となる価格）を見つけよう．そのオプションの価値は以下の**微分方程式**を満たす必要がある．

$$\frac{1}{2}\sigma^2 P^2 F_2''(P) + (r-\delta)PF_2'(P) - rF(P) = 0 \tag{10.6}$$

上記の式は以下の**境界条件**を満たす．

$$F_2(0) = 0 \tag{10.7}$$

$$F_2(P_2^*) = V(P_2^*) - I_2 \tag{10.8}$$

$$F_2'(P_2^*) = V'(P_2^*) \tag{10.9}$$

ここで $P_2^* > C$ であると考えられる．**境界条件** (10.8),(10.9) の下では，$P > C$ という操業状況のもとで $V(P)$ に対する $F_2(P)$ の解を求めることが出来る．$F_2(P)$ は以下のようになる．

$$F_2(P) = D_2 P^{\beta_1} \tag{10.10}$$

境界条件 (10.8)，(10.9) から D_2 に関し以下の値を得る．

$$D_2 = \frac{\beta_2 B_2}{\beta_1}(P_2^*)^{(\beta_2-\beta_1)} + \frac{1}{\delta\beta_1}(P_2^*)^{1-\beta_1} \tag{10.11}$$

そして P_2^* が以下の方程式の解である．

$$(\beta_2 - \beta_1)B_2(P_2^*)^{\beta_2} + (\beta_1 - 1)P_2^*/\delta - \beta_1(C/r + I_2) = 0 \tag{10.12}$$

第 6 章において学んだように，式 (10.12) の解 P_2^* は**数値計算**により求めなければならない．

式 (10.10) の解は，$P < P_2^*$ という条件のもとで得られる．$P \geq P_2^*$ の場合には，企業は投資を行うという**オプション**を行使し，その価値は $F_2(P) = V(P) - I_2$ となる．これは大変重要なことである．これを数学的に表現すると以下のとおりとなる．

$$F_2(P) = \begin{cases} D_2 P^{\beta_1} & \text{for } P < P_2^* \\ V(P) - I_2 & \text{for } P \geq P_2^* \end{cases} \tag{10.13}$$

第一段階の投資

$F_2(P), P_2^*$ が得られたら,次はプロジェクトの第一段階に戻り,投資に対する**オプション**価値 $F_1(P)$, **臨界値** P_1^* を求めよう.これまでと同様の方法により,式 (10.6) と同様の微分方程式から $F_1(P)$ を得ることが出来るが,今回は**境界条件**が異なり以下の通りとなる.

$$F_1(0) = 0 \tag{10.14}$$

$$F_1(P_1^*) = F_2(P_1^*) - I_1 \tag{10.15}$$

$$F_1'(P_1^*) = F_2'(P_1^*) \tag{10.16}$$

解はいつもの通り以下となる.

$$F_1(P) = D_1 P^{\beta_1} \tag{10.17}$$

境界条件 (10.15), (10.16) を用いて,定数 b と**臨界値** P_1^* を求めることが出来る.しかし,これらの境界条件の右辺に $F_2(P)$ を代入する場合,P_1^* が P_2^* よりも大きいか小さいかを知る必要がある.式 (10.13) から,もし $P_1^* < P_2^*$ であるならば,$F_2(P_1^*) = D_2(P_1^*)^{\beta_1}$ となり,$P_1^* > P_2^*$ であるならば,$F_2(P_1^*) = V(P_1^*) - I_2$ となる.

以前に説明したように,直観的には P_1^* は P_2^* よりも大きい.この点について正確に述べよう.$P_1^* \leq P_2^*$ とする.この場合,$F_2(P_1^*) = D_2(P_1^*)^{\beta_1}$ と**境界条件式** (10.16) は $D_2 = D_1$ であることを意味する.しかし,境界条件式 (10.15) よりこれは矛盾となる.したがって,$P_1^* > P_2^*$ となる.

$P_1^* > P_2^*$ であり,またこのモデルでは投資は価格 P が変化する前にすぐに完成するので,P が一旦 P_1^* に達すると企業はすぐに投資を行い,かつ二つの段階の投資を両方とも行ってしまうことになる.すなわち,企業が第一段階の投資を行い,第二段階の投資を行わずに待つというケースは起こり得ない.こ

の結果をみると,読者はこれまでわざわざ苦労して二段階の投資問題を勉強してきたのかと思うであろう.なぜわれわれは二段階の投資問題を,単に**埋没費用**を $I = I_1 + I_2$ として,これを第 6 章で学んだ単一段階の投資問題の解法にあてはめることによってシンプルに解かなかったのであろうか.われわれがわざわざ上記のような手の込んだ解法を取ったのには二つ理由がある.第一に,現実の世界では,投資には時間がかかり,投資の初期段階を完了した後,次の段階の投資に進むまでに待つ場合がある.第二に,二段階の投資は,一段階のみの投資とは異なる技術的なスキルや経営的なスキルが必要とされるかもしれない.あるいはそれは異なる国々で行うことが有利である場合があるかもしれない.また,あるいは異なる税制に直面するかもしれない.これらの理由により,企業は部分的に完成したプロジェクトを他社に売却するかもしれない.われわれが学んだ方法は,そのような部分的に完成したプロジェクトの価値の計算にもあてはめることが出来る.この点については後ほどすぐに述べるが,まずはこれまで学んだ問題の解を最後までみてみよう.

企業はプロジェクトの両方の段階に投資を行うので,式 (10.15), (10.16) の**境界条件**を書き直すと以下の通りとなる.

$$F_1(P_1^*) = V(P_1^*) - I_2 - I_1 \tag{10.18}$$

$$F_1'(P_1^*) = V'(P_1^*) \tag{10.19}$$

操業状態における $V(P)$ に対する解を代入すると,これらの**境界条件**から以下の式が導かれる.

$$D_1 = \frac{\beta_2 B_2}{\beta_1}(P_1^*)^{(\beta_2-\beta_1)} + \frac{1}{\delta\beta_1}(P_1^*)^{1-\beta_1} \tag{10.20}$$

この時 P_1^* は以下の式の解である.

$$(\beta_2 - \beta_1)B_2(P_1^*)^{\beta_2} + (\beta_1 - 1)P_1^*/\delta - \beta_1(C/r + I_2 + I_1) = 0 \tag{10.21}$$

これらの方程式は,P_1^* が P_2^* が替わったこと,$I_1 + I_2$ が I_2 に替わったこと以外は,式 (10.11), (10.12) と同様である.これらの方程式は $P_1^* > P_2^*, D_1 < D_2$

であることを意味する．わらわれが予想した通り，第一段階の投資が終了した後の第二段階の投資を行う**オプション**は，第一段階の投資に対するオプションよりも価値がある．この場合，第一段階の投資における収益は，第二段階の投資に対するオプションとなる．

多段階の投資プロジェクトに対する解は，第 6 章で学んだ単一段階の投資問題に対する解と同じフォームをしていることが分かった．唯一の違いは投資金額の大きさである．二段階の問題において，第一段階の投資金額は $I_1 + I_2$ であるが，第一段階の投資金額は I_2 となる．**図 10.1** では，第 6 章の第 6.2 節で学んだ例として $F_1(P), F_2(P)$，**臨界値** P_1^*, P_2^* を示している．しかし投資金額 $I = 100$ は $I_1 = I_2 = 50$ に分けられている．二段階の投資問題におけるパラメータは，第 6 章で用いられたパラメータと同じであり，それは $\sigma = 0.20, r = \delta = 0.04$ となる．

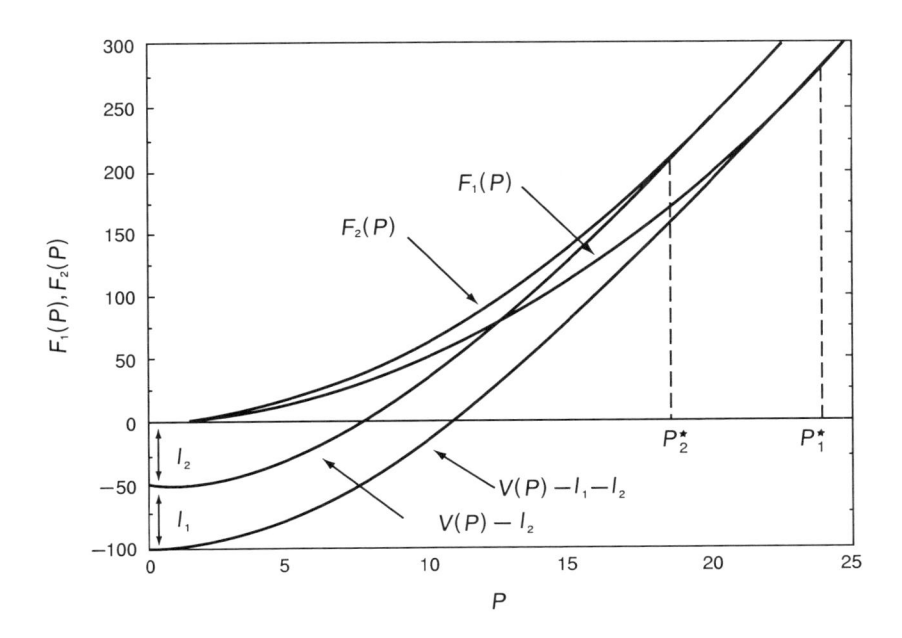

図 10.1 2 段階プロジェクトの臨界値とオプション価値．(P_1^* は第 1 段階の臨界値，P_2^* は第 2 段階の臨界値)

10.1.B 要約と議論

われわれは，多段階プロジェクトにおける各段階の投資に対する**オプション**の価値や投資を行う**臨界値**を求めるために，どのように最終時点から初期時点にむけて問題を解いていくかをみてきた．三段階やそれ以上の段階をもったプロジェクトについて解を求めるためにこれまでの解法を拡張することは容易である．基本的な考え方は以下の通りである．まず最終段階から始め，それ以前の段階へ戻って解を得る．それぞれの段階における最適化問題の解法においては，一段階前の**境界条件**における解法をそれぞれの段階に用いて分析する．これは単に第 6 章で学んだモデルの解法を用いることと同じである．ただ違う点は，投資に必要な**埋没費用**が異なる点である．全部で N 段階をもつプロジェクトの第 j 段階における投資に対するオプションの価値は，以下の解を持つ．

$$F_j(P) = D_j P^{\beta_1}$$

そして係数 D_j と**臨界値** P_j^* は方程式 (10.11)，(10.12) を解くことにより得られる．ここで P_j^* は P_2^* に代わり，$I_j + I_{j+1} + \cdots + I_N$ は I_2 に代わる．

しかし，この結果が，もし第一段階の投資が行われたらすぐに第二段階の投資を行うべきであるというものであったら，どのような使い道があるのであろうか．実際，投資がすぐに実施され，全ての段階の投資を実施するのに何の障害も無ければ，こうした何段階ものステップを踏む必要は無い．単に全ての段階で必要となる費用 I を支払い，第 6 章の結果，すなわち方程式 (10.11)，(10.12) において I_2 に代えて I を用いて投資価値を計算すればよい．

実際には，プロジェクトの全ての段階に一度に投資をすることは不可能であり，また望ましいことではない場合がある．第一に，たいていの多段階プロジェクトは完成までにかなりの時間がかかる（例えば，そうした投資の例として，石油生産設備，航空機の新ライン，新薬開発等がある）．価格が第一段階の投資を実施する**臨界値**を超えた後，第一段階の投資を実施している最中に第二段階の投資を実施するトリガーとなる臨界値を下回るかもしれない．その場合，企業は第二段階の投資を行わずに待つべきである．各段階における**臨界**

値となる価格を知ることは大変重要である．

　第二に，たとえ投資が大変早く実行されたとしても，**臨界値**となる価格と後段階の投資を行う**オプション**価値を知ることは大変重要かもしれない．この理由としては，企業が初期段階の投資を行うことを決めた後，そのプロジェクトの後段階の投資を自ら行わず，その権利を他社に売り渡すかも知れないからである．例として，小さなバイオ企業による新薬開発がある．その企業は，新薬開発や特許取得（これらは第一段階の投資に相当する）に必要な R&D を行うのに大変熟達しているかもしれない．しかし，その企業は，新薬のテスト，製品生産，マーケッティング（これらは第二段階の投資に相当する）を行うことよりも，他の大きな製薬会社に特許使用権を与えたり，売ったりするほうが良いと考えるかもしれない．

　第三に，第一段階の投資を行った後，それ以降の投資を遅らせることが良い理由が他にもある．例えば，企業は土地や鉱山の権利を買うまたとない機会を得る場合がある（それらは第一段階の投資となる）．しかし，土地や鉱山の開発をすぐには行わないことが最適な場合もある．あるいは，政府の規制により企業が後段階の投資を遅らせなければならない場合があるかもしれない．例えば，政府規制により新薬に関するテストを行わなければならない場合などがある．

　われわれは，上記の理由のうち第一の理由，すなわちたいていの投資は完成までにかなりの時間を要するという事実について焦点を絞り学んでいこう．次の節では，投資が連続的に行われるような，これまで学んだものよりも少し複雑なモデルを分析しよう．具体的には，企業は現在 1 ドル投資を行い，その後，事実上無限の段階の投資がある場合を考える．またその場合，各段階の投資は完成までにほとんど時間がかからないと仮定する．

10.2　連続投資と投資に必要な時間

　この節では，Majd and Pindyck(1987) によって開発されたモデルを学ぶ．そのモデルにおいては，企業はプロジェクトが完成するまで連続的に投資を行う．

第 10 章 連続的投資

ここで連続的とは，1ドル使うごとに，次の段階における1ドルの支出を行う権利を買うことを意味する．この投資は，プロジェクトがすべて完成するまで行われるが，費用をかけることなくいつでも中止できる．また，支出や建設が行われる最大の速度が存在する．すなわち，投資には時間がかかると仮定する．このモデルの解は，投資を実際に行う場合にどのくらい時間がかかるかを示す最適な**連続投資**のルールを示してくれる．

このモデルでは，企業はプロジェクトが完成するまでは何の利益も得ることは無い．プロジェクトが完成した場合の利益を V とする．この場合，V は外生的に**幾何ブラウン過程**に従うとする．この場合，価値 V は以下の**微分方程式**に従う．

$$dV = \alpha V\, dt + \sigma V\, dz \tag{10.22}$$

後に，このモデルを拡張し，投資プロジェクトの価値 V ではなく，プロジェクトから生産される生産物の価格 P がある**確率過程**にしたがう場合の解について学ぶ．われわれはこの投資プロジェクトの収益が他の資産の組み合わせにより**複製可能**であることを利用する．μ をプロジェクトから得られる**リスク調整済み期待収益率**であるとする．いつものように，$\alpha < \mu$，$\delta = \mu - \alpha$ とする．

ローマのように，プロジェクトは1日にして成ることは無い．k を単位時間あたり最大の投資量とする．投資は不可逆であるとし，投資率 $I(t)$ は $0 \leq I(t) \leq k$ の範囲に存在するとする．もし，投資が行わなければ，それまでに行われた投資は減耗しない．もし V が大きく下落すれば，企業は投資を中止する．また，V が大きく回復しある値を超えると，企業はプロジェクトを再開する．ここで K を，プロジェクトを完成させるために必要な**残余費用**とする．K の変動は以下の式で与えられる．

$$dK = -I\, dt \tag{10.23}$$

したがってわれわれは，最適な投資ルールに影響を与える二つの**状態変数**を扱うことになる．第一は投資を完成させるための**残余費用** K であり，それは式

(10.23) にしたがう．第二は，プロジェクト完成時の価値 V であり，それは式 (10.22) にしたがう．問題は，最適な投資ルール $I^*(V, K)$ を求めることである．

投資率について**調整費用**や他の費用が無いので，最適な投資ルールは 0 か k となる．結果として，最適な投資ルールは，ある**臨界値** $V^*(K)$ のもとで，$V \geq V^*(K)$ となった場合に投資率 k で投資を行うこととなる．それ以外の場合には投資は行われない．

これまで見てきたように，企業は投資の実行に関する**オプション**を持っている．$F(V, K)$ をこのオプション価値とする．企業は最適投資ルールに従い，そのオプションの権利行使を行う．すなわち，$V \geq V^*(K)$ となった時に投資を行い，それ以外は投資は行わない．これまでの章で学んだように，解として $F(V, K)$ や**臨界値** $V^*(K)$ を得る．この解は，**動的計画法**か**条件付請求権分析**によって得られる．ここでは，投資プロジェクトの収益が**複製可能**であるとして，**条件付請求権分析**によって，$F(V, K)$ が満たすべき**偏微分方程式**を導く．この偏微分方程式の解は $V^*(K)$ となる．

10.2.A $F(V, K)$ の方程式

$F(V, K)$ の微分方程式を導出してみよう．投資を行う**オプション** 1 単位と完成プロジェクトの価値 V（あるいは V と完全相関する一つの資産あるいは**動的ポートフォリオ** F_V 単位）が F_V 単位のショートポジションからなるポートフォリオを考える．このポートフォリオの価値は，$\Phi = F(V, K) - F_V V$ となる．この価値の限界的な変化は以下の通りとなる．

$$\begin{aligned} d\Phi &= dF - F_V \, dV \\ &= F_V \, dV + \frac{1}{2} F_{VV} (dV)^2 + F_K \, dK - F_V \, dV \\ &= \frac{1}{2} \sigma^2 V^2 F_{VV} \, dt - I F_K \, dK \end{aligned}$$

このショートポジションにおいては，$\delta F_V V \, dt$ の支払いを行うほか，投資が行われる限りは追加的な支払い $I \, dt$ が発生する．したがって，ポートフォリオの

総リターンは $d\Phi - I\,dt - \delta F_V V\,dt$ となる．このポートフォリオは無リスクであるので，この価値は $r\Phi\,dt$ となる．$d\Phi$ に上記の式を代入し，両辺を dt で割り整理すると，$F(V,K)$ に関する以下の**偏微分方程式**を得る．

$$\frac{1}{2}\sigma^2 V^2 F_{VV} - (r-\delta)VF_V - rF - IF_K - I = 0 \tag{10.24}$$

式 (10.24) はまた，割引率が**安全資産収益率** r である場合に，**動的計画法**におけるベルマン方程式となる．練習として，読者は**動的計画法**を用いて式 (10.24) を導出することにより，このことを確認してほしい．

式 (10.24) は I に関して線形なので，最適な投資ルールは，最大の投資率 k で投資を行うか，あるいは投資全くを行わないかの二者択一となる．投資を全く行わない時 ($I=0$)，F_K の項は消えるため，式 (10.24) は通常の**微分方程式**となり，解析的に解くことが出来る．しかし，$I=k$ の時，$F(V,K)$ と**臨界値** $V^*(K)$ は**数値計算**によって解かなければならない．

方程式 (10.24) はまた，**バリュー・マッチング条件**（$F(V,K)$ が $V=V^*$ において連続）と**スムース・ペースティング条件**（$F_V(V,K)$ が $V=V^*$ において連続）のほかに，以下の**境界条件**を満たす必要がある．

$$F(V,0) = V \tag{10.25}$$

$$F(0,K) = 0 \tag{10.26}$$

$$\lim_{V\to\infty} F_V(V,K) = e^{-\delta K/k} \tag{10.27}$$

条件 (10.25) は，K がゼロになったとき，プロジェクトが完成し，企業が V の価値を入手することを意味する．また，総投資費用 K に対して相対的に V が大きくなると，投資計画がすべて完成する前に投資は中止される可能性は大変低くなる．しかし，プロジェクトが完成までにまだ K/k の時間がかかる場合，この間の V の期待成長率はたかだか $\mu - \delta$ にすぎない．したがって，V が大き

な値である場合，V が 1 ドル増加すると $F(V,K)$ の増加は以下のように表現できる．

$$1 - \int_0^{K/k} \delta e^{(\mu-\delta)t} e^{-\mu t}\, dt = e^{-\delta K/k}$$

これはちょうど条件式 (10.27) と同じである．

10.2.B 解答

$V < V^*$，かつ $I = 0$ となる時，式 (10.24) には以下の解析解が存在する．

$$F(V,K) = AV^{\beta_1} \tag{10.28}$$

ここで，β_1 は以下のようになる．

$$\beta_1 = \frac{1}{2} - (r-\delta)/\sigma^2 + \sqrt{\left[(r-\delta)/\sigma^2 - \frac{1}{2}\right]^2 + 2r/\sigma^2}$$

この解は，一見 K に依存しない形となっており，ちょっと混乱するかもしれない．しかし，実はこの解は，「定数」である A を通じて K に依存している．これから見ていくように，A は境界 $V^* = V^*(K)$ と関連して得られなければならない．したがって，A は K とともに変動する．

$V > V^*$，かつ $I = k$ となる時，方程式 (10.24) は**数値計算**により必ず解が得られるパラボリックタイプの**偏微分方程式**となる．これを行うためにまず，**バリュー・マッチング条件**，**スムース・ペースティング条件**のもとで式 (10.28) を用いて，A を消去し以下の式を得る．

$$F(V^*, K) = (V^*/\beta_1) F_V(V^*, K) \tag{10.29}$$

そして $I = k$ として式 (10.24) を，式 (10.29)，**境界条件** (10.25)，(10.26)，(10.27) を用いて**有限差分法**を使い**数値計算**によって解を得る．この方法により，変数 V や K は離散変数となり**偏微分方程式** (10.24) は**有限差分方程式**となる．結果としてでてくる方程式は，代数的に解くことが出来る．具体的には，

まず最終時点の条件 $K=0$ から始め，K のわずかな変動 ΔK ずつずらすことにより初期時点に向けて方程式を解いていく．その際，K のそれぞれの値に対して**自由境界** $V^*(K)$ と，そのそれぞれの V の値に対して $F(V,K)$ を見つけてゆく．この数値計算の詳細は本章の補論で述べる[2]．

10.2.C 数値例

一例として，以下のプロジェクトを考えよう．総投資額は 600 万ドル (K) で，年間の投資率 (k) は 100 万ドル以下で生産的に用いられる．他のパラメータとしては，$r=0.02, \delta=0.06, \sigma=0.20$ とする（いずれも年率）．

補論で説明するように，問題を解くにあたり V と K を離散値化する必要がある．この例では，投資支出は四半期に一度，25 万ドルずつ行われる．また，V についてはそのものの値ではなく自然体数値を用いるが，$\log V$ の一期間における変化幅は 0.15 とする．

数値計算の結果は**表 10.1** に掲載されている．この表に掲載されている数値は，特定の V と K の組み合わせに対応する投資**オプション**の価値 $F(V,K)$ である（スペースを省略するため，表には K について 100 万ドルごとの値しか掲載していない）．アスタリスク $(*)$ のついた数値は，**臨界値** $V^*(K)$ に対応する．例えば，残り 400 万ドルかかる投資計画の臨界値は $V^*=703$ 万ドルとなる．すなわち，これは $V \geq 703$ 万ドル のときに企業は次の四半期に残り全ての投資を行い，その値未満の場合は投資を行わないことを意味する．また，$V^*=703$ 万ドルの場合，企業の投資オプションの価値は 165 万ドルとなる．これはネットの投資価値 $V-K=703-400=303$ よりも小さい．この理由は，V はプロジェクトが完成して初めて企業が手に入れることが出来るものであり，少なくとも 4 年間は起こらないからである．

表 10.1 は，プロジェクトが進行し，必要投資金額 K が 600 万ドルから 0 に低下していく場合の最適な連続投資の意思決定に用いることも可能である．前

---

[2] Hawkins(1982) はリボルビング方式のクレジット商品のモデルを開発した．その商品構造はここで学んでいるモデルに近いが，それは投資領域，非投資領域の両方において解析解を持つ．

10.2 連続投資と投資に必要な時間

表 10.1 最適投資ルールの数値例

プロジェクトの 完成価値, V	残余費用 K						
	$6	$5	$4	$3	$2	$1	$0
$42.52	$23.70	$26.47	$29.37	$32.42	$35.62	$38.98	$42.52
36.60	19.62	22.12	24.75	27.50	30.39	33.42	36.60
31.50	16.10	18.38	20.76	23.26	25.88	28.62	31.50
27.11	13.07	15.16	17.34	19.62	22.00	24.50	27.11
23.34	10.46	12.38	14.39	16.48	18.67	20.95	23.34
20.09	8.22	10.00	11.85	13.78	15.79	17.89	20.09
17.29	6.23	7.94	9.67	11.46	13.32	15.26	17.29
14.88	4.63	6.18	7.78	9.46	11.19	13.00	14.88
12.81	3.20	4.65	6.17	7.73	9.36	11.05	12.81
11.02	2.02*	3.34	4.77	6.25	7.79	9.37	11.02
9.49	1.22	2.23*	3.57	4.98	6.43	7.93	9.49
8.17	0.74	1.34	2.54	3.88	5.26	6.69	8.17
7.03	0.44	0.81	1.65*	2.93	4.26	5.62	7.03
6.05	0.27	0.49	1.00	2.12	3.39	4.70	6.05
5.21	0.18	0.29	0.60	1.42*	2.65	3.91	5.21
4.48	0.10	0.18	0.36	0.86	2.00	3.23	4.48
3.86	0.06	0.11	0.22	0.52	1.45	2.64	3.86
3.32	0.04	0.06	0.13	0.31	0.98*	2.13	3.32
2.86	0.02	0.04	0.08	0.19	0.59	1.70	2.86
2.46	0.01	0.02	0.05	0.11	0.36	1.32	2.46
2.12	0.01	0.01	0.03	0.07	0.21	1.00	2.12
1.82	0.00	0.01	0.02	0.04	0.13	0.73*	1.82
1.57	0.00	0.01	0.01	0.02	0.08	0.44	1.57
1.35	0.00	0.00	0.00	0.02	0.05	0.27	1.35
1.16	0.00	0.00	0.00	0.01	0.03	0.16	1.16
1.00	0.00	0.00	0.00	0.00	0.01	0.02	0.10	1.00
0.00	0.00	0.00	0.00	0.00	0.00	0.00	0.00*

注意：投資オプションの価値 $F(V,K)$ を示している．* のついた値は，最適投資ルールを示している．それぞれの * のついた値に対応する V の値は，**臨界値** $V^*(K)$ に対応する．パラメータは $r = 0.02, \sigma = 0.20, \delta = 0.06$ である．投資率の最大値は年間 $k = 100$ 万ドル となる．

の節で議論した単純なモデルと異なり，一旦プロジェクトが始まったら完成するまでプロジェクトが続けられる保障はない．プロジェクトには時間がかかるので，V は建設最中に一時的に建設をストップするのが最適な値にまで下落する可能性がある．最後に，この表は総投資額がそれぞれ 100 万ドル，200 万ドル… といった投資プロジェクトを評価することにも用いることは可能である．この場合，パラメータ r, δ, σ, k は一定と仮定される．

表 10.2 は，解がパラメータ σ や δ にどのように依存しているかを示している．表では，各パラメータ $\sigma = 0.10, 0.20, 0.40$ と $\delta = 0.02, 0.06, 0.12$ の時，初期の投資時点（投資金額は 600 万ドル）における**臨界値** $V^*(K)$ を示している（真中のケースが「標準」である）．ここで注意してほしいのは，δ がどのような値をとろうとも，σ の増加に対しては V^* は増加し，特に σ が 0.20 を超えると爆発的に V^* が増加する点である．この結果は，第 5 章において学んだ単純なモデルにおける結果と大変良く似ている[3]．

表 10.2　臨界値 V^* のパラメータ σ, δ への依存

ボラティリティー, σ	臨界値	各 δ に対応する収益率		
		0.02	0.06	0.12
0.10	V^*	11.02	9.03	12.43
	V^{**}	9.77	6.30	6.05
0.20	V^*	20.09	11.02	12.81
	V^{**}	17.82	7.69	7.03
0.40	V^*	121.51	24.53	20.09
	V^{**}	107.77	17.11	9.78

注意：投資率が最大率（$k = 100$ 万ドル）で進められる場合，V^{**} は V^* の現在価値である．いずれも $K = 600$ 万ドル の時の値である．

---

[3] パラメータ δ について，第 5，6 章で学んだことを思い出してもらいたい．投資家が，価格 P の変動リスクをトラックする資産を保有している限りは，均衡条件である $\delta = \mu - \alpha$ を満たす必要がある．ここで σ が変動する場合には，この条件が満たされるかは，資産保有者の行動に関する隠された仮定に依存する．無リスク金利 r が外生変数であり，政府の政策や多数の投資家の行動により決定されると考えることはリーズナブルである．そして，σ が増加すると $\mu = r + \phi \sigma \rho_{pm}$ も増加する．ここで ϕ はリスクの市場価格，ρ_{pm} は当該資産（価格 P）と市場ポートフォリオの相関係数である．もし P という資産を保有している投資家が不変の外生的な**コンビニエンスイールド** δ を持っていると，均衡を維持するためには α が変化しなけれ

しかし，V^* が δ に依存していることはそれほど明らかではない．第 5 章におけるモデルでは，δ の増加は常に**臨界値** V^* を減少させ，投資家に「待つ」ことの魅力を増加させた．理由は，δ は投資価値そのものではなく，投資家が保有している投資価値に対する**オプション**の期待収益率に対して減少要因となっており，投資を行わずに「待つ」という行動を取る場合の機会費用となっているためである．しかし，表 10.2 では，V^* は最初 δ が 0.02 から 0.06 に変化するにつれ減少し，その後（$\sigma = 0.10$，あるいは 0.20 のケースでは），δ が 0.12 に向けて増加するにつれ，V^* も増加する．この理由は，プロジェクト完成には時間がかかり，投資意欲に対しては逆効果をもたらすからである．価値 V はプロジェクトが完成して初めて手に入れることが出来るが，たった $\mu - \delta$ の率でしか成長が期待できない．したがって，完成までに時間がかかるということは，最終価値 V の**純現在価値**を減少させるが，δ が増加すれば更にその減少の度合いは大きくなる．これはまた投資意欲を抑制し現在価値の臨界値 V^* を上昇させる．表 10.2 に示しているように，δ が高い値をとる場合には，この二次的な効果が大きく影響し，V^* が δ とともに増加する．

われわれは，この二次的な効果を V^* の現在価値を計算することによって打ち消すことが出来る．この場合，投資支出は最大率 k で行われ，プロジェクトの完成までに $T = K/k$ 年かかることが仮定される．割引率は μ であるが，V は期待成長率 α をもつため，この**純現在価値** V^{**} は以下のようなシンプルな式となる．

$$V^{**} = V^* e^{-(\mu-\alpha)K/k} = V^* e^{-\delta K/k} \tag{10.30}$$

表 10.2 には V^{**} も掲載されている．ここでどのような σ の値に対しても V^{**} は，δ が増加するにつれて，減少することに注意してほしい．

投資の不可逆性や遅延の可能性によって，投資のリターンとコストの差が拡がるのであろうか．これに対する一つの答えは，V^{**} と投資プロジェクト完成

ばならない．このケースでは σ と δ は独立変数として扱われている．これがここでのわれわれの解釈である．しかし，α が外生的に固定されていると，δ はその差を埋めるため変化しなければならない．この点についての分析は，興味を持った読者にゆだねよう．

に必要な費用の純現在価値を比較することである．これらの投資費用は期間 $T = K/k$ の間に連続的に支出されると仮定すると，その現在価値は以下の通りとなる．

$$K^* = \int_0^{K/k} ke^{-r\tau} d\tau = (1 - e^{-rK/k})\frac{k}{r} \quad (10.31)$$

われわれの例では，$K^* = 565$ 万ドルである．したがって，表 10.2 では，どのような σ, δ の値に対しても，V^{**} は K^* よりも高いことが分かる．また，σ が大きく，かつ（または）δ が小さい場合には，更に V^{**} の値が高くなることが分かる．

われわれはまた，不確実性や投資期間が投資の意思決定にどのような影響を与えるかについて，異なる k に対して V^* を計算することにより分析することが出来る．図 **10.2** では，$K = 600$ 万ドル，$\delta = 0.03, 0.12$ では，V^* は k の関

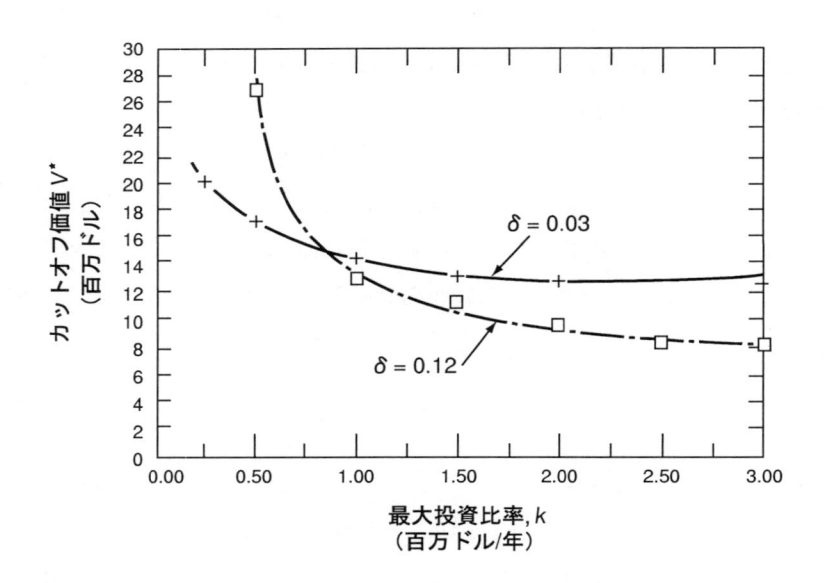

図 **10.2** 最大投資意率 (k) に対応する**臨界値** V^*

注意：パラメータは $r = 0.02, \sigma = 0.20, K = 600$ 万ドル

数である[4]．δ が小さい時には，k が変化したとしても僅かしか V^* に影響が及ばないことに注意しよう．理由は，V の期待成長率は**リスク調整済み金利** μ に近く，建設をスピードアップする能力は，投資**オプション**の価値や投資の意思決定にほとんど影響を与えないためである．しかし，もし δ が大きい場合には，V^* は k に対して大変センシティブとなる．そして，k の値が低いということは（最小建設時間が長くなることと同義），完成後のプロジェクトの現在価値が低いこと，すなわち，現在の**臨界値** V^* がより高いこと，を意味する．上記のように，この2つ目の効果は V^{**} のことを考慮すると薄まるかもしれない．この点については読者自身が確かめてほしい．

われわれは k が一定であることをこれまで仮定してきた．しかしそれは，投資の最大率が各投資段階に依存するようないくつかの投資プロジェクトにとっては非現実的である．ただ，このモデルは，投資の最大率が**残余費用** K の関数となるように容易に修正することが可能である．式 (10.24) において一定の I ではなく，K の関数を代入すればよい．解を得るには，同様の**数値計算**を行えばよい．また，$I \geq 0$ という条件を維持する必要も無い．投資率の下限としては正の値をとる場合も考えられる（例えば，建設現場の保全のため）．ここで制約条件は，$l \leq I \leq k$ となり，l や k は K に依存するかたちをとっても良い．この制約条件は二通りの解釈が可能である．まず，企業は一旦投資を始めたら最低限の投資率を維持しなければならないという解釈が可能である．あるいは，適切に保全されなければ，現存する投資価値が減価するため，最低限の投資が必要であるとも解釈できる．この二つのケースでは最適投資ルールは異なる．後段階で退出不可能な状況がある場合，初期の投資プロジェクトへの参入のハードルは，退出可能である場合に比べて厳しくなる．

---

[4] 補論で述べるように，V^* の計算は，有限差分法を用いているために数値上の誤差が生じる．そのような誤差が無ければ，図 10.2 や図 10.3 のプロットは，スムーズなカーブとなる．

10.2.D 建設スケジュールの柔軟性の価値

プロジェクトの建設をスピードアップすることが出来ることは，どのくらい価値があるのであろうか．多くのプロジェクトは建設スピードの異なる様々な建設技術を用いることが出来る．柔軟性の高い技術はよりコストがかかる傾向にあるし，また，高いコストは建設スケジュールの柔軟性の価値と見合わなければならない．われわれは，その柔軟性の価値を決定するために，これまで学んだモデルを利用することが出来る．建設時間に関してより柔軟性があることは，高い k の値に対応するので，単に異なった k について投資機会の価値 $F(V,K)$ を計算すればよい．k の変化に対応する F の変化は，柔軟性の限界的な増加に対応する投資価値の限界的な増分となる．もちろん，この柔軟性の限界的な価値は，他のパラメータに加えて V と K にも依存する[5]．

図 10.3 は，標準ケースのパラメータ ($r = 0.02, \sigma = 0.20, \delta = 0.06$) で計算した値を示している．グラフでは，$V$ （最初は 1000 万ドル，次に 1500 万ドル）と K （600 万ドル）を一定とした場合において，k の関数として $F(V,K;k)$ を表している．V のそれぞれの値に対する，建設時間の柔軟性の限界的な価値は，$\Delta F/\Delta k$ として表現でき，それはグラフの傾きに相当する．図で示されているように，柔軟性の限界的な価値は，常に正であるが，k が増加するとともにその増加幅は小さくなる．また，図において横に走っている直線は最大限の柔軟性がある場合，すなわち $k = \infty$ の時の投資の機会費用を示している．$V = 10$ の時は，投資の機会費用は 4.0 であり，$V = 15$ の時は，9.0 となる[6]．

次に，同じ $V = 10, K = 6$ の場合において，二つの異なった建設技術のケースを考えよう．一つは $k = 0.5$ の場合，もう一つは $k = 1.0$ の場合であ

---

[5] 柔軟性の限界的な価値の増分を計測する別の方法は，最小の建設時間 K/k の変化に対応する $F(V,K;k)/K$ の変化である（$F(V,K;k)/K$ は，投資に必要な費用 1 ドルあたりの価値である）．しかし，$F(V,K;k)$ は K に関して線形同時性を持たないので，この計測方法もまた K に依存する．

[6] $k = \infty$ の時は，われわれが第 5 章で既に学んだモデルに単純化される．第 5 章での結果を用いると，$r = 0.02, \sigma = 0.20, \delta = 0.06, K = 6$ の時，臨界値 $V^* = 8.6$ となる．$V = 10, 15$ はこの臨界値を超えているので，投資の機会費用は単に $V - K$ となり，それは 4.0 と 9.0 となる．

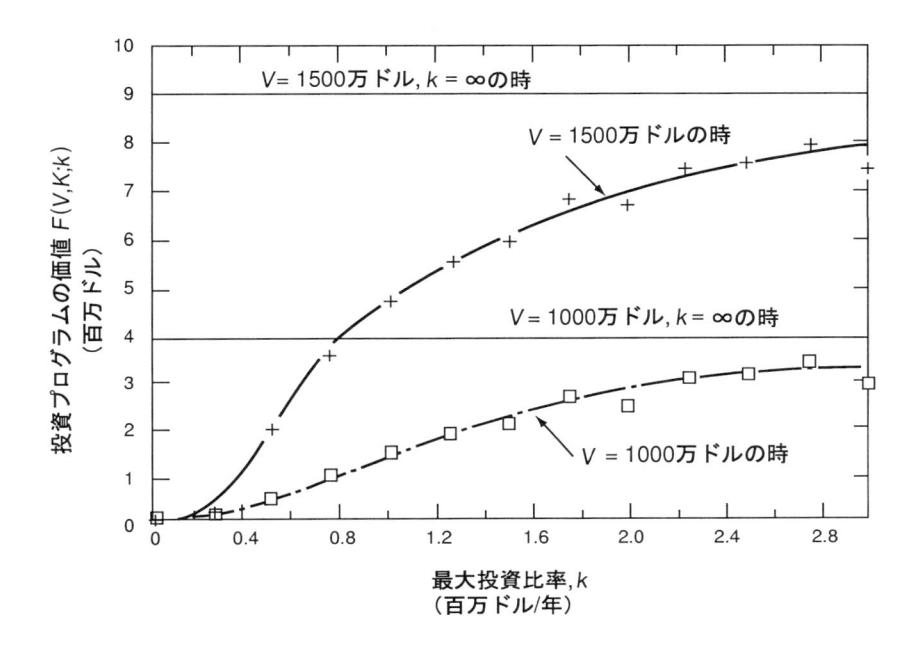

図 10.3 建設スケジュールの柔軟性の価値

注意 : $r = 0.02, \sigma = 0.20, K = 600$ 万ドル の時の, k の関数としての $F(V, K; k)$

る．図からも分かるように，より柔軟な技術がある場合の限界的な価値は $\Delta F/\Delta k = 0.98/0.5 \approx 2$ となる．したがって，より柔軟性を持った技術を持とうとすると，追加的に 200 万ドルかかることになる．もし V が高い場合，限界的な価値も高くなる．もし $V = 15$ であれば，限界価値は約 5.5 となる．もちろん一般的に，より柔軟性の高い技術は異なる総投資額 K を必要とする．その場合，それぞれにおいて $F(V, K; k)$ を比較することによって技術をランク付けすることが出来る．

10.2.E 簡単な拡張

第6章では，プロジェクトの価値よりも生産物の価格が，ある外生的な**確率過程**にしたがうと仮定することが自然であると述べた．また，確率変数として価格を扱うことの利点は，プロジェクトの価値がそのプロジェクトからの生産物の価格にどのように依存しているか，そして価格の不確実性がどのように投資プロジェクトの価値（また投資の意思決定）に影響を与えるかについて理解することが出来ることである．

投資に時間のかかるプロジェクトに関するこのモデルには，同様の議論があてはまる．幸いにも，生産物価格が外生的な**確率状態変数**を扱うことが出来るように，モデルを修正することは容易である．以前と同様に，一定の操業費用 C がかかり，もし生産物価格 P が C を下回った場合には，コストをかけずに一時的に操業を停止することが出来るし，もし P が C を上回った場合には費用をかけずに操業を再開することができる，と仮定しよう．われわれはまた，P は式 (10.1) で表される**幾何ブラウン運動**にしたがうと仮定する．そして，第6章や本章の冒頭部分でみたように，プロジェクトの価値 $V(P)$ は式 (10.3) で与えられる．

$V(P)$ が分かると，以前と同様に分析することが可能となる．投資**オプション**の価値を $F(P, K)$ と表し，いつもと同様の方法で，以下の**偏微分方程式**を得る．

$$\frac{1}{2}\sigma^2 P^2 F_{PP} - (r - \delta)PF_P - rF - IF_K - I = 0 \tag{10.32}$$

この方程式は，V に代えて P を用いた点を除くと，式 (10.24) と同じである．(10.25) から (10.27) までの**境界条件**は以下のようになる．

$$F(P, 0) = V(P) \tag{10.33}$$

$$F(0, K) = 0 \tag{10.34}$$

$$\lim_{P \to \infty} F_P(P, K) = (1/\delta)e^{-\delta K/k} \tag{10.35}$$

また，**バリュー・マッチング条件**，**スムース・ペースティング条件**は今度も使用される．すなわち，$F(P,K)$ と $F_P(P,K)$ は臨界値 $P = P^*(K)$ で連続でなければならない．

臨界値 $P^*(K)$ と $F(P,K)$ の解は，以前と同様に**数値計算**によって求められる．大きな違いは，**境界条件** (10.33) である．$V(P)$ の解は数値計算の過程で全ての範囲の P について計算される．そして，最終時点 ($K = 0$) において，それぞれの P の値に対して，$F(P,0)$ は $V(P)$ と等しくなる．限界的な増分 ΔK について最終時点から初期時点に向けて数値計算を行うと，以前と同様に $F(P,K)$，境界 $P^*(K)$ がそれぞれの K の値に対応して求められる．結果は，表 10.1 と良く似ているが，左端の列には価格が，右端の列にはそれらの価格に対応したプロジェクトの価値 $V(P)$ が掲載される．

10.3 学習曲線と最適生産の意思決定

前節で学んだような**連続投資**の問題は，極めて一般的なものである．もっとも関連のある問題は，**学習曲線**と将来の需要の不確実性に直面する企業の生産に関する意思決定である．学習曲線が存在する時，現在の生産は二つの便益をもたらす．一つは，市場価格で生産物を販売できることである．もう一つは，企業が学習曲線に沿って将来の生産コストを削減できることである[7]．したがって，学習曲線が存在することによって，企業の現在の生産コストは実は投資という性格も持っている．その投資の成果は，将来の生産コストの削減である．更に，それは不可逆的な投資である．すなわち，もし企業が生産の意思決定を後悔したとしても，企業は生産する前に戻ることは出来ないし，かかった費用を取り戻すことも出来ない．最後に，企業の生産物の価格が確率的に変動する場合，この投資から得られる将来の成果は，不確実なものとなる．

企業が**学習曲線**と確率的に変動する生産物価格に直面する時，企業の生産の

---

[7] 学習曲線に関する理論的な議論，価格や生産に関するインプリケーションについては，Spence(1981)，Kalish(1983)，Pindyck(1985) を参照．あらゆる産業における学習曲線の重要性に関しては，様々な実証分析が存在する．例えば，Lieberman(1984) を参照．

意思決定は，われわれがこれまで学んできた**連続投資**の意思決定と非常に関連がある．常に企業は価格を観察し，生産（したがって，将来の生産コスト削減のための投資）を行うかどうかを決定しなければならない．企業は，価格が十分に下落した場合には生産を止め，価格が再び上昇した場合には生産を再開する．最適な生産ルールを示し，これまで学んだ投資問題との類似性を示すため，Majd and Pindyck(1989) による最近のモデルを用いよう．

このモデルでは，企業は式 (10.1) で示される**幾何ブラウン過程**にしたがう価格 P で生産物を売ることが出来る．限界生産費用は，生産能力の上限（ここでは 1 とする）までは生産率 x に関して一定である．しかし，学習曲線があるため，限界費用は累積生産量 Q の増加に応じて低下する．それには最低水準 $\bar{c}$ が存在する．c を初期の限界費用とし，Q_m をコストが最低水準となる累積生産量とする．限界費用曲線は以下の通りとなる．

$$C(Q) = \begin{cases} ce^{-\gamma Q} & \text{if } Q < Q_m \\ ce^{-\gamma Q_m} = \bar{c} & \text{if } Q \geq Q_m \end{cases} \quad (10.36)$$

第 6 章のように，P が低下した時には企業は追加的な費用無しに生産を中止できるし，その後，P が十分に上昇した時には生産を再開できる．第 6 章におけるモデルと異なる点は，たとえ現在の収益がマイナスであっても生産を続けることが最適である場合もあるかもしれないという点である．理由は，現在の生産価値が，現在のキャッシュフローに加えて，将来の生産コストの低下の程度にも依存するからである．言い換えれば，現在の生産に関してシャドー・バリュー（暗黙の価値）が存在し，それは**学習曲線**に沿って低下する生産費用という便益を測っていると考えられる．

P に関する不確実性は経済の存在する資産によって複製することが出来ると仮定する．また，μ を将来収入に関する**リスク調整済み割引率**とする．いつものように，$\delta = \mu - \alpha$ とする．ここで企業の価値を評価し，最適な（価値を最大化する）操業政策を決めるために，標準的な**条件付請求権分析**を用いることが出来る．企業の価値は，P のほかに企業がどの程度学習曲線に沿ってコストを削減できるかに依存する．前節におけるモデルと同様，ここでは 2 つの**状態**

変数 (P と Q), 一つの**操作変数** (x) が存在する. xには $0 \leq x \leq 1$ という条件が存在する. ここで企業価値 $V(P,Q)$ と最適生産ルール $x^*(P,Q)$ を見つけることが問題である.

読者は, $V(P,Q)$ が以下の**偏微分方程式**を満たさなければならないことが容易に証明できるであろう.

$$\frac{1}{2}\sigma^2 P^2 V_{PP} - (r-\delta)PV_P + xV_Q - rV + x[P - C(Q)] = 0 \qquad (10.37)$$

これは x に関して線形であるので, 最適な x は 0 または 1 である. 実際, 最適政策 x^* は以下のように表現できる.

$$x^*(P,Q) = \begin{cases} 1 & \text{if } P + V_Q \geq C(Q) \\ 0 & \text{otherwise} \end{cases} \qquad (10.38)$$

以前われわれがもっていた直感は, 上記のように定式化される. 現在の 1 単位の生産は現在の便益 P をもたらすほか, 将来の生産費用の削減という将来の便益を生む. そして後者は, 企業の追加的な価値の上昇 V_Q によって測ることが出来る. もしこれらを合わせた便益が現在の費用 $C(Q)$ を上回れば, 生産は正当化される.

一旦問題が解決し, 関数 $V(P,Q)$ が分かると, **臨界値曲線**, あるいは**自由境界** $P^*(Q)$ を見つけることが出来る.

$$P > P^*(Q) \qquad \text{if and only if} \qquad P + V_Q(P,Q) > C(Q)$$

この場合, 最適な生産ルールは以下の通りとなる. もし $P \geq P^*(Q)$ ならば, $x = 1$ となる. もし $P < P^*(Q)$ ならば $x = 0$ となる. Q が上昇するとコストは減少するので, $dP^*/dQ < 0$ となる. それではこの解を導いてみよう.

式 (10.37) に対する解は, **バリュー・マッチング条件** ($V(P,Q)$ は $P = P^*$ において連続) に加えて, 以下の**境界条件**を満たす必要がある.

$$V(0,Q) = 0 \qquad (10.39)$$

$$\lim_{P\to\infty} V_P(P,Q) = 1/\delta \tag{10.40}$$

$$P^*(Q) - C(Q) + V_Q(P,Q) = 0 \tag{10.41}$$

$$V(P,Q_m) = \overline{V}(P) \tag{10.42}$$

条件 (10.39),(10.40) は,前の節で学んだ建設時間のかかる投資モデルにおける**境界条件** (10.26),(10.27) と同様の条件である.(10.39) は単に,$P=0$ であれば,それは 0 であり,したがって $V=0$ となる.(10.40) は,もし P が大変高くなると,ほとんど確実に生産を行う.その場合,価格が 1 ドル上昇した場合の価値の上昇は,将来永劫全期間における 1 ドルの現在価値(割引率は $\mu - \alpha = \delta$)である.条件 (10.41) は生産 x に関する価値最大化問題から得られる.それは上記 $P^*(Q)$ の直観的な定義であり,それは**スムース・ペースティング条件**に替わるものである.最後に,条件 (10.42) は,建設時間のかかる投資モデルにおける境界条件 (10.25) と同様の条件である.それは,一旦 Q が Q_m に達し,生産費用が一定となると,累積生産が企業価値に影響しなくなり,V は単に P の関数となる.この場合の V は何であろうか.第 6 章の第 6.2 節,あるいは上記式 (10.3) において導き出した.それは以下の通りである.

$$\overline{V}(P) = \begin{cases} A_1 P^{\beta_1} & \text{if } P < \overline{c} \\ B_2 P^{\beta_2} + P/\delta - \overline{c}/r & \text{if } P > \overline{c} \end{cases} \tag{10.43}$$

ここで β_1, β_2 はそれぞれ二次方程式の正負の根であり,A_1 と B_2 は式 (10.4),式 (10.5) で与えられる定数である.

$P < P^*, x = 0$ の時,式 (10.37) は解析解を持つ.

$$V(P,Q) = aP^{\beta_1} \tag{10.44}$$

$P > P^*, x = 1$ の時,式 (10.37) は解析解を持たず,**数値計算**によって解かなければならない.今度も**有限差分法**を用いて解く.この場合,**偏微分方程式**は代数的に解くことが出来る**差分方程式**に変換される.この方法は,本質的には前節で用いた方法と同じであり,詳細は補論で述べる.

10.3 学習曲線と最適生産の意思決定

10.3.A　解の性質

表 10.3 は以下のパラメータを用いた解である．初期の限界費用 $c = 40$，最小限界費用 $\bar{c} = 10$，$Q_m = 20$（したがって $\gamma = 0.0693$），$r = \delta = 0.05, \sigma = 0.20$ である[8]．表では，様々な累積生産量に対して，生産を行う企業に必要とされる**臨界値**価格と生産物価格の二つの関数としての企業の価値が示されている．例えば，累積生産量がゼロ（この場合限界費用は 40 ドルとなる）の場合，企業は，価格が 25.53 ドルよりも上昇した場合に生産を行うべきである．このときの企業価値は 178.53 ドルとなる．価格が 25.33 ドルよりも下の場合には企業は生産を行わないが，企業価値はゼロにはならない．なぜなら，価格は将来上がるかも知れないからである．Q が上昇するにつれ，限界費用は減少するので，企業の価値は上昇し，P^* は上昇する．Q が 20 に達すると，臨界値価格は最小限界費用である 10 ドルまで下落する．この点では，企業は**学習曲線**の底に達し，累積生産のシャドー・バリューはゼロとなる．

もちろん，不確実が無いとしても，**学習曲線**が存在する場合には，累積生産のシャドー・バリューが存在するので，現在の生産物価格が現在の限界費用を大きく下回ってとしても生産を続けるべきである[9]．不確実性が企業の生産の意思決定にどのように影響を与えるかについてみるために，このシャドー・バリュー V_Q の性質，それがどのように P や σ に依存しているかを調べてみよう．**図 10.4** は，$Q = 0$ の時に，σ が 0，0.05，0.1，0.2，0.3，0.5 の時の P の関数としての V_Q を示している．図には，$c - P$ のラインも示してある．式 (10.41) より，P^* は $P = C(Q) - V_Q$ を満たすので，$Q = 0$ の時は V_Q 曲線と交わる直線として表される．$\sigma = 0, \alpha = r - \delta = 0$ の時，**臨界値**価格 19 ドルまで

---

[8] σ が価格のパーセント変化の標準偏差（年率）であることを思い出していただきたい．もしこの企業の生産が市況商品（例えば銅，綿，木材）である場合には，σ は実際には 0.20 よりも大きい．また，もし全ての個別資産の価格リスクが打ち消しあうように分散されたポートフォリオでは，収益率は安全資産収益率に等しくなり，$\mu = r$ となる．この場合，$r = \delta$ とすると $\alpha = 0$ となる．しかし，システマティックリスクが存在すると $\mu > r, \alpha > 0$ となる．

[9] Spence(1981) が示したように，もし割引率がゼロ（すなわち不確実性がゼロ）なら，学習曲線の底である長期限界費用（それは長期的には実現する）を価格が上回っている場合には，競争企業は生産を行うべきである．

第 10 章　連続的投資

表 10.3　企業価値と最適生産ルール

価格	累積生産量（限界費用）					
	0.00 (40.00)	4.00 (30.32)	8.00 (22.98)	12.00 (17.41)	16.00 (13.20)	20.00 (10.00)
27.66	212.39	270.08	316.33	348.03	366.04	371.76
26.58	194.75	250.10	295.70	327.24	345.23	350.95
25.53	178.53*	231.15	276.00	307.36	325.31	331.03
24.53	163.76	213.24	257.21	288.33	306.25	311.98
23.57	150.22	196.35	239.29	270.15	288.03	293.75
22.65	137.79	180.50	222.24	252.78	270.61	276.32
21.76	126.40	165.70	206.03	236.20	253.96	259.67
20.91	115.94	151.97	190.65	220.39	238.06	243.77
20.09	106.35	139.32*	176.09	205.32	222.89	228.60
19.30	97.56	127.80	162.35	190.97	208.42	214.12
18.54	89.49	117.23	149.42	177.33	194.62	200.32
17.81	82.09	107.53	137.31	164.38	181.49	187.18
17.12	75.30	98.64	126.01	152.11	169.00	174.67
16.44	69.07	90.48	115.54	140.50	157.13	162.69
15.80	63.36	83.00	105.92*	129.55	145.86	151.50
15.18	58.12	76.13	97.16	119.26	135.19	140.79
14.59	53.31	69.83	89.12	109.61	125.09	130.65
14.01	48.90	64.06	81.75	100.62	115.55	121.06
13.46	44.86	58.76	74.99	92.29	106.57	112.00
12.94	41.15	53.90	68.79	84.61*	98.13	103.47
12.43	37.74	49.44	63.10	77.62	90.22	95.45
11.94	34.62	45.35	57.88	71.20	82.84	87.93
11.47	31.76	41.60	53.09	65.31	76.00	80.89
11.02	29.13	38.16	48.70	59.91	69.68*	74.33
10.59	26.72	35.00	44.67	54.95	63.92	68.24
10.18	24.51	32.11	40.98	50.41	58.63	62.61*
9.78	22.48	29.45	37.59	46.24	53.78	57.43
9.39	20.62	27.02	34.48	42.41	49.33	52.68

注意：値は企業価値 $V(P,Q)$ を示している．*は最適生産ルールを示している．*の値に対応する価格が**臨界値価格** $P^*(V)$ である．パラメータは，$r = \delta = 0.05, c = 40, \bar{c} = 10, Q_m = 20, \sigma = 0.20$ である．

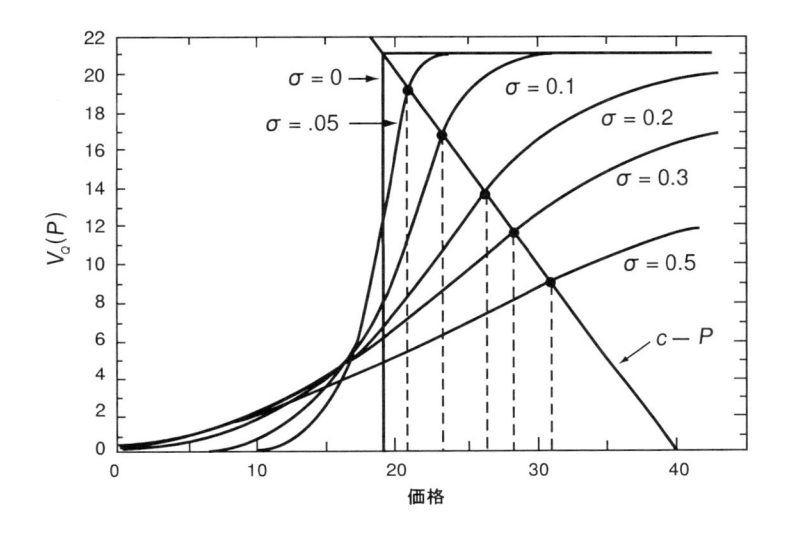

図 10.4 累積生産量のシャドー・バリュー

注意：パラメータは $r = \delta = 0.05, \sigma = 0, 0.05, 0.1, 0.2, 0.3, 0.5$ である．

は V_Q はゼロである．もし P がこの臨界値価格よりも下の場合には企業は決して生産しない．そしてその臨界値価格を超えると，企業価値は一気に 21 ドルとなる[10]．この図より，σ が大きければ大きいほど，P^* も大きくなる．例えば，$\sigma = 0.5$ の時，P^* は約 31 ドルとなる．

不確実性が V_Q に与える影響は，現在の価格に依存する．価格が将来上昇する可能性は V_Q を上昇させ，価格下落の可能性はそれを下落させる．価格が低い状況では，価格上昇の可能性が支配的となるため，不確実性は V_Q を上昇させる．このことをみるために，もし $\sigma = 0$ ならば，価格は決して上昇しない（なぜなら $\delta = r$）．したがって，価格が低くても将来の費用削減は価値を持たない．しかし，$\sigma > 0$ なら，価格は現在の生産を正当化するほど上昇するかもしれない．したがって，その場合には将来費用の削減が幾分かの価値を持つ．σ が大きければ大きいほど，有限期間内で生産を行う可能性が高く，したがって，

---

[10] $\sigma = 0$ の時，V_Q と P^* は，将来収益の割引現在価値の総和として解析的に得られる．

将来費用削減の現在価値が高い．現在の価格が高い場合には，全く逆のことが成り立つ．P が高く，企業が生産を行っている状況を考えよう．もし $\sigma > 0$ なら，価格は企業が生産を中止する水準にまで下落するかもしれない．σ がより大きければ大きいほど，これはすぐに起こりそうである．したがって，高い価格においては，高い σ は低い V_Q を意味する．

生産の意思決定にとって問題なのはこの高価格帯である．したがって，図 10.4 が示しているように，σ の増加は P^* を上昇させる．この結果は以下のように理解できる．すなわち，**学習曲線**が存在する下では，企業の生産費用の一部は，将来において削減される生産費用に対する不可逆的な投資である．将来価格に不確実性がある場合，この投資から得られる収益にも不確実性がある．いつものように，これは，価格変動の影響を見て投資を待つという選択をせず，現在すぐに投資を行うことの機会費用を表している．この投資の純便益（V_Q によって測定される）は下落し，**臨界値**価格は，学習曲線が無い場合の値まで押し下げられる．

10.4　費用の不確実性と学習

これまで学んできた投資問題のほとんどでは，投資から得られる収益は不確実であった．しかし，時々投資の費用の方が収益よりも不確実である場合がある．例えば，原子力発電所を建設する場合，技術革新や規制の不確実性などにより建設費用は予測することは難しい．電力需要や代替エネルギーの費用が不確実であるので，原子力発電所を完成させたときの将来における価値は不確実であるが，建設費用の不確実性は収入の不確実性よりも大きく，そのために電力会社は新発電設備の建設を延期することがある．他の例としては，新しい航空機開発，都市開発プロジェクト，製薬会社による新薬開発のような多くの R&D プロジェクト等がある．

プロジェクトが完成するまでに時間がかかる場合は，企業は二種類の費用の不確実性を含む**連続投資**問題に直面する．この二種類の費用の不確実性につい

ては第2章において簡単に述べた．第一は，技術面での不確実性であり，プロジェクトを完成させる上での物理的な困難さと関係がある．原材料の価格が既知であるとすると，どのくらいの時間，努力，原材料が必要とされるのであろうか．技術面での不確実性は，プロジェクトを実行することによってのみ解決できる．実際の費用や時間はプロジェクトが進むにつれて判明していく．建設上の障害が生じたり，予定よりも建設が順調に進んだりする場合には，これらの費用が予想よりも大きくなることもあれば，小さくなることもある．しかし，投資の総費用はプロジェクトが完成した時にのみ確実に判明する．

第二の不確実性は，投入費用の不確実性であり，それは企業にとって外生的な要因となる．プロジェクトに必要な労働力，土地，原材料の価格が予測できないほど変動する場合や，政府の規制が急に変更されることによって建設費用が大きく変化する場合には，投入費用は上昇する．企業が投資するか否かにかかわらず，価格や規制は変化する．さらにそれらは，将来時点においては更に不確実性が増す．したがって，完成までに時間がかかり，遅延の可能性があるプロジェクトにとって，投入費用の不確実性は特に重要かもしれない．

技術的な不確実性と投入費用の不確実性は，ともに将来のキャッシュフローに関する不確実性であり，投資機会の価値を上昇させる．すなわち，投資から得られる純収益は投資費用に対して凸関数となる．しかし，第2章でみたように，これら二つのタイプの不確実性は投資の意思決定に異なった影響を与える．技術的な不確実性は投資をより魅力的にする．通常の**純現在価値評価法**では負となるような将来の費用構造をもったプロジェクトでも，投資を始めるにあたり十分にペイする可能性がある．理由は，投資を行うことで費用に関する情報が明らかになり，投資の完成に直接貢献すること以上のシャドー・バリューを持つからである．この**シャドー・バリュー**が，投資の予想される総費用を引き下げる．第2章では，単純な2期間の例でこのことを示した．

一方，投入費用に関する不確実性は，現在時点で投資することを魅力的でないものにする．通常の**純現在価値評価法**によりプラスの価値を持つプロジェクトは，建設用の原材料費用の大小により投資を行うべきかどうかが決まるので，

第 10 章　連続的投資

実行することが経済的でない場合もありうる．この場合，費用を実際に支出する前に新たな情報を待つことが価値を持つ．さらに，建設費用が経済の変動と相関している場合や，**資本資産価格モデル**において費用の**ベータ**が高い場合には，この効果は更に強まる．理由は，より高いベータは，将来における費用を割り引く際に用いられる割引率を引き上げることにより，投資機会の価値を高めるほか，投資を待つことの便益を高めるからである．

技術的な不確実性と投入費用の不確実性は投資に対して異なる影響を与えるため，投資分析を行う際にはこの両方を適切に扱っていくことが重要である．ここでは，この二つの不確実性に直面した不可逆的な投資に対する意思決定ルールを扱っている Pindyck(1993b) のモデルをみてみよう．基本的な考え方は，問題となっているプロジェクトには，完成に必要な費用があり，それが確率変数 ($\tilde{K}$) となることである．この場合，予想費用 $K = \mathcal{E}(\tilde{K})$ だけが既知となる．第 10.2 節におけるモデルのように，プロジェクトの完成には時間がかかる．その際，企業が投資出来る最大の投資率は k となる．プロジェクトが完成すると，企業は確定した価値 V をもつ資産（例えば工場や新薬）を手に入れる．

技術的不確実性と投入費用の不確実性の両方を考慮に入れると，予想費用 K は以下の式によって変動する．

$$dK = -I\,dt + \nu(IK)^{1/2}\,dz + \gamma K\,dw \tag{10.45}$$

ここで dz と dw は無相関の**ウィーナー過程**にしたがう**確率変数**である[11]．プロジェクトを完成させる上での技術的困難さは経済全体の状態とあまり関連があるとは考えられない．しかし，建設費用の変動については経済全体の状態と関

---

[11] これは，以下のようなコントロールされた**確率過程**の特殊なケースである．

$$dK = -I\,dt + g(I, K)\,dz$$

ここで $g_I \geq 0, g_{II} \geq 0, g_K \geq 0$ である．この式が経済的に意味を持つためには，いくつかの条件が必要である．(i) $F(K; V, k)$ は K, V, k に関して一次同時である．(ii) $F_K < 0$，すなわち投資の予想費用が増加するときは必ず投資の価値は減少する．(iii) dK の即時的な分散は有限な全ての K に対して上限が存在し，それは $K \to 0$ となる時にゼロに近づく．(iv) もし企業が最大投資率 k でプロジェクト完成まで投資を行うとすると，$\mathcal{E}_0 \int_0^{\tilde{T}} k\,dt = K$ となり，K は実際予想建設費用と一致する．式 (10.45) はこれらの条件に合致している．

10.4 費用の不確実性と学習

連があると考えられる．したがって，dz に関するリスクは全て分散可能（経済全体や株式市場との相関が無い）であるが，dw については市場と相関があると仮定する．

方程式 (10.45) の右辺の第二項は，技術的不確実性を表している．もし $\gamma = 0$ ならば，K は企業が投資を行った場合にのみ変化する．そしてその場合，dK/K の**即時的分散**は I/K に関して線形的に増加する．企業が投資を行う時，最小時間 Δt の間に予想される K の変化は $-I\Delta t$ である．しかし，実際に起こる変化はこれよりも大きい場合もあるし小さい場合もある．いずれにしても K は増加する．プロジェクトが進むにつれて，予想されたよりも進行状況が早くなる場合もあれば遅くなる場合もある．$\tilde{K}$ の分散は K が減少すると減少する．しかし，プロジェクトの実際の総費用 $\int_0^{\tilde{T}} I\,dt$ は，プロジェクトが完成して初めて分かる．式 (10.45) の右辺の最後の項は投入費用の不確実性を表している．もし $\nu = 0$ ならば，dK/K の**即時的分散**は一定となり，I からは独立となる．ここで，投資が無い場合でも K は変動する．労働力と原材料の費用の変化が企業行動の如何にかかわらず K を変化させる．

問題は，投資機会の価値 $F(K; V, k)$ を最大化する投資政策を見つけることである．

$$F(K) = \max_{I(t)} \mathcal{E}_0 \left[V e^{-\mu \tilde{T}} - \int_0^{\tilde{T}} I(t) e^{-\mu t}\,dt \right] \quad (10.46)$$

これは式 (10.45)，$0 \leq I(t) \leq k, K(\tilde{T}) = 0$ に従う．ここで μ は適切な**リスク調整済み割引率**であり，完成時間 $\tilde{T}$ は確率変数である．

10.4.A 投資問題の解

ここでわれわれは，リスク・リターンは他の資産によって複製が可能であり，μ が消去可能であると仮定する．x をある資産あるいは複数資産からなる**動的ポートフォリオ**の価格とし，それは w と完全相関しているとする．この場合

第 10 章 連続的投資

dx は以下の式に従う．

$$dx = \alpha_x x\, dt + \sigma_x x\, dw \tag{10.47}$$

読者は，複製可能性により $F(K)$ が以下の微分方程式を満たさなければならないことを確信することが出来るであろう．

$$\frac{1}{2}\nu^2 IKF''(K) + \frac{1}{2}\gamma^2 K^2 F''(K) - IF'(K) - \phi_x\gamma KF'(K) - I = rF(K) \tag{10.48}$$

ここで $\phi x \equiv (r_x - r)/\sigma_x$，$r_x$ は x に関する**リスク調整済み期待収益率**である．したがって，$r_x = r + \phi\rho_{xm}\sigma_x$ となる（ϕ はリスクの市場価格であり，ρ_{xm} は資産 x と市場ポートフォリオの相関係数である）．したがって，$\phi_x = \phi\rho_{xm}$ である．ϕ は経済全体におけるパラメータなので，ϕ_x を決定するために必要なプロジェクト特有のパラメータは ρ_{xm} である．

式 (10.48) は I に関して線形であるので，$F(K)$ を最大化する投資率はゼロかあるいは最大値 k となる．

$$I = \begin{cases} k & \text{for } \frac{1}{2}\nu^2 KF''(K) - F'(K) - 1 \geq 0 \\ 0 & \text{otherwise} \end{cases} \tag{10.49}$$

式 (10.48) はしたがって，K^* において**自由境界**となる．そこでは，$K \leq K^*$ の時 $I(t) = k$ となり，その他の場合には $I(t) = 0$ となる．K^* の価値は，以下の境界条件のもとで式 (10.48) を解くことにより $F(K)$ とともに求められる．

$$F(0) = V \tag{10.50}$$

$$\lim_{K \to \infty} F(K) = 0 \tag{10.51}$$

$$\frac{1}{2}\nu^2 K^* F''(K^*) - F'(K^*) - 1 = 0 \tag{10.52}$$

この他に $F(K)$ が K^* において連続であるという**バリュー・マッチング条件**が必要となる．条件 (10.50) によると，プロジェクトの完成時点ではペイオフは

V となる．条件 (10.51) によると，K が非常の大きい時，有限時間において，それがプロジェクトを始めるほど十分に低下する可能性はとても小さいことが分かる．条件 (10.52) は式 (10.49) に由来するものであり，**スムース・ペースティング条件**（$F'(K)$ は K^* で連続）と同様である．

$I = 0$ の時，式 (10.48) はシンプルな**解析解**をもつ．

$$F(K) = AK^{\beta_2} \qquad (10.53)$$

ここで β_2 は**境界条件** (10.51) より以下の**特性二次方程式**の負の根となる．

$$\frac{1}{2}\gamma^2\beta(\beta-1) + \phi_x\gamma\beta - r = 0$$

残りの境界条件は，K^* に対応する A と $K < K^*$ の場合の $F(K)$ の解を決定する際に用いられる．これは**数値計算**によって行われるが，一旦式 (10.48) が適切に変形されれば難しくはない[12]．$K < K^*$ の時に解は見つけることが出来，それぞれは条件 (10.50) を満たす．しかし，単一解は A とともに条件 (10.52) と $F(K)$ が K^* で連続であるという条件から決定される．

10.4.B　解の性質

技術面での不確実性が存在するとき，式 (10.48) は以下のように簡単化される．

$$\frac{1}{2}\nu^2 IKF''(K) - IF'(K) - I = rF(K) \qquad (10.54)$$

ここで K は投資が行われたときのみ変化する．もし $K > K^*$ であり，企業が投資を行わないならば，K は決して変化はせず，$F(K) = 0$ である．$r = 0$ の

---

[12] $I = k$ の時，式 (10.48) は $K = 0$ で一次の特異解を持つ．これを除くため，$F(K) = f(y), y = \log(K)$ とする．そして，式 (10.48) は以下のようになる．

$$f''(y) - f'(y) - \frac{2kf'(y)}{\nu^2 k + \gamma^2 e^y} = \frac{2k + 2rf(y)}{\nu^2 k e^{-y} + \gamma^2}$$

境界条件 (10.50) から (10.52) はそれぞれ変形される．

時は，式 (10.54) は以下の**解析解**を持つ．

$$F(K) = V - K + \nu^2 \left(\frac{V}{2}\right)^{-2/\nu^2} \left(\frac{K}{\nu^2+2}\right)^{(\nu^2+2)/\nu^2} \tag{10.55}$$

臨界値 K^* は以下となる．

$$K^* = \left(1 + \frac{1}{2}\nu^2\right)V$$

式 (10.55) は簡単な解釈が可能である．$r = 0$ の時，プロジェクトを破棄する可能性が無い場合，$V - K$ は投資機会の価値となる．最後の項は，**プットオプション**——投資費用が予想以上に高くなった場合にプロジェクトを破棄する**オプション**——の価値である．ここで，$\nu > 0$，$K^* > V$，K^* は ν の増加関数であることに注意されたい．不確実性が高ければ高いほど，投資機会の価値も大きくなり，投資を始めることが経済的に合理性を持つような予想費用の最大値も大きくなる．

数値計算が必要な，より一般的な問題を見てみよう．ν の上昇と γ の上昇は K^* に対して逆の効果を持っているので，これら二つのパラメータのトータルの影響を調べることは有益である．**表 10.4** によると，K^* は ν と γ の両方の関数であることが分かる（ここで他のパラメータは $\phi = 0, V = 10, k = 2, r = 0.05$ とする）．K^* は γ に関しては減少関数であり，ν に関しては増加関数であるが，γ の変化に対してのほうがより敏感である．ν の価値にかかわらず，$\gamma = 0.5$ である時は，$\gamma = 0$ の場合における値の約四分の一にまで K^* が減少する．また，K^* のこの下落幅は，投入費用の不確実性に対してシステマティックな要素があれば，大きくなる．したがって，多くの投資案件，特に投入費用が大きく変化するような大規模プロジェクトの場合，不確実性の増加は K^* の増加を伴い，投資額は減少する．一方，技術面での不確実性がより重要な R&D 投資の場合には，不確実性の増加がかえって投資額の増加につながる．

このモデルを用いる場合には，ν や γ の推計が必要となる．したがって，それぞれの不確実性の源泉に対する予想費用の**信頼区間**を推計する必要がある．費用の不確実性を技術面と投入コスト面に分けるためには，技術面のほうが時

表 10.4 プロジェクト完成のための臨界費用 (K^*)

	γ					
ν	0	0.1	0.2	0.3	0.4	0.5
0	8.9257	6.6113	4.9463	3.7524	2.8857	2.2559
0.1	8.9844	6.6504	4.9756	3.7720	2.9016	2.2681
0.2	9.1309	6.7578	5.0537	3.8330	2.9468	2.3032
0.3	9.3750	6.9385	5.1855	3.9307	3.0225	2.3608
0.4	9.7168	7.1875	5.3711	4.0674	3.1274	2.4438
0.5	10.156	7.5098	5.6104	4.2480	3.2617	2.5488
0.6	10.693	7.9053	5.8984	4.4629	3.4277	2.6758
0.7	11.328	8.3691	6.2402	4.7168	3.6230	2.8271
0.8	12.051	8.8965	6.6309	5.0146	3.8477	3.0005
0.9	12.861	9.5020	7.0801	5.3467	4.1016	3.1982
1.0	13.770	10.166	7.5732	5.7178	4.3848	3.4180

注意：K^* は式 (10.48) の解と $F(K)$ の**境界条件**より計算される．ν や γ というパラメータは，それぞれ技術的不確実性，投入費用の不確実性を表す．その他のパラメータについては以下の通りである．$V = 10, k = 2, r = 0.05, \phi = 0$.

間から独立していること，また，投入コストの不確実性に由来する費用の**分散**は投資期間に対して線形である．したがって，γ の値は T 年から将来にかけての費用の**標準偏差**を推計することによって求められる．この間，投資は行われないものと仮定されている．この推計値 $\hat{\sigma}_T$ は，過去の建設費用や，あるいは個々の投入物に関する標準偏差の組み合わせからなる会計モデルによる．そして，$\hat{\gamma} = \hat{\sigma}_T/\sqrt{T}$ となる．ν を消去するために，以下の事実を利用する．もし $\gamma = 0$ の場合，完成に必要な費用の分散は以下の式で与えられる[13]．

---

[13] $G(K) = \mathcal{E}_t\left[\int_t^T k\,d\tau \big| K\right]^2$ とする．$G(K)$ は以下の Kolmogorov の方程式を満たす必要がある．

$$\frac{1}{2}\nu^2 kKG''(K) - kG'(K) + 2kK = 0$$

この場合，境界条件 $G(0) = 0, G(\infty) = \infty$ にしたがう（詳しくは，Karlin and Taylor(1981), p.203 参照）．これに対する解は，$G(K) = 2K^2/(2 - \nu^2)$ となり，その分散は (10.56) で与えられる．

$$\mathcal{V}(\tilde{K}) = \left(\frac{\nu^2}{2-\nu^2}\right)K^2 \tag{10.56}$$

したがって，もしプロジェクト費用の **1 標準偏差**が予想費用の 25%（あるいは 50%）ならば，ν は 0.343（あるいは 0.63）となる．式 (10.56) と予想費用の初期推計値 $K(0)$ を用いると，ν の値は時間から独立した $\tilde{K}$ の標準偏差の推計値に基づくことになる．

10.5 文献ガイド

第 2 節で提示した，建設期間を伴う**連続投資**のモデルの先行事例としては，Myers and Majd (1984) により展開された最適な廃棄のモデルがある．彼らは，建設途中のどの時点でも建設を永久に止められるような事業を評価しており，また類似の**数値計算**により最適な廃棄ルールを発見している．建設期間を伴う投資に関する最近の研究には，Bar-Ilan and Strange (1992) がある．建設期間（および関連した遅延）は理論モデルでも実証モデルでも無視されることが多いが，Kydland and Prescott (1982) はそれらが重要なマクロ経済上の結果を引き起こしうることを示した．

第 10.4 節で示した費用の不確実性に関するモデルは，初期のいくつかの研究に関連している．情報収集の価値は Roberts and Weitzman (1981) によって研究されており，彼らは類似の**連続投資**のモデルを開発している．そのモデルでは，事業は途中で中止することができ，投資を行うこと自体が完成までの費用の期待水準と分散の両方を減少させる．彼らは，最適な中止ルールを導き，事業の初期段階ではたとえ事業全体の**純現在価値**がマイナスであっても先に進んだほうが良い場合があることを示している．Weitzman, Newey and Rabin (1981) はそのモデルを合成燃料の試験プラントの評価に用い，費用についての学習がそれらの投資を正当化しうることを示した．MacKie-Mason (1991) は Roberts and Weitzman の分析を拡張し，投資家（事業費用の負担者）とマネージャー（事業を続けるか中止するかの決定者）との間で利益相反と非対称情報が存在す

るようなモデルを展開した．彼は，費用に関する学習が投資家とマネージャーの間で非対称だと，事業中止が過剰に生じ非効率になることを示した．

Grossman and Shapiro (1986) も収益を生むために努力がどの程度必要となるか判らないような投資を研究した．彼らは，収益を**ポワソン過程**，特にその発生率が累積の努力で決まるものとしてモデル化した．彼らは，収益発生率が努力に関して下に凸の関数である場合を想定し，先に進むべきかどうかには焦点を当てず，投資がなされる比率に焦点を当てた．関連する研究成果には，Baldwin (1982) がある．彼女は，投資機会がランダムに生じ，企業の利用可能資源に制約があるときの**連続投資**問題を分析した．彼女は，連続する投資機会を評価し，単純な**純現在価値**評価ルールは過剰投資をもたらす，すなわちよりよい投資機会の到来を待つ事には価値があることを示した．同様に，費用が確率的に推移するなら，費用が低下するのを待つことにも意味がでてくることがあることも示した．最後に，Zeira (1987) は，企業が資本を蓄積していくにつれ，収益関数について学習していくモデルを展開した．

これらの学習と不確実な費用のモデルはすべて，Weitzman (1979) により分析された最適な検索の問題の範疇に入るものである．彼が，「パンドラの箱」問題と呼んだものにおいては，収益が不確実な投資機会をどの程度，そしてどの順で採択するかを決めなくてはならない．この場合，ある事業に費やされた費用の1円1円が個別の投資機会となり，それぞれの投資の結果，不確実な収益が発生する．第10.4節で提示したモデルは，投資が行われなくても，期待収益が確率的に推移する（あるいは投入費用の不確実性が存在する）という点でより一般的なものであるが，用いられる資金の順番があらかじめ決まっているという点でより制約的である．

補論において，第10.2節で考えた建設期間を伴う投資モデルに用いる**偏微分方程式**を解くための**数値計算**を簡単に説明している．偏微分方程式を解くための専門知識を身につけたい読者は以下の教科書，Haberman (1987), Guenther and Lee (1988), Carrier and Pearson (1976) から始めると良いだろう．**オプション価格評価**問題において生じる確率偏微分方程式の数値計算は，Brennan and Schwartz (1978),Geske and Shastri (1985),Hull and White (1990) などで議論されている.

補論
A　偏微分方程式の数値計算

この補論では，建設期間を伴う**連続投資**のモデルである**偏微分方程式** (10.24) とその**境界条件**をどのように数値的に解くかを示す．ここで用いている手順は，**有限差分法**の明示解とは異なるものである．他の**数値計算**の方法を用いても良く，そのなかにはもっと効率的だったりもっと正確だったりするものもあろう．ここでのわれわれの目的は，一つの解法を例示することだけである．

この手法の正確性を高め，$F(V,K)$ を十分に広い範囲の V について計算するために，以下の変換から始める.

$$F(V,K) \equiv e^{-rK/k}G(X,K) \tag{10.57}$$

ここで，$X \equiv \log V$ である．**偏微分方程式**（$V > V^*$ において）と**境界条件**は，

$$\frac{1}{2}\sigma^2 G_{XX} + (r - \delta - \frac{1}{2}\sigma^2)G_X - kG_k - ke^{-rK/k} = 0 \tag{10.58}$$

$$G(X,0) = e^X \tag{10.59}$$

$$\lim_{X \to \infty}\left[e^{-X}e^{-rK/k}G_X(X,K)\right] = e^{-\delta K/k} \tag{10.60}$$

$$G(X^*,K) = (1/\nu)G_X(X^*,K) \tag{10.61}$$

となる．偏微分方程式の係数はもはや V に依存しない事に注意してほしい.

有限差分法は，連続変数 V と K を離散変数に変換し，**偏微分**を**有限差分級数**に置き換える手法である．この手法を具体的に用いるために，置き換え

の際に特定の有限差分級数に対応させている．i と j を $-b \leq i \leq m$ および $0 \leq j \leq n$ として，$G(X, K) \equiv G(i\Delta X, j\Delta K) \equiv G_{i,j}$ と置こう．置き換えは，

$$G_{XX} \approx [G_{i+1,j} - 2G_{i,j} + G_{i-1,j}]/(\Delta X)^2$$

$$G_X \approx [G_{i+1,j} - G_{i-1,j}]/2\Delta X$$

$$G_K \approx [G_{i,j+1} - G_{i,j}]/\Delta K$$

となる．**偏微分方程式**は，以下の**差分方程式**

$$G_{i,j} = p^+ G_{i+1,j-1} + p^0 G_{i,j-1} + p^- G_{i-1,j-1} - n_{j-1} \tag{10.62}$$

となる．ただし，

$$p^+ = \frac{\Delta K}{2k\Delta X}[\sigma^2/\Delta X + r - \delta - \frac{1}{2}\sigma^2]$$
$$p^0 = 1 - \sigma^2 \Delta K/k(\Delta X)^2$$
$$p^- = \frac{\Delta K}{2k\Delta X}[\sigma^2/\Delta X - r + \delta + \frac{1}{2}\sigma^2]$$
$$n_j = \Delta K e^{rj\Delta K/k}$$

である．$p^+ + p^0 + p^- = 1$ である事に注意してほしい[14]．すると最終期の**境界条件**は，

$$G_{i,j=0} = e^{i\Delta X} \tag{10.63}$$

となり，上側の境界条件は，

$$\lim_{X \to \infty}\left[e^{-X - rK/k}G_X(X, K)\right] = e^{-\delta K/k}$$

すなわち，

$$G_X(m\Delta X, K) = e^{m\Delta X + (r-\delta)j\Delta K/k}$$

---

[14] これは，X の**ブラウン運動**を3点ランダムウォークで表わしたものである．第3章などで使った2点ランダムウォークと類似している．Brennan and Schwartz(1978) が示したように，微分方程式 (10.62) をパラメータ p^+（上方へのジャンプ）と p^-（下方へのジャンプ）を伴うジャンプ過程の観点から解釈した．

となる．G_X に上記の**有限差分法**の近似を用いると，この式は，

$$[G_{m+1,j} - G_{m-1,j}]/2\Delta X = e^{m\Delta X + (r-\delta)j\Delta K/k}$$

すなわち，

$$G_{m+1,j} = 2\Delta X e^{m\Delta X + (r-\delta)j\Delta K/k} + G_{m-1,j}$$

となる．ここで，この式を式 (10.62) の $G_{m+1,j}$ に代入し（$i = m$ と置く），

$$G_{m,j+1} = p^+ G_{m+1,j} + p^0 G_{m,j} + p^- G_{m-1,j} - n_j$$

すなわち，

$$G_{m,j+1} = p^+ \left[2\Delta X e^{m\Delta X + (r-\delta)j\Delta K/k}\right] + p^0 G_{m,j} + (p^+ + p^-)G_{m-1,j} - n_j \tag{10.64}$$

を得る．最後に，**自由境界条件**は，

$$G_{i^*,j} = \frac{1}{\nu\Delta X + 1}G_{i^*+1,j} \tag{10.65}$$

となる．

解法は，**図 10.5** に示されているように最終期の境界から逆向きに進める．まず，最終期の境界 ($j=0$) に伴う G の値を式 (10.63) から計算する．$j=1$ に移り，$G_{m,1}$ を計算するのに式 (10.64) を用い，$i = m-1, m-2, \cdots$ と順に G の値を求めるのに式 (10.62) を用いる．G の値を計算するたびに，式 (10.65) を用いて**自由境界**に達しているかどうかをチェックする．ただし，離散化させたことにより数値エラーが生じて式 (10.65) は正確には成立しないので，ある特定の誤差 ϵ の範囲内に収まるかどうかをチェックすることになる．

$$G_{i^*,j} - \frac{1}{\nu\Delta X + 1}G_{i^*+1,j} \leq \epsilon \tag{10.66}$$

ϵ は任意に設定する（$\epsilon = \Delta X/2$ と置くとうまくいくようである）．このチェックにより自由境界が判明したら，式 (10.28) を用いて係数 a の値を決めるとともに，自由境界の下側の G の値を決める．

この手順をまとめると以下のようになる．

補論 A　偏微分方程式の数値計算

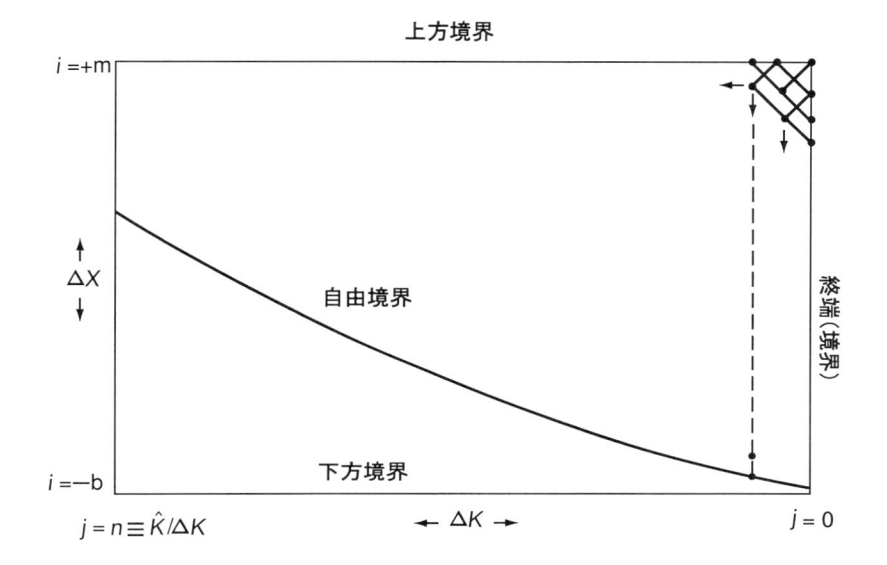

図 10.5　偏微分方程式の数値解

1. まず，式 (10.63) を用いて最終期の境界を決める．
2. 次に，$j = 1$ から $j = n$ まで，式 (10.64) を用いて $G_{m,j}$ を計算したあと，式 (10.62) を用いて $i < m$ の範囲で順に $G_{i,j}$ を計算する．
3. 最後に，**自由境界**上で係数 a の値を計算し，さらに式 (10.28) を用いて境界の下の領域における $G_{i,j}$ の値を求める．

$V^*(K)$ の解には，**有限差分法**による近似から数値的エラーが伴う事には注意が必要である．これが，図 10.2 と図 10.3 に表示されている点が滑らかな曲線上に位置しない理由である．一般的に，この数値エラーの大きさは，増分 ΔX と ΔK が小さくなるにつれ縮小する．

第11章

追加投資と生産能力の選択

　第5章から第7章で展開した個別企業の投資決定のモデルと，第8章と第9章の産業レベルの均衡のモデルは，単純で不連続な**投資単位**，すなわち，ある決まった大きさの単独事業をベースとしたものであった．第10章でも引き続き単独の事業を調べたが，そこでは，ある事業を完成させるには，通常追加的サンク・コストを伴う複数の段階を順に踏まなくてはならないという事実を考慮に入れた．本章では，企業の投資決定をより一般化した文脈で検討し，各企業がたくさんの事業を抱えながら操業し，新規事業を追加したり古いものを廃棄したりする状況を扱う．企業が新しい事業を追加するかどうか検討している時も，既存の事業は継続的に生産を行い利益をあげている．言葉を変えれば，企業は**投資方針**を選ぶことで，資本ストックを変化させていると考えられる．企業の現状の生産量は，ある**生産関数**を通して，設置済みの資本ストックと，労働や原材料など恐らく随時変化する投入物とにより決定される．

　まず，企業がどのようにして**不可逆**な形で資本ストックに投資を行うのかを考えよう．**生産関数**が規模に対して**収穫逓減**であるとき，概念的には資本の各単位を別個の投資事業であると考え，限界生産性の大きい順にならべる事が出来る．ここで，生産物価格，可変投入物の価格，生産性に影響するパラメータのいずれかが**不確実**であるとしよう．先ほどの概念上分割した事業一つ一つにとって，投資するのが妥当となる収益性の**閾値**を見つける事が出来る．これ

は，通常の**オプション価値**により解釈できる．すなわち β_1 を，割引率と価格推移過程におけるドリフト項とボラティリティー係数とを含んだ二次方程式の根とすると，事業の収益に対する限界的な貢献の期待現在価値は，**投資費用**に $\beta_1/(\beta_1 - 1)$ をかけたものとなるはずである．連続した資本単位は，順を追う毎に限界生産物が低くなっていくので，だんだん高い閾値を必要とするようになる．そこで，資本ストックと確率的状態変数の 2 軸からなる平面上に，閾値とを結ぶ「**閾値曲線**」を得る事が出来る．状態変数がその曲線の下にあると投資は行われず，変数が曲線の上に出ると，ちょうど曲線上に戻るだけの投資が行われるのである．

われわれが定義するのは**トービンの q** の一形態で，設置済み資産の価値には基づくものの，限界的な資本単位に適用する．すると，企業の最適な**投資方針**とは，「限界的 q」が $\beta_1/(\beta_1 - 1)$ まで達した時に**限界的資本単位**を追加することとなる．

もし現状が**生産関数**の**収穫逓増**の部分に位置しており，かつ次の一単位の資本投資が妥当である**閾値**水準に達しているならば，より高い限界生産物を持つ他のいくつかの資本単位についても投資するのが妥当となる．したがって，その**投資方針**によって資本ストックに突然のジャンプが生じ，収穫逓増の部分を飛び出してしまう．第二節では，そのような閾値とジャンプの大きさを決める正確な条件を導く．それは標準的な**オプション価値倍率**の条件と類似したものであるが，この場合は追加的微小単位にかかる限界生産物ではなく，資本の不連続なジャンプの平均生産物が用いられる．

今までの章においては，各企業は単に単独の事業を進めるかどうか決めるだけだったので，**投資費用**はある一つの数値であり，それを意思決定にかかる**固定費**と見るか，投資の**不可逆性**に伴うサンク・コストと見るか，または資本ストックに一定量追加する際に生じる実施期間により変化する**調整費用**と見るか，は問題ではなかった．しかし，ここでは企業は資本ストックの時系列変化の道筋を選択しているのであり，投資費用がその規模と**投資速度**によってどのように変わるかを詳しく特定する必要がある．すると上で述べた違いが重要になる．

最適な**投資方針**は費用の性質によって大きく異なる形を取るのである．

本章のはじめの二つの節で示すモデルは，調整コストもなく意思決定にかかる**固定費**もない**不可逆**な投資を扱う．この場合，資本ストックへの**追加投資**にかかるサンク・コストは，如何なる場合も追加投資の規模に比例する．第三節では，三種類の費用をすべて含むより一般化されたモデルを考える．これら他の種類の費用がどのように投資決定に影響するか，そしてわれわれのアプローチと伝統的な投資の q 理論との関係・相違点を示す．

議論は個別企業に関するものに限定する．原理的にはこの分析を，第 8 章と第 9 章で行ったのと同じように競争的均衡水準に適用するのは困難ではない．しかし，数式の複雑さはすぐに拡大するので，できるだけ簡単な条件下での可変的**生産能力**に関する新しい問題に焦点を当てる方が重要と思われる．

11.1　収穫逓減の場合の漸進的生産能力増強

まず，Pindyck (1988b) と Bertola (1989) に基づく，企業の**生産能力増強**のモデルから始めよう．それは，第 6 章のモデルの単純な一般化である．第 6 章と同様に，企業はその産業において，投資をする独占的権利を保有していると仮定する．一単位の資本に係る費用は k で，投資は**不可逆**である．企業が K 単位の資本を稼動させており，産出のフロー Q が**生産関数** $Q = G(K)$ で与えられている．産業レベルの需要関数は $P = YD(Q)$ で，**シフト変数** (shift variable) Y は**幾何ブラウン運動**である

$$dY = \alpha Y\,dt + \sigma Y\,dz \tag{11.1}$$

に従う．単純化のために**変動費**用がないと仮定すると，利益のフローは

$$\pi = YD(G(K))G(K) = YH(K) \tag{11.2}$$

となり，資本の**限界収入** (marginal revenue product of capital) は $YH'(K)$ である．この節では，資本に対して**収穫逓減**を仮定する．その意味は，**限界収入** (marginal revenue product) は K に対して右下がりである，すなわち収入関数

11.1 収穫逓減の場合の漸進的生産能力増強

は K に対し**上に凸**で，したがって $H''(K) < 0$ である，ということである．この状況は，生産が物理的に収穫逓減である場合 $[G''(K) < 0]$，産業レベルの需要曲線が右下がりである $[D'(Q) < 0]$ 場合，またはその二つが組み合わさった場合に生じる．(実は，たとえ物理的な**収穫逓増**の場合でも，需要曲線が十分に大きな右下がりであれば，右下がりの**限界収入**となりうる．)

もっと一般化すると，利益フローは，資本水準を一定にして労働や原材料などの可変投入物の量を選ぶ瞬間的な最適化問題の結果，と見なす事が出来る．唯一の新しい特徴は，**確率変数**を掛け算の形で入れる必要がないということである．この拡張については本節の後の方で検討し，**不確実性**の投資への影響に関してもたらすインプリケーションを指摘する．

通常投資決定は，本質的には同一の二つの方法，**ダイナミック・プログラミング**と**条件付請求権分析**によって検討される．第5章と第6章では両方のアプローチを用いて単独の事業決定を扱い，その類似性を示した．それ以降では説明がし易い方を選んで用いてきた．しかし，ここで扱う能力増強の選択はある種新しい問題であるので，再度両方のアプローチを明示的に議論しよう．

11.1.A ダイナミック・プログラミングによる最適な投資

初期の資本ストック K と確率的需要**シフト変数** Y の初期水準を所与のものとして，企業は，事業利益の期待現在価値から**投資費用**を差し引いたものを最大化するように資本ストックの推移 K_t を選択したいと考えている．将来利益を割り引く比率を ρ としよう．最大価値の関数，すなわち企業の選択問題の**ベルマン関数**を $W(K,Y)$ と表そう．もちろんこの関数は既知ではなく解の一部として決定しなくてはならない[1]．

微小時間 dt を考えよう．実際の意思決定は連続的になされ，間隔 dt は任意

---

[1] 第9章9.1.A節において，数学的には極めて似た問題を社会システム・プランナーの視点で検討した．そこでの関心は，社会的最適条件と競争的産業の均衡とを調和させることであった．その目的のために最も簡便な発見的方法でモデルを構築した．ここでは，企業の投資政策のもっと詳細な描写が欲しいので，より詳細にモデルを検討する必要がある．より早くその手法と結果を理解するには，まず第9章で展開した直感的知識の一部を思い出してから，今新しく出てきた詳細に着目しながらモデルを再考するのが良いであろう．

第 11 章 追加投資と生産能力の選択

の値であるので,$dt \to 0$ の限界を考える.この期間の利益フローは $\pi\,dt$ で,その時間における割引の効果は dt^2 のオーダーなので無視する事が出来る.企業がこの期間の終わりに資本ストックを K から K' に増加させたとしよう.需要**シフト変数**は,この期間に Y から $Y+dY$ に変化する.もちろん,時間 t において企業の持つ情報を元にするとその企業は dY が何かは知らない.しかし式 (11.1) からその確率分布は知っている.したがって,資本ストックの増加の期待値を,

$$YH(K)\,dt + e^{-\rho\,dt}\{\mathcal{E}[W(K',Y+dY)] - \kappa(K'-K)\} \qquad (11.3)$$

と計算する.企業はこの式の右側を最大化するように K' を選択する.すると,結果の最大値は**ベルマン関数**の初期値 $W(K,Y)$ となる.

関数 $H(K)$ は**上に凸**と仮定した.すると,**ベルマン関数** W も K に対して上に凸である事を簡単に示す事が出来る.その理由を考えるのに,任意の二つの初期資本ストック K_a と K_b を考える.**確率変数** $\{Y_t\}$ のある特定の変化の道筋に対応して最適な投資方針により能力増強をした結果,それぞれ $\{K_{at}\}$ と $\{K_{bt}\}$ となるとしよう.ここで θ を 0 から 1 の間の任意の数値として,初期資本ストックが $\theta K_a + (1-\theta)K_b$ である企業の投資問題を考えよう.**投資方針**は,確率変数が $\{Y_t\}$ という道筋をたどって推移する時,θ で平均した道筋である $\{\theta K_{at} + (1-\theta)K_{bt}\}$ となるよう能力増強を行う,というものである.異なった二つの道筋 a,b が実現可能であるということは,K_{at} と K_{bt} にはどの時間 t においても確率変数の推移について時間 t までに明らかになった情報以外は利用されないということである.これは θ で平均した道筋についても当てはまるので,こちらの道筋も実現可能である.

関数 H は**上に凸**なので,上で定義した**投資方針**の結果,収入のフローは

$$Y_t H(\theta K_{at} + (1-\theta)K_{bt}) \geq \theta Y_t H(K_{at}) + (1-\theta) Y_t H(K_{bt})$$

となる.**投資費用**のフローは,a と b に対応する二つの異なる方針の費用フローを θ で重みづけして平均したものとなる.割り引いて,可能な $\{Y_t\}$ の値

11.1 収穫逓減の場合の漸進的生産能力増強

の期待値を取り,

$$W(\theta K_a + (1-\theta)K_b, Y) \geq \theta W(K_a, y) + (1-\theta)W(K_b, Y)$$

を得る.

この上への凸性により,式 (11.3) の最大化は,微積分において馴染みのある Kuhn-Tucker の条件で考える事が出来る. 式 (11.3) を K' で微分したものは

$$e^{-\rho\, dt}\{\mathcal{E}[W_K(K', Y+dY)] - \kappa\}$$

で, $dt \to 0$ で $W_K(K', Y) - \kappa$ となる. **不可逆性**により $K' \geq K$ となる.

もし既に $W_K(K, Y) \leq \kappa$ ならば, $K' \geq K$ の領域全体で最大化対象物 (maximand) は K' に関して右下がりである. その場合は最適な**投資方針**は $K' = K$ にしておく,すなわち能力増強は一切行わないことである. もし $W_K(K, Y) > \kappa$ であるなら,最適投資方針は,瞬時に $(K' - K)$ だけ資本を投資することにより, K' を一階の条件 $W_K(K', Y) = \kappa$ により定められる水準にすることである.

当面,問題の全体が解かれ,関数 W が分かっているとしよう. すると, 上で説明した**投資方針**は次のように図解される. (K, Y) 座標において,

$$W_K(K, Y) = \kappa \tag{11.4}$$

により定義される曲線を描く. その結果は**図 11.1** に示してある. Y がより高ければ,ある資本水準に対する利益水準はより高く,したがってより大きな資本ストック,すなわちより多くの投資が正当化されるので,その曲線は右上がりに描いてある. とりあえずここでは,この程度の直感的説明にとどめておこう. 図に示してある記号は,後ほど正式に確認する際のものである.

曲線の右下では, $W_K < \kappa$ であり投資は行われない. Y が確率的に変動するに従い, (K, Y) の点は縦方向に上下する. その点が上に移動し曲線にぶつかり,さらに曲線を超えて上に出ようとすると,点が曲線を超えないだけの投資が行われる. これが図 11.1 において矢印で示された一連の小さな動き一つ一つ

第 11 章 追加投資と生産能力の選択

$$Y(K) = \frac{\beta_1}{\beta_1 - 1} \frac{\delta \kappa}{H'(K)}$$

$W_K = \kappa$

即時の投資

バリア・コントロール

$W_K < \kappa$, 不活動

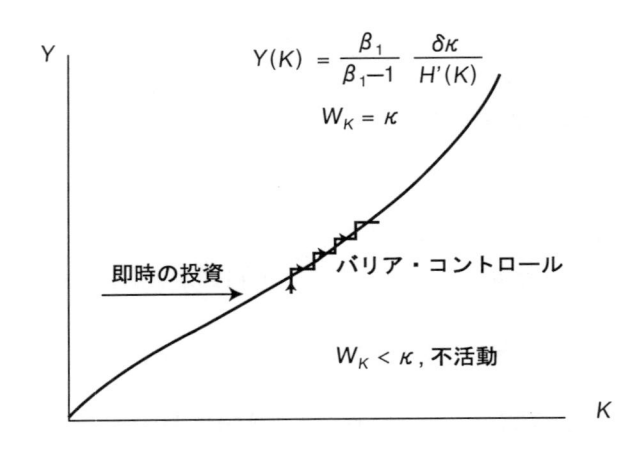

図 11.1 収穫逓減の場合の投資方針

であり，漸進的な投資を示している．専門用語では，この投資の仕方は「**バリア・コントロール**」と呼ばれることがある．コントロール対象のシステムを表す点が，(K, Y) 空間上にあるバリアとなる曲線を超えないようにしておくからである．バリア・コントロールの後で，Y が低下して点が曲線の下に再び戻ったら，Y が再び上昇してバリアにぶつかるまでは投資は中止される．

もし最初に $W_K = \kappa$ である曲線の左上に位置していれば，点が右に水平に移動して曲線にぶつかるだけの量の不連続な投資が行われ，資本ストックは瞬時に増加する．その後は，**バリア・コントロール**の方針に取って代わられる．したがって，時間 0 の初期状態以外では，(K, Y) 点は決して曲線の上に来ることはない[2]．その結果，資本ストックの不連続なジャンプは最初の一瞬しか起きない．それ以降資本ストックは，一定期間不変であるか（Y の水準が低く点が曲線の下に留まる場合），Y の小さな動きに連続的に反応するか（点が曲線上にある場合）のいずれかである．

もし K を t に関して微分したものが有限の値を持つのであれば，それを投資 I のフローまたは速度と呼ぶ事が出来るであろう．しかし，これはバリア方針

---

[2] (K, Y) の初期の地点が曲線の上にあるのは，過去に最適でない行動がとられたか，何らかの期待せざるショックが曲線を動かしてしまった場合である．

11.1 収穫逓減の場合の漸進的生産能力増強

を取る際には問題のある考え方である．第3章の**ブラウン運動**の議論で説明したように，Y の時系列推移は微分する事が出来ない．バリア曲線上では Y の如何なる増加（上への移動）も K の増大（右への移動）と対応しているので，曲線上の K の時系列変化は微分不可能，すなわち時間による微分 dK/dt は無限である．したがって，バリア・コントロールの方針は有限の**投資速度**をもたらさず，バリアに当たる度に小さな瞬間的投資をもたらすのである．もちろん，もっとマクロの時間で見れば投資の平均速度，すなわち長期間における資本変化の比率を計算することは可能である．

ここで，もう少し詳細に議論を組み立て，最適な方針を考える事にしよう．まず，投資を行わない事が最適な方針である，曲線ＷＫ＝ｋの下側の不活発な領域から見てみよう．$W(K,Y)$ の初期値を得るために式 (11.3) で $K' = K$ と置く必要がある．すると，

$$W(K,Y) = YH(K)\,dt + e^{-\rho\,dt}\mathcal{E}[W(K, Y + dY)]$$

となる．右辺を**伊藤の定理**で展開して dt の順に整理すると，

$$\begin{aligned}W(K,Y) =& YH(K)\,dt \\ &+ (1 - \rho\,dt)[W(K,Y) + \alpha Y W_Y(K,Y)\,dt + \frac{1}{2}\sigma^2 Y^2 W_{YY}(K,Y)]\,dt \\ =& W(K,Y) \\ &+ [YH(K) - \rho W(K,Y) + \alpha Y W_Y(K,Y) + \frac{1}{2}\sigma^2 Y^2 W_{YY}(K,Y)]\,dt\end{aligned}$$

を得る．したがって，$W(K,Y)$ は，

$$\frac{1}{2}\sigma^2 Y^2 W_{YY}(K,Y) + \alpha Y W_Y(K,Y) - \rho W(K,Y) + YH(K) = 0 \quad (11.5)$$

の微分方程式を充たす．

W は二つの変数の関数なので，これは実のところ偏微分方程式である．幸い式 (11.5) は K に関する微分を含んでいないので，式 (11.5) を W と Y をつなぐ通常の微分方程式と見なし，K を関数全体をシフトさせるパラメータと見な

す事が出来る．積分したものも，定数項が K により変化するので，K の関数と見なすべきである．

式 (11.5) の一般的な解は第 6 章と第 7 章でお馴染みのものである．

$$W(K,Y) = B_1(K)Y^{\beta_1} + B_2(K)Y^{\beta_2} + YH(K)/(\rho - \alpha)$$

ここで，β_1 と β_2 はそれぞれ，下記の基礎二次式の正と負の根であり，

$$\mathcal{Q} \equiv \frac{1}{2}\sigma^2\beta(\beta - 1) + \alpha\beta - \rho = 0$$

$B_1(K)$ と $B_2(K)$ は積分の定数項である．

図 11.1 における投資のない領域は Y が 0 に近づいた時の極限を含んでいる．その点において $W(K,Y)$ を有限とするために，解の中に Y のマイナスの指数を残しておく必要がある．したがって，$B_2(K) = 0$ と置き，$\rho - \alpha = \delta$ と表すと，解は，

$$W(K,Y) = B_1(K)Y^{\beta_1} + YH(K)/\delta \tag{11.6}$$

となる．残った定数項である $B_1(K)$ は，投資のない領域のもう一つの境界，すなわち曲線 $W_K(K,Y) = \kappa$ を考慮する事により決定する事が出来る．この曲線の式を Y について解き K で表し $Y = Y(K)$ と書き表すと，

$$W_K(K,Y(K)) = B_1'(K)Y(K)^{\beta_1} + Y(K)H'(K)/\delta = \kappa \tag{11.7}$$

となる．$B_1'(K)$ は $B_1(K)$ を K について微分したものである．これはまさに，われわれが**バリュー・マッチング条件** (value-matching condition) と呼んでいたものである．最適性のもう一つの条件は，Y が閾値 $Y(K)$ まで増加した時には，$W_K(K,Y)$ の Y に関する微分と κ の Y に関する微分とが等しくなくてはならない，という**スムース・ペースティング条件** (smooth-pasting condition) である．κ の微分は 0 なので，

$$W_{KY}(K,Y(K)) = \beta_1 B_1'(K)Y(K)^{\beta_1 - 1} + H'(K)/\delta = 0 \tag{11.8}$$

11.1 収穫逓減の場合の漸進的生産能力増強

である．

これら二つの条件を組み合わせると，$B_1'(K)$ を決めるだけでなく，**投資閾値** $Y(K)$ の位置を決めることもできる．すなわち，**自由境界**の，

$$Y(K) = \frac{\beta_1}{\beta_1 - 1} \frac{\delta \kappa}{H'(K)} \tag{11.9}$$

$$B_1'(K) = -\left(\frac{\beta_1 - 1}{\kappa}\right)^{\beta_1 - 1} \left(\frac{H'(K)}{\beta \delta}\right)^{\beta_1} \tag{11.10}$$

である．K が増加するに従い，$H'(K)$ は減少するので $Y(K)$ は増加する点に注目して欲しい．これは，**閾値曲線**は右上がりという先ほどの直感的理解を確認するものである．

閾値の公式は極めて馴染みのあるものである．既存ストックが K で確率的ショックの値が Y である時，資本の限界単位 dK を追加するとしよう．この限界単位の利益フローへの貢献は $YH'(K)\,dK$ である．Y の期待増加率は α で，将来の利益は比率 ρ で割り引かれるので，この貢献の期待現在価値は $YH'(K)\,dK/(\rho - \alpha)$ である．限界単位を追加する費用は $\kappa\,dK$ である．すると，式 (11.9) が言っているのは，企業の資本ストックに対して限界的追加が妥当となるのは，期待現在価値が費用を $\beta_1/(\beta_1 - 1)$ 倍以上上回ったときである，ということである．これはまさに第5章で見た単独の不連続な投資を行う基準における，現状維持の**オプション価値**を反映した倍率と同じである．ここで，その結果を既存**生産能力**に対して限界的追加をするケースに，自然な形で拡張し一般化することができた．

今や式 (11.6) の解釈は明らかである．$YH(K)/\delta$ の項は，資本ストックを永遠に初期水準 K に維持した場合に企業が得る利益の期待現在価値である．すると，もうひとつの項 $B_1(K)Y^{\beta_1}$ は企業の最適な将来の能力増強の価値，すなわち将来能力増強するというオプションの現在価値であるはずである．企業が $(K + dK)$ 番目の単位の資本追加オプションを行使する時，限界的な**オプション価値**を放棄することになるので，式 (11.10) において $B_1'(K)$ はマイナスで

ある．式 (11.7) の意味は，**追加投資** dK がちょうど妥当となる限界点においては，現在価値化された利益フローに対して追加投資が貢献すると期待される価値は，設置費用に待ちオプションの分の機会費用を加えたものと等しくならなくてはならない，というものである．

$B_1'(K)$ についての解を積分することにより $B_1(K)$ 自体を得る事が出来る．

$$B_1(K) = \int_K^\infty [-B_1'(k)]\,dk = \left(\frac{\beta_1 - 1}{\kappa}\right)^{\beta_1-1} \int_K^\infty \left(\frac{H'(K)}{\beta_1\delta}\right)^{\beta_1} dk \quad (11.11)$$

この積分が収束するためには $H'(K)$ は十分に速く減少する必要がある．コブ＝ダグラスの場合の

$$H(K) = K^\theta, \qquad H'(K) = \theta K^{\theta-1}, \qquad 0 < \theta < 1$$

によってこの点を描写してみよう．この場合，積分の結果は $K^{-\beta_1(1-\theta)}$ にある定数をかけたものとなる．積分が収束するためには指数部分の数値は 1 より大きくなくてはならないので，$\beta_1 > 1/(1-\theta)$ でなくてはならない．言いかえると，θ は十分に 1 より小さい，すなわち資本に対する収穫は十分に速く逓減しなくなくてはならない．この資本に対する収穫は収入ベースのものであり，**生産関数**の効果と需要曲線の効果をつないでいる（式 (11.2) を参照）．この収束条件は十分な経済的な意味を持っていることが分かる．もし規模に対する収穫が逓減ではなく一定であれば，一単位の投資が妥当となる**閾値**にある**シフト変数** Y の水準で，より大きな能力増強が望ましいことになり，企業の最適な**生産能力**に有限の解は存在しなくなるであろう．

収束条件が充たされると仮定したまま先に進もう．ある十分に高い資本ストック水準の $\overline{K}$ において，もし資本の限界生産物が 0 になれば，積分の上限は $\overline{K}$ で置き換えることができ，収束は問題でなくなる．例えば，直線の需要曲線を仮定している Pindyck(1988b) で展開されたモデルなどはこの例である．

K が小さい場合の**閾値曲線**の動きについては説明したほうが良いだろう．成長理論では，$K \to 0$ となるにつれて $H'(K) \to \infty$ となると仮定するのが普通である．これは**稲田の条件**と呼ばれている．われわれのモデルの企業にもこの

11.1 収穫逓減の場合の漸進的生産能力増強

条件が当てはまるとすると，$Y(K) \to 0$ となる．これが図 11.1 に示している姿である．しかし，もし限界生産物 $H'(K)$ が小さな K に対しても有限であれば，$Y(K)$ は正の値のままであり，最初の単位の投資にさえも，**確率変数の正の閾値水準**が必要となる．

この解の最も特筆すべき特徴は，連続した限界的な資本追加は一つ一つが個別の小さな事業で，各事業は他の事業と独立して限界生産物に貢献すると見なすことができる点である．すると，通常の**オプション評価アプローチ**を用いて，それぞれに最適な投資の**閾値**を見つけることができ，それらを繋ぎ合わせて能力増強問題全体の解を得ることができる．なぜ，それぞれの資本単位を他から独立して扱うことができるのであろうか？

ある資本水準 K_2 における**限界的資本単位**を，$K_1 < K_2$ であるような資本 K_1 における限界単位と切り離して扱うことができるのは，**収穫逓減**だからである．K_2 における限界生産物が $H'(K_2)$ であるのは，それ以前のすべての単位が稼動している場合である．**収穫逓減**はこのことを保証してくれる．K_1 の**閾値**は K_2 の閾値より低いので，単位 K_1 は単位 K_2 より先に設置される[3]．一方，K_1 における単位は，$K_2 > K_1$ である K_2 における単位と独立に扱って良い．第 9 章で見た二つの効果が相殺されるからである．K_1 における単位についての意思決定が (11.9) のルールに基づいてなされるとき，企業はそれが設置しようとしている最後の単位であるかのように行動をする．それによって，企業は二つの事を無視している．第一に，将来の拡張がもたらす資本生産性の減少を無視している．このことで，企業はより投資に積極的になる．第二に，まず単位 K_1 を稼動させないと次の単位に進むための道ができないことを無視している．したがって，待つという選択により大きな自由度を持っているように考える．この二つの効果はちょうど相殺され，企業は K_1 における単位について，それ以上の拡張機会がないかのように行動する事が出来るのである．

---

[3] 第 9 章 9.1.A 節の社会システム・プランナーの問題において，産業レベルの資本追加に対する収穫は一定であったが，需要曲線は右下がりであった．したがって，プランナーの目的関数（社会余剰）は収穫逓減であった．

興味深い行動はすべて曲線 $Y(K)$ より下か，曲線上で起きるが，全体像を説明するために，曲線より上における企業の**ダイナミック・プログラミング**問題の解を説明しよう．この領域では，最適な方針はひとまとまりの資本を瞬時に設置し，曲線に向かって水平移動する事である．曲線の式を Y を用いて K について解いたものを $K(Y)$ とすると，関数 $Y(K)$ の逆関数となる．企業は (K, Y) から $(K(Y), Y)$ にジャンプし，

$$W(K, Y) = W(K(Y), Y) - \kappa[K(Y) - K] \tag{11.12}$$

となる．したがって，曲線より上の領域では $W_K = \kappa$ となる．

11.1.B 条件付請求権によるアプローチ

ここで，この投資問題を**条件付請求権**の手法で解くにはどうしたらよいか見てみよう．引き続き，資本ストックを連続した限界的事業として捉える事とする．事業の一つ一つが限界的利益フローに貢献する資産である．これらの資産の一つ一つを評価するのにたどる手順は第 5 章から第 7 章でお馴染みのものである．

Y の確率的変動は，金融市場で取引されている複数の資産により測ることができ，それら資産からなるポートフォリオの適正なリスク調整後期待収益率を μ で表す．Y についての収益の低下または**コンビニエンス・イールド**である $\mu - \alpha$ は，前と同様に δ で表す．

ここで，$(K + dK)$ 番目の限界的**投資単位**を考えよう．設置されると，この単位は限界的利益フロー $YH'(K)\,dK$ を永遠に生み出す．この設置された投資単位の価値を $v(K, Y)\,dK$ で表す．そして，この投資単位と，Y をトラックする資産（又は資産のポートフォリオ）n 単位のショート・ポジションとで構成されるポートフォリオを考えてみよう．このポートフォリオは，単位時間当りに $[YH'(K) - n\delta Y]$ のキャッシュ・フローを生み出す．(このキャッシュ・フローの第二項は，ショート・ポジションの保有者が，対応するロング・ポジションの保有者に支払わなくてはならない金額である．) そのポートフォリオには，Y

が変動するにつれ期待キャピタル・ゲイン／ロスも生じる．**伊藤の定理**を用い，

$$dv(K,Y) - ndY = \left\{\alpha Y[v_Y - n] + \frac{1}{2}\sigma^2 Y^2 v_{YY}\right\}dt + Y[v_Y - n]dz$$

を得る．$n = v_Y$ となるように n を選ぶと，そのポートフォリオは安全資産となる．もちろん Y と K が時間と共に変化するので，この無リスクの特性を維持するためにはショート・ポジションの単位数 n を連続的に変えなくてはならない（すなわち，**ダイナミック・ヘッジ戦略**を採用しなくてはならない）．安全資産からは安全資産利子率 r の収益を得るので，

$$[YH'(K) - \delta Y] + \left\{\alpha Y[v_Y - n] + \frac{1}{2}\sigma^2 Y^2 v_{YY}\right\} = rv$$

すなわち

$$\frac{1}{2}\sigma^2 Y^2 v_{YY} + (r-\delta)Yv_Y - rv + YH'(K) = 0 \tag{11.13}$$

を得る．第 6 章第 6.1 節で見たように，この方程式は一般解を持っており，

$$v(K,Y) = a_1(K)Y^{\beta_1} + a_2(K)Y^{\beta_2} + YH'(K)/\delta$$

である．唯一の新しい特徴は，積分の定数項が対象となる資本単位で決まることであり，したがって定数項は K の関数である．第 6 章と同様に，$Y \to 0$ で有限の値を取るように負の根 β_2 に対応する項を除き，また $Y \to \infty$ におけるバブルを除くべく正の根に対応する項を除き，基本的な項である利益の割引現在価値のみ残して，

$$v(K,Y) = YH'(K)/\delta \tag{11.14}$$

を得る．

次に，この追加資本単位に投資する**オプションの価値**を評価する．その価値を $f(Y,K)$ と表す．第 6 章の手順をもう一度踏んで，オプションと Y をトラックする f_Y 単位の資産とで構成され，動的に再調整される**無リスク・ポートフォリオ**を組み立てる．そのポートフォリオの収益を r とおいて，方程式

$$\frac{1}{2}\sigma^2 Y^2 f_{YY} + (r-\delta)Yf_Y - rf = 0$$

を得る．この方程式の一般的な解は，

$$f(K,Y) = b_1(K)Y^{\beta_1} + b_2(K)Y^{\beta_2}$$

である．$Y \to 0$ ではオプションは生かしたままにされ，有限の価値を持つ必要があるため，負の根 β_2 に対応する項を消去する．しかし，ある有限の Y の水準でオプションは行使されるため，$Y \to \infty$ で**オプション価値**を考えるのは不適切であるので，もうひとつの項を消去することは出来ない．結果として，

$$f(K,Y) = b_1(K)Y^{\beta_1}$$

となる．

すると，オプションの最適な行使に対応する定数 $b_1(K)$ と**閾値** $Y(K)$ の値は，馴染みのある**バリュー・マッチング条件**と**スムース・ペースティング条件**によって同時に決定される．

$$f(K,Y) = v(K,Y) - \kappa, \qquad f_Y(K,Y) = v_Y(K,Y)$$

単純な代数により，

$$Y(K) = \frac{\beta_1}{\beta_1 - 1} \frac{\delta\kappa}{H'(K)}$$

及び

$$b_1(K) = \left(\frac{\beta_1 - 1}{\kappa}\right)^{\beta_1 - 1} \left(\frac{H'(K)}{\beta\delta}\right)^{\beta_1}$$

が得られる．これらは，まさに前節の**ダイナミック・プログラミング**のアプローチによって得た**投資閾値**関数と限界的**オプション価値倍率**そのものである．実際，$(K+dK)$ 番目の単位に投資した結果の**ベルマン価値**の限界的増加は，その単位を稼動させる基本的な価値から，設備設置時に捨ててしまう事になる**オプション価値**を差し引いたものにちょうど等しい．

$$W_K(K,Y) = v(K,Y) - f(K,Y)$$

したがって，**ダイナミック・プログラミング**における**バリュー・マッチング条件**である $W_K = \kappa$ と**スムース・ペースティング条件**である $W_{KY} = 0$ は，上記のオプション評価の条件と一致する[4].

11.1.C 限界的 q

式 (11.9) についての解釈は，**限界的資本単位**により生み出される利益の期待現在価値が，その取得費用に対してある倍数にならないと資本設置は妥当とならない，というものだった．これを**トービンの q** を用いて表現する事も出来る．新しい特徴は，限界的資本単位に合致した q，すなわち**限界的 q** を定義する必要があることである．第 5 章において行った区別を思い起こすと，そこでは「稼動資産価値」という概念を用いた．これを限界的単位に適用すると，限界的単位が貢献する利益の期待現在価値の再調達費用に対する比率，すなわち

$$q(K) = YH'(K)/(\delta\kappa)$$

である．すると $\beta_1/(\beta_1 - 1)$ は，K という資本水準において限界的単位に投資が行われるために $q(K)$ が達する必要のある**閾値**である．

第 5 章 5.2.C 節で，別な意味の**トービンの q**，すなわち，企業価値に基づき**投資オプション**を行使する機会費用を考慮したトービンの q を定義した．ここでも同様に，能力増強の企業価値に対する限界的効果は，利益の期待現在価値への貢献である $v(K,Y)$ から投資オプションの価値 $f(K,Y)$ を差し引いたものとなる．すると企業価値における限界的 q は $[v(K,Y) - f(K,Y)]/\kappa$ と定義され，その**閾値**は 1 である．これはちょうど第 5 章における不連続な事業のところで見たものと類似している．

11.1.D 不確実性の影響

式 (11.9) における**投資閾値**の解をもう一度検証してみよう．この式は，**不確実性**が投資に与える二つの影響を示している．第一に，第 5 章から第 7 章で見

---

[4] 第 9 章 9.1.A 節における社会的最適性モデルにおける議論とも比較していただきたい．

たとおり，σ が増大すると根 β_1 は減少し，**オプション価値倍率** $\beta_1/(\beta_1 - 1)$ は増加する．これはあらゆる K において Y の**閾値**を上昇させる．この意味では，より大きな**不確実性**は投資意欲を減退させる．

この結果の正確な意味を理解することは重要である．この結果が言っているのは，σ が低い場合には能力増強を引き起こすに十分だった Y の値も，より高い σ の場合は不充分である，ということだけである．Y が**確率過程**の結果**閾値**に達するのはどの位すぐか，またどの位頻繁かについてはなにも言っていない．ある一定の初期値から始めたとき，変動率の大きな過程の方が Y の目標水準にすぐに達しやすい．増大した**不確実性**の全体的な影響を見つけるために，閾値を引き上げる効果と Y の変動率を引き上げる効果のバランスを考えなくてはならない．次の節では，分析的に把握できる事例を通じて，これら二つの力が時間を経るにつれどのように平均的に相殺されうるかを示す．

不確実性の第二の効果は，式 (11.9) から当然にもたらされるもので，δ の項から生じるものである．この項は，「収益の低下」すなわち**コンビニエンス・イールド**の $\mu - \alpha$ であり，μ はリスク調整後割引率で

$$\mu = r + \phi \rho_{YM} \sigma$$

であることを思い出して欲しい．ここで用いている表記は，第 5 章と第 6 章で用いたもので，ϕ はリスクの市場価格，ρ_{YM} は Y をトラックする資産と市場ポートフォリオとの間の相関係数である．σ の増大の効果は，他のどの値が一定に保たれるかによって変わる．もし，r と α が根源的な外生定数であるなら，σ の増大は μ と δ を増加させるはずである．もし，r と δ が基本的な定数であるなら，μ に対する σ の効果を打ち消すように α が調整されるはずである．前者では式 (11.9) における**閾値**は影響を受けるが，後者では変化しない．

不確実性の第三の影響は，これまでの定式化の中では現れてこなかった．これは，Y に関して線形の利益フロー関数を設定していたからである．より一般化すると，利益フローを関数 $\pi(K, Y)$ とする事も出来たのである．すると，**閾値の決定**は，第 9 章における産業レベルの一般均衡モデルへの拡張と同様に進

11.1 収穫逓減の場合の漸進的生産能力増強

む．表記の簡便性から，外生的に固定された割引率 ρ を用いた**ダイナミック・プログラミング**のアプローチを採用するが，同じ結果は，第4章第4.3節におけるリスク中立的評価アプローチを用いた**条件付請求権**評価のアプローチでも得る事が出来る．

能力増強の利益フローに対する限界的効果は $\pi_K(K,Y)$ である．K を固定したまま，確率的ショックを初期値 Y の乱数経路 $\{Y_t\}$ に従うようにする．限界的利益フローの割引現在価値を計算すると，

$$\Pi_K(K,Y) = \mathcal{E}\int_0^\infty \pi_K(K,Y_t)e^{-\rho t}\,dt$$

となる．この結果は，先の企業の分析における $YH'(K)/\delta$ と入れ替わる．したがって，(11.7) の**バリュー・マッチング条件**は，

$$W_K(K,Y(K)) = B_1'(K)Y(K)^{\beta_1} + \Pi_K(K,Y(K)) = \kappa$$

となり，(11.8) の**スムース・ペースティング条件**は，

$$W_{KY}(K,Y(K)) = \beta_1 B_1'(K)Y(K)^{\beta_1-1} + \Pi_{KY}(K,Y(K)) = 0$$

となる．両方から $B_1'(K)$ を消去して，**閾値**関数 $Y(K)$ は暗示的に

$$\Pi_K(K,Y(K)) - \frac{Y(K)}{\beta_1}\Pi_{KY}(K,Y(K)) = \kappa \tag{11.15}$$

と決定される．利益フローは**確率変数** Y と正の相関があるので，Π_{KY} は正である．したがって，$\Pi_K(K,Y(K)) > \kappa$ となる．言い換えると，利益フローへの限界的貢献の期待現在価値が，**生産能力**の限界的増加の費用を上回らないと，投資は妥当とならない．必要となる超過価値は，ちょうど限界的能力増強オプションを行使する機会費用である[5]．

Y が非線形的に左辺に入っているので，Y の**確率過程**におけるより大きな**不確実性**は追加的な効果を持つ．大雑把に言って，もし限界的利益フロー $\pi_K(K,Y)$ が Y に関して**下に凸**の関数であれば，より大きな不確実性は，より

---
[5] 第9章の社会的最適性の枠組みにおける類似の一般解（式 (9.11)）と比較していただきたい．

大きな限界的期待現在価値 $\Pi_K(K, Y)$ を，したがってより低い**閾値**を意味し，不確実性の増加は投資を促進する．

簡単な例における解析解で，この点をよりはっきりと示す事が出来る．生産に，随時最適に選択する事が出来る可変投入物（労働）を用いているとしよう．**生産関数**をコブ=ダグラス型とすると，

$$\pi(K, Y) = \max_L [Y K^\theta L^\nu - wL]$$

となる．ただし，w は賃金率で，規模に対して**収穫逓減**を保証するため $\theta + \nu < 1$ である．すると，

$$\pi(K, Y) = C Y^{1/(1-\nu)} K^{\theta/(1-\nu)}$$

となる．C はある正の定数だが，その正確な値はここでの目的からすると重要ではない．したがって，

$$\pi_K(K, Y) = \frac{C\theta}{1-\nu} Y^{1/(1-\nu)} K^{-(1-\theta-\nu)/(1-\nu)}$$

である．Y の指数は $1/(1-\nu) > 1$ なので，$\pi_K(K, Y)$ は Y に関して**下に凸**であることがわかる．実は，この場合**閾値**を明示的に計算する事が出来る．素直に**伊藤の定理**を当てはめると，

$$\mathcal{E}[Y_t^{1/(1-\nu)}] = Y^{1/(1-\nu)} \exp\{[\alpha/(1-\nu) + \frac{1}{2}\sigma^2 \nu/(1-\nu)^2]t\}$$

となり，

$$\Pi_K(K, Y) = \frac{C\theta/(1-\nu)}{\rho - \alpha/(1-\nu) - \frac{1}{2}\sigma^2 \nu/(1-\nu)^2} Y^{1/(1-\nu)} K^{-(1-\theta-\nu)/(1-\nu)}$$

となる．式 (11.15) を代入して閾値について解くと，

$$Y(K) = \left(\frac{\beta_1}{\beta_1 - 1/(1-\nu)}\right)^{1-\nu}$$
$$\times \left(\frac{\delta\kappa[\rho - \alpha/(1-\nu) - \frac{1}{2}\sigma^2\nu/(1-\nu)^2]}{C\theta/(1-\nu)}\right)^{1-\nu} K^{1-\theta-\nu}$$

が得られる．σ の増大は右辺二番目の括弧内の分子を小さくするので，閾値を低めるのに貢献する．もちろん，σ の増大は根 β_1 を減少させるので，**オプション価値倍率** $\beta_1/[\beta_1 - 1/(1-\nu)]$ を増加させ，閾値を高めるのに貢献する．そのバランスは他のパラメータ ρ, α, ν に依存している．

11.1.E　投資の長期平均

　上で誘導された最適な方針に従えば，企業は状態 (K, Y) が**閾値曲線**に下からぶつかった時はいつでも瞬間的に小さな投資を行う．そのようなぶつかりの個々のタイミングはランダムなものだが，ある程度長期の間に企業の資本ストックの平均成長率を計算する事が出来る．それは，**不確実性**が投資に与える影響を見るもう一つの別な見方を提供してくれる．

　そのために，コブ＝ダグラス**生産関数**の特別な（解析的に扱いやすい）ケースを考える．

$$H(K) = K^\theta, \qquad 0 < \theta < 1$$

この場合，**閾値**を表す式 (11.9) は，

$$YK^{-(1-\theta)} = \frac{\beta_1}{\beta_1 - 1}\frac{\delta\kappa}{\theta}$$

と書き表す事が出来る．この方程式の左辺を M と省略する．右辺は定数であり $\overline{M}$ と省略しよう．Y が変動すると M も変動する．最適な方針は M が $\overline{M}$ まで上昇したら常に K を増やし，M がそれ以上上昇しないようにしておく事である．

　この計算では，すべての変数の自然対数を，それぞれに対応する小文字の変数で表す事にする．$y = \log Y$ といった調子である．$m < \overline{m}$ の時，投資は行われず，K は一定で，m は y と同じ**ブラウン運動**，すなわち，ドリフト係数 $\alpha - \frac{1}{2}\sigma^2$ で変動率係数 σ の運動に従い変化する．しかし時折，m が $\overline{m}$ に等しくなると，投資がなされ K は増加する．ブラウン運動の理論を用いると，m の長期的な分布を特徴付ける事が出来る．ここでは理論の展開を省略するので，

読者は Harrison (1985, p.90) または Dixit (1993a, p.61) を参照していただきたい．分布が存在するのは，$\alpha > \frac{1}{2}\sigma^2$ のときだけであるので，その前提のもとで先に進む．分布は指数分布で，密度関数は，

$$\alpha' \exp[\alpha'(m - \overline{m})], \quad -\infty < m < \overline{m}$$

である．ここで，$\alpha' = 2\alpha/\sigma^2 - 1 > 0$ である．われわれが興味があるのは，m が $\overline{m}$ に極めて近い部分の分布である．

K の長期平均的成長率を特定するため，m のブラウン運動を，不連続なランダム・ウォークとして第 3 章 3.2.B 節で議論した方法で扱う．時間をごく短い期間 dt に区切り，m の変化の範囲を大きさ $dh = \sigma\sqrt{dt}$ の極めて小さなものに区切る．上記の m に関する指数分布を所与のものとして，長期的均衡のもとで m が $\overline{m}$ のすぐに左の位置にある確率は $\alpha' dh$ である．m が偶然 $\overline{m}$ のちょうどすぐ左に位置しているとして，y は上にも下にも動く可能性があることに留意する必要がある．y が dh だけ上に移動する確率は $p = \frac{1}{2}[1 + \alpha'\sqrt{dt}/\sigma]$ である．もしそれが起きると，打ち消す k の増加により，m は $\overline{m}$ にぶつからない．その場合，

$$dh - (1-\theta)\,dk = 0, \quad \text{or} \quad dK/K = dk = dh/(1-\theta)$$

である．長期間における資本の平均成長率はこれらの確率と成長率の積である．すなわち，m が $\overline{m}$ の極近傍に存在する確率 $(\alpha'\,dh)$ に，y が上に動く確率 (p) と，y が上に動いた時の K の成長率 $[dk = dh/(1-\theta)]$ をかけたものである．この積を dt で割ると成長率が得られる．その結果は，$\alpha' p(dh)^2[dt(1-\theta)]$ である．$dh = \sigma\sqrt{dt}$ であることを想起すれば，K の長期平均的成長率は

$$\frac{1}{2}\sigma^2(2\alpha/\sigma^2 - 1)/(1-\theta) = [\alpha - \frac{1}{2}\sigma^2]/(1-\theta)$$

であることがわかる．したがって，このコブ＝ダグラス型モデルでは，より大きな σ は，より低い資本ストックの長期平均的成長率を意味し，したがって平均的により少ない投資を意味している．

11.1.F 資本減耗

次に，企業が設置した資本の一部が徐々に**陳腐化**していくとしたら，何が起きるか見てみよう．この問題を最も理論的に扱う場合，分析の利便性から，陳腐化は**ポワソン過程**として指数的におきると仮定する．時間 t における企業の資本ストックが K だと仮定しよう．次の微小時間 dt の間に，これら既存の一つ一つの資本単位が，確率 $\lambda\, dt$ で機能を停止する．異なる資本単位の機能停止は独立の事象であるので，大数の法則を用いて全体ではちょうど $\lambda K\, dt$ 単位がこの期間に機能停止すると考えることができる．企業が dK_g 単位（グロスの投資）の新しい資本を設置すると，この資本ストックの変化 dK（ネットの投資）は，

$$dK = dK_g - \lambda K\, dt \tag{11.16}$$

で与えられる．

このような**資本減耗**により，異なる資本単位を，設置順に並べられた異なる事業として捕らえるわれわれの考え方は複雑化してしまう．$(K + dK)$ 番目の単位として設置された資本単位は，それよりも前に設置された単位の一部が**陳腐化**すると，順番が変わってしまう．しかしながら，幸い，この考え方は，**限界的資本単位**の**オプション価値**という概念をよりはっきりと説明するために導入されたものでしかない．すべての資本単位は物理的に同質であり，**生産能力**としては相互交換可能なので，その順番を捨ててしまっても何の害もない．

もし，突然の機能停止により**資本減耗**する単独で不連続の事業の例のように，各資本単位がある所与の有限の寿命を持っていると，複雑性は増す．その場合，企業の状態を記述するのに，総資本ストックだけ把握するのではなく，個々の単位の年齢も把握しなくてはならない．しかしこれは概念上の問題というよりも計算上の問題であり，根底にある経済学上の概念を解説する上では，特に複雑性が増すわけではない．

いつも通り，初期値 K の企業の資本ストックの価値を求める事から始めよう．まずは**ダイナミック・プログラミング**のアプローチを取ろう．もし企業

が新規投資を行わないのであれば，既存ストックは $dK = -\lambda K\, dt$，すなわち $K_t = Ke^{-\lambda t}$ で**陳腐化**する．時間 t における利益フローは $Y_t H(Ke^{-\lambda t})$ で，割引率 ρ を使って計算される期待現在価値は，

$$V(K,Y) = \mathcal{E}\int_0^\infty Y_t H(Ke^{-\lambda t})e^{-\rho t}\, dt \tag{11.17}$$

式 (11.17) を微分すると最初の限界資本単位の価値を得る事が出来る．

$$V_K(K,Y) = \mathcal{E}\int_0^\infty Y_t H'(Ke^{-\lambda t})e^{-(\rho+\lambda)t}\, dt \tag{11.18}$$

この解釈は興味深い．第一に，以前に設置された単位だけがだめになり，限界的単位は生き残るとしよう．すると，その順番は K から $Ke^{-\lambda t}$ に下がり，その限界生産物は $H'(Ke^{-\lambda t})$ に増加する．第二に，限界単位自体がだめになる確率も認識しないといけない．すると割引率は ρ から $\rho + \lambda$ に上昇する．式 (11.18) はこれら両方の効果を考慮して計算される期待現在価値を表している．

あるいは，**条件付請求権**のアプローチを用いる事もできる．その場合は，資本の**陳腐化**を資産が生み出す負の配当と認識する．それ以外は通常の手順に従い，

$$\frac{1}{2}\sigma^2 Y^2 V_{YY}(K,Y) + (r-\delta)YV_Y(K,Y) - \lambda K V_K(K,Y) \\ - rV(K,Y) + YH(K) = 0 \tag{11.19}$$

を得る．ρ の代わりに適切な割引率 μ を用いると，式 (11.17) はこの方程式の解である．

次に，現状のストックが K で確率的**シフト変数**の現状の値が Y である時の，追加的資本への投資に関する**オプション価値**を考える．これらのオプションの価値を $F(K,Y)$ で表そう．これらのオプションが行使されない限りは，既存資本は**陳腐化**しつづける．したがって，極小時間 dt 経た後には，企業は最後の**限界的資本単位** $\lambda K\, dt$ に投資するオプションを再び手に入れる．このオプションの価値は $-\lambda K F_K(K,Y)$ である．ここで，$F(K,Y)$ は将来拡張するオプションの価値であるので，K の増加はこれらのオプションの限界的な部分を犠牲にすることを意味し，F_K はマイナスとなる．次に，通常通り無リスクのポート

フォリオを作り，$F(K,Y)$ を決定する事が出来る．具体的には，一単位のオプションを保有し，Y を測る資産 F_Y 単位を空売りするのである．すると，

$$\frac{1}{2}\sigma^2 Y^2 F_{YY} + (r-\delta)YF_Y - \lambda K F_K - rF = 0$$

が得られる．K に関して微分して，限界的**オプションの価値** $f(K,Y) = -F_K(K,Y)$ に関する方程式

$$\frac{1}{2}\sigma^2 Y^2 f_{YY}(K,Y) + (r-\delta)Yf_Y(K,Y)$$
$$- \lambda K f_K(K,Y) - (r+\lambda)f(K,Y) = 0 \quad (11.20)$$

を得る．

この偏微分方程式は，一般的には数値的に解く必要がある．しかし，ある特殊な場合においては，経済的同質性の議論を適用して，通常の微分方程式にして解析的に解く事ができる．利益フローの資本ストックへの依存のしかたが，特殊なコブ＝ダグラス型

$$H(K) = K^\theta, \qquad 0 < \theta < 1$$

であると仮定しよう．次に，$(K+dK)$ 番目の限界資本単位から生じる利益フローの期待現在価値 $v(K,Y)$ を考える．上の式 (11.18) を用いると，その値は，

$$\mathcal{E}\int_0^\infty Y_t \theta [Ke^{-\lambda t}]^{\theta-1} e^{-(\rho+\lambda)t}\,dt = YK^{\theta-1}/(\rho+\lambda\theta-\alpha)$$

である．次に，K と Y の初期値は異なるが $YK^{\theta-1}$ の値は等しい任意の二つの状況を考えよう．**限界的資本単位**に投資する機会の価値は，どちらの場合においても等しいはずである．言い換えると，**オプション価値** $f(K,Y)$ は単一の混合変数 $y = YK^{\theta-1}$ にのみ依存するはずなのである．$f(K,Y) = g(y)$ と記述する．すると，式 (11.20) において $f_Y(K,Y) = K^{\theta-1}g'(y)$ 等と置き換え，

$$\frac{1}{2}\sigma^2 y^2 g''(y) + [r - (\delta + \lambda(\theta-1))]yg'(y) - (r+\lambda)g(y) = 0 \quad (11.21)$$

第 11 章　追加投資と生産能力の選択

を得る．この方程式は馴染みのある形であり，解

$$g(y) = By^{\beta_1} \tag{11.22}$$

をもたらす．ここで β_1 は式 (11.21) に関連する標準二次式の正の根であり，すなわち

$$\frac{1}{2}\sigma^2 \beta(\beta-1) + [r - (\delta + \lambda(\theta-1))]\beta - (r+\lambda) = 0$$

である．負の根に対応する項は，普通に $y \to 0$ の極限を取る事によって消去した．もし $r + \lambda > r - (\delta + \lambda(\theta-1))$，すなわち $\delta + \lambda\theta > 0$ であれば，$\beta_1 > 1$ である．われわれは $\delta > 0$ を仮定しているので，これは確実である．

設置された後の限界資本単位の価値 $v(K, Y)$ はすでに求めた．設置（オプション行使）を妥当なものにする**閾値 $Y(K)$** は**バリュー・マッチング条件**と**スムース・ペースティング条件**

$$f(K,Y) = v(K,Y) - \kappa, \qquad f_Y(K,Y) = v_Y(K,Y)$$

により決定される．その結果，

$$Y(K) = \frac{\beta_1}{\beta_1 - 1} \frac{(\delta + \lambda\theta)\kappa}{\theta K^{\theta-1}} \tag{11.23}$$

が得られる．この解釈は通常のものだが，少々修正して**資本減耗**を考慮に入れたものである．必要となるのは，現在の限界生産物 $\theta Y K^{\theta-1}$ がフローの費用 $(\delta + \lambda\theta)\kappa$ の $\beta_1/(\beta_1 - 1)$ 倍となることである．費用はもはや $\delta\kappa$ ではなく，限界単位の**陳腐化**の可能性を反映して増加している事に注目してほしい．倍率もその限界単位とそれ以前に設置された単位の減価償却を考慮するため修正されている．特に，β_1 を定義する二次式の中で，金利は r から $r + \lambda$ に増加し，β_1 を増加させるので，$\beta_1/(\beta_1 - 1)$ は減少する．これら両方の効果は，単独不連続の事業の場合，すなわち第 6 章第 6.4 節式 (6.27) にちょうど対応するものである．

11.2 収穫逓増とまとまった生産能力増強

　企業が**生産能力**を増強するとき，企業組織と企業内調整の限界を避けられないのであれば，最終的には収穫は逓減すると期待される．しかし，企業が初期の段階で**収穫逓増**を経験するのは良くあることである．例えば，最初の生産を行う前には，巨額の資本が必要である．その後も，効率的なプラントには最低規模があるので，生産能力の増強は不連続な単位で生じることになる．時には，幾何学の法則が収穫逓増をもたらすこともある．コンテナを作るのに必要な鋼材の量は寸法の二乗に比例するが，容量は三乗に比例する．これらの理由から，**生産能力増強**の理論を収穫逓増の場合にまで拡張することは重要である．複雑さを取り扱い可能な程度に抑え，新しく導入する考え方を明確にしておくために，できるだけ単純な構造でこの問題に取り組む．そこで，当面**資本減耗**は無視する事にしよう．

　$H'(K)$ はある領域で増加しているとして，K_1 と K_2 に位置する二つの単位の投資を考える．$K_1 < K_2$ となるようにすると，$H'(K_1) < H'(K_2)$ となる．これらの投資が妥当なものとなる**閾値** Y_1 と Y_2 を求めるために式 (11.9) を用いると，$Y_1 > Y_2$ となることが分かる．このことは，もしYがある低い水準から上昇している途中であれば，K_1 における投資単位よりも K_2 における**投資単位**の方が先に設置されることを意味している．しかし，K_2 における**投資単位**に限界生産物 $H'(K_2)$ を割り当てるときに，われわれはそれ以前の単位はすべて設置されていると考えている．したがって，式 (11.9) に基づいて**閾値**を考えるのは，**収穫逓増**の領域においては間違っているに違いない．

　この状況を別な角度から眺めると，K_1 において資本単位設置を妥当なものとする**閾値** Y は K_2 における設置，と言うより K_1 と K_2 の間にあるすべての資本単位の設置をもたらすに十分な水準にもあるということである．したがって，投資はまとまったものとなる．K_1 と K_2 の間にある資本単位全体を，共通の閾値に達したときに一斉に設置するべきなのである．そのまとまりの大きさと，このまとまった能力増強を引き起こす適切な閾値については，これから決

めなくてはならない[6]．

最適な**投資方針**を厳密に導こうとすると，数学的に極めて複雑なことが分かるが，基本的結果は直感的に理解することができる．したがって，単に結果を述べて説明するにとどめる事にする．正式な証明は Dixit (1993c) で展開されているので，興味のある読者はそちらを参照されたい．

もっとも単純な教科書的な**収穫逓増**，すなわちはじめの領域では限界生産物が逓増し，その後の領域では限界生産物が逓減する形態を考えよう．**図 11.2** の上の図が，この場合の**生産関数** $H(K)$ を示している．限界生産物は，K が変極点にある K^* のときに最大になることに注目してほしい．平均生産物は，$K = K^{**}$，すなわち原点からの直線が曲線と接するところで最大になる．

仮に企業の初期資本ストックが K^* を超えていれば，更なる増強に対する収穫は逓減する．この場合，第一節で展開した基本理論が適用され，**閾値**は式 (11.9) で与えられる．これを，**投資閾値**関数の右側と呼び，$Y_R(K)$ で表わす事にしよう．

次に，初期資本ストック K_0 が $K_0 < K^*$ だとしよう．すると，能力増強に対する収穫は逓増する．ここで，K_0 に対応する $H(K)$ 上の点から始まり，$K_1 > K^*$ である水準 K_1 で生産関数に接するような直線を引く．これは図 11.2 の上の図に描いてある．K_1 をこのように選ぶと，K_0 から K_1 まで能力を増強する際の特性は，追加単位が貢献する平均生産物が最大であるということである．したがって，これは最適な能力増強量の候補であろう．実のところ，これが最適な増強量であることが明らかになる．この内容をまとめると，K_1 において限界資本単位の設置が妥当となる**閾値** Y，すなわち $Y_R(K_1)$ とは，K_0 から K_1 までまとまった量の不連続な能力増強を瞬間的に行うことを妥当とする閾値水準と等しい，ということである．

---

[6] 第 2 章第 2.5 節で，規模と柔軟性の間のトレード・オフを表わす事例を考えた．生産関数の資本ストックに規模の経済があるため，そのトレード・オフはここでは生じない．もし K_1 のストックがすでにあり，$(K_2 - K_1)$ の資本を設置すると，一度に K_2 全体を設置したのと同じ生産物フローが得られる．第 2 章の場合には状況が異なっており，二つの小規模プラントは大きなプラント一つと同じではない．

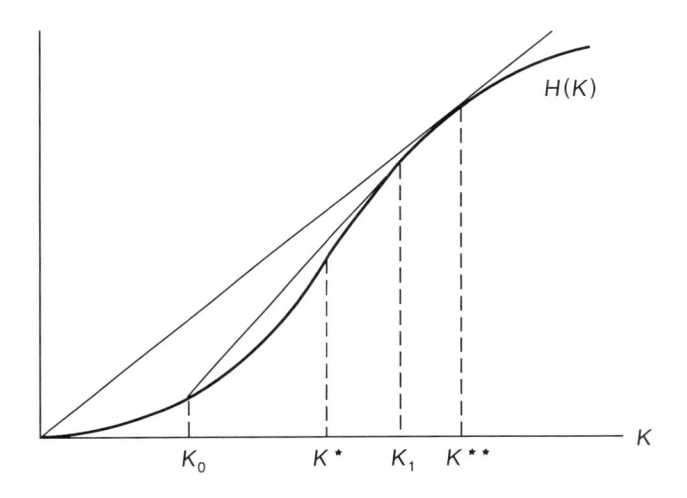

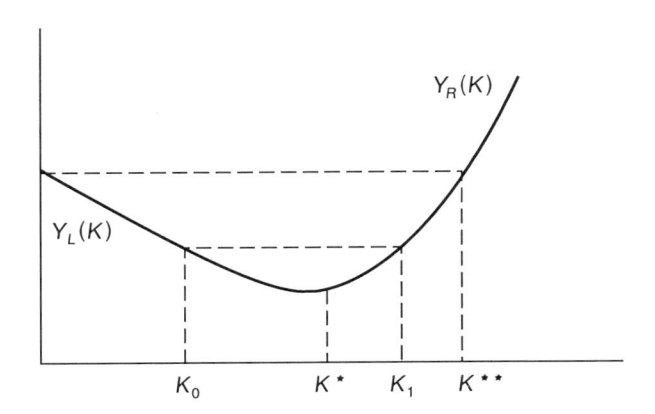

11.2 収穫逓増とまとまった生産能力増強

図 11.2 収益率の増加に伴う設備の拡大

第 11 章 追加投資と生産能力の選択

構造上,追加された**生産能力**の平均生産物は最後に追加される単位の限界生産物と等しいことに注意してほしい.

$$[H(K_1) - H(K_0)]/[K_1 - K_0] = H'(K_1)$$

式 (11.9) に代入して,

$$Y_R(K_1)[H(K_1) - H(K_0)] = \frac{\beta_1}{\beta_1 - 1}\delta\kappa[K_1 - K_0] \qquad (11.24)$$

を得る.言い換えると,能力増強が行われた瞬間に,追加的生産物の価値は,設置費用の $\delta\beta_1/(\beta_1 - 1)$ 倍となるのである.これを式 (11.9) と比較してほしい.式 (11.9) は,**収穫逓減**の場合に投資された資本単位に関する限界条件を表わしていた.式 (11.24) は,全くそれに対応して,**収穫逓増**の場合に投資される一まとまりの資本に関する全体条件を表わしている.

一般的概念がはっきりした.$(0, K^*)$ の範囲の任意の点 K_0 が与えられると,この接線の手続きによって,対応する K_1 を見つけ,$Y_L(K_0) = Y_R(K_1)$ と置く事により,閾値関数の左側 $Y_L(K)$ を組み立てることができる.結果は,図 11.2 の下半分に示してある.K_0 が K^* のすぐ左から始まって徐々に減少すると,それにつれ対応する点 K_1 も,$Y_R(K_1)$ も徐々に増加する.したがって,$Y_L(K)$ は右下がりの曲線である.最後に,K_0 が 0 まで低下すると,K_1 は K_{**} まで上昇するので,$Y_L(0) = Y_R(K^{**})$ である.

二つの部分 $Y_L(K)$ と $Y_R(K)$ が**閾値曲線**を構成する.この曲線の下側の領域では,最適な方針は投資をしないことである.初期資本ストック K_0 が K^* より小さいときに,Y が $Y_L(K_0) = Y_R(K_1)$ まで上昇すると,**生産能力**は瞬時に K_1 に上昇する.K_1 の右側では,**投資方針**は第 11.1 節における**バリア・コントロール**による漸進的なものである.もし初期位置が曲線より上にあると,即時のまとまった能力増強により位置を曲線上まで右に動かすのが最適となる.

もし企業が資本 0 の状態から始めるなら,Y が $Y_L(0) = Y_R(K^{**})$ まで上昇するのを待って,能力 K^{**} を一気に設置すればよい.平均生産物が逓増する部分はすべて飛び越えるのが最適なのである.したがって,その間の範囲の資本

ストックを持っている企業があるのは，過去に最適でない方針をとった結果である．

われわれが検討してきたのは，**収穫逓増**のうちでも極めて特殊な場合，すなわち限界生産物が逓増する単一の領域の後に，限界生産物が逓減する領域が続いている場合であった．それによって，馴染みのある教科書的な環境で概念を展開することができた．しかしその概念自体は完全に一般化されている．**生産関数** $H(K)$ がどのような形をしていようとも，初期値 K_0 を与えると，その右側に平均増加生産物 $[H(K_1) - H(K_0)]/[K_1 - K_0]$ を最大化する点として，K_1 を見つけることができる．より技術的な用語で言うと，われわれが探すべきは，生産関数の凸面のうちで，特に投資が**不可逆**な事に対応して初期資本ストックより右側に位置するもの，である．定義から，K_1 における収穫は逓減するはずである．K_1 における限界的な資本追加を妥当なものとする**閾値** Y は，第 11.1 節における手順を用いて見つけることができる．すると，同じ閾値を K_0 から K_1 までの不連続なジャンプ全体に適用することができる．この考え方は，生産関数が微分可能でない場合にも妥当である．例えば，もし生産を開始するのに最低でもある程度の資本量が必要であるなら，初期資本が $H(K) = 0$ の位置にあり，その後最低限効率的な大きさをもった不連続な規模のプラント設置を繰り返すことにより，段階的に増加していくかもしれない．必要なのは，最終的には**収穫逓減**が支配することだけであり，それは企業の組織費用の増加によって一般的に確実なものである．

今まで検討したのは，生産物サイドの**収穫逓増**であった．しかし，ひとまとまりの能力増強は費用面の理由から最適となる可能性もある．費用が，新しく設置される資本量に比例するのではなく，それより緩やかにしか増加しないと仮定しよう．どのような変更であれまとまった**固定費**を必要とするかもしれないし，より一般的な形の規模の経済が存在するかもしれない．次の節では，まとまった費用を，能力増強に伴う各種費用とともに検討する．

11.3 調整費用

　企業がその時々にどのように選択を行うかについての理論を用いて，企業の望ましい，すなわち最適な資本ストックをその時々に決定することができる．すると，各期間に必要となるグロスの投資量を計算することができる．つまり，グロスの投資は，その期の期末時点での望ましい資本ストック量から，期首の実際の資本ストック量を差し引き，期中の**減価償却**を加えたものである．需要変化や金利変化をもたらす経済的ショックにより，望ましい資本ストック量は変化する．理論的には，投資需要は瞬時にこのショックを反映するはずである．実際には，そのようなショックの投資に対する影響は，もっとゆっくりで将来に渡り広がることが見つけられている．経済学者は，このことを説明するのに**調整費用**——資本ストックをあまりに速く変化させる費用——の存在を仮定し，そのような費用を考慮すべく投資理論を修正した．

　実のところ，企業の投資選択がなぜショックに対しゆっくりと反応するのかを説明するには，単なる**調整費用**の存在よりもっと強い何かが必要である．具体的には，**投資速度**に対し完全に**下に凸**の関数となる費用が必要である．言い換えると，投資の限界費用が投資速度に対し増加関数である必要があるのである．すると，最適な投資速度は，資本を望ましい水準に調整していく速度を上げるための限界費用が，そうすることの限界利益と等しくなる点として決定される．

　完全に**下に凸**の**調整費用**という仮定は，投資に関する研究においては理論的なものでも実証的なものでも普通になった．しかし，最も初期の段階から批判がなかったわけではない．この問題を扱った Rothschild(1971) は，詳細に引用する価値がある．

> 　調整費用関数が下に凸にならなくてはならない理由についての議論はきわめて弱いものである．Eisner and Strotz(1963) は二点挙げている．最初のものは，企業が投資する財への需要を一期のうちに増加させると，投資財の供給には制約が課される，というものである．われわれのモデルは，企業が要素市場においてプライス・テイカーであ

る場合のものである．したがって，そのような理由は明らかに不適切である．第二の議論は，ゴーイング・コンサーンの中に新しい設備を統合する費用，すなわち生産ラインを再編成する費用や従業員を訓練する費用などは逓増する，というものである．これは単なる主張であり，とても説得的なものではない．費用逓減は費用逓増と同じくらいもっともらしく... なぜ訓練費用が必ず費用逓増を伴うのか，理由は見当たらない．訓練は，費用逓減の古典的事例である情報の利用を含んでおり... 同様に，生産ライン再編成には，生産要素としての情報利用と設備の不可分性を伴っている．

経済環境の変化に対して観察される，ゆっくりした投資の反応を説明する別の解釈も提供されている．本書の文脈から特に興味があるのは，企業レベルの投資決定と，ほぼ例外なく統合されたレベルにある観察結果やデータとの区別である．個々の企業が，収益性へのショックが今までわれわれが計算してきたタイプの**閾値**水準に達したとき，資本ストックを調整するとしよう．企業によって，技術的・経営的能力，地域の要素市場環境，その他多くの要素が異なる．したがって，企業によって行動を引き起こす閾値は異なる．同じ閾値を持つ企業であっても，過去の経緯から決定された相対的初期条件は異なるかもしれない．すべての企業に影響するショックにより，すぐに閾値に達して投資を行う企業もあるだろうが，閾値にすこし近づくもののまだ達しない企業もあるだろう．時間が経過するにつれ，それら投資をしなかった企業の中にも企業個別の別のショックによって閾値を超え投資を行う企業も出てくる．したがって，ショックの各企業への影響は一時点に集中していたとしても，投資全体への影響は長期間に渡って散らばるのである．

この考えは，単純なモデルで取り組むには複雑すぎる．投資の全体的な反応は，全体的ショックと企業固有のショックの関係はどうか，企業に活動をもたらす閾値に対して初期位置がどこにあるか，といった要素により変わってくるからである．この分野で興味深い研究が理論的にも実証的にも始まっている．

特に，Bertola and Caballero (1990, 1992) を参照のこと．

当面，本書でたどってきたアプローチとの関係を明らかにしてくれる，完全に**下に凸の調整費用**という考え方を極めて一般化されたモデルを用いて展開する．

11.3.A　調整費用の分類

K は企業の資本ストックを，Y は利益に影響する確率**シフト変数**を表わすとする．$\pi(K, Y)$ はこれらの状態変数の関数として利益フローを表わしている．既存資本は比率 λ で**資本減耗**するとする．新しい資本を追加し，古い資本を**除却**する（資本減耗による自然な減価以上に）ことができるが，これらの活動は一定の費用を伴う．

時間を微小時間 Δt に区分しよう．そのうちのある時間間隔の間に企業が検討の結果資本ストックを ΔK だけ変化させる行動に出たとしよう．言い換えると，その時間間隔におけるグロスの投資合計（プラスもマイナスもありうる）は ΔK なので，その期末のストックは $(K - \lambda K \Delta t + \Delta K)$ となる．この行動に関連した費用は三種類ある．

第一に，どのような行動を取るにしても，行動を起こすのにはある程度まとまった費用がかかるであろう．それは，経営上の意思決定費用だったり，発注に係る**固定費**だったりである．これらを**ストック固定費**と呼ぼう．また，行動を起こす期間 Δt の間に一定比率のフローとして発生する費用もあるだろう．それらを**フロー固定費**と呼ぼう．どちらのタイプの費用も資本ストックが増えるのか減るのかによって異なる．完全に一般化すると，これらの費用は，

$$\begin{cases} \Phi_+ + \phi_+ \Delta t & \text{if } \Delta K > 0 \\ \Phi_- + \phi_- \Delta t & \text{if } \Delta K < 0 \end{cases}$$

と表される．

次に，資本ストックの変化量に比例するが，変化が生じる微小時間間隔の長さには関係のない費用もあるだろう．例えば，取得した資本財の価格などがそ

れに当たるが，他のものもあるだろう．これらを**従量費用**と呼び，

$$\begin{cases} \kappa_+ \Delta K & \text{if } \Delta K > 0 \\ \kappa_- |\Delta K| = -\kappa_- \Delta K & \text{if } \Delta K < 0 \end{cases}$$

で表そう．ここでの非対称性に注目して欲しい．この定式化は本書の中心的テーマである**不可逆性**を捉える事が出来る．もし $\kappa_- < 0$ であれば，設置した資本を一単位当り価格 $-\kappa_-$ で売る事により削減することができる．もし $\kappa_- = -\kappa_+$ だったら，再売却の際に取得費用のすべてを回収することができ，投資は完全に可逆となる．もし $\kappa_+ + \kappa_- > 0$，すなわち $-\kappa_- < \kappa_+$ なら，回収は部分的で，ある程度の不可逆性が存在する．（$\kappa_+ + \kappa_- < 0$ となる可能性は排除する．そうでないと，企業は多量の資本を素早く繰り返し売買する事により，無限大の利益をあげることができるからである．）もちろん，$\kappa_- > 0$ の状況は許容する．その場合，企業は資本ストックを削減するためには現金を支払わないといけない．例えば，鉱山を閉鎖した時の現場復元費用や，廃棄する機械に関連している労働者を解雇する費用などである．

最後に，資本ストックを変化させる速度，つまり $I = \Delta K/\Delta t$ に依存する**調整費用**があるかもしれない．これが伝統的な「**下に凸の調整費用**」に分類されるものである．これらの費用が単位時間当りに発生する比率，すなわちフローを $\Psi(I)$ で表そう．すると，時間間隔 Δt における調整費用は，

$$\Delta t \, \Psi(\Delta K/\Delta t)$$

となる．関数 Ψ は**下に凸**で，$\Psi(0) = 0$ と，$I \neq 0$ の時 $\Psi(I) > 0$ を充たす．もし関数 Ψ が 0 において微分可能であれば，$\Psi'(0) = 0$ であるはずである．一般的に用いられる二次関数**調整費用**は，これに該当する．**図 11.3** の (a) 図はこの場合を示している．しかし関数は，隣の (b) 図に示されているように 0 で折れ曲がっているかもしれない．すると，Ψ のゼロにおける右側の微分である $\Psi'(0+)$ は，左側の微分である $\Psi'(0-)$ とは異なっている．他にも I がプラスかマイナスかによって異なる，もっと一般的な $\Psi(I)$ の非対称性があり得る．

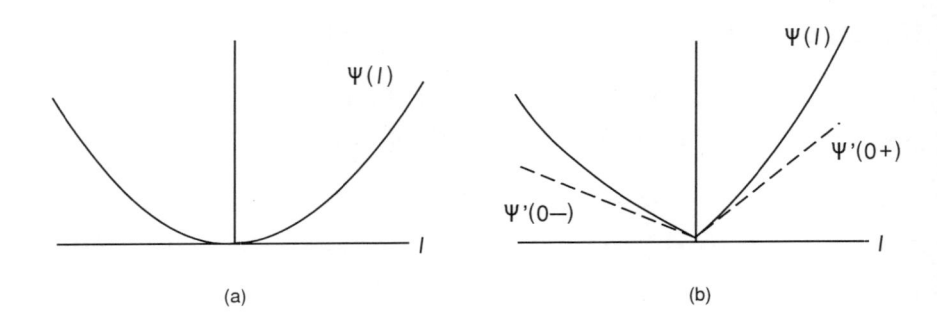

第 11 章 追加投資と生産能力の選択

(a)   (b)

図 11.3 凸調整費用

これらの費用の性質を観察しよう．費用発生のフロー比率，$\Psi(I)$ はグロスの投資のフロー速度 I に関する非線型の関数である．しかし，Δt の時間間隔に発生する全費用は，この時間の長さに比例している．資本ストックをより速く変化させると，如何により多くの費用がかかるかを見るために，ΔK を固定させ，Δt を変化させよう．Δt に関する費用の微分は，

$$\Psi\left(\frac{\Delta K}{\Delta t}\right) - \frac{\Delta K}{\Delta t}\Psi'\left(\frac{\Delta K}{\Delta t}\right)$$

であるが，Ψ は下に凸で $\Psi(0) = 0$ を充たすのでマイナスである．したがって，Δt を小さくすると費用は増大する．

投資に関する大量の文献はどれもこれらの費用のうち一つだけを扱う事が多かった．そのため，この点で異なる仮定を置いているモデル同士を比較することは困難だった．最近になって，Abel and Eberly (1993) は，これらの費用のほとんど全て（**ストック固定費 Φ_+ と Φ_- 以外**）を組み込んだ極めて一般的なモデルを構築し，前提の違うモデルの比較を助け，この問題に関するより完全な理解を提供している．われわれの議論は，彼らのものに続くものである．

11.3.B ベルマン方程式

これで，企業の最適な**投資方針**を検討する準備はできた．数式上の簡便性のために，リスク中立性，または外生的に特定された割引率 ρ を仮定し，**ダイナ**

ミック・プログラミングのアプローチを用いる．$W(K,Y)$ が状態変数の関数としての企業価値を表している．次の微小時間間隔 Δt の間に，企業は ΔK を選択し，新しい資本ストック $(K - \lambda K \Delta t + \Delta K)$ と，**確率変数**の新しい乱数値 $(Y + \Delta Y)$ で再スタートする．$C(\Delta K, \Delta t)$ が活動に係る費用で，上で議論した費用の一部または全部を含んでいる．明示的には，

$$C(\Delta K, \Delta t) = \begin{cases} \Phi_+ + \phi_+ \Delta t + \kappa_+ \Delta K + \Delta t \Psi(\Delta K/\Delta t) & \text{if } \Delta K > 0 \\ 0 & \text{if } \Delta K = 0 \\ \Phi_- + \phi_- \Delta t - \kappa_- \Delta K + \Delta t \Psi(\Delta K/\Delta t) & \text{if } \Delta K > 0 \end{cases}$$
(11.25)

である．

すると，**ベルマン方程式**は，

$$W(K,Y) = \max_{\Delta K} \{\pi(K,Y)\Delta t + e^{-\rho \Delta t} \cdot \mathcal{E}[W(K - \lambda K \Delta t + \Delta K, Y + \Delta Y)] - C(\Delta K, \Delta t)\} \quad (11.26)$$

と書き表すことができる．Abel and Eberly (1993) と同様に，右辺の最大値をもたらす ΔK がプラスか，ゼロか，マイナスか，という三つの場合を区別するのが重要である．

第一に，最適な ΔK がプラスである，すなわち，企業はプラスのグロス投資を行うとしよう．一階の条件は，

$$\mathcal{E}[W_K(K - \lambda K \Delta t + \Delta K, Y + \Delta Y)] - \kappa_+ - \Psi'(\Delta K/\Delta t) = 0$$

である．不連続時間 Δt は分析上の利便性から導入されているだけで，本当の興味は連続時間モデルにある．したがって，$\Delta t \to 0$ の極限を取る．とりあえず，グロス投資の速度 $I = \Delta K/\Delta t$ が有限であると仮定しておいて，後でこれが妥当か，またいつ妥当なのかを検証しよう．この仮定のもと，K の時系列推移は連続である．Y が連続的推移である幾何**ブラウン運動**に従うからである．したがって，極限における条件は，

$$W_K(K,Y) = \kappa_+ + \Psi'(I) \tag{11.27}$$

である．これが状態変数の関数としての**投資速度**を決定する．

各種の**固定費**もあるため，一階の条件によるローカルな解がグローバルに最適であるようにするために，全体条件を考えなくてはならない．そのために，式 (11.27) で決定された I による $\Delta K = I \Delta t$ と $\Delta K = 0$ とを比較しなくてはならない．必要なのは，

$$\mathcal{E}[W(K + (I - \lambda K)\Delta t, Y + \Delta Y)] - \Phi_+ - \phi_+ \Delta t - \kappa_+ I \Delta t - \Delta t \Psi(I)$$
$$> \mathcal{E}[W(K - \lambda K \Delta t, Y + \Delta Y)]$$

である．ここでも，われわれの興味は $\Delta t \to 0$ の極限である．

最初に説明すべきは，もし投資の**ストック固定費**が存在する ($\Phi_+ > 0$) なら，それが全体条件の中の主要項目となり，極限で $-\Phi_+ > 0$ となる必要があることである．これは明らかな矛盾である．したがって，ストック固定費—どのような追加であれ資本ストックにグロスでプラスの追加をするときに毎回かかる費用—が存在するなら，有限の速度のグロス投資は最適とならないのである．これは直感的に納得できるものである．有限速度の投資という方針では，**投資速度**がプラスのときはいつでもストック固定費がかかり，それは無限にコスト高だからである．最適な**投資方針**は資本ストックが単発で不連続にジャンプするようなものである．それは先の第 11.2 節における方法と似た特性のものである．

次に，$\Phi_+ = 0$ を仮定して先に進もう．この場合，全体条件の両辺に Δt の付く主要項目がある．そこで，**伊藤の定理**を用いて W の値を展開し，簡略化する必要がある．すると，

$$W_K(K, Y)I > \phi_+ + \kappa_+ I + \Psi(I) \tag{11.28}$$

となる．

これを解釈するために，**トービンの q** の概念を用いる．どの瞬間にも，その時の状態 (K, Y) は分かっているので，$W_K(K, Y)$ は評価することができる．これは，資本の限界的追加単位が与えられた時に，結果として得られる企業価値の限界的増加である．これを，企業価値レベルの限界的トービンの q と呼ぼ

う．唯一の違いは，ここでは比率の形で表すのではなく，絶対額の形にしておいて限界的生産能力単位の調達費用（**調整費用**を含む）と比較できるようにしておくのが便利な事である．

ここで，式 (11.27) と式 (11.28) をこの方法で表現しよう．微小時間 Δt の間維持されているグロスの**投資速度** I は，資本ストックに限界量 $I\Delta t$ の貢献をする．一階の条件式 (11.27) はこの行為の限界利益（企業価値の増加）がその限界費用に等しいことを表し，全体条件式 (11.28) は全利益が全費用を超えることを確保している．

この関係を描写しはっきりさせるのに，中級ミクロ経済理論でお馴染みであり，また Abel and Eberly が用いたものを修正した一種の略図を用いよう．**図 11.4** では，限界費用を**投資速度**の関数として描いている．プラスのグロス投資（縦軸の右側）では，曲線は式 (11.27) の右辺である．**閾値** $\bar{q}$ は，縦軸，高さ q

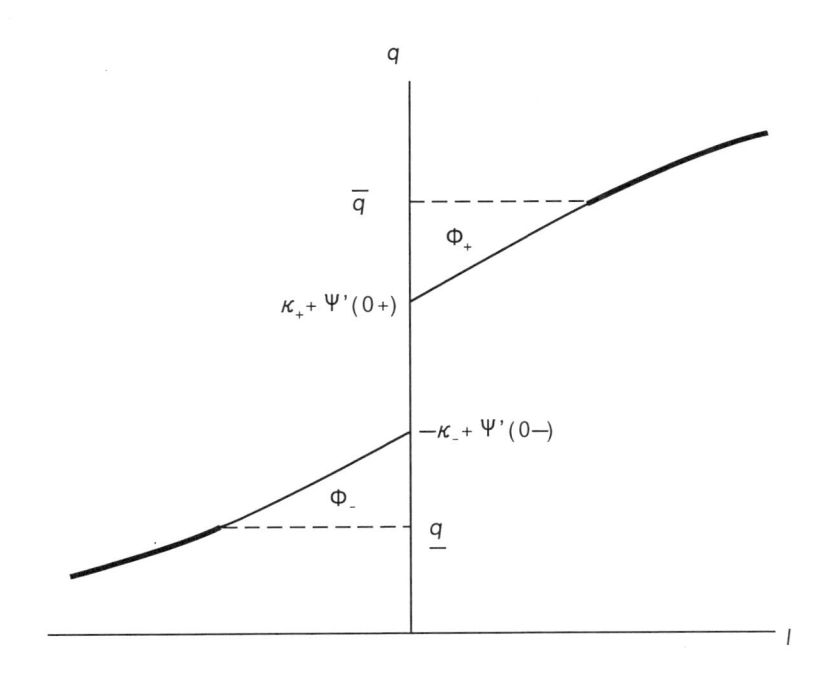

図 11.4 投資の q モデル

の横線，**限界費用曲線**で囲まれる領域が丁度**フロー固定費** ϕ_+ となる点に設定される．$q = \bar{q}$ の時に限界費用曲線によって決まる I は限界条件と全体条件の両方を充たす（全体条件では等式の状態）．$q > \bar{q}$ では，全体条件は不等式で充たされる．したがって，限界費用曲線上のこの点が企業の**投資需要曲線**と見なされる．これは図中で太線で示されている．

マイナスのグロス投資では，一階の条件は

$$W_K(K, Y) = -\kappa_- + \Psi'(I) \tag{11.29}$$

となる．$\Psi'(I)$ は I がマイナスの時にマイナスになる事を思い出して欲しい．$\underline{q}$ は，縦軸の左側で，高さ q の横線と**限界費用曲線**の間の領域が，マイナスのグロス投資に対応した**フロー固定費** ϕ_- と等しくなるような**閾値**を表す．$q < \underline{q}$ では，限界費用曲線がマイナスのグロス投資に関する企業の方針となる．もし q が二つの**閾値** $\underline{q}$ と $\bar{q}$ の間にあると，投資を行わないのが最適となる．

次に，この分析から得られる様々なインプリケーションを見て，それを以前の研究と関連付けよう．

11.3.C 不活動の幅

上の分析では，領域 $q = W_K(K, Y)$ でグロス投資をゼロとするのが最適であるので，それに対応する状態変数 (K, Y) 空間上の領域でもグロス投資をゼロとするのが最適となる．それをもたらす理由は三つあり，Abel and Eberly の一般的モデルの中では，異なる**調整費用**の種類にそってそれぞれの理由が解説されている．それらの理由には，以下では [1a], [1b], [2] の見出しをつけてある．

[1] 注目すべきは，グロス投資のプラスとマイナスに対応した一階の条件式 (11.27) と式 (11.29) は，$I \to 0$ の極限で同じ値に収束していかず，図 11.4 の**限界費用曲線**は縦軸上で不連続になっている点である．これには二つの理由がある．[1a] $\kappa_+ > -\kappa_-$ であること．これは本書を通して強調してきた**不可逆性**である．[1b] フロー**調整費用**関数が折れ曲がって $\Psi'(0+) > \Psi'(0-)$ となっていること．これも不連続性をもたらしている．ここでのポイントは，最初の小さな

投資であっても限界費用はプラスなので，Y が K に対して十分に高くなり追加的資本によるプラスの限界利益が限界費用をカバーするようにならないと，プラスのグロス投資は行われない事である．グロスの**除却**についても同様の状況が成り立つ．

[2] **フロー固定費** ϕ_+ がプラスだと，**閾値** $\bar{q}$ は右側の**限界費用曲線**の縦軸上の切片を越える．同様に，プラスの ϕ_- で $\underline{q}$ は左側の切片を下回る．これら両方の影響が，不活動の幅を広げている．

これら三つの力のいずれか一つが効いても不活動領域が生じる．三つの力は，グロス投資がゼロとなる最適条件に関して言えば，すべて同じ方向に働き相互に強め合う．

最後に注目してほしいのは，われわれは**ストック固定費** Φ_+ と Φ_- をゼロに設定しておいたことである．もしこれらの費用がプラスなら，それこそが，ほとんどの期間では何の行動を起こさず，ある単発の瞬間に資本ストックを不連続なまとまった量で増やしたり減らしたりすることのずっと強力な理由である．

投資しないのが最適なときには，**ベルマン方程式**はとりわけ単純な形となる．式 (11.26) の右辺を**伊藤の定理**により展開し，単純化すると，

$$\frac{1}{2}\sigma^2 Y^2 W_{YY}(K,Y) + \alpha Y W_Y(K,Y)$$
$$- \lambda K W_K(K,Y) - \rho W(K,Y) + \pi(K,Y) = 0$$

が得られる．この式を $q(K,Y) = W_K(K,Y)$ により変換する方が便利である．この式は，限界的，企業価値ベース，絶対額（比率ではなく）による**トービンの q** であることを思い出してほしい．K に関して微分して，

$$\frac{1}{2}\sigma^2 Y^2 q_{YY}(K,Y) + \alpha Y q_Y(K,Y)$$
$$- \lambda K q_K(K,Y) - (\rho+\lambda) q(K,Y) + \pi_K(K,Y) = 0 \quad (11.30)$$

を得る．この関係は，(K,Y) 空間の不活動の領域全体で成り立つが，その領域自体も解の一部として特定しなくてはならない．したがって，これは**自由境**

界問題である．境界条件はモデルごとに異なる．例えば，**調整費用**だけが線形であるときは，状況は本章第 11.1 節のものと同様である．すると，上の境界（I がプラスになる直前で，実のところ無限大）における条件は，$q = \kappa_+$（**バリュー・マッチング条件**）と $q_Y = 0$（**スムース・ペースティング条件**）である．同様に，下の境界では $q = \kappa_-$ と $q_Y = 0$ となる．

11.3.D　バリア・コントロール

下に凸の**調整費用**が比較的重要でない，すなわち，$\Psi'(I)$ が全ての I に比べて極めて小さいなら，図 11.4 の**限界費用曲線**はほぼ水平となる．q の**閾値**は，おおよそ

$$\overline{q} = \kappa_+, \quad \text{and} \quad \underline{q} = -\kappa_-$$

で与えられる．これらの関係は，本章で先に分析した純粋に**不可逆**なケースで得られた $W_K(K, Y)$ の極限とちょうど同じである．さらに，q が $\overline{q}$ に達すると最適なグロス**投資速度**はきわめて大きくなり，逆に $\underline{q}$ に達するとグロス**除却速度**が極めて大きくなる．もし**下に凸**の**調整費用**がまったく存在せず，**従量費用**だけが残っている場合，極限において何がおきるであろうか？

その答えは，**投資速度**は無限になり，小規模ながら瞬間的に資本ストックを増加または減少させ，q が $\overline{q}$ を超えたり q を下回ったりしないようにする，というものである．これはちょうど，**不可逆性**を検討した純粋なモデルのところで得た「**バリア・コントロール**」の方針である[7]．極限をとる計算は数学的に難しくまた分量も多いので，ここでは厳密に示すことができないが，結果を直感的に納得して，またその結果から，われわれが詳しく説明してきた**不可逆性**アプローチと，投資関連の過去の研究で一般的な**調整費用**の考え方との関係をはっきり理解していただけると幸いである．

---

[7] バリア・コントロールは，時間の長さ 0 の一瞬のうちに，無限大の速度で投資をするものである．それが有限の時間間隔における有限の資本ストックの増加を生み出す．詳細は，Harrison and Tsksar (1983) を参照のこと．これはまた，なぜ**フロー固定費** ϕ_+ と ϕ_- がこの場合において不適切であるかの理由でもある．フロー固定費を時間の長さ 0 の瞬間に適用すると，効果は 0 となるのである．

11.3.E q の動態

グロス投資が，あるゼロでない速度で行われるとき，最適な速度は一階の条件式 (11.27) と式 (11.28) で適切に決まる．それぞれの式では，I は q の関数として定義され，κ_+ と κ_- がパラメータとしてこの関係に影響し，Ψ が関数として用いられている．言い換えると，ある q に対して，最適な**投資速度**は完全に**調整費用**の特性により決まるのである．

一見びっくりするのは，確率過程 Y のパラメータ σ で把握される**不確実性**が，図の中にまったく入ってこないばかりか，Y のトレンドも，割引率 ρ も入ってこないことである．これらの要素が投資に無関係であるとすると実に驚くべきことである．しかし，この驚きは見かけだけである．それは，論理展開の中で q を一定に保っていたからである．q の推移はこれらのパラメータ全てに大きく影響される．たとえば，(K, Y) が**投資速度**がプラスの領域にあるとしよう．投資関数を $I = I(q)$ とする．式 (11.26) の**ベルマン方程式**の右辺を展開していつもどおり整理すると，

$$\frac{1}{2}\sigma^2 Y^2 W_{YY} + \alpha Y W_Y + (I - \lambda K)W_K - \rho W - \phi_+ - \kappa_+ I - \Psi(I) + \pi = 0$$

が得られる．これを K について微分すると q に関する方程式

$$\frac{1}{2}\sigma^2 Y^2 q_{YY} + \alpha Y q_Y + (I - \lambda K)q_K - (\rho + \lambda)q \\ + (I - \kappa_+ - \Psi'(I))I'(q)q_K + \pi_K = 0$$

が得られる．一階の条件により単純化すると，

$$\frac{1}{2}\sigma^2 Y^2 q_{YY} + \alpha Y q_Y + (I - \lambda K)q_K - (\rho + \lambda)q + \pi_K = 0 \qquad (11.31)$$

となる．解 $q(K, Y)$ は関連する全てのパラメータに影響を受ける．

11.3.F 2次関数型の費用の場合

調整費用モデルの解を，純粋ケースと簡単な特殊ケースについて完成させよ

う[8]．ここでは費用のほかの側面を全て無視して，**調整費用**関数は左右対称の二次関数 $\Psi(I) = \frac{1}{2}I^2$ であるとしよう．すると，不活動領域はなくなり，**投資需要関数**は単純に全ての q に対して $I = q$ となる．また，利益フロー関数は資本ストックに比例し，かつショックの倍数となると仮定すると，$\pi(K, Y) = hKY$ である．すると，q の動態に関する方程式は，

$$\frac{1}{2}\sigma^2 Y^2 q_{YY} + \alpha Y q_Y + (q - \lambda K)q_K - (\rho + \lambda)q + hY = 0$$

となる．これは極めて複雑に見えるものの，経済学的に直感で考えると解の形態が見えてくる．利益フローは資本ストックに比例しており，**調整費用**は資本ストックに依存していないので，最大価値 $W(K, Y)$ は K に比例するはずであり，$W_K = q$ は Y だけに依存するはずである．すると，一般的微分方程式，

$$\frac{1}{2}\sigma^2 Y^2 q_{YY} + \alpha Y q_Y - (\rho + \lambda)q + hY = 0$$

が得られ，その解は，

$$q(Y) = hY/(\rho + \lambda - \alpha) \tag{11.32}$$

となる．この直感的理解は，資本ストックが，規模に対する収穫一定である利益フローを生み出し，かつ**調整費用**が設置済み資本ストックに依存しないときには，個々の設置済み資本単位を各々独立に考えることができる，ということである．資本単位は，利益フロー hY を生み出すが，パラメータ λ の**ポワソン過程**による**資本減耗**に晒されている．すると，式 (11.32) は**不確実**な利益フローの期待現在価値を表している．それが，この資本単位の企業にとっての限界価値であるはずである．

q がわかると，最適な**投資方針**はすぐにわかる．それが本節の中心的テーマである．しかし，もし必要なのであれば，価値関数の解自体はごく簡単に得られる．それは単に qK に増強**オプション**の**価値**を足したものである．その解とより一般化したモデルについては，Abel (1983) を参照していただきたい．

---

[8] これは，Abel and Eberly (1993) の第 2 ケースである．Abel (1983) も参照のこと．

11.4 文献ガイド

　本章のモデルは，いくつかの面で投資に関する標準的な**新古典派**理論と密接な関連がある．新古典派理論は，競争的条件を仮定するところから始まっており，**不確実性**と**不可逆性**を無視している．その結果，企業はあたかも一期間だけでも欲しい資本ストックを借りてこられるかのような状況を想定している．その最適条件は，可変投入物に対するものと同じである．対象期間の資本ストックの**限界収入**がそのレンタル費用，すなわち金利と**資本減耗**（更にキャピタル・ゲインがあればそれを差し引く）を足したものと等しくなるようにする．Jorgenson (1963) は，おそらくこの種のモデルで最も有名で広く用いられているものであろう．

　その様なモデルは，変化する経済環境に対して，投資が極めて迅速に対応することを暗示しているが，現実の対応はずいぶんとゆっくりしたものである．この観察に対応して，新古典派モデルに対していくつかの修正が施されてきた．おそらく最も重要なものは**調整費用**を導入するものである．このアプローチを採用した初期のモデルは，Lucas (1967) と Gould (1968) である．

　モデルをより現実的にするのに導入されたもう一つの特性は，**不可逆性**である．Arrow (1968) は初期の重要な著作である．確実性と完全予見の中で不可逆性が意味するのは，潜在的収益性がピークに達する一歩手前で，より状況が悪化することを想定して投資を止めることである．

　最後に，**不確実性**が比較的単純な形で導入された．資本ストックの水準はランダムな変数の確率分布だけを元に選択され，労働など他の投入物は実際の価値がわかった後で選択される，というものである．Hartman (1972) による単純なモデルはある本質的な概念をもたらした．資本の限界生産物は通常ランダムな変数に対して**下に凸**であり，より大きな不確実性はより高い期待限界生産物を，したがってより高い水準の投資を意味する，というものである．動学的・確率論的な文脈による同様の結果が，Abel (1984) と Craine (1989) で得られている．

これら初期の展開の全ては，Nickell (1978) による卓越した著作で調査・解説されている．

不確実性と**調整費用**を組み合わせた，より完全な動学モデルは Abel (1982) と Hayashi (1982) により紹介された．Abel (1990) は，これらより最近の研究のいくつかについて素晴らしい調査を行っている．Abel and Eberly (1993) による最近のモデルは，初期の研究の多くの特性を統合しており，調整費用に関するわれわれの解説はこれに基づいている．

不可逆性と**不確実性**が存在するときに可変的**生産能力**の選択を分析するモデルは，Brennan and Schwartz (1985) に若干垣間見ることができるものの，Pindyck (1988b) 及び，Bertola(1988, 第 1 章) と (1989) によって始められたと言って良いだろう．Bertola and Caballero (1990) はこの文脈で複数企業を総合した分析を行っている．Bertola (1988, 第 2 章) は**トービンの q** との関係を論じている．

収穫逓増の場合の能力増強は，1960 年代に国家計画の文脈で広く研究された．Weitzman (1970) はこの種の先駆けとなったモデルである．この研究の多くでは，需要の時系列推移が与えられたときに，それに対応する最小費用の推移を見つけることに焦点が当てられており，企業価値最大化には焦点が当てられていなかった．また，それらの研究のほとんどは確実性と完全予見を仮定していた．Manne (1961) は珍しい例外である．

われわれが本章で用いた**ダイナミック・プログラミング**の問題の特性は，厳密な数学的理論がきわめて難しいものになることである．**投資速度**が無限となり資本ストックの推移が微分不可能となるか，資本ストック自体が不連続なジャンプをして所々で不連続になるかである．数学の専門用語で言うと，それらは "singular control problems" である．われわれは，それらを普通のダイナミック・プログラミングと同じように扱った．われわれは，直感に訴え，結果が妥当だと納得できるように，発見法的に進めてきた．ほとんどの読者が求めるものには応えていると思うが，もっと厳密な証明が欲しい読者もいるだろう．それには次の二つの古い論文を参照するのが最もよいと思われる．Harrison and Taksar (1983) は，微分不可能な場合（バリアや瞬間的制御）を扱っており，Harrison, Sellke and Taylor (1983) は，不連続な場合（インパルス制御）を扱っている．Dumas (1991) も，**バリア・コントロール**に関して別の鋭い見方を提供している．中級レベルの厳密さであれば，Dixit (1991c) を参照するとよいであろう．Dixit (1993a) は本書と同様に発見法的な解説を行っているが，テクニックと結果についてコンパクトながらより詳しい解説を提供している．

第12章

応用及び実証研究

　以上で，この本で示した「オプション」アプローチが広い範囲の投資の問題に応用可能であることを明らかにできたと思う．第7,8章の銅産業，第7章の石油タンカーなど，いくつかの産業を取り上げ，繰り返し使って具体的な数値計算を示した．ほとんどの場合，モデルは単純化，特定化されてきた．この章では，実際への応用を具体例で示し，他の問題に拡張する．

　まず，資源を採掘する企業が実際に直面する問題——開発を留保された資源にどのように価格を付けるか，また留保された資源の開発，生産への投資を行う時期をどのように決めるか——について考える．前述したように，資源開発の留保は，将来，開発投資を行って資源を採掘できるオプションである．このオプションの価格づけによって，留保の価値を評価し，いつ開発すべきかを決定することができる．われわれは，沖合い油田の開発留保という特定の例に注目する．石油産業はアメリカ政府から，沖合いの石油区域について何百万ドルもの入札を行うので，正確にこれらの資源の価値を知り，いつ開発するかを決定することはきわめて重要である．

　電力産業にとっても，評価と投資のタイミングの問題はとても重要である．企業は，発電施設について多額のそして不可逆的な投資を行う．その投資の将来利得はある程度の不確実性を有する．例えば，将来の燃料価格，電力需要，設備設置を強制する環境規制，そしてそのような規制に対応する代替技術の費

用は不確実性を有する．本章12.2節において，石炭火力発電所を例に特定の問題に注目する．大気浄化法は二酸化硫黄（SO_2）の排出削減を求めるが，企業はこれらの削減費用を最小化するための手段を選択できる．企業は，法律で定められたレベルにまで排出を削減するため，高い「硫黄除去装置」に投資することもできるし，排出許可証を購入することもできる（この許可証を購入するシステムは，排出削減費用の最も高い企業に対してインセンティブを与えることによって，大気汚染削減のための総社会的費用を削減する）．もし許可証の将来価格がわかっているならば，これは簡単な問題である．しかし，許可証の将来価格には少なからぬ不確実性があり，設備への投資は不可逆である．企業は，許可証に頼って柔軟性を維持するか，高い設備に投資するかを決めなければならない．われわれは，オプションアプローチを使ってこの問題に取り組む．

　この本で示された原理と分析ツールは，企業の投資決定を越えて関連する．第12.3節では，一つの例として，そのツールを環境政策の設計—政府は認知されている環境の危機に対応して，いつ政策を採用すべきか—という一般的な問題に適用する．経済学者が環境政策を評価する標準的な枠組みは費用便益分析である．例えば，地球温暖化を防止する炭素税について考えてみよう．この政策は，相対価格をゆがめることにより炭素税収分の期待費用のフローを社会に負担させる．また期待便益のフローも社会に帰属する．世帯と企業が燃料の使用を減らせば，大気中に蓄積するCO_2が減り，地球の平均気温はそれほど上昇せず，それに応じて気温上昇による損害は小さくなる．期待便益フローの現在価値が期待費用フローの現在価値を越えるならば，費用便益分析では政策を採用すべきであると判断する．

　この費用便益分析では，環境問題そしてその政策に関する，3つの重要な特徴を無視している．まず第1に，特定の政策の採用についての将来の費用と便益はかなりの不確実性を有することである．例えば，地球温暖化に関しては，CO_2削減の有無により，平均気温が何度上昇するか，また気温が上昇することによる経済影響についても不確実性が存在する．第2に，通常，環境政策に関する大きな不可逆性の存在である．こうした不可逆性は，環境損害の程度に応

じて生じるが,損害を小さくするための政策を採用する費用に関しても存在する.第3に,環境政策はほとんど議論されないことである.ほとんど場合,政府は行動を遅らせ,新しい情報を待つ.したがって,投資の最適タイミングを決定するのと同じテクニックが,環境政策の最適タイミングの決定にも用いることができる.

この章の最後で,いくつかの産業もしくは国レベルの投資の不可逆性と不確実性についての実証研究の知見について議論する.この本で示した理論とほぼ整合する方法で企業は投資の決定を行う(例えば,CAPMで予測されたハードル率の使用は資本の機会費用よりかなり大きい)というのは,かなりの豊富な証拠があるけれども,よりシステマティックな計量経済学的な検定と応用研究は依然として初期の段階にある.既存研究をレビューし,問題点を指摘し,今後の研究のトピックについて示唆する.

12.1 沖合い油田への投資

Paddock, Siegel, and Smith (1988) によって検討された沖合い石油リースのモデルからはじめよう.アメリカ政府は沖合い油田を入札によってリースする規制権限をもち,石油会社は入札過程の一つの段階としてその油田の価格付けを行う.入札は何百万ドルの額になるので,正確な価格付けが必要となる.加えて,石油会社はリースに成功したとき,その油田をどうするかについて決めなければならない.さらに何百万ドルもの費用を投資して開発し,生産を開始するには石油価格はいくらになっているべきなのか.

この際,手法や見積もりを間違うと,その価格づけに重大な誤りをおかすことは明らかである.例えば,標準的な純現在価値アプローチを用いて価格付けを行った企業があるとしよう.現在の石油価格,期待価格変化率,油田の期待開発費用にもとづき,開発,すなわち将来の年間のキャッシュ・フローをつくる生産のタイミング(と規模),についてのシナリオを描く.それから,これらの数字を割り引いたものを合計し,価値を求める.さらに,石油価格のボラ

ティリティが大きくなることは割引率を大きくすることになり，開発留保する価値は小さくなる．しかし，これは留保する価値をおそらくかなり過小推計する[1]．その理由は，所有者が実際に開発するかどうかを決める際の柔軟性，すなわち，留保のオプション価値を無視しているからである．このオプション価値によって，石油価格のボラティリティが大きくなるにつれて，留保の価値が大きくなり，標準的な純現在価値計算とは全く逆の結果となる．

第 10 章でみたように，沖合い油田の価格付け及びその開発は，多段階の投資問題としてみることができる．第 1 段階では，石油がどれだけ埋蔵されており，その開発に要する費用がいくらであるかを検討する調査を行う．第 2 段階（開発が望ましいと判断した場合）では，石油の採掘にあたり，プラットホームと生産設備の導入について検討する．最終段階は，石油の採掘の期間について検討する．開発段階は，多額の資本を投下することになるので，オプション価値の推計が最も重要となる[2]．ここでは，開発留保（しかし，輪郭がはっきりしている delineated）の価格付け，そしていつ開発すべきかについての決定に注目する．その際，開発のオプションは永久ではないということに注意しなければならない．沖合いリースは通常，企業が開発するまでその油田を独占できる時間を制限している．留保する価値と**表 12.1** に例示した株のコールオプションとは密接な関係がある[3]．コールオプションの場合の資産は，株の価格である．一方，留保する場合は，（石油価格の関数として表される）開発の価値である．留保するときの行使価格は開発費用であり，満期にあたるのが制限時間条件である．コールオプションの価値及び最適行使ルールは，株の配当率に依存する．配当が高くなれば，行使しないでオプションを持ちつづける機会費用（放棄された配当）が高くなる．開発における類似の変数が減耗を差し引いた

---

[1] これは，政府自らの価格付けが低すぎるといえよう．Paddock, Siegel, and Smith (1988) を参照せよ．
[2] 開発によって後の段階の決定に関する情報が得られる場合，第 10 章でみたような追加の価値がある．しかし，調査費用は相対的に安く，最終段階において，一度開発されると，常にほぼ一定量の採掘をすることができると仮定する．
[3] アメリカンコールオプションは満期日までの好きなときに行使することができるものであり，ヨーロピアンオプションは，満期日にのみその行使ができるというものである．この表は，Paddock, Siegel, and Smith (1988) から引用した．

第 12 章 応用及び実証研究

表 12.1 コールオプションと油田開発の留保との比較

コールオプション	開発留保
株価	開発の価値
行使価格	開発費用
満期日	制限時間条件
株価のボラティリティ	開発する価値のボラティリティ
株の配当	減耗を差し引いた開発,生産から得られる純収入

生産による純収入である.

12.1.A 開発の価値

 開発の価値の特徴を明らかにすることからはじめよう.開発する石油のバーレル数を B_t,1バーレル当たりの価値を V_t,そして t 期の開発者の収益を R_t と表す.この収益は2つの要素からなる―生産からの利潤と残存石油からのキャピタルゲインである.妥当な仮定として,指数関数を用いて開発による生産量を表す[4].したがって,B_t は次のように書ける.

$$dB_t = -\omega B_t\, dt \tag{12.1}$$

つまり,ω は毎年の生産量を表す.そして R_t は次のように書ける.

$$\begin{aligned}R_t\, dt &= \omega B_t \Pi_t\, dt + d(B_t V_t) \\ &= \omega B_t \Pi_t\, dt + B_t\, dV_t - \omega V_t B_t\, dt\end{aligned} \tag{12.2}$$

ここで Π_t は,1バーレルの石油の採掘,生産による税引き後の利潤を表す.
 また開発の収益率はブラウン運動過程に従うものとしよう.これは次のよう

---

[4] これは,採掘率に関する地質学上の制約を反映した標準的な仮定である.McCray (1975) を参照せよ.

になる．

$$\frac{R_t\,dt}{B_t V_t} = \mu_v\,dt + \sigma_v\,dz \tag{12.3}$$

ここで，μ_v は競争資本市場から求まるリスク調整済み期待収益率である．式 (12.2),(12.3) を組み合わせることにより，1 単位当たりの開発価値 V に関して次のような式が導かれる．

$$dV = (\mu_v - \delta_t)V\,dt + \sigma_v V\,dz \tag{12.4}$$

ここで，δ_t は生産 1 単位当たりの支払い (payout) 率であり，次式で表される．

$$\delta_t = \omega(\Pi_t - V_t)/V_t \tag{12.5}$$

プロジェクトの価値が幾何ブラウン運動に従う，第 5 章でみた投資のモデルと似ていることに注意しよう．第 5 章では，プロジェクトの価値は，$dV = \alpha V\,dt + \sigma V\,dz$ ($\alpha = \mu - \delta$，μ はリスク調整済み期待収益率を表す）に従った．δ は収益率の不足分であり，プロジェクトの運用から得られるキャッシュフローを反映している変数である．支払い率が消耗を表すことを除いて，同じことがここでも当てはまる．実際，このモデルと第 5 章のモデルとの唯一大きな違いは，投資するオプション（すなわち開発）が永久ではない，制限時間条件があるということである．また生産の限界費用は安く（生産費用のほとんどは開発に伴う埋没費用である），石油はゆっくりと採掘される（ω は年 10%程度である）ので，$\Pi_t > V_t, \delta > 0$ であり，開発は常に生産を伴う．

先に進む前に，おおよその支払い率 δ を推定しておくことは有益である．開発 1 バーレル当たりの価値は，石油の市場価格の 1/3 であり，1 バーレル当たりの生産費用は市場価格のおよそ 30〜34%である．したがって，石油 1 バーレル当たりの税引き後の利潤は価格の約 46% である．$\omega = 0.1$，P を 1 バーレル当たりの市場価格とすると，δ は次のようになる．

$$\delta = 0.1(0.46P - 0.33P)/0.33P \approx 0.04$$

この開発は，株式の配当でいうと配当率が約 4%であることを意味している．

12.1.B 開発留保の価値と最適開発ルール

開発の価値が式 (12.4) のように与えられると，開発留保の価値と開発の最適なタイミングに関するルールを求めることができる．石油価格の変動を考慮した金融手段（例えば，将来契約，フォワード契約，石油会社のシェアなど）にはさまざまなものがある．一般に派生商品分析手法が開発留保の評価に使われる．開発留保の 1 バーレルの価値を $F(V,t)$ と表そう．式 (12.4) より，通常のステップを踏むと，次の式が導かれる．

$$\frac{1}{2}\sigma_v^2 V^2 F_{VV} + (r-\delta)VF_V - rF = -F_t \tag{12.6}$$

式 (12.6) は偏微分方程式であることに注意しよう．開発のオプションは時刻 T で終わるので，オプションの価値は現時点 t に依存する．

式 (12.6) は境界条件によって解かれる．D を 1 バーレル当たりの開発費用としよう（オプションでいうところの行使価格）．境界条件は次のように書ける．

$$F(0,t) = 0 \tag{12.7}$$

$$F(V,T) = \max[V_T - D, 0] \tag{12.8}$$

$$F(V^*,T) = V^* - D \tag{12.9}$$

$$F_V(V^*,T) = 1 \tag{12.10}$$

条件式 (12.8) は，満期のときを表しており，$V_T > D$ ならば開発がなされる．他の境界条件は標準的なものである．

式 (12.6) を解析的に解くことはできないが，有限差分法によって数値解を求めることは難しくない（第 10 章，特に補論を参照せよ）．**図 12.1** と **表 12.2** は，Siegel, Smith, and Paddock (1987) が行った支払い率 $\delta = 0.04$，税引き後の無リスク利子率 $r = 0.0125$ とし，σ_v を変えたときの解を示している．σ_v の

12.1 沖合い油田への投資

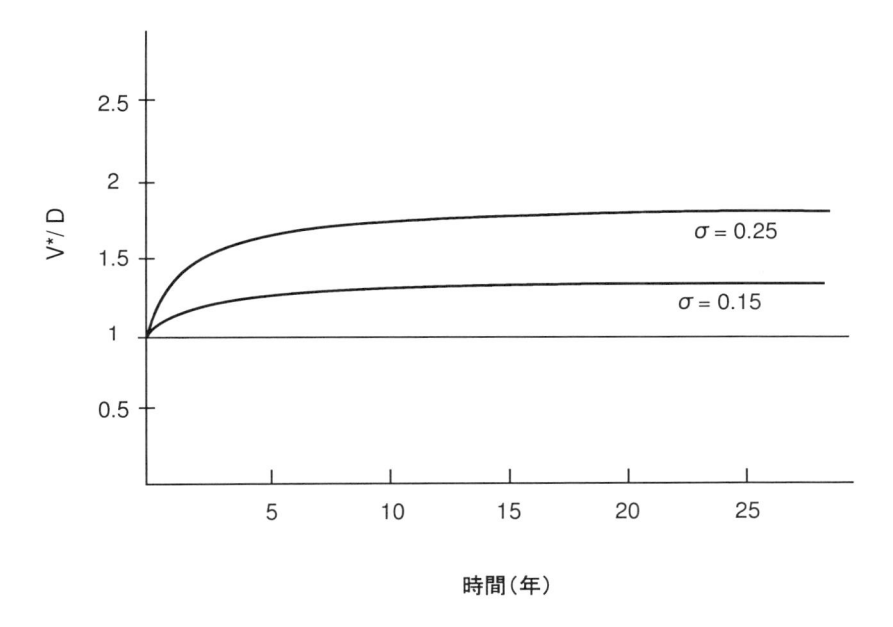

図 12.1 油田開発の閾値 ($\delta = 0.04, r = 0.0125, D$ は開発費用)

表 12.2 開発費用 1\$ あたりのオプション価値 (注：オプション価値は開発費用により異なる．総オプション価値はこれに総開発費用を乗じたものである．)

	$\sigma_v = 0.142$			$\sigma_v = 0.25$	
V/D	$T=5$	$T=10$	$T=15$	$T=5$	$T=10$
0.80	0.01810	0.02812	0.03309	0.07394	0.10392
0.85	0.02761	0.03894	0.04430	0.09174	0.12305
0.90	0.04024	0.05245	0.05803	0.11169	0.14390
0.95	0.05643	0.06899	0.07458	0.13380	0.16646
1.00	0.07661	0.08890	0.09431	0.15804	0.19071
1.05	0.10116	0.11253	0.11754	0.18438	0.21664
1.10	0.13042	0.14025	0.14464	0.21278	0.24424
1.15	0.16472	0.17242	0.17559	0.24321	0.27349

出典: Siegel, Smith, and Paddock (1987).

値はこのモデルにおいて重要な入力変数であり,異なる方法で推定される. 一つは時系列のデータであり,もう一つは将来時点での石油価格の90%信頼区間に関する石油産業の専門家の評価に基づき推定している. 過去30年間のデータでは σ_v は約 0.15 であるが,産業の専門家の予測は,いくらか高くなっている. σ_v の妥当な範囲として 0.15〜0.25 とした.

図 12.1 は,σ_v が 0.15 と 0.25 のときの,満期までの期間の関数として V^*/D の値を示したものである. 満期においては $V^*/D = 1$(境界条件式 (12.8) に従う)なので,標準的な純現在価値ルールが適用できる. 開発するかどうかの決定に少なくとも数年ある場合,この臨界率は 2 以上になる. この結果は第 5 章における単純な投資の「永久」オプションの値とほぼ同じである. 臨界率は,終了までに 1,2 年以上あるならば,おおきく変化しない. 多くのこのような石油開発への投資は,時間制約条件はほとんど無視することができ,「永久」オプションとみなして取り扱うことができる[5]. したがって,式 (12.6) の F_t の項はなくなり,解析的に解くことができる(解は第 5 章におけるものと同じである).

表 12.2 は,$\sigma_v = 0.142$ 及び 0.25 のときの,開発費用 1 ドル当たりの開発留保の価値(すなわち,開発オプションの価値)を示している(Paddock, Siegel, and Smith (1988) による推定結果). V/D が 1 より小さいとき,つまり開発の価値が開発費用より小さいときには,標準的な純便益基準によっても開発はされない(金融オプションにおいては,開発オプションは「アウトオブザマネー」といわれる). もし 1 より大きい(開発オプションが「インザマネー」)ならば,標準的な純現在価値基準からは開発すべきということになるが,図 12.1 が示すように,V/D が 1 より十分大きな値にならない限り,これは最適な決定とはいえない. 表中の数字は 1 単位の開発費用あたりのオプション価値,すなわち $F(V,t)/D$ を示している. 例えば,$\sigma_v = 0.142, T = 10, \text{and } V/D = 1$ であるとき,オプション価値は開発費用 1 ドル当たり 9 セントとなる.

---

[5] 第 4 章での機械の減価の例とほぼ同じであることを確認せよ. 10 年の物理的期間は最適な廃棄ルールを問題としている限り,無限大としてよい.

12.1 沖合い油田への投資

簡単な例を使ってこの結果をわかりやすく示そう[6]．開発されれば100万バーレルの石油が期待され，10年の時間制約条件をもつ開発が留保された油田を考えよう．開発の価値は，1バーレル当たり12ドルであり，支払い率（つまり，消耗を差し引いたネットの生産収入を価値で除した値）は4%，開発には3年を要し（メキシコ湾での沖合い油田の典型的な値），開発費用の現在価値は1バーレル当たり11.79ドルであると仮定しよう．開発留保の価値は，次のようになる．

1. 開発には3年を要するので，開発の現在価値を計算しなければならない．正確な割引率は支払い率 δ である（つまり，リスク調整率 μ と油田価値の期待成長率 $\mu - \delta$ との差）．$\delta = 0.04$ であるので，開発の現在価値は，$V' = e^{-0.12}(\$12) = \$10.64$ となる．

2. 次に開発費用の現在価値に対するこの開発の現在価値の比率は $V'/D = \$10.64/\$11.79 = 0.90$ である．1より小さいため，開発オプションはアウトオブザマネーである．

3. 表12.2を用いて，開発留保の価値を計算する．標準偏差 $\sigma_v = 0.142$ とすると，開発費用1ドル当たりのオプション価値は0.05245であり，総開発費用は $(\$11.79)(100 \text{百万}) = \$1{,}179 \text{百万}$ となる．開発留保の総価値は，$(0.05245)(\$1{,}179 \text{百万}) = \$61.84 \text{百万}$ となる．

この開発が留保されている油田は現在の石油価格を所与としたとき，開発はアウトオブザマネーであるが，オプション価値として約$62百万の価値がある．さらに，世界の石油市場の条件が変わり，石油価格のボラティリティが高くなると，この価値は一層大きくなる．例えば，表12.2にあるように，σ_v が0.25まで上昇すると，開発留保の価値は $(0.14390)(\$1{,}179 \text{百万}) = \$169.66 \text{百万}$ になる．

---

[6] この例は，Siegel, Smith, and Paddock (1987) によってより詳細に議論されている．

12.1.C 石油価格の平均回帰

開発される油田の価値が——石油価格のように——幾何ブラウン運動に従うものと仮定しよう．しかし，先にこの本で示したように，石油価格，そして油田の価値は別の異なる確率過程に従うと考えることもできる．例えば，石油価格（そしてその他の財の価格）は長時間でみれば，長期限界費用に回帰，平均回帰すると考えるかもしれない．もしくは連続的な伊藤過程ではなく，(不連続な)ポアソンのジャンプ過程によって表現する方がよいかもしれない．

しかし，データの不充分性から，価格過程が平均に回帰していくのか，それとも大きくジャンプする要素をもっているのかを決めることは困難である．例えば，原則的に，「単位根検定」を行って，価格の系列が，平均回帰であるか，ランダムウォークであるかを検定することができる．しかし，これは短時間の系列について（例えば，30年未満）は，実際には平均回帰であるとしても，ランダムウォークであるという仮説をしばしば棄却できない弱い検定である[7]．典型的に平均回帰というのは非常にゆっくりとしたものであるので，短い時系列において区別するのは難しいためである．この場合，はじめに平均回帰（もしくはポアソン）過程，これまでの確率過程，のいずれの変数として分析が行われたかによって，結果が大きく異なるのではないかと考えるであろう．

この平均回帰に関していうと，第5章で行った数値例がガイドとなる．この節では，Wey (1993) による石油に関して追加的な数値結果を示す．答えが平均回帰の率とその過程が特定の回帰レベルによって変わるよう拡張する．

第5章で油田開発の価値として検討した次の平均回帰過程を考えよう．

$$dV = \eta(\overline{V} - V)V\,dt + \sigma V\,dz \tag{12.11}$$

そして開発が留保されている価値を表す偏微分方程式 (12.6) の $F(V,t)$ は次の

---

[7] これらの検定とその限界については，Pindyck and Rubinfeld(1991) を参照せよ．その本では，単位根検定が実際の（インフレ調整された）石油，銅，木材の価格に適用されている (pp.462-465)．その検定では，30年間のデータが使ったとき，ランダムウォークは棄却されなかったが，石油や銅について117年間のデータを使ったとき，ランダムウォークは棄却（平均回帰過程が採択）された．

ようになる．

$$\frac{1}{2}\sigma_v^2 V^2 F_{VV} + [r - \mu + \eta(\overline{V} - V)]VF_V - rF = -F_t \qquad (12.12)$$

時間制約までまた十分な時間（5年以上）があるとき，$F(V,t)$ の時間依存を無視することができるので，式 (12.12) の F_t の項がなくなり，第 5 章第 5.5.A 節で示した通常の微分方程式を得る．そこで見たように，解は時系列表現された超幾何関数を使って表すことができる．さまざまな η と $\overline{V}$ における，開発留保の評価や最適開発ルールを平均回帰問題に拡張して解くことができる．

Wey (1993) は，100 年間の実際の石油価格の時系列データを用いて，妥当な η は約 0.3 であること，この値（そして $\sigma_v = 0.20$）を使って，平均回帰問題に拡張し，V が回帰する値 $\overline{V}$，相対的開発費用 D に依存することを示した．$\overline{V}$ が D を大きく上回ると，$V < D$ であるとき，V は時間を経て上昇することが期待されているので平均回帰は開発留保に大きな価値を与える．Wey は，もし $\overline{V}$ が D のほぼ 2 倍であるならば，平均回帰は 40%以上留保の価値を小さくする．一方，もし $\overline{V}$ が D とほぼ同じ大きさであれば，平均回帰を無視してもほとんど問題ない．

Paddock, Siegel, and Smith(1988) の本来の研究は，オプションに似た，油田の開発留保の性質を例示することを意図しており，標準的な純現在価値手法の使用は，実質的に開発を留保する，すなわち開発は時期早尚とすることを示した．基本的な結果は，平均回帰過程においても成立するのであろうか．もちろん，沖合いリースへ 500 百万ドルを入札する石油産業にとって 10%の価格誤差は大きな額になるため，平均回帰過程あるいは妥当と考えられている価格や開発価値過程についての特性を注意深く検討することは価値がある．

12.2　大気浄化法への電力産業の対応

改正大気浄化法（1990）によって，アメリカの電力産業の SO_2 排出が制限された．しかし，企業はさまざまな方法でこの規制に対応することができる．まず，他企業から排出許可証を購入し，その許可証によって，SO_2 の排出をこれ

まで通り続けることである．また，SO_2 の排出を十分に減らすことによって，許可証の購入費用を避けることもできる．これにもさまざまな方法がある．まず，埋没費用を支払ってプラントを変更し，高い硫黄分をもった石炭から（高いが）硫黄分の少ない石炭に変えることができる．次に,「硫黄除去装置」への（埋没）投資，つまり排出される SO_2 を取り除く設備をつくることができる[8]．

各代替案は，予測不可能な変動費用を含んでいる．特に，スポットおよび将来市場で取引される排出許可証は[9]，電力需要の変動，より安く効果的に硫黄を除去する新技術，また政府の規制自体の変化により，価格が変動する．同様に，硫黄分の異なる石炭の価格差は，石炭市場の需要や供給条件の変化により変動する．低硫黄分の石炭への変更，硫黄除去装置への投資はともに埋没費用となるので，企業は，これまで取り扱ってきた不可逆的な投資問題に直面する．

Herbelot (1992) は，オプションアプローチを使ってこの問題を詳細に検討した．彼は，除去装置の導入や低硫黄燃料への変更より排出許可証購入の期待費用が高くても，柔軟性のために排出許可証の購入が好まれる可能性があることを示した．彼は，また除去装置の購入や燃料変更のオプション価値を計算し，そしてこれらの価値が，どれだけ企業の対応費用を減少するか，について示した．この節では，Herbelot の例を使って，この投資問題の解を得る．

改正大気浄化法のフェーズ II において，企業は SO_2 を燃料燃焼百万 BTU (MMBTU) 当たり 1.2lbs までしか排出できない[10]．MMBTU 当たり 1.2lbs 以下の SO_2 を排出する企業は，許可証を他の企業に売ることができる．MMBTU 当たり 1.2lbs を越える SO_2 を排出する企業は，その差をカバーする許可証を購入しなければならない．もちろん，企業は，（許可証を買うのではなく）除去装置の購入や，燃料の変更によって排出を削減することもできる．企業はこれらのオプションを考慮して，最適な除去装置の導入や燃料の変更時期を決め，

---

[8] この硫黄除去装置は，石炭の燃焼から排出される SO_2 をアルカリと反応させて，煙突に届くまでに硫黄分を捕らえるものである．
[9] この記述の時点において，排出許可証の取引はまだ始まっておらず，近い将来の実施に向けて計画されている．
[10] フェーズ I では，企業は MMBTU あたり 2.5lbs の SO_2 を排出することができた．フェーズ II は 2000 年から導入されるが，単純化のためにすぐ効果がでるものと仮定する．

対応する期待費用の現在価値を決定しなればならない.

12.2.A　モデル

トン当たりのドルで表される許可証の価格 A と硫黄分の異なる石炭の MMBTU 当たりの価格プレミアム D という 2 つの確率的な変数を考えよう. これらの変数は次の（相関をもつ）幾何ブラウン運動に従うものと仮定する.

$$dA = \alpha_A A\, dt + \sigma_A A\, dz_A \tag{12.13}$$

$$dD = \alpha_D D\, dt + \sigma_D D\, dz_D \tag{12.14}$$

$\mathcal{E}(dz_A\, dz_D) = \rho\, dt$ である. μ_A と μ_D は許可証と価格プレミアムのリスク調整済み期待収益であり, 収益不足分を $\delta_A \equiv \mu_A - \alpha_A$, $\delta_D \equiv \mu_D - \alpha_D$ としよう. Herbelot は, 妥当な「基本ケース」のパラメータは（年ベースで） $\sigma_A = 0.12, \sigma_D = 0.14, \delta_A = \delta_D = 0.05$ そして $\rho = 0.8$ であることを示した.

1 つの排出許可証は, その企業に 1 トンの SO_2 の排出を許可する. 1992 年では, 許可証はまだ導入されていないが, 産業では 500 ドル程度の価値があると考えられている. 石炭価格プレミアム D は, 1992 年から 1993 年はじめにおいて MMBTU 当たり平均約 0.45 ドルである.

高い硫黄分の石炭からは MMBTU 当たり $x_H = 3.3$ lbs の SO_2 が排出され, 低い硫黄分の石炭からは $x_L = 1.0$ lbs の SO_2 が排出されると仮定する[11]. 既存の発電所は高硫黄分の石炭を燃焼するものであり, さらに 20 年間使用可能であると考えられている. 536,000 キロワットの発電能力をもっており, 80%の稼働率をもち, 電力のキロワット時あたり 0.00898 MMBTU の燃焼率をもつ. 毎年プラントの燃焼でエネルギーの総 MMBTU 量の期待値は次式で与えられる.

$$B = (536{,}000)(0.80)(365)(24)(0.00898) = 33.7 \times 10^6 \text{ MMBTU/year} \tag{12.15}$$

はじめに, 企業は低硫黄分の石炭に変更したり, 除去装置を導入するオプションはないものと仮定しよう. 許可される MMBTU 当たり 1.2 lbs の SO_2 に対

---

[11] 多様な硫黄の種類そして多様な低硫黄分の石炭があるが, これは妥当な仮定である.

応するための年間の費用は，$B[(x_H - 1.2)/2000]A_t = 35,385A_t$ となる[12]．20年のプラントの余命を考えると費用のフローの期待現在価値は次のようになる．

$$PV_0 = \int_0^{20} 35,385A_0 e^{-\delta_A t}\,dt = 447,351A_0 \tag{12.16}$$

これが「基本ケース」の対応費用であり，これを企業が燃料の変更や除去装置の導入オプションを持つ場合の費用と比較する．

もし企業が低硫黄分の石炭に変更する場合，埋没費用として発電キロワットあたり$25 の調整費用を支払わなければならない．536,000 キロワットのプラントの場合，埋没費用 K_{sw} は$13,400,000 となる．さらに，企業は MMBTU 当たり$0.50 の燃料以外の操業費用の増加と，MMBTU 当たり D の石炭価格プレミアムを支払わなければならない．しかし，毎年，企業は $B(x_H - 1.2)/2000$ の許可証を購入する費用を節約することができる．そして，毎年の費用節約は $AB(x_H - x_L)/2000$ ドルとなる．

企業が除去装置を導入する場合，キロワット当たり$200 の埋没費用を支払わなければならない．536,000 キロワットのプラントでは，埋没費用 $K_{\text{scr}} = \$107,200,000$ となる．加えて，除去装置のエネルギー及び維持管理費がかかる．操業費用は発電キロワット時あたり 0.73 セントであり，除去装置の年間の操業費用は$27,421,000 となる．節約された費用のフローは，上記のように計算できる．除去装置は 90%の稼働率を有しており，$x_L = 0.1x_H$ であり，費用節約は 1 年当たり $0.9ABx_H/2000$ ドルとなる．

企業は 2 回以上燃料を変更することも可能であるが，実際にはありそうもない．そこで，われわれは，高硫黄から低硫黄の石炭への変更が 1 度のみ可能である場合についてのみ検討する．また 1 度企業が低硫黄の石炭に変更したならば，除去装置には投資しない．以上を踏まえ，次のように議論をすすめる．

まず，現在，高硫黄分の石炭を燃焼し，低硫黄分の石炭に変更するオプションをもつ企業の規制に対応するための費用の現在価値を求める．次に，燃料を

---

[12] 汚染は MMBTU 当たりの lbs で計測され，許可証の費用はトン当たりのドルで表される．分母の 2000 はトン当たりのポンドに換算する．

変更するこのオプションが行使されないと仮定し，除去装置を導入するオプションの評価を行い，このオプション同様，許可に対応するための費用の現在価値を求める．

12.2.B 燃料変更のオプション

$0 \leq t \leq T$（T は 20 年）のいつでも好きな時点 t で，企業は低硫黄の石炭に変更することができる．時刻 t で変更する場合，その利得，すなわち t から T までの費用節約の現在価値は次のようになる．

$$\Phi^{\mathrm{sw}} = \int_t^T B \frac{x_H - x_L}{2000} A_t e^{-\delta_A(\tau-t)} d\tau \\ - \int_t^T B D_t e^{-\delta_D(\tau-t)} d\tau - \int_t^T 0.5 B e^{-r(\tau-t)} d\tau \quad (12.17)$$

前述した $B, x_L, x_H, \delta_A, \delta_D$ を代入して，無リスクの利子率を $r = 0.05$ とすると，次式を得る．

$$\Phi^{\mathrm{sw}}(D_t, A_t, t) = [1 - e^{-0.05(T-t)}] \\ \times (775,100 A_t - 674,000,000 D_t - 337,000,000) \quad (12.18)$$

1992 年から 1993 年において，D_t はおよそ MMBTU 当たり\$0.45 であり，A_t の妥当な範囲は，トン当たり\$200 から\$500 である．これらの値から $\Phi^{\mathrm{sw}}(D_t, A_t, t)$ は負である．そのため，燃料を変更するというオプションは明らかにアウトオブザマネーである．しかし，A が大きく上昇し，D が十分低下すると，インザマネーとなる．その値を求めよう．

燃料を変更するオプションを評価するために，スパンニングを保ち，派生商品分析の使用する．区間を限定する仮定はこの場合，排出許可証は将来市場で取引される（ようになる）ので適切であり，石炭は多様な非公式な先物市場で取引される，そしてその価格は他の燃料の価格と一部関連している．通常のステップに進む前に，読者は燃料変更のオプションの価値 $F^{sw}(A_t, D_t, t)$ は次の

偏微分方程式を満たさなければならないことを示すことができる．

$$\frac{1}{2}\sigma_A^2 A^2 F_{AA}^{\text{sw}} + \frac{1}{2}\sigma_D^2 D^2 F_{DD}^{\text{sw}} + \rho\sigma_A\sigma_D A D F_{AD}^{\text{sw}}$$
$$+ (r-\delta_A)AF_A^{\text{sw}} + (r-\delta_D)DF_D^{\text{sw}} + F_t^{\text{sw}} - rF^{\text{sw}} = 0 \quad (12.19)$$

境界条件は次の通りである．

$$F^{\text{sw}}(A, D, T) = 0 \quad (12.20)$$

$$F^{\text{sw}}(0, D, t) = 0 \quad (12.21)$$

$$F^{\text{sw}}(A^*(D,t), D, t) = \Phi^{\text{sw}}(A^*(D,t), D, t) - K_{\text{sw}} \quad (12.22)$$

$$F_A^{\text{sw}}(A^*(D,t), D, t) = \Phi_A^{\text{sw}}(A^*(D,t), D, t) \quad (12.23)$$

第 10 章で示した偏微分方程式と式 (12.19) が似ていることに注意せよ．そのときと同様に，式 (12.19) は数値計算により解かれる[13]．$A > A^*$ となったとき，燃料を変更するというのが最適投資ルールとなる，臨界となる境界 $A^*(D,t)$（解の一部）がある．この場合，$\partial A^*(D,t)/\partial D > 0$ および $\partial A^*(D,t)/\partial t > 0$ となる（もし低硫黄分の石炭の価格プレミアムが上がれば，許可証の価格は，経済的に燃料を変更するのが得になるまで上昇する）．同様に，時間が経過し，プラントの余命が短くなると，許可証の価格は，燃料を変更する資本費用を正当化するまで上昇する）．

式 (12.16) において，燃料を変更できない，もしくは除去装置を導入できないと仮定したときの期待費用の現在価値を求めた．企業の燃料変更オプションの価値を加えると，$t=0$ における現在価値は次のようになる．

$$PV_0^{\text{sw}} = 447,351 A_0 - F^{\text{sw}}(A_0, D_0, 0) \quad (12.24)$$

---

[13] Herbelot (1992) は数値解を得るために，2 項（分岐）法を用いて問題を構造化した．解を得る代替的な方法は，ここで用いた偏微分方程式を導出し，第 10 章の補論に沿って，有限差分法を使って数値解を求めるものである．

Herbelot (1992) はパラメータを適切な値に設定して，F^{sw} を計算したが，これはきわめて小さいことがわかった（たかだか数百万ドルである）．しかし，これは驚くべきことではない．先に見たように，燃料を変更するオプションは許可証の価格が\$200 と安いときでさえも，全くアウトオブザマネーであるからである．

12.2.C　除去装置の導入オプション

次に，除去装置の導入オプションについて考えよう．$0 \leq t \leq T$ のいつでも好きな時点 t で，企業は除去装置を導入できる．時刻 t で導入される場合，その利得，すなわち t から T までの費用節約の現在価値は次のようになる．

$$\Phi^{\text{scr}} = \int_t^T B \frac{0.9 x_H}{2000} A_t e^{-\delta_A(\tau-t)} d\tau - \int_t^T 27,421,000 e^{-r(\tau-t)} d\tau \quad (12.25)$$
$$= [1 - e^{-0.05(T-t)}](1,001,000 A_t - 548,420,000)$$

除去装置全体の維持費用として，毎年\$27,421,000（無リスクの利子率で割り引かれ，毎年支払われる）かかることに注意しよう．もし企業が除去装置を導入するならば，資本費用 $K_{\text{scr}} = \$107,200,000$ も支払わなければならない．これは，燃料の変更を断念させる．もし $t=0, T=20$ そして $A=500$ であるならば，ネットの費用節約は負となる（およそ $-\$155$ 百万（比較的小さい燃料変更オプションの価値 $F^{\text{sw}}(A, D, t)$ よりも小さい）．われわれが検討している価格の許容範囲においては，燃料変更オプション同様，除去装置の導入もアウトオブザマネーである．許可証の価格が\$655 を越えてはじめてインザマネーとなる．

除去装置導入のオプション価値 F^{scr} と最適行使ルールを求めよう．燃料の変更可能性を説明したときと同じように，除去装置導入によるネットの利得は A_t, D_t, t を使って表すことができ，これから F^{scr} を求めることができる．結果として，F^{scr} は式 (12.19) の F^{sw} と似た偏微分方程式を満たす．

$$\frac{1}{2}\sigma_A^2 A^2 F_{AA}^{\text{scr}} + \frac{1}{2}\sigma_D^2 F_{DD}^{\text{scr}} + \rho \sigma_A \sigma_D A D F_{AD}^{\text{scr}}$$
$$+ (r - \delta_A) A F_A^{\text{scr}} + (r - \delta_D) D F_D^{\text{scr}} + F_t^{\text{scr}} - r F^{\text{scr}} = 0 \quad (12.26)$$

境界条件も同様に次のように書ける．

$$F^{\text{scr}}(A, D, T) = 0 \tag{12.27}$$

$$F^{\text{scr}}(0, D, t) = 0 \tag{12.28}$$

$$F^{\text{scr}}(A^*(D,t), D, t) = \Phi^{\text{scr}}(A^*(D,t), D, t) - K_{\text{scr}} - F^{\text{sw}}(A^*(D,t), D, t) \tag{12.29}$$

$$F_A^{\text{scr}}(A^*(D,t), D, t) = \Phi_A^{\text{scr}}(A^*(D,t), D, t) - F_A^{\text{sw}}(A^*(D,t), D, t) \tag{12.30}$$

Herbelot はこれらの式から，F^{scr} の数値解を求め，およそ基本ケースのパラメータのときに約\$15 百万となることを示した．これは小さいと思われるかもしれないが，このオプションもアウトオブザマネーであるということを思い出そう．このオプション価値が求まると，燃料を変更するオプション価値とあわせた企業の $t=0$ における期待対応費用は，次のようになる．

$$PV_0^{\text{tot}} = 447{,}351 A_0 - F^{\text{sw}}(A_0, D_0, 0) - F^{\text{scr}}(A_0, D_0, 0) \tag{12.31}$$

Herbelot は，この現在価値，オプション価値の項目が，さまざまなパラメータにどの程度依存しているかについても示している．

12.2.D 読者への演習問題

燃料を変更するオプションの価値は非常に小さく，燃料変更の可能性を無視してもよいと記述した．加えて，20 年の余命を有するプラントのオプション価値や臨界投資閾値は余命が 15 年でも，25 年でもほとんど変わらず，時間を省略してもよいと記述した．D_t と t の変数を省略した場合，除去装置オプションの価値を示す偏微分方程式 (12.26) は，常微分方程式となり，解析的に解くことができる．これらの簡略化を行い，除去装置時導入のオプション価値，導入を引き起こす臨界閾値 A^* の計算は読者への演習問題としておく．このオプション価値，臨界閾値がパラメータ σ_A や δ_A の変化によって大きく異なることを確認せよ．

12.2.E　住宅所有者によるエネルギー節約

　住宅におけるエネルギー節約は1970年代から大きな問題となってきた．1978年から1985年にかけてアメリカの所得税法はこの目的を促進する投資，例えば，よりよい屋根裏断熱，2重ガラス，いくつかの構造的改善など，に対して税控除を行った．実証研究により，消費者はこのような政策にほとんど反応しなかったということが示された．消費者が従来の純現在価値計算に基づいて行動しているならば，高い削減率が期待できたに違いない．この「エネルギーパラドクス」については，例えば，燃料価格のゆがみ，情報の欠如などによるものであると説明される．

　オプションアプローチはこれに異なる説明を与える．これらの投資はほとんど不可逆であり，暖房用の燃料価格（投資からの節約）は時間とともに変動する．したがって，投資からの収益が機会費用を十分上回らない限り，消費者は投資しない．Hassett and Metcalf (1992) はこれを理論的に示した．彼らの投資の理論は基本的に第5章のモデルである．15%の税控除の効果について検討し，燃料価格と節約技術のパラメータを設定するとき，オプション価値係数が4.23であることを明らかにした．これは，投資費用に対する収益率が4倍以上ないと，住宅所有者はエネルギー節約投資を行わないことを示している．次に彼らは，世帯の異質性を考慮し，政策や価格変化への反応が世帯によって異なるものと仮定した．

　1000のデータからなる，いろいろな価格経路を使ってシミュレーションを行い，平均的な投資する世帯の比率を計算した．価格過程の不確実性がなく，伝統的なマーシャルの評価基準が用いられるとき，税控除の効果はとても高いものであった．およそ27%から43%の世帯が即座に，40%から60%の世帯が5年以内に，投資を行った．しかし，将来の燃料価格の不確実性が考慮されると（$\sigma = 0.093$），ほとんど効果がなくなった．控除がない場合には，価格がめったに不確実性下での投資閾値を超えることがないので，ほとんど投資は起こらない．典型的なシミュレーションでは，20年でたった5%の世帯しかエネ

ギー節約投資を行わない．しかし，税控除はいくらかその状況を改善する．政策がない場合と比較して，投資は即座に 0.2%増加し，20 年間では 3%増加する．これらの知見は，オプションアプローチを支持するだけでなく，税控除がエネルギー節約を実現するには有効ではないことを示唆している．

12.3　環境政策のタイミング

　この章のはじめで述べたように，環境政策の設計は，不可逆的な投資問題と多くの共通点をもつ．企業が不可逆的な投資支出を行うことは，支出の望ましさやタイミングに影響を与えるかもしれない新しい情報を待つという可能性をなくすことであり，この失われたオプション価値は，投資の費用の一部として含まれなければならない機会費用である．環境政策の採用も失われたオプション価値を含むが，この場合には，2 種類の不可逆性があり，これらはそれぞれ反対方向に作用する．

　まず，生態学上の損害を削減することを目的とした政策は埋没費用を社会に負担させる．例えば，石炭火力発電所に除去装置を導入させたり，企業により燃料効率の高いものへと既存設備の廃棄を強制したりする．これが，今政策を採用する機会費用（生態学上の影響や経済的帰結に関するさらなる情報が得られなくなる）となる．この機会費用は，伝統的な費用便益分析における政策採用のバイアスとなる．不可逆的な投資の決定では，政策採用に伴う埋没費用が今投資をするよりも延期することを有利にする．

　第 2 に，環境損害は部分的もしくは全体的に不可逆である．例えば，地球温暖化ガス濃度の増加は，長期間継続する．近い将来，急激に地球温暖化ガスを削減する過激な政策を採用したとしても，このガス濃度の削減には何年もの年数を要する．加えて，地球の温暖化（もしくは湖沼や潮流の酸性化や森林の伐採）によるさまざまな生態系への損害は，永遠でありうる．これは延期せずにすぐ政策を採用することが埋没便益，つまり負の機会費用をもつことを意味する．この負の機会費用は，政策採用に関する伝統的な費用便益分析に反対の影

響を与える．伝統的な分析では経済的に非効率であるとしても，今すぐ政策を採用することが望ましい．

ここでは，Nordhaus (1991) の作ったモデルを改良した Pindyck (1993e) に基づき，単純なモデルを使って不確実性と不加逆性の相互作用について考えよう．M を環境負荷のストック量（例えば，大気中の地球温暖化ガス濃度もしくは湖沼の酸性度）とし，E を汚染物質の排出率とする．このとき，M は次の関係を満たす．

$$dM/dt = \gamma E(t) - \lambda M(t) \tag{12.32}$$

ここで，λ は，M の自然浄化率である（λ が小さくなると，より排出の効果としての不可逆性が高まる）．汚染物質のストック量 M による社会的費用（負の便益）のフローを $B(M_t, \theta_t)$ とする（ここで，θ_t は嗜好や技術の変化を反映する確率的な変数）[14]．単純化のために，$B(M_t, \theta_t)$ を次の式で表現する．

$$B(M_t, \theta_t) = -\theta_t M_t \tag{12.33}$$

θ_t は幾何ブラウン運動に従うものと仮定する．

$$d\theta = \alpha\theta\,dt + \sigma\theta\,dz \tag{12.34}$$

政策が採用されるまでは，排出率 E_t は E で固定されていると仮定しよう．政策が採用されると E_t は即座に 0 まで低下するものとする．そして，政策を採用する社会的費用は，完全に埋没費用であり，採用時点における現在価値を K と書く[15]．

問題は，次のネットの現在価値関数を最大にする政策採用のルールを求める

---

[14] 例えば，M が地球温暖化ガス濃度であるとすると，θ の変化は，M 上昇の費用を削減する新しい農業技術，もしくは費用を上げるような人口学上の変化を示す．
[15] 政策は埋没費用のフローをつくりだすことに注意せよ（例えば，すべての新築住宅への断熱工事など）．政策の採用は，費用のフローに影響を与えることから，採用時点における現在価値のフローを考える必要がある．また $B(M_t, \theta_t)$ が式 (12.33) のように線形である場合，常に最適な削減量は E_t をゼロにすることである．

第 12 章 応用及び実証研究

ことである.

$$W = \mathcal{E}_0 \int_0^\infty B(M_t, \theta_t)e^{-rt}\,dt - \mathcal{E}_0[Ke^{-r\tilde{T}}] \tag{12.35}$$

制約条件は式 (12.32) である．ここで，$\tilde{T}$ を（一般的であるが，知られていない）政策採用の時点，$\mathcal{E}_0$ を $t=0$ 時点での情報に基づく期待値，r を割引率とする．これは最適停止問題，つまり，E_t から決まってくる M_t（おそらく確率的）および確率過程として表される θ_t のもとで，E_t をゼロにまで減らす最適点を見つける問題である.

この問題は，次の 2 つの各領域におけるネットの現在価値関数を定義することによって，動的計画法を用いて解くことができる．$W^N(\theta, M)$ を政策の不採用の領域における $(E_t = E)$ の価値関数とし，$W^A(\theta, M)$ を，政策を採用したとき $(E_t = 0)$ の価値関数としよう．容易に，$W^N(\theta, M)$ が次のベルマン方程式を満たすことがわかる.

$$rW^N = -\theta M + (\gamma E - \lambda M)W_M^N + \alpha\theta W_\theta^N + \frac{1}{2}\sigma^2\theta^2 W_{\theta\theta}^N \tag{12.36}$$

同様に，$W^A(\theta, M)$ は次のベルマン方程式を満たす.

$$rW^A = -\theta M - \lambda M W_M^A + \alpha\theta W_\theta^A + \frac{1}{2}\sigma^2\theta^2 W_{\theta\theta}^A \tag{12.37}$$

これらの式は，次の境界条件によって解かれる.

$$W^N(0, M) = 0 \tag{12.38}$$

$$W^N(\theta^*, M) = W^A(\theta^*, M) - K \tag{12.39}$$

$$W_\theta^N(\theta^*, M) = W_\theta^A(\theta^*, M) \tag{12.40}$$

ここで，θ^* はこれ以上の値になったならば政策採用すべきという臨界値を示す．この場合の解を「想定」し，どのように作用するかを考えよう．W^N と W^A が次の式で表されることを確認しよう.

$$W^N(\theta, M) = A\theta^\beta - \frac{\theta M}{r + \lambda - \alpha} - \frac{\gamma E\theta}{(r-\alpha)(r+\lambda-\alpha)} \tag{12.41}$$

そして
$$W^A(\theta, M) = -\frac{\theta M}{r + \lambda - \alpha} \tag{12.42}$$

ここで，A は正の確定される定数であり，式 (12.38) の制約条件から，β は次の 2 次方程式の正根である．

$$\frac{1}{2}\sigma^2 \beta(\beta - 1) + \alpha\beta - r = 0$$

つまり，

$$\beta = \frac{1}{2} - \frac{\alpha}{\sigma^2} + \sqrt{\left(\frac{\alpha}{\sigma^2} - \frac{1}{2}\right)^2 + \frac{2r}{\sigma^2}} > 1 \tag{12.43}$$

W^N は，政策が採用される前の現在価値関数であり，3 つの項からなる．式 (12.41) の右辺第 1 項は，将来のある時点で政策を採用することができるオプション価値を表す．第 2 項は，現在の汚染ストック量 M による社会的費用のフローの現在価値を表す．第 3 項は，E のレベルで排出が続けられることによる社会的費用のフローの現在価値を表す（この社会的費用は，排出を削減するオプション価値によって小さくなる（第 1 項がそれを示している）ことに注意せよ）．一度，政策が採用されたならば，$E = 0$ となり，W^A が適用される．こちらは，現在の汚染ストック量からの社会的費用の項のみを含む．

依然，2 つの未知量がある．定数 A といつ政策を採用すべきかを示す臨界値 θ^* である．これらは，式 (12.39),(12.40) の境界条件から次のようになる．

$$A = \left(\frac{\beta - 1}{K}\right)^{\beta - 1} \left[\frac{\gamma E}{(r - \alpha)(r + \lambda - \alpha)\beta}\right]^{\beta} \tag{12.44}$$

$$\theta^* = \left(\frac{K}{\beta - 1}\right)\left[\frac{(r - \alpha)(r + \lambda - \alpha)\beta}{\gamma E}\right] \tag{12.45}$$

これにより，将来の費用と便益の不確実性の大きさ，また他のパラメータによって，政策採用の最適なタイミングがどの程度変化するかがわかる．まず，σ の増加は，β の減少をもたらし，θ^* を大きくする．予想したように，将来の

汚染の社会的費用の不確実性が大きくなれば，今政策を採用せずに延期するというインセンティブが働く．第2に，割引率 r の増加は，政策を採用するオプション価値を増加させ，θ^* も大きくなる．金融オプションにおける利子率の変化が価値や最適行使時点に与える影響と同じである（r の上昇は，政策を採用する費用の現在価値 K の減少を意味し，採用するオプション価値は高まるが，その行使時点は遅くなる．第3に，汚染物質ストックの減耗率を表す λ の増加も，θ^* の増加をもたらす．A が高くなると，排出からの環境損害の不可逆性が小さくなり，延期せずに今政策を採用するときの埋没便益が小さくなる．最後に，初期排出率 E の増加は，θ^* を小さくする．その理由は，E が大きくなるとき，延期の社会的費用は増加するが，政策採用の費用 K は一定なので，環境政策の採用を早めることになる．

E をゼロにまで減らす費用が E と独立であると仮定することは非現実的であろう．この費用 K は E の増加関数であるとし，E の凸関数であるのが適当である．ここでは最も単純な仮定として K は E に比例するとしよう．

$$K = kE \tag{12.46}$$

このとき，θ^* は次のようになる．

$$\theta^* = \frac{k(r-\alpha)(r+\lambda-\alpha)\beta}{\gamma(\beta-1)} \tag{12.47}$$

θ^* は E とは独立となる．また，このとき，100％以下のいかなる排出削減も望まない（E はゼロにすべきとなる）．この理由は，政策を採用するオプション価値 $A\theta^\beta$ が M と独立であり，E と比例するので，W^N と W^A の M と E に関して線形となるためである．

数値例を示してこの計算を定量的に把握しよう．まず，$\alpha = 0$（M，1 単位当たりの期待社会的費用は一定），$r = \lambda = 0.02, \sigma = 0.20, \gamma = 1, E = 100,000$ トン/年, $\theta_0 = \$20$/年, $K = \$2$ 十億 と仮定する．これらより，$\beta = 1.62, A = 7,681,000, \theta^* = \$42$ が導かれる．現在価格は $\theta_0 = 20$ であるので，政策は即座に採用されないが，社会の採用オプション価値 $A\theta^\beta$ は\$0.64 十億，となる．θ

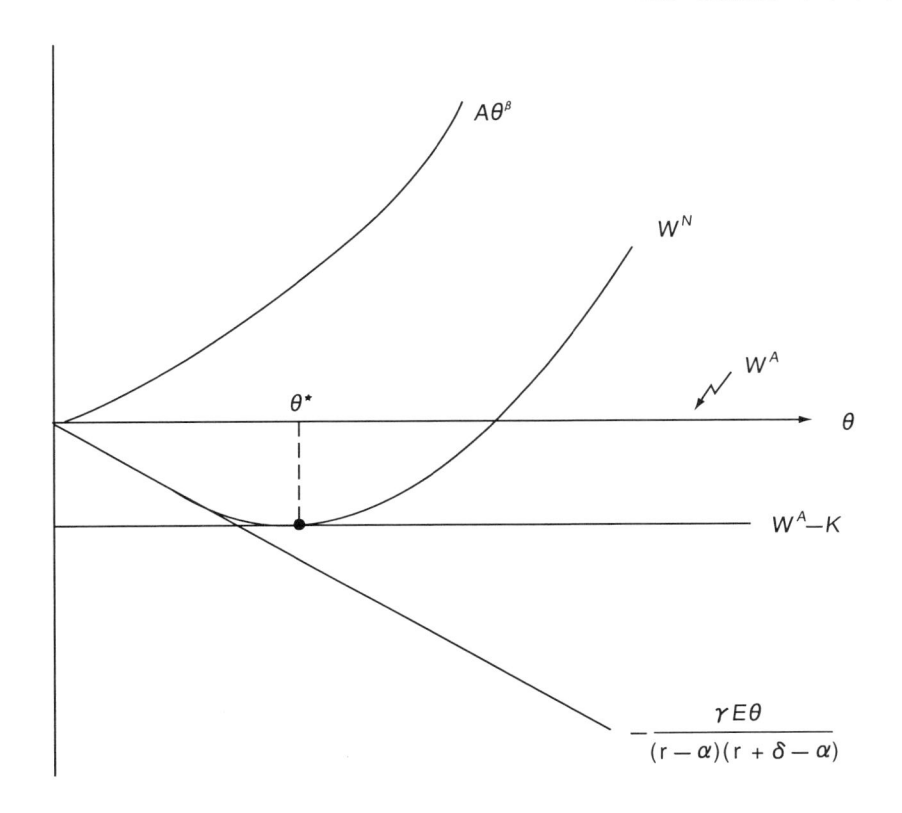

図 12.2　$M=0$ のときの解

が\$42/トンに達するときのみ，政策は採用される．このとき，$A\theta^\beta$ は\$2.1十億である．読者は境界条件式 (12.39),(12.40) から確認できる．例えば，$\sigma=0.40$ のとき，どうなるかという計算は読者に委ね，ここでは臨界値 θ^* が増加することを示す．

図 12.2 は，$M=0$ (すべての θ において $W^A = 0$) のときの解を図示している．θ^* は W^N が $W^A - K$ と接する点である (M がゼロより大きい場合は，W^A は θ の関数) となり，また W^N とも重複し複雑になるので，ここでは $W^N(\theta)$ と $W^A - K$ のみを示す)．図 12.3 は，図 12.2 の解が σ の増大によってどう変化するかを示している．β が小さくなり 1 に近づくので，$A\theta^\beta$ の凹性

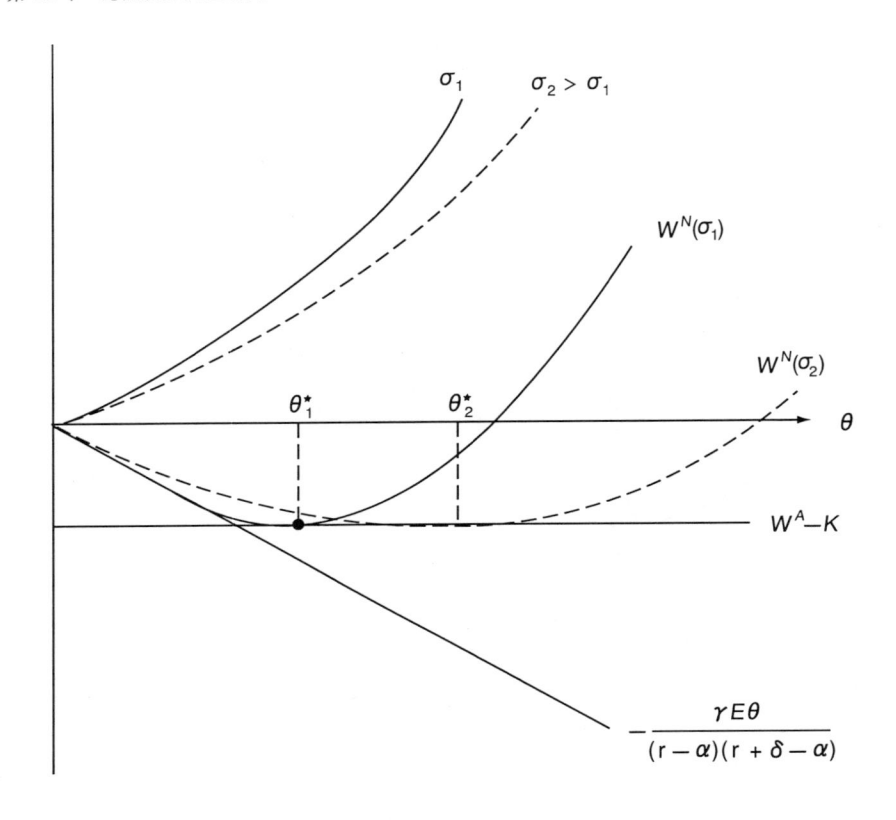

図 12.3 σ の増大が θ^* に与える影響

が弱くなり，$W^N(\theta)$ が平らになり，結果として θ^* は大きくなる．

このモデルはきわめて単純であり，オプションアプローチが，企業の投資問題のみならず，公共政策問題にも有効であることを示すことだけを意図している．より現実的なものに近づけるには，$B(M_t, \theta_t)$ を M_t の凹関数にし，E_t の削減費用を $k(E)$ を E の凹関数とする必要があろう．またもはや E はゼロにまで削減することが最適であるとはいえないので，将来削減量が θ_t を十分大きくすることを仮定した最適削減量を求める問題にする必要があろう．これは，第 11 章でみたように増分投資問題と同じ問題となる．

12.4 集計された投資行動の説明

　集計そしてセクター別の投資支出の説明は，経験にもとづく経済学においてあまり成功しているとはいえない問題の一つである．だいたいの計量経済モデルは，投資支出を説明したり，予測したりするときには役に立たない．問題は，これらのモデルが投資のほんの一部しか説明，予測することしかできないというだけではない．加えて，理論における強力な説明力をもつ量—トービンの q や，さまざまな資本費用の測度—があてはまるかどうかという問題がある[16]．

　ほとんどの投資支出の不可逆性は，なぜ新古典的な投資理論がうまく投資行動を説明できないのかについて示唆を与える．一般に，リスクプレミアム（CAPM から導かれる）はプロジェクトの現在価値を計算するときに用いる割引率に加えられる形で取り扱われる．しかし，この本を通じてみてきたように，正確な割引率はオプション価値アプローチを解くことなしに求めることはできない．また割引率は時間で一定ではなく，企業の平均資本費用と等しくなるとも限らない．結果として，単純な資本費用測度は投資支出を説明するには不充分である．

12.4.A　トービンの q に基づくモデル

　不可逆性が無視されるときに生じる問題は，トービンの q に基づくモデルの中で見られる．よい例は，Abel and Blanchard (1986) のモデルである．そのモデルは，q 理論の枠組みで投資を説明するより洗練された試みの一つである．そこでは，注意深く測度 q が計測される．平均ではなく限界であり，引渡しのタイムラグ，調整費用を考慮し，説明変数の将来価値の期待値を明示的にモデル化している．手短にその構造を述べる．

　モデルは，「資本の限界投資 1 単位による期待利潤のフローの現在割引価値が，1 単位の費用以上であること」という標準的な純現在価値ルールに基づ

---

[16] 計量経済学モデリングにおける投資行動の伝統的なアプローチの概要と比較については，Chirinko (1991) と Kopeke (1985, 1993) を参照せよ．

く．$\pi_t(K_t, I_t)$ を t 時点において，資本ストック K_t，投資レベル I_t のもとでの利潤の最大化された値，つまり変動する要素が最適化されていると仮定したときの利潤の値であるとしよう．調整費用があるため，それは I_t に依存する．$\partial\pi/\partial I < 0, \partial^2\pi/\partial I^2 < 0$，すなわち，新しい資本が早く購入・導入されればされるほど，より費用がかかるものとする（第 11 章の調整費用の議論を参照せよ）．

こうして現在そして将来の利潤の現在価値は次式で表される．

$$V_t = \mathcal{E}_t \sum_{j=0}^{\infty} \left[\prod_{i=0}^{j} (1+\rho_{t+i})^{-1} \right] \pi_{t+j}(K_{t+j}, I_{t+j}) \tag{12.48}$$

ここで ρ は割引率である．これを次の条件のもと，I_t に関して最大化する．

$$K_t = (1-\lambda)K_{t-1} + I_t$$

（λ は，減価率である）すると，次の限界条件が導かれる．

$$-\mathcal{E}_t(\partial\pi_t/\partial I_t) = q_t \tag{12.49}$$

ここで

$$q_t = \mathcal{E}_t \sum_{j=0}^{\infty} \left[\prod_{i=0}^{j} (1+\rho_{t+i})^{-1} \right] \left(\frac{\partial\pi_{t+j}}{\partial K_{t+j}} \right) (1-\lambda)^j \tag{12.50}$$

である．第 11 章の q の議論を思い出そう．ここで求めたのは，資本の 1 単位の増加による貢献度を表すマージナル q である．しかし，これは，企業の全体の価値に対する効果は考慮していない．この 1 単位が寄与する利潤フローの現在価値のみが計算される．このオプションを行使する機会費用は無視されている．また購入費用の比率についても述べられていない．第 11 章で用いた専門用語では，これは資産の限界価値であり，トービンの q を表す．

式 (12.49) は追加的な資本 1 単位の費用が利潤の増分の期待フローの現在価値に等しくなるところで投資が起こることを示している．Abel and Blanchard は，線形および 2 次式で近似して q_t を，そして ρ_t と $\partial\pi_t/\partial K_t$ をベクトル自己

回帰式で表現して，将来価値の期待値のモデル化を行った．彼らの結論は，単純ではっきりしている．「われわれのデータは，調整ラグを考慮したとしても q 理論があてはまらないことを示している．」

この本を通じて，q 理論の異なる拡張，つまり投資オプションを行使する機会費用を認識すべきであることを強調してきた．Abel and Blanchard の ρ_t のデータはエクイティと負債の収益率の重みつき平均に基づくものであった．しかし，われわれのアプローチでは，割引率 ρ_t は資本の平均費用と等しくなくてもよい．企業の最適投資問題の解の一部として決定されるのであり，これは現在もしくは将来の（不可逆的な）限界投資を行う企業のオプションの価値を含んでいる．投資問題の解は，式 (12.49), (12.50) の 1 階の条件より求められる解よりも複雑である．例えば，システマチックリスクがゼロのプロジェクトを考えよう．無リスク利子率 ρ を使用すると，q_t は非常に大きな値となり，実際には延期すべきなのに投資支出がなされることを示唆している．さらに ρ を適切に調整する単純な方法はない．問題は，計算において投資オプションを行使する機会費用が無視されていることである．

残念ながら，集計投資支出の計量経済モデルに不可逆性を取込むことは容易ではない．これまで見てきたように，最適投資決定を示す式は，単純な場合であっても非線形である．また，リスクの主要な要素を反映した変数やパラメータの計測（統計的推定）も難しい．投資支出の不確実性の長期均衡への影響を説明しようとすると，さらなる問題が生じる．われわれは，不可逆性や不確実性は，各企業が投資するかどうかを決める閾値（例えば，プロジェクトの期待収益率）に影響を与えることを知っているが，制限された関数もしくは仮定されたパラメータなしに不確実性が企業の長期平均投資率，あるいは平均資本ストックにどのような影響を与えるかについてはほとんど何もいうことができない．以下に若干この点について述べるが，検定は投資率と計測リスクの単純な均衡関係に基づくものではない．

最後に，集計には重要な問題がある．最適投資決定に関するわれわれの議論は，企業や類似した意志決定単位にほぼ直接適用される．異なる企業は，異な

る技術や限界能力をもっており，それらは，異なる（特異な）ショックを受ける可能性がある．そしてそれらは異なる生産開始閾値を有する．さらに歴史的な出来事が，彼らの生産開始閾値の相対位置を変化させる資本ストックの異なる企業をつくりだしているかもしれない．もしわれわれのデータが産業全体の問題に属するならば，それらを検定する前に，産業レベルにおけるわれわれの理論の含意を明らかにしなれければならない．もし実証分析をミクロな意志決定単位のレベルで行おうとするならば，われわれは，これらすべての違いを明示するようなデータとその特定化が必要である．これらすべてを行うことは，きわめて難しい作業である．次の節では，これとは異なるアプローチを扱ういくつかの研究をレビューする．

12.4.B　オプションベースのモデルの経験的含意

　この本で示したモデルは，伝統的なモデルよりも投資の決定に関して不確実性が大きな役割を果たすことを示している．第8,9章で，われわれは，メカニズムは異なるが，競争産業と独占企業双方の，不確実性が投資を引き起こす臨界閾値に作用して投資に影響を与えることを明らかにした．この臨界閾値は，確定しているプロジェクトの価値，プロジェクトによる生産物の価格，さらに増分投資の際には，資本の限界収益性に適用された．モデルはさまざまであるが，この閾値が確率過程の変数のボラティリティに非常に敏感であることをみた．

　これらのモデルは，さらに実証的に検証可能なものに改善されるに違いない．まず，モデルはそれ自体が投資を記述するものではなく，投資を引き起こす臨界閾値が投資を説明する．例えば，第11章では，投資は暗に，ある障壁で資本の限界生産の価値を制御する確率過程として定義された．モデルは，ボラティリティが増大すると，閾値も増大することを示している．可能性のあるプロジェクトの価値，もしくは資本の限界収益性が企業によって異なり，分布する（もしくはそう仮定する）場合に拡張すると，実際の投資のボラティリティに関連する構造モデルを導出できる．

先に進む前に，短期間のうちに，ボラティリティや他のパラメータが変化するとき，投資がどうなるかについて推論しよう．例えば，あるときボラティリティが増加し，下側の臨界閾値を越えていたもしくはほぼ等しかったプロジェクトの価値が，上側の臨界閾値を下回ると，少なくとも一時的に投資は削減される．また，すべてがこれまでと同じであるとすると，ドリフト，いいかえると生産価格の増加は，臨界閾値を低くするので再び短時間のうちに投資が増加する．増分投資の文脈では，企業もしくは競争産業のレベルにおいて，資本の限界収益性のボラティリティの増加，もしくはその平均成長率の低下は，少なくとも一時的に投資を減少させる．しかし，不確実性の投資価値の長期均衡，投資対産出量比率，資本対生産量比率に与える影響は，ほとんどないといえる．これをみるために，われわれは，ボラティリティの増大が投資を引き起こすのに必要とされる収益を増加させるけれども，平均的な実現収益に関してどうかについてはよくわからないことに注意しよう．その理由は，企業はボラティリティが高くなると，投資に対してより高い収益を求めるようになるが，非常に低い収益しか得られない期間がより生じやすくなるためである（資本が必要とされる以上に保有される）．

同じあいまいさが投資対生産量比率 I/Q についても言える．長期均衡において，$I/Q = \lambda K P_K / Q(K) P = (P_K/P)(\lambda K/Q(K))$ である（λ は減価率を表す）．もし資本の限界収入が増大するならば，要求される収益も増加し，投資はどのような価格セットにおいても減少するので，生産価格 P は P_K/P まで低下する．生産技術がコブ＝ダグラス型の収穫一定で表されると仮定しよう．これは $\lambda K/Q(K) = \lambda/AL^\alpha K^{-\alpha}$ と書くことができる．2つの影響がそれぞれ反対方向に作用するので，I/Q がどうなるかについては結論付けることができない．別の見方をしよう．前に示したように，ボラティリティの増大が閾値を高くするが，企業が必要とする以上の資本を保有する確率が高くなるので，資本の平均収益性が低下する．すなわち I/Q は高くなる．したがって，よりボラティリティが高い，もしくは経済の不安定性が高い国は，平均的に安定した経済を有する国より，投資対国内総生産（GDP）比率が低く，資本対生産量比率が低い

という理論的基盤を批判することはできない．非常に特定化されたモデル，例えば，第11章のコブ＝ダグラスの場合，明白な結果が得られるが，その頑健性は不明なままである．

12.4.C 実証的知見

上記で概説した困難性を所与とすると，不確実性下での不可逆な投資理論を統計的に検定する試みはほとんどないことは驚くべきことではない．ここでは，今までなされてきた数少ない研究のいくつかを簡潔に整理する．

1つのアプローチは，投資を引き起こす閾値に注目する，そして理論が予測する方法でリスクを計測することができるかどうかを調べる．これは，閾値とリスクの間の関係が，投資とリスクの関係より簡単に結びつけることができるという利点をもっている．欠点は，閾値が直接観測できないことである．このアプローチは，Caballero and Pindyck (1992) によってアメリカの製造業に適用された．Caballero and Pindyck は，自由参入，収穫一定のコブ＝ダグラス生産技術をもつ競争市場において，投資を引き起こすのに必要な収益を表す式を導出した．そしてこの必要とされる収益の観点から検定の枠組みをつくった．われわれは，直接要求される収益を観測できないが，資本の限界収益性の極限値——例えば，何期間かの最大値もしくは十分位あるいは四分位の値の平均値——をその代理指標とすることができる．Caballero and Pindyck は，アメリカ製造業のデータから，代理指標が，理論が予測するように，資本の限界収益性のボラティリティと正の相関を持っていることを示した．

別のアプローチは，期間毎のボラティリティの動きから投資への影響を調べるものである．Pindyck and Solimano (1993) は30カ国について，28年間の時系列の各国における資本の限界収益性データを使って行った（ここでもコブ＝ダグラスの収穫一定の生産技術が仮定されている）．28年間のデータを3つの9年間の期間に分割し，国別，期間別に資本の限界収益性の毎年の対数変化の平均と標本標準偏差，平均投資対 GDP 比率を計算した．理論が予測するよ

うに，投資比率は実際，平均と正の相関を示し，標準偏差と負の相関を示すことを見出した[17]．

これらの研究は，非常に範囲が限定されている．投資支出や研究開発投資のような他の不可逆的な決定を説明するより野心的な「構造」モデルによって，モーメント推計量を用いて，完全な確率動的計画問題として最適条件を推定しようと試みられている．Rust の研究 (1987) はこの最もよく知られた例である．産業組織論においてそのような方法を用いた先駆的な研究は Pakes (1986) である．これは将来有望なアプローチであるが，依然として初期の段階にある．特定化と計算機化についての大きな困難性が少しづつ解決されている．特定の応用は，しばしば，未観測の状態変数をつくりだすが，このアプローチは系列相関などについてほとんど問題がない．異なる企業間の相互作用による均衡はさらなる困難を生み出す．計算機上の制約で手におえない状況にある（技術の改善が急速に進み，そう長くは障害とはならないであろうけれども）．これらの問題についての議論は，少なくとも1章が必要であり，おそらくそれ自体で論文となる．したがって，ここでは興味のある読者に現状における有益な研究，Rust (1993) と Pakes (1993) を紹介するにとどめる．

完全に構造化されたモデルはないが，集計データに関してはより進んだ取り組みがなされている．Bertola and Caballero (1990, 1992) による研究である．彼らの先の論文は，耐久消費財について検討している．もちろん，投資の問題を扱っている．Grossman and Laroque (1990) は，購入と再販売に関して取引費用を有する消費者は，住宅や自動車のような耐久消費財の購入や取引の決定に際し，最適な閾値ルールに従う．経済全体において，異なる消費者は異なる閾値と異なる初期の位置（閾値との相対位置）を持っている．彼らは，また共通（経済全般）のショックとともに，異なる（特異な）ショックについて検討して

---

[17] 関連研究として，Pindyck (1986, 1991a) は，生産物市場のボラティリティが高まると，資本価格もまたボラティリティが高くなるはずであるという仮定にもとづいて，投資市場データから，アメリカでの集計された投資について研究した．これは例えば，1975年から1980年のといった the Great Depression と呼ばれた経済不況の期間も含んでいる．彼は平均収益の影響や長期と短期の利子率，さらに GNP 成長率を考慮した後で，投資支出が資本収益の変動と負で有意に関係していることを明らかにしている．

いる．集計により，閾値決定ルールのいくつかのオール・オア・ナッシングの側面が平滑化されるが，それでも耐久消費財への集計された支出には実質的な系列相関が残る．事実，彼らのシミュレーションは，そのような現実的な時系列特性をもっている．ただ，これはシステマチックで経済学的な検定ではない[18]．

理論と実証主義のギャップについては，2つの見方ができる．一つは，懐疑と関心の混在である——理論は実証的な支持なしにつくられる．その妥当性についての懐疑である．もう一つの見方は，機会と挑戦である．理論は現実世界の中からいくつかの知見をつくりだし，この本のようにあらゆる利用できる機会を使ってそれらを示そうと試みる．特定の商品や産業を代表する確率的ショックの変動を表すパラメータなどの値を使って，われわれの多くのモデルでは数値解を導いた．われわれは，定性的な，そしていくつかの定量的な実証により確認されている知見——ビジネス企業が投資プロジェクトを判断する際，使われる高いハードル率，投資を刺激するための政策としての利子率カットの相対的非効率性，政策の不確実性が投資に与える重大で有害な影響など，を見出した．理論の利点とそこから導かれた知見の有用性は明らかである．こうして，理論がそれを検証する研究の機会を与える．われわれの本が広まり，理論の理解が促進され，間接的に実証研究が進展することに貢献できれば幸いである．

12.5 文献ガイド

沖合い油田の評価に用いたオプション価格モデルは，もともと Paddock, Siegel, and Smith (1988) によって先駆的に手がけられた．Siegel, Smith, and Paddock(1987) は彼らのモデルとその適用についての非技術的な説明を行っている．この章の1節は多くをこの2つの論文に負っている．先駆者は Tourhinho (1979) の研究であり，はじめて資源の保全がオプションとして理解し，評価できることを示した．関連研究として，Ekern (1985), Stensland and Tjostheim (1989, 1991), Jacoby and Laughton (1992) と Lund (1992) が

---

[18] 他の将来有望な耐久消費財に関する実証研究は，Eberly (1991) と Lam (1989) である．

挙げられる．Lund and Øksendal (1991) によって編集されたこの本は，石油，漁場などのいくつかの実証研究，自然資源の文脈におけるいくつかのリアルオプションの一般理論を含んでいる．また Morck, Schwartz, and Stangeland (1989) は森林資源の評価にこれらのテクニックを使っている．Brennan and Schwartz (1985) はこれを銅資源の評価に用い，一時的な閉鎖，もしくは永遠の断念のルールを決定する．近年なされた応用は，石油工学の文献（例えば，Lohrenz and Dickens (1993) や Stibolt and Lehman (1993)），および都市の土地評価に関する文献（Quigg (1993)）である．

大気浄化法に対応する電力会社の問題を検討したとき，われわれは数値解法について議論しなかった．そして解とさまざまなパラメータのみに依存するという特徴について簡潔にレビューした．関心ある読者は，Herbelot の論文 (1992) をより詳細に参照せよ．また，関連研究として，電力の将来需要の不確実性に関する知見を明らかにした Martzoukos and Teplitz-Sembitzky (1992) がある．

第12.3節において，環境政策のタイミングを検討した．そして環境損害の不可逆性がどのように政策採用に対する伝統的な費用便益分析をゆがめるオプション価値を作り出すかを見た．このオプション価値は，まず Arrow and Fisher (1974)，Henry (1974a,b) と Krutilla and Fisher (1975) によって示された．そして Hanemann (1989)，Fisher and Hanemann (1987) と Lund (1991) らによって改善された[19]．第12.3節の分析に関連した近年の研究は，Kolstad (1992) と Hendricks (1992) によってなされた．Kolstad は，汚染の低い資本からの純便益についての学習を伴った3段階のモデルをつくった．彼は，政策採用の埋没費用なしに，学習率が早くなればなるほど第1段階での排出レベルは小さくなるが，もし政策採用の費用が一部埋没するものであるならば，不確実性の影響はあいまいであることを示した．また Hendricks (1992) は，連続時間の地球温暖化のモデルを使って，（部分的に）不可逆的な汚染の蓄積を考慮した，

---

[19] このオプション価値の概念は，Schmalensee (1972) のものとは区別される．将来の環境アメニティ評価の不確実性により，リスク回避的な消費者を補償するのに必要なリスクプレミアムにより似ている．この後半の概念については，Plummer and Hartman (1986) を参照せよ．

排出を削減する不可逆的な政策のタイミングを検討した．彼は，地球の平均気温と大気中の地球温暖化ガスの蓄積を結びつけるパラメータとして，そしてその際，学習によってこのパラメータが時間をとともに減少するものとして不確実性を検討した．また学習の速度は政策タイミングにいかに影響するかを示した．地球温暖化ガス排出及び地球温暖化の単純なモデル（Hendricks の研究がベースになっている）については Nordhaus (1991) を参照せよ．

近年の不可逆的な投資に関する実証研究は Bizer and Sichel (1988) と Caballero (1991b) によってなされている．後者の研究は Bertola and Caballero (1990, 1992) に沿って，企業特有と産業全般のショックがともに存在するときの集計問題において重要である．ミクロデータを用いた実証研究は，個々人の選択の構造化した動的計画モデルの推定することを目的としており，Rust (1993) と Pakes (1993) により調査された．

参考文献

Abel, Andrew B. 1983. "Optimal Investment Under Uncertainty." *American Economic Review* 73 (March): 228–233.

———. 1984. "The Effects of Uncertainty on Investment and the Expected Long-Run Capital Stock." *Journal of Economic Dynamics and Control* 7, 39–53.

———. 1990. "Consumption and Investment." In *Handbook of Monetary Economics*, eds. Benjamin Friedman and Frank Hahn. New York: North-Holland.

———, and Olivier J. Blanchard. 1986. "The Present Value of Profits and Cyclical Movements in Investment." *Econometrica* 54 (March): 249–273.

———, and Janice C. Eberly. 1993. "A Unified Model of Investment Under Uncertainty." Unpublished working paper, The Wharton School, University of Pennsylvania, February.

Abramowitz, Milton, and Irene A. Stegun, eds. 1964. *Handbook of Mathematical Functions* Washington D.C.: National Bureau of Standards.

Aitchison, J., and J.A.C. Brown. 1957. *The Lognormal Distribution*. Cambridge, England: Cambridge University Press.

Aizenman, Joshua, and Nancy Marion. 1991. "Policy Uncertainty, Persistence and Growth." NBER Working Paper No. 3848, September.

Akerlof, George A. 1970. "The Market for Lemons: Qualitative Uncertainty and the Market Mechanism." *Quarterly Journal of Economics* 84 (November): 488–500.

Appelbaum, Elie, and Chin Lim. 1985. "Contestable Markets Under Uncertainty." *Rand Journal of Economics* 16, Spring, 28–40.

Arnold, Ludwig. 1974. *Stochastic Differential Equations: Theory and Applications*. New York: John Wiley & Sons.

Arrow, Kenneth J. 1968. "Optimal Capital Policy with Irreversible Investment." In *Value, Capital and Growth, Essays in Honor of Sir John Hicks*, ed. James N. Wolfe. Edinburgh, Scotland: Edinburgh University Press.

———. 1970. *Essays in the Theory of Risk Bearing*. Amsterdam: North-Holland.

———, and Anthony C. Fisher. 1974. "Environmental Preservation, Uncertainty, and Irreversibility." *Quarterly Journal of Economics* 88, 312–319.

Arthur, W. Brian. 1986. "Industry Location Patterns and the Importance of History." Center for Economic Policy Research, Paper No. 84, Stanford University.

Baldwin, Carliss Y. 1982. "Optimal Sequential Investment when Capital is Not Readily Reversible." *Journal of Finance* 37 (June): 763–782.

Baldwin, Richard, and Paul Krugman. 1989. "Persistent Trade Effects of Large Exchange Rate Shocks." *Quarterly Journal of Economics* 104 (November): 635–654.

Bar-Ilan, Avner, and William C. Strange. 1992. "Investment Lags." Working Paper, Tel-Aviv University and University of British Columbia.

Becker, Gary S. 1962. "Investment in Human Capital: A Theoretical Analysis." *Journal of Political Economy*, 70, Supplement (October): 9–49.

———. 1975. *Human Capital*, second edition. New York: NBER and Columbia University Press.

———. 1980. *A Treatise on the Family*. Cambridge, MA: Harvard University Press.

Beddington, John R., and Robert M. May. 1977. "Harvesting Natural Populations in a Randomly Fluctuating Environment." *Science* 197, 463–465.

Bentolila, Samuel, and Giuseppe Bertola. 1990. "Firing Costs and Labor Demand: How Bad is Eurosclerosis?" *Review of Economic Studies* 57 (July): 381–402.

Bernanke, Ben S. 1983. "Irreversibility, Uncertainty, and Cyclical Investment." *Quarterly Journal of Economics* 98 (February): 85–106.

Bernstein, Peter L. 1992. *Capital Ideas: The Improbable Origins of Modern Wall Street*. New York: Free Press.

Bertola, Giuseppe. 1988. *Adjustment Costs and Dynamic Factor Demands: Investment and Employment Under Uncertainty*. Ph.D. Dissertation, Cambridge, MA: Massachusetts Institute of Technology.

―――. 1989. "Irreversible Investment." Unpublished working paper, Princeton University.

―――, and Ricardo J. Caballero. 1990. "Kinked Adjustment Costs and Aggregate Dynamics." In *NBER Macroeconomics Annual 1990*, eds. Olivier Blanchard and Stanley Fischer. Cambridge, MA: MIT Press, 237–295.

―――, and ―――. 1992. "Irreversibility and Aggregate Investment." Unpublished, Princeton University, June.

Bizer, David S., and Daniel E. Sichel. 1988. "Irreversible Investment: An Empirical Investigation." Unpublished, December.

Black, Fischer, and Myron Scholes. 1973. "The Pricing of Options and Corporate Liabilities." *Journal of Political Economy* 81, 637–659.

Bliss, Christopher J. 1968. "On Putty-Clay." *Review of Economic Studies* 35 (April): 105–132.

Bodie, Zvi, and Victor Rosanski. 1980. "Risk and Return in Commodity Futures." *Financial Analysts Journal* 36 (May): 27–40.

参考文献

Brealey, Richard A., and Stewart C. Myers. 1992. *Principles of Corporate Finance*, fourth edition. New York: McGraw-Hill.

Brennan, Michael J. 1991. "The Price of Convenience and the Valuation of Commodity Contingent Claims." In *Stochastic Models and Option Values*, eds. D. Lund and B. Øksendal, New York: North-Holland.

———, and Eduardo S. Schwartz. 1978. "Finite Difference Methods and Jump Processes Arising in the Pricing of Contingent Claims: A Synthesis." *Journal of Financial and Quantitative Analysis* 20, 461–473.

———, and ——— . 1985. "Evaluating Natural Resource Investments." *Journal of Business* 58 (January): 135–157.

Brock, William A., Michael Rothschild, and Joseph E. Stiglitz. 1988. "Stochastic Capital Theory." In *Joan Robinson and Modern Economic Theory*, ed. George R. Ferwel. New York: Macmillan.

Caballero, Ricardo J. 1991. "Competition and the Non-Robustness of the Investment-Uncertainty Relationship." *American Economic Review* 81 (March): 279–288.

———. 1991b. "On the Dynamics of Aggregate Investment." Discussion Paper No. 541, Columbia University, MaY.

———, and Robert S. Pindyck. 1992. "Uncertainty, Investment, and Industry Evolution." NBER Working Paper No. 4160, September.

Carr, Peter. 1988. "The Valuation of Sequential Exchange Opportunities." *Journal of Finance* 43 (December): 1235–1256.

Carrier, George F., and Carl E. Pearson. 1976. *Partial Differential Equations: Theory and Technique*. New York: Academic Press.

Chirinko, Robert. 1991. "Business Fixed Investment Spending: A Critical Survey." Draft working paper, University of Chicago.

Chow, Gregory C. 1979. "Optimal Control of Stochastic Differential Equation Systems." *Journal of Economic Dynamics and Control* 1 (May): 143–175.

Clark, Colin W. 1976. *Mathematical Bioeconomics*. New York: John Wiley & Sons.

Copeland, Tom, Tim Koller, and Jack Murrin. 1991. *Valuation: Measuring and Managing the Value of Companies*. New York: John Wiley & Sons.

Cox, D. R., and H. D. Miller. 1965. *The Theory of Stochastic Processes*. London: Chapman and Hall.

Cox, John C., Jonathan E. Ingersoll, Jr., and Stephen A. Ross. 1985. "A Theory of the Term Structure of Interest Rates." *Econometrica* 53 (March): 385–407.

———, and Stephen A. Ross. 1976. "The Valuation of Options for Alternative Stochastic Processes." *Journal of Financial Economics* 3, 145–166.

———, ———, and Mark Rubinstein. 1979. "Option Pricing: A Simplified Approach." *Journal of Financial Economics* 7, 229–263.

———, and Mark Rubinstein. 1985. *Options Markets*. Englewood Cliffs, NJ: Prentice-Hall.

Craine, Roger. 1989. "Risky Business: The Allocation of Capital." *Journal of Monetary Economics* 23, 201–218.

Cukierman, Alex. 1980. "The Effects of Uncertainty on Investment under Risk Neutrality with Endogenous Information." *Journal of Political Economy* 88 (June): 462–475.

David, Paul A. 1985. "Clio and the Economics of QWERTY." *American Economic Review* 75, Papers and Proceedings (May): 332-337.

———. 1988. "Path-Dependence: Putting the Past into the Future of Economics." IMSSS Technical Report No. 533, Stanford University.

Davis, Steven J. and John Haltiwanger. 1990. "Gross Job Creation and Destruction: Microeconomic Evidence and Macroeconomic Implications." In *NBER Macroeconomics Annual 1990*, eds. Olivier Blanchard and Stanley Fischer, Cambridge, MA: MIT Press, 123–186.

Demers, Michel. 1991. "Investment Under Uncertainty, Irreversibility and the Arrival of Information Over Time." *Review of Economic Studies* 58 (April): 333–350.

Dertouzas, Michael, Richard K. Lester and Robert Solow. 1990. *Made in America*. New York: Harper Paperback Edition.

Dickey, David A., and Wayne A. Fuller. 1981. "Likelihood Ratio Statistics for Autoregressive Time Series with a Unit Root." *Econometrica* 49, 1057–1072.

Dixit, Avinash. 1988. "Optimal Lay-up and Scrapping Decisions." Unpublished, Princeton University, July.

———. 1989a. "Entry and Exit Decisions under Uncertainty." *Journal of Political Economy* 97 (June): 620–638.

———. 1989b. "Hysteresis, Import Penetration, and Exchange Rate Pass-Through." *Quarterly Journal of Economics* 104 (May): 205–228.

———. 1989c. "Intersectoral Capital Reallocation Under Price Uncertainty." *Journal of International Economics* 26 (May): 309–325.

———. 1990. *Optimization in Economic Theory*, second edition. Oxford, UK: Oxford University Press.

———. 1991a. "Analytical Approximations in Models of Hysteresis." *Review of Economic Studies* 58 (January): 141–151.

———. 1991b. "Irreversible Investment with Price Ceilings." *Journal of Political Economy* 99 (June): 541–557.

———. 1991c. "A Simplified Treatment of the Theory of Optimal Control of Brownian Motion." *Journal of Economic Dynamics and Control* 15 (October): 657–673.

———. 1992. "Investment and Hysteresis." *Journal of Economic Perspectives* 6, Winter, 107–132.

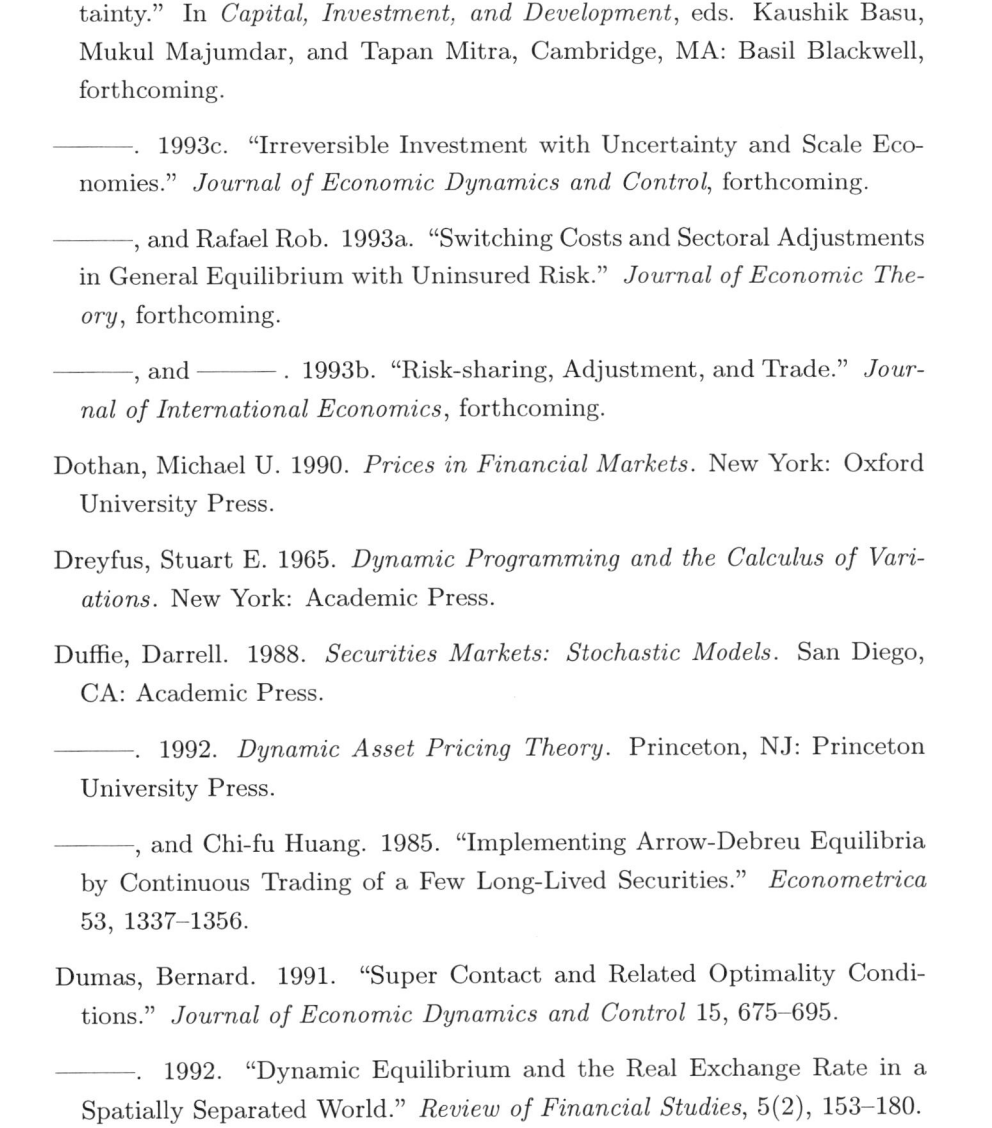

———. 1993a. *The Art of Smooth Pasting*, Vol. 55 in *Fundamentals of Pure and Applied Economics*, eds. Jacques Lesourne and Hugo Sonnenschein. Chur, Switzerland: Harwood Academic Publishers.

———. 1993b. "Irreversible Investment and Competition Under Uncertainty." In *Capital, Investment, and Development*, eds. Kaushik Basu, Mukul Majumdar, and Tapan Mitra, Cambridge, MA: Basil Blackwell, forthcoming.

———. 1993c. "Irreversible Investment with Uncertainty and Scale Economies." *Journal of Economic Dynamics and Control*, forthcoming.

———, and Rafael Rob. 1993a. "Switching Costs and Sectoral Adjustments in General Equilibrium with Uninsured Risk." *Journal of Economic Theory*, forthcoming.

———, and ———. 1993b. "Risk-sharing, Adjustment, and Trade." *Journal of International Economics*, forthcoming.

Dothan, Michael U. 1990. *Prices in Financial Markets*. New York: Oxford University Press.

Dreyfus, Stuart E. 1965. *Dynamic Programming and the Calculus of Variations*. New York: Academic Press.

Duffie, Darrell. 1988. *Securities Markets: Stochastic Models*. San Diego, CA: Academic Press.

———. 1992. *Dynamic Asset Pricing Theory*. Princeton, NJ: Princeton University Press.

———, and Chi-fu Huang. 1985. "Implementing Arrow-Debreu Equilibria by Continuous Trading of a Few Long-Lived Securities." *Econometrica* 53, 1337–1356.

Dumas, Bernard. 1991. "Super Contact and Related Optimality Conditions." *Journal of Economic Dynamics and Control* 15, 675–695.

———. 1992. "Dynamic Equilibrium and the Real Exchange Rate in a Spatially Separated World." *Review of Financial Studies*, 5(2), 153–180.

参考文献

Dutta, Prajit K., and Aldo Rustichini. 1991. "A Theory of Stopping Time Games with Applications to Product Innovation and Asset Sales." Discussion Paper No. 523, Department of Economics, Columbia University.

Eberly, Janice C. 1991. "Adjustment of Consumers' Durables Stocks: Evidence from Automobile Purchases." Working Paper No. 22–91, Rodney L. White Center for Financial Research, University of Pennsylvania.

Edleson, Michael and Kent Osband. 1988. "Competitive Markets with Irreversible Investment." Unpublished, Rand Corporation, Santa Monica, CA.

Eisner, Robert, and R. Strotz. 1963. "Determinants of Investment Behavior." In *Impact of Monetary Policy*. Englewood Cliffs, NJ: Prentice-Hall.

Ekern S. 1985. "An Option Pricing Approach to Evaluating Petroleum Projects." *Energy Economics*, 10, 91–99.

Fasano, A. and M. Primicerio (eds.). 1983. *Free Boundary Value Problems: Theory and Applications*, Vols. I, II. Marshfield, MA: Pitman Publishing Company.

Feller, William. 1968. *An Introduction to Probability Theory and Its Applications*, Volume I, third edition. New York: john Wiley & Sons.

———. 1971. *An Introduction to Probability Theory and Its Applications*, Volume II, second edition. New York: John Wiley & Sons.

Feynman, Richard P. 1949. "Space-Time Approach to Quantum Electrodynamics." *Physical Review* 76, 769.

Fine, Charles H., and Robert M. Freund. 1990. "Optimal Investment in Product-Flexible Manufacturing Capacity." *Management Science* 36 (April): 449–466.

Fisher, Anthony C., and W. Michael Hanemann. 1987. "Quasi-Option Value: Some Misconceptions Dispelled." *Journal of Environmental Economics and Management* 14 (July): 183–190.

Fleming, Wendell H., and Raymond W. Rishel. 1975. *Deterministic and Stochastic Optimal Control.* New York: Springer-Verlag.

Fudenberg, Drew, and Jean Tirole. 1985. "Preemption and Rent Equalization in the Adoption of New Technology." *Review of Economic Studies* 52 (July): 383–401.

Geske, Robert. 1979. "The Valuation of Compound Options." *Journal of Financial Economics* 7 (March): 63–81.

———, and H. E. Johnson. 1984. "The American Put Option Valued Analytically." *Journal of Finance* 39 (December): 1511–1524.

———, and Kuldeep Shastri. 1985. "Valuation by Approximation: A Comparison of Alternative Option Valuation Techniques." *Journal of Financial and Quantitative Analysis* 20 (March): 45–71.

Gibson, Rajna, and Eduardo S. Schwartz. 1990. "Stochastic Convenience Yield and the Pricing of Oil Contingent Claims." *Journal of Finance* 45 (July): 959–976.

———, and ———. 1991. "Valuation of Long-Term Oil-Linked Assets." in *Stochastics Models and Option Values*, eds. D. Lund and B. Øksendal. New York: North-Holland.

Gilbert, Richard J. 1989. "Mobility Barriers and the Value of Incumbency." *Handbook of Industrial Organization*, Vol. I. New York: North-Holland.

Goel, S. and N. Richter-Dyn. 1974. *Stochastic Models in Biology.* New York: Academic Press.

Goncalves, Franklin D. 1992. "Optimal Chartering and Investment Policies for Bulk Shipping." Unpublished Ph.D. thesis, Department of Ocean Engineering, Massachusetts Institute of Technology, September.

Gould, John P. 1968. "Adjustment Costs in the Theory of Investment of the Firm." *Review of Economic Studies* 35 (January): 47–55.

Grossman, Gene M., and Carl Shapiro. 1986. "Optimal Dynamic R&D Programs." *Rand Journal of Economics* 17, Winter, 581–593.

Grossman, Sanford J., and Guy Laroque. 1990. "Asset Pricing and Optimal Portfolio Choice in the Presence of Illiquid Durable Consumption Goods." *Econometrica* (January): 58, 25–52.

Guenther, Ronald B. and John W. Lee. 1988. *Partial Differential Equations of Mathematical Physics and Integral Equations*. Englewood Cliffs, NJ: Prentice-Hall.

Haberman, Richard. 1987. *Elementary Applied Partial Differential Equations*, second edition. Englewood Cliffs, NJ: Prentice-Hall.

Hamermesh, Daniel S. and Neal M. Soss. 1974. "An Economic Theory of Suicide." *Journal of Political Economy*, 82 (February): 83–90.

Hanemann, W. Michael. 1989. "Information and the Concept of Option Value." *Journal of Environmental Economics and Management* 16 (January): 23–37.

Harris, Milton. 1987. *Dynamic Economic Analysis*. New York: Oxford University Press.

Harrison, J. Michael. 1985. *Brownian Motion and Stochastic Flow Systems*. New York: John Wiley & Sons.

———, and David Kreps. 1979. "Martingales and Arbitrage in Multiperiod Securities Markets." *Journal of Economic Theory* 20, 381–408.

———, and Michael I. Taksar. 1983. "Instantaneous Control of Brownian Motion." *Mathematics of Operations Research* 8, 439–453.

———, Thomas M. Sellke, and Allison J. Taylor. 1983. "Impulse Control of Brownian Motion." *Mathematics of Operations Research* 8, 454–466.

Hartman, Richard. 1972. "The Effects of Price and Cost Uncertainty on Investment." *Journal of Economic Theory* 5 (October): 258–266.

Hassett, Kevin A. and Gilbert E. Metcalf. 1992. "Energy Tax Credits and Residential Conservation Investment." Working Paper No. 4020, National Bureau of Economic Research, Cambridge, MA.

Hawkins, Gregory D. 1982. "An Analysis of Revolving Credit Agreements." *Journal of Financial Economics* 10, 59–81.

Hayashi, Fumio. 1982. "Tobin's Marginal q and Average q: A Neoclassical Interpretation." *Econometrica* 50 (January): 213–224.

He, Hua, and Robert S. Pindyck. 1992. "Investments in Flexible Production Capacity." *Journal of Economic Dynamics and Control* 16 (August): 575–599.

Hendricks, Darryll. 1992. "Optimal Policy Response to an Uncertain Threat: The Case of Global Warming." Unpublished manuscript, Kennedy School of Government, Harvard University, March.

Henry, Claude. 1974a. "Option Values in the Economics of Irreplaceable Assets." *Review of Economic Studies* 41 (January): 89–104.

———. 1974b. "Investment Decisions under Uncertainty: The Irreversibility Effect." *American Economic Review* 64 (December): 1006–1012.

Herbelot, Olivier. 1992. "Option Valuation of Flexible Investments: The Case of Environmental Investments in the Electric Power Industry." Unpublished Ph.D. dissertation, Massachusetts Institute of Technology, May.

Hoel, Michael. 1991. "With Timing Options and Heterogeneous Costs, the Lognormal Diffusion is Hardly an Equilibrium Price Process for Exhaustible Resources." Unpublished, University of Oslo, November.

Huang, Chi-fu, and Robert H. Litzenberger. 1990. *Foundations for Financial Economics*. New York: Elsevier Science Publishers.

Hull, John. 1989. *Options, Futures, and Other Derivative Securities*. Englewood Cliffs, NJ: Prentice-Hall.

———, and Alan White. 1987. "The Pricing of Options on Assets with Stochastic Volatilities." *Journal of Finance* 42 (June): 281–300.

———, and ———. 1990. "Valuing Derivative Securities Using the Explicit Finite Difference Method." *Journal of Financial and Quantitative Analysis* 25 (March): 87–100.

Ingersoll, Jonthan E., and Stephen A. Ross. 1992. "Waiting to Invest: Investment and Uncertainty." *Journal of Business* 65 (January): 1–29.

Jacoby, Henry D., and David G. Laughton. 1992. "Project Evaluation: A Practical Asset Pricing Method." *The Energy Journal* 13: 19–47.

Jarrow, Robert A., and Andrew Rudd. 1983. *Option Pricing*. Homewood, IL: Irwin.

Johnson, Claes. 1990. *Numerical Solutions of Partial Differential Equations by the Finite Element Method*, Cambridge, England: Cambridge University Press.

Jorgenson, Dale. 1963. "Capital Theory and Investment Behavior." *American Economic Review* 53 (May): 247–259.

Judd, Kenneth L. 1985. "The Law of Large Numbers with a Continuum of IID Random Variables." *Journal of Economic Theory* 35 (February): 19–25.

———. 1992. *Numerical Methods in Economics*. Unpublished manuscript, Stanford University.

Kalish, Shlomo. 1983. "Monopolist Pricing with Dynamic Demand and Production Cost." *Marketing Science* 2 (March): 135–159.

Kamien, Morton I., and Nancy L. Schwartz. 1991. *Dynamic Optimization*, second edition. New York: North-Holland.

Karatzas, Ioannis, and Steven E. Shreve. 1988. *Brownian Motion and Stochastic Calculus*. Berlin: Springer-Verlag.

Karlin, Samuel, and Howard M. Taylor. 1975. *A First Course in Stochastic Processes*, second edition. New York: Academic Press.

———, and ———. 1981. *A Second Course in Stochastic Processes*, New York: Academic Press.

Kester, W. Carl. 1984. "Today's Options for Tomorrow's Growth." *Harvard Business Review* (March/April): 153–160.

Kogut, Bruce, and Nalin Kulatilaka. 1993. "Operating Flexibility, Global Manufacturing, and the Option Value of a Multinational Network." *Management Science* forthcoming.

Kolstad, Charles D. 1992. "Regulating a Stock Externality Under Uncertainty with Learning." Working Paper No. 92-0112, Department of Economics, University of Illinois at Urbana-Champaign, March.

Kopcke, Richard W. 1985. "The Determinants of Investment Spending." *New England Economic Review* (July): 19–35.

———. 1993. "The Determinants of Business Investment: Has Capital Spending Been Surprisingly Low?" *New England Economic Review* (January): 3–31.

Krugman, Paul R. 1988. "Deindustrialization, Reindustrialization, and the Real Exchange Rate." NBER Working Paper No. 2586, May.

———. 1989. *Exchange Rate Instability*. Cambridge, MA: MIT Press.

Krutilla, John V., and Anthony C. Fisher. 1975. *The Economics of Natural Environments*. Baltimore, MD: Johns Hopkins Press.

Krylov, N. V. 1980. *Controlled Diffusion Processes*, New York and Berlin: Springer Verlag.

Kulatilaka, Nalin, and Alan J. Marcus. 1988. "General Formulation of Corporate Real Options." *Research in Finance* 7, 183–199.

———, and Enrico C. Perotti. 1992. "Strategic Investment Timing Under Uncertainty." Discussion Paper No. 145, Financial Markets Group, London School of Economics.

Kushner, Harold J. 1967. *Stochastic Stability and Control*. New York: Academic Press.

Kydland, Finn E., and Edward G. Prescott. 1982. "Time to Build and Aggregate Fluctuations." *Econometrica* 50, 1345–1370.

Lam, Pok-sang. 1989. "Irreversibility and Consumer Durables Expenditures." *Journal of Monetary Economics* 23 (January): 135–150.

Leahy, John. 1992. "Investment in Competitive Equilibrium: The Optimality of Myopic Behavior." Working Paper, Harvard University.

Lieberman, Marvin B. 1984. "The Learning Curve and Pricing in the Chemical Processing Industries." *The RAND Journal of Economics* 15, Spring, 213–228.

Lippman, Steven A., and R. P. Rumelt. 1985. "Demand Uncertainty and Investment in Industry-Specific Capital." Unpublished, University of California, Los Angeles, September.

Lohrenz, John, and R. N. Dickens. 1993. "Option Theory for Evaluation of Oil and Gas Assets: The Upsides and Downsides." *Proceedings of Society of Petroleum Engineers*, SPE 25837, 179–188.

Lucas, Robert E. Jr. 1967. "Adjustment Costs and the Theory of Supply." *Journal of Political Economy* 75 (August): 321–334.

———, and Edward C. Prescott. 1971. "Investment Under Uncertainty." *Econometrica* 39 (May): 659–681.

———, and ———. 1974. "Equilibrium Search and Unemployment." *Journal of Economic Theory* 32, 139–171.

Lund, Diderik. 1991. "Financial and Nonfinancial Option Valuation." In *Stochastic Models and Option Values*, eds. D. Lund and B. Øksendal. New York: North-Holland.

———. 1992. "Petroleum Taxation under Uncertainty: Contingent Claims Analysis with an Application to Norway." *Energy Economics* 14 (January): 23–31.

———, and Bernt Øksendal, eds. 1991. *Stochastic Models and Option Values*. New York: North-Holland.

MacKie-Mason, Jeffrey K. 1990. "Some Nonlinear Tax Effects on Asset Values and Investment Decisions Under Uncertainty." *Journal of Public Economics* 42 (August): 301–328.

———. 1991. "Sequential Investment Decisions with Asymmetric Learning." Working Paper, University of Michigan, September.

Majd, Saman, and Stewart C. Myers. 1986. "Tax Asymmetries and Corporate Income Tax Reform." NBER Working Paper No. 1924, May.

———, and Robert S. Pindyck. 1987. "Time to Build, Option Value, and Investment Decisions." *Journal of Financial Economics* 18 (March): 7–27.

———, and ———. 1989. "The Learning Curve and Optimal Production under Uncertainty." *RAND Journal of Economics*, Autumn, 20, 331–343.

Malliaris, A. G., and William A. Brock. 1982. *Stochastic Methods in Economics and Finance*. New York: North-Holland.

Manne, Alan S. 1961. "Capacity Expansion and Probabilistic Growth." *Econometrica* 29 (October): 632–649.

Manthy, Robert S. 1978. *Natural Resource Commodities: A Century of Statistics*. Baltimore, MD: Johns Hopkins Press.

Marcus, Alan J., and David M. Modest. 1984. "Futures Markets and Production Decisions." *Journal of Political Economy* 92 (June): 409–426.

Marglin, Stephen. 1963. *Approaches to Dynamic Investment Planning*. Amsterdam: North-Holland.

Martzoukos, Spiros H., and Witold Teplitz-Sembitzky. 1992. "Optimal Timing of Transmission Line Investments in the Face of Uncertain Demand: An Option Valuation Approach." *Energy Economics* 14 (January): 3–10.

参考文献

Mason, Scott, and Robert C. Merton. 1985. "The Role of Contingent Claims Analysis in Corporate Finance." In *Recent Advances in Corporate Finance*, eds: E. Altman and M. Subrahmanyam. Homewood, IL: Richard D. Irwin.

McCray, Arthur W. 1975. *Petroleum Evaluations and Economic Decisions*. Englewood Cliffs, NJ: Prentice-Hall.

McDonald, Robert, and Daniel Siegel. 1984. "Option Pricing When the Underlying Asset Earns a Below-Equilibrium Rate of Return: A Note." *Journal of Finance* (March): 261–265.

————, and ————. 1985. "Investment and the Valuation of Firms When There is an Option to Shut Down." *International Economic Review* 26 (June): 331–349.

————, and ————. 1986. "The Value of Waiting to Invest." *Quarterly Journal of Economics* (November): 101, 707–728.

Merton, Robert C. 1971. "Optimum Consumption and Portfolio Rules in a Continuous-Time Model." *Journal of Economic Theory* 3, 373–413.

————. 1973. "The Theory of Rational Option Pricing." *Bell Journal of Economics and Management Science* 4, Spring, 141–183.

————. 1975. "An Asymptotic Theory of Growth Under Uncertainty." *Review of Economic Studies* 42, 375–394.

————. 1976. "Option Pricing when Underlying Stock Returns are Discontinuous." *Journal of Financial Economics* 3, 125–144.

————. 1977. "On the Pricing of Contingent Claims and the Modigliani-Miller Theorem." *Journal of Financial Economics* 5 (November): 241–249.

————. 1990. *Continuous-Time Finance*. Cambridge, MA: Basil Blackwell.

Metcalf, Gilbert and Kevin Hassett. 1993. "Investment with Uncertain Tax Policy." Work in progress.

Modigliani, Franco, and Merton H. Miller. 1958. "The Cost of Capital, Corporation Finance, and the Theory of Investment." *American Economic Review* 48 (June): 261–297.

Morck, Randall, Eduardo Schwartz, and David Stangeland. 1989. "The Valuation of Forestry Resources under Stochastic Prices and Inventories." *Journal of Financial and Quantitative Analysis* 24 (December): 473–487.

Mossin, Jan. 1968. "An Optimal Policy for Lay-up Decisions." *Swedish Journal of Economics* 70, 170–177.

Mussa, Michael. 1982. "Government Policy and the Adjustment Process." In *Import Competition and Response*, ed. Jagdish Bhagwati. Chicago, IL: University of Chicago Press, 73–120.

Myers, Stewart C. 1977. "Determinants of Corporate Borrowing." *Journal of Financial Economics* 5 (November): 147–175.

———, and Saman Majd. 1984. "Calculating Abandonment Value Using Option Pricing Theory." M.I.T. Sloan School of Management Working Paper No. 1462–83, January.

———, and Richard S. Ruback. 1992. "Discounting Rules for Risky Assets." M.I.T. Center for Energy and Environmental Policy Research Working Paper No. 93–001WP, November.

Newbery, David, and Joseph Stiglitz. 1981. *The Theory of Commodity Price Stabilization*. New York: Oxford University Press.

Nickell, Stephen J. 1978. *The Investment Decisions of Firms*. New York: Cambridge University Press.

Nordhaus, William D. 1991. "To Slow or Not to Slow: The Economics of the Greenhouse Effect." *The Economic Journal* 101 (July): 920–937.

Paddock, James L., Daniel R. Siegel, and James L. Smith. 1988. "Option Valuation of Claims on Real Assets: The Case of Offshore Petroleum Leases." *Quarterly Journal of Economics* 103 (August): 479–508.

Pakes, Ariel. 1986. "Patents as Options: Some Estimates of the Value of Holding European Patent Stocks." *Econometrica* 54 (July): 755–784.

———. 1993. "Dynamic Structural Models: Problems and Prospects. Mixed Continuous Discrete Controls and Market Interactions." In *Advances in Econometrics: Sixth World Congress*, eds. Jean-Jacques Laffont and Christopher Sims, Cambridge, UK: Cambridge University Press, forthcoming.

Pearson, Carl E. (ed.) 1990. *Handbook of Applied Mathematics*. New York: Van Nostrand Reinhold.

Pindyck, Robert S. 1984. "Uncertainty in the Theory of Renewable Resource Markets." *Review of Economic Studies* 51 (April): 289–303.

———. 1985. "The Measurement of Monopoly Power in Dynamic Markets." *Journal of Law and Economics* 28 (April): 193–222.

———. 1986. "Capital Risk and Models of Investment Behavior." M.I.T. Sloan School of Management Working Paper No. 1819–86, September.

———. 1988a. "Options, Flexibility and Investment Decisions." M.I.T. Center for Energy Policy Working Paper No. EL-88-018WP, March.

———. 1988b. "Irreversible Investment, Capacity Choice, and the Value of the Firm." *American Economic Review* 79 (December): 969–985.

———. 1991a. "Irreversibility and the Explanation of Investment Behavior." In *Stochastic Models and Option Values*, eds.: D. Lund and B. Øksendal. Amsterdam: North-Holland.

———. 1991b. "Irreversibility, Uncertainty, and Investment." *Journal of Economic Literature* 29 (September): 1110–1152.

———. 1993a. "A Note on Competitive Investment Under Uncertainty." *American Economic Review* 83 (March): 273–277.

———. 1993b. "Investments of Uncertain Cost." *Journal of Financial Economics*, forthcoming.

———. 1993c. "The Present Value Model of Rational Commodity Pricing." *The Economic Journal* 103 (May): 511–530.

———. 1993d. "Inventories and the Short-Run Dynamics of Commodity Prices." *RAND Journal of Economics*, forthcoming.

———. 1993e. "Sunk Costs and Sunk Benefits in Environmental Policy." Unpublished working paper, Massachusetts Institute of Technology, May.

———, and Daniel L. Rubinfeld. 1991. *Econometric Models and Economic Forecasts*, Third Edition, New York: McGraw-Hill.

———, and Andrés Solimano. 1993. "Economic Instability and Aggregate Investment." In *NBER Macroeconomics Annual*, forthcoming.

Plummer, Mark L., and Richard C. Hartman. 1986. "Option Value: A General Approach." *Economic Inquiry* 24 (July): 455–471.

Quigg, Laura. 1993. "Empirical Testing of Real Option-Pricing Models." *Journal of Finance* 48 (June): 621–639.

Rawlinson, Richard, and Michael E. Porter. 1986. "The Oil Tanker Shipping Industry in 1983." Harvard Business School Case No. 9–384–034, July.

Roberts, Kevin, and Martin L. Weitzman. 1981. "Funding Criteria for Research, Development, and Exploration Projects." *Econometrica* 49, 1261–1288.

Rodrik, Dani. 1991. "Policy Uncertainty and Private Investment in Developing Countries." *Journal of Development Economics* 36 (October): 229–242.

Rothschild, Michael. 1971. "On the Cost of Adjustment." *Quarterly Journal of Economics* 85 (November): 605–622.

Ruback, Richard S. 1986. "Calculating the Market Value of Riskless Cash Flows." *Journal of Financial Economics* 15, 323–339.

Rubinstein, Mark. 1987. "Derivative Assets Analysis." *Journal of Economic Perspectives* 1, Fall, 73–94.

Rust, John. 1987. "Optimal Replacement of GMC Bus Engines: An Empirical Model of Harold Zurcher." *Econometrica* 55, 999–1034.

———. 1993. "Dynamic Structural Models: Problems and Prospects. Discrete Decision Processes." In *Advances in Econometrics: Sixth World Congress*, eds. Jean-Jacques Laffont and Christopher Sims, Cambridge, UK: Cambridge University Press, forthcoming.

Samuelson, Paul A. 1964. "Tax Deductibility of Economic Depreciation to Insure Invariant Valuation." *Journal of Political Economy* 72 (December): 571–573.

———. 1965. "Rational Theory of Warrant Pricing." *Industrial Management Review* 6, Spring, 41–50.

Sawhill, James W. 1989. "Evaluating Utility Investment Decisions — An Options Approach." M.S. thesis, M.I.T. Sloan School of Management, May.

Schmalensee, Richard. 1972. "Option Demand and Consumer's Surplus: Valuing Price Changes under Uncertainty." *American Economic Review* 62 (December): 813–824.

Scott, Louis O. 1987. "Option Pricing When the Variance Changes Randomly: Theory, Estimation, and an Application." *Journal of Financial and Quantitative Analysis* 22 (December): 419–438.

Siegel, Daniel R., James L. Smith, and James L. Paddock. 1987. "Valuing Offshore Oil Properties with Option Pricing Models." *Midland Corporate Finance Journal* 5, Spring, 22–30.

Slater, L. J. 1960. *Confluent Hypergeometric Functions*. Cambridge, U.K.: Cambridge University Press.

Smets, Frank. 1991. "Exporting versus FDI: The Effect of Uncertainty, Irreversibilities and Strategic Interactions." Working Paper, Yale University.

Smith, Clifford W., Jr. 1976. "Option Pricing: A Review." *Journal of Financial Economics* 3 (January): 3–51.

Solow, Robert M., James Tobin, Christian von Weizsacker, and Menachem Yaari. 1967. "Neoclassical Growth with Fixed Factor Proportions." *Review of Economic Studies* 33 (April): 79–115.

Spence, A. Michael. 1981. "The Learning Curve and Competition." *Bell Journal of Economics* 12, Spring, 49–70.

Spencer, Barbara, and James Brander. 1992. "Pre-commitment and Flexibility: Applications to Oligopoly Theory." *European Economic Review* 36, 1601–1626.

Stensland, Gunnar, and Dag B. Tjøstheim. 1989. "Optimal Investments Using Empirical Dynamic Programming with Application to Natural Resources." *Journal of Business* 62 (January): 99–120.

———, and ———. 1991. "Optimal Decisions with Reduction of Uncertainty Over Time — An Application to Oil Production." In *Stochastic Models and Option Values*, eds. D. Lund and B. Øksendal. New York: North-Holland.

Stibolt, R. D., and John Lehman. 1993. "The Value of a Seismic Option." *Proceedings of Society of Petroleum Engineers*, SPE 25821, 25–32.

Stokey, Nancy L., and Robert E. Lucas, Jr., with Edward C. Prescott. 1989. *Recursive Models in Economic Dynamics*, Cambridge, MA: Harvard University Press.

Summers, Lawrence H. 1987. "Investment Incentives and the Discounting of Depreciation Allowances." In *The Effects of Taxation on Capital Accumulation*, ed. Martin Feldstein, Chicago, IL: Chicago University Press.

Taggart, Robert A. 1991. "Consistent Valuation and Cost of Capital Expressions with Corporate and Personal Taxes." *Financial Management* 20, 8–20.

Tirole, Jean. 1988. *The Theory of Industrial Organization*. Cambridge, MA: MIT Press.

Tobin, James. 1969. "A General Equilibrium Approach to Monetary Theory." *Journal of Money, Credit and Banking* 1 (Feburary): 15–29.

Tourinho, Octavio A. 1979. "The Valuation of Reserves of Natural Resources: An Option Pricing Approach." Unpublished Ph.D. dissertation, University of California, Berkeley.

Triantis, Alexander J., and James E. Hodder. 1990. "Valuing Flexibility as a Complex Option." *Journal of Finance* 45 (June): 549–565.

Trigeorgis, Lenos, and Scott P. Mason. 1987. "Valuing Managerial Flexibility." *Midland Corporate Finance Journal* 5, Spring, 14–21.

Van Wijnbergen, Sweder. 1985. "Trade Reform, Aggregate Investment and Capital Flight." *Economics Letters* 19, 369–372.

Varian, Hal S. 1987. "The Arbitrage Principle in Financial Analysis." *Journal of Economic Perspectives* 1 (Fall): 55–72.

———. 1991. *Microeconomic Analysis*, third edition. New York: W. W. Norton.

Weitzman, Martin L. 1970. "Optimal Growth with Scale Economies in the Creation of Overhead Capital." *Review of Economic Studies* 37 (October): 555–570.

———. 1979. "Optimal Search for the Best Alternative." *Econometrica* 47 (May): 641–654.

———, Whitney Newey, and Michael Rabin. 1981. "Sequential R&D Strategy for Synfuels." *Bell Journal of Economics* 12, 574–590.

Wey, Lead. 1993. "Effects of Mean-Reversion on the Valuation of Offshore Oil Reserves and Optimal Investment Rules." Unpublished undergraduate thesis, Massachusetts Institute of Technology, May.

Wiggins, James B. 1987. "Option Values Under Stochastic Volatility." *Journal of Financial Economics* 19, 351–372.

Zeira, Joseph. 1987. "Investment as a Process of Search." *Journal of Political Economy* 95 (February): 204–210.

記号について

　本書では様々なアイデアやモデルを用いているので，記号をすべて統一的に用いることはできなかった．第3章から第9章においてコアとなる部分でしかも繰り返し使われている概念についてはその記号をできるだけ統一した．しかしながら，いくつかは記号が重複しているものもある（例えば，ρ は割引率と相関係数を表している）．このような場合，それぞれに対して別々の記号を用いるのではなく，あえてそのままにしておいた．幸いにも，同じ記号が近接しては登場しないので，それぞれその箇所において記号の意味を明記するようにした．

　第10–12章はコアとなる理論を拡張している．いくつかの文献を参考に議論している．そこでは，オリジナルの文献で使われている記号をそのまま用いて記述している．そのため，第9章までとは異なる記号が用いることになった．こうした混乱はできる限り少なくしようと試みたが，記号を統一的に標記することや数式における漢字の使用は差し控えた．これらのいくつかの問題は回避できなかった．

　ここでは，読者の理解を容易にするために，この本を通じて統一的に用いられている記号のリストを示す．他の記号は，本文中の章や節などで部分的に用いているため，省略する．従って，異なるパラメータや変数が異なる箇所で用いられている可能性がある（それぞれ用いられている箇所で定義される）．

　微分に関する記号についても明示しておく必要があろう．1変数の関数においては，通常の微分の記号を用いる．例えば，$F(V)$ は $F'(V), F''(V)$ といった微分表現がなされる．2変数以上の関数の場合は，その変数による偏微分を表すのに右下の沿え字で表している．例えば，$F(V,t)$ は $F_V(V,t), F_{VV}(V,t), F_t(V,t)$

などである.

大文字のローマ字

A, B	微分方程式の解の定数
C	事業の操業費用
F	投資機会の価値／より一般的には，動的計画法における価値関数（いわゆるベルマン関数）
I	投資の資本費用 (2, 5–9 章)，投資率 (10–12 章)
K	導入された (11 章) あるいは事業の完成に必要な (10 章) 資本ストック
P	生産物価格
Q	産業全体の生産量
T	一定期間
V	現存資産価値
W	容量を拡大できる機会の総計の価値 (11 章)，社会的最適性 (9 章)
X	企業固有の確率的なショック
Y	産業全体にわたる確率的なショック

小文字のローマ字

a, b	拡散過程の係数
c	生産量レベルを変化させることのできる企業の生産費用関数 (9 章)
d	微小の増加を表す接頭辞 (例: 微分 dt)
m, n	複製された無リスクポートフォリオのショートポジション
p, q	ランダムウォークを表現する際に用いる確率
q	トービンの q (5, 6, 11, 12 章)，競争的な企業の生産量レベル (9 章)
dq	ポアソンジャンプ過程の増分
r	無リスク利子率
t	時刻

記号について

u	動的計画法の理論における制御変数 (4 章)，基本的なポアソン過程におけるジャンプのサイズ (3, 4 章)
x	確率過程の状態変数
dz	標準的なウィーナー（ブラウン運動）過程の増分

大文字のギリシャ文字

Δ	有限かつ微少な増分（例えば，Δt）
Ω	動的計画法におけるターミナル支払い関数
Φ	複製された（無リスクの）ポートフォリオ，累積確率分布関数

小文字のギリシャ文字

α	単純なブラウン運動のドリフトパラメータ，幾何ブラウン運動における比例的成長率パラメータ
β	特性二次方程式の変数，その正と負の根はそれぞれ β_1 と β_2 で表される．
δ	収益不足率，コンビニエンスイールド
λ	ポアソン過程における到着率／減耗率
η	平均回帰率
μ	リスク調整済み割引率 (CAPM)
π	利潤のフロー
ϕ	リスクの市場価格／拡散過程における確率密度関数の変数
ρ	動的計画法における外生的な割引率／相関係数
σ	ブラウン運動における分散パラメータ
τ	時間変数（現在価値換算するときの積分において主に用いている）

飾り文字

$\mathcal{E}$	期待値
$\mathcal{V}$	分散
$\mathcal{Q}$	特性二次方程式

索　　引

Abramowitz, Milton, 205
Aichison, J., 90
Arnold,Ludwig, 109

Baldwin, Richard, 310
Beddington, John R., 113
Bentolila, Samuel, 310
Bernanke, 52
Bernanke, Ben S., 218
Bertola, Giuseppe, 182, 268, 310
Bliss, Christopher J., 260
Bodie, Zvi, 285
Brealey, 70, 71
Brealy, Richard A., 187
Brennan, Michael J., 225, 268, 285, 286, 308
Brock, William A., 109, 218
Brown, J.A.C., 90
Brown, Robert, 80

Carr, Peter, 309
Chow, Gregory, 109
Clark, Colin, 113
Cox, D.R., 77, 85, 108
Cox, John C., 192, 200, 218
Cukierman, Alex, 218

Demers, Michel, 218
Dixit, Avinash, 85, 109
Dixit, Avinash K., 203, 218, 238, 248, 277, 283, 308, 310

Dothan, Michael U., 109, 218
Duffie, Darrell, 186, 187, 218, 227
Dumas, Bernard, 310

Einstein. Albert, 80

Fasano, A., 268
Feller, William, 77, 87
Feller,William, 108
Fine, Charles H., 309
Freund, Robert M., 309
Fuller, Wayne, 96

Geske, Robert, 309
Gibson, Rajna, 225, 268
Goel, S., 113
Goncalves, Franklin D., 303
Guenther, Ronald B., 268

Harrison, J. Michael, 203, 227
Harrison, J.Michael, 109
He, Hua, 309
Hodder, James E., 309
Holmes, Oliver Wendell Sr., 259
Huang, Chi-fu, 186, 218
Hull, John, 109, 200, 201, 218

Jarrow, Robbert A., 218
Johnson, Claes, 268, 309
Jorgenson, Dale, 182
Judd, Kenneth L., 268

553

索 引

Karatzas, Ioannis, 109, 238
Karkin, Samuel, 77, 108, 111
Karlin, Samuel, 203
Kogut, Bruce, 310
Kreps, David, 227
Krugman, Paul R., 310
Kulatilaka, Nalin, 309
Kummer の方程式, 205
Kushner, Harold, 109

Lee, John W., 268
Litzenberger, Robbert H., 186, 218

Majd, Saman, 189
Malliaris, A.G., 109
Manthy, Robert S., 97
Marcus, Alan J., 267, 309
Marglin, Stephen, 183
Mason, Scott, 218
May, Robert, 113
McDonald, Robert, 170, 171, 204, 217, 235, 267, 268, 297
Merton, Robbert C., 217, 218
Merton, Robert, 109
Miller, D.R., 77, 85, 108
Modest, David M., 267
Mossin, Jan, 308
Myers, Stewart C., 187, 218

Nickell, Stephen J., 219
Norman, Victor, 303

Pearson, Carl E., 205
Pindyck, Robert, 96
Pindyck, Robert S., 189, 218, 225, 267, 286, 309
Pindyck, Robert(1984), 114
Porter, Michael E., 303
Primicerio M., 268

Rawlinson, Richard, 303
Richter-Dyn, 113

Rosanski, Victor, 285
Ross, Stephen A., 192
Rothschild, Michael, 218
Rubinfeld, Daniel, 96
Rubinstein, Mark, 200, 218
Rudd, Andrew, 218

Samuelson, Paul A., 172, 262
Schwartz, Eduardo S., 225, 268, 285, 308
Scott, Louis O., 201
Shreve, Steven E., 109, 238
Siegel, Daniel R., 170, 171, 204, 217, 235, 267, 268, 297
Slatar, L.J., 205
Smith, Clifford W., Jr., 218
Solow, Robert M., 260
Stegun, Irene A., 205
Sterling, Arlie G., 303
Stiglitz, Joseph E., 218
Strandenes, Siri Pettersen, 303

Taylor, Howard M., 77, 109, 111, 203
Tobin, James, 183, 260
Tourinho, Octavio A., 218
Triantis, Alexander J., 309

Van Wijnbergen, Sweder, 310
Varian, 71
Varian, Hal S., 248
Von Weizacker, Christian, 260

White, Alan, 201
Wiener, Norbert, 80
Wiggins, James B., 201

Yaari, Menachem, 260

アウト・オブ・ザ・マネー, 38
アメリカンコールオプション, 235
安全資産収益率, 412
安全資産の収益率, 187, 196

索　引

安全資産のポートフォリオ 41

閾値, 16, 18, 20, 292, 331, 444, 445, 452, 453, 454, 455, 458, 459, 460, 461, 462, 463, 468, 469, 470, 473, 475, 481, 482, 483, 484
閾値曲線, 445, 453, 454, 463, 472
一次確率優位, 130
一時停止, 8, 17, 18
一時的停止, 222, 270, 291
一頭立ての馬車, 259, 260
伊藤過程, 162
伊藤過程, 75, 89, 106, 117, 118, 132, 133, 135, 142, 143, 147, 150, 162
伊藤の公式, 76, 97, 99, 108, 133, 136, 146, 149, 154, 155, 162, 176, 191, 214, 226, 228, 233, 249, 251, 256, 264
伊藤の定理, 59, 451, 457, 462, 480, 483
伊藤の補題, 356
稲田の条件, 454
イベント, 105
イン・ザ・マネー, 15, 38

ウィーナー過程, 75, 79, 84, 89, 122, 133, 144, 148, 171, 201, 432
上に凸, 447, 448
運営オプション, 17

AR 過程, 79, 95
延期, 4, 7, 9, 10, 12, 30, 31
延期オプション, 121, 122
延期期間, 201, 203

オプション, 118, 151, 398, 399, 400, 402, 403, 404, 405, 407, 408, 409, 411, 414, 417, 419, 422, 436
オプション・アプローチ, 6, 16, 28
オプション価格評価, 71, 172, 439
オプション価格理論, 8
オプション価値, 8, 13, 16, 22, 29, 30, 31, 445, 453, 458, 465, 466, 467
オプション価値係数, 232, 251, 255, 258, 266
オプション価値倍率, 445, 458, 460, 463
オプションとしてみた投資, 71
オプションの価格評価, 185
オプションの価値, 7, 172, 270, 457, 467, 486
オプション評価アプローチ, 455
オルンシュタイン＝ウーレンベック過程, 93, 111
卸売物価指数, 97

解雇費用, 292
解雇補償金, 272
解析解, 116, 435, 436
学習曲線, 399, 423, 424, 427, 430
確率過程, 14, 15, 24, 25, 75, 76, 122, 130, 132, 133, 138, 147, 148, 150, 156, 164, 397, 399, 400, 410, 422, 432, 460, 461, 485
確率シフト変数, 223
確率状態変数, 401, 422
確率積分, 76
確率微分, 158
確率変数, 120, 124, 132, 141, 142, 432, 447, 448, 455, 461, 479
寡占産業, 293
価値を構成する投機的な要素, 228
価値を構成するファンダメンタルな要素, 228, 229
可変費用, 171, 272, 277
為替レート, 310
環境政策, 28

機械, 270
機会集合, 186
機械の価値, 108
機会費用, 35, 177, 188, 232
幾何ブラウン運動, 89, 90, 100, 144, 146, 152, 153, 154, 155, 157, 162, 171, 213, 224, 234, 262, 272, 291, 303, 333, 337, 348, 354, 422
幾何ブラウン運動過程, 336

索　引

幾何ブラウン過程, 402, 410, 424
企業価値, 185, 273
企業固有, 9, 23
企業の価値, 267
技術的不確実性, 61
技術の陳腐化, 251
規制政策, 17
期待キャピタル収益率, 188, 215
期待継続価値, 120
規模, 65
規模の経済, 65, 70
逆需要関数, 223
逆需要曲線, 317, 319
吸収壁, 204, 241
級数形式, 205
休眠企業の価値, 274, 287
休眠状態, 293
q 理論, 6, 446
境界条件, 134, 136, 149, 150, 151, 154, 155, 177, 400, 404, 405, 406, 408, 412, 413, 422, 423, 425, 426, 435, 437, 440, 441
競争的企業, 23
競争的均衡, 22, 23, 24, 25
競争的産業, 22, 26
共分散, 82, 229
極限関数, 160
均衡, 331
近視眼的意志決定, 277
金融オプション, 12, 33, 38, 71, 398
金融コールオプション, 188, 200
金融資産に対するオプション, 9

経済的減耗, 261
経済的陳腐化, 260
計算価値, 62
継続価値, 124
継続価値, 120, 121, 125
計量経済, 16, 28
系列相関, 130
限界 q, 184
限界コンビニエンスイールド, 225

限界コンビニエント・イールド, 37
限界収入, 446, 447, 487
限界的資本単位, 445, 455, 459, 465, 466, 467
限界費用, 6
限界費用曲線, 482, 483, 484
減価償却, 474
原状回復費用, 292
原子力発電プラント, 60
現存資産価値, 185
減耗, 222, 251, 252, 255, 258, 261
減耗事業, 252

公共政策, 4, 12, 17, 28, 65
鉱山, 270
行使期限のないコールオプション, 172
高次境界条件, 137
合理的期待, 277, 280
合流型超幾何関数, 205
コール・オプション, 7, 10, 15
コールオプション, 188, 218
固定費, 445, 446, 473, 476, 480
コブ＝ダグラス型生産関数, 247, 250
雇用・解雇費用, 310
雇用決定, 310
コルモゴロフの後ろ向き方程式, 111
コルモゴロフの前向き方程式, 110, 111
コルモゴロフ方程式, 76, 105, 109
コンビニエンス・イールド, 456, 460
コンビニエンスイールド, 144, 155, 225, 249, 261, 263, 268, 285, 416

再開, 8, 17, 18, 269
在庫, 268
在庫による純限界コンビニエンスイールド, 225
最終価値, 121
裁定, 191
最適閾値, 304
最適移行, 292
最適化問題, 399
最適行使時点, 241

索　引

最適操業停止決定, 308
最適停止, 160
最適停止政策, 128, 135
最適停止問題, 135, 136, 141, 143, 158, 162
最適投資基準, 178, 193, 199, 240
最適廃棄政策, 137
先物価格, 37
先物市場, 37
サドンデス, 259
差分方程式, 441
産業組織論, 364
産業レベルの均衡, 21, 23, 24, 29
サンク・コスト, 3, 9, 13, 15, 19, 26
参入, 8, 10, 20, 24, 25, 269, 272
参入障壁, 25
参入・退出費用, 283
サンプルパス, 83, 88, 201
残余費用, 410, 419

ジェンセンの不等式, 63, 100, 251
事業価値のボラティリティ, 195
事業の価値, 170, 220, 226, 235, 248, 253
自己回帰過程, 79, 95
事象, 212, 217
市場ポートフォリオ, 229
指数関数的減耗, 252, 259
システマティックリスク, 187
下に凸, 461, 462, 474, 476, 477, 478, 484, 487
実際の操業費用, 291
実体価値, 48
シフト変数, 446, 447, 448, 454, 466, 476
資本減耗, 465, 468, 469, 476, 486, 487
資本資産価格モデル, 70, 145, 148, 187, 224, 432
資本資産価格理論, 28
資本市場, 186
資本に関する利用者コスト, 182
資本流出, 310
社会システムのプランナー, 23
社会的限界効用, 354

社会的最適性, 352, 353, 357
シャドー・バリュー, 427, 429, 431
ジャンセンの不等式, 122
ジャンプ, 105
ジャンプ過程, 105, 212, 217
収益不足率, 249, 261, 263, 272
収益率, 189
収穫逓減, 27, 444, 446, 450, 455, 462, 472, 473
収穫逓増, 445, 447, 469, 470, 472, 473, 488
自由境界, 137, 150, 162, 177, 265, 414, 425, 434, 442, 443, 453, 484
自由境界条件, 442
自由境界問題, 268
従属変数, 399
柔軟資産, 309
柔軟性, 67, 70
柔軟性のオプション, 36
柔軟性の価値, 37
柔軟的な操業, 246
十分条件, 130
従量費用, 477, 484
縮小写像, 160
需要関数, 223
需要の伸びに関する不確実性, 66
純現在価値, 118, 120, 124, 135, 152, 153, 417, 438, 439
純現在価値（NPV）, 33, 35
純現在価値基準, 70, 169
純現在価値評価法, 431
条件付確率, 130
条件付請求権, 12, 15, 185, 447, 456, 461, 466
条件付請求権評価法, 226
条件付請求権分析, 115, 116, 117, 137, 143, 147, 149, 151, 152, 155, 158, 399, 402, 411, 424
条件付請求権分析法, 75, 185, 218
状態変数, 122, 123, 124, 126, 128, 133, 135, 138, 141, 147, 148, 150, 151, 152, 153, 154, 155, 162, 399, 401, 410, 425

557

索　引

消費者余剰, 354
商品, 186
商品価格, 93, 225
情報, 171
正味現在価値, 5, 6, 7, 8, 14
ショートポジション, 190, 226
除却, 476, 483, 484
ジョルゲンソンの基準, 196
ジョルゲンソンの投資基準, 182
ジョルゲンソンの利用者コスト, 182
新古典派, 5, 487
新古典派投資モデル, 183
新古典派投資理論, 181, 219
信頼区間, 84, 92, 436

数値計算, 116, 126, 128, 134, 138, 154, 160, 268, 399, 404, 412, 413, 419, 423, 426, 435, 436, 438, 439, 440
ストック固定費, 476, 478, 480, 483
スパニングアセット, 147
スムース・ペースティング, 139, 149, 150, 162, 163, 241, 276
スムース・ペースティング条件, 137, 141, 158, 162, 177, 231, 242, 258, 265, 281, 294, 298, 400, 412, 413, 423, 426, 435, 452, 458, 459, 461, 468, 484

静学的期待, 277, 280
正規分布, 201
政策, 17, 23, 24
政策的介入, 23, 24
政策の不確実性, 310
政策論議, 17
生産関数, 444, 445, 446, 454, 462, 463, 470, 473
生産能力, 66, 444, 446, 453, 454, 461, 465, 469, 472, 488
生産能力拡大政策, 356
生産能力増強, 446, 469
生産物の価格, 221, 234
生産物価格のボラティリティ, 291
正常収益率, 277

成長オプション, 11
成長関数, 113
石油価格, 225
石油タンカー産業, 302, 303
石油タンカー市場, 302
石油タンカー投資, 303
積率母関数, 111
セクター, 366
遷移確率分布関数, 126
潜在価格, 370
船舶, 270

相関係数, 82
相関関係を持つブラウン運動, 101
操業オプション, 400
操業企業に移行することによる企業価値の増分, 278
操業企業の価値, 274, 287
操業再開, 291, 295
操業再開閾値, 297
操業再開オプション, 270
操業再開オプションの価値, 294
操業再開費用, 292, 299
操業状態, 293, 294
操業停止, 247, 269, 271, 291, 295, 297, 298, 309
操業停止閾値, 297
操業停止オプション, 292, 294
操業停止オプションの価値, 294
操業停止状態, 293, 294
操業停止状態の事業の価値, 294
操業停止費用, 292
操業費用, 221, 234, 277, 283, 296, 303
操業を停止するオプション, 171
操業を停止するオプションの価値, 237
操作変数, 123, 425
総社会的効用, 354
双対性, 248
即時的な供給関数, 247
即時的な利潤関数, 246
即時的分散, 433
続行領域, 176

索引

退役, 271, 304
退役タンカーのメンテナンス費用, 303, 305
退役費用, 303
退出, 8, 20, 22, 24, 25, 269, 272, 328
対数正規分布, 90
ダイナミック・プログラミング, 8, 14, 447, 456, 458, 459, 461, 465, 479, 488
ダイナミック・ヘッジ戦略, 457
タイミング, 4, 13, 19, 22, 28, 29
多国籍企業, 310
単位根検定, 96
短期可変費用, 277

中心極限定理, 81
長期的平均費用, 8, 25
長期分布, 103
長期平均費用, 277
調整費用, 219, 411, 445, 474, 476, 477, 481, 482, 484, 485, 486, 487, 488
貯蔵可能な商品, 268
賃金の現在価値, 107
陳腐化, 465, 466, 468

追加投資, 399, 444, 446, 454
通商政策, 24, 25, 26

ディープ・イン・ザ・マネー, 16, 44
定常過程, 77, 103
定常均衡, 113
定常状態分布, 112
定常密度関数, 113
テイラー級数展開, 99, 100
電力事業, 66

銅価格, 289
等価リスク中立評価, 152
等価リスク中立評価法, 192, 228, 229, 249
等価リスク中立評価方法, 156, 158
投機的バブル, 228, 229, 237
銅山, 285

銅産業, 284
投資, 3, 16, 23, 291
投資閾値, 254, 276, 296, 453, 458, 459, 470
投資オプション, 8, 9, 11, 13, 16, 18, 22, 177, 190, 415, 459
投資オプションの価値, 41, 240, 274
投資機会, 8, 11, 12, 14, 17, 22, 33, 38
投資機会の価値, 172, 174, 178, 193, 194, 197, 206, 207, 242, 243, 244
投資決定, 3, 6, 8, 13, 15, 21, 23, 24, 26, 28, 29
投資需要関数, 486
投資需要曲線, 482
投資する, 303
投資するオプション, 7, 11
投資速度, 445, 451, 474, 480, 481, 484, 485, 488
投資単位, 444, 456, 469
投資の延期, 293
投資費用, 296, 445, 447, 448
投資方針, 444, 445, 446, 448, 449, 450, 470, 472, 478, 480, 486
投資を延期することの価値, 175
銅生産施設, 284
動的計画法, 150
動的計画法, 42, 75, 115, 118, 121, 127, 128, 132, 134, 136, 137, 139, 141, 143, 146, 147, 150, 151, 152, 153, 154, 155, 157, 158, 159, 172, 176, 186, 214, 233, 355, 399, 411, 412
動的ヘッジ, 15
動的ヘッジ戦略, 55, 227
動的ポートフォリオ, 150, 186, 190, 224, 411, 433
投入財の需要関数, 247
投入要素の費用に関する不確実性, 60
トービンの q, 6, 16, 183, 199, 232, 445, 459, 480, 483
トービンの q, 488
特性二次方程式, 179, 180, 227, 229, 266, 435

索　引

独占禁止政策, 24, 25, 364
独立増分, 80, 85, 93
独立変数, 399
特許, 217
ドリフト項の推定, 303
ドリフト変化率, 89
ドリフトを持つブラウン運動, 82, 109
ドリフトを持つランダムウォーク, 79

二項確率変数, 86
二項分布, 78, 87
二次方程式, 179, 192, 215, 227, 234
ニューヨーク証券取引所株価指数, 187

燃料価格, 67

農業生産, 267
能力, 27
能力増強, 27

ハードル収益率, 8, 28
廃棄, 222, 269, 270, 271, 272, 275, 291, 295
廃棄閾値, 276, 282, 296
廃棄オプション, 273, 275, 287
廃棄オプションの価値, 294
廃棄価値, 292
廃棄費用, 287, 292, 296, 303
廃船, 271, 291
配当, 224
配当率, 188
"Bad News" 法則, 52
バリア・コントロール, 450, 472, 484, 489
バリヤ, 102
バリュー・マッチング, 241, 276
バリュー・マッチング条件, 136, 139, 141, 150, 162, 164, 177, 231, 242, 257, 265, 281, 294, 297, 400, 412, 413, 423, 425, 434, 452, 458, 459, 461, 468, 484
反射壁, 102, 308, 321, 349

比較静学, 200, 217, 280
非確率変数, 141
ヒステリシス, 20, 21
非対称, 22
非対称性, 22, 23
非定常過程, 77
微分, 97
微分のチェインルール, 100
微分方程式, 134, 139, 400, 403, 410, 412
費用, 59
評価関数, 126, 127, 133, 134, 136, 137, 139, 142, 151
標準偏差, 138, 148, 437, 438
費用のかからない操業停止, 297
費用の非加法性, 293
費用の不確実性, 262

ファンダメンタルズ, 228
不可逆, 3, 8, 9, 10, 15, 21, 22, 28, 30, 316, 444, 446, 473, 484
不可逆性, 7, 8, 9, 10, 21, 27, 28, 29, 315, 445, 449, 477, 482, 484, 487, 488
不確実, 4, 11, 13, 19, 22, 28, 444, 486
不確実性, 3, 7, 8, 12, 13, 14, 15, 17, 21, 22, 23, 24, 25, 26, 28, 29, 30, 31, 315, 318, 335, 347, 447, 459, 460, 461, 463, 485, 487, 488
複合オプション, 309, 398
複製可能, 410, 411
複製可能性, 186, 192, 224
複製ポートフォリオ, 143, 145, 147, 148, 150
分散変化率, 89
不足率, 203, 209
復帰費用, 303
プットオプション, 436
不動点, 159
ブラウン運動, 14, 75, 79, 88, 130, 138, 139, 141, 158, 164, 213, 441, 446, 451, 463, 479
ブラウン運動過程, 319
ブラウン運動とジャンプを混合した過程,

105
ブラック=ショールズ公式, 217, 235
フロー固定費, 476, 482, 483, 484
フロー費用, 234
分散, 50, 138, 171, 437
分散不可能なリスク, 187
分布関数, 161
分離, 178

ペイオフ関数, 161
平均 q, 184
平均回帰, 206, 208
平均回帰過程, 93, 201, 203, 210
平均回帰自己相関過程, 130
平均回帰率, 206, 207
平均可変費用, 285
平均再生過程, 246
平均到着率, 105, 212
平均費用, 277
平均変動費, 8, 24, 25
平均を保持したスプレッド, 50, 53
ベータ, 432
ベルマン価値, 458
ベルマン関数, 447, 448
ベルマン方程式, 125, 126, 127, 129, 131, 136, 151, 153, 159, 160, 162, 176, 192, 214, 355, 412, 478, 479, 483, 485
変動的な生産量, 246
変動費, 446
偏微分, 440
偏微分方程式, 134, 136, 137, 142, 146, 149, 150, 151, 152, 154, 155, 157, 399, 411, 412, 413, 422, 425, 426, 439, 440, 441

ポアソン過程, 105, 117, 118, 132, 141, 142, 150, 151, 212, 252
ポアソン減耗, 259
ポアソン事象, 213
ポアソンジャンプ, 212, 214
ポアソンパラメーター, 215
貿易政策, 65

放棄, 17, 18, 20
放棄オプション, 18
放棄費用, 18
ボラティリティの推定, 303
ポワソン過程, 14, 439, 465, 486

マーシャルの閾値, 278
マーシャルの基準, 221, 308
マーシャルの最小平均費用, 248
マーシャルの投資基準, 182
埋没費用, 118, 283, 302, 400, 402, 406, 408
待ちオプション, 21, 23
待つ, 7, 9, 10, 12, 15, 16, 20, 23, 24, 26, 30
待つことの価値, 12, 17, 23
待って様子を見る, 30, 31
マルコフ過程, 79, 85, 123
マルコフ性, 79, 80, 84, 91, 93, 103

無リスク・ポートフォリオ, 457
無リスクポートフォリオ, 190, 226, 233

メンテナンス費用, 291, 299

モジリアーニ=ミラーの定理, 219
Modigliani-Miller の定理, 38
モディリアーニ=ミラーの定理, 13

有限差分級数, 440
有限差分法, 413, 426, 440, 442, 443
有限差分方程式, 413
輸入–輸出選択, 310

ヨーロピアンコールオプション, 235, 267
予測, 83

ラグランジュ乗数, 359
ランダムウォーク, 79
ランダムウォーク仮説, 97
ランダムウォークの極限, 88
ランダムウォーク表現, 85, 102, 103

索　引

リアル・オプション, 9, 12, 17
リアルオプション, 309
利益, 223, 235
利益不足率, 285
離散時間, 117, 123, 132, 134, 138
離散時間=離散状態ランダムウォーク, 77
離散時間過程, 77
離散変数, 440
離散マルコフ過程, 122
利子率に関する不確実性, 63
リスク選好, 195
リスク中立, 316
リスク中立性, 192
リスク調整済み期待収益率, 187, 209, 410, 434
リスク調整済み金利, 419
リスク調整済み収益率, 224
リスク調整済み割引率, 193, 224, 229, 263, 272, 402, 424, 433
リスクの市場価格, 187, 225, 272
リスクプレミアム, 188
臨界閾値, 303
臨界価格, 242, 399
臨界値, 121, 122, 129, 130, 136, 141, 150, 161, 163, 164, 165, 175, 178, 192, 195, 197, 207, 400, 401, 402, 403, 405, 407, 408, 409, 411, 412, 414, 415, 416, 417, 418, 419, 423, 425, 427, 428, 430, 436

累積確率分布, 124, 161

連続時間, 117, 118, 122, 131, 132, 133, 135, 145, 162, 398
連続時間確率過程, 77
連続的意思決定, 8, 14, 15
連続的投資, 26
連続投資, 397, 398, 409, 410, 423, 424, 430, 438, 439, 440
連続変数, 440

労働者解雇費用, 293
労働力の削減, 292
ロジスティック関数, 114

割引現在価値, 102
割引率, 70

＜著者略歴＞

川口有一郎（かわぐちゆういちろう）翻訳主幹　第3章
1991年　東京大学工学部土木工学科
現　在　明海大学不動産学部教授　東京大学工学博士（土木工学）

谷下　雅義（たにしたまさよし）第8章，第9章，第12章
東京大学助手（1992年），東京大学大学院専任講師（1995年）
現　在　中央大学理工学部助教授　工学博士（1995年東京大学工学部土木工学科）

堤　　盛人（つつみもりと）第2章
1991年　東京大学工学部卒業，東京大学大学院修士課程修了（1993年）
現　在　東京大学大学院工学系研究科講師　工学博士（1999年東京大学）

中村　康治（なかむらこうじ）第4章，第10章
1992年　東京大学経済学部経済学科卒業，日本銀行入行（1992年）
ボストン大学大学院経済学部卒業，同　経営大学院卒業（経営学修士）
現　在　日本銀行調査統計局経済調査課景気分析グループ

長谷川　専（はせがわあつし）第5章，第6章，第7章
1991年　東京大学工学部土木工学科卒業、同大学院工学系研究科　修士課程修了
現　在　(株)三菱総合研究所社会システム研究本部社会基盤システム部研究員

吉田　二郎（よしだじろう）第1章，第11章
東京大学工学部卒業、MIT修士課程修了（不動産金融・経済）
現　在　日本政策投資銀行政策企画部副調査役

投資決定理論とリアルオプション　ISBN4-87315-104

2001年10月10日　初版印刷 2002年3月20日　初版発行	© 2002　エコノミスト社
著　者	ディキスト＆ピンディク
翻訳者	川口有一郎・谷下　雅義・堤　　盛人 中村　康治・長谷川　専・吉田　二郎
発行者	村　越　勝　弘
発行所	**株式会社　エコノミスト社** 113-0033 東京都文京区本郷2丁目16-12
電　話	03-3813-7222　FAX：03-3818-7888
E-mail	info@economist.co.jp
URL	http://www.economist.co.jp/
印　刷	三美印刷株式会社
製　本	松岳社

Printed in Japan